BIBLIOTHÈQUE DU XIXe SIÈCLE
sous la direction de Pierre Glaudes et Éléonore Reverzy
78

Joris-Karl Huysmans

Œuvres complètes

Tome IX – 1905-1907

Ouvrage publié avec le soutien du Centre national du livre

Joris-Karl Huysmans

Œuvres complètes

sous la direction de Pierre Glaudes et Jean-Marie Seillan

Tome IX – 1905-1907

Édition critique par Jean-Marie Seillan

PARIS
CLASSIQUES GARNIER
2020

Jean-Marie Seillan est professeur émérite de littérature française à l'université Nice Côte d'Azur. Il a consacré sa thèse de doctorat d'État à l'œuvre de Huysmans. Outre une trentaine d'articles, il a publié le texte de ses interviews et un essai intitulé *Huysmans : politique et religion*. Il codirige la réédition de ses œuvres complètes.

ISBN 978-2-406-09884-3 (livre broché)
ISBN 978-2-406-09885-0 (livre relié)
ISSN 2103-4877

INTRODUCTION GÉNÉRALE

Durant ses années de jeunesse, Huysmans s'est essayé à une multitude de genres littéraires. Il a pratiqué la poésie en vers et le poème en prose, la critique d'art et la critique littéraire, la pantomime, la chronique d'actualité, la nouvelle et le roman, le croquis de Paris et le récit de voyage. Sa personnalité littéraire s'affermissant, au fil des décennies il a délaissé la poésie, comprise du moins comme genre spécifique, la critique littéraire, la nouvelle et s'est fait une spécialité de trois genres : le roman, qui a absorbé et fait fusionner la plupart des autres formes dites mineures, la critique d'art qu'il a réorientée, après 1890, vers l'histoire de l'art, le récit de voyage, en France ou à l'étranger, sous les formes diverses de la flânerie et de la promenade architecturale. Mais le roman, comme l'a confirmé la postérité, est toujours resté son genre de prédilection, au point que, lorsqu'il corrigeait les épreuves de l'un d'eux, il préparait dans son esprit et dans ses dossiers le sujet du suivant. Une fois seulement, dans les années 1888-1889, ce sujet s'est dérobé à lui et, à défaut, il a composé, avec des articles dispersés en revue et quelques textes inédits, son second volume de critique d'art, *Certains*, qui a servi de laboratoire thématique au roman en germe. Quant aux récits de voyage, il les a toujours tenus pour un intermède entre deux grandes œuvres et un moyen de fournir de la copie aux revues qui le sollicitaient. C'est ce jeu, plus ou moins calculé, de hiérarchie et d'alternance des genres qui reparaît au printemps 1903, lorsque la publication de *L'Oblat*, dernier volume de sa trilogie catholique, le laisse en panne de sujet de roman.

DES CROQUIS, EN ATTENDANT MIEUX

Comme en 1889, Huysmans se retrouve donc en situation d'attente. Il prépare, en exploitant les notes prises à l'automne 1903 dans les villes et les musées d'Allemagne, un troisième recueil, *Trois Primitifs*, où la critique d'art se mêle au récit de voyage. Mais une fois ce livre paru, à la fin de l'année 1904, il replonge dans l'embarras : il a épuisé le filon de l'art catholique, il est fatigué d'écrire des romans, il vient de recourir aux genres qui lui servent traditionnellement de secours. Tel est le contexte particulier où s'inscrivent ses toutes dernières œuvres : un ensemble de trois monographies dédiées à des églises parisiennes (« La Symbolique de Notre-Dame de Paris », « Saint-Germain-l'Auxerrois » et « Saint-Merry », qui iront grossir en 1908 la réédition posthume de *Trois Primitifs*), et le dernier livre qui ait paru de son vivant, *Les Foules de Lourdes.* Comme l'indique le toponyme inscrit dans chacun de ces quatre titres, c'est le lieu qui commande à l'écriture et qui, de ce fait, prive celle-ci de narrativité, au bénéfice de la description et du commentaire.

Pour reprendre une formule un peu injuste de Lucien Descaves, Huysmans, à l'automne 1904, en est « réduit aux broutilles des monographies et des études d'art[1] ». En entreprenant alors d'écrire ces « études » – ainsi les désigne-t-il lui-même – sur les églises de Paris, il renoue avec un exercice familier, pratiqué ici et là dans *En route*, *La Cathédrale* et *L'Oblat*, ainsi que, de façon plus systématique, dans *Le Quartier Saint-Séverin* et dans nombre de chroniques publiées dans *L'Écho de Paris*. La recette, fort simple, comporte un petit nombre d'ingrédients, incorporés avec une grande liberté autour d'un lieu circonscrit avec précision : le récit d'une lente flânerie ouverte à toutes les curiosités et à toutes les digressions, entrecoupé de pauses descriptives d'ordre esthétique et d'informations historiques, issues d'un travail de compilation plus ou moins avoué.

Mais, si Huysmans remet ici ses pas dans ses propres traces, il est difficile d'avoir une vue claire de son projet. Aucun plan de travail de sa main ne nous étant parvenu, à supposer qu'il en ait existé un, l'on doit s'en tenir à des informations parcellaires recueillies dans sa correspondance. Le 7 octobre 1904, il prévoit de « [s]e rendre à Beaune pour y faire une étude sur le très ancien hôpital et le fameux tryptique [*sic*] de Roger van der Weyden qui s'y trouve. Cela [lui] est commandé par une Revue[1]. » Quelle revue, il ne le précise pas, mais on devine, lorsqu'il se ravise le 29, qu'il s'agit du *Tour de France* : « J'ai remis, d'accord avec la revue, le voyage de Beaune au printemps, et je leur fais en attendant une étude sur St Germain l'Auxerrois[2]. » En l'absence du voyage en Bourgogne, qu'il n'a jamais fait, il ne s'en dit pas moins, cinq mois plus tard, « débordé » de travail dans une lettre à Adolphe Berthet :

> je suis occupé par des études sur Paris. J'ai déjà livré un "St Germain l'Auxerrois", je viens de terminer une "Symbolique de la Cathédrale de Paris". Je prépare une "Cour de Rouen, passage du Commerce", pour le *Tour de France* et la *Revue bleue* et cela m'absorbe. Je n'ai pas le temps d'autre chose[3].

Les deux premiers textes cités paraissent en effet dans la revue *Le Tour de France* en janvier et avril 1905, mais les sommaires de *La Revue bleue*, autrement nommée *La Revue politique et littéraire*, ne font état d'aucune collaboration de Huysmans. Cependant, une lettre datée du 25 septembre 1906 laisse à penser que ce dernier comptait écrire d'autres études pour *Le Tour de France*. Pressé par Stock de faire paraître *Les Foules de Lourdes*, il écrit alors à Pierre Roche : « me voici recloué à la besogne des épreuves. C'est un surmenage dont je me serais bien passé ! – et le recul d'articles promis au *Tour de France*, auxquels il faudra s'atteler, une fois le livre paru[4] ». Peut-être est-ce dans cette intention qu'il avait pris quelques pages de notes sur « La Cour de Rouen », ou cour de Rohan, l'un des plus anciens quartiers de Paris bordant le boulevard Saint-Germain, en vue d'un texte qui ne fut jamais écrit, sans qu'on ait pu fournir, à notre connaissance, d'explication sur ce point. Du moins le lecteur découvrira-t-il ces notes inédites, conservées par la Bibliothèque de l'Arsenal sous la cote Ms Lambert 26 (21), dans l'Annexe de *Trois églises*, p. 405-412. Il trouvera aussi des informations sur ce quartier dans le texte d'une conférence-promenade prononcée par Alice Mamelsdorf, et publiée dans le *Bulletin de la Société J.-K. Huysmans*, hors-série, 1961, p. 35-59.

Les notes en question sont difficiles à démêler, du fait que Huysmans avait pour habitude de mettre en réserve des informations qui ne lui serviraient que quelques années plus tard. Dans le cas présent, le manuscrit comporte des matériaux disparates, qu'on retrouve dispersés dans des textes divers, publiés à des dates différentes ou demeurés sans emploi.

Directement utilisés dans l'article du *Tour de France*, les éléments de description relatifs à Saint-Germain-l'Auxerrois sont datés de la main de Huysmans de juin-juillet 1903. D'autres notes, non datées mais probablement contemporaines, ont servi à la rédaction du texte inédit intitulé « Paris retrouvé[1] ». Mais certaines parties de ce manuscrit paraissent plus tardives. Il est tentant, par exemple, de dater de 1906 les notes de lecture, inutilisées, portant sur Port-Royal et le jansénisme. Lorsqu'il passe, dans l'été de cette année-là, six semaines dans la maison de l'abbé Broussolle, à Issy-les-Moulineaux, il dit y trouver « une bibliothèque d'exégèse énorme. Je m'y suis plongé et l'ineptie des exégètes catholiques m'effare[2] ! » – ce qui ne l'empêche pas, écrit-il, d'avoir « fait une ample provision de notes dans la maison de ce salopiaud[3] ». Quant aux informations recueillies sur la cour de Rouen, elles aussi fort détaillées, elles témoignent de l'association spontanée que son regard établit entre la précision topographique et l'investissement idéologique : en observant que, dans ces ruelles bordées de bâtisses remontant au XVIe siècle, « les annexes de la Samaritaine qui avance et englobe tout » jouxtent l'atelier d'un « fabricant de cierges, qui a une maison rue St Sulpice », c'est l'affrontement de deux ères, de deux mondes et de deux civilisations qu'il perçoit.

Aux deux études publiées en 1905 sur Notre-Dame de Paris et Saint-Germain-l'Auxerrois, Huysmans en ajoutera une troisième, dédiée à l'église Saint-Merry, qui n'a fait l'objet, semble-t-il, d'aucune prépublication en revue. La correspondance connue n'en faisant jamais état, il est impossible de déterminer la date précise de sa rédaction. Nous ignorons également si Huysmans comptait s'en tenir à ces trois monographies, ou bien s'il projetait d'en écrire d'autres, pour composer un volume de taille ordinaire. Seule certitude, il a lui-même conçu le projet de réunir ses *Trois Églises* à *Trois Primitifs*, dans le recueil posthume où elles paraîtront en 1908[4]. De ce halo d'incertitude se dégage du moins une forte probabilité : c'est la décision, prise après de longs atermoiements, de consacrer un livre plus ambitieux à Lourdes et à son sanctuaire qui a supplanté cette série de croquis aux contours mal définis.

Or, cette décision va relancer, de manière inattendue, la réflexion sur la douleur menée dans *Sainte Lydwine de Schiedam*. Issu de sources livresques, ce livre avait répondu à la volonté de définir, de façon doctrinale, sa signification spirituelle et d'en célébrer « la noblesse unique[5] ».

Mais ce que Huysmans ne pouvait soupçonner, en écrivant son hagiographie, c'est qu'il allait se heurter, de deux façons, à la douleur physique. Ses séjours à Lourdes, d'abord, vont prendre au mot l'apologiste de la souffrance sacrificielle, en exhibant sous ses yeux le spectacle quotidien des corps torturés ; et en même temps qu'il les décrira, il les éprouvera dans sa propre chair, découvrant ainsi qu'il y a loin de la douleur *lue* à la douleur *vue*, et de la douleur *vue* à la douleur *vécue*.

PUISQUE LOURDES IL Y A

Pourquoi Lourdes ? Parce que Huysmans a séjourné auprès du sanctuaire à deux reprises dans les années 1903 et 1904. Il ne s'y est rendu, ni pour solliciter une guérison, ni même pour effectuer un pèlerinage. La première année, c'est la fatigue due à la mise sur pied de l'Académie des Goncourt et à la préparation de *L'Oblat* qui l'y conduit. Il compte s'y reposer auprès de ses amis Leclaire, copropriétaires avec lui de la maison Notre-Dame, inhabitée et en attente d'un acheteur, et désormais installés en Béarn. Mais il se demande, sans grande conviction et faute d'un objet d'écriture plus mobilisateur, s'il peut tirer un livre de ce lieu célèbre, qui fait s'écharper les catholiques et les mécréants. Significativement, le carnet de notes qu'il noircit dans le Lourdes désert du mois de mars 1903 fait à peine allusion aux malades et à la question des miracles. C'est celui d'un flâneur, d'un fureteur intrigué par ce qui l'environne (les cafés et les marchés, la flore et les montagnes), d'un écrivain accoutumé à sortir, sans dessein défini, le calepin qu'il garde toujours en poche. Il est d'ailleurs si peu pressé, une fois rentré à Paris, d'effectuer un second voyage à Lourdes qu'il laisse passer seize mois avant de s'y résoudre.

Lorsqu'il y retourne, en septembre 1904, son regard a changé. Même si sa décision, à vrai dire plus résignée qu'enthousiaste, d'écrire sur Lourdes n'est pas encore fermement arrêtée, il a compris qu'il n'y échapperait pas. Le promeneur désœuvré cède alors la place à l'écrivain de métier. Huysmans a choisi, pour s'y rendre, la période des pèlerinages internationaux, hors de laquelle le Lourdes religieux est vide de pèlerins et, partant, de signification. Pour décrire avec précision les cohues cosmopolites et les examens médicaux auxquels sont soumis les malades en attente de guérison, il est pris en charge par les Pères de la Grotte, qui lui servent de guide. Il organise son emploi du temps, ses visites et ses rencontres, interviewe les figures importantes du lieu, trie les informations destinées à approvisionner son futur livre en chiffres, en choses vues et en documents humains récoltés sur place ; il prépare ses arguments en faveur du miracle et sélectionne les cas les plus probants. Le lecteur mesurera ce changement d'optique en lisant le texte intégral de ses deux carnets de notes, reproduit dans les Annexes I et II, aux p. 519-542 et 543-561.

Les matériaux accumulés et les lectures faites, les deux années suivantes sont consacrées à la rédaction et à la publication du livre. Mais 1905 et 1906 ne se ressemblent pas, pour des motifs tenant, l'un à l'écriture, l'autre à l'écrivain.

Avant même de se résoudre à tirer un livre de ses notes de voyage, Huysmans a compris qu'il s'engageait sur un terrain périlleux. Ce n'était le cas ni de *La Cathédrale*, ni de *Sainte Lydwine de Schiedam*, ni même de *L'Oblat* : malgré certaines pages polémiques, le déchiffrement de la symbolique médiévale, la biographie d'une sainte du XVe siècle, la vie quotidienne d'un monastère bénédictin ne suscitaient ni concurrence littéraire, ni empoignade en dehors du milieu clérical. Lourdes, en revanche, est un ardent foyer de controverses, un brandon de discorde, en même temps qu'un véritable « dédale discursif[1] ». Pour l'Église, les dix-huit apparitions de la Vierge à Bernadette Soubirous, en 1858, constituent un événement surnaturel de première importance et un inégalable instrument d'apologétique et de prosélytisme. Dans la presse comme dans la librairie, les publications que celle-ci parraine paraissent à flot continu : témoignages des habitants de Lourdes ayant participé ou assisté à tout ou partie de l'événement, biographies édifiantes de Bernadette, guides diocésains à l'usage des pèlerins, comptes rendus de pèlerinages, annonces puis récits de guérisons miraculeuses, procès-verbaux de nature médicale, apologies des laïques accompagnant les malades, histoire et architecture du sanctuaire, vente d'innombrables produits dérivés, etc. À quoi s'ajoutent, dans le camp des détracteurs du culte marial, un nombre également considérable d'articles de presse et de publications d'esprit argumentatif ou satirique, mais toujours hostiles au pèlerinage.

Qu'il s'en prenne au principe même de l'apparition divine, aux guérisons miraculeuses attribuées à la Vierge, à l'exploitation financière de la sottise supposée du clergé et des fidèles que celles-ci alimentent, ou encore au rôle politique qu'on leur prête, le discours anticlérical fait de Lourdes une cible privilégiée.

Romancier catholique reconnu et fin connaisseur du monde religieux, Huysmans est alors « un monolithe catholique planté au sein de la vie littéraire[1] ». Il se sait donc attendu avec défiance, de part et d'autre, sur le sujet. Comme il l'écrit à l'abbé Moeller le 20 mai 1905 : « Le Lourdes est si complexe et si odieux à certains points de vue ! [...] Tout est à dire et à recevoir des pommes cuites de la part des catholiques et de la part des mécréants[2] ». Car, plus encore que dans le cas de *L'Oblat*, il se trouve partagé entre des exigences divergentes. La méthode d'enquête et l'éthique du naturalisme, auxquelles il est resté fidèle, obligent l'écrivain à conformer son témoignage aux réalités factuelles qu'il a observées ; en même temps, le catholique, conscient de la responsabilité qui est la sienne dans la bataille idéologique, entend ne pas fournir d'armes à l'anticléricalisme, en dépit de ses désaccords avec l'institution ecclésiastique. Il lui faut donc suivre la périlleuse ligne de crête séparant ce qu'il pense personnellement du sanctuaire de ce qu'il peut ou ne peut pas s'autoriser à en dire. Des deux côtés, on guette la position qu'il prendra, non sur la mariophanie elle-même, qui répond à une conception irruptive du surnaturel qu'il approuve et ne remet jamais en cause, mais sur la réalité observable du pèlerinage et l'existence des miracles, objets de la violente bataille opposant les défenseurs du culte marial aux libres penseurs, qui font des gorges chaudes de leur obscurantisme.

Aussi bien, lorsqu'il se met à écrire son livre, ces tensions engendrent-elles un double discours, public et privé, dont la tradition critique huysmansienne, saisie d'un prudent embarras, a diffusé surtout la première partie. Celui qui écrit à Léon Leclaire, le 26 juillet 1905 : « Ah ! si l'on pouvait tout écrire de ce que l'on pense... mais ce serait le tolle général, l'index, tout le bataclan[3] », ne se fait pas faute de confier à ses intimes ce qu'il juge inconcevable de publier. Il nous invite du même coup à mesurer l'écart séparant les propos tenus dans sa correspondance du discours admissible proposé dans *Les Foules de Lourdes*. La pratique du double langage, certes, est familière à Huysmans, mais elle témoigne ici d'un embarras accru. Il en fait un principe et adapte son jugement et son registre de langue en fonction de ses divers correspondants. C'est ainsi que, dans la même journée du 9 octobre 1904, on le voit écrire à Léon Leclaire : « Non, plus on regarde Lourdes, plus c'est incompréhensible et j'ajouterai très louche. J'étais vraiment plus sûr des miracles, avant d'avoir vu tout ce fourbi. », et à l'abbé Jean-François Migot : « Lourdes est un bon lénifiant d'âme. Quand on a vu tant de maux corporels, l'on n'ose plus demander d'être débarrassé des siens et l'on ne songe qu'à prier pour les autres. L'on en revient avec un peu plus de résignation et de charité et c'est une bonne grâce[1]... » Il est vrai que cet abbé avait fait bâtir, en 1884, une reproduction du sanctuaire de Lourdes dans sa paroisse de Bruley (Meurthe-et-Moselle).

Écrire sur Lourdes conduit l'écrivain, en second lieu, à affronter des prédécesseurs jouissant, sur le sujet, d'un prestige reconnu. Trois figures de grande envergure se partagent alors le terrain marial et poussent à la polémique l'écrivain qui s'y engage. En matière médicale, le docteur Gustave Boissarie, directeur du Bureau des Constatations du sanctuaire, a publié nombre de livres passablement dogmatiques, qui servent de référence scientifique aux partisans du miracle, alors même que Huysmans, qui l'a fréquenté quotidiennement durant son second séjour, réévalue le jugement qu'il lui inspire, une fois rentré à Paris : « de loin, – écrit-il à Léon Leclaire – la face des Boissarie et autres pieuses, gourdes, m'apparaît comme celle de très cocasses fantoches, d'un intérêt quasi nul[2]. » Le service de l'apologétique est assuré par Henri Lasserre de Monzie, qui fondait son autorité d'historiographe quasi officiel du sanctuaire sur son statut personnel de miraculé : Lasserre s'est fortifié dans la citadelle éditoriale que lui ont bâtie les tirages exceptionnels de son livre principal, *Notre-Dame de Lourdes*, paru en 1869[3] ; mais qu'il soit devenu, comme l'écrit Huysmans, le « cupidon de sacristie » des « sèches dévotes[4] » qui font son succès, n'empêche nullement ce dernier de le tenir, en privé, pour une « pieuse canaille » et de se proposer, avec délicatesse, de le « défonc[er] à coups de bottes[5] ». Le rayon de la littérature romanesque, enfin, reste la propriété d'Émile Zola, auteur d'un *Lourdes* d'esprit rationaliste paru en 1894 et inscrit sur le champ à l'Index : rôdés au jeu de la comparaison depuis la fin des années 1870, les journalistes attendent l'inévitable démêlé qui mettra aux prises le vieil agnostique disparu à l'automne 1902, mais resté bien vivant dans la rancune des ecclésiastiques, à son ancien épigone qu'ils tiennent, d'une façon un peu hâtive, pour son adversaire.

Si l'on ajoute que Huysmans découvre vite qu'il ne pourra pas ne pas prendre parti dans les chamailleries locales opposant les Pères de la Grotte, chargés de la gestion du sanctuaire, aux sectateurs du curé de Lourdes, le défunt abbé Peyramale, qui accusent les premiers de l'avoir honteusement évincé, et qu'il lui faudra, de surcroît, se mettre à dos les marchands du Temple, dont le commerce prospère sur celui de la Vierge Marie, l'on comprend qu'il hésite encore, au début de l'année 1905, à prendre le risque de ce livre : « c'est si embrouillé – écrit-il le 7 janvier à la romancière Mathilde Aigueperse – et surtout, à tous les points de vue, si obscur, que je ne sais pas encore si je me déciderai à écrire le volume[1] ».

Après *Sainte Lydwine de Schiedam*, c'est donc une nouvelle réflexion sur la maladie et la douleur que Huysmans se prépare à engager. Mais, de l'un à l'autre livre, son objet a changé de nature. Il ne s'agit plus ici de démarquer en français moderne le texte d'hagiographies latines du XVe siècle, en y injectant des exposés didactiques de son cru sur la réversibilité des mérites et des peines. Si terribles qu'elles fussent, les douleurs de Lydwine étaient faites d'encre et de papier ; celles que Lourdes jette sous ses yeux en août 1904, privées de leur paravent textuel, sont faites de chair et de sang[2]. Il ne s'agit plus d'énoncer et d'illustrer une thèse capable de « faire du bien, consoler les malades, donner une idée plus virile de la religion, montrer à ceux qui l'ignorent la cime mystique[3] ». Ce qu'il y observe, ce n'est pas « cet état étrange où la douleur est un tremplin des joies[4] », que le Christ, la Vierge, les Saints et les Anges réservent aux très rares élus qu'ils viennent en personne consoler. Lorsqu'il suit du regard, durant trois jours, une dame portant sur son dos ses deux enfants infirmes, qui ressemblent à « de deux pauvres singes qui grimacent et dont la tête vivante ballotte », il n'a pas le cœur de se demander « si les tortures d'une mère n'assurent pas justement, par ces tortures, la santé et la prospérité future de ses enfants[5] ». L'immense maladrerie lourdaise allèche le descripteur resté fidèle à la morbidité naturaliste, mais elle risque de mettre à l'épreuve la doctrine du catholique.

Son projet se heurte enfin à la nécessité de trouver une forme littéraire qui réponde à la place singulière occupée par ce livre au sein de son œuvre et qui le différencie de ceux de ses prédécesseurs. Choisira-t-il le roman ? L'achèvement de la trilogie durtalienne, programmé depuis plusieurs années, et la lassitude que lui inspire le recours aux ficelles du genre excluent cette solution. L'hagiographie ? Outre qu'il est sorti exténué et déçu de l'expérience qu'il a tentée à Ligugé, la figure par trop populaire de Bernadette Soubirous le séduit infiniment moins que celle de la petite sainte hollandaise, à laquelle le liait une proximité géographique, affective et spirituelle. L'essai ? Huysmans n'a pas l'esprit conceptuel ; il a toujours esquivé un genre qui le forcerait à exposer, sous forme de débat théorique, ses convictions personnelles. Or celles-ci sont-elles bien arrêtées au moment où il prend la plume ? Rien n'est moins sûr. L'agoraphobe épris de chapelles obscures et de monastères muets sait-il précisément quoi penser et quoi dire des cérémonies tapageuses auxquelles il a assisté en 1904 ? L'auteur de *Sainte Lydwine*, qui a célébré les grâces spirituelles apportées aux croyants par leurs souffrances physiques, s'accorde-t-il le droit de condamner ceux qui viennent en foule supplier la Vierge de les leur épargner ? Confronté à ces questions insécurisantes, Huysmans choisit donc une forme informe, agénérique, accueillante aux choses vues et aux variations d'humeur, ouverte à la controverse comme à la prière, affichant dans son titre son droit à la contradiction et à l'indétermination : *Les Deux Faces de Lourdes*. Titre provisoire qui deviendra, plus banalement, *Les Foules de Lourdes*.

PRATIQUE DE LA DOULEUR

Un second fait, d'ordre biographique, obère le travail de l'écrivain dans ces années 1905-1907. Autant les deux précédentes avaient été créatives et combatives, autant celles qu'il reste à vivre à Huysmans, qui meurt le 12 mai 1907, à cinquante-neuf ans, d'un cancer de la mâchoire, témoignent d'un affaissement de son activité littéraire, qu'il paraît de bon sens d'imputer à la détérioration de son état de santé. Il est vrai que la maladie et la douleur physique sont de vieilles compagnes, épistolaires en particulier[1], pour un écrivain qui, comme l'écrit Françoise Grauby, a étudié dans *À rebours* « la physiologie d'un hypocondriaque », et dont les lettres, ajoute-t-elle, « quadrillent tout un champ de mésaventures corporelles, de misères intimes[1]. » Pour autant, on ne saurait borner à la seule médecine la question de la souffrance physique.

Dès avant sa mort, on le sait, les croyants, clercs ou non, qui ont assisté l'écrivain moribond ont donné à ses douleurs la fonction spirituelle réparatrice qu'il avait lui-même revendiquée, et qu'il a assumée, selon de multiples témoignages, en véritable martyr. Cette narration édifiante, proposée par une large part de la critique catholique d'alors, offre l'évident avantage herméneutique d'inscrire l'écrivain, vie et œuvre confondues, sur une trajectoire linéaire qui, amorcée avec l'apparition de sœur Angèle, dans *Sac au dos*, et le « Damiens » de *Croquis parisiens*, aboutirait, étape par étape, aux *Foules de Lourdes.* Cette thèse du chemin de croix christique a connu un riche avenir. Sans remonter aux ouvrages d'Albert Garreau ou de Madeleine Ortoleva[2], c'est celle qu'adopte, par exemple, Alain Vircondelet, au seuil d'une étude intitulée « Huysmans et l'expérience de la douleur » : « L'histoire de la douleur dans la vie et l'œuvre de Huysmans – écrit-il – est à lire comme un long pèlerinage dont les différentes stations l'ont conduit à la fusion mystique[3]. » Fondé sur une lecture rétrospective univoque de ses premières œuvres, ce finalisme interprétatif n'exige qu'un seul sacrifice : il force les lecteurs à admettre que Huysmans « a cru pour cela devoir *renoncer à la littérature*[4] », ainsi que l'assure, non sans logique, le même auteur.

Or, sauf à juger *Les Foules de Lourdes* dénué d'intérêt esthétique, Huysmans a compris, dès *En route*[5], qu'il ne renoncerait jamais à la littérature. Une lecture sans exclusive de ses lettres confirme que ses dernières années ont été moins rectilignes, mais aussi plus humaines, que ne le prétend ce cheminement sacrificiel. L'approche de la mort, si elle a posé à l'homme de foi la question imminente de son salut, a d'abord formulé celles de la maladie et de la souffrance physique en des termes, non plus doctrinaux ou fictionnels, mais personnels. C'est pourquoi, si éclairant qu'il soit d'étudier la représentation de la maladie et de la souffrance dans son œuvre littéraire, comme l'ont fait Georges Veysset, Charles Maingon et, plus récemment, Laure de La Tour[6], il n'est pas inutile de confronter la façon dont l'écrivain malade, puis grabataire, appréhende et traite sa propre souffrance, aux thèses qu'il a auparavant développées et aux positions qu'il prend sur le sujet dans son tout dernier livre. Car, pour affronter la maladie dont il perçoit l'aggravation régulière, sans en comprendre encore la nature irréversible, Huysmans a disposé, d'expérience, non pas d'une seule ressource, mais de trois.

Il écarte d'abord la première piste qu'il a longtemps suivie, puisqu'il ne songe jamais à s'adresser aux pratiques extra-médicales, dont il avait proclamé, dans *Là-bas*, la supériorité sur la science matérialiste. C'est l'attitude qu'il adopte face à l'épidémie de grippe infectieuse qui a frappé la France en 1889. Appelée « Grippe russe » en raison de sa provenance orientale, elle a connu des regains jusqu'en 1894 et aurait fait un million de morts dans le monde. Huysmans, qui en a été victime, l'évoque à plusieurs reprises dans sa correspondance[1]. Le 18 février 1894, il s'interroge sur son origine dans une lettre adressée à Julie Thibault, ancienne voyante de l'abbé Boullan et future Mme Bavoil. Celle-ci ayant fait état, semble-t-il, de rumeurs propagées par Papus selon lesquelles la maladie serait due à l'action des satanistes et à « un pacte arraché à l'ex-sorcier Boullan », il lui répond :

> Il y a là, en effet, une coïncidence bizarre. Ils sont évidemment capables de tout – mais, à l'heure actuelle, l'état dans lequel vous êtes – et qui fut exactement le mien, alors que je contractai ma grippe – est commun à des milliers de personnes. Cette étrange maladie de l'influenza donne les effets d'un vrai maléfice, elle est si déroutante, passant si brusquement d'un membre à l'autre, qu'on a peine à la croire naturelle, et pourtant, il est difficile d'admettre que la moitié du pays soit maléficiée par l'autre, d'autant qu'on en guérit, en somme, sans levage de maléfice !
>
> Il y a le sirop phéniqué de Vial qui est le meilleur pour calmer ces affreuses toux nocturnes que je ne connais que trop.
>
> Il y a reprise de cette épidémie, pour l'instant, et j'espère presque que c'est cette ennuyeuse maladie que vous avez, plutôt que des douleurs produites par des effluves démoniaques, car ce serait de nouvelles hostilités à conjurer, de nouvelles luttes à soutenir dont la perspective ne laisse pas que d'être pénible[2].

Sachant que sa correspondante évolue au quotidien dans le surnaturel, Huysmans, on le voit, n'exclut pas l'hypothèse d'une provenance satanique, mais il l'engage à préférer une explication d'ordre médical, et lui rédige même une ordonnance.

Lorsqu'il s'agit d'une maladie personnelle, jamais il ne s'est prétendu victime d'un envoûtement ou d'un quelconque maléfice, ni n'a envisagé de se soumettre à un exorcisme, alors même qu'il connaissait le prêtre parisien chargé de cette fonction. L'heure de la « pâte à exorcismes » et de l'infaillible « sacrifice de gloire de Melchissédec » est également passée et, avec elle, la gloire du docteur Johannès, qui pratiquait des guérisons merveilleuses par l'imposition de pierres précieuses. A disparu aussi la conviction que la médecine de Paracelse tirait son efficacité de son action sur le corps astral et qu'un rebouteux de campagne en sait toujours plus qu'un docteur en médecine. Non seulement le malade n'a pas soumis son corps souffrant aux occultistes qu'il tenait pour de puissants thaumaturges, mais, délaissant une pratique qui lui était familière, il ne semble pas non plus avoir placé son espoir dans les saints guérisseurs, qu'il engageait ses amis malades à solliciter[1]. Il n'est pas jusqu'au traitement par les simples, cher à Dom Philogone Miné, le vieil herboriste de *L'Oblat*, qui n'ait été discrédité par la gravité d'une maladie qui s'annonçait incurable. Les recettes de phytothérapie héritées du Moyen Âge ont produit, certes, de belles pages, mais elles ont laissé le malade face à une alternative : ou bien la médecine positive, ou bien l'appel à Dieu.

Durant plusieurs années, Huysmans s'en est donc remis à la dentisterie pour se faire soigner les dents. Difficiles à dater, les premières alertes remontent, semble-t-il, à son séjour à Ligugé, où il commence à fréquenter les « quenottiers ». Mais, à l'époque, il traite ce « drame chicotique » par l'autodérision. Témoin la lettre qu'il envoie à Descaves, le 9 mai 1900, en surnommant sa maison « Hôpital Notre-Dame » :

> J'ai eu des rages de dents horribles et j'ai dû aller à Poitiers chez un terrible lapin [...]. Comme c'était une dent barrée, ce fut un massacre et j'eus l'impression qu'on me faisait éclater le crâne. / Bref, à l'heure actuelle, j'ai un aérostat qui se gonfle dans ce qui me sert de bouche[2].

La souffrance ne se calmant pas, il poursuit le 23 mai :

> Et depuis ce moment, une quinzaine, j'ai je ne sais quoi dans la mâchoire qui ne fonctionne plus. Je revais à Poitiers demain chez un autre quenottier et j'ai bien peur que cela ne finisse encore par des arrachages. Pas gai ! – j'ai peur avec cela que ces dentistes Poitevins ne soient au-dessous de tout[3] !

Endormies pendant une assez longue période, les douleurs le relancent dans l'été 1902. Le dentiste parisien qu'il consulte diagnostique, cette fois, une périostite qui lui met « la mâchoire en compote et [le] réduit à [s]e nourrir de soupes, d'œufs, de cervelles[4] ». Il espère donc s'en tirer, en août, en se faisant « caoutchouter les mandibules ». Mais les douleurs persévèrent et s'aggravent, au point que, à force de fréquenter d'autres « répareurs de chicots », il « mange, sur [s]a devanture, comme les lapins[5] ». Nouveau praticien, nouveau diagnostic : « J'ai le rhumatisme dans les molaires, textuel ! ! – si bien qu'on me panse et m'astique toute la mâchoire[1]. » Le patient range alors ses maux de dents parmi les affections bénignes, dont il se plaint depuis longtemps :

> C'est un vrai cache-cache – La grippe cesse – aussitôt mal de gorge – Il s'en va, bon, mal dans les reins – Il passe – un flux de sang – Il s'arrête – un rhumatisme. – Crépel, pour me consoler me dit que c'est un peu comme cela, pour tout le monde, avec la grippe, cette année[2].

La raison en est que, le 25 avril 1905, alors qu'il se plaint d'avoir « une grosseur de pigeon dans le col[3] », aucun médecin n'a encore décelé que ce « je ne sais quoi dans la mâchoire » se nomme cancer. Huysmans découvre, en effet, très tard qu'il souffre d'un mal incurable, comme l'atteste l'abbé Mugnier qui note dans son *Journal*, le 17 décembre 1906, après lui avoir rendu la veille une visite : « Il va subir une nouvelle opération. C'est paraît-il très grave, et il ne s'en doute pas[4]. » Aussi longtemps qu'il le peut, plaisanter de la maladie lui permet donc de conjurer la souffrance, au point qu'il écrira encore, quatre mois avant sa mort, dans sa dernière lettre à Jean Lionnet : « ma situation elle tourne à une fantaisie qui finirait par être cocasse, si elle n'était si douloureuse. J'ai un ballon captif (hélas !) dans la joue, qui monte et descend, s'enfle et se dégonfle, sans qu'on sache pourquoi. Malheureusement ces opérations variées ne se font pas sans douleur[5]. »

Tempérer les gémissements par la cocasserie n'empêche cependant pas la question du traitement de la souffrance physique de se faire jour, du fait que le dogme de la mystique réparatrice, qui déclare la douleur aimable et désirable, et l'expérience de la douleur vécue ne se recouvrent pas totalement. Dans *En route*, le champion de la souffrance réparatrice s'était déjà demandé, non sans logique : « Qui sait [...] si les anesthésiques qui suppriment la douleur corporelle n'endettent point ceux qui s'en servent ? qui sait si le chloroforme n'est pas un agent de révolte et si cette lâcheté de la créature à souffrir n'est point une sédition, presque un attentat contre les volontés du ciel[6] ? » Il retrouvait là le raisonnement qui avait conduit Baudelaire à réprouver l'usage du chloroforme : « Malgré les admirables services qu'ont rendu l'éther et le chloroforme – écrivait ce dernier dans *Les Paradis artificiels* –, il me semble qu'au point de vue de la philosophie spiritualiste la même flétrissure morale s'applique à toutes les inventions modernes qui tendent à diminuer la liberté humaine et l'indispensable douleur[1]. » Thèse reformulée par Huysmans, quand il s'interroge, dans *Les Foules de Lourdes*, sur les raisons poussant les malades à faire le pèlerinage : « Lourdes a pris, en quelque sorte, le contre-pied de la Mystique, car enfin l'on devrait, devant la grotte, réclamer non la guérison de ses maux, mais leur accroissement ; l'on devrait s'y offrir en expiation des péchés du monde, en holocauste ! »

Dans son cas personnel, il s'est montré moins affirmatif. En 1897, il avait décrit à l'abbé Ferret sa façon de traiter une rage de dents : « Je me suis demandé si je ne deviendrais pas fou. Enfin, hier, je me suis déporté chez un praticien célèbre et, comme je ne pouvais remuer la tête, sans hurler, je me suis fait anesthésier au protoxyde d'azote[2] ». Expérience que l'inventeur de Des Esseintes avait jugée suffisamment intéressante pour en consigner un récit circonstancié dans son *Carnet vert* :

> on vs fourre une sorte de muselière pleine de cuir, vous prenant la bouche et le nez et l'on respire un gaz qui semble arriver par trombes – d'un goût bizarre – cela semble durer longtemps – on se dit, mais je ne m'endors pas. On entend la femme dire : prenez-moi la main pour me faire voir que vs m'entendez – Un bourdonnement d'eau vous arrive dans les oreilles – puis plus rien – le néant – Et l'on se retrouve assis devant la femme vous offrant un verre d'eau menthisé. L'on n'a rien senti – Des vagues d'océan ds les oreilles, c'est tout – L'on se remet, immédiatement – sans même être ahuri[3].

Désormais, recours à l'anesthésie et notoriété du praticien sont de règle. Sans remonter jusqu'au croquis « Le Coiffeur », dont le patient malmené soupirait : « Ah ! où sont-ils donc les bienfaits de la science, les anesthésiques vantés, les pâles morphines, les fidèles chloroformes, les pacifiants éthers[4] ? », Huysmans, on doit le constater, n'est nullement hostile à l'usage des antalgiques. Au printemps 1901, alors même qu'il écrit *Sainte Lydwine* à Ligugé, il se désole, forcé de se faire arracher une dent, que le dentiste, un provincial attardé, soit « dénué de cocaïne[5] », et, par « peur [...] que ces dentistes Poitevins ne soient au-dessous de tout[6] », il décide de s'en remettre à « un dentiste des écoles de Paris, diplômé, sachant très bien son affaire, celui-là[7] ». Soumis par la suite à plusieurs opérations chirurgicales, il ne refuse pas l'anesthésie. Il découvre seulement que « la cocaïne n'agit pas sur [lui][8] », ou se plaint de la voir mal employée : « L'anesthésique mal manié, m'a réveillé au milieu et j'ai dû subir, de sang-froid, l'évulsion de trois dents. Et tous ont perdu la tête et laissé celle qu'il fallait surtout enlever. C'est à recommencer[9]. »

Il reste, si l'on accepte de croire un opuscule édifiant, mais entaché d'erreurs, rédigé par Dom Du Bourg, qu'il aurait refusé des piqûres de morphine, en s'écriant : « Ah ! vous voulez m'empêcher de souffrir ! vous voulez changer les souffrances du bon Dieu en mauvaise jouissance de la terre ! Je vous le défends[1] ! » Mais c'est le même Dom Du Bourg qui prétend, en dépit des déclarations contraires de Huysmans dans la presse, que, « s'il avait été en son pouvoir de le faire, il eût été heureux, comme Paul Féval, de consacrer les débris d'une aisance disparue à racheter, pour les faire disparaître, les œuvres du passé et à décharger ainsi sa conscience[2]. »

Son état de santé s'aggravant, le contempteur de la médecine scientifique consulte les meilleurs spécialistes parisiens. Le docteur Victor Crépel, homéopathe et beau-frère de Lucien Descaves, l'assistera jusqu'à la fin. Il est également soigné par le Dr Joseph Arrou, chirurgien de la Pitié, qui l'opère, en novembre 1906 à la clinique de la rue Blomet, d'un phlegmon, dû à son cancer lingual et dont l'incision ne se cicatrisera jamais[3]. Intervient ensuite le Dr Poirier, médecin à l'hôpital Lariboisière, le « grand Lama de la chirurgie » que Huysmans, accompagné de Jean de Caldain, va consulter 21 décembre, quai Malaquais[4]. S'il se félicite de leurs soins, il ne se fait alors plus guère d'illusion : « Heureusement, je ne sais pourquoi Poirier, Arrou, les grands découpeurs, se sont pris d'affection pour moi, et ils y mettent, gratis, un dévouement touchant. Je suis donc soigné aussi bien que le seraient les têtes couronnées, mais, mais… tout cela n'empêche pas que je ne sois bien mal en point[5] ».

Durant l'année 1906, il se prête également aux expérimentations thérapeutiques les plus récentes. Première tentative avec le traitement par les courants électriques à haute fréquence, mis au point par le docteur Arsène d'Arsonval[6]. Sa maison, raconte-t-il le 27 avril 1906, est devenue « une usine électrique où de gigantesques appareils sont installés pour [lui] inonder de rayons bleus le crâne. / Le résultat de ces instruments est encore indécis, mais leur puanteur est sûre. » L'inefficacité de cette thérapeutique étant avérée, il dit à Mme Huc, le 17 mai 1906, avoir « congédié l'aimable machine qui [lui] remplissait toute une chambre, pour l'aimable coût de location de 120 f par mois[7] ! » Mais il n'en commence pas moins, le 9 octobre, « un nouveau traitement aux rayons X[8] – après les bleus rayons d'Arsonval, c'est maintenant l'ampoule verte – et des séances sans jovialité chez le dentiste[1] ». L'usage de ce nouvel appareillage le laissant sceptique, il confie à Prins, le même jour : « La seule chose que je sache c'est que la médecine et la dentisterie ne peuvent rien pour moi et c'est tout de même triste[2] ! »

Loin de le réconcilier avec la médecine humaine, alors effectivement impuissante à traiter le cancer, ce constat renforce donc sa foi dans l'efficacité de la seule prière :

> Les médecins comptent sur les appareils électriques installés à la maison dont on va prochainement se servir, pour guérir ce malheureux cuir chevelu et ce front. Il en sera ce que Dieu voudra, il m'a en une matinée remis l'œil sans rien ce qui est joliment plus simple.
>
> Il n'y a donc qu'à prier, ce genre d'électricité céleste est le seul sur lequel je compte[3].

Pour autant, s'il s'en remet à la prière, capable à ses yeux de soulager les maux du corps comme ceux de l'âme, le temps est passé où il mobilisait, comme autant de régiments répondant à son appel, des cloîtres par dizaines pour sauver son confesseur et ami, l'abbé Ferret, qui se mourait, en 1897, d'un cancer[4]. En 1906, la plupart des cloîtres sont déserts et c'est à la prière de ses proches qu'il doit désormais s'en remettre. À la certitude que le Ciel allait guérir son ami, succède, pour lui, la préparation à la mort. En même temps qu'il se confie à la médecine positive, il interprète sa maladie sur un plan spirituel. Il a tiré, depuis longtemps, la leçon de la déroute de Ligugé : « maintenant que les ordres de pénitence sont partis, il va falloir que chacun s'y mette et écope. Et il me semble que depuis que j'habite aussi près d'un ordre réparatif, j'ouvre dans la série des laïques, le feu[5] ». Mais ce qui était alors un article de la dogmatique doloriste prend la forme d'une brutale réalité. Il écrit alors à Mme Huc : « Je me suis souvent dit que j'aurais beaucoup d'ennuis corporels, pour avoir écrit la vie de ste Lydwine – mais je suis assez lâche pour ne pas en être du tout satisfait[6]. »

APPRENDRE À MOURIR

Durant l'année qui suit, Huysmans inscrit chacune des phases de sa longue maladie dans une causalité et une temporalité surnaturelles, destinées à les pourvoir de sens. C'est le cas, exemplaire, du zona qui le frappe à la fin septembre 1905, alors qu'il corrige les épreuves des *Foules de Lourdes*, dont la sortie est fixée au mois d'octobre. Condamné à vivre dans l'obscurité durant six mois, il abandonne son travail et, dans l'incapacité de lire et d'écrire, dicte ses lettres à son secrétaire, Jean de Caldain[1]. Les explications qu'il donne de cette aggravation, ainsi que de la guérison subite qui s'ensuit, montrent que, s'il oscille encore entre le biologique et le divin, celui-ci l'emporte progressivement sur celui-là. Il tente de se convaincre que ce zona est responsable de ses douleurs dentaires, dont il provoquerait la recrudescence. À ses correspondants, croyants ou non, il propose donc un diagnostic médical de son cru : il a « la mâchoire du haut saccagée par ce saligaud de zona[2] », raconte-t-il à Descaves 1er juin 1906. Mais comment le chrétien se contenterait-il d'une cause matérialiste pour rendre compte de la cécité où il est plongé ? Il oscille alors entre deux conjectures, relevant l'une et l'autre de la grande psychomachie céleste qui, si elle échappe à l'entendement humain, est autrement moins mesquine. Parfois, il soupçonne la Vierge Marie de freiner l'écriture de son livre en lui infligeant de terribles douleurs pour le punir de ses propos désobligeants sur le sanctuaire. Parfois, il accuse les manigances de Satan d'en retarder la publication pour donner la priorité en librairie à *Lourdes et ses tenanciers*, « un livre infâme de Bonnefon, qui est bien l'attaque la plus violente qui ait jamais été faite contre la Ste Vierge et son sanctuaire de Lourdes[3] ».

Quoi qu'il en soit, chaque épisode de la maladie, récidive ou rémission, relève d'une raison supérieure, qui se manifeste par une subite intervention du Ciel. À l'automne 1905, alors qu'il croit encore échapper au pire : « J'ai été atteint en coup de foudre – raconte-t-il à Charles Rivière, le 27 novembre – d'une terrible maladie qu'est le zona de l'œil ; généralement on en sort aveugle, mais la Ste Vierge m'a protégé, et contrairement à toutes les attentes de la médecine, je suis préservé de la cécité[4]. » Mais, à mesure que le report de la guérison espérée déçoit son attente, il s'applique à déchiffrer d'autres signes inscrits non dans sa chair, mais dans le calendrier religieux. Ce qu'il raconte à Mme Huc, le 3 mars 1906 :

> Imaginez que le lundi gras, à l'heure des 1res vêpres de l'apparition à Lourdes, dont la fête se célébrait le lendemain dans le diocèse de Paris, j'ai été pris en coup de foudre d'une maladie de gorge si violente qu'il me fut impossible de manger et de boire, et je ne pouvais avaler ma salive qu'en poussant des cris. Cela a duré jusqu'à mercredi des Cendres au soir, et cela a subitement disparu. [...]
>
> Je ne suis pas sans redouter la semaine sainte[1].

Qu'attendre, en effet, des jours éminemment symboliques qui s'approchent ? Le rappel à Dieu ou la guérison ? Ce sera la guérison, inexplicable mais porteuse d'une espérance d'autant plus forte que son bénéfice est incomplet, comme il l'expliquera un peu plus tard à l'abbé Moeller :

> J'ai recouvré subitement, vous le savez, la vue, le jour de Pâques, mais le Seigneur m'a laissé de terribles névralgies frontales que rien n'apaise. Il n'y a qu'à attendre une nouvelle fête liturgique de son choix pour qu'il me mette en état de sortir ; et de vivre comme tout le monde. Il le fera, le tout est de prendre patience et de tâcher de se conformer à ses volontés[2].

Pour imparfaite qu'elle soit, cette accalmie confirme son mépris grandissant pour la médecine des hommes et sa foi dans la thérapie divine. Le croyant peut donc lancer, à titre de revanche, un pied de nez aux Diafoirus dévoués qui le soignent : « Ce qui est consolant, c'est que je fais la stupeur des médecins et des oculistes qui ne comprennent rien du tout à la maladie[3] ! » Sans doute cette dernière le fait-elle vivre, comme il l'écrit à Dom Thomasson de Gournay le jour de Noël 1906, « dans l'attente du pis, dans la panique du bistouri et des pansements[4] ». Mais, au fil des vaines et pénibles opérations qu'il lui reste à subir, s'affermit en lui la conviction que la détérioration continue de son état de santé est le signe de la mission spirituelle dont il est chargé :

> j'ai la vague intuition que je vais désormais être mené, en dehors des voies littéraires, dans les voies réparatrices de la souffrance, jusqu'à ma fin. L'embêtement est de ne pas se sentir une vocation bien décidée pour ce genre d'existence ; mais très certainement, à la longue, je m'y ferai[5].

Non sans interrogations, pourtant, devant ce qui subsiste du mystère de la douleur physique, que *Sainte Lydwine* avait pourtant dévoilé à ses lecteurs. C'est à Mme Huc, une vieille dame qui vient de perdre son mari, qu'il les confie, au moment où il découvre que sa guérison, ébauchée au moment de Pâques, est suivie de rechutes. Si, comme il le croit et l'enseigne, la douleur consentie est une « avance d'hoirie » sur l'au-delà, pourquoi donc se poursuivrait-elle après la mort ? « vraiment – lui écrit-il le 31 mai 1906 –, quand on songe à ce qu'est la vie, on ne comprend pas très bien une religion voulant qu'il y ait encore à expier après. On s'en paie, ici-bas, vraiment assez ! – ah ! rien n'est clair[1] ! » Ou encore, quelques jours plus tard : « Hélas ! ma pauvre amie, la vie est cela – ou c'est la torture morale ou le martyre physique mais il faut que ces fonds affreux rapportent singulièrement pour qu'un Dieu qui est toute Bonté nous en afflige[2] ! »

Pour autant, qu'une rémission survienne, et l'écrivain recouvre une surprenante vitalité. C'est le cas à l'automne 1906. Il passe une partie de l'été dans le village d'Issy-les-Moulineaux et, bien qu'il ait, comme il le dit à Leclaire, « la margoulette en compote », « ça ne [l]'empêche pas de travailler, heureusement » et de faire « une ample provision de notes[3] ». Le plaisir manifeste avec lequel il retrouve certaines de ses activités antérieures contredit l'horreur de la vie qu'on lui prête traditionnellement. « Mon éditeur – écrit-il à Pierre Roche peu avant de regagner la rue Saint-Placide – veut que le livre de Lourdes paraisse le 1er octobre et il faut d'ailleurs que je rentre pour m'occuper des affaires Goncourt et *reprendre ma vie interrompue*, depuis un an. [...] Il faut faire ses affaires maintenant et *rattraper le temps perdu*. [...] J'ai pas mal travaillé, ici[4]. » De fait, il prépare chez Stock le service de presse des *Foules de Lourdes*, avant d'en surveiller les tirages et les ventes avec son attention habituelle. Président de l'Académie Goncourt, il reprend ses obligations, délaissées durant un an, au point de se dire, le 16 novembre 1906, « idiotisé par la lecture de milliers de romans pour le prix Goncourt. Que le diable patafiole tous les auteurs[5] ! »

Ses lettres retrouvent alors l'abondance de naguère et témoignent d'un regain de curiosité envers le monde extérieur. On y voit renaître sa gourmandise pour les faits divers, en particulier s'ils sont défavorables au clergé, comme c'est le cas des scandales provoqués par les mœurs dissolues des curés Delarue et Parisot[6] ; il retrouve sa pugnacité en dénonçant, avec une virulence intacte, la politique du pape Pie X, qu'il dit tenir pour « un ignare et un imbécile[1] » ; il prend plaisir à ferrailler contre Henri Colin, porte-flambeau des défenseurs de Lasserre, qui veut lui imposer ses vues sur l'histoire de Lourdes. Avec sa serviabilité coutumière, il recherche, à la demande de son ami Prins, une édition illustrée des œuvres de Dumas ; il fait jouer ses relations pour trouver un musicien capable d'enseigner le plain-chant aux choristes de l'abbé Fontaine ; il aide son vieil ami Landry à trouver un asile pour sa vieille mère, dont il a la charge[2]. Dans le même temps, il se fait le directeur de conscience attentif d'Adolphe Retté, qui l'avait copieusement injurié avant de se convertir, tandis qu'Henriette du Fresnel reprend, rue Saint-Placide, des visites qui le troublent, au point de lui faire imaginer une liaison physique :

> Pour le petit oiseau, je persiste à être fort ennuyé, car si elle ne part pas au cloître, c'est la continuation d'une situation plus que fausse. Elle ferait beaucoup mieux alors de se marier. Il est vrai qu'alors, je la redouterais davantage. Telle qu'elle est, c'est sans danger, mais autrement… ce serait beaucoup plus difficile, avec l'impulsive qu'elle est, de répondre de soi[3].

Malgré les douleurs qui ne le quittent guère, il renoue même avec les petits plaisirs profanes qu'il affectionnait : « Paris a encore du bon – écrit-il à l'abbé Broussolle. J'y ai découvert, hier, un certain petit beaujolais, à très bon marché et qui est tout agréable, comme vin ordinaire. J'y ai découvert aussi, un superbe bois du XVe, mais ça c'est plus cher que le vin ! enfin[4] ! »

Les étés de la Saint-Martin, on le sait, ne durent pas. Durant ses derniers mois, alors qu'il n'a plus de doutes sur sa mort prochaine et vit « comme une sorte de reclus retranché du nombre des vivants[5] », toute issue, quelle qu'elle soit, prend un sens spirituel. Il inscrit alors ses souffrances dans l'optique réparatrice. « À l'heure actuelle, – écrit-il à Leclaire le 14 décembre – on ne peut trop se plaindre car l'on sent bien qu'il faut réparer pour soi et pour les autres. […] On écope[6] ! » Le 26 janvier 1907, alors que la nature de son mal a été identifiée, il déclare ne plus attendre de guérison de la prière des cloîtres, qui se révèle inefficace et donc contraire à la volonté du Ciel :

> Il faut croire que c'est très bien ainsi, car nulle prière ne porte. L'abbé de Cîteaux que j'ai vu et le P. Romain y ont attelé leurs cloîtres. Le brave évêque de Chartres est allé trouver ses deux Vierges pour demander ma guérison. Tout

> cela me paraît me valoir des tortures en plus. Il n'y a donc qu'à en prendre son parti et à se taire. Ni reliques, ni oraisons de moniales n'aboutiront à quelque chose, j'en ai bien peur. Évidemment, je suis destiné, avant d'en finir, pour passer par le grand laminoir. On se fait heureusement à tout, quitte à gémir, mais le bon Job ne s'en faisait pas faute[1].

Sa fin imminente prend alors place dans la scénographie christique. À cet égard, le texte de la dernière lettre qu'il adresse, deux mois avant sa mort, à Léon Leclaire, le 11 mars 1907, semble obéir à une intention testamentaire et viser la postérité. Comme il l'avait fait en concluant sa préface tardive d'*À rebours*, il reprend, sans la citer explicitement, l'alternative célèbre de Barbey d'Aurevilly (« la bouche du pistolet et les pieds de la croix ») pour opposer la plénitude de sens d'une mort chrétienne à l'absurde suicide du mécréant. Fort de cette comparaison, il adopte une posture édifiante, où le sentiment d'humilité vient corriger une tentation curieusement complaisante à l'auto-admiration. Et tandis que l'ancien oblat rêve de voir sa mort proche coïncider, dans le calendrier liturgique, avec la fête de la Résurrection, le critique d'art qu'il n'a jamais cessé d'être prend place dans le tableau. Il s'imagine crucifié à la place du bon Dimas – le dernier des pécheurs mais le premier des élus – sur un de ces Calvaires qu'il a si souvent décrits :

> Je ne dors pas, je ne mange pas, je fabrique des abcès, avec comme accompagnement un éternel mal de dents. Personne, n'ayant la foi et deux sous de courage, ne se serait fait déjà sauter la cervelle. Eh bien, je ne suis pas malheureux. Le jour où j'ai dit *fiat*, Dieu m'a donné une force incroyable et une force d'âme admirable. Je ne suis pas malheureux. Je ne désire pas guérir, mais continuer à être épuré pour que la Vierge m'emmène Là-Haut. Mon rêve serait qu'Il m'enlevât, comme le bon larron, à Pâques – mais je n'en suis pas digne, hélas[2] !

À lire ces phrases souvent citées et commentées, on comprend que les amis intimes qui l'avaient assisté durant ses dernières semaines aient dressé une statue de « martyr » à l'écrivain, qui meurt le 12 mai[3]. Conforté par le mot de Dom Besse : « Il finit comme un Saint », François Coppée s'y emploie en décrivant les « tortures » de son agonie, dans l'article nécrologique qu'il fait paraître, le surlendemain, dans *Le Gaulois* :

> Elles égalèrent en répugnante abomination celles de sainte Lydwine de Schiedam, dont il a raconté la lente et effroyable agonie dans un de ses livres.

> [...] Huysmans, pareil à la douloureuse mystique qu'il admirait tant, a supporté son supplice avec un courage sans défaillances et une résignation sans plaintes, que la foi seule peut inspirer[1].

Tel encore le père Alexis Crosnier, qui ne le connaissait pas mais n'en écrira pas moins, l'année suivante : « Heureux de la vie intérieure et surnaturelle que seule l'Église catholique peut distribuer, il souffrit en héros et mourut en saint, béni et protégé par la Vierge de Lourdes[2] ! » Une aussi belle mort, en effet, est une arme utile dans la bataille qui met aux prises les catholiques et les libres penseurs. S'emparant de la coïncidence qui avait fait mourir d'un cancer le docteur Poirier une semaine avant l'écrivain qu'il avait soigné, Maurice Talmeyr[3] publie, à la une du *Gaulois* du 18 mai, un article intitulé « Deux morts ». Avant d'en venir au fait, il dispose en diptyque l'agonie exemplaire de l'écrivain, « sans colère, sans plainte, presque sans impatience, quelquefois avec une joie secrète, toujours avec espérance », et « l'incohérente absurdité » de la mort du chirurgien, en qui il voit « le plus complet spécimen du matérialiste élégant ». La morale en découle d'elle-même : « Est-ce que notre société Française ne semble pas quelquefois un peu disposée à finir comme le brillant et malheureux Poirier ? », car elle est, elle aussi, rongée par le « cancer secret » du matérialisme.

À leur suite, nombre de lecteurs catholiques, en quête d'un modèle spirituel, ont projeté l'image du martyr sur celle de l'écrivain. Obéissant à l'injonction lancée à la postérité par la préface tardive d'*À rebours*, biographes et exégètes ont adopté une lecture téléologique de son œuvre, dans laquelle la conversion en commande rétroactivement le sens. Ainsi procède Richard Griffiths : à ses yeux, l'évolution personnelle de Huysmans est « celle qu'il avait attribuée à Lydwine, il parv[ient] à cette acceptation qui f[ait] de ses souffrances un sacrifice valable pour rétablir l'équilibre du monde[4] ». C'est également l'avis de Robert Baldick, dont la biographie fait autorité, et plus récemment d'Alain Vircondelet, qui accorde à *Sainte Lydwine de Schiedam*, avec la certitude des prévisions rétrospectives, une valeur prémonitoire. Il écrit :

> Par la mystérieuse loi de substitution qu'il avait si longtemps appelée à lui, Huysmans mourra dans les affres les plus atroces. Comme si les descriptions qu'il avait évoquées s'étaient appliquées à lui-même. [...] Huysmans vivait la passion de sainte Lydwine. Écriture-prémonition, écriture prophétique, voilà ce que Huysmans apprend[5].

Dans une perspective voisine, Dominique Millet-Gérard cite des paroles prêtées à Huysmans par Jean de Caldain : « Je suis peut-être le total d'une addition. Qui sait si je n'expie pas pour d'autres ? », et invite à y reconnaître un « propos testamentaire qui met le sceau de la cohérence à [son] œuvre[1] ». Pour autant, on ne saurait oublier que Lucien Descaves, l'un de ses plus fidèles amis, jugeait bon de rappeler aux membres de l'assemblée fondatrice de la future Société J.-K. Huysmans, en mars 1927, que « d'autres grands cœurs que le sien ont puisé leur stoïcisme devant la mort, dans une dignité morale et une conscience du devoir, qui n'empruntent rien à la foi[2] ».

Quelque parti que l'on prenne dans un débat qui excède le cadre des études littéraires, on se gardera de réduire le tout dernier Huysmans à la seule image du « forçat de la vie[3] » ou du mystique perdu en Dieu. On en veut pour preuve la lettre inédite que celui-ci a adressée, le 25 mars 1905, à son élève Adolphe Berthet :

> Et il pleut [...], il fait un temps de vache. Je me console à table avec un exquis vin rose dont j'ai pu rafler des pièces. Ça me met un peu de soleil dans le giraumont. Au fond, étant donné que la religion interdit les soubresauts amoureux qui n'étaient point sans grâce pourtant, il ne reste plus que la gourmandise et je finis par tourner au canonicat.
>
> Ça n'est pas surélevé, et le coït était certainement plus noble, mais l'Église a fait tant de chi-chi pour les amoureuses fredaines qu'elle nous a rejetés dans le ventre même, au lieu du dessous.
>
> Il n'y a plus qu'à s'incliner... en attendant qu'elle accepte des idées plus libres, moins coco, moins dessus de lampe !
>
> Travaillez en paix, maudissez les autos et les vélos qui empêchent la vente des livres, buvez frais et chiez chaud et bien cordialement à vous[4].

Dira-t-on qu'il n'était plus le même à six mois de sa mort ? La façon dont il présente au même Berthet, le 16 novembre 1906, les recensions de son livre publiées dans la presse permet d'en douter :

> *Les Foules de Lourdes* se portent bien. 21 000 exemplaires en un mois.
>
> Pas mal de tinettes sur la tête de la part des journaux rouges. C'est du bon ! – Un peu de défécations molles et quasi inodores des feuilles bien pensantes. C'est du mieux[5].

Il serait simpliste, évidemment, de faire de cette résurgence rabelaisienne la tonalité dominante de la correspondance de ses dernières années ;

mais il l'est tout autant de la passer sous silence pour ne montrer que le martyre d'une mort édifiante.

Telles sont les circonstances dans lesquelles Huysmans a préparé et fait paraître son tout dernier livre. Celui-ci, on le comprend, en a gardé une résonance particulière, et l'on ne manquera pas d'éclairer mutuellement les positions, parfois divergentes, de l'homme et celles de l'écrivain. En même temps que ce dernier jugeait malaisé d'écrire sur ce sujet, le passage à l'acte devenait un pôle d'aimantation pour ses thèmes favoris. Les plus anodins comme les plus lourds de sens y ont en effet subi un ultime retraitement. Certains, il faut le dire, sont la mise en musique de ses vieilles antiennes : le séjour dans un lieu *a priori* hostile par son caractère à la fois provincial, méridional et tapageusement cosmopolite ; la nullité de l'art religieux moderne ; le retour du diable, prié d'endosser, pour sa dernière entrée en scène, le rôle d'esthète en chef de la laideur. D'autres, en revanche, revêtent une gravité existentielle : assister à l'accomplissement d'un miracle, avoir la preuve de la puissance guérisseuse, si souvent affirmée, de la prière, se livrer au spectacle hideux mais fascinant des corps dévastés par la maladie, sont autant de défis que le sanctuaire marial impose à l'écrivain de relever, à un moment où se rejoignent sa vie de grabataire et son œuvre finissante.

CHRONOLOGIE

1905

5 janvier : Henriette du Fresnel déjeune chez Huysmans.
12 janvier : Huysmans fait agir Descaves en faveur de Myriam Harry, auteur de *La Conquête de Jérusalem*, pour l'obtention du prix décerné par la revue *La Vie heureuse* (aujourd'hui prix Femina). Il la félicitera de son succès le 31 janvier.
15 janvier : se dit informé par le Vatican de la préparation de « massacres de prêtres et de catholiques ». – Suit de près l'affaire Syveton, dite affaire des fiches : un « vortex d'infamie ». – « Saint Germain l'Auxerrois » dans *Le Tour de France*, 2e année, n° 8, p. 231-236.
19 janvier : mort de Henri Allais à Rouen.
9 février : Myriam Harry déjeune rue Saint-Placide. Henriette du Fresnel écrit à Huysmans tous les jours.
Fin février : Dom Besse publie *Abbayes et Prieurés de l'ancienne France* : « C'est sans nom ! » – Stock « vient d'installer un superbe magasin place du Théâtre français ».
4 mars : se dit occupé par des études sur Paris, mais retardé dans son travail par une grippe qui l'empêche de se documenter sur place.
5 mars : « gueuleton énorme à la maison. Mme Huc avait envoyé une énorme poularde truffée. Tous y étaient, l'abbé, Forain, Descaves, Bois, Landry, Girard. »
8 mars : préside un dîner Goncourt.
20 mars : Bloy s'engage auprès de Stock à supprimer de *Belluaires et porchers* « tout passage concernant Huysmans ».
Fin mars : a achevé la rédaction de « La Symbolique de Notre-Dame de Paris » ; envisage d'écrire « La Cour de Rouen », projet non réalisé.

15 avril : publication de « La Symbolique de Notre-Dame de Paris » dans *Le Tour de France*, 2e année, no 14, p. 329-333.
16 avril : se dit « de plus en plus exaspéré contre les catholiques et [a] grande envie de faire paraître une brochure sur l'état actuel ». Il peut s'agir des *Rêveries d'un croyant grincheux*, texte resté à l'état de manuscrit. – A manqué la visite du Dr Boissarie : « Je regrette un peu de n'avoir pas vu cet imbécile qui m'aurait peut-être raconté des choses ». – Se dit « toujours ennuyé du côté femme » : « La Levantine avec laquelle je me croyais fâché, est revenue, plus enragée que jamais, et le petit oiseau est à un tel point d'excitabilité que si je l'embrasse, il défaille. »
18 avril : reçoit Mlle Godefroy à déjeuner. – Souffre de rhumatismes à l'épaule.
Huysmans prépare *Les Deux Faces de Lourdes* ; à sa demande, les Leclaire lui font parvenir des informations manquantes.
7 mai : reçoit à déjeuner L. Descaves, G. Geffroy, F. Coppée, l'abbé Mugnier et J.-L. Forain.
4 juin : il a « abatt[u] d'assez larges tranches de [s]on *Lourdes* ».
25 juin : remercie René Dumesnil de l'envoi de son *Flaubert, son hérédité, sa méthode.*
26 juin; reçoit à dîner à dîner F. Coppée, J.-L. Forain et J. Bois.
Été 1905 : Huysmans « aba[t] d'un seul coup » son livre sur Lourdes et prévoit sa publication en février 1906.
3 juillet : la loi de Séparation est votée par la Chambre.
Juillet : « On va prochainement, tout prochainement, jeter bas, pour la percée du boulevard Raspail, mes Dames St-Thomas de Villeneuve et la Vierge noire ! – Les Madones s'en vont du quartier. Quelle salope d'époque tout de même ! »
Août 1905 : Marguerite et Léon Leclaire se sont installés à Pau.
8 et 12 août : accorde de longues interviews sur Lourdes à *L'Univers* et au *Temps*.
21 août : se dit « recloué à la chambre » par une grosseur du col : le Dr Crépel « prétend que ça vient des dents ».
25 août : demande à Leclaire de lui envoyer « un vieil *ordo* de Lourdes pour les 18 jours des apparitions » ; il l'en remercie le 17 septembre.
17 septembre : reçoit à déjeuner Mme Godefroy. Polémique avec Louis Colin sur le rôle joué à Lourdes par l'abbé Peyramale et Henri Lasserre.

Huysmans redoute la fermeture du sanctuaire à la suite du pamphlet de Jean de Bonnefon.

19 septembre : « La nappe des dimanches est repleine ».

Fin septembre : atteint d'une inflammation du nerf optique, ou zona ophtalmique, Huysmans est forcé de garder la chambre et perd temporairement la vue ; Jean de Caldain s'installe comme secrétaire auprès de lui ; il le soigne et écrit ses lettres sous sa dictée. La publication des *Foules de Lourdes*, prévue pour le mois suivant, est suspendue.

17 octobre : mort de Jules Athanase Bobin, ami de jeunesse de Huysmans.

Novembre : Huysmans fait la connaissance de l'abbé Daniel Fontaine, curé de Notre-Dame du Rosaire, « un second abbé Ferret, qui vient de Clichy, où il évangélise les chiffonniers », dont il fait son confesseur.

Décembre 1905 : le 3e prix Goncourt est attribué à Claude Farrère pour *Les Civilisés*.

Février : réédition en un volume de *Croquis parisiens, À vau-l'eau, Un dilemme*, Paris, P.-V. Stock, 332 pages.

15 avril : publication de « La Symbolique de Notre-Dame de Paris », illustrations de Charles Jouas, dans *Le Tour de France*, 2e année, n° 14, p. 329-333.

Réédition du *Quartier Notre-Dame*, illustrations et gravures de Charles Jouas, Paris, A. Romagnol, 1905, in-8°, 36 pages.

1906

De janvier à mi-avril : Huysmans est alité dans le noir.

10 mars : il est opéré d'une paupière, puis « désopéré » le 21 ; il souffre de névralgies du front et du cuir chevelu, et s'attend « à végéter comme un mollusque dans des pénombres », durant le printemps et l'été.

15 avril, jour de Pâques : Huysmans recouvre la vue et commence à se lever. Il relance Stock aussitôt pour fixer la date de sortie des *Foules de Lourdes*.

Fin avril : début d'un traitement à l'électricité du Dr d'Arsonval, que Huysmans juge inefficace.

Mai 1906 : la revue *La Graphologie* publie une étude de son écriture.
11 mai : résultat des élections législatives : « Nous sommes foutus, je ne croyais pas les catholiques aussi honnis », déclare Huysmans à l'abbé Mugnier.
30 mai : il sort pour la première fois depuis sept mois pour aller dîner chez l'abbé Mugnier. Il est alors traité par des vaporisations d'ichtyol.
31 mai : il perçoit 11 700 f. de la vente pour moitié de la maison Notre-Dame.
15 juin : la *Semaine religieuse d'Aire-sur-l'Adour* (Landes) publie, sous la rubrique « Variétés » et le titre « Une cure liturgique », de longs extraits des lettres adressées récemment par Huysmans à Mme Huc.
30 juin : mort de Jean Lorrain.
Mi-juillet : réhabilitation de Dreyfus et de Zola : aucun écho dans la correspondance connue de Huysmans.
Juillet : Henriette du Fresnel doit fait une retraite d'un mois à l'abbaye Sainte-Scholastique de Dourgnes (Tarn), mais le séjour est remis. Elle y prononcera ses vœux l'année suivante.
2 juillet : accompagné de Jean de Caldain, Huysmans rend visite à Mme Godefroy, désormais oblate à l'abbaye Notre-Dame de Jouarre (Seine-et-Marne). – Il a « fini de corriger presque en entier les épreuves des *Foules de Lourdes* ».
15 juillet : le *Journal de la Grotte de Lourdes* publie en bonnes feuilles des extraits du chapitre v des *Foules de Lourdes.*
25 juillet : envoie à l'abbé Moeller le dernier chapitre des *Foules de Lourdes* pour pré-publication dans *Durendal.* – Dom Gauguin est élu Abbé de l'abbaye de Ligugé : « C'est pas brillant ; il continuera le néant du vieux [dom Bourigaud] qui se retirera à St-Wandrille ».
1er août : Huysmans s'installe pour deux mois dans la maison de l'abbé Broussolle, 3 rue de l'Égalité, à Issy-les-Moulineaux.
Août : publication en bonnes feuilles du chapitre xv des *Foules de Lourdes* dans la revue catholique belge *Durendal* (13e année, 1906, n° 8, p. 449-459).
15 septembre : *L'Instantané, supplément illustré de la Revue hebdomadaire*, publie en bonnes feuilles le chapitre vii des *Foules de Lourdes*, avec un portrait photographique de l'auteur.
16 septembre : Huysmans demande à Mme Leclaire d'aller déposer un exemplaire des *Foules de Lourdes* dans la grotte de Massabielle.
27 septembre : il se réinstalle rue Saint-Placide.

Fin septembre : il fait le service de presse des *Foules de Lourdes*, mis en vente le 1er octobre
23 octobre : une rumeur répandue par le *Gil Blas* évoque une possible dénonciation des *Foules de Lourdes* à l'Index ; Huysmans y fait allusion dans deux de ses lettres.
28 octobre : l'abbé Mugnier dîne chez Huysmans.
5 novembre : mort d'Alexis Orsat. Huysmans est traité aux rayons X.
8 novembre : rédige et signe son testament.
24 novembre : atteint d'un phlegmon au cou, il est transporté à la clinique de la rue Blomet. Opéré le 29, il regagne son domicile le 5 ou le 6 décembre.
Fin novembre : l'abbé Bremond prononce une conférence sur *Les Foules de Lourdes* à l'Institut catholique.
11 décembre : Huysmans confie à Jean de Caldain une somme de 4 500 f. en espèces, à répartir après sa mort entre certains de ses proches ; il le charge de déposer chez Stock le manuscrit de *Trois églises et trois Primitifs.*
16 décembre : « J'ai une gueule asymétrique », dit-il à l'abbé Mugnier qui lui rend visite.
27 décembre : il invite Descaves, Gustave Geffroy et le Dr Crépel à déjeuner d'une volaille aux olives offerte par Mme Huc.
Décembre 1906 : le 4e prix Goncourt est décerné à Jérôme et Jean Tharaud pour *Dingley, l'illustre écrivain.*

Les Foules de Lourdes, Paris, P.-V. Stock, 1906, 315 pages.

1907

13 janvier : sur l'intervention de Lucien Descaves et Gustave Geffroy, Huysmans est promu officier de la Légion d'Honneur par le ministre de l'Instruction publique, Aristide Briand. Huysmans le remercie par lettre. La nouvelle fait beaucoup de bruit dans la presse.
26 janvier : alité : « j'ai la chance d'avoir Caldain, une bonne exceptionnelle, le petit oiseau, un brave abbé Fontaine. Cela m'évite bien des ennuis, sans compter l'excellent Crépel ».

Fin janvier : dernière visite de Myriam Harry. Nouvelle opération chirurgicale fin janvier. – Il fait détruire des lettres et des manuscrits.
Début mars : « Je ponds de petits abcès qui font de mes jours et nuits, un martyre. »
Mars 1907 : publication en bonnes feuilles de « La Résurrection du Christ de Grünewald du musée de Colmar », extrait de *Trois Primitifs*, dans *Durendal* (14e année, 1907, no 3, p. 143-147).
18 mars : dernière visite d'Henriette du Fresnel avant son départ pour l'abbaye Sainte-Scholastique de Dourgnes.
Début avril : dernière lettre de Huysmans à Henriette du Fresnel, devenue sœur Scholastica en religion. Elle mourra le 16 août 1941, à l'âge de 62 ans.
23 avril : reçoit l'extrême-onction des mains de l'abbé Fontaine.
25 avril : reçoit la visite de Henry Céard.
12 mai : il meurt à son domicile à 8 heures du soir ; il a cinquante-neuf ans.
14 mai : dépôt judiciaire du testament de Huysmans.
15 mai : la messe d'enterrement est dite par l'abbé Mugnier à Notre-Dame-des-Champs ; il est inhumé, à sa demande, dans l'habit des bénédictins au cimetière du Montparnasse.

1908

Publication posthume de *Trois églises et trois primitifs*, Paris, Plon-Nourrit, 1908, 286 pages.

ŒUVRES

TROIS ÉGLISES

La Symbolique de Notre-Dame de Paris
Saint-Germain-l'Auxerrois
Saint-Merry

(1908)

Textes établis, présentés et annotés
par Jean-Marie Seillan

INTRODUCTION

Comparativement aux *Foules de Lourdes*, qui les a éclipsés, les croquis regroupés ici sous le titre de *Trois églises* sont des exercices d'écriture d'ampleur et d'ambition modestes, qui ont paru, pour d'eux d'entre eux, dans une revue qui ne l'était pas moins. Modestes aussi sont les informations que Huysmans a livrées sur leur rédaction dans sa correspondance. Faute de temps ou d'envie, on ne sait, il n'y a fait allusion dans aucune de ses interviews, et ne les a pas repris en volume de son vivant. C'est à titre posthume seulement qu'ils rejoindront, selon sa volonté, trois textes de critique d'art (*Les Grünewald du Musée de Colmar, Le Maître de Flemalle et la Florentine du Musée de Francfort-sur-le-Mein*) publiés en 1904 chez Messein, successeur de Léon Vanier ; ils formeront le recueil intitulé *Trois églises et trois primitifs*, qui paraîtra, en 1908 chez Plon-Nourit, « à qui V. Stock avait cédé ses droits de propriété sur les ouvrages qui lui appartenaient par contrat. » Rien ne nous prouve cependant qu'il ait écrit ces trois monographies d'églises à cette fin, si bien que l'on comprend mal à quelle intention a répondu leur rédaction, même en rassemblant ici le peu que l'on sait d'eux.

DES TEXTES MAL CONNUS

Les deux premières monographies ont été publiées dans *Le Tour de France*, une revue bimensuelle illustrée dont le sous-titre : *Album et guide du touriste en France, colonies françaises et pays de langue française (Algérie, Tunisie, Alsace-Lorraine, Luxembourg, Suisse, etc...)*, lançait des invitations au voyage d'autant plus étrangères aux mœurs sédentaires de Huysmans qu'un bandeau publicitaire garantissait qu'elle était mise « régulièrement en lecture à bord des Paquebots de la Compagnie

Générale Transatlantique. » C'est pourtant dans ses colonnes qu'il fait paraître deux textes consacrés à des églises parisiennes, « Saint-Germain-l'Auxerrois », le 15 janvier 1905, « La Symbolique de Notre-Dame de Paris », le 15 avril, sans que l'on sache s'il avait proposé lui-même sa collaboration à la revue, ou bien – hypothèse qui paraît plus probable – s'il avait été sollicité pour ce travail par la direction. Seule la troisième monographie, « Saint-Merry », n'a fait l'objet, semble-t-il, d'aucune prépublication.

On ignore également qui est allé, après la mort de l'écrivain, déposer le manuscrit chez l'éditeur. Dans la note dont il a pourvu ces textes dans la réédition Crès, Lucien Descaves raconte que c'est Jean de Caldain, alors secrétaire de Huysmans, qui les avait recopiés sous son contrôle, « pendant les derniers mois de [l]a maladie[1] » de Huysmans, mais qu'il avait porté en personne le manuscrit chez l'éditeur. Cependant, selon les instructions écrites laissées par l'écrivain, le 11 décembre 1906, à Jean de Caldain, c'est ce dernier qui avait la charge d'aller le déposer, « sans retard, pour éviter toute immixtion de la famille en cette affaire[2] ». Savoir qui dit vrai, certes, ne fait rien à l'affaire, mais celle-ci présente l'intérêt de révéler la défiance que l'écrivain éprouvait vis-à-vis de sa famille au sujet du sort posthume de son œuvre. La publication de *Trois églises*, texte dépourvu d'innocuité aux yeux du public catholique de l'écrivain, n'ayant pas de raison de l'inquiéter, sans doute pensait-il plutôt à la reprise en volume de l'étude sur la Renaissance italienne, qui avait déjà paru, en 1904, dans *Trois Primitifs.* Le texte comportait les pages consacrées aux mœurs scabreuses des Borgia, dans un Vatican où régnait, écrit-il, « le triomphe de la scélératesse, l'apothéose de l'ignominie [...] le symbole des hontes de la Papauté », formules dont pouvaient s'emparer les polémistes anticléricaux, et aggravées par la présence d'un aveu troublant, l'auteur de *L'Oblat* reconnaissant que les yeux de la jeune courtisane attisaient en lui « les brandons inéteints de [s]es vieux vices ».

Dans le cas des deux croquis ayant fait l'objet d'une prépublication, on dispose de deux états du texte. La version publiée dans le volume posthume est plus longue que la version parue en revue, mais, en l'absence de manuscrit ou d'épreuves, on ignore si Huysmans avait dû amputer son texte originel, afin de répondre aux exigences de mise en page formulées par la revue, ou bien s'il a fait des ajouts à des textes qu'il aurait jugés trop brefs pour constituer un volume de taille convenable.

Quoi qu'il en soit, la présente réédition reprend le texte de 1908, en signalant ces modifications dans les notes de bas de page.

Pourquoi Huysmans a-t-il retenu ces trois églises ? À notre connaissance, il ne s'en est pas expliqué. À peine y fait-il allusion dans une lettre adressée à Arij Prins, le 1er avril 1905 : « Je suis actuellement cloué à la chambre par un rhumatisme dans l'épaule gauche qui ne me laisse guère le loisir d'écrire. [...] Je m'ennuie à ne pas sortir, mais je fais pour des revues des articles sur des églises qui m'intéressent[1] ». Outre le fait que ces trois églises, proches les unes des autres, étaient situées à courte distance de ses domiciles successifs, peut-être l'idée d'écrire sur deux d'entre elles provient-elle d'un livre intitulé *Les Pèlerinages de Paris*, auquel il se réfère dans son étude sur Saint-Merry. Historiographe du vieux Paris, l'auteur du livre, l'abbé F. R. Salmon, y lançait un double appel auquel Huysmans a pu se montrer sensible. De l'une, il écrivait : « Comment ne pas dire un mot de cette vieille église de Saint-Germain l'Auxerrois qui demanderait à elle seule une notice à part [...] ? » ; de l'autre : « Une église qui serait bien curieuse à étudier tant au point de vue de l'art qu'à celui des souvenirs, c'est encore celle de Saint-Merry[2]. »

Si l'on interroge l'œuvre antérieure et la correspondance connue de Huysmans, il apparaît que la place occupée par chacune d'elles diffère grandement. Rien n'explique la présence de Saint-Merry dans cette trilogie ecclésiale, puisqu'elle n'y est jamais citée. En revanche, plusieurs confidences prouvent qu'il fréquentait Saint-Germain-l'Auxerrois, pour une raison assez futile. Alors qu'il imagine, dans le dernier chapitre de *L'Oblat*, ce que sera sa vie en revenant à Paris, Durtal se dit que, l'été, il « ferait escale à Saint-Germain-l'Auxerrois, dans cette chapelle des âmes du Purgatoire, si solitaire, si recueillie, au fond de son abside sombre[3] ». De fait, comme Philippe Barascud le rappelle[4], Huysmans y a recherché la fraîcheur durant les jours les plus chauds de l'été 1904, ce que confirme une lettre adressée à Henri d'Hennezel, le 7 août, où il dit se réfugier dans « le fond de St germain l'Auxerrois et surtout Notre Dame où il fait plus frais que dans toutes les maisons campagnardes les mieux closes[5]. » Plus sérieusement, si l'on ajoute que, dans l'été 1903, il avait pris, sur Saint-Germain l'Auxerrois, des notes manifestement destinées à un projet d'écriture, et qu'il avait constitué sur cette église un dossier de coupures de presse[6], on comprendra qu'il ait été à même, le 29 octobre 1904, d'annoncer à Léon Leclaire la préparation en cours d'« une étude sur Saint Germain l'Auxerrois[1]. »

Le choix de Notre-Dame de Paris surprend davantage, non que Huysmans ne l'ait pas fréquentée, mais parce que cette cathédrale n'a jamais bénéficié de ses faveurs. Sans doute le lecteur de *Là-bas* se rappelle-t-il que Gévingey, l'occultiste pontifiant invité à la table de Carhaix, la révérait pour le sens ésotérique des sculptures décorant l'un de ses portails :

> Voyez, au reste, messieurs, le portail de Notre-Dame de Paris ; les trois portes que les archéologues qui ne sont point initiés à la symbolique chrétienne et occulte, désignent sous le nom de porte du jugement, de porte de la Vierge, de porte de Sainte-Anne ou de Saint-Marcel, représentent en réalité, la mystique, l'astrologie et l'alchimie, les trois grandes sciences du Moyen Âge[2].

Mais l'intérêt de Huysmans pour cette cathédrale s'était arrêté là. Dans *En route*, Durtal multipliait les raisons de l'exclure de ses lieux de prière favoris : « Notre-Dame de Paris était trop grande et trop sillonnée par des touristes : puis les cérémonies s'y faisaient rares ; on y débitait juste le poids des prières exigées et la plupart des chapelles demeuraient closes ; enfin les voix de ses enfants étaient en coton à repriser[3] ». Griefs renouvelés dans *La Cathédrale*, où Durtal jugeait Chartres « autrement intéressante[4] », en prétendant que, sous le rapport spirituel, « tout y est mort ! cette cathédrale n'a plus d'âme ; elle est un cadavre inerte de pierre ; essayez d'y entendre une messe, de vous approcher de la Table, et vous sentirez une chape de glace tomber sur vous[5] ». Plus récemment encore, Huysmans lui reprochait, dans « Le Quartier Notre-Dame », de dégager « une impression de mésaise et de froid », de ne « point aimer ce Paris qu'elle domine » et de n'être pas « un sanctuaire bon enfant, une cathédrale maternelle[6]. »

En fait, ces mots de dépit et de désaffection sont révélateurs de l'optique particulière adoptée par l'écrivain en face de l'architecture religieuse. Lorsqu'il rédige ces croquis, le promeneur solitaire des ruelles du Paris médiéval vise moins à fournir à ses lecteurs des informations d'ordre historique ou artistique, si riches soient-elle, qu'il ne suit les méandres de sa géographie intérieure. Présent à chaque détour de phrase, incapable de s'oublier, il nous entretient autant de lui-même que du passé de Paris.

CROQUIS DE PARIS ET ÉCRITURE DE SOI

En étudiant ces articles, le lecteur ne tarde pas à reconnaître, d'abord, des produits dérivés de ses œuvres personnelles. L'article sur « La Symbolique de Notre-Dame de Paris » raccorde deux exposés de longueur inégale. Le premier est un condensé didactique des thèses sur la symbolique médiévale développées, en 1898, dans *La Cathédrale* ; parmi les citations à peine remaniées que le lecteur y retrouve, le seul apport inédit consiste en la réfutation, vivement polémique, des arguments matérialistes allégués par un historien de l'art médiéval pour expliquer l'inclinaison de l'axe des églises[1]. À cet exposé en succède un second consacré à la symbolique alchimique sculptée sur la façade de Notre-Dame : il constitue, on l'a rappelé, une résurgence thématique tardive de *Là-bas*, enrichie de lectures nouvelles, mais toujours teintée d'un prudent scepticisme. Et quand le même lecteur, lisant l'article intitulé « Saint-Merry », constate que le chroniqueur s'éloigne de l'église pour explorer, avec un plaisir manifeste, les ruelles environnantes, fréquentées jadis par les truands et les filles vénales, c'est *Le Quartier Saint-Séverin*, publié en feuilleton dans *L'Écho de Paris* en 1898, qui lui revient immanquablement à l'esprit.

La forme prise par ces chroniques repose, elle aussi, sur une formule éprouvée depuis de longues années, celle d'un panachage morpho-thématique, mêlant, selon un dosage variable, des réflexions et des tonalités de toutes sortes. Sans doute la visée informative se manifeste-t-elle par la place importante vouée à l'érudition historique. Passé maître dans l'art de la compilation, Huysmans fait fourmiller les dates, les noms de personnes et de lieux, en donnant la référence à des ouvrages oubliés, tirés des fonds de bibliothèques religieuses. Car, aux historiens positivistes et aux chartistes, qu'il dénigre depuis *Là-bas*, il préfère les anciens chroniqueurs. Il en goûte si bien les anecdotes malsonnantes et la langue savoureuse, où il reconnaît la sienne, qu'il appelle leurs auteurs, comme des connaissances familières qu'il aurait nouées dans le passé, « le bon Gilles Corrozet » ou « le bon Germain Brice ».

Mais son angle d'approche du passé change d'un texte à l'autre. Dans « Notre-Dame de Paris », l'érudition domine : après avoir traité, sous forme de *digest*, de la symbolique religieuse, c'est l'histoire des interprétations que les alchimistes ont fournies des sculptures du « porche de l'astrologie » qu'il choisit de développer. Dans « Saint-Germain l'Auxerrois », article nourri de la *Description archéologique des monuments de Paris*, par Ferdinand de Guilhermy[1], il privilégie la perspective historique, moins pour elle-même que pour dénoncer les modernisations désastreuses infligées, au fil des siècles, au malheureux édifice par les architectes. Dans « Saint-Merry », son intérêt se déporte de l'église elle-même vers la sociologie du quartier, dont les propriétaires bourgeois, à la belle époque du Moyen Âge, défendaient pied à pied contre les prêtres les revenus qu'ils tiraient des filles publiques.

Il serait donc excessif de tenir ces monographies, si savantes qu'elles paraissent, pour le travail d'un historien authentique, épris de neutralité scientifique. D'abord parce que Huysmans, qui n'a jamais prétendu en être un, ne délivre, semble-t-il, aucune information historique inédite résultant de recherches personnelles ; ensuite parce qu'il n'en respecte pas toujours les méthodes, en livrant des sources imprécises ou en masquant leur origine de seconde main ; enfin parce qu'il sélectionne ses matériaux de manière à poursuivre son combat contre ses bêtes noires favorites. Ainsi la longue histoire de l'église Saint-Germain l'Auxerrois lui offre-t-elle l'aubaine d'attaquer, d'un même élan, les architectes de l'époque classique qui ont détruit ou déparé les monuments gothiques, qu'ils tenaient pour barbares, et les peintres de l'Académie des Beaux-Arts, formés à l'école ingresque, qui, tout récemment, en ont décoré les murs de fresques détestables. Dans « Saint-Merry », la cible change, mais la pugnacité demeure, puisqu'il greffe sur l'histoire récente de l'église, empruntée à l'abbé Constant Baloche, une diatribe multidirectionnelle contre l'adoption du bréviaire romain, « l'éternelle servilité des évêques » et, pour finir, contre le pape Pie IX. C'est le cas, plus encore, de « La Symbolique de Notre-Dame de Paris », dont l'objectif est double : il est, certes, d'informer le lecteur sur la signification spirituelle oubliée des différentes parties des églises, ce qu'a déjà fait *La Cathédrale*, mais il est surtout de s'en prendre aux thèses des archéologues matérialistes modernes, accusés d'ignorer ou de nier l'existence de cette signification, pourtant commune à tous les édifices du Moyen Âge. Ce qui explique la présence de la longue réfutation ironique de M. de Lasteyrie, qui, absente du texte publié en 1905 dans *Le Tour de France*, peut être considérée comme un ajout postérieur.

Souvent aussi, le supposé historien s'amuse. Jamais ce dandy impénitent ne se refuse le plaisir de méduser son lecteur, en convoquant des auteurs obscurs ou des personnages oubliés, qu'il a la fierté d'être le seul à fréquenter. Car les *curiosa* demeurent pour lui un objet de prédilection. Dans tel passage de « Saint-Merry », il cultive sa réputation d'ancien naturaliste, bien vivante au sein du monde catholique dont il se plaisait à narguer la pudibonderie, en narrant les batailles juridiques menées par les curés contre les prostituées occupant leur quartier – sans que l'on puisse dire s'il songe, en s'attardant sur ces chicanes héroï-comiques, à la guerre picrocholine du *Gargantua* de Rabelais ou au *Lutrin* de Boileau. Dans tel autre, c'est son penchant pour la bizarrerie qu'il retrouve, en imaginant que les clercs laïques desservant cette église seraient « des hommes à moustaches, habillés en enfants de chœur et affublés d'ornements d'église ». Les anecdotes qu'il égrène dans « Saint-Germain l'Auxerrois » sont des digressions calculées, dont la présence tient moins à leur intérêt historique, souvent modeste, qu'à leur incongruité ou à leur cocasserie. Sinon, Huysmans raconterait-il, en rappelant le sort horrible qu'a connu la dépouille du maréchal d'Ancre, exhumée et profanée par le peuple de Paris en 1617, que « [s]es oreilles, que l'on avait mises à part furent payées fort cher par un amateur » ? Préciserait-il, après nous avoir enseigné que la spécialité des reliques d'une certaine sainte Reine était de guérir « les maladies secrètes », qu'il a trouvé cette information chez un vieil auteur portant le « nom prédestiné de Méat » ? Et s'amuserait-il à retenir de la savoureuse épitre érotique à Marie de Médicis écrite par André Valladier, docteur en théologie et prédicateur du roi, les citations qui ont pour lui l'intérêt d'associer, selon un goût déclaré depuis longtemps, l'érotisme et la religion ? Il est vrai que ces pages, qui s'aventurent sur le terrain doublement scabreux de la politique ou de la grivoiserie, étaient absentes de la version de « Saint-Germain l'Auxerrois » publiée en janvier 1905 dans *Le Tour de France*, et n'apparaissent qu'avec la version parue dans le recueil posthume de 1908 – sans que l'on puisse dire, répétons-le, si leur présence résulte d'un ajout tardif, ou bien si Huysmans les avait jugées impubliables dans une revue touristique.

Ces exposés historiques, d'un sérieux problématique, alternent avec des croquis d'une extrême précision. Nul doute que Huysmans n'ait voulu, sous ce rapport, rivaliser avec « les imagiers, si savoureusement réalistes, de ce temps ». Architecture, sculpture, peinture, vitrail : aucun art ne manque à la description des édifices religieux que le temps a épargnés et qui permettent à Huysmans de jongler en virtuose avec les lexiques spécialisés. Mais là encore, l'esprit de critique concurrence, et parfois corrode la rigueur attendue d'un historien de l'art. S'il dévalue systématiquement les œuvres des peintres et des sculpteurs du XVIIIe siècle, comme Coypel ou les frères Slodz, c'est moins pour ce qu'ils furent que pour écraser la production de ses contemporains, déclarés, *in extremis*, encore inférieurs à eux. Et s'il fait de l'architecture rococo un éloge sans précédent sous sa plume, ce n'est pas en raison d'une conversion tardive à une esthétique de cour qu'il vilipende depuis toujours, c'est pour mieux dénoncer « la vulgarité de l'architecture et de l'ornementation contemporaines », et décrier les constructeurs modernes, qu'il traite de « rhéteurs de la jactance monumentale ».

Ailleurs, on a l'impression qu'il se livre à l'improvisation. Il laisse son propos s'autonomiser et déborder le cadre géographique désigné par le titre de son texte. Quittant Paris, on le voit filer en esprit vers l'Augustinarstrasse de Mayence pour décrire une église qu'il a visitée en 1903 – et pour écouler, en les développant, des notes prises sur place, dont l'extrême précision laissait deviner le destin éditorial. C'est pourquoi encore ces monographies, si précises qu'elles soient, ne s'inscrivent pas dans le genre du Guide de visite, qui impose une relative objectivité en matière d'information. Car Huysmans ne cesse de mêler à son projet didactique un discours de nature idéologique, que « Saint-Merry » résume en une formule d'apparence innocente : « Les temps sont changés ». De fait, il ne cherche à décrire pour eux-mêmes ni le passé ni le présent, mais le long et irréversible mouvement de déchéance qui a fait glisser le monde de l'un à l'autre.

D'une part, Huysmans fait, une dernière fois, l'apologie du Moyen Âge, amorcée quinze ans auparavant avec *Là-bas*. Comme autant de pierres jetées dans le jardin d'une modernité que son mercantilisme a déchristianisée, il rappelle que le passé possédait la vraie science, celle de l'âme, oubliée par les modernes. « Nos pères – écrit-il – connaissaient le langage symbolique des gargouilles ». Occasion de louer la foi supposée des chrétiens de jadis, de vanter la société médiévale, plus douce aux démunis, prétend-il, que celle où il a la malchance de vivre, de rappeler que Saint-Merry, « la paroisse des rois est devenue la paroisse de la Mode ; l'église est enserrée par les magasins de la Belle Jardinière, du Pont-Neuf et de la Samaritaine. » À l'en croire, le peuple parisien d'antan qu'il imagine était aussi sensible aux « naïves sympathies qu'ont oubliées les âges », que le XXe siècle commençant y est désormais imperméable.

De l'autre, il saisit l'occasion, toujours bonne à prendre, de suivre le désolant parcours de dégénérescence suivi par l'art religieux depuis la fin de l'époque gothique. Plus qu'ailleurs encore, son histoire de l'art est l'histoire de la ruine de l'art. Tiraillant de tous côtés, il dénigre le XVIIIe siècle, « cette époque dont l'esthétique n'accoucha [...] que d'un idéal de bourdalou et de guéridon », attaque ses contemporains irrespectueux d'une beauté qu'ils sont devenus incapables de comprendre et qu'ils détruisent par ignorance, au bénéfice, ici, de l'urbanisme haussmannien, là, de « la scélératesse de couleur du verrier moderne ». Dans cet assaut, le clergé contemporain, loin d'être épargné, constitue le cœur de cible, qu'il s'agisse de l'épiscopat qu'il juge, en partisan du gallicanisme, dangereusement asservi au Vatican, des desservants des paroisses – « Que penser – se demande-t-il de façon rhétorique – des curés qui mettent ainsi dans leur église la Madone au rancart ? », ou des paroissiens eux-mêmes, dont il ne résiste pas au plaisir de croquer au passage « les faces en fuite des bigots ». Après avoir si souvent pesté contre l'inepte « bedeaudaille », il crée à leur intention un ultime néologisme désobligeant, en s'en prenant à la « sacerdotaille » de l'art.

Pages érudites, fantaisistes, polémiques, mais pages sensibles surtout, du fait que tout est perçu par le regard du visiteur dans une relation de totale subjectivité. Plus encore que leur charge historique ou leur authenticité artistique, ce que Huysmans recherche en parcourant ces églises, c'est une relation d'intimité sensuelle, aussi complexe et subtile que l'étaient les parfums fabriqués, jadis, dans son laboratoire par des Esseintes. Car le *hic et nunc* vise toujours, chez Huysmans, à recomposer l'ailleurs et l'autrefois. Suivons-le à Saint-Germain l'Auxerrois : « on y hume une senteur spéciale qui n'existe, semblable à Paris, que dans un autre sanctuaire, celui de l'Abbaye-au-Bois de la rue de Sèvres, certains jours, – une odeur de salpêtre relevée par une très fine pointe de cire consumée et d'encens ». Descendons en sa compagnie dans la crypte de Saint-Merry : « une bouffée de cave vous saute au visage [...]. On vacille dans l'obscurité ». Visiter telle église parisienne, c'est saisir, comme un petit miracle du quotidien qui abolit le temps et l'espace, l'occasion de

« s[e] croire en même temps dans un oratoire de la fin du XVe siècle et dans une église de campagne de nos jours ».

Sans cesse le passé s'infuse dans le présent, et donne à la description la tonalité d'un poème en prose. C'est lui-même qu'il aperçoit en se penchant sur le passé. Lorsqu'il évoque, sur un ton élégiaque, les débris surnageant, à Saint-Merry, d'une époque engloutie, c'est de lui-même que parle ce chrétien mélancolique, qui se sent égaré dans un monde nouveau. C'est son image qu'il aperçoit dans la sculpture d'un musicien, perchée depuis des siècles au sommet d'un porche :

> un joueur de cornemuse coiffé d'une sorte de lampion de déménageur, et qui regarde, accroupi, depuis bien des siècles, déambuler les petits-fils de ces Parisiens réunis pour le fêter, aussitôt qu'il naquit et qu'on le déposa dans le berceau préparé de sa porte.
>
> Aujourd'hui tous passent et nul ne s'arrête devant lui. Il vit, dépaysé, survivant à de naïves sympathies qu'ont oubliées les âges.

Ailleurs, il nous invite encore à le reconnaître dans l'image fraternelle de cet ecclésiastique anonyme du Moyen Âge, qu'il imagine absorbé, comme lui, par de patients travaux de compilation. Autoportrait d'un écrivain décidément lassé de vivre en un temps qui n'est plus le sien, et qu'il sait devoir quitter bientôt :

> Et l'on se prend, à ce dégoût d'un début de siècle, à envier ce bon prêtre qui s'interrompt de son travail, pour essuyer ses besicles de corne, dans le grand silence de ces murs de pierres sourdes, seulement rompu par les soupirs fatigués du bois.
>
> Comme tout cela nous met loin !

TROIS ÉGLISES

LA SYMBOLIQUE DE NOTRE-DAME DE PARIS

C'est à Victor Hugo, à Montalembert, à Viollet-le-Duc, à Didron, que nous devons le réveil de louanges dont se pare maintenant l'art gothique, si méprisé par le XVIIe et le XVIIIe siècles, en France[1]. À leur suite, les chartistes[2] s'en sont mêlés et ont parfois exhumé des layettes d'archives, des actes de naissance portant le nom des « maîtres de la pierre vive[3] » qui bâtirent les cathédrales ; les recherches continuent dans les cimetières à paperasses des provinces ; quel est, à l'heure actuelle, le résultat de ce mouvement que détermina le Romantisme ?

Celui-ci : tous les architectes, tous les archéologues, depuis Viollet-le-Duc jusqu'à Quicherat[4], n'ont vu dans la basilique ogivale qu'un corps de pierre dont ils ont expliqué contradictoirement les origines et décrit plus ou moins ingénieusement les organes. Ils ont surtout noté le travail apparent des âges, les changements apportés d'un siècle à un autre ; ils ont été à la fois physiologistes et historiens, mais ils ont abouti à ce que l'on pourrait nommer le matérialisme des monuments. Ils n'ont vu que la coque et l'écorce ; ils se sont obnubilés devant le corps et ils ont oublié l'âme[5].

Et pourtant l'âme des cathédrales existe ; l'étude de la symbolique le prouve.

La symbolique, qui est[a] la science d'employer une figure ou une image comme signe d'une autre chose, a été la grande idée[b] du Moyen Âge, et, sans elle, rien de ces époques lointaines ne s'explique. Sachant très bien qu'ici-bas tout est figure, que les êtres et que les objets visibles sont, suivant l'expression de saint Denys l'Aréopagite, les images lumineuses des invisibles[c 6], l'art du Moyen Âge s'assigna le but d'exprimer des sentiments et des pensées avec les formes matérielles[d], variées, de la vitre et de la pierre et il créa un alphabet à son usage. Une statue,

---

a La préoriginale (Pr) donnait : « La symbolique qui, suivant la définition de Littré, la science... » C'est la définition du symbole que mentionnait déjà *La Cathédrale* (chap. V).

b Pr : *pensée*.

c Toute l'allusion à l'Aréopagite est absente de la préoriginale, qui proposait une autre formule : « Sachant très bien qu'ici-bas tout est figure, que le visible ne vaut que par ce qu'il recouvre d'invisible... »

d La préoriginale emploie la conjonction *et* en lieu et place de la virgule.

une peinture[a], purent être un mot et des groupes, des alinéas et des phrases ; la difficulté est de les lire, mais le grimoire[b] se déchiffre. Des livres tels que le *Miroir du Monde* de Vincent de Beauvais, le *Speculum Ecclesiae* d'Honorius d'Autun, si bien mis en valeur par M. Mâle[1], le *Spicilège* de Solesmes, les *Apocryphes*, *La Légende dorée*, nous donnent la clef des énigmes[2].

L'on comprendra cette importance attribuée à la symbolique, par le clergé, par les moines[c], par les imagiers, par le peuple même au XIII[e] siècle, si l'on tient compte de ce fait que la symbolique provient d'une source divine, qu'elle est la langue parlée par Dieu même.

Elle a, en effet, jailli comme un arbre touffu du sol même de la Bible. Le tronc est la Symbolique des Écritures, les branches sont les allégories de l'architecture, des couleurs, des pierreries, de la flore et de la faune, les hiéroglyphes des Nombres[3].

Si ces diverses branches peuvent donner lieu à des interprétations plus ou moins sûres, il n'en est pas de même de la partie essentielle[d], de la Symbolique des Écritures, qui, elle, est claire et tenue pour exacte par tous les temps. Qui ne sait, en effet, nous déclare saint Grégoire le Grand, que « l'Ancien Testament est la prophétie du Nouveau et le Nouveau la manifestation de l'Ancien[4] », que, par conséquent, la religion mosaïque contient en emblèmes ce que la religion catholique nous divulgue en réalité ? L'histoire sainte est une somme[e] d'images ; tout arrivait aux Hébreux en figures, affirme[f] saint Paul[5] ; le Christ l'a rappelé maintes fois à ses disciples et lui-même s'est presque toujours servi, lorsqu'il haranguait les foules, de paraboles ou, si l'on aime mieux, de récits allégoriques qui lui permettaient, en montrant une chose, d'en dévoiler une autre[g].

Il n'est donc point surprenant que le Moyen Âge ait suivi la tradition que lui avaient, après les enseignements du Messie[h], transmise les Pères de l'Église et appliqué à la maison du Seigneur leurs procédés.

---

a Pr : *image.*

b Pr : *palimpseste.*

c Pr : « [...] par les moines, par les architectes, par les imagiers... »

d Nous suivons la leçon de la préoriginale en rétablissant la virgule qui suit ce mot.

e Pr : *un ensemble.*

f Pr : *a dit.*

g Pr : « [...] ; le Christ l'a rappelé maintes fois à ses disciples et il a presque toujours, lorsqu'il s'adressait aux foules, usé de paraboles, c'est-à-dire d'un moyen d'indiquer une chose pour en désigner une autre. »

h L'incise ne figure pas dans la préoriginale.

Cela dit, nous devons ajouter qu'en sus de cette précaution d'enclore, dans une cathédrale, les vérités du dogme, sous les apparences des contours et les espèces des signes, le Moyen Âge a voulu traduire, en des lignes sculptées ou peintes, les Légendaires et les *Évangiles apocryphes*, être aussi en même temps[a] qu'un cours d'hagiographie et de pieux fabliaux, un sermonnaire[1] narrant au peuple le combat des vertus et des vices, lui prêchant la sobriété, le travail, la nécessité évoquée par la parabole des vierges sages et des vierges folles[2], d'être toujours prêt à paraître devant Dieu, le menant, peu à peu, tout en l'exhortant le long de la route, jusqu'au jour de la mort qu'il lui découvrait brutalement, dès l'entrée même de la basilique, dans les tableaux du Jugement dernier et du pèsement des âmes.

La cathédrale était donc un ensemble, une synthèse[b] ; elle embrassait tout ; elle était une bible, un catéchisme, une classe de morale, un cours d'histoire et elle remplaçait le texte par l'image pour les ignorants[3].

Nous voici loin, avec ces données, de l'archéologie, de cette pauvre science de l'anatomie des édifices[c] !

Voyons maintenant, en usant de la doctrine[d] des symboles, ce qu'est Notre-Dame de Paris, quel est le sens[e] de ses divers organes, quelles paroles elle profère, quelles idées elle décèle.

Ses conceptions[f] et son langage ne diffèrent pas de ceux de ses grandes sœurs de Chartres, d'Amiens, de Strasbourg, de Bourges[g], de Reims. Tout au plus cache-t-elle une arrière-pensée qui sent un tantinet le fagot et que j'expliquerai plus loin ; – nous pouvons donc, pour elle comme pour les autres, l'étudier, en lui appliquant les théories générales du symbolisme.

Occupons-nous d'abord de l'intérieur. Durand, évêque de Mende, qui vécut au XIIIe siècle, c'est-à-dire à l'époque même où fut construite Notre-Dame, nous enseigne que ses tours représentent les prédicateurs[4], et cette assertion se confirme par la signification assignée aux cloches qui rappellent aux chrétiens, avec leurs prédications aériennes, les vertus qu'il

a Pr : « être en même temps aussi... »
b La préoriginale résumait ces deux mots au seul *macrocosme.*
c Pr : « de cette pauvre anatomie des édifices ».
d Pr : « de cette science ».
e Pr : « quelle est la signification ».
f Pr : *pensées.*
g Ne figure pas dans la préoriginale.

leur faut pratiquer, s'ils veulent parvenir aux sommets des tours, images de la perfection que cherchent à atteindre, en s'élevant, les âmes[1]. Suivant une autre exégèse formulée, dans le *Spicilège* de Solesmes, par Pierre de Mora, évêque de Capoue[a], les tours représenteraient surtout la Vierge Marie et l'Église, veillant sur le salut de la ville qui s'étend sous elles[2].

Le toit est l'emblème de la charité[3] ; les tuiles destinées à abriter le temple des pluies, sont les soldats qui protègent l'Église contre les entreprises des païens[b][4] ; les pierres des murailles, soudées entre elles, certifient, d'après saint Nil[c], l'union des âmes[5], et suivant Hugues de Saint-Victor, le mélange des laïques et des clercs qui constituent la société chrétienne, qui sont, dit-il, les deux flancs d'un même corps[d][6].

Et ces pierres, liées par le ciment qu'Yves de Chartres[e] assimile à la charité[7], forment les quatre grands murs de la basilique, les quatre Évangélistes, selon le *Tractatus super ædificium*[f] de Prudence de Troyes[8], et selon la traduction[g] d'autres écrivains, les quatre vertus principales : la Justice, la Force, la Prudence, la Tempérance[9].

Les fenêtres sont les emblèmes de nos sens qui doivent être fermés aux vanités de ce monde et ouverts aux dons du ciel ; elles sont garnies de vitres, laissant passer les rayons du soleil, du Soleil de Justice qui est Dieu[10] ; elles sont encore, d'après la théorie d'Hugues de Saint-Victor[h], les Écritures qui éclairent, mais repoussent le vent, la neige, la pluie, similitudes des hérésies[i] que le Père de la division et du mensonge forme[11].

Notre-Dame a trois portails, en l'honneur de la Trinité sainte ; et celui du milieu, dénommé portail royal, est divisé par un pilier sur lequel repose une statue du Christ qui a dit de lui-même dans l'Évangile de saint Jean[j] : « *Ego sum ostium*[k][12] ». Tranchée de cette façon, la porte signifie[l] les deux voies que l'homme est libre de suivre[13].

a Pr : « [...] par le pseudo-Méliton, évêque de Sardes... »
b Pr : « les ardoises sont les chevaliers qui défendent le temple contre les païens... »
c Pr : « d'après Durand de Mende... »
d La préoriginale ne comporte pas les syntagmes postérieurs au mot *clercs*.
e La préoriginale ne mentionne pas Yves de Chartres : « le ciment, synonyme de charité... »
f Le titre n'est pas mentionné dans la préoriginale, mais seulement le nom de son auteur.
g Pr : « et selon d'autres écrivains...
h Cette incise ne figure pas dans la préoriginale.
i La phrase de la préoriginale s'arrêtait à ce mot et ne comportait pas le syntagme postérieur.
j Pr : « dans les Évangiles ».
k Pr : « Je suis la porte ».
l Pr : *indique*.

Et cette allégorie est complétée par l'image du Jugement dernier qui se déroule sur le tympan du porche[a], avisant le pécheur du sort qui l'attend, suivant qu'il s'engagera dans l'une ou l'autre[b] de ces deux routes.

Pour résumer en quelques lignes ces données, nous pouvons dire que l'âme chrétienne, partie du sol, du bas des tours, avec la foi dans les vérités primordiales de la religion, stipulées par les groupes des trois porches : la Trinité, que le nombre même de ces entrées[c] avère, la croyance en la Divinité du Fils et la Maternité divine de la Vierge, racontée par les statues et les figures, s'élève peu à peu, en pratiquant les vertus désignées par les grands murs, jusqu'au toit, symbole de la Charité qui couvre une multitude de péchés[1], qui est la vertu par excellence, selon saint Paul[2].

Il ne lui reste plus dès lors, pour atteindre le Seigneur et se fondre en Lui, qu'à gravir les tours dont les sommets représentent les cimes de la vie parfaite.

Et cet abrégé de la théologie mystique que la façade de Notre-Dame nous enseigne, nous le retrouvons, condensé en d'autres termes, exprimé par d'autres mots, dans son intérieur, par l'ensemble de la nef, du transept et du chœur, ces trois degrés de l'ascèse, la vie purgative, énoncée par les ténèbres de l'entrée, loin de l'autel ; la vie contemplative qui s'éclaire en avançant vers le chœur ; la vie unitive qui ne se réalise que dans la partie attribuée à Dieu, là où convergent les feux allumés par le Soleil de Justice, dans les vitraux des roses.

La forme intérieure de Notre-Dame est, de même que[d] celle de la plupart des grandes basiliques, cruciale[e].

---

a Pr : « [...] qui se déroule, au-dessus des chambranles... »

b Pr : « ou dans l'autre ».

c Pr : *porches*.

d Pr : *comme*.

e La préoriginale diffère ici sensiblement : « Cette forme a été désignée par Jésus même, lorsque dans le deuxième chapitre de l'Évangile, selon saint Jean, il affirme que si les Juifs détruisaient le temple, ils (*sic*) le rebâtirait en trois jours et indiquait par cette parabole son propre corps. Il révélait ainsi aux générations futures les dispositions que devaient, après le martyre de la croix, adopter les nouveaux temples. / Prenons-le donc après sa mort – sa tête est le chœur, ses bras tendus sont les deux bras du transept, ses mains percées sont les portes ouvertes au bout des deux allées de ce transept, ses jambes sont la nef, ses pieds troués sont les portes du grand porche. Dans nombre d'églises, mais plus visible qu'à Notre-Dame, l'axe même du sanctuaire dévie, simulant ainsi qu'à Reims, par exemple, l'attitude du corps affaissé sur le bois du supplice. / Les piliers, s'ils s'élèvent au nombre de douze, sont les douze apôtres ; les colonnes signifient les dogmes, d'après

Et ainsi que nous l'apprend dans son *De Divinis officiis* le bénédictin Rupert, abbé, au XIIe siècle, du monastère de Deutz, si les dimensions de la croix sont en profondeur, en longueur, en largeur et en hauteur, il en est de même de l'église qui reproduit son image – et la profondeur notifie la foi – la longueur, la persévérance – la largeur, la charité – la hauteur, l'espoir de la récompense future[1].

Si nous passons maintenant aux détails de l'ensemble, nous trouvons que la voûte est, d'après l'exégèse de l'anonyme du *Psalterium glossatum*[2] du XIe siècle, l'image de la vie céleste, que les piliers sont les apôtres[3], qu'au dire de Durand de Mende, les colonnes que, de son côté, Petrus Cantor assimile, à cause de leur force, au Christ[4], sont les Évêques et les Docteurs qui soutiennent l'église par leur doctrine[5] ; que le pavé stipule l'humilité et qu'il figure aussi, parce qu'il est foulé aux pieds, les labeurs mis au service de la Foi, des fidèles[6] ; que le jubé, supprimé presque partout et remplacé par le coquetier, plus ou moins élégant de la chaire à prêcher, est l'emblème de la montagne du haut de laquelle parlait le Fils[7].

Le chœur et le sanctuaire symbolisent le Ciel, tandis que la nef simule[a] la terre et comme l'on ne peut s'élever de la terre jusqu'au ciel que par les souffrances rédemptrices de la croix[b], l'on érigeait[c] jadis, au sommet[d] de l'arcade grandiose qui réunit la nef au chœur, un crucifix colossal[8].

L'ignorance des architectes et des curés[e] a depuis longtemps fait disparaître cette croix gigantesque de Notre-Dame[f].

Le signe marquant la division des deux mondes ne subsiste plus maintenant dans cette église[g] que grâce à la grille qui entoure le chœur

---

saint Nil, les Évêques et les Docteurs, suivant Durand de Mende et les chapiteaux sont les paroles de l'Écriture ; le pavé est le fondement de la foi et de l'humilité ; le jubé qui a été détruit, était l'image de la montagne sur laquelle prêchait le Christ. La longueur de Notre-Dame personnifie encore la longanimité de l'Église dans les revers ; sa largeur : la charité qui dilate les âmes ; sa hauteur : la récompense future… » Les deux textes se retrouvent à partir de : « Le chœur et le sanctuaire… »

a Pr : *est l'emblème de.*

b Pr : « […] et comme l'on ne peut franchir le pas qui sépare les deux mondes que par la croix… »

c Pr : *on plaçait.*

d Pr : *en haut.*

e Pr : « et l'indifférence des curés… »

f Pr : « […] fait disparaître de Notre-Dame, comme de presque toutes les basiliques du reste, cette croix gigantesque qui avait cependant sa raison d'être ! »

g Pr : *à Notre-Dame.*

et limite les deux zones, celle de Dieu et celle des hommes, dit saint Grégoire de Nazianze, dans un poème cité par l'abbé Thiers[a][1].

De son côté, l'abside, qui s'arrondit derrière le sanctuaire et affecte dans la plupart des cathédrales la forme d'un demi-cercle, rappelle la couronne d'épines sur laquelle s'appuya, lorsqu'elle fut sur le gibet, la tête ensanglantée du Christ[2]. Dans la majeure partie des temples, la chapelle du fond est dédiée à la Vierge, afin d'attester, par cette position même qu'elle occupe, que Marie est le dernier refuge des pécheurs[3], mais, ici, où tout l'édifice lui est voué, elle n'a pas de chapelle spéciale à la fin du chevet et l'espace qui ne lui est pas consacré est tenu par un oratoire où l'on garde les réserves du Saint-Sacrement.

Si l'abside, située derrière le maître-autel, signifie le douloureux diadème qui ceignit le chef vivant du Christ, l'autel même est sa tête, comme les bras étendus du transept sont ses bras, comme les portes ouvertes au bout des deux allées de ce transept sont les plaies de ses mains, comme les portes du grand porche d'entrée sont les blessures de ses pieds percés de clous[b].

Enfin si l'on se place dans la nef de Notre-Dame l'on peut remarquer que l'axe du chœur incline légèrement sur la gauche[c].

Cette inflexion, nous la retrouvons presque partout, à Saint-Ouen et à la cathédrale de Rouen, à Saint-Jean de Poitiers, à Notre-Dame de Chartres et de Reims, à Saint-Galien de Tours, à Saint-Germain-des-Prés,

---

a La préoriginale était moins précise et faisait la confusion entre Grégoire de Nazianze, déjà mentionné en ces termes dans *La Cathédrale*, et Grégoire de la Grand : « [...] et limite les deux zones. Saint Grégoire le Grand y voit, en effet, la ligne tracée entre a partie réservée à Dieu et celle affectée à l'homme. »

b Les deux paragraphes consacrés à l'abside se présentent tout autrement dans la préoriginale : « Quant à l'autel, il est le Messie même, le lieu où il appuie sa tête sur la croix, la table de la Cène, le gibet sur lequel il répandit son sang, le sépulcre qui renferme son corps ; et il est aussi l'Église, et ses quatre coins sont les quatre coins de l'Univers qu'elle régit. / Or, derrière cet autel, se creuse l'abside dont la forme est demi-circulaire et cette forme de conque est le calque de la couronne d'épines qui cerna le chef du Christ. D'habitude, la chapelle du fond est dédiée à la Vierge, pour témoigner par cette place même, qu'Elle est le dernier refuge des pécheurs, mais, ici, où la cathédrale lui est vouée tout entière, Elle n'a pas de chapelle, au bout du chevet et la place qu'Elle n'occupe point est tenue par un oratoire où l'on garde les réserves du Saint-Sacrement. / La Vierge est encore manifestée par la sacristie d'où le prêtre qui est le suppléant du Fils, sort, après s'être habillé des vêtements sacerdotaux, comme Jésus sortit du sein de sa Mère, après s'être couvert d'un vêtement de chair. »

c Tout ce développement sur la déviation de l'axe des cathédrales ne figure pas dans la préoriginale.

à Paris, à Saint-Nicolas-du-Port, près de Nancy, dans presque toutes les grandes basiliques du Moyen Âge[1].

La répétition constante de cet artifice est donc voulue et elle a sa raison d'être.

Or, jusqu'à présent, il était admis que cette déviation de l'axe du chœur était une allusion à l'attitude de Jésus expirant sur le bois du supplice ; c'était la traduction, en langue architecturale, du passage de l'Évangile selon Saint-Jean : « *Et inclinato capite, tradidit spiritum*[2]. »

Mais l'École des Chartes, qui est devenue, depuis la mort de Léon Gautier et de Lecoy de La Marche[3], une sorte d'officine de Juivophiles et de protestants, dont le but semble être de déprécier le Moyen Âge que ses professeurs de jadis exaltèrent, a tout changé.

À l'heure actuelle la symbolique est reléguée par elle dans les rancarts et l'on y enseigne le matérialisme archéologique dans ce qu'il a de plus bas.

Une brochure intitulée « La déviation de l'axe des églises est-elle symbolique[4] ? » et qui a pour auteur M. de Lasteyrie[5], membre de l'Institut et l'un des podestats de l'École, est, à ce point de vue, typique.

M. de Lasteyrie répond par la négative à sa question, déclare qu'il n'a découvert aucun texte du Moyen Âge relatif à ce sujet et il ajoute aussitôt : « Si jamais le hasard en faisait sortir quelqu'un des arcanes de nos bibliothèques, je ne crois pas qu'on dût y prêter grande attention, car il serait assez isolé pour qu'on pût hardiment en contester la valeur[6]. »

Voilà qui est simple. Cette façon de prendre les devants pour nier l'importance de tout document qui réduirait sa thèse à néant est pour le moins ingénue ; elle est, dans tous les cas, prudente.

Mais en même temps qu'il nous atteste que l'inclinaison du chevet des cathédrales n'est pas intentionnelle et n'a été inspirée par aucun dessein mystique, il tente de nous fournir les raisons de cette constante anomalie des axes et de nous expliquer les causes pour lesquelles les architectes des basiliques du Moyen Âge la commirent.

Et c'est alors que ce vétéran de la paperasse nous exhibe des arguments dont l'extraordinaire indigence désarçonne.

Après avoir raconté ce que nous savons déjà – que les cathédrales ont été bâties par étapes successives et non d'un seul jet – très sérieusement, il nous dit :

« Il en résulte que les architectes qui présidaient à la suite des travaux avaient à raccorder les maçonneries nouvelles avec les parties antérieurement construites et c'était là un problème dont on comprendra toute la difficulté, si l'on songe que la célébration du culte dans une partie de l'église obligeait à élever, entre cette partie et le chantier où se poursuivaient les travaux, des cloisons ou des murs qui interceptaient complètement la vue.

« Or les gens du Moyen Âge, ne connaissant aucun des instruments qui permettent aux modernes de se repérer avec précision et de raccorder, malgré tous les obstacles, les lignes les plus compliquées, éprouvaient le plus grand embarras pour prendre leurs repères et une erreur minime avait pour conséquence une déviation très marquée dans les alignements[1]. »

Et ce n'est pas plus malin que cela ! Les permanentes irrégularités des cathédrales tiennent simplement à ceci que les architectes du Moyen Âge ne savaient pas leur métier et n'étaient pas pourvus d'instruments modernes.

Un tablier de bois tendu entre la partie construite et celle à construire suffisait pour leur faire perdre la tête et tous se trompaient, aucun dans ses calculs ne tombait juste.

Évidemment les tire-lignes qui ont bâti, au XIXe siècle, Saint-François-Xavier, Notre-Dame-des-Champs et Saint-Pierre de Montrouge étaient fort supérieurs, comme science, aux pauvres architectes qui ont édifié les cathédrales de Chartres, de Reims, de Paris, car eux, n'ont pas commis d'inadvertances ; ils ont respecté les règles intangibles du cordeau, ils n'ont pas fait pencher le chœur de leurs églises !

Telles sont les leçons d'orthopédie monumentale qui se débitent maintenant à l'École des Chartes.

Mais laissons ces pédantesques balivernes et revenons à Notre-Dame de Paris[a].

Elle n'est, pour la récapituler, qu'une des pages du grand livre de pierre écrit au XIII[e] siècle sur notre sol et elle ne fait qu'enseigner dans l'Île de France le même cours de théologie mystique[b] qu'enseignent en

---

a C'est ici que le texte renoue avec la préoriginale. L'enchaînement entre les deux paragraphes sur l'abside et ce qui suit était cependant quelque peu différent : « Il faut toujours le répéter, toute partie d'une cathédrale est la traduction d'une vérité théologique, et dans l'architecture scripturale, tout se tient. / Notre-Dame de Paris, pour la récapituler, n'est qu'une des pages du grand livre de pierre… »

b Pr : « les mêmes doctrines de la théologie mystique ».

même temps, dans la Beauce, dans la Picardie, dans la Champagne, ses sœurs de Chartres, d'Amiens, de Reims, en nous bornant à en citer trois ; elle se sert du même idiome qu'elles et cette unanimité de doctrine et d'expression se comprend si l'on considère que les artistes n'ont jamais été, à cette époque, que les interprètes de la pensée de l'Église. Ainsi que le fait justement remarquer M. Mâle, dans son substantiel volume sur *L'Art religieux au XIIIe siècle*[1], dès 787, les Pères du second concile de Nicée déclaraient que la composition des images n'était pas laissée à l'initiative des artistes ; elle relevait des principes posés par l'Église et la tradition religieuse et les Pères ajoutent encore : « l'art seul appartient aux artistes, l'ordonnance et la disposition nous appartiennent[2]. »

Il y eut donc immuabilité de théorie[a] et de langue et les maîtres maçons et les imagiers n'eurent qu'à se conformer aux règles[b] de la symbolique que leur indiquaient les moines ou les prêtres.

Mais ce dialecte hermétique, clair pour ceux qui l'entendaient[c], était-il compris du peuple ?

Nous pouvons le croire, d'après les quelques renseignements que nous possédons. Yves de Chartres, dans son *De Sacramentis ecclesiasticis sermones*[d], nous affirme, en effet, que le clergé apprenait la science des symboles au peuple[3] et il résulte également des recherches de Dom Pitra, qu'au Moyen Âge, l'œuvre du pseudo-Méliton[e], évêque de Sardes, qui contient une clef des allégories employées par l'Église, était populaire et connue de tous[4].

Cette symbolique officielle, si l'on peut dire, était donc accessible à tous les croyants, mais il en est une autre qui figure, à Notre-Dame de Paris, une symbolique occulte, compréhensible seulement pour quelques initiés ; celle-là dérive de ce que l'on nomme[f] les sciences maudites, très pratiquées au Moyen Âge. A-t-elle été insérée, à l'insu du clergé qui n'y vit goutte, sur certaines parties de la façade, ou les formules en furent-elles dictées aux imagiers par un prêtre adepte de l'astrologie et de l'alchimie ? On ne le saura jamais ; ce qui semble le plus probable, c'est que les dresseurs de thèmes généthliaques[5] et les souffleurs de cornues

a Pr : *enseignement.*

b Pr : *principes.*

c Pr : « pour ceux qui le parlaient et pour les artistes qui l'entendaient ».

d Cette incise ne figure pas dans la préoriginale.

e Cette incise ne figure pas dans la préoriginale.

f Pr : « ce qu'on appelle ».

ont cru découvrir, après coup, dans des sujets purement religieux, des intentions qui n'y étaient pas.

Toujours est-il que Notre-Dame de Paris est peut-être une des seules cathédrales en France où de semblables secrets auraient été cachés sous le voile apparent des Écritures.

Deux des portails de la façade, le portail royal, celui du milieu et celui de Sainte-Anne et de Saint-Marcel qui longe le quai, sont ceux devant lesquels se sont réunis, au Moyen Âge et depuis, les adeptes de l'astrologie et les philosophes de la chrysopée[1].

Au portail royal, quatre figures sont censées représenter les symboles de la pierre philosophale ; elles sont contenues dans quatre médaillons qui se font vis-à-vis, deux par deux et qui sont encastrés, non dans le portail même, mais dans les contreforts. Ils sont là, à taille d'homme[a], très en évidence, séparés de tout l'ensemble décoratif de la porte. Ils représentent : à gauche, le premier, en partant du haut, Job, sur son fumier rongé par des vers que l'on voit et entouré d'amis ; le second, un personnage étêté et manchot qui traverse, appuyé sur un bâton ou sur une lance, un torrent. Dans sa monographie de la cathédrale de Paris, M. de Guilhermy[2] déclare qu'il est impossible d'identifier cette figure. Il est, en effet, difficile de savoir de quel nom ce bonhomme s'appelle. Il a l'attitude de saint Christophe, franchissant, appuyé sur son bâton, une rivière, et l'arc et les flèches que l'on aperçoit à ses pieds seraient bien ses attributs, car il fut, avant que d'être décapité, tué à coups de flèches et devint même, à cause de ce genre de supplice, le patron des arbalétriers ; mais la place en haut du médaillon, pour y loger l'Enfant Jésus sur ses épaules, manque et d'ailleurs nul indice n'existe d'une statuette brisée, près du dos et de la tête cassée du Saint. Ce n'est donc point le Christophore, et ce passant garde jusqu'à nouvel ordre l'anonymat.

De l'autre côté, maintenant, à droite, en partant toujours du haut, nous trouvons Abraham prêt à sacrifier son fils et dont un ange arrête le bras, lequel bras a disparu, ainsi qu'Isaac tout entier et une bonne partie de l'ange ; enfin, près d'une tour, un guerrier casqué et vêtu d'une cotte d'armes, protégé par un bouclier, qui lance contre le soleil un javelot. Celui-là serait Nemrod qui, d'après une ancienne tradition, serait monté sur une tour pour livrer bataille au ciel et à ses habitants[3].

a Syntagme absent de la préoriginale.

Si nous nous plaçons au point de vue de la symbolique chrétienne, ces bas-reliefs ne suscitent aucune difficulté d'interprétation ; les sujets, sauf celui du faux saint Christophe, sont clairs, et les enseignements lucides ; mais, il faut bien l'avouer, ils sont étrangement mis à part ; ils ne décèlent[a] aucun sens dans l'ensemble sculpté du portail ; ils constituent, en somme, des phrases isolées, sans rapports entre elles.

Si nous acceptons le point de vue de la symbolique spagyrique[1], nous pouvons reconnaître, avec le vieil hermétiste Gobineau de Montluisant[2], que Job est une personnification de la pierre des philosophes[b] qui passe par les épreuves avant que d'atteindre son degré de perfection ; qu'Abraham est l'alchimiste, le souffleur ; Isaac, la matière à jeter dans le creuset ; l'ange, le feu nécessaire pour opérer[c] la transmutation de la matière en or. Restent le pseudo-Christophe et le Nemrod, mais les grimoires de l'alchimie ne nous renseignent guère sur le sens précis de ces figures[3].

D'autre part, les astrologues qui désignent, de temps immémorial, ce portail sous le nom de porche de l'astrologie, ont toujours vu, dans les tableaux qu'il représente, une effigie de la Vierge astronomique et dans le Christ, accompagné de ses apôtres, l'image du soleil qui monte à l'horizon, entouré des signes du zodiaque. Que cette opinion soit fondée ou non, il faut avouer qu'elle a eu raison de se produire, car c'est à elle que nous devons d'avoir conservé une partie du porche. Et, en effet, en août 1793, la Commune avait décrété la destruction de tous ces simulacres de la vieille superstition religieuse ; et ce fut le citoyen Chaumette[4] qui réclama en faveur de la science, déclarant que ce décor constituait un cours d'astronomie et avait servi à Dupuis pour établir son système planétaire[5] – et le portail fut sauvé. Ce portail royal était et est donc encore revendiqué par les partisans de l'astrologie et les hermétistes. – La porte voisine, celle de Sainte-Anne et de Saint-Marcel, l'était et l'est encore par les alchimistes[d].

À les entendre, le récepte[e][6], le secret de la sublime pierre des sages est inscrit sous la statue qui se dresse sur le trumeau, tranchant en deux la baie[f]. Cette statue, – qui n'est qu'une reproduction, car l'original est

a Pr : présentent.

b Pr : « de la pierre philosophale ».

c Pr : « le feu qui sert à opérer ».

d La préoriginale ajoute : « seuls ».

e Pr : *récipé.*

f Pr : *porte.*

placé dans la salle des Thermes, au Musée de Cluny[a] – portraiture un évêque, debout, mitré et crossé, bénissant d'une main ses visiteurs et foulant aux pieds un dragon sorti[b] d'une sorte de chapelle funéraire où une femme morte est assise dans un linceul enveloppé de flammes.

La lecture de cette scène est très simple. Il suffit d'ouvrir les Bollandistes. La légende de saint Marcel, neuvième évêque de Paris, raconte, en effet, que ce saint délivra la ville d'un horrible dragon qui avait établi son gîte dans le cercueil d'une femme adultère, décédée, sans avoir eu le temps de se repentir et sans avoir reçu les sacrements ; le saint frappa de sa crosse le monstre, lui entoura le cou de son étole, l'emmena à quelques lieues de Paris, dans un désert, et là, lui intima l'ordre, auquel d'ailleurs il obéit, de ne jamais plus retourner dans la ville[1].

Ajoutons ce détail, qu'aux processions des Rogations, le clergé de Notre-Dame faisait autrefois porter, en souvenir de ce miracle, un grand dragon d'osier dans la gueule ouverte duquel le peuple jetait des gâteaux et des fruits. Cette coutume, qui remontait au Moyen Âge, a pris fin en 1730[c][2].

Telle est la version de l'Église ; autre est celle des alchimistes. Dans son cours de philosophie hermétique, Cambriel[3] explique ainsi cette figure[d] :

Sous les pieds de l'évêque, sur le socle même de sa statue, de chaque côté, deux ronds de pierre sont sculptés. Les ronds de droite seraient les simulacres[e] de la nature métallique brute, telle qu'on l'extrait de la mine, les ronds de gauche, négligés comme les premiers par la symbolique chrétienne, seraient la même nature métallique mais purifiée[4] ; et celle-là se rapporterait à la figure humaine, assise, dans la chapelle sépulcrale, et qui a pris naissance dans le feu dont son linceul s'entoure. De cette fournaise tombale qui serait l'œuf philosophique, inséré[f] dans l'athanor[5], le dragon, né à son tour de la figure humaine, serait, en s'élevant hors du fourneau, en plein air, sous les pieds du saint, le dragon babylonien dont parle Nicolas Flamel[6], autrement dit, le mercure philosophal[7], le

a Le syntagme entre tirets ne figure pas dans la préoriginale.

b Pr : *qui sort.*

c Ce paragraphe ne figure pas dans la préoriginale.

d Le paragraphe est autrement rédigé dans la préoriginale, qui ne mentionne pas la version de l'Église : « La version des alchimistes est autre. Dans son cours… »

e Pr : *images.*

f Pr : *placé.*

lion vert[a], le lait de la Vierge, la substance même qui change par une projection le plomb en or[1].

Dans cette interprétation, saint Marcel ne nous bénirait plus, mais il ferait un geste de circonspection, qui signifierait : taisez-vous, gardez le secret si vous l'avez compris[2].

Si bizarre qu'elle paraisse, cette glose se conçoit pourtant, car les préparateurs du grand œuvre peuvent se placer sous le patronage de ce saint qui a, en effet, opéré plusieurs transmutations.

Une fois, alors qu'il n'était encore que sous-diacre et qu'il servait la messe de l'évêque Prudence, il transmua en un vin qui manquait, l'eau qu'il venait de puiser à la Seine[3] ; une autre fois aussi, il changea cette même eau en une liqueur parfumée comme le saint chrême[4].

Le choix que les alchimistes firent de cet Élu pour lui attribuer la possession du fameux secret pourrait donc jusqu'à un certain point se justifier ; cependant, il convient d'observer que le patron officiel des spagyriques, au Moyen Âge, ne fut pas saint Marcel, mais bien saint Jean l'Évangéliste, soit parce qu'une très ancienne légende nous le montre savant dans l'art de traiter les minerais de fer ; soit parce que deux vers, pris en un sens éperdument littéral, de la séquence tissée en son honneur par Adam de Saint-Victor[5], nous le représentent fabriquant avec du bois de l'or et avec des cailloux des gemmes[b].

Que ces explications puissent sembler erronées, c'est bien possible, mais qu'importe ! Que plus fabuleuse encore nous apparaisse cette autre légende relatant qu'un scrupule[6] de la pierre des sages a été caché par l'évêque Guillaume de Paris dans l'un des piliers du chœur que l'on reconnaîtra si l'on suit la direction de l'œil d'un corbeau qui le regarde, sculpté sur l'un des porches, il ne nous en chaut pas davantage ; ce qu'il sied simplement de retenir, c'est que, plus que ses congénères, Notre-Dame de Paris est mystérieuse, plus experte peut-être mais moins pure, car elle est à la fois catholique et occulte et elle greffe sur la symbolique chrétienne les réceptes[7] de la Kabbale[c].

---

a Le lion vert n'est pas mentionné par lé préoriginale.

b Ces trois derniers paragraphes ne figurent pas dans la préoriginale.

c Le même paragraphe est sensiblement différent dans la préoriginale : « Que ces explications soient erronées ou exactes, peu importe ; ce qu'il faut retenir c'est que, plus que ses congénères, Notre-Dame de Paris est mystérieuse, plus savante peut-être, mais moins pure, car elle est à la fois catholique et occulte et elle greffe sur la symbolique chrétienne les secrets de la kabbale. »

En tous cas, ces discussions ne prouvent-elles pas que, sauf de nos jours, cette basilique[a] fut toujours envisagée telle qu'un traité de symbolisme[b], s'exprimant à mots couverts, parlant, à l'exemple du Christ, en paraboles ? Les archéologues, les architectes l'ont disséquée, ainsi que l'on disséquerait un cadavre[c] ; c'est très bien, l'anatomie de son corps est désormais connue ; les romanciers, comme Victor Hugo, ont créé d'après elle un décor[d] plus ou moins véridique pour y loger des personnages imaginés[e] de toutes pièces, et cependant le poète a été le seul, alors, qui ait eu une vague intuition de la symbolique du Moyen Âge, lorsqu'il a écrit sa comparaison fantaisiste de la façade royale, trouée d'une grande fenêtre flanquée de deux petites, ainsi que le prêtre est flanqué, pendant la messe, du diacre et du sous-diacre, à l'autel[1]. Il reste désormais à décrire, autrement qu'en un rapide abrégé, ses aîtres[2] spirituels, sa vie intérieure, son âme, en un mot. La vraie monographie de notre cathédrale serait celle-là ; mais le positivisme architectural ne fait que s'accroître, et, malheureusement, le clergé s'éloigne de plus en plus de[f] questions qu'il aurait pourtant intérêt à ne pas dédaigner.

1. [Note de Huysmans] *Qui de virgis fecit aurum, Gemmas de lapidibus.*

a Pr : *Notre-Dame.*

b Pr : *symbolique.*

c Pr : « ainsi que ferait un médecin d'un cadavre ».

d Pr : « ont fait d'elle un décor ».

e Pr : *fabriqués.*

f Pr : *des.*

SAINT-GERMAIN-L'AUXERROIS

Elle fut ronde comme le temple du Saint-Sépulcre à Jérusalem et ceinte de fossés que remplirent de leurs cadavres les Normands qui l'assiégèrent, l'église que fonda, au VIe siècle, à Paris, saint Landry, sous le vocable de saint Germain d'Auxerre[1]. Celle-là fut[a] l'aïeule. Cent ans après sa naissance, elle tombait de vétusté ; le roi Robert la jeta bas et en reconstruisit une autre à sa place[b] ; celle-là fut[c] la mère. Elle devint, à son tour, caduque et, au XIIIe siècle, sur ses ruines, naquit l'église de Saint-Germain-l'Auxerrois. Celle-là, c'est la fille ; elle vit encore[2].

Son enfance fut troublée ; elle grandit rapidement d'abord, puis, sa croissance s'arrêta pendant une centaine d'années[d] et ne reprit qu'après. Le portail et le chœur étaient achevés à la fin du XIIIe siècle. Le XVe érigea le porche, la nef, les collatéraux du chœur et le transept ; le XVIe réédifia les chapelles, changea les dispositions du chevet, dressa le portail qui s'ouvre à gauche de l'abside sur la rue de l'Arbre-Sec, déroula devant l'autel un magnifique[e] jubé, bâti par Pierre Lescot et sculpté par Jean Goujon[3] ; et l'église, parvenue à sa pleine maturité, s'atteste[f], grâce au voisinage de la Cour, la plus fastueuse et la plus fréquentée de Paris[4].

Vint le XVIIe siècle qui, méprisant son allure gothique, omit de la dénaturer ; mais, moins dédaigneux, le XVIIIe, qui la jugeait de forme désuète, résolut de la rajeunir.

En 1754, le curé et les marguilliers[5] commencèrent par faire démolir le jubé, mais cette destruction ne modifiait pas la mine restée, pour eux, barbare, de la nef, et ils recoururent à un nommé Bacarit, architecte des écuries du Roi[6], en le priant de la civiliser. Il apprêta un plan, et le soumit à l'Académie des Beaux-Arts qui, dans un élan d'enthousiasme, s'écria que cet habile homme « savait marier, de la manière la plus heureuse, le genre moderne avec le gothique de l'église qu'il avait à décorer ».

---

a Celle-là, c'est
b reconstruisit à sa place une nouvelle église
c celle-là, c'est
d un siècle
e mirifique
f devint

Et l'effrayante ganache se mit à l'œuvre. Ne pouvant, à son grand regret, faute d'argent, tout saccager, il dut se borner à canneler les colonnes du chœur, à remplacer la flore symbolique des chapiteaux par d'insignifiantes guirlandes de feuillages et de fleurs, enfin à altérer les contours des croisées qu'il débarrassa de leurs magnifiques vitraux pour les habiller d'une claire vitraille qui fit se pâmer tous les chanoines d'aise[1].

Et Saint-Germain n'en continua pas moins d'être gothique. Bacarit ne parvint pas à transmuer la douce orante du Moyen Âge en une Manon plus ou moins pieuse ; les traits reparaissaient sous le grimage ; ne pouvant obtenir mieux, il songea à esquinter l'extérieur et il abattit la flèche et ses quatre clochetons et installa sur le tronçon demeuré du fût, une balustrade de pierre qui donna au sommet de la tour l'engageant aspect d'un balcon ; puis, après un tel labeur, il se reposa et s'éteignit sans doute, chargé d'ans et de gloire, dans la paix du Seigneur, qu'il avait, avec des travaux de ce genre, si fidèlement servi.

Débarrassé de son bourreau, Saint-Germain-l'Auxerrois vivait placidement quand la Révolution surgit. Alors ce fut autre chose. On ne l'affubla plus de travestis plus ou moins disparates, mais on la dénuda. Ce fut le pillage ; ce après quoi le sanctuaire fut fermé ; l'on installa dans ses dépendances une mairie et l'on usa de sa nef comme d'un hangar pour y gonfler des ballons. Il semblait que la série des déprédations fût close lorsque s'effondra le régime des Jacobins ; mais Napoléon, qui se mêlait de tout, s'occupa de ce malchanceux édifice et projeta tout simplement de le raser[2]. Heureusement qu'il n'eut pas le temps d'exécuter ce dessein et, en 1837, l'église, réouverte, fut réconciliée par Mgr de Quélen, archevêque de Paris[3], et l'on s'efforça dès lors, sous prétexte de panser ses blessures, de les ranimer.

On la para, en effet, de flasques peintures et de redoutables vitres ; mais si déformée, si réparée qu'elle puisse être, elle est encore charmante ; son intérieur est un des plus intimes, des plus vraiment religieux qui soient à Paris et son extérieur demeure un régal d'art.

Le portail du XIIIe siècle est encore debout, avec sa baie médiane datée de ce temps et les deux autres du XVe ; quant aux sculptures représentant, ainsi que sur presque toutes les façades des cathédrales, le Jugement dernier, le pèsement des âmes, le sein d'Abraham, l'enfer des démons, avec l'épisode habituel des vierges sages et des vierges folles, elles ont disparu ou ne subsistent plus qu'à l'état d'épaves et de rudiments ; mais six grandes statues, rangées dans les ébrasures de la porte du milieu, ont été refaites et repeintes ; à gauche, en entrant, saint Vincent, diacre et martyr, un livre à la main ; puis un roi barbu portant un sceptre, et une reine que de Guilhermy croit être Childebert et Ultrogothe, sa femme[1] ; à droite, saint Germain crossé et mitré ; sainte Geneviève tenant un cierge qu'un petit diable placé au-dessus d'elle s'efforce de souffler ; enfin un ange souriant, un flambeau au poing, prêt à rallumer, s'il s'éteint, le cierge de la sainte.

La voussure, au-dessus des vantaux, détient encore trois cordons de personnages, anges, démons, ribaudes et vierges ; le portail a, en somme, gardé quelques mots d'une phrase effacée par le temps et qu'il est facile de reconstituer, car elle est écrite au complet sur la façade des autres églises, mais le trumeau pilier récemment rétabli au-dessous d'elle est inexact, car il supporte, au lieu du Christ d'antan, une vierge neuve.

Si l'on ajoute que des fresques modernes d'un nommé Mottez[2] ont rempli les espaces demeurés vides, mais que l'on ne discerne plus de cette inutile peinture que des écailles craquelées de badigeon, l'on aura ainsi une idée précise du portail, tel qu'il existe à l'heure actuelle[3].

Il est précédé d'un porche à cinq baies ogivales couronnées de balustres et de combles fleuronnés, construit, en 1425, par Jean Gaussel[4]. De toutes les statues qui le peuplent, deux seulement sont authentiques, toutes les autres ont été fabriquées de nos jours. Ces deux statues représentent, l'une, située à la fin du porche et faisant face à la place du Louvre, près de la rue des Prêtres-Saint-Germain-l'Auxerrois, un saint François d'Assise énasé et manchot, à la figure mâchurée par l'âge, l'autre, sise du côté opposé et regardant la grande porte, une Marie l'Égyptienne enveloppée de ses cheveux qui ont conservé des traces d'or ; elle tient les trois pains qui doivent l'alimenter dans le désert et penche mélancoliquement une petite tête oisive[a] dont les yeux sont clos.

Au-dessus de ce porche, se dresse, entre deux élégantes tourelles carrées, la façade trouée d'une rose flamboyante, terminée par un pignon triangulaire, planté sur sa pointe, d'un simulacre d'ange[b]. Derrière, le vaisseau s'étend, flanqué de contreforts, hérissé de gargouilles, habité par une amusante ménagerie qui exhibe depuis des siècles, entre ciel

a ronde
b d'un ange

et terre, les êtres les plus hétéroclites et les bêtes les plus cocasses. Il y a de tout dans cette kermesse de la pierre, des mendiants et des fous, un hippopotame qui rend par la gueule un sauvage; des singes et des griffons, des ours à muselières, des truies allaitant des ribambelles de gorets; des rats sortant, ainsi que d'un fromage de Hollande, de la boule du monde et guettés par un chat, ce qui signifie sans doute[a] que les brigands qui dévastent la terre seront dévorés par le Démon[b].

L'intérieur vaut, lui aussi, que longuement on le visite; tous les styles s'y coudoient. Il a été tellement défait et refait qu'il paraît un peu incohérent, mais ce côté hagard est délicieux quand on le compare à la monotone régularité des églises neuves!

La nef gothique de quatre travées est coupée d'un transept percé d'une porte à chaque bout; celle de gauche est condamnée, celle de droite accède à[c] la rue des Prêtres-Saint-Germain-l'Auxerrois, en face du bureau du *Journal des Débats*. L'on a installé, au milieu de son allée, un bénitier exécuté par Jouffroy[1] sur les dessins de Mme de Lamartine[d], des mioches paradant autour d'une croix; c'est de l'art pour la rue Saint-Sulpice, mais il ne dépare pas la misère ornementale des murs chargés, par un sieur Guichard[2], d'encombrantes fresques[e].

Le long de la nef et du chœur, à partir de l'entrée, de nombreuses chapelles s'enfoncent entre les contreforts des murs, huit à gauche et quatre à droite.

À gauche, d'abord, la chapelle des fonts baptismaux, dite de Saint-Michel, puis celles de Saint-Jean-Baptiste, de Sainte-Magdeleine, de Notre-Dame de Compassion – celle-ci touche au transept, après lequel se trouvent la chapelle de Saint-Louis, où réside le Saint-Sacrement – et où l'on a placé sur l'autel une statue de la Vierge qualifiée de Notre-Dame de Bonne-Garde[f] – celles de Saint-Vincent-de-Paul, de Saint-Charles-Borromée, où un hideux vitrail assigne à cet élu la tête d'un moricaud; enfin celle de Saint-Denys, Saint-Rustique et Saint-Éleuthère – et nous atteignons la petite porte de la rue de l'Arbre-Sec donnant sur l'abside

a ce qui signifie que

b la proie du Démon.

c s'ouvre sur

d exécuté sur les dessins de Mme de Lamartine

e des murs brossés, par un sieur Guichard, d'inexcitantes fresques.

f et où l'on a placé sur l'autel une statue de la Vierge qualifiée de Notre-Dame de Bonne-Garde –

et au-dessus de laquelle s'ouvre, derrière un vitrage à losanges de couleur, une tribune dite « Tribune de la Reine », parce que, prétend-on, la famille royale s'y serait quelquefois tenue pendant la messe[a].

Parmi ces minuscules chapelles, une seule est intéressante, celle de la Compassion, qui fut, pendant plus d'un siècle, la chapelle du Conseil d'État, car elle détient un superbe retable flamand en bois, de la fin du XV[e] siècle, provenant de la collection dispersée de M. de Bruges-Duménil ; divers épisodes de la vie de la Vierge et de la Passion y sont sculptés[1] ; malheureusement, on ne le voit guère, la croisée qui devrait l'éclairer étant obscurcie par des carreaux[b] modernes à la fois sombres et violents, qui ne laissent filtrer aucune lueur.

À droite, maintenant, en partant de l'autre côté de l'abside dont nous parlerons tout à l'heure, la sacristie occupe la place de plusieurs chapelles, et les petits oratoires qui la suivent, en descendant avec le chœur, sont dédiés aux saints Apôtres, à saint Pierre, aux Pères et aux Docteurs de l'Église dont deux, saint Léon et saint Grégoire le Grand, sont, en leur qualité de premiers rôles, en vedette sur l'affiche des vitres ; puis apparaît, succédant à ces réduits si exigus que le confessionnal les emplit, avec un autel, tout entiers, une très élégante porte du XVe siècle surmontée d'une exquise Vierge en bois peint de la même époque, une Vierge dolente et frileuse, mais perchée si haut que, dans l'ombre des voûtes, on la remarque à peine ; et vient le transept de la rue des Prêtres ; cette allée franchie, toute la place des quatre chapelles situées en vis-à-vis, de l'autre côté de la nef, est ici prise par une seule, par la chapelle de la Sainte-Vierge, entourée d'une boiserie qui la cache aux yeux et munie d'une porte close, afin d'empêcher tous ceux qui voudraient venir la prier d'y pénétrer.

Une église où la chapelle de la Vierge n'est pas accessible aux fidèles, c'est un comble ! Que penser des curés qui mettent ainsi dans leur église la Madone au rancart ? La raison invoquée de ce monstrueux interdit est que ce lieu sert parfois de chapelle pour les catéchismes. Eh ! qu'ils le fassent, leur catéchisme, dans les greniers, dans les caves, chez eux, où ils voudront, mais qu'ils démolissent ce rempart de menuiserie, qu'ils laissent en tous les cas la porte ouverte, lorsque leurs quatre pelées et leurs trois tondus n'y sont pas !

---

a donnant sur l'abside. / Parmi…

b vitres … violentes

D'autant qu'elle est délicieuse cette chapelle ! Intime et recueillie, elle se pare d'un autel contenant des reliques de saint Denys, de saint Célestin et de saint Benoît, au-dessus duquel est incrusté un antique retable de pierre, figurant l'arbre de Jessé dont les fleurons et les branches serpentent autour d'une belle statue de Vierge du XIVe siècle qui appartint jadis au presbytère de Radonvilliers, en Champagne, le tout se détachant sur des fresques peintes par Amaury Duval[1] ; mais une bienfaisante obscurité permet de les distinguer mal.

Pour être complet, citons, dans la nef, en face de la chaire, une énorme machine en bois monté, pourvue de colonnes et coiffée d'un baldaquin, exécutée par Mercier sur les dessins de l'emphatique Lebrun[2] et qui servait de siège au roi quand il assistait officiellement à la messe ; et une grille en fer forgé du XVIIIe siècle qui fut très réparée et privée de ses fleurs de lys, et revenons à l'abside qui est, selon moi, la partie la plus savoureuse de Saint-Germain-l'Auxerrois, car l'on peut s'y croire en même temps dans un oratoire de la fin du XVe siècle et dans une église de campagne de nos jours.

L'on dirait que l'odeur particulière de tout l'édifice s'y concentre. Et en effet, lorsqu'on entre dans Saint-Germain, on y hume une senteur spéciale qui n'existe, semblable à Paris, que dans un autre sanctuaire, celui de l'Abbaye-au-Bois de la rue de Sèvres, certains jours, – une odeur[a] de salpêtre relevée par une très fine pointe de cire consumée et d'encens. Là, dans l'abside, cet arôme d'églisette de village, le dimanche après le salut, persiste surtout par les temps de pluie et vous aide à vous transporter bien loin de Paris et de cette place du Louvre, devenue l'un des plus bruyants lieux de rendez-vous des voitures à vapeur et des tramways.

Parfois, lorsque l'heure sonne à la tour voisine, le carillon qui l'accompagne de son cliquetis de verre brisé, vous suggère l'idée que l'on prie dans une église des Flandres. Et ces avatars successifs d'alentours – de temple[b] Renaissance, de chapelle de bourgade et d'église flamande – font vraiment de cet obscur refuge un tremplin unique à Paris, de rêves.

Pour rester dans la réalité, l'on peut dater du XVIe siècle[c] cette abside ; elle est biscornue, de forme divagante ; la vérité est que ses

---

a senteur

b sanctuaire

c peut dater des débuts du XVIe siècle

chapelles sont refoulées, d'une part, par l'alignement de la rue qui les cerne ; de l'autre, elles sont entamées par le presbytère et la sacristie, si bien qu'elles vont de guingois, plus larges ou plus longues les unes que les autres.

Celles des deux bouts sont de vagues réduits, des carrés irréguliers dont les lignes verticales s'évasent ; les autres suscitent la pensée, là où sont percées[a] les fenêtres, d'un triptyque ouvert, aux deux volets revenus en avant, pas repliés par conséquent le long du mur, avec une niche romane au-dessous de chacun d'eux. Il y a, en effet, sous les deux croisées des coins, deux petites cavernes plafonnées de voûtes en arc[b], creusées dans le bas des murailles et que l'on a remplies tant bien que mal, avec des pieuses statues de la rue Bonaparte, dont l'obscurité et la poussière effacent, Dieu merci, les traits.

Ces chapelles sont au nombre de cinq ; leur réunion dessine un demi-cercle à la ligne cabossée du haut ; elles sont placées sous le vocable de sainte Geneviève, des saints patrons du lieu : saint Vincent et saint Germain, du Tombeau, de la Bonne-Mort et de saint Landry.

Les deux branches finales du demi-cercle s'appuient, la première sur la porte de sortie de la rue de l'Arbre-Sec, la seconde sur la porte de la sacristie, ornée de fresques dont une, un saint Martin à cheval tranchant son manteau pour en donner la moitié à un pauvre, est due à ce Mottez qui décora le grand portail de ses badigeons qu'abolirent[c], pour l'allégresse des artistes, de secourables soleils et de propices pluies.

De la chapelle Sainte-Geneviève, absolument sombre, tendue de toiles gondolées, teintes au cirage par Gigoux[d 1], rien à dire ; de la chapelle des Saints-Patrons où s'érige dans une niche le tombeau de la famille des marquis de Rostaing, agrémenté de deux seigneurs qui vous regardent à genoux et l'air béat, et, près de la rampe de communion, de deux statuettes neuves de sainte Anne et de saint Antoine de Padoue, tout se pourrait également omettre si ces fenêtres ne détenaient peut-être, avec celles de la chapelle voisine de la Bonne-Mort, les seuls vitraux qui[e], par leur sens de la symbolique, par leur science des tons, par leur

---

a s'ouvrent

b aux voûtes en arc

c qu'effacèrent

d teintes au cirage, rien à dire

e vitraux modernes qui

étampe vraiment personnelle d'art, méritent qu'on s'arrête devant eux et valent qu'on les loue.

Dans ce Saint-Germain-l'Auxerrois qui n'a gardé, en fait de verrières anciennes, que quelques panneaux du XVe et du XVIe siècle, insérés dans les baies gothiques ou renaissance du transept et dans les roses, des panneaux dont les chairs des personnages sont le fond blanc même de la vitre et les vêtements de grandes taches de gomme-gutte[1], de rouge lourd, de vert rude et de bleu dur – des carreaux fabriqués sous la monarchie de juillet bouchent toutes les ouvertures pratiquées dans les bas-côtés de la nef.

Et toutes les monographies exaltent un affreux vitrail, exécuté par Lusson[a][2] dans la chapelle des Apôtres sur les dessins de Viollet-le-Duc ; toutes citent à l'envi les œuvres de Maréchal[3] de Metz, amusantes par leur vert pistache et leur rose turc, peu usités dans les arts du feu, mais peintes comme de la peinture ordinaire, avec des couleurs si peu adhérentes, si mal cuites qu'ils[b] s'éraillent à fleur de vitre et laissent pénétrer, ainsi que de vulgaires carreaux, le jour. Ce sont des aquarelles diaphanes, des peintures vitrifiées, c'est tout ce que l'on voudra, sauf des vitraux.

Plus réelles, seraient les imitations de la sainte Chapelle œuvrées par Didron dans la chapelle du Tombeau ; celles-là on les adule aussi, mais personne ne parle de ce Thévenot qui a décoré les fenêtres des Chapelles des Saints-Patrons et de la Bonne-Mort[4].

Dans la première, le tableau du milieu qui a, je l'ai dit, la forme d'un triptyque ouvert, les volets poussés sur leurs gonds en avant, comprend une Vierge couronnée et le Christ entre deux anges ; le volet de gauche, un saint Vincent, celui de droite un saint Germain. Ce sont de hautes figures très hiératiques, et pourtant d'un modernisme[c] un tantinet campagnard, car elles ont, dans la tournure, dans la mine, d'abord presque déplaisantes, quelque chose d'agreste et de très simple. Les couleurs sont profondes, d'une ardeur tempérée, quasi sombre. Le rouge est rouge[d] cerise ; les violets et les verts, très nourris de bleu discret, sont graves ; les ors sont saurés ; mais la plus belle teinte, en dehors d'un chamois clair, est celle du manteau de saint Germain, une teinte qui tient du

a exécuté par Lusson
b qu'elles
c dans un modernisme
d est un rouge

brun violi de la robe du carme et de ce brun rougeâtre connu dans la céramique sous le nom de foie de mulet ; il est à la fois somptueux et austère ; les grands verriers du Moyen Âge n'ont pas fait mieux.

Ces mêmes couleurs, nous les retrouvons dans la chapelle de la Bonne-Mort, mais là, en plus de la personnalité singulière de ses figures, Thévenot se décèle comme un homme très au courant de cette vieille science de la symbolique chrétienne, si parfaitement omise par les vitriers et les architectes de nos jours. Il s'agissait d'historier les lueurs qui doivent éclairer une chapelle funéraire et il disposait, sur le panneau de face, de quatre places et sur chacun des panneaux de côté, d'une ; il a ordonnancé l'ensemble de la sorte : au milieu, il a peint dans les quatre compartiments sur un fond de gris perle strié, dans une bordure de chardons emblèmes de la pénitence[a], saint Joseph avec un lys, la Vierge couronnée d'étoiles, le Christ bénissant le monde, saint Michel arborant un étendard et une balance, le pied sur le démon.

Dans le volet de gauche, un être barbu, étrange, coiffé d'une espèce de turban déroulé, nimbé d'une auréole orange, fastueusement vêtu d'une robe grenat brodée de ramages d'or, chaussé de violet, tient d'une main un vase de parfums et s'appuie de l'autre sur une bêche.

Dans le volet de droite, un saint Pierre, pieds nus, la tête cerclée d'un halo, croise sur sa poitrine ses deux clefs.

Et la phrase figurée sur ce triptyque de vitraux est facile à lire. Cet être à l'allure bizarrement héraldique, qui porte, tel que Magdeleine dans les tableaux des primitifs flamands, un pot d'aromates et est muni d'une bêche, c'est saint Tobie, tout à fait inconnu de nos jours, mais célèbre au Moyen Âge, car il était alors le saint des sépultures, le patron des fossoyeurs qui l'avaient choisi à cause des paroles que, dans la Bible, l'ange Raphaël lui adresse : « … Lorsqu'à minuit tu enterrais les morts… c'est moi qui présentais tes prières au Seigneur[1]… »

Il est préposé aux soins de la dernière heure ; il s'occupe du corps, tandis que, de l'autre côté du Christ, saint Michel pèse dans sa balance le poids des vertus et des fautes et présente la pauvre âme désincarnée au Seigneur, auprès duquel intercèdent saint Joseph et la Vierge, alors que, plus loin, saint Pierre attend, pour ouvrir les portes du ciel, que le sort de la pécheresse soit résolu[b].

---

a une bordure de chardons d'Écosse,

b ouvrir les portes du ciel et recevoir l'élue.

Tous les célestes acteurs du drame qui commence à la descente de la dépouille mortelle dans la terre, pour finir à l'entrée de l'âme dans le paradis, sont réunis en ce lieu et font, en quelque sorte, le récit du jugement, après la mort.

Parmi ces personnages, en sus du Tobie si curieux, il en est deux remarquables par leur aspect rigide et familier, la Vierge et le Christ. Ils ont dans les mouvements, dans les traits surtout, quelque chose de juste[a] et de net qui fait songer aux types de certaines de ces admirables illustrations des *Misérables* d'Hugo que dessina Brion[1]. C'est un peu le même art, sobre et éloquent dans sa simplesse même.

Qu'est ce Thévenot, si délibérément oublié par la critique de notre époque ? O. Merson, dans son livre sur les vitraux[2], le représente comme ayant vécu à Clermont-Ferrand et ayant restauré les verrières de Bourges. Ottin, dans son *Histoire du Vitrail*, lui consacre juste trois mots : Thévenot – Clermont – 1834[3]. J'ai trouvé, d'autre part, une brochure signée de son nom suivi de ce titre : « chef d'escadron », un essai historique sur le vitrail paru, en 1837, à Clermont. Il s'y révèle tel qu'un homme épris de son art et plein d'enthousiasme pour les verriers des grands siècles.

Et c'est tout ce que j'ai pu recueillir sur son compte.

De ces deux chapelles ainsi parées de vitres intelligentes, la plus quiète, la plus douce, est, selon moi, celle de la Bonne-Mort. De vagues peintures et des inscriptions gothiques tracées en lettres d'un or qui s'efface, s'aperçoivent confusément dans l'obscurité lorsqu'on allume un petit cierge ; l'autel est surmonté d'un intéressant[b] bas-relief de pierre, racontant la scène d'une mise en tombeau[c], mais ce qui évoque la senteur d'une chapelle de village dans ce petit coin, c'est le délabrement de la pierre rongée par l'humidité, la tristesse du tapis qui se décolore, la poussière amoncelée[d] dans les deux niches de côté, sur une Pieta de Bonnardel[4] et une moderne statue de saint Joseph ; c'est la misère même des vieux prie-dieu de paille accumulés devant la rampe.

Les types rustiques[e] adoptés par Thévenot sont vraiment en accord avec les alentours.

---

a juste
b d'un ancien
c représentant une mise en tombeau
d accumulée
e un tantinet rustiques

Ah ! s'il est un endroit propice pour s'écheniller la conscience[1], c'est bien celui-là ! Aucun bruit dans les ténèbres qui vous entourent[a], c'est à peine si, de temps à autre, une ombre de vieille femme vient s'abattre sur une chaise ou s'accouder contre un pilier. Il y a si peu de visiteurs !

Moins intéressante est la dernière chapelle de l'abside, celle qui confine à la porte de la sacristie et qui est dédiée à saint Landry ; elle a été récemment nettoyée ; on y a planté[b] les monuments funéraires du chancelier Étienne d'Alygre et de son fils[c], et sorti de la nuit[d] où elles dormaient des fresques du sieur Guichard, dont le réveil ne suscite aucun réconfort : celles brossées[e] par le même peinturlureur sur les murs du transept suffisaient.

Et le tour de l'église est accompli[f].

Il reste pourtant une très ancienne salle dans laquelle le Chapitre déposait naguère ses archives. On y monte par un escalier en colimaçon, situé près de la chapelle de la Vierge, à l'entrée du grand portail et l'on débouche, après avoir tourné dans la spirale qui s'éclaire par des fentes de jour, sur le seuil d'une grande pièce carrée, demeurée, depuis des siècles, intacte, avec son pavé aux losanges rouges, vernissés, formant, en trompe-l'œil, un carrelage de dés, son plafond aux caissons sculptés d'où pend un lustre à becs de cuivre, ses vieilles crédences, ses armoires dont les pentures de fer s'ajourent en des lettres gothiques inscrivant les noms de saint Vincent et de saint Germain sur les panneaux de chêne.

Mais la partie vraiment séduisante de ce logis, c'est le mur du fond qui fait face à la croisée géminée, ouverte sur la place. Il est occupé tout entier par un retable sculpté du XVIe siècle, un triptyque représentant les scènes de la vie de la Vierge et de sainte Anne. On y retrouve la légende des Apocryphes, la rencontre d'Anne et de Joachim, à la porte Dorée ; on y voit un amusant escalier du Temple, gravi par une figurine, toute une série de personnages autrefois teints et dont le bois, maintenant décoloré, pèle ; des personnages aux gestes exacts à la fois et élargis, semblables à ceux que taillèrent presque tous les imagiers, si

---

a dans l'ombre qui vous entoure

b placé

c des d'Aligre

d des ténèbres

e badigeonnées

f Depuis « Il reste pourtant une très ancienne salle… » jusqu'à « Comme cela nous met loin ! », ce texte est absent de la version pré-originale parue dans *Le Tour de France*.

savoureusement réalistes, de ce temps. Les volets qui forment ce retable furent autrefois des tableaux peints à la détrempe, mais ils sont tellement écaillés que l'on ne discerne plus que de fantomatiques apparences de bouts de visages et de vagues fragments de corps.

Ce local poudreux est infiniment doux. L'on s'imagine très bien l'un des treize chanoines qui composèrent le Chapitre desservant jadis la paroisse de Saint-Germain, assis devant la table placée au milieu de la pièce, dépouillant les archives, relevant les dates des obits[1], extrayant des manuscrits les miracles des saints fondateurs de son église.

Et l'on se prend, à ce dégoût d'un début de siècle, à envier ce bon prêtre qui s'interrompt de son travail, pour essuyer ses besicles de corne, dans le grand silence de ces murs de pierres sourdes, seulement rompu par les soupirs fatigués du bois.

Comme tout cela nous met loin !

....

Ce pauvre Saint-Germain-l'Auxerrois, quand on songe qu'il fut un[a] des sanctuaires les plus opulents et les plus renommés de Paris ! Paroisse des rois de France, logés en face de lui, au Louvre[b], il prêta, le 24 août 1572, ses cloches pour sonner l'hallali de la partie de chasse de la Saint-Barthélemy[2] et, le dimanche de l'an 1594, Henri IV y donna le pain bénit et suivit, une palme au poing, la procession qui se déroulait dans les bas-côtés de la nef et du chœur[c].

C'est dans cette même église, devant ce même roi, assis, cette fois, au banc d'œuvre, que le grotesque P. Valladier, dont les sermons sur l'avent, prêchés à Saint-Germain-l'Auxerrois, furent publiés sous le titre de la « Sainte philosophie de l'âme[3] », osa prononcer l'indécent panégyrique des appas de Marie de Médicis.

Il les divise en trois étages. Après avoir parlé du premier, c'est-à-dire du visage qu'il compare à toutes les fleurs et à toutes les gemmes, il passe au second, à la gorge de la reine qu'il traite de deux fontaines

a Ce pauvre Saint-Germain-l'Auxerrois, si désert et si pauvre, quand l'on songe qu'il fut jadis l'un…

b il prêta, le 24 août 1572, ses cloches pour sonner l'hallali de la partie de chasse de la Saint-Barthélemy et, le dimanche de Pâques fleuries de l'an 1594, le roi Henri IV…

c Depuis « C'est dans cette même église… » jusqu'à « se remplir », les paragraphes qui suivent sont absents de la version pré-originale parue dans *Le Tour de France*.

cristallines de lait, deux magasins de mannes, deux sources d'ambroisie, deux fontaines de nectar, deux cannes de sucre, deux cruches de miel, deux plantes de baume, deux montres de l'horloge intérieure, deux bastions et remparts du cœur, puis il descend…

Encore qu'il fût épris des gaudrioles, l'on se demande vraiment ce que le Vert-Galant dut penser de ce genre de prêche…

....

Après ces deux dates de 1572 et 1594, glorieuses si l'on veut, d'autres se succèdent moins carillonnées par la bienveillance de l'Histoire.

1617, année pendant laquelle une populace furieuse déterre le cadavre du maréchal d'Ancre inhumé dans un caveau de l'église sous la tribune de l'orgue et le coupe en petits morceaux. Le cœur fut rôti sur des charbons et mangé publiquement par un homme ; les entrailles furent jetées dans la Seine et les restes brûlés sur le pont-neuf devant la statue d'Henri IV. Le lendemain, l'on vendit les cendres un quart d'écu, l'once ; et les oreilles, que l'on avait mises à part furent payées fort cher par un amateur.

1665, année où eut lieu l'ostension des reliques de sainte Reine sur le maître-autel de Saint-Germain-l'Auxerrois.

Anne d'Autriche avait commandé à un orfèvre de Paris un reliquaire d'argent pour y déposer l'os du métacarpe de cette sainte, dont elle désirait faire présent à l'hôpital d'Alise. Quand le travail fut terminé, la reine voulut que son église paroissiale profitât, la première, des grâces dévolues à ces glorieux détriments et elle en ordonna l'exhibition pendant la durée de trois neuvaines.

« Une infinité de personnes de toutes conditions », disent les textes, se rendit à Saint-Germain, pour prier devant ce reliquaire.

Or, la spécialité de sainte Reine, – qui fut celle aussi de saint Job – était la guérison des maladies secrètes. Comment et pourquoi ? un vieil auteur, au nom prédestiné de Méat, tente de nous l'expliquer dans un livre intitulé *La fille héroïque*[1].

« Deux contraires, raconte-t-il, ne sauraient souffrir dans un mesme sujet et ils sont tellement opposez qu'ils se persécutent continuellement et ne cessent jamais leur combat, qu'après que l'un d'eux a obtenu la victoire sur son ennemy. C'est pourquoy je cesse mon étonnement quand je considère l'opposition qu'il y a entre la chasteté et ce vilain vice. Sainte

Reine, qui avait eu très grand soin de conserver sa pureté pendant sa vie, n'a pas voulu après sa mort, que les impurs s'approchassent de sa fontaine sans estre nestoyez de leurs ordures. De là vient que, quand ils boivent de cette eau, avec confiance, ils s'en retournent avec joye de ce qu'ils sont délivrés de ces maux estranges qui, sans ce divin remède, dureraient aussi longtemps que leur vie. »

L'Histoire ne nous narre pas si les malades qui vinrent implorer la sainte à Saint-Germain-l'Auxerrois, guérirent. La fontaine, il est vrai, dont parle Méat et qui servait et qui sert encore, dans le village d'Alise, d'excipient aux cures, n'y coulait point, mais à défaut de l'eau miraculeuse, les Parisiens avaient la ressource d'invoquer, en sus de la bonne Déicole de la Bourgogne, le grand thaumaturge, Bourguignon, lui aussi, guérisseur de tous les maux, le patron du sanctuaire où ils priaient, saint Germain d'Auxerre.

1831. L'église fut, le 14 février, envahie par le peuple, sous le prétexte que l'on y célébrait une messe anniversaire pour le repos de l'âme du duc de Berry[1].

Ce fut une très ridicule aventure. Le service funèbre s'était terminé vers midi et demie. Après l'absoute, le curé s'était retiré, lorsque quelques royalistes échauffés s'avisèrent d'attacher sur le catafalque une lithographie du duc de Bordeaux, une croix de Saint-Louis et une couronne d'immortelles jaunes et noires.

Le bruit se répandit aussitôt au dehors que les Henriquinquistes préparaient un coup d'état, promenaient dans l'église un buste du prince et y déployaient des drapeaux blancs ; et sans en demander plus, la plèbe se rua dans le sanctuaire et y saccagea tous les objets du culte.

Cette équipée finit devant les tribunaux où tous les accusés furent acquittés. Une brochure parue, en 1831, chez Dentu, nous relate ces hauts faits et nous fournit ce spécimen de proclamation royaliste dont le comique me paraît sûr.

Elle est adressée à MM. les Charbonniers de Paris.

« Messieurs, l'attachement que vous avez toujours montré pour la branche aînée des Bourbons, la douleur que vous avez témoignée à la mort du duc de Berry, ce prince bienfaisant qui vous a été ravi par un horrible crime qui vous prive du digne père de notre Henri V, et l'horreur que les Auvergnats ont ressentie de cet affreux assassinat, nous donnent lieu de croire que vous vous ferez un devoir d'assister au service anniversaire qui sera célébré à Saint-Germain-l'Auxerrois. D'après les vrais sentiments qui vous ont toujours dirigés, nous avons l'espoir de vous y trouver réunis en corps[1]. »

Ni en corps, ni en personne, les ingrats auverpins, si respectueusement traités pourtant, ne vinrent.

Si nous sautons maintenant de l'année 1831 à l'an 1871, nous voyons encore l'église pleine ; seulement, cette fois, ce ne sont plus des partisans de la royauté mais bien les membres d'un club de libres-penseurs qui s'entassent dans son vaisseau, sous la présidence d'un sieur Pierre et d'une certaine Lodoïska[2], accoutrée d'une veste de hussard, culottée d'un pantalon de turco, coiffée d'une toque à cocarde rouge, et chaussée de bottines à glands d'or.

Et tandis que, du haut de la chaire, un pochard pérore, un autre troue d'un coup de baïonnette la bouche de la statue de la Vierge et y plante une pipe ; puis il arrache l'Enfant-Jésus et de toute l'église qui trépigne de joie, des lazzis, exactement notés, s'échangent :

– Passe le gosse par ici, pour qu'on l'embrasse !

– Ouvrez-y la gueule pour voir s'il a fait ses dents !

Et l'on promène l'Enfant que l'on finit par jeter, brisé, dans un coin. Mais, pour dire vrai, les fédérés se bornèrent à ces aménités sacrilèges et à ces farces impies et, moins féroces que d'autres ivrognes qui, après avoir maltraité les prêtres, pillèrent les églises, ceux-ci se contentèrent de voler quelques vêtements d'enfants de chœur et d'emporter deux pianos qui, l'on ne sait trop pourquoi, stationnaient là.

Les temps sont changés ; si Saint-Germain a vu les pieuses affluences et les cohues irritées ou gouailleuses, s'il a même aussi connu, pendant la Convention, les hilares assemblées de légères muscadines et de pesantes commères, réunies, devant sa porte, pour applaudir aux audacieuses et aux piètres chansons d'Ange Pitou[3], il ne connait plus de foule d'aucune sorte maintenant. Ses abords sont rapidement longés par des gens en rut d'affaires et quant à son intérieur il est un des plus délaissés qui soient à Paris ; sa nef ne peut même, le dimanche, à la grand'messe, malgré tous les enfants des écoles qu'on y parque, se remplir.

La paroisse des rois est devenue la paroisse de la Mode ; l'église est enserrée par les magasins de la Belle Jardinière[a], du Pont-Neuf et de

---

a La paroisse est devenue la paroisse de la Mode ; elle est enserrée par les grands magasins du Louvre, de la Belle Jardinière, du Pont-Neuf et de la Samaritaine. Ce dernier touche

la Samaritaine. Ce dernier la touche presque, car la livrée bleue de ses devantures s'étend dans la rue de l'Arbre-Sec et un ignoble bâtiment de fer qu'il vient d'ériger, se dresse, surmonté, en guise de clocher, d'un chapeau chinois, devant l'abside, là où le brave bourgeois qui alloua des fonds pour la faire rebâtir, messire Jehan Tronson, drapier de Paris, fit apposer sa signature, dans une frise, sous le toit, en adoptant la forme d'un rébus figuré par des tronçons de carpes.

Même au temps où les rois habitaient le Palais du Louvre, le commerce des draps aidait à embellir l'église ; il venait en aide aux bourses des souverains, souvent sèches ; cette affection des drapiers pour leur sanctuaire explique la présence, sous le narthex, de la statue de sainte Marie l'Égyptienne, leur sainte de prédilection et leur patronne, sans doute parce que saint Zozime qui la rencontra dans le désert, vêtue seulement de ses longs cheveux, donna son manteau pour la couvrir[1].

Maintenant, il n'y a plus de monarques, mais je crois bien[a] que les grands industriels des draperies s'occupent moins que leur ancêtre Tronson des besoins du culte ; cette observation n'est pas un reproche, car il est certainement très heureux qu'il en soit ainsi. S'ils désiraient, en effet, faire réparer ou orner leurs chapelles, ils seraient bien forcés de s'adresser, comme l'État dont ils prendraient la place, à de dangereux architectes et à de nuisibles peintres, et que resterait-il du charme dolent et désuet de cette très douce église ?

---

presque maintenant l'église, car la livrée bleue de ses devantures s'étend jusque dans la rue de l'Arbre-Sec, devant l'abside, là où le brave bourgeois…

a Même au temps où les rois habitaient le Palais du Louvre, le commerce des draps aidait à embellir l'église ; il venait en aide aux bourses des souverains, souvent sèches. Il n'y a plus de rois, mais je crois bien

SAINT-MERRY

Saint Médéric ou saint Merry n'est pas un saint sur le compte duquel les renseignements abondent. Ce que l'on connaît de sa vie peut se résumer en quelques lignes. Entré à l'âge de treize ans au monastère bénédictin de Saint-Martin, situé près de la ville d'Autun où il naquit, il devint abbé de ce cloître, prit la fuite pour se retirer dans un désert et y mener l'existence des ermites et fut ramené de force par l'évêque d'Autun, au milieu de ses moines. Il s'évada de nouveau avec saint Frodulphe, l'un de ses disciples et parvint près de Paris. Là, il découvrit, dans un petit bois, une chapelle dédiée à saint Pierre, bâtit une cellule dans son voisinage, et après y avoir demeuré pendant deux ans et neuf mois, il y mourut le 29 août de l'année 700 et fut inhumé dans ladite chapelle. Et un point, c'est tout[1].

Vers la fin du IXe siècle, un capitaine qui avait combattu, sous les ordres du comte Eudes, les Normands dont l'armée assiégeait Paris, Odo falconarius, Odon le fauconnier, fit construire sur la place de la chapelle, tombée en ruines, une église romane ; elle fut érigée en collégiale, baptisée sous le double vocable de Saint-Pierre et de Saint-Merry, puis ce dernier, peu à peu, à cause des miracles qu'il opéra, évinça l'autre et resta seul titulaire de cette église que l'on détruisit au XVIe siècle.

Celle qu'on lui substitua et qui existe encore fut commencée en 1525 et achevée en 1612.

« En faisant les fondements de la neuve église, raconte le bon Gilles Corrozet dans ses antiquités chroniques et singularités de Paris[2] », on trouva sous le grand autel, dans un tombeau de pierre, le corps de son fondateur, ayant des bottines de cuir doré aux jambes, lequel, sitôt qu'il fut touché de l'air, tourna en poudre. Son épitaphe était auprès, la date duquel pour la vieillesse, ne put être reconnue. Cet épitaphe fut engravé en une autre pierre qui est au milieu du chœur et contient ainsi :

« Hic jacet vir bonae memoriae, Odo falconarius, fundator hujus ecclesiae. »

Et Corrozet ajoute : « Anciennement n'était qu'une petite chapelle en laquelle, dit Vincent historial, au cinquième livre, chap. IIIJXXIJ, saint Merry trépassa. Son corps y fut enterré et y reposa deux ans et depuis, en l'an 1304, il fut levé de terre et mis en une capse[1] d'argent en la même chapelle[2]. »

D'autre part, le Calendrier historique et chronologique de l'église de Paris, pour l'année 1747, nous fait savoir que le compagnon du saint, saint Frodulphe que le vulgaire appelle saint Frou, décéda, lui aussi, à Paris et que son corps fut enseveli près de celui de son maître, dans l'intérieur de Saint-Merry[3].

En édifiant le nouveau sanctuaire, on eut soin de bâtir, au lieu même du caveau où gisait la dépouille mortelle des deux saints, une crypte qui subsiste encore ; mais elle n'a jamais détenu leurs restes qui furent exposés au-dessus du maître-autel, dans le chœur et enfermés dans un reliquaire dont les chanoines de Notre-Dame vérifièrent le contenu, en 1625. Ils y remarquèrent, en sus des ossements, un flacon auquel était jointe une cédule sur laquelle étaient écrits ces mots : « C'est une fiole de baume creu et la donna Messire Étienne Maupas, l'an 1339, le 25e jour de may[4]. »

La châsse fut encore ouverte en 1793, mais, cette fois, par les sans-culottes qui s'empressèrent de jeter à la voirie et les pieux détriments et la fiole.

Il n'existe donc plus de reliques de saint Merry[5]. En fait d'objets lui ayant appartenu, l'on peut voir, dit l'abbé Salmon, dans ses « Pèlerinages de Paris », le fragment d'une de ses chasubles ornée de dessins bizarres. Il est possédé par le trésor de l'église de Longpont[6].

Sauf la tour ogivale dans le bas mais dont les derniers étages arborent les pilastres et les cintres du XVIIe siècle, l'église actuelle est du gothique de la dernière période ; le portail principal s'étend sur la rue Saint-Martin. Il est difficile à saisir, en son ensemble, à cause du peu de recul que permet l'étroitesse de la rue ; percé de trois portes ogivales surmontées de crossettes et de fleurons, il n'a gardé de son ornementation primitive que des bribes mais d'aucunes, celles surtout de la porte de droite, méritent qu'on les loue.

Il y a là, en haut, tapis dans une torsade de feuillages, un chien et un lièvre qui se livrent à une éternelle partie de cache-cache et, plus bas, un joueur de cornemuse coiffé d'une sorte de lampion de déménageur, et qui regarde, accroupi, depuis bien des siècles, déambuler les petits-fils de ces Parisiens réunis pour le fêter, aussitôt qu'il naquit et qu'on le déposa dans le berceau préparé de sa porte.

Aujourd'hui tous passent et nul ne s'arrête devant lui. Il vit, dépaysé, survivant à de naïves sympathies qu'ont oubliées les âges.

L'on discerne également sur les chambranles des autres porches, des dragons qui descendent, en rampant, vers le sol, des bouts de marmousets destinés à servir de consoles, des arcades trilobées, des lierres et des vignes qui serpentent dans le creux des archivoltes.

Tout cela est demeuré plus ou moins intact, mais le reste est du toc et toutes les statues sont des faux.

Les douze grandes et les six petites qui remplissent les niches des trois portes, vidées par la Révolution, ont été fabriquées, en 1842, par Desprez et Brun[1] ; les dix-huit figurines, placées sous les dais historiés de la voussure, en recul, dans le haut de la baie médiane, sont des moulages pris à Notre-Dame de Paris, de statuettes du XIIIe siècle ; mieux eût valu, à coup sûr, reproduire des images du XVIe qui eussent été au moins en accord avec le style de l'église, mais il ne faut pas se plaindre, car l'on aurait pu imaginer pis, en commandant des sculptures neuves aux limousins médaillés de notre temps.

En tout cas, vieilles ou neuves, ces statues ont été si bien patinées par la crasse des poussières et par la boue des pluies, qu'à distance, avec un peu de bonne volonté, la confusion s'opère et que cette façade, noire et comme rongée, semble avenante pour tous ceux qu'exaspèrent ces basiliques modernes dont les murs ont la couleur des toiles écrues, aggravées parfois, par des couches multipliées de blanc.

L'église Saint-Merry longe d'un côté, au nord, la rue du Cloître, au-dessus de laquelle elle ouvre une fenêtre à meneaux flamboyants, que surplombe une meute de chiens de garde, veillant sur une ménagerie de chimères dont les bustes rigides qui avancent sur la chaussée versaient jadis de leurs gueules contournées des torrents de pluie.

Et ces douches que recevaient les passants étaient, je veux le croire, excellentes, sinon pour la santé des vêtements et le salut du corps, au moins pour le bien-être de l'âme. Ces aspersions étaient, en effet, un tonique contre la langueur du péché, un cordial interne, un réchauffant.

Nos pères connaissaient le langage symbolique des gargouilles. Ils les considéraient comme les images pétrifiées de ces princes de l'air dont parle saint Paul, comme des démons rejetés hors du sanctuaire et relégués le plus loin possible de son faîte, et tout en grelottant et en dansant sous la furie des averses dont ces monstres leur inondaient le crâne, ils faisaient sans doute un retour sur eux-mêmes, prenaient de saines résolutions, se promettaient d'échapper à l'emprise de ces Esprits de Malice, en s'épurant par la pénitence et la prière…

De l'autre côté, au sud, l'église a encore conservé quelques spécimens de son bestiaire infernal, mais c'est à peine si on les entrevoit, car le bras de son transept qui s'élève au-dessus de la rue de la Verrerie, est cerné par le presbytère et masqué par d'autres maisons. La grande fenêtre placée en face de celle qui se hausse sur la rue du cloître Saint-Merry est invisible ; l'on peut, tout au plus, apercevoir au-dessus des toits une pointe de fronton et deux tourelles, aux balustres résillés, servant de cages à quelques chimères.

L'intérieur est cruciforme ; la nef et le chœur sont entourés d'un bas-côté, bordé de chapelles qui communiquent entre elles par des portes en ogive, trouées dans des murs de refend. Des vitraux sur lesquels quatre des meilleurs verriers du XVIe siècle, Héron, de Parvy, Chamu et Nogare[1] peignirent les vies de saint Pierre, de saint Joseph, de saint Jean-Baptiste et de saint François d'Assise, certains fragments subsistent, dans la nef ; et des morceaux dépareillés ont été insérés, un peu au hasard, dans les croisées aux carreaux blancs et verts, losangés de plomb, qui ajourent actuellement les chapelles des bas-côtés.

Ce fut ici, comme à Saint-Germain-l'Auxerrois, comme presque dans toutes les anciennes églises, les chanoines du XVIIIe siècle qui saccagèrent les vitraux, sous le prétexte qu'ils éclairaient mal.

Sauf le chœur qui a été remanié, par eux, au XVIIIe siècle et une grande chapelle de l'invention d'un nommé Richard qui, en 1754, défonça trois chapelles gothiques pour y caser la sienne[2], l'intérieur de Saint-Merry est de style ogival, avec piliers en arc pointu, dénués de chapiteaux, fenêtres à dentelures flamboyantes, réseaux de nervures et clefs de voûtes armoriées. Celle qui s'épanouit, au-dessus du transept, ressemble à une cordelière de saint François ; elle court, se déroulant avec bouffettes[3], à plat sur la pierre, puis se laisse pendre, dans le vide, en un nœud ouvragé qui fut sans doute autrefois peint en azur rehaussé d'or.

La première impression, lorsqu'on pénètre dans la nef, est imposante. Le vaisseau jaillit d'un bond, avec ses murs, allégés par des vitres, dans les airs ; on respire la senteur d'une bonne, d'une vieille église, si placide, si recueillie, alors que l'on vient de quitter le vacarme commerçant de la rue Saint-Martin ; mais cette impression se fâche, si on lève les yeux et si l'on regarde, en haut, le fond de la nef et le maître-autel, car l'abside s'illumine de trois lames de verre dont l'aspect criard, dans cette atmosphère apaisée, détonne ; celle du milieu contient au-dessous d'un Père Éternel pour romance, un Christ dont la robe en chair d'orange sanguine est un tourment ; mais c'est surtout dans la lame de droite, que la scélératesse de couleur du verrier moderne qui les teignit, s'avère ; il y a là un Jésus, habillé de rouge groseille et de bleu de Prusse, debout devant une femme agenouillée dans du jaune de jonquille et du bleu de paon, qui est pour l'œil ce que seraient pour l'oreille des coups de pistons soufflés par des pitres éperdus, sur des tréteaux de foire.

Et au-dessous de ce tintamarre de tons, une gloire énorme de bois doré, crache, ainsi qu'un soleil d'artifice, ses rayons dans tous les sens et simule, si l'on veut, l'auréole d'un gigantesque Christ de marbre blanc, campé, depuis l'an 1866, au-dessus de l'autel.

Quant au chœur même, il a été, je l'ai déjà dit, complètement remanié au XVIIIe siècle ; les ogives ont été transformées en cintres, les parois des piliers revêtues de plaques de marbre, les unes grises, les autres du brun violacé des jujubes, toutes, vermicelées de blanc ; mais cet acte de vandalisme une fois commis, il faut bien confesser que, moins malchanceux que Saint-Germain-l'Auxerrois et que Saint-Nicolas-des-Champs, son voisin, Saint-Merry n'a pas eu ses colonnes avariées par des cannelures et que le décor qui le déforme est d'un aloi plus franc et porte, sans trop de réticences au moins, l'étampe curieuse de cette époque dont l'esthétique n'accoucha pourtant que d'un idéal de bourdalou[1] et de guéridon.

Elle créa, en effet, des pièces d'ameublement charmantes, mais aucun siècle n'eut moins que celui-là le sens mystique ; et cependant, si l'on songe à la vulgarité de l'architecture et de l'ornementation contemporaines, l'on finit par s'estimer heureux de retrouver le sourire tourmenté de cet art de colifichets, dans une église.

Même d'un art réduit, comme ici, à l'état de bribes ! Il est vrai qu'à Paris, si nous pouvons le voir plus complet, il n'en est pas moins médiocre ; ce n'est toujours que du XVIIIe siècle de second ordre. Saint-Thomas-d'Aquin, par exemple, est une salle de théâtre, garnie de très réelles baignoires qui tournent autour de la scène, là où se dresse le grand autel ; son décor hésite, ne se livre pas, tente presque de donner le change en établissant un vague compromis entre une salle pour ballets et un sanctuaire. C'est une œuvre hybride, un oratoire de danseuses. Si l'on veut contempler un ensemble surprenant d'église du temps demeurée intacte et conçue pour l'unique plaisir de confectionner du joli et du futile, c'est à Mayence qu'il faut aller. Il existe, en effet, dans cette ville, deux chapelles, l'une surtout, placée sous le vocable de Notre-Dame, et située Augustinarstrasse qui sont les authentiques bijoux du Rococo, les petits Dunkerques[1] de la Vierge. Tout y est : murs blancs, comme poudrés d'une fleur de riz et treillis d'or, grand autel avec baldaquin et couronne, culbutis de menus anges relevant des tentures de marbre autour de colonnes à chapiteaux ; grand orgue avec tribune, à ventre renflé, tel que celui d'une commode, orné d'amours joufflus et de cartouches parés d'instruments de musique, en relief, flûtes et tambourins, violons et basses ; plafond peint dans le goût de Tiepolo, chaire surmontée d'une gloire d'or dans une envolée de séraphins bouffis. Ce ne sont partout que roses pompons, que chicorées, que volutes, que pots à feux, que rocailles ; c'est le babil doré du bois, la minauderie des marbres, le tortillage des chandeliers, et les pimpantes afféteries des appliques ; cela sent la bergamote et l'ambre ; c'est pompeux et exquis, théâtral et léger ; c'est anti-mystique, autant que possible, mais combien ce boudoir façonné pour une Estelle céleste est supérieur à ces casernes divines et à ces pieuses halles, que les Ginain, que les Baltard, que les Ballu, que les Abadie[2], que tous les rhéteurs de la jactance monumentale moderne nous fabriquent[3] !

Le décor de Saint-Merry ne peut se comparer à celui de la Notre-Dame de Mayence ; il est incomplet et grossier, il est mastoque ; mais cependant son chœur avec ses têtes d'angelots dorés, ses astragales et ses marbres, ses bronzes tarabiscotés et ses coquilles de Saint-Jacques évidées, intéresse ; l'on peut en dire autant de cette chapelle du Saint-Sacrement, creusée par le sieur Richard, à droite, près de l'entrée du grand portail. Elle est vaste et froide, éclairée en l'air par des toits en chapeaux de pierrots, par des toits blancs et pointus de verre ; mais elle a des tableaux et des statues qui suggèrent la même réflexion que le décor de la Notre-Dame de Mayence.

Leur art est discutable, mais c'est tout de même de l'art.

Au fond de cette chapelle, à laquelle on accède par trois arcades, se dresse un autel, avec fronton grec et colonnes corinthiennes filetées d'or au-dessus du tabernacle, une grande toile représente les pèlerins d'Emmaüs. Quand on pense à ce qu'un homme comme Rembrandt, a tiré d'un tel sujet, l'on demeure confondu devant ce tableau de Coypel[1]. Imaginez, peint en une sorte de trompe-l'œil, un Christ accoutré d'une robe bleuâtre, assis devant une table, et esquissant un geste d'escamoteur, tandis qu'à droite, un individu penche sa tête sur cette table et qu'à gauche, un autre, à barbe blanche, le regarde, en rapprochant ses mains. Au premier plan, gravissant les marches d'un escalier, – car la scène se passe dans le vestibule d'un palais – un domestique, en caleçon rouge, monte les plats du souper. Enfin, au-dessus de ce Christ, au chef cerné d'une lueur de veilleuse qui fignole, un tourbillon d'anges plane dans les nuées rousses d'un plafond.

Cette toile nous montre tout ce que l'on voudra, sauf la scène des Évangiles. Sans le titre connu de l'œuvre, il serait impossible de savoir ce que signifie le geste du Christ.

Et cependant ce panneau de Coypel vous retient. Il réduit au rôle d'une anecdote mal contée, un passage magnifique des Écritures, mais, en revanche, il décèle sous l'apparence facile, presque frivole de sa couleur, une solidité de peinture que les artistes religieux de notre époque ignorent.

De même pour les anges sculptés par les frères Slodz[2], en haut relief, au-dessus de deux portes, l'un tenant, à gauche, les tables de l'ancienne Loi et, l'autre, à droite, le calice. Pas plus que ces petites têtes, à collerettes de plumes, des amours sans corps qui les entourent, ces anges ne sont de purs Esprits. Ils figurent tout bonnement de jeunes adolescents demi-nus et dont les élégantes draperies s'envolent ; ce sont des païens accorts et distingués et ils triomphent dans cette chapelle où, pour leur servir sans doute de repoussoir, l'on a installé quelques statues modernes dont deux, un saint Pierre l'Ermite et un saint Antoine sculptés, en 1842, par Evrard[3], sont cependant viables.

Voilà l'apport du XVIIIe siècle, dans l'église bâtie au XVIe en l'honneur de saint Merry.

Possédons-nous au moins tous les ornements dont cet âge dota l'église ?

Non, car Germain Brice[4] nous donne une description de l'intérieur du sanctuaire, tel qu'il était de son temps, et il nous dit :

« On expose, les jours de fêtes principales, des tapisseries assez belles qui représentent la vie de Notre-Seigneur exécutées sur les cartons de Henri Lerembart[5], peintre du roi, dont les ouvrages avaient quelque beauté. »

Ces tapisseries ont disparu.

Il y avait aussi, ajoute-t-il, « une mosaïque en tableau qui représente la Vierge et l'Enfant, accompagnés de quelques anges ; ce morceau avait été rapporté d'Italie par Jean de Ganay, premier président du Parlement. »

Et il poursuit :

« À côté du chœur, près de la porte de la sacristie, on a construit un tombeau pour Simon Arnaud, marquis de Pomponne, mort ministre d'État ; la chapelle où ce monument se trouve est fort serrée ; et la quantité de figures et d'ornements qui y sont employés, ne produit pas tout l'effet que l'on pourrait désirer ; cet ouvrage est de Barthélemy Rastrelli, un Italien. »

Et il cite encore, comme inhumés dans cette église, Simon Marion, avocat général au Parlement et Jean Chapelain, « poète et bel esprit de son temps à l'Académie française[1] ».

Les cendres de ces personnages ont été depuis longtemps dispersées et le monument du marquis de Pomponne est détruit ; reste la mosaïque qui a été transportée au Musée de Cluny.

Le bon Germain Brice professait les idées de son siècle sur le style gothique qu'il jugeait inutile et barbare. Aussi n'admire-t-il guère Saint-Merry qu'il exécute à la cantonade, déclarant pour tout éloge « qu'il est assez régulièrement distribué, mais triste et obscur et très malpropre[2] ».

Venons-en maintenant à l'église même, telle qu'elle existe de nos jours. La description de la plupart de ses chapelles serait nulle ; les fresques qui couvrent les murs disparaissent dans l'obscurité, se voient à peine ; mais il ne faut pas regretter la prudence de cet éclairage, car il dissimule des œuvres qui ne nous apporteraient, au point de vue de la piété et de l'art, aucune aise. Les fresques de Chassériau qui parent l'oratoire de sainte Marie l'Égyptienne, sont molles et poussives ; elles ont été exécutées ainsi qu'un devoir commandé, sans plaisir[3]. Quant aux autres panneaux plus visibles, tels que la Vierge bleue de Van Loo[4] et la grande bâche de Marie Belle, « le sacrifice de réparation pour la profanation des saintes Espèces volées dans l'Église », elles gagneraient à s'effacer dans une bienheureuse pénombre, car cette Vierge est tiède et pourléchée et l'ouvrage de Belle, trempé dans la sauce d'une blanquette de veau, est, avec ses figures efforcées de prêtres à genoux, tendant la main vers une hostie et un ciboire renversé sur le sol, d'un dramatique pompeux et facile ; c'est du mélo de sacristie, de la sacerdotaille d'art[5].

En tout, trois objets, deux tableaux et un antique bénitier valent qu'on s'en occupe ; ils sont les seules pièces qui arrêtent, dans ce musée.

Le premier de ces tableaux est un portrait de Madame Acarie, placé au-dessus de l'autel qui lui est dédié sous le nom de la bienheureuse Marie de l'Incarnation[1]. Ce portrait daté du XVIIIe siècle et dont l'auteur est inconnu resplendit au milieu des fades peintures de Cornu[2] qui l'entourent. Cette image d'une femme un peu soufflée, au teint rose, vêtue de bure et contemplant une minuscule sainte Thérèse, apparue dans l'ovale rayonnant d'une auréole, nous rappelle que la fondatrice des Carmélites en France fut baptisée dans cette église, le 2 février 1566. Elle fréquenta Saint-Merry pendant toute son enfance, mais après son mariage, elle n'y vint plus régulièrement, car elle habita rue des Juifs, et son biographe Boucher, nous apprend « qu'elle ne connaissait guère d'autre chemin que celui qui conduisait de sa maison à l'église Saint-Gervais, sa paroisse[3] ».

Mais très supérieur au point de vue de l'art, à cette effigie que surtout la misère de ses alentours exalte, est un vieux panneau de bois peint, accroché à contre-jour, dans une chapelle voisine. Ce panneau, qui servait autrefois de devant d'autel, est un spécimen très curieux de la peinture française, italianisée, du XVIe siècle[4].

Il exhibe, assise, une houlette à la main, sainte Geneviève, figurée par une petite princesse, aux cheveux blonds et ondés qui fait plus songer, à vrai dire, à une Diane de Poitiers qu'à une sainte entourée d'un troupeau de moutons parqués dans un champ cerclé de pierres plantées droites en terre, comme des dolmens bretons, et un chien noir, debout, les pattes sur ses genoux, quête une caresse, tandis qu'elle lit ses prières, dans un livre.

Au second plan, sur un fond de paysage dont les feuillages persillés et les donjons d'une ville s'enlèvent sur un ciel couleur de bistre, deux hommes courent après une femme, la sainte sans doute ; mais sa biographie ne nous fournit pas l'explication bien claire de cette scène.

Toujours est-il que cette œuvre un peu frêle est avenante et qu'elle mériterait d'être exposée de telle sorte qu'on pût, sans être obligé d'allumer un cierge, la voir.

L'on pourrait faire la même réflexion à propos du bénitier, qui s'examine malaisément dans l'ombre. Ce bénitier, en pierre blanche, du temps de Louis XII, porte les armes de France et de Bretagne, alliées aux insignes de la Passion ; les sculptures sont encore vivaces, dans leur relief cendré par la poudre des âges.

Reste enfin la crypte dans laquelle on descend par un escalier de quinze marches ; une bouffée de cave vous saute au visage quand on y entre. On vacille dans l'obscurité et c'est à peine si le cierge qui vous guide vous laisse entrevoir une voûte basse à nervures retombant sur une colonne centrale ; les clefs sont sculptées de rosaces et les chapiteaux sont fleuris de vigne. Malheureusement tout est retapé et les murs, entre les colonnes de pierre qui s'y engagent, sont en fonte peinte, imitant des plis de rideaux ; pourquoi ce blindage de coffre-fort ?

Cette cave, dans laquelle on processionne, le jour de la fête de Saint-Merry, contient des autels de rebut, une vieille châsse requinquée de cuivre, une statue de la Vierge de la fin du XVIIIe siècle posée, dans un coin, par terre. Le seul objet valable est une antique pierre tombale, plaquée, à l'entrée, dans la nuit, contre une cloison. On a l'impression, dans ce cellier, d'être en un lieu de débarras où l'on entasse les objets détériorés ou qui ont cessé de plaire.

Telle est présentement l'église Saint-Merry. Plus heureuse que la plupart de ses sœurs de Paris, elle n'est pas isolée dans un milieu moderne et elle demeure en accord avec les très anciennes rues qui l'avoisinent et qui n'ont pas encore subi la stupide emphase des constructions en fer et en plâtre de notre temps. Il y a, là, autour d'elle, des ruelles délicieuses et infâmes, entre autres une certaine rue Taillepain que l'on retrouve, avec le même nom et avec la même forme, sur le plan de Turgot. Elle ressemble à une pipe, couchée sur le sol et sur le flanc ; le tuyau part de la rue du Cloître-Saint-Merry, en face de la grande fenêtre du transept, et le fourneau s'évase, en carrefour, dans la rue Brisemiche[1].

Cette rue Taillepain est un couloir bordé par des dos de maisons ; presque toutes sont privées de portes et n'ont que des fenêtres, démesurément carrées ou qui montent, alors, trop allongées, de guingois, encadrant, dans leurs liserés de pierres sales, des paysages dessinés avec de la poussière, sur d'invisibles vitres ; celles qui ont des entrées se contentent, en fait d'huis, de simples fentes, surmontées, à hauteur d'homme, de barreaux de fer ; l'on dirait de meurtrières de défense et de poternes d'attaque ; tout le quartier est misérable, mais il efflue un relent de vieille truandaille qui réjouit. Les sentes sont façonnées par des devants d'hôtel, noirs et gluants, qui arborent sur des écriteaux cette inscription : « On loge à la nuit » ; les boutiques sont obscures et partout des réflecteurs dépassent l'alignement des façades et s'efforcent de projeter un peu de jour dans les ténèbres des pièces. La majeure partie est occupée par des marchands de vin de dernier ordre, des bistros pour souteneurs, surtout par des magasins de rapetasseurs de chaussures, par des échoppes de vieilles bottes ; c'est le marché des ripatons usés !

La chaussée pue le marécage et des bords des trottoirs s'échappe une odeur qui tient et de l'eau de choux-fleurs et de la vase de marée ; quelques-unes de ces ruelles dont ni le nom, ni l'aspect, n'ont, depuis des siècles, changé, paraissent pourtant s'être à la longue désinfectées ; telle cette rue de Venise dont le bas jadis s'ouvrait en des boutiques qui étaient à la fois des taudis et des remises ; l'on y apercevait, dans la pénombre, un lit avec un thomas dessous et une dame centenaire, assise sur une chaise de paille, qui déterminait, par l'effort d'un engageant sourire, de profondes crevasses dans le plâtre mollet de sa face. Maintenant ces bouges appartiennent à des négociants des halles qui les ont mués en des resserres de légumes et de fruits ; en pleine rue, l'on y déballe des caisses et l'on y remplit des mannes.

Les étonnantes fenestrières[1] qui habitèrent ces clapiers sont désormais éparses dans toutes les rues avoisinantes, ainsi que les juifs qui s'y livrent, eux aussi, au commerce des déchets. Ils pullulaient autrefois dans cette paroisse, dans cette rue des Juifs où demeura au XVIe siècle Mme Acarie et ils avaient même, rue de la Tâcherie, une synagogue.

Ce fut dans l'une des rues de leur refuge, la rue des Billettes, qu'eut lieu, en 1290, le fameux miracle d'une hostie qui, après avoir été prise dans l'église de Saint-Merry, fut lardée de coups de couteau et ébouillantée par l'Israélite Jonathas ; cette hostie qui voltigea, sanglante, dans la chambre, fut recueillie par une femme chrétienne qui l'apporta au Curé de l'église Saint-Jean-en-Grève, où elle fut l'objet de pèlerinages auxquels la Révolution mit fin[2].

À l'heure présente, on célèbre encore un triduum[3] et un office de réparation de ce sacrilège dans l'église Saint-Jean-Saint-François, qui a remplacé Saint-Jean-en-Grève, démoli en 1800, et dont une chapelle, retapée de fond en comble, exista jusqu'aux incendies de 1871 sous le nom de salle Saint-Jean, dans les bâtiments de l'Hôtel de Ville.

Pour en revenir à Saint-Merry, son clergé, plus heureux maintenant que celui du Moyen Âge, n'a plus maille à partir avec les filles follieuses[4] et les ruffians. Les rues de cette paroisse étaient de celles que nos pères appelaient des rues « chaudes et mal famées » et d'interminables procès furent soutenus par le chapitre de Saint-Merry contre les tenanciers de ses bouges. Dans son Histoire de Paris[1], Félibien note un arrêt du 24 janvier 1388 aux termes duquel le prévôt Jean de Folleville enjoignit aux femmes publiques de vider la rue de Baillehoé, voisine de l'église. Celles-ci s'y refusèrent et le magistrat dut dépêcher des archers pour les faire sortir de force, et des maçons pour murer les portes de leurs maisons. Mais les propriétaires intentèrent un procès devant le Parlement et assignèrent le chevecier[2], le curé de la paroisse et les chanoines, arguant que le clergé n'avait pas besoin, comme il le prétendait, de passer par cette rue, lorsqu'il avait à porter le Saint-Sacrement aux malades, le chemin le plus court pour se rendre de l'Église dans le quartier étant la grande rue Saint-Merry et non la sente de Baillehoé.

En 1424, le Parlement finit par donner raison au curé, mais les filles n'en persistèrent pas moins à résider dans la rue. Fatigué de ces luttes, le curé se vengea d'un tenancier de « bouticle au péché », en le faisant condamner par l'officialité à effectuer une amende honorable, un dimanche, devant la porte de l'église, comme coupable d'avoir mangé de la viande, un vendredi ; et le chapitre obtint, de son côté, que l'on débaptiserait la rue de son nom de Baillehoé auquel le peuple prêtait un sens obscène, et qu'on la réunirait à sa voisine la rue Brisemiche.

L'on ne badinait point, du reste, dans cette paroisse, sur la question du maigre. Sauval raconte, en effet, une pénitence de ce genre qui fut infligée, le 18 juillet 1535, à deux personnes accusées du même délit, et qui durent s'humilier devant le porche de ladite église[3].

D'autre part, une note de M. Bournon, annexée à l'Histoire du diocèse de Paris de l'abbé Lebeuf, cite un arrêt du Parlement de 1366, relatif à un conflit de juridiction entre le Prévôt de la ville et les chanoines, à propos d'une certaine entremetteuse « mise en l'eschelle, trois fois et par trois journées, avec le chappel de feurre sur la tête, comme il est accoutumé de faire[4] ».

Filles et prêtres se battirent donc, dans ce quartier, à coup de textes, pendant le Moyen Âge.

Et les gens d'Église se battirent, je crois bien, encore plus, entre eux.

Cela s'explique. Durant cinq siècles, il y eut deux curés à Saint-Merry, appelés curés cheveciers. Vers l'an 1000, il y en eut même sept, les chanoines de Notre-Dame ayant obtenu de l'évêque de Paris, le don de cette paroisse.

Le chapitre de Notre-Dame délégua alors sept chanoines ou bénéficiers qui furent chargés, chacun à son tour, pendant une semaine, du service du culte. En 1219, à la suite de la lâcheté de l'hebdomadier qui, en un temps de choléra, laissa mourir, par peur de la contagion, l'un des paroissiens sans sacrement, on décida qu'un seul et même curé serait chargé des fonctions pastorales ; puis on lui donna, pour l'aider, un autre curé. Ils travaillaient chacun une semaine ; plus tard, enfin, on leur adjoignit des vicaires.

Mais les chanoines implantés par le Chapitre de Notre-Dame à Saint-Merry n'en continuèrent pas moins de résider dans l'église ; et forcément leur présence gâta tout. Ils occupaient le chœur et y chantaient l'office ; c'était un inévitable conflit de chaque jour entre eux et le clergé auquel il était interdit de pénétrer dans ce chœur.

Ce fut, pendant des années, des combats à coups d'épingles ; puis, au moment où l'on bâtissait l'église actuelle, la fabrique acheta, pour agrandir l'abside qui ne pouvait s'étendre, faute de place, une ruelle allant de la rue Saint-Bon à la rue Taillepain. Aussitôt les chanoines partirent en guerre, déclarant que cette ruelle était à eux.

Ils engagèrent de tenaces et de lents procès contre les curés et la fabrique. On n'en vit la fin qu'en 1789. L'Assemblée Nationale mit tout ce monde de chicaniers d'accord, en convertissant l'église en une fabrique de salpêtre, puis en un temple du Commerce.

Mais si, remontant en arrière, à travers les temps, nous regagnons encore l'époque du Moyen Âge, nous devons constater, pour être justes, qu'il y eut mieux que des litiges en suspens entre chanoines et filles et chanoines et prêtres.

Au XIIIe siècle, un saint fréquenta Saint-Merry, saint Édouard, devenu plus tard archevêque de Cantorbéry et alors élève en théologie à Paris ; il chantait, chaque nuit, avec le Chapitre, l'office des Matines et soignait les pauvres étudiants malades, vendant jusqu'à sa chemise pour leur procurer des remèdes[1].

Au siècle suivant, une autre célicole, Guillemette de la Rochelle, séjourna également près de ce sanctuaire. Le roi Charles V, qui connaissait la sainteté de sa vie et admirait ses révélations extatiques, voulut qu'elle vînt se fixer dans la capitale et il lui fit faire « un bel oratoire de bois à Saint-Merry ». Elle y vécut dans le ravissement, soulevée en l'air, souvent de plus de deux pieds ; et l'on pense qu'elle fut, après son trépas, inhumée dans l'église[1].

Le même roi Charles V instaura aussi, en l'an 1373, une confrérie de laïques de la paroisse, dont le but fut d'honorer plus spécialement la Mère du Sauveur. Cette dévotion se continua et, deux siècles plus tard, nous voyons que le moindre manquement qui se pouvait relever contre le culte de la Madone, était aussitôt réparé.

Lebeuf nous cite, en effet, cet épisode qu'il a lu dans les registres du Parlement de l'année 1530 :

« Comme il s'était commis des excès sur une image de la sainte Vierge peinte sur une maison proche de l'église, le Parlement ordonna, le 25 mai, que le clergé se rendrait processionnellement à cette image qui serait repeinte, pour y chanter les louanges de la Mère de Dieu[2]. »

Enfin s'il y eut, pour femmes, des « bouticles au péché », il y eut aussi dans ce quartier, de pieux couvents de nonnes, des couvents aux règles très particulières, tel que celui des Bonnes femmes de Sainte-Avoye[3].

Cette maison avait été fondée en 1283, par Jean Sequence, chevecier de Saint-Merry et la Veuve Constance de Saint-Jacques, pour y recueillir quarante veuves, pauvres et âgées d'au moins cinquante ans. Elle était située en la rue Sainte-Avoye, qui s'est fondue depuis dans le courant de la rue du Temple.

Ce monastère était une sorte d'assemblée de béguines, aux ordonnances plus minutieuses et plus serrées ; il réalisait un compromis entre un béguinage et un couvent.

Voici l'existence que l'on menait dans ce petit cloître :

Lever à 5 heures du matin, en été, et en hiver, à 6. On commençait par réciter « les heures Notre-Dame, sept psaulmes et litanies et aultres heures de la Passion et du Saint-Esprit ; et les aultres qui ne savent lyre, n'y leurs heures, seront tenues dire trois chappeletz et autres menus suffrages qu'elles pourront scavoir ». Puis l'on entendait la messe et après, dit le règlement, « vous vous assemblerez pour assister à la besongne, à tel œuvre et vacation honneste dont vous pourrez aider et exerciter ».

Pendant ce travail opéré en commun, on faisait, durant l'espace d'une demi-heure, lecture de « quelque bonne histoire de l'Escripture sainte ».

À dix heures on dînait, l'on se récréait pendant 30 minutes, la cloche tintait et l'on reprenait le travail jusqu'à l'heure du souper, c'est-à-dire jusqu'à cinq heures.

Et à 9 heures on sonnait le couvre-feu.

La direction de cet institut était confiée aux chevеciers de Saint-Merry qui nommaient une maîtresse révocable à leur gré et une secrétaire plus spécialement chargée de l'entretien de la chapelle.

La fondation de Sainte-Avoye prospéra, puis déchut. En 1621, les bonnes femmes renoncèrent à leurs prérogatives ; elles firent don de leur monastère aux Ursulines de la rue Saint-Jacques et elles s'y incorporèrent, sous la règle de cet ordre, acceptant toutefois de rester sous la juridiction du curé de Saint-Merry et lui présentant, à l'église, en offrande, le jour de la fête de ce saint, chaque année « un cierge d'une livre auquel était attaché un écu d'or[1] ».

Les derniers vestiges de ce couvent ont disparu en 1838, lors du percement de la rue Rambuteau.

Appartenaient encore au territoire de Saint-Merry, tel que le limite Lebeuf, la chapelle et l'hôpital de Saint-Julien des Ménétriers dont la façade s'ouvrait sur la rue Saint-Martin et dont le vaisseau s'étendait le long de la rue du Maure. Ils furent fondés au XIVe siècle, pour abriter et soigner les pauvres ménétriers en détresse dans la ville, par deux musiciens, lesquels, nous raconte du Breul dans son « Théâtre des Antiquités de Paris », « s'entr'aimaient et étaient toujours ensemble. Si un était de Lombardie et avait nom Jacques Grave de Pistoye, autrement dit Lappe ; l'autre était de Lorraine et avait nom Huet, le guette du Palais du Roy[2]. »

Ces deux bâtiments furent dédiés à saint Julien, protecteur des voyageurs, et à saint Genès, mime chrétien, martyrisé sous le règne de Dioclétien et patron des ménétriers[3].

Terminée et livrée au culte, en 1335, la chapelle ne fut jamais que la très humble vassale de Saint-Merry, car les chapelains, institués pour la desservir, ne pouvaient administrer aucun sacrement sans la permission du curé de la paroisse. Cette situation dura jusqu'au moment où, sur les instances d'Anne d'Autriche, l'archevêque de Paris décida de remplacer ces chapelains par des Pères de la doctrine chrétienne ; les ménétriers, qui tenaient à leurs prêtres, s'insurgèrent et entamèrent contre les nouveaux venus une série de procès qu'ils finirent par gagner ;

mais bientôt ils eurent à se débattre dans une plus menaçante aventure. Un ordre de Louis XVI ayant prescrit, en 1781, la fermeture du cimetière des Saints-Innocents qui était le lieu de sépulture des fidèles de Saint-Merry, le curé et le chapitre de cette église voulurent enterrer leurs morts sous le pavé de la nef de Saint-Julien et, à force d'intrigues, ils déterminèrent le roi à convertir, pour leur usage, ce sanctuaire en un charnier.

Exaspérée, la corporation des Ménétriers souleva tout le quartier et en présence des émeutes qui surgissaient de toutes parts, le malencontreux édit fut rapporté.

Une fois de plus, les braves musiciens, si dévoués à leur chapelle, l'avaient sauvée ; mais ce fut une victoire sans lendemain, car la Révolution les dispersa et s'empara de leurs biens.

Telle est en peu de mots la biographie de Saint-Julien dont le portail était orné de trois grandes figures de pierre ; le Christ, debout, entre saint Julien et saint Genès ; ce dernier tenait, d'une main, un violon et un archet de l'autre ; douze petites statues, nichées dans les voussures du porche, complétaient le décor ; elles effigiaient des joueurs de timbale, de flûte, de musette, de trompette marine, de serpent, de sistre, de harpe, d'épinette et de luth.

Le tout fut vendu et démoli en 1790 ; l'emplacement de l'église et de l'hospice est actuellement occupé par les maisons désignées sous les numéros 164, 166, 168 de la rue Saint-Martin.

Quant à Saint-Merry même, son histoire se confond pendant les époques qui suivirent le Moyen Âge avec celle des autres quartiers de Paris ; elle ne présente pas du moins de faits bien personnels et qui méritent d'être notés. Après avoir cité, pour mémoire, le vacarme nocturne de la taverne de « l'Épée Royale » qui, avant d'avoir sous la Régence servi de coupe-gorge au Comte de Horn, en mal d'argent[1], hébergea au XVIIe siècle les poètes crottés et fut l'un des cabarets littéraires à la mode de ce temps, il nous faut atteindre les mois de juin 1832 et de février 1848 pour discerner le nouvel et très spécial aspect que prennent ses rues.

En raison même de la sinueuse étroitesse de leurs lacis, elles étaient faciles à défendre et les émeutiers y dressèrent ces persévérantes barricades dont l'assaut a été magnifié par V. Hugo, dans des pages superbes des *Misérables*[2].

Il en fut de même en 1871 ; l'église, le presbytère, leurs caves surtout avaient été dévalisées par les soins du sieur Froissard, dit Court-en-Cuisses, commissaire de la commune[1] ; le culte était interrompu ; le 24 mai, alors que l'insurrection était à peu près vaincue, les fédérés et les Vengeurs de Flourens[2] se précipitèrent dans l'église, ivres de fureur et fous de vin. Ils résolurent d'incendier la nef ; pour sauver l'église, les habitants y apportèrent les gardes nationaux blessés que l'on soignait dans les maisons voisines. Ils n'en continuèrent pas moins d'enduire les murs de pétrole et ils allaient y mettre le feu, quand un bataillon du 20e chasseurs arriva au pas de course et tua la plupart de ces brutes.

Saint-Merry avait, au demeurant, peu souffert. Il fut vite réparé et remis en l'état où nous le voyons actuellement. Il est, à vrai dire, pendant la semaine, bien désert, car c'est à peine si quelques sœurs, si quelques bonnes femmes viennent égrener leurs patenôtres devant le Saint-Sacrement.

On pourrait croire que la piété y est nulle. Il n'en est rien pourtant.

Cette paroisse a gardé une vie religieuse, sourde, dont on peut surprendre l'éclosion, le dimanche, et, l'une des seules de Paris maintenant, elle conserve une institution laïque qui est un des précieux reliefs du rit Gallican, l'œuvre des Clercs de Saint-Merry.

Dans une très intéressante brochure sur cette confrérie, M. l'abbé Baloche fixe, à défaut de documents antérieurs, aux dernières années du xviie siècle, la fondation de ces clercs[3]. À vrai dire, ils remontent aux premiers temps de l'ère chrétienne, ils sont de l'église primitive même où, sous la direction des presbytres et des diacres, les fidèles prenaient une part active à la vie du culte, en contribuant au service intérieur de la synaxe[4], en portant le viatique aux malades, en se communiant, eux-mêmes, chez eux, en élisant avec le clergé les Évêques. Plus tard, au XIIe siècle, nous les trouvons prêchant avec l'assentiment de Rome dans des églises, et jusqu'au XVIe écoutant, si le prêtre manquait, les confessions des personnes en danger de mort.

Et cette tâche était obligatoire. En cas de nécessité, il faut avouer ses fautes à son prochain s'il n'y a pas de prêtre, dit saint Bonaventure dans son 8e sermon sur les Rogations et, de son côté, saint Thomas d'Aquin déclare que la confession opérée dans ces conditions *est d'une certaine manière sacramentelle*, bien qu'il soit impossible de parfaire le sacrement à cause de l'absence du ministre qui possède, seul, les pouvoirs rémissifs du déliement.

Bref, l'on peut affirmer que les laïques s'acquittèrent alors de toutes les fonctions qui n'exigeaient pas impérieusement le caractère sacerdotal, pour être validement remplies.

Ces prérogatives, ils en profitèrent tant que l'esprit de domination des Pontifes romains se contint et daigna ne pas considérer les simples chrétiens, ainsi qu'il le fait maintenant, comme ces épluchures du monde dont parle saint Paul ; mais peu à peu, sous l'impulsion du haut clergé, le peuple fut évincé du service divin ; il n'y eut plus que dans les pays qui suivaient un rituel différent de celui de Rome, que les paroissiens purent ne pas être dépouillés de leurs droits séculaires ; ailleurs, ils furent réduits au rôle de spectateurs muets, de simples assistants.

Cet état inévangélique[1], eut, en France, pour cause l'éternelle servilité des évêques. Sauf celui de Lyon, tous, sans y être forcés, pour être agréables à la personne de Pie IX, répudièrent l'antique liturgie des Gaules et adoptèrent avec le rit, le bréviaire romain, si peu varié, si sec et si froid, si dénaturé même dans le texte revu de ses séquences[2].

Sur leurs ordres, l'on arracha des antiphonaires la flore mystique de très vieux plants ; l'on extirpa, pour les jeter dans le fumier de l'oubli, ces merveilleuses gerbes, où s'épanouissaient, les jours de grandes fêtes, les ingénieuses hymnes d'Hilaire de Poitiers, de Prudence et de Fortunat, les proses magnifiques d'Adam de Saint-Victor, les admirables répons célébrant la Nativité de la Vierge, de Fulbert de Chartres.

Ce fut l'ovation du jardin bourgeois, le triomphe, sur toute la ligne, du géranium liturgique !

Ainsi que je l'écrivais naguère, dans « l'Oblat », les prélats français détruisirent alors l'œuvre des artistes indigènes, brûlèrent en quelque sorte leurs primitifs.

Il n'est pas douteux que les bréviaires gallicans, le parisien surtout, n'eussent besoin de réformes. Dom Guéranger avait signalé très justement leurs défauts, leur manque de piété même. Et de fait, manié et remanié par les Harlay, les Noailles, les Vintimille[3], le bréviaire de Paris sentait le Jansénisme à plein nez ; il pouvait beaucoup moins servir aux catholiques qu'aux « appelants ».

Mais ce n'était pas une raison pour accepter celui de Rome qui n'est qu'un passe-partout, qui ne tient compte, ni des traditions, ni des coutumes, ni des différentes dévotions des diocèses ; il fallait reconstituer le parisien, tel qu'il était au Moyen Âge, avant que les cuistres du XVIIe et du XVIIIe siècles, n'y eussent touché.

Il n'en fut rien ; et naturellement le cérémonial eut le même sort que le bréviaire dont il était le complément. Ce fut avec la suppression du bréviaire gallican la mort de son rite imagé et le renvoi de ces liturges laïques que l'on désignait alors sous le nom de « chapiers ou d'indus ». Ils disparurent et l'orgueil sacerdotal auquel, si bon qu'il puisse être, nul prêtre n'échappe, y trouva son compte.

Comment expliquer alors que Saint-Merry ait pu garder ce vestige d'un rituel périmé qui survécut d'ailleurs, pendant quelque temps encore, mais plus effacé, dans d'autres églises du même archidiaconé, telles que Saint-Nicolas-des-Champs et Sainte-Élisabeth, pour en citer deux ? Je ne sais. Il y eut, sans doute, jadis à Saint-Merry comme à Saint-Thomas d'Aquin où les chapiers n'existent plus, mais où l'on chante encore, pendant la Semaine Sainte, l'antique prose de l'ancien Parisien, le « Languentibus in purgatorio[1] » un curé, épris des doctrines gallicanes, et qui sauva, de sa propre autorité, quelques débris des coutumes usitées dans son église. Et par désir de ne rien innover, par crainte de mécontenter les paroissiens, par ignorance peut-être, leurs successeurs ont laissé les choses en l'état et nous en profitons.

Mais en quoi consiste, au juste, le rôle réservé, dans leur sanctuaire, aux clercs de Saint-Merry ? Ils font office d'acolytes, de thuriféraires, de cérémoniaires[2] ; ils remplissent les fonctions de diacres d'honneur aux grand'messes ; ils arborent donc la chape et quand ils n'officient pas, ils revêtent dans le chœur la soutane vermillon, la grande aube blanche et la ceinture cerise.

Leur but, déclarent les statuts de l'œuvre, est « de contribuer à la gloire de Dieu et aux pompes du culte divin : 1° par l'exactitude à assister aux offices, 2° par la bonne tenue, le recueillement et la piété au chœur ».

Et l'article III prescrit : « Les clercs s'engagent à exécuter de leur mieux toutes les cérémonies qu'ils seront invités à faire par le Maître des Cérémonies[3]. »

Ils s'acquittent de leur tâche, avec conscience et l'on peut, en toute vérité le dire, leur présence à Saint-Merry est un vrai stimulant de zèle, un réconfort.

Voulant me rendre compte, par moi-même, de la façon dont ils pratiquaient l'office, je me suis rendu, le jour de la fête du Saint-Sacrement, à la grand'messe[1]. J'y allai, je l'avoue, prévenu ; je pensais que des hommes à moustaches, habillés en enfants de chœur et affublés d'ornements d'église, seraient très ridicules. Je me trompais ; ces gens, qui n'avaient pas du tout les faces en fuite des bigots, portaient leur costume avec aisance et, très au courant de leur métier, ils évoluaient avec une ferveur à la fois mâle et touchante.

Quand l'aspersion eut lieu, le prêtre, le goupillon en main, traversa toute la nef ; les deux chapiers qui soutenaient sa dalmatique pour lui permettre de lever le bras, étaient deux clercs de l'œuvre ; l'un, âgé d'une soixantaine d'années, avait une physionomie intelligente et bonhomme, avec des traits un peu épaissis et une moustache grise ; l'autre, plus jeune, et très grand, figurait assez bien un reître de la Renaissance, avec ses cheveux débordant en boucles sur le front, son nez busqué et sa moustache rousse. Vêtus de grandes chapes d'or, ils manœuvraient sans aucune gêne, comme aussi sans aucune pose, dans l'allée enserrée par des rangs de chaises, très attentifs à éviter tout faux pas au célébrant ; puis, lorsque la messe commença, ils se tinrent derrière le diacre et le sous-diacre prêtres, remplissant leur devoir de liturges, avec une précision et un respect que dans d'autres églises, certains membres du clergé ignorent.

Elle était vraiment louable, cette grand'messe. On y chanta, en plain-chant, l'Introït, le Kyrie Eleison, le Gloria, le Lauda Sion, le Credo, le Sanctus et l'Agnus Dei ; malheureusement, ici, de même que dans beaucoup de sanctuaires de Paris, l'on escamota le Graduel, l'Offertoire et la Communion, plus difficiles à chanter ; mais enfin il n'y eut pas de pétarades musicales modernes ; grâces en soient rendues au maître de chapelle et au curé !

Et ce que l'on pouvait se croire, loin de Paris, dans cette vieille église de la rue Saint-Martin, peuplée de petits négociants dont la piété était simple et réelle !

Si les temps étaient, pour l'Église de France, moins durs, l'on souhaiterait que des œuvres pareilles à celle des clercs de Saint-Merry fussent fondées dans chaque paroisse, afin de rehausser la solennité du culte et d'intéresser le peuple aux offices, en l'admettant à y prendre part ; mais, même à des époques plus propices, les clercs de Saint-Merry ont eu bien du mal à conserver leur existence, car, en 1900, l'Archidiacre de Notre-Dame, sous la juridiction duquel est placé Saint-Merry, avait résolu de les supprimer.

Celui-là pensait sans doute, comme tous ses confrères, que les laïques ne peuvent être autre chose qu'un bétail parqué dans l'étable d'une nef.

Ils furent sauvés par la mort de ce personnage qui trépassa avant d'avoir pu mettre son projet à exécution ; et le 26 novembre 1905, les clercs ont célébré, glorieusement, par une cérémonie magnifique, dans leur église, leur centenaire – non le centenaire de leur création dont on ne connaît pas la date – mais celui de leur réorganisation, qui fut effectuée par le curé Fabrègue[1], en 1805.

LES FOULES DE LOURDES

(1906)

Édition établie, présentée et annotée
par Jean-Marie Seillan

INTRODUCTION

Huysmans ne s'en est jamais caché : tout devait le dissuader d'écrire *Les Foules de Lourdes.* Imagine-t-on le rêveur des pays plats et des ciels gris s'émerveiller devant les pics des Pyrénées ? l'homme du Nord s'éprendre d'une Vierge baragouinant un patois méridional ? l'apologiste des cathédrales gothiques admirer une basilique à peine sortie de la main des maçons ? le rôdeur des nefs solitaires se laisser bousculer par la cohue cosmopolite des pèlerins ? l'amoureux de la Mère prier une jeune fille aux bras dépourvus d'enfant ? le théoricien de la souffrance salvatrice chanter la guérison des corps ? Pourtant, il a écrit ce livre des paradoxes, et il y a à cela des motifs multiples.

UN SUJET PAR DÉFAUT

La panne d'inspiration, d'abord, qui répond elle-même à plusieurs raisons. Créé en 1891 dans *Là-bas*, le personnage de Durtal n'avait pas vocation à reparaître dans trois autres romans. Lorsque Huysmans le réembauche dans *En route*, il ne soupçonne pas qu'il inaugure une trilogie romanesque (et non une tétralogie, *Là-bas* étant prudemment tenu à l'écart de son œuvre catholique) consacrée à l'art de l'Église médiévale. Ce que certains de ses contemporains appellent sa « Durtalide », c'est en 1898 seulement qu'il la décrit dans l'autobiographie rédigée à l'intention de l'abbé Mugnier, futur préfacier de ses *Pages catholiques* :

> *En route* [...] est le premier volume d'une trilogie qui se composera de la *Cathédrale* qui a paru et de l'*Oblat* qui reste à paraître. / [...] Dans *En Route*, il y a un résumé de la mystique et une étude sur le plain-chant. / Dans la *Cathédrale*, il y a la grande science de la symbolique, au Moyen-âge, poursuivie dans toutes ses ramifications [...]. / Dans l'*Oblat*, M. Huysmans montrera, en

> outre de la vie et de l'âme des cloîtres, la liturgie – et alors, il aura parcouru le cycle de l'Église et résumé son art extérieur et intérieur, son corps et son âme[1].

Début 1903, alors que *L'Oblat* vient de sortir en librairie, le romancier a donc le sentiment, comme il l'avait prévu, d'avoir épuisé les matériaux offerts par l'art religieux et achevé son encyclopédie. De là l'embarras qu'il confie en 1903 à Adolphe Berthet, l'un de ses élèves lyonnais : « Vous avez la chance d'avoir un sujet. Moi, je voudrais bien en avoir un. Enfin, j'espère que ça se dessinera[2]. » Sans doute répond-il à un journaliste qui lui demande, peu après, s'il prépare la suite de *L'Oblat* : « Oh non, j'ai suffisamment écrit sur les moines et le clergé séculier. Mon nouveau roman étudiera le monde laïque qui gravite autour des centres et des œuvres religieuses[3]. » Mais de ce projet qui s'annonçait singulièrement polémique, lorsqu'on sait le peu de bien qu'il pensait de ces milieux, rien ne subsiste, même s'il n'est pas impossible d'y rattacher quelques pages des *Foules de Lourdes* consacrées aux personnes accompagnant les malades.

Lucien Descaves, à cette époque le plus proche de ses amis, a donc raison d'écrire que, « après *L'Oblat*, et si l'on veut *Les Foules de Lourdes*, Huysmans se trouvait, comme à l'heure d'*À rebours*, au bout d'une impasse. Le Ciel, considéré comme un réservoir inépuisable, était tari pour lui[4] ». Encore faut-il ajouter ce qu'il avoue alors en privé : il était las de pratiquer, depuis près de trente ans, le genre romanesque. De fait, si Zola avait été capable de définir une « formule » littéraire et de l'appliquer, peu ou prou, aux vingt volumes du cycle des *Rougon-Macquart*[5], Huysmans s'est conformé à un principe de renouvellement formel lui interdisant d'utiliser deux fois le même moule littéraire. *L'Oblat*, qui a pour partie dérogé à cette règle, l'a-t-il satisfait ? C'est douteux, puisqu'il écrit à Henri d'Hennezel, son autre épigone lyonnais, le 19 décembre 1903 :

> Je rêvasse toujours à un roman, avec le dégoût de plus en plus croissant de cette forme. Ce qu'il faudrait décidément trouver autre chose !
>
> J'en ai tellement lus depuis quelques mois, pour le prix Goncourt, que je les rends par tous les pores.
>
> Enfin ! – attendant mieux, il nous faut nous servir tous encore de ce vieil outil[6].

Deux ans plus tard, le doute s'est fait certitude : « Personnellement, j'en ai assez et quitte le genre épuisé par des redites. On a trop remâché soi-même, ce vieux foin[1] ! » Plus qu'un sujet de roman, c'est donc une forme littéraire inédite qu'il recherche.

Pour une grande part, ce désir d'innovation formelle s'explique par la proximité autobiographique unissant le romancier à son personnage. *L'Oblat*, qui devait initialement constituer le terme du parcours spirituel menant Durtal au cloître, s'est achevé – relance malicieuse de l'Histoire – sur sa réinstallation à Paris, en octobre 1901. Or on imagine mal quel rôle Huysmans pouvait encore prêter à son *alter ego* fictionnel à sa sortie du monastère du Val-des-Saints, tant l'écart s'est alors creusé entre leurs deux trajectoires. Car, si l'on hésite à affirmer avec Robert Baldick qu'« avec *L'Oblat*, il avait écrit le mot "fin" au bas de la dernière page de ses mémoires spirituels[2] », les ressources autobiographiques qui nourrissaient son œuvre *ab origine* n'étaient nullement épuisées. Après plusieurs mois difficiles passés chez les Bénédictines de la rue Monsieur, Huysmans est en effet repris par son statut de grand écrivain (jamais il n'a accordé autant d'interviews à la presse que dans les années 1903 et 1904), par sa fonction de président de l'Académie Goncourt, qu'il assume avec beaucoup de sérieux, et, dans sa vie privée, par des tentations amoureuses dont il se prétend la victime innocente. S'il a réussi à éconduire « la Sol », une Espagnole inflammable qui l'a poursuivi, durant des années, de désirs qu'il jugeait diaboliques, il est assiégé par Henriette du Fresnel, une toute jeune fille, surnommée « le petit oiseau », qui s'est mis en tête de l'épouser, et par la romancière Myriam Harry, sa cadette de vingt ans, au charme oriental de qui il est loin d'être indifférent. Faire endosser ces rôles profanes compromettants à Durtal, le chantre de la liturgie et de la retraite monastique, serait revenu à le trahir.

Un dernier motif, plus déterminant peut-être, explique le congédiement de Durtal. Provoquée par la loi sur les Associations du 1er juillet 1901, la dispersion des communautés religieuses a jeté Huysmans dans le doute sur l'utilité spirituelle des ordres religieux, à laquelle il avait cru passionnément. Car l'oblat de Ligugé n'a pas imputé cet événement, qui a bouleversé sa vie, au seul gouvernement de Waldeck-Rousseau, si opiniâtre que fût sa politique anticléricale. Dans la logique providentialiste qui était la sienne, il y a vu la preuve de l'indignité des ordres monastiques, justement sanctionnés par le Ciel ; il s'est attaché, servi par le désenchantement qui succède depuis toujours chez lui aux élans d'enthousiasme, à prouver que les monastères étaient devenus des « réduits de méchanceté et d'orgueil[1] » que la Providence, comme il le rappelle dans *Les Foules de Lourdes*, « a laissé balayer ». Ainsi le chapitre XV de *L'Oblat* a-t-il montré Dom Felletin causant « des desseins providentiels qui tendaient certainement à épurer l'Église, du rôle inconscient que jouaient les énergumènes des deux Chambres, destinés, sans le savoir, à accomplir peut-être une besogne utile[2] ». En privé, Huysmans ne cesse de décrire l'effondrement moral et spirituel des ordres monastiques, dont il avait fait peu auparavant les plus grands éloges, comme le prouve une lecture sans prévention de sa correspondance postérieure à 1901, hélas encore inédite. L'ex-oblat qui écrit en 1902 que « ce Ligugé est tout de même un bien sale endroit[3] », et en 1904 que « l'oblature n'a jamais été qu'une aimable blague[4] », avait l'évidente obligation morale de licencier Durtal, apologiste désormais sans emploi d'un clergé régulier démonétisé.

Ce que serait le nouveau livre, il l'explique lui-même : s'il se trouve à Lourdes, c'est « par suite de circonstances tirées de loin et presque indépendantes de [s]a volonté[5] ». Fin 1902, Marguerite et Léon Leclaire, ses amis de Ligugé, avaient eux aussi quitté le Poitou pour s'installer, sur ses encouragements, à Lourdes, « près de la Ste Vierge, avec des offices évidemment nombreux[6] ». Ils pressent maintenant Huysmans de leur rendre visite et d'écrire un livre sur Lourdes. A-t-il cédé, malgré ses réticences, à leurs invites répétées ? C'était l'avis de Lucien Descaves : « J'ai souvent pensé – écrit-il – que Huysmans échappant à la pression qu'exercèrent sur lui ses amis Leclaire, n'eût pas abordé le périlleux sujet qu'il avait traité, faute d'en avoir un autre en vue[7]. » Le livre terminé, Huysmans lui-même écrira à Mme Huc, le 20 septembre 1905 :

> La vérité est que je n'avais jamais eu l'intention de le faire et qu'il est fait, je puis le dire, sans bien comprendre comment.
>
> Je n'avais jamais eu envie d'ailleurs de voir Lourdes qui me fait horreur. J'y suis pourtant allé deux fois par suite de circonstances jusqu'à un certain point indépendantes de ma volonté[8].

Quoi qu'il en soit, fin novembre 1902, Huysmans a apprivoisé l'idée d'un voyage vers le sud et attend, pour partir, la mise en vente de *L'Oblat*. « Je ne dis pas alors que, comme repos, je n'irais pas passer quelques jours à Lourdes[9] ». Non qu'il en ait envie. Long voyage dans un train de nuit, paysages de montagne, ciels bleus, présence des méridionaux tapageurs, cohue probable, édifices religieux de construction récente, rien ne l'y attire. Au surplus, son opinion était faite depuis longtemps. Sans doute a-t-il oublié, en prenant le train, avoir écrit, vingt ans plus tôt, « qu'il faut [...] une singulière dose de bonne volonté pour croire [...] que des madones apparaissent aux vachères dans des fonds de grottes[1] ». Mais il avait livré, sur les malades en attente de guérison, un avis pour le moins imprudent dans une interview donnée au quotidien *Le Matin*, le 14 septembre 1893 : « Lourdes, à la bonne heure, c'est un véritable lieu de plaisance ; on peut y amener les malades dans leur lit, les "béquillards" s'y chauffent délicieusement au soleil et la douceur de l'air prête un précieux concours à l'intervention céleste pour opérer des miracles[2]. » En 1895, il avait même prétendu, devant l'abbé Mugnier, que « Lourdes, c'est la gaieté[3] », par comparaison avec le site rival de La Salette, qui jouissait alors, parmi les artistes catholiques, d'un *a priori* favorable dont pâtissait le sanctuaire pyrénéen, réputé trop populaire[4]. Dans le brouillon abandonné d'*En route*, le rapprochement se faisait franchement désobligeant : « Notre-Dame de Lourdes est une Madone joyeuse, pour les foules, si j'osais, je dirais même tout bas une Madone pour les mufles[5] ». Quant au train blanc réservé au transport des infirmes, Huysmans ne l'a ni emprunté ni décrit[6], peut-être parce qu'il l'avait déjà vu passer, sans grande compassion, en gare de Ligugé dans l'été 1898 :

> J'ai interrompu ma lettre pour voir arriver, cet après-midi le fameux train blanc, le train des grands malades de Lourdes, 5 minutes d'arrêt à Ligugé. Quel ahurissement de têtes, aux yeux effarés, dans les portières, tandis que le P. Abbé de Ligugé courait tout le long du train, pour bénir les malades ! C'était à la fois pitoyable et cocasse – Ils sont arrivés dans une nuée de poussière et repartis de même. Moins de gens très malades que je croyais, en somme. Il est vrai que ceux-là devaient être couchés sur des banquettes et par conséquent, invisibles. Par contre, dans le village, des dévotes de tous pays, peu excitantes[7] !

Passant outre à toutes ses préventions[8], Huysmans finit par quitter Paris le 8 mars 1903 pour s'installer chez les Leclaire, à la villa Saint-Antoine. Comme lors de chacun de ses voyages, sa première impression est favorable : « Lourdes, sans pèlerins, sans boucan de cantiques, est aimable[9]. » Les notes prises sur place entre le 8 et le 28 mars 1903 confirment qu'il y recherche le sujet d'un nouveau livre, à la condition toutefois de présenter la ville dans une optique différente de celle des nombreux ouvrages qu'il a lus :

> Lourdes médical a été fait par Boissarie – des débuts et de Bernadette par Estrade – des foules par Zola. – Un peu de symbolisme, mais incomplet, par Grillot de Givry.
>
> Il ne resterait que le Lourdes intime et solitaire, sans pèlerinage, et la Vierge, pas faite du tout. Est-ce faisable[1] ?

Écrire un Lourdes sans Lourdes ? La fin de ce premier séjour le laisse dubitatif et indécis :

> Lourdes me demeure, à mesure que j'y vis, incompréhensible. Je n'arrive pas à déchiffrer l'énigme de ce lieu très spécial [...]. Je suis bien curieux, vous me direz, mais je voudrais tout de même comprendre et ça s'obscurcit à mesure !
>
> Ce n'est pas là où la clarté sera faite, si jamais elle se fait[2].

Pourtant, il juge difficile d'esquiver ce qui assure l'immense notoriété de Lourdes : les pèlerinages d'été et les foules qui s'y rassemblent. Non qu'il rêve de se mêler à elles, puisqu'elles déclenchent en lui une immédiate rétractilité. Si un second séjour de travail lui paraît indispensable, c'est parce qu'il soupçonne le gouvernement, à l'instar de nombreux catholiques d'alors, de préparer en sous-main la fermeture du sanctuaire. « Je vois bien que je vais être forcé, dans la seconde partie d'août, d'aller passer une dizaine de jours à Lourdes [...] ce sera sans doute la dernière année où se feront les grands pèlerinages et c'est à voir, avant qu'on ne ferme la Basilique et la Grotte[3]. » Malgré cette urgence, c'est seulement un an et demi plus tard, après un voyage en Allemagne en compagnie de l'abbé Mugnier, qu'il y retournera. Il y complètera sa documentation du 4 au 22 septembre 1904 et regagnera Paris le 24. Au total, il aura passé une quarantaine de jours sur place et noirci deux carnets de notes. Mais sa documentation a beau être prête, il continue de confier à plusieurs correspondants son embarras à l'idée de tirer un livre d'un tel sujet.

> Vous me parlez d'un volume sur Lourdes. J'y ai vécu trois semaines à l'hôpital et deux fois par jour au bureau des constatations, – et c'est pour moi la bouteille à l'encre. Il y a des choses si désagréables à dire sur cet endroit que j'hésite fort à écrire. Mon avis est qu'il faut avoir la foi chevillée pour revenir de là-bas indemne. Ah ! tout ce que l'on a écrit, dans un camp ou dans un autre, sur Lourdes[4] !

Ces tergiversations ont au moins le mérite d'éclairer, dans ses étapes successives, la genèse des *Foules de Lourdes*. Les notes consignées dans les deux calepins remplis sur place, d'abord, ont obéi à des optiques différentes. En 1903, époque où son projet littéraire reste incertain, Huysmans apparaît en visiteur désœuvré d'un Lourdes désert. Dépaysé, il voit pour la première fois un paysage de montagnes enneigées et des palmiers en pleine terre ; il visite, le *Guide* de Jean Barbet[1] en main, les édifices religieux dont la laideur le révulse ; il explore les maisons religieuses, assiste aux offices qu'il décrit avec sa minutie coutumière ; au marché du jeudi, il joue au Parisien ethnographe ; il prend des notes au hasard de sa curiosité, sans savoir s'il en fera usage : il prépare ainsi le portrait d'un truculent père Alexandre, rencontré à Bagnères-de-Bigorre, et une description de Pau, où rien ne lui agrée, qui ne lui serviront ni l'un ni l'autre. Sans doute s'informe-t-il sur les apparitions de la Vierge en parcourant les *Annales de Lourdes*, mais les malades sont absents, les piscines vides, et le Dr Boissarie, dont la tâche est saisonnière, n'est encore qu'un auteur de livres. Surtout, il s'interroge, incertain du sens à donner à ce qu'il observe[2]. Au fond, durant ce premier séjour, où l'emportent le repos et l'agrément, l'événement qui provoque en lui le retentissement affectif le plus fort, et qu'il interprète comme un signe du Ciel, est étranger au sanctuaire marial, il est d'ordre intime : ses rencontres au Carmel avec la fille de « la Sol », dont le livre publié effacera toute trace.

Dans les notes prises en 1904, tout change. Destinées à renseigner le livre commencé, elles se font utilitaires et la phrase, sommée d'absorber un fourmillement d'informations, s'émiette. Avec les pèlerinages d'été, le Lourdes hivernal se repeuple, les voyageurs, venus en chemin de fer de la province et de l'étranger, se bousculent dans une cacophonie de langues ; les grabataires et leurs accompagnateurs se pressent auprès des fontaines et des piscines, assiègent le Bureau des constatations ; les miraculés, vrais ou faux, surgissent, les noms, utiles ou non, affluent, les personnages et les portraits défilent. La fille de la Sol a disparu au fond de son cloître, et l'écrivain est au travail : les malades et les miracles entrant en scène, il s'entretient quotidiennement avec le Dr Boissarie, interroge Gargam, étudie le cas du belge De Rudder, affute ses arguments en faveur du surnaturel, afin de donner au roman de Zola, paru en 1894, une réplique très attendue. Car, en bon naturaliste fier de sa documentation, il entend surpasser son ancien maître, qu'il accuse depuis longtemps de s'informer à la hâte. Ce qu'il insinue dans une interview donnée, le 12 août 1905, aux lecteurs du *Temps* : « J'y suis allé deux fois au cours de l'année dernière [...] et mes séjours y furent assez longs pour une étude raisonnable[1]. »

À ces deux documents essentiels, s'ajoutent les très nombreuses lettres, inédites pour la plupart, écrites à chaud par le pèlerin avant, pendant et après chacun de ses séjours à Lourdes. Leur tonalité libre et caustique, d'usage dans sa correspondance privée, le présente sous un jour sensiblement différent de celui qu'il se donne dans *Les Foules de Lourdes*, et permet de mettre en perspective ses déclarations publiques sur le sanctuaire, dont certaines apparaissent alors pour des euphémisations tactiques. C'est dans cet esprit aussi qu'il faut lire les trois longues interviews qu'il accorde à propos de son livre à la presse (à *L'Univers* les 24 octobre 1904 et 8 août 1905, au *Temps* le 12 août 1905[2]), déclarations auxquelles s'adjoignent quelques témoignages indirects laissés par des contemporains. Une dernière source d'information précieuse réside dans le manuscrit utilisé pour la composition du livre par l'imprimeur Maurice Darantière, entré dans les collections de la Bibliothèque de l'Arsenal en janvier 2014 sous la cote Ms 15 788. Si la version définitive publiée est globalement conforme au texte de ce manuscrit, des corrections, des suppressions et des ajouts non négligeables, relevés en note de bas de page dans la présente édition, révèlent la prudence avec laquelle l'écrivain catholique a préparé la sortie d'un livre portant sur un sujet qu'il savait singulièrement délicat.

À la demande de René de Valfori, rédacteur au quotidien catholique *La Liberté*, Huysmans a résumé « l'idée qui a présidé à la confection des *Foules de Lourdes* [...] : montrer un Lourdes exact, en en révélant aussi bien les vilains que les très beaux côtés[3]. » S'il jugeait cette présentation suffisante pour répondre aux attentes d'un journaliste, on ne saurait évidemment s'en contenter aujourd'hui. *Les Foules de Lourdes*, dernier pot-pourri générique et tonal publié de son vivant, est à la fois le livre le plus disparate de son œuvre et le lieu de confluence des nombreux courants mêlés qu'elle a charriés auparavant.

LE CHOIX DU REPORTAGE

Pour écrire sur Lourdes, Huysmans adopte une formule littéraire radicalement différente de celle qui s'était imposée à Zola. De son séjour pyrénéen, ce dernier avait tiré un long roman à la troisième personne, composé de cinq parties centrées sur les trois journées de pèlerinage, précédées et suivies du récit des voyages en train aller et retour. Avec ce livre, il revenait aussi, comme l'écrit Mireille Dottin-Orsini, « à ce qui ressemble fort au roman populaire : intrigues parallèles, nombreux personnages, histoires d'amour, suspense, mélodrame, scènes spectaculaires et attendues : ce sont un peu *Les Mystères de Lourdes*[1]. » Rien de comparable dans *Les Foules de Lourdes*, qui exclut tout romanesque. À l'exception du premier chapitre qui prend la forme d'un récit historique excluant le *Je*, Huysmans renonce à l'écran de la troisième personne et parle en son nom propre. Il est vrai que le lecteur reconnaît ce promeneur, quelque nom qu'il porte, à ses ronchonnements et à sa frilosité :

> Si j'allais me coucher ; le vent des montagnes qui souffle, dès que tombe le crépuscule, alors que l'après-midi fut torride, me glace ; ces sautes de température, qui se renouvellent presque chaque jour, sont pénibles ; je suis d'ailleurs éreinté par mes courses, toujours en montées et en descentes, à travers les rues.

Mais le livre s'inscrit dans le cadre d'un autre genre, pratiqué par Huysmans depuis la publication de « La Rive gauche », dans *Le Drageoir aux épices* : la promenade descriptive, nourrie des notes griffonnées sur place. Genre agénérique qui a l'avantage de ne s'imposer aucun plan[2]. Chapitre après chapitre, le récit épouse les sinuosités d'une rumination intérieure et le libre parcours d'une flânerie pédestre – parcours répétitif, au reste, le pèlerin constatant, d'emblée, que tout le monde « tourne, du matin au soir, sur la même piste ».

Même s'il n'a pas connu de prépublication dans la presse, le texte relève simultanément du reportage journalistique. Après l'avoir ouvert sur un ample tableau du sanctuaire vu de la route de Pau, qui le domine, Huysmans n'omet rien, tel le rédacteur d'un guide de voyage, de ce qu'« il faut avoir vu ». Sans dissimuler ni son ascendance hollandaise, ni son statut de Parisien ignorant tout de la région, il livre « des croquis et des notes », des descriptions panoramiques ou ambulatoires, des saynètes et des silhouettes, comme il le fait depuis toujours, au point que le lecteur, s'il le souhaite, suivra sans peine les trajets qu'il suit dans la ville sur les plans des années 1858 et 1905, reproduits aux pages 186 et 205.

Au reste, la brièveté du séjour des pèlerins, la relative exiguïté de la ville et de son sanctuaire, le caractère collectif des prières, des parcours et des rituels suivis par les pèlerins, les horaires rigides des cérémonies : tout concourt à faire du reportage lourdais journalistique un exercice à fortes contraintes. Les lieux et les moments à décrire sont peu nombreux (la basilique, la grotte, les piscines, le bureau des Constatations, l'hôpital ; l'exposition du Saint-Sacrement, la procession aux flambeaux) ; les personnages à peindre (malades, brancardiers, prêtres, etc.) sont des types interchangeables ; les débats sur les circonstances et la réalité des guérisons, qu'ils proviennent d'esprits sceptiques ou de croyants, se répètent eux-mêmes en miroir et produisent des textes d'une extrême stéréotypie. Lourdes condamne ainsi les reporters à labourer le même terrain et provoque d'inlassables redites. On s'en convaincra en reconnaissant, par exemple, dans les reportages publiés par le journaliste Ludovic Naudeau, dans *Le Journal* des 27 août et 2 septembre 1901, les étapes obligées des parcours descriptifs effectués aussi bien par Zola que par Huysmans. Car, sur ce point précis, le degré de littérarité ne fait rien à l'affaire : parce qu'il est dénué de toute visée esthétique et n'omet aucun *item* de son cahier des charges, le bref récit rédigé par un certain Édouard Alexandre, sous le titre énumératif *Un Havrais à Lourdes : le voyage, les foules, la grotte, les guérisons, aperçus divers*[1], pourrait passer pour l'étalon du genre.

L'apport de Huysmans n'en possède pas moins une originalité certaine, du fait qu'il s'inscrit dans sa déjà longue série de reportages en terres religieuses provinciales, inaugurée dans *En route*, poursuivie à Chartres avec *La Cathédrale* et dans le Poitou avec *L'Oblat*. Attentif à la liturgie déroutante d'un lieu de pèlerinage ouvert, qui contraste avec la clôture monastique, il décrit par le menu les cérémonies auxquelles il assiste. Il se joint aux badauds pour observer l'arrivée et le départ des pèlerins français ou étrangers, épouse, à son corps défendant, les remous de la foule en prière ou en quête de miracles, enrichit sa collection de portraits de prêtres et de dévotes. Ni nationaliste à la façon de Maurice

Barrès qui jugera qu'« à Lourdes, c'est toute la France – son territoire, sa foi fondatrice, son peuple – qui se rassemble[1] », ni réconcilié avec un cosmopolitisme qui le met, depuis toujours, mal à l'aise, il croque le profil d'ecclésiastiques exotiques, tel ce « romanichel violet », un évêque oriental qu'il suspecte d'être venu de Palestine pour « taper par des quêtes les fidèles ». Il dialogue avec des curés de rencontre, interviewe les médecins, visite à plusieurs reprises l'hôpital, suit de l'œil le travail du personnel chargé de l'entretien de la grotte et des religieuses accompagnant les malades. Statisticien, il ne dédaigne même pas d'apprendre au lecteur que les prêtres dispensent, à l'époque des grands pèlerinages, jusqu'à « 140 000 communions par mois ».

Accoutumé à saisir le petit détail vrai, son œil fureteur n'épargne aucune laideur, aucune trivialité, si choquantes soient-elles : « des gens – observe-t-il – rapportent de la ville du pain, du saucisson, du vin ; et des familles, installées sur les pelouses de gazon, cassent la croûte ; on se croirait, un dimanche, au bois de Vincennes, avec les tessons de bouteilles et les papiers gras ». Son sens du saugrenu n'a pas perdu son originalité, lorsqu'il ébauche un inventaire des formes prises par les coiffes bretonnes, en souvenir d'un célèbre morceau de bravoure de *La Cathédrale*. Seule concession à la modernité, le descripteur semble rechercher plus qu'auparavant les angles de vue originaux et les cadrages subjectifs, sans que l'on puisse assurer que sa façon de percevoir et de restituer le monde ait subi l'influence de la photographie[2].

L'objet de son reportage possède également l'intérêt de se confondre avec une immense nosographie. Les malades sont omniprésents, sur les lits d'hôpital, dans le cabinet médical, dans les piscines, en tête de chaque procession ; partout ils exposent leurs difformités et leurs souffrances ; ils motivent la présence de ceux qui, valides, sont là pour les assister ou conduire les prières. Mais, là encore, le récit huysmansien se singularise. Dans *Lourdes*, Zola avait créé, pour les mettre en scène, des protagonistes intimement impliqués dans une aventure spirituelle qui les transforme : Pierre Froment, le prêtre qui a perdu la foi et attend du pèlerinage la grâce de la retrouver, guide et commente la narration, son amie Marie de Guersaint, une jeune paralytique portée par une foi ardente et en attente de guérison, figurent l'espoir du miracle. Dans *Les Foules de Lourdes*, l'observateur qui sillonne la ville et le sanctuaire n'appartient à aucun groupe. Il n'accompagne aucun malade, aucun proche ne l'accompagne, il ne connaît personne. Il est venu seul et repart seul[1]. La foule disparate qui l'environne se renouvelle tous les trois jours ; elle est faite de figures anonymes et étrangères, identifiées de manière collective par des gestuelles, des tenues vestimentaires et des parlures ethnotypiques : ce sont des Bretons, des Berrichons ou des Auvergnats, quand ils ne sont pas déshumanisés par des mots comme *tas*, *ribambelle*, *troupeau* ou *bétail*.

La personnalité des malades se résorbe dans des diagnostics : ce sont des paralytiques ou des hydropiques, des phtisiques ou des cancéreux ; aucun n'a d'identité propre : « le paysan de Coutances », la petite « aux pieds gangrenés », « le môme à la gouttière de bois », « les deux singes de l'Équateur » doivent se contenter d'une appellation périphrastique. Les seuls qui soient désignés nommément et jouissent d'un passé personnel (Marie Lemarchand, de Rudder, etc.) sont des « cas » exemplaires, des miraculés célèbres, issus des livres de Lasserre, de Boissarie ou de Zola. Cette situation, qui est celle d'un reporter, est assurément propre à nourrir une méditation sur la douleur humaine, mais elle interpose, entre le descripteur et les êtres souffrants qu'il suit du regard, une distance peu propice à l'empathie et à la contagion émotionnelle[2]. Le reporter, d'ailleurs, ne s'en cache pas, lorsque son second séjour tire à sa fin : « j'ai vu de si épouvantables maladies – écrit Huysmans à Georges Landry le 19 septembre 1904 – que *je commence à être las de ce métier* et poursuivi par les horribles odeurs des décompositions que je fréquente[3]. »

On mesure ainsi la complexité du statut du narrateur, qui est tout à la fois reporter, écrivain et pèlerin. En témoigne, parmi bien d'autres, l'épisode du chapitre IV consacré à la visite du restaurant des malades. La formule qui l'introduit : « l'abbé [...] vient me chercher *pour assister* au repas des infirmes », répond d'abord à la nécessité, pour l'enquêteur naturaliste, de ne négliger aucun aspect de la vie de Lourdes ; mais la visite, sous le regard d'un observateur qui ne participe en rien à l'événement, se transforme graduellement en spectacle, où la vue d'ensemble (« il y a de tout dans cette salle ») laisse place peu à peu à des portraits de groupes (« des gueules léonines et farineuses [...] ») et mène au célèbre gros plan sur la face du paysan de Coutances ; car la rhétorique descriptive a imposé à l'écrivain de bâtir un plan en forme de gradation (« il y a pis... ») – avant que le chrétien ne reprenne *in extremis* la main par le « Ah ! Seigneur ! » d'une prière.

Au nombre des sujets de reportage obligatoires, il y a aussi les excursions touristiques organisées pour les pèlerins au départ de Lourdes. Mais elles ne tentent guère Huysmans. Non qu'il refuse, lors de son premier séjour, de découvrir la région : « Je suis allé déjà à Bétharram, à Bagnères de Bigorre ; je pars demain à Pau[1] », raconte-t-il à Landry, le 22 mars 1903. Mais il s'en faut de peu qu'il ne tienne ces voyages pour un divertissement impie[2] : « Une fois [...] leurs impotents casés, la moitié des infirmiers et des infirmières prend la poudre d'escampette et part en excursion dans la montagne[3] », reproche-t-il aux accompagnateurs des malades belges. Ricaneur, il voit dans leurs randonnées des « ascensions cabotines qui se pratiquent [...] avec des jarrets serrés dans des lainages d'Écosse et des bâtons ferrés à la main ». Le même esprit prévaut à propos des voyageurs venus des pays voisins : oubliant que le mot *peregrinus* désigne originellement un *étranger*, le pèlerin déroule sur eux des clichés éculés : ses Anglaises sont « des femmes à lunettes dont les dents s'évadent des gencives », ses Espagnoles « hanchent, braillent des vivats, poussent des cris de bêtes fauves » et ses Belges « lamp[ent] de la bière ». Quant à « ces funestes snobs qui se déguisent en bêtes fauves pour écraser, dans un délire de vitesse, des femmes et des enfants sur les routes », il les déteste autant que « l'armée des touristes, des Anglais et des Américains, venus de Pau, de Bagnères, d'Argelès-Gazost, de Luchon ». Si on l'en croit, leur présence le dissuade de séjourner longtemps dans la région : « La perspective de rentrer à Paris, qui est un lieu singulièrement calme en comparaison du Lourdes des pèlerinages, me délecte. »

C'est aussi parce qu'il ne cesse de comparer Lourdes à ses lieux de prière habituels que Huysmans maugrée contre cette ville de montagne. Car la seule ascension qui vaille à ses yeux est de nature spirituelle : « là-haut, à la Salette, on est seul, dans les nuages, avec la Vierge ; il n'y a pas de distractions, pas de cafés et de journaux, pas de panoramas, pas d'excursions en automobiles, pas enfin de funiculaire pour se faire hisser doucement au sommet des monts ». Et si « la nouvelle ville couchée dans le fond de cuvette de ses monts », qu'il voit de sa fenêtre, « ne [l]'enthousiasme guère », c'est parce, auprès du site de La Salette, c'est « un gai paysage d'opéra-comique, avec ses montagnes de familles, ses cavernes pour enfants, ses pics à la papa ». Pour cet écrivain casanier qui voyage dans sa mémoire, Lourdes a le tort de n'être pas Chartres, ni aucune de ses chapelles parisiennes favorites :

À Lourdes, je suis dans une réception publique, dans une cérémonie officielle où les invités défilent par fournées devant la Reine et s'inclinent ; à Chartres, l'on est seul avec Elle dans une chambre close et, ici, ce sont de banales audiences, en plein vent.

À Paris même, à Notre-Dame des Victoires, à Saint-Séverin, chez la Vierge noire des Dames de Saint-Thomas de Villeneuve, l'on est plus chez soi et l'on est plus chez Elle ;

Huysmans n'oublie évidemment pas de faire de ce reportage un voyage d'art. Délesté du souci de gérer une intrigue, rompu depuis trente ans à cet exercice mi-documentaire, mi-littéraire, il remplit son contrat descriptif avec autant d'exhaustivité, sinon de méthode, que les guides touristiques, qu'il surpasse lorsque sa notoriété d'écrivain catholique lui ouvre, par exemple, les portes closes du Carmel. Mais Lourdes n'en présente pas moins des singularités déplaisantes. Il y découvre un chantier en cours, une sorte de laboratoire esthétique où les artistes à l'œuvre montrent ce que sait produire l'art catholique contemporain. Fort de sa culture et de sa spécialité de critique d'art religieux, il examine les styles dont s'inspirent les architectes, les techniques et les matériaux utilisés par les décorateurs et il les évalue par référence à l'absolu que constitue, pour lui, l'art de l'Église médiévale. Or, il voit dans Lourdes le lieu d'une accélération temporelle où l'on détruit pour bâtir, où le présent succède sans transition au passé, où la modernité s'exhibe avec une brutale impudeur. À l'« ancienne église, patinée par des siècles de prières », où il se réfugiait pour prier en 1903, il oppose les édifices modernes qui l'ont remplacée. De même, il assiste à l'installation du chemin de croix, tout juste engagée, et s'efforce d'en rendre compte à des lecteurs parisiens : « Imaginez des statues détachées d'un chemin de croix de la rue Bonaparte ou de la rue Saint-Sulpice, devenues deux fois plus grandes que nature, et campées en plein air et se découpant sur le ciel, en plein jour. » Pire, aux yeux de ce visiteur accoutumé au recueillement des églises désertes et aux pèlerinages confidentiels, cet art, que l'Église déclare « indispensable pour plaire au peuple et attirer les foules », lui apparaît comme la manifestation d'une démocratie religieuse. Celle-ci offense l'élitisme esthétique et culturel dont Huysmans, consterné de voir que « les fêtes liturgiques de Lourdes ressemblent aux fêtes civiques du 14 juillet », s'est toujours fait le chantre.

Journal de flâneries et promenade d'art, le livre enferme aussi une enquête confinant au journalisme d'investigation. Car l'écrivain parisien, malgré qu'il en ait, ne reste pas longtemps incognito : « Malheureusement, ma présence a fini par être connue ici, et ce sont des visites de raseurs et des regards de bête curieuse[1] », constate-t-il dès son premier séjour. De fait, les ecclésiastiques lourdais ont conscience de recevoir un romancier célèbre, susceptible de réfuter dans son prochain livre les arguments de la presse anticléricale, qui réclame la fermeture du sanctuaire. Ils mettent à sa disposition tous les moyens de s'informer, fût-ce de façon unilatérale, voire tendancieuse. Le visiteur se félicite de cet accueil auprès de l'abbé Mugnier à la mi-mars 1903 : « J'ai découvert un ami dans un jeune Père de la Grotte qui me donne tous les renseignements que je veux et me mène partout. [...] Je vis moitié chez les Carmélites et j'ai d'intéressantes conversations dans les parloirs. Je reviens documenté sur elles comme pas un[2]. » Facilité encore accrue l'année suivante, du fait que Mgr Schoepfer, évêque de Tarbes lui a délivré une carte nominative autographe l'autorisant, du 17 au 30 septembre, « à pénétrer dans les enceintes réservées de la Grotte, des Piscines et des Hôpitaux[3] ». Il peut donc écrire à Landry : « Ici, tout m'est ouvert, l'hôpital, le bureau médical où je vais deux fois par jour. Je vois donc tout de très près[4]. » « J'ai été choyé ici par l'évêque, par tout le monde, tout m'a été largement ouvert, et j'en ai profité[5] », ajoute-t-il la semaine suivante. Au besoin, une fois rentré à Paris, Léon Leclaire, qui réside sur place, vérifiera pour lui les détails oubliés et lui postera les informations manquantes. Au total, le vieil écrivain affirmera à la sortie de son livre qu'il est « très sûr d'avoir dit la vérité, [s]'étant documenté avec conscience[6] ». Quant aux passages rédigés sans le secours de personne, leur rugosité confirme que la vérité selon Huysmans ne renie pas ses origines naturalistes – même s'il atténue le mordant de ses critiques contre les « Madames [...] de la rue François Ier » et les « hommes d'œuvres », ainsi que le prouvent quelques passages biffés du manuscrit.

Enfin, comme un journaliste de métier, Huysmans a préparé son enquête de terrain par de nombreuses lectures. Toutes n'ayant pas la même importance, il faut mettre à part les plus anciennes d'entre elles, c'est-à-dire les deux livres à succès de Henri Lasserre et d'Émile Zola, qui lui serviront de source ou de cible[7]. Dans *La Cathédrale*, il avait expliqué que Jésus, jouant auprès de sa mère le rôle d'un agent littéraire, avait enrôlé deux publicitaires réputés pour promouvoir son sanctuaire : Lasserre, « un arrangeur habile et aussi un homme qui n'eût aucun style personnel, aucune idée neuve », devait toucher le public le moins lettré ; Zola, écrivain de talent assuré de faire de grosses ventes, « pour persuader les gens sans parti pris, les gens de bonne foi, de l'authenticité des prodiges qui s'opèrent, chaque année, à Lourdes[1] ». Ces deux auteurs seront donc cités respectivement huit et quinze fois dans un même esprit de controverse, puisque Zola avait été guidé dans sa visite de Lourdes par Lasserre, et aurait eu le tort d'épouser ses griefs envers les Pères de la Grotte.

Pour le reste, Huysmans pratique l'art de la compilation. Pour composer le dossier médical qui nourrit les chapitres consacrés aux miracles, il a pioché dans les ouvrages redondants du Dr Boissarie, exploités déjà abondamment par ses prédécesseurs. Les cas de guérisons miraculeuses qu'il cite sont anciens et rebattus, et n'ont été reconnus comme tels que de longues années plus tard. Qui n'a pas allégué avant lui la jambe fracturée du belge de Rudder, le doigt transpercé de « la femme à l'aiguille » et le lupus de Mme Lemarchand ? Compilation encore lorsqu'il tente d'établir, à l'ouverture de son livre, l'itinéraire suivi par les apparitions de la Vierge et dresse la liste de ses sanctuaires pyrénéens et des légendes qui y sont associées. Que la recherche documentaire lui serve, dans ce cas, de tremplin à la songerie personnelle, il ne le cache pas à son ami Francis Poictevin :

> Lourdes est une ville mystérieuse et qui a des antécédents au Moyen Âge à quelques lieues d'elle. Je suis une piste des itinéraires de la Sainte-Vierge – là et ailleurs – *C'est prenant et suggestif en de longues rêveries* – À prendre depuis N. D. des Victoires à Paris, en passant par la Salette et en notant dans les Pyrénées les mêmes faits passés il y a quelque cent ans – bergère – source – miracles, *c'est affolant* les villégiatures de la Madone en France[2].

En fait, le reporter puise sa documentation à des sources multiples. Pour expliquer, par exemple, la symbolique du feu et de l'eau propre à la mystique lourdaise, il relit les notes qu'il a prises pour écrire *La Cathédrale*, et y ajoute, non sans un peu de suspicion, le livre que l'ésotériste Grillot de Givry vient de lui faire parvenir sur le sujet[3]. Fidèle à une habitude contractée, vingt ans auparavant, pour raconter ses voyages en Belgique, il s'informe dans des guides touristiques, en l'occurrence le *Guide de*

Lourde [*sic*] *et de la grotte*, de Jean Barbet[1], voire dans des brochures locales, introuvables pour certaines aujourd'hui, faute d'avoir fait l'objet, on le suppose, d'un dépôt légal. Pour autant, ce vieux routier de la recherche bibliographique ne met jamais son esprit critique en berne. On le voit ainsi froncer le sourcil quand il note, à propos du livre du père Léonard Cros, *Notre-Dame de Lourdes, récits et mystères*[2] : « Ce volume du Père Cros, les premières pages sur documents, intéressantes, les autres d'une nigauderie pieuse, vraiment accablante. Je comprends qu'on lui ait interdit de faire paraître ses trois volumes[3]. »

Il resterait bien sûr, pour mieux comprendre cette œuvre relativement peu étudiée, à examiner l'usage précis fait par Huysmans de ses deux campagnes de prise de notes (critères de sélection des informations retenues, ventilation au sein du texte publié, évaluation du travail de réécriture, gestation des formules principales, atténuation ou durcissement du discours polémique ou satirique, etc.) et à faire la part exacte des choses vues et des ajouts de provenance livresque, antérieurs, simultanés ou ultérieurs aux séjours et à la rédaction du texte définitif. Car si la bibliographie des *Foules de Lourdes* n'égale pas, en abondance, celles de *Là-bas* ou de *La Cathédrale*, elle est loin d'être négligeable et reste, elle aussi, mal connue.

Pour animer cette matière inerte et soutenir l'intérêt de son lecteur, Huysmans, qui connaît son métier, ajoute une pincée de romanesque. Sous ce rapport, le chapitre V joue un rôle important. Le reporter-pèlerin sélectionne quelques malades dont il juge le cas intéressant, et les fait reparaître ensuite deux ou trois fois, en dramatisant l'incertitude de leur guérison : échec ? succès ? rétablissement durable ? temporaire ? En affirmant que « rien n'arrive comme on le croit, ici ; on vit dans l'imprévu », il ménage un minimum de tension narrative. Il prend ses lecteurs à témoin avec familiarité, met en place des effets de pathétique en se demandant, après avoir assisté, au bureau des constatations, à une guérison partielle : « j'ai eu l'impression d'être en face d'une ressuscitée. Va-t-il en être de même du gosse ? » Que le reporter ressente le besoin d'animer un récit d'une insigne pauvreté événementielle, n'est pas douteux, mais cette interrogation apparemment rhétorique n'empêche pas de penser que Huysmans renoue, dans une optique nouvelle, avec la compassion envers les solitaires, les déshérités et les miséreux, qui sourdait de ses tout premiers textes.

Mais l'appel à l'émotion, pratiqué avec modération, cède souvent la place, de façon impromptue, à l'indignation. Car ce reportage sur *Lourdes*, l'époque le veut, se double d'un livre riche en controverses. C'est ainsi que la *Revue hebdomadaire*, en en publiant le chapitre VII en bonnes feuilles, le 15 septembre 1906, prévient en note ses lecteurs que celui-ci « provoquera vraisemblablement de vives polémiques[1]. » Pronostic gagnant, car Huysmans, qui aime depuis toujours l'odeur de la poudre et n'a jamais perdu, à en croire son ami Descaves, « la gouaillerie et l'irrévérence » du gamin de Paris[2], grimpe une toute dernière fois sur ses barricades et tiraille dans de multiples directions.

LE PLAISIR DU POLÉMISTE

À l'aube d'un siècle qui vote en 1901 la loi sur les Associations et en 1905 la loi de séparation des Églises et de l'État, Lourdes, avec sa voyante, ses miracles et ses pèlerinages, est un foyer de controverses. Bernadette Soubirous présente en effet des visages multiples : c'est une figure spirituelle essentielle dans le légendaire catholique de la fin du XIXe siècle, en même temps qu'une héroïne littéraire, dont Lasserre, Zola et Huysmans soulignent le caractère énigmatique[3]. Mais elle est aussi, bien malgré elle, une figure journalistique et politique, qui cristallise les tensions opposant les partisans de la raison, du savoir et du progrès scientifique[4] aux défenseurs du surnaturel, et de l'intervention providentielle dans l'histoire humaine[5]. Dès le mois de février 1858, les débats qu'elle a suscités ont pris une dimension administrative, les autorités ayant dû prendre position, pour des raisons d'ordre public, sur la nature des apparitions. Près d'un demi-siècle plus tard, au moment où Huysmans visite la ville, sévit, on l'a dit, un violent débat autour de la fermeture du sanctuaire.

Enflammée à l'époque mais aujourd'hui éteinte, une première querelle ne pouvait pas, malgré son intérêt purement local, ne pas se glisser dans *Les Foules de Lourdes*. Pourtant, contrairement à nombre d'auteurs écrivant alors sur le sujet, Huysmans s'attarde peu sur la suspicion que les visions de la jeune Bernadette avaient inspirée, en 1858, aux responsables locaux, laïques ou religieux : commissaire de police de Lourdes, procureur de la République, préfet des Hautes-Pyrénées, clergé paroissial ou évêché de Tarbes. Chacune dans son domaine, les autorités ont considéré le phénomène des apparitions, très vite divulgué, comme un facteur de trouble dans le village, dans la vie politique ou dans les consciences, et elles ont engagé plusieurs enquêtes[1]. À peine Huysmans fait-il allusion, dans la courte notice biographique ouvrant son livre, aux « épreuves de toutes sortes que lui infligèrent les autorités ecclésiastiques et civiles ». Et s'il y revient dans le chapitre XII, c'est pour renvoyer dos à dos les persécuteurs de Bernadette, nommément cités :

> si la Libre-pensée ne voulut jamais admettre les révélations de la fille de Soubirous, l'Église de Tarbes ne fut pas moins méfiante qu'elle, dans les commencements, et il n'est point de vexations que la pauvre Bernadette n'ait eu à subir de la part du clergé de Lourdes.
>
> Tout d'abord le Père Sempé, prêtre peu mystique s'il en fut, ne l'écouta pas ; l'évêque, homme prudent et froid, d'une piété sage et réservée, ne se gênait pas [...] pour rire des prétendues Apparitions de Notre-Dame. Quant à Peyramale qui la défendit si bravement plus tard, il traitait de « carnaval d'apparitions » les révélations de la voyante et réclamait, pour être convaincu, l'assez inintelligente preuve d'une éclosion de fleur d'églantier, en plein hiver.

Il est vrai que la résistance des hommes à l'irruption du surnaturel dans leur vie n'a rien qui surprenne cet antirationaliste radical, qui attend de la puissance divine les manifestations les plus imprévues et les plus éclatantes. Comme il l'avait écrit, en 1901, au critique Jean Lionnet : « il ne serait nullement surprenant de voir le soleil descendre cirer des bottes si Dieu le voulait ; tout est possible et tout doit l'être, le bizarre surtout qui est une façon spéciale à Dieu de se rappeler à nous, de le mériter, de nous tirer d'une routine où forcément nous l'oublions[2] ».

En revanche, Huysmans, qui a beau se défendre de « remuer la cendre des haines qui couvent encore dans les deux partis », entre de plain-pied, au chapitre XII, dans la polémique dressant les partisans des Pères de la Grotte contre les défenseurs de l'abbé Peyramale. On sait que ce dernier, curé de Lourdes à l'époque des apparitions, avait été dessaisi par l'évêque de Tarbes de la gestion du sanctuaire au profit des Pères de la Grotte. Henri Lasserre avait pris fait et cause pour lui dans *Le Curé de Lourdes, Mgr Peyramale*[3], et entraîné Zola dans sa querelle[4]. Huysmans, tout en veillant à ménager la mémoire du vieux prêtre, prend sur ce point le contrepied de ses deux prédécesseurs. Il épouse la cause des Pères de la Grotte – qui l'ont pris en charge, il est vrai, durant ses visites – et les déclare injustement attaqués. Mais il se contente, dans *Les Foules de Lourdes*, de restituer, de façon aussi unilatérale que celle de Zola, l'histoire des conflits anciens.

Cependant, les lettres qu'il adresse en privé à Léon Leclaire au cours de l'année 1905 prouvent que le différend, loin d'être enterré, menaçait d'être relancé par la publication de son livre. Refusant de désarmer, les séides posthumes de Lasserre (décédé en 1900) tentent d'empêcher Huysmans de plaider la cause des adversaires de l'abbé Peyramale. À cet effet, ils lui mandent un certain « Louis Colin qui a fait un volume sur Lourdes, sur Lasserre, sur Pontmain pour tâcher de [lui] prouver que Lasserre était un saint[1] ». Publiciste à Saint-Dié, auteur d'un livre intitulé *Ce que pense Henri Lasserre du roman d'Émile Zola, conversations et interviews*[2], Louis Colin écrit à trois reprises à Huysmans, avant et après la publication de son livre, pour lui proposer des documents inédits susceptibles de l'aider à rectifier ce qu'il tient pour des erreurs. « Ce qui vous manque, mon cher confrère, – lui explique-t-il le 3 octobre 1906 – c'est d'avoir connu les personnes dont vous parlez, le père Sempé, Henri Lasserre, Mgr Peyramale, Bernadette. Écrivant à distance d'eux, vous écrivez à côté[3]. » Dans sa réponse, Huysmans ne s'embarrasse pas de diplomatie :

> Ah bien vrai, mon cher confrère, si c'est tout ce que vous avez à me montrer pr me convaincre que je me suis leurré sur les affaires de Lourdes, ce n'est pas précisément brillant ; et je ne pense pas que la lettre de M. Artus[4] (?) compense suffisamment celle du Cardinal Langénieux et le bref du pape Léon XIII pour me faire changer d'avis.
>
> Je ne regrette qu'une chose, c'est que vous ayez perdu votre temps à copier ces ragots[5] [...].

S'il récolte « pas mal d'injures » à la sortie de son livre, il en connaît donc la provenance et, fidèle à ses habitudes, s'est préparé à la bagarre : « Le parti de Lasserre à Lourdes est exaspéré et l'on doit sortir des documents pour me confondre. Je les attends avec sérénité, étant armé pour répondre. Je doute qu'ils s'y frottent[6] ! » Et lorsque ceux-ci lui adressent des menaces, il affirme ne pas les craindre : « C'est du bluff ! Je crois que les pères peuvent être tranquilles. – Moi, comme j'ai bon caractère, je leur offre de me faire un procès, les prévenant que j'ai un éditeur qui les adore et que ce serait une excellente réclame pour le livre. Ils ne bougeront pas[1]. » Mais il avait déjà tiré, avec résignation, la leçon de ces querelles en écrivant à son ami, le 17 septembre 1905 : « Ce qu'il y a de haine chez les dévots, ça n'est rien que de le dire[2] ! »

Autre objet de querelle locale, le commerce des objets de piété. En ce domaine, les diatribes de Huysmans ne sont guère personnelles, car elles servent, aujourd'hui comme jadis, de refrain aux libres penseurs, choqués par la prolifération des « marchands du Temple » qui tiennent boutique autour du sanctuaire. Mais, au-delà de la référence évangélique, sa protestation est liée à son rejet de la modernité, qui provoque le tourisme de masse et l'irruption de la profanité marchande dans un espace sacré. Car Huysmans a l'originalité rare de connaître et de désigner du doigt le responsable de cet état de fait : c'est le diable qui a corrompu les paysans béarnais, jadis désintéressés, en éveillant en eux un esprit de lucre et de jouissance étranger aux habitants des campagnes :

> il attisa la passion du gain chez ces carriers qui se transformèrent en hôteliers, en marchands de chapelets et de cierges et dévalisèrent à qui mieux mieux, les pèlerins[3].
>
> Et, après l'argent, ce fut la chair. Bientôt les mœurs de ces montagnards qui étaient honnêtes, lorsqu'ils étaient pauvres, se dévergondèrent ; puis ce fut l'indécent appoint des étrangers[4] [...].

Couplée à une vision idéalisée d'un passé provincial mythique, que le romancier n'avait pourtant rencontré ni chez les paysans briards d'*En rade*, ni chez leurs homologues poitevins dans *L'Oblat*, cette attaque contre le commerce et le profit resterait donc banale si elle ne s'associait à une nouvelle charge contre les catholiques accusés, clergé en tête, d'être épris de laideur et donc assujettis à leur insu à Satan[5].

Car il se persuade, dès son premier séjour, que « le Bondieusardisme est le satanisme de la piété, un satanisme inconscient, bien dans les données du Diable, se cachant sous d'honnêtes apparences. » Passée en revue avec une désobligeance jubilatoire, la production artistique lourdaise, perçue comme une dangereuse anti-apologétique, injecte dans le livre des pages de critique sur l'architecture et la sculpture religieuses modernes qui rappellent les grandes colères et les trouvailles métaphoriques de *L'Art moderne*. Mais sur cette question, Huysmans a déjà beaucoup écrit : il y a beau temps qu'il dénonce l'imbécillité des curés et la nullité de leur sens esthétique. Croit-il pouvoir les persuader que les admirateurs de

Lourdes se rendent complices d'« un acte de magie noire, en rendant hommage au Maudit », qui transforme « en effigies infernales les effigies divines » ? Les souvenirs ravivés de *Là-bas* qui lui font écrire : « Ah ! si l'on exorcisait ces ateliers de bondieusarderies, ce qu'il en sortirait des larves ! » et dénoncer leurs propriétaires – juifs évidemment – valent plus par la fureur de la sainte colère que par leur objet même.

Quant à la théorie qu'il échafaude sur la présence, à Lourdes, de ce diable, esthète à rebours, qui s'ingénie à salir sa grande adversaire, elle repose pour partie sur le résultat des fouilles archéologiques, pour partie sur des affabulations satanistes que l'abbé Boullan aurait volontiers accréditées. Par des notes de lecture inédites que nous publions dans l'Annexe V (*infra*, p. 568), on sait qu'il a consulté un livre dû à Mgr Léopold Goursat, intitulé *Les Mystères sataniques de Lourdes à travers les âges*, livre que l'Église a inscrit sans tarder à l'Index et devenu quasi introuvable aujourd'hui[1]. Il en avait retenu les phrases qui confortaient sa vision du monde, toujours tentée par le manichéisme :

> « Le péché original avait [...] dressé son temple satanique à Lourdes. » – L'Immaculée Conception est venue là, c'est la revanche du divin sur le Diabolique. » [...] « Là où fut adoré le péché originel, règnera désormais l'instrument victorieux de sa défaite. »

Cette lecture l'a persuadé que le site de Massabielle était hanté par les serpents, les pourceaux et les « ébats des couples », et a étayé le mythe de la Vierge immaculée écrasant la tête du Serpent. Au plan littéraire, ces légendes ajoutent à la nullité esthétique du sanctuaire une dimension métaphysique qui jette une passerelle entre terre et ciel, entre naturalisme et surnaturalisme. Dès son premier séjour à Lourdes, Huysmans raconte à son secrétaire Jean de Caldain qu'il mène campagne en faveur de cette thèse :

> Ici, je dis aux pères de la Grotte : Voyez-vous, le Diable est chez tous les marchands de la rue St Sulpice. Il possède de façon plus ou moins consciente et celui qui fabrique et celui qui vend et celui qui achète – C'est sa vengeance. La Vierge n'a pas une effigie propre ; c'est de la sorte qu'il la mord au talon.
>
> Il faut donc à tout prix réagir pour Elle. C'est un dur combat que celui de l'art mystique, puisque c'est le combat même contre le Démon. Et dame, on écope !
>
> Mais, hélas ! quel est le catholique auquel on fera comprendre cela, quel est le catholique qui soutiendra la lutte, sur ce terrain, contre le Très-bas, contre le Bourgeois, car c'est peut-être là son vrai nom[2] ?

Dans son livre, il est forcé de convenir que le « prêtre intelligent », devant qui il développe sa théorie du « triomphe sournois du diabolisme », reste sceptique. Pourtant, comment s'étonner de sa déception lorsqu'on observe, avec Alphonse Dupront, qu'on ne trouve « aucune suggestion à Lourdes du thème apocalyptique de la femme victorieuse du dragon. Lourdes est la victoire faite[1] » ? À dire vrai, si Huysmans espère déclencher, avec de telles pages, « la fureur des bons catholiques sur le satanisme de l'art et les soutaniers[2] », ces derniers ne pouvaient guère comprendre pourquoi il avait besoin de mettre en scène un blasphémateur obstiné à persécuter la Mère.

Cette question inspire deux réponses non exclusives. L'une – qu'on aurait tort de réduire à une affabulation cocasse – découle de la vision conspirationniste du monde que Huysmans a héritée de Boullan, et développée de diverses manières depuis lors. Son livre sur Lourdes n'y échappe pas. Le diable reste, pour Huysmans, le redoutable rival de Dieu, qu'il menace toujours de vaincre. « La partie – explique-t-il – se joue à trois, entre Dieu, le démon et l'homme ; mais l'un des trois, l'homme, ignore la suite de cette partie dont il est lui-même l'enjeu ». Or Huysmans déroge à cette règle. Il n'ignore pas, lui, que son époque, plus qu'aucune autre, plus même que celle où vécut Lydwine, annonce le triomphe imminent du Mal. Son diable s'en fait gloire : je vis, proclame-t-il, dans « un siècle que je malaxe et pervertis à ma guise ». À sa suite, Huysmans sait que

> l'on n'échappe pas à l'ambiance d'un temps, encore moins à la pression démoniaque qui se sent aujourd'hui plus intense que jamais… le diable est dans tout ce que l'on pense, dans tout ce que l'on dit ; il est l'air même que l'on respire.

Ce satanisme obsessionnel a suivi Huysmans jusqu'à Lourdes. Là plus qu'ailleurs, le démon, instigateur de l'éternel complot, règne en maître. Il a institué un culte inversé, que *Les Foules de Lourdes* s'applique à dévoiler, comme au temps de *Là-bas* : « l'on pratique, en quelque sorte, un acte de *magie noire*, en rendant hommage au Maudit, lorsque, *renversant* les rôles, transformant en *effigies infernales* les effigies divines, l'on dispose, pour sa joie, les ridicules personnages usités dans nos chemins de croix[3] ». Le démon jouit de la connivence active d'un clergé que son inconscience seule, nommée prémotion par la théologie, distingue des opérations sacrilèges du chanoine Docre :

> La plupart des catholiques, heureusement pour eux, ne savent ce qu'ils font, car l'Esprit du mal use de prémotion et ne révèle pas à ceux qu'il incite ses desseins. Il se borne à utiliser la vilenie de la nature humaine et son peu de foi ; il agit, par l'intermédiaire des curés des campagnes et des villes qu'il aveugle et dont il accroît la vulgarité native du goût [...].

Pour qui tient l'ingérence du diable pour un passe-partout intellectuel, la simple logique veut que ce bas clergé, perverti par sa propre sottise, jouisse de la complicité d'exécutants laïques en la personne des juifs, des francs-maçons, des protestants et du personnel politique républicain.

À moins qu'il ne faille penser que ce démon *factotum* ne permette à l'écrivain d'expulser sa propre tentation blasphématoire et de s'en disculper. Car il faut bien s'interroger, à la lecture de l'étonnante prosopopée du chapitre VI, sur la provenance de la voix de Satan et sur sa signification inavouée : « Je vous suis à la piste – déclare celui-ci à la Vierge – et partout où vous vous arrêterez, moi je m'établirai ; vous ne serez jamais débarrassée de ma présence ». Et que penser de la description de la statue de la Vierge installée sur l'esplanade, « dont la tête de raie, aux yeux laiteux et aux joues livides, est celle d'une démente échappée d'un asile » ? Admettons que l'esthète ait été sincèrement blessé par les choix artistiques de Lourdes, même s'il a surjoué son indignation. Mais les livres de Zola ou de Grillot de Givry ont condamné ces laideurs avant lui[1], sans que leur constat ait débridé la sidérante véhémence qui a intrigué nombre de lecteurs des *Foules de Lourdes*. Catulle Mendès, par exemple, dans le *Gil Blas* du 28 octobre 1906 :

> À tout instant, il abonde, contre les images sacrées, et la basilique, et les pèlerins eux-mêmes, en d'extraordinaires invectives, si déchaînées, si furieuses, si haineusement, si formidablement outrageantes, que l'on pense à quelque chiffonnier diabolique, renversant, d'une inépuisable hotte – ordures et bêtes mêlées aux ordures – des puanteurs gâteuses, des encens et de cyniques gueulées au plâtre pâle de la Vierge.

Car, si la Vierge a choisi d'apparaître à Lourdes pour proclamer : « Je suis l'Immaculée Conception », et si Satan suit chacun de ses pas pour souiller son image, comment ne pas se demander si elle n'hérite pas des multiples figures que les femmes ont prises dans l'œuvre antérieure de Huysmans, et qu'une sublimation, toujours imparfaite et toujours à reprendre, s'applique à supplanter ? Sur cette question intrigante, sans doute est-ce Catherine Coquio qui touche la vérité du plus près : « le sacrilège de l'artisan autorise l'invective. Mais celui de l'écrivain n'est pas loin. Il s'en faut de bien peu parfois pour que sa dévotion n'ait l'air d'une vaste entreprise de dénégation[1]. »

De fait, alors que *La Cathédrale* est un livre d'admiration et d'amour porté par un désir de magnification, *Lourdes* témoigne du désenchantement diffus qui parcourait *L'Oblat* : paysages, cérémonies, hommes et choses sont soumis à une vision étrécissante, dépréciative, hostile. Tout y est « étique et gringalet, chiche et nain » : le vieux donjon « qui paraît fabriqué pour un décor d'opéra, avec des châssis de toiles peintes » ; la basilique avec son « esthétique de marchands de bouchons » ; les Pyrénées même, qui, « en étant très hautes, [...] n'ont pas l'air d'être élevées ». Épargnant les seuls brancardiers et infirmières, cette propension au dénigrement frappe la plupart des pèlerins. Rebuté par un écrivain en qui il voyait un « gratte-papier aigri », François Mauriac a jugé que ses *Foules de Lourdes* « prouve surabondamment que tout, au bord du gave, l'horripilait. À peine se retient-il de demander raison à la Vierge de l'aspect de "petite fille" qu'elle y a revêtu, et de l'encouragement à refuser sa croix qu'elle semble y donner aux malades[2]... » A-t-il bien tort ? S'il était sensé de comparer le reportage de Huysmans à l'idylle néoclassique du « cacographe Lasserre », l'on verrait comment, pour ce dernier, les pèlerins « réhabilitent en un frugal repas les agapes fraternelles dont les premiers chrétiens nous ont laissé la tradition[3] », tandis que ceux de Huysmans, évadés de *L'Assommoir*, poussent « des ronflements de gens anéantis par les digestions de lourdes charcuteries et des gros vins ». Car Huysmans, dont on connaît l'élitisme, est blessé par la fréquentation populaire de Lourdes. Il ne masque pas son animosité envers les pèlerins, le clergé campagnard, les hommes d'œuvre qui les encadrent et les dévotes, en dépit des coupures qu'il a pratiquées *in extremis* dans son manuscrit, pour lénifier ses jugements[4].

Précisément, une comparaison avec le *Lourdes* de Zola permet de mesurer son étonnante agressivité. Thierry Lescuyer juxtapose les visions des deux écrivains devant un même tableau, celui des ex-voto suspendus aux voûtes et aux murs de la basilique supérieure[5]. « Contraste [...] saisissant », observe-t-il : l'auteur de *Lourdes*, paralysé par son agnosticisme, mais soulevé aussi par une authentique pitié humaine, fait preuve « d'un lyrisme chaleureux[6] », celui des *Foules de Lourdes*, prisonnier de son regard d'esthète, ricane. Ajoutons que les premières notes prises sur place par Huysmans, en mars 1903, étaient moins railleuses et dépréciatives que ne l'est le texte définitif du livre. Il écrivait : « Le dedans, une gloire. Des drapeaux, des bannières. C'est laid, mais riche, des lampes curieuses. C'est pompeux et joyeux. C'est un cri de triomphe[1] », alors que le livre publié ne voit plus là que « loques bariolées [...] déballage de hardes [...] fatras de babioles [...] magasin de décrochez-moi-ça [...] boutique de bric-à-brac ». Quant à l'homme, sa désillusion est telle qu'il engage ses amis Leclaire à quitter Lourdes pour Menton : « vous y gagnerez toujours de ne plus être dans ce trou à névralgies, à églises ignobles, qu'est Lourdes[2]. »

Enfin, et plus généralement, le misonéiste que Huysmans est depuis longtemps devenu monte une dernière fois à l'assaut du monde moderne. Il incrimine l'argent et son rôle délétère, le juif qui continue de monnayer Jésus et sa mère, la société de loisir qu'il voit naître sans la comprendre, la présence de trop nombreux étrangers, le tourisme dévot et ses « casinos religieux[3] ». Ultimes rafales tirées par celui qui cherche sans espoir, perdu dans la foire commerciale pyrénéenne, le peu qu'il subsiste de la société médiévale idéale, voire d'un hypothétique catholicisme originel : sens de la prière, esprit de charité, effacement des classes sociales.

Émouvant par sa fragilité même, ce sentiment de nostalgie ne s'en adosse pas moins à un discours politique, discret, parfois escamoté par la critique[4], mais bien réel. Car le fait de Lourdes a été instrumentalisé dès les premières apparitions. En témoigne l'enquête effectuée sur place par Louis Veuillot, cinq mois seulement après que la nouvelle s'est répandue. Le récit circonstancié qu'il publie à la une de *L'Univers*, le samedi 28 août 1858, couvre les événements depuis la première apparition jusqu'à l'ordonnance, prise un mois plus tôt par l'évêque de Tarbes pour constituer une commission d'enquête. Mais il porte aussi, dans sa conclusion adressée aux pouvoirs publics, les germes de la polémique ultérieure :

> Laissez donc la foi vivre ! Dans vos emplois, dans vos puissances, dans vos fortunes, songez que la plupart des hommes que vous gouvernez ont besoin de demander à Dieu le pain de chaque jour et ne le reçoivent chaque jour que par une sorte de miracle. La foi c'est déjà du pain. [...] Et quand Dieu semble vouloir ouvrir un de ces lieux de grâce où la foi coule plus abondante [...] ne le fermez pas ; vous-mêmes, les premiers, en aurez besoin. C'est là que vous pourrez faire quelques économies sur le budget des hôpitaux et des prisons.

A fortiori est-ce le cas un demi-siècle plus tard, alors que l'Affaire Dreyfus attend encore son dénouement, que les conflits entre laïcistes et cléricaux se sont exacerbés et que la libre pensée a inscrit l'essentiel de ses principes dans des textes de lois et de décrets. Plus encore que celle de Jeanne d'Arc, la figure de Bernadette cristallise le conflit qui met aux prises les partisans du surnaturel et les promoteurs du progrès scientifique et, du même coup, les monarchistes et les républicains.

Dans les années de culpabilité et d'expiation qui ont suivi la défaite de la France et la Commune de Paris, les premiers ont investi le pèlerinage de Lourdes d'une finalité politique[1]. De même que l'édification du Sacré-Cœur, à Paris, était soutenue par les catholiques partisans d'une restauration monarchique, le pèlerinage des malades à Lourdes, instauré en 1874, a répondu à un dessein similaire. Dans une étude intitulée « Les trois aspects politiques du pèlerinage de Lourdes », Junko Terado a examiné le *Manuel-souvenir du pèlerinage national à Lourdes*, publié par l'Association de Notre-Dame de Salut, dont une édition paraît en 1909[2]. Dans l'esprit de son fondateur, le père Picard, ce manuel rappelait que cette association visait à créer « toutes sortes d'organisations admirables : mouvements de foi et de pénitence pour le pays, pétitions pour les droits de Dieu et de l'Église, pèlerinages publics, œuvres de presse [...][3] ». Deux décennies plus tard, la situation a changé, mais l'objectif demeure. La politique de Ralliement lancée en 1891 par Léon XIII a promu, on le sait, un catholicisme social visant à endiguer l'influence croissante de la pensée socialiste en milieu ouvrier ; Lourdes a alors suscité, au sein des classes privilégiées jouissant de responsabilités sociales, des vocations de bénévoles invités à se faire « les domestiques des pauvres[4] », dans une optique de justice sociale répliquant à la politique républicaine prônant un État-providence naissant. Concurrence politique dont Huysmans fait état, de façon allusive, lorsqu'il écrit dans le chapitre X des *Foules de Lourdes* :

> Lourdes, est, en somme, une principauté qui réalise, et bien au-delà, les plus audacieuses chimères des philanthropes ; c'est la fusion temporaire des castes ; la femme du monde y panse et y torche l'ouvrière et la paysanne ; le gentilhomme et le bourgeois deviennent les bêtes de trait des artisans et des rustres et se font garçons de bains, pour les servir.

Pour sa part, le Père Léonard Cros, de la Compagnie de Jésus, ne se contente pas, contrairement à ce que laisse entendre Huysmans qui cite son livre à plusieurs reprises, de rassembler des témoignages sur Bernadette. Il affirme que « le signe de la croix devrait être singulièrement la *science du peuple français*[1] » et fait prononcer à la Vierge, dans un chapitre intitulé « Le cléricalisme de Marie », la prosopopée suivante :

> l'Église romaine enseigne efficacement le respect de l'autorité ; de sorte que vous, gouvernants, n'avez pas de moyen plus sûr de vous affermir que de favoriser autour de vous le règne de l'esprit et de l'influence de Rome. [...] l'État qui attaque Rome se démolit de ses propres mains[2].

On ne s'étonnera donc pas de voir le Père Cros clore son livre sur une formule résumant le bellicisme idéologique de l'époque : « Au cri de guerre de Satan : *je suis la Franc-Maçonnerie*, Marie oppose son cri de guerre : Je suis l'Immaculée-Conception[3] ». Sur cet aspect peu étudié par la critique huysmansienne, qui néglige souvent de faire une contextualisation historique précise, on se reportera au livre de Jacques Marx, *Le Péché de la France. Surnaturel et politique au* XIX*e siècle*[4].

Sur le bord adverse, le pamphlétaire Jean de Bonnefon offre un bon exemple d'anticléricalisme militant. Dans *Lourdes et ses tenanciers*, il affirme que « Lourdes est, en 1905, la grande piscine où se retrempent les chefs de tous les partis réactionnaires », « un refuge sacré où les lois civiles ne pénètrent pas, arrêtées par une barrière d'intérêts électoraux[5] ». Après quoi, il crée une revue intitulée *Paroles françaises et romaines*, dans les neuf numéros de laquelle il poursuit sa virulente campagne. Intitulées « Faut-il fermer Lourdes ? » et « Réponses des médecins à Jean de Bonnefon », les livraisons datées des 1er juillet et 1er août 1906 prennent la forme d'une enquête nominative menée dans le monde médical, qui aboutit à la conclusion positive que l'on devine. La réplique aux cent quatre-vingt-six réponses rassemblées par Bonnefon ne tarde pas à venir, de la part d'un certain Dr Eugène Vincent, qui publie sept cents témoignages contraires de médecins sous le titre *Doit-on fermer Lourdes au nom de l'hygiène ? Réponse des médecins qui ne font pas de politique : non*[6] *!*

Sans doute Huysmans semble-t-il renvoyer dos à dos, lorsqu'il évoque la déchristianisation du pays accomplie au XVIIIe siècle, « l'effrayante bassesse des Bourbons et [...] l'inexorable infamie des Jacobins ». Mais le prologue historique de son livre souligne les relations étroites nouées entre le culte marial, revivifié par les apparitions de la Vierge béarnaise, et la situation intérieure de la France. Frappé d'un sentiment de décadence excédant la seule littérature, il affirme écrire à une heure « où chacun ne poursuit qu'un but, s'enrichir aux dépens du prochain, [...] où la Société, fissurée de toutes parts, craque, où l'univers, empoisonné par des germes de sédition, s'inquiète dans l'attente d'une gésine ». La Vierge, il n'en doute pas, est la victime privilégiée non seulement par les commerçants juifs, mais aussi par les jansénistes et les francs-maçons, accusés, pour les uns, d'avoir accaparé jadis l'église Saint-Séverin, les autres d'avoir découragé par leur cupidité les pèlerins de La Salette[1].

Plus précisément, Huysmans prend, dans son dernier livre, le contrepied textuel de ce qu'il écrivait, un quart de siècle plus tôt, dans *En ménage*. Le jeune naturaliste, qui flirtait alors avec l'anarchisme, dénonçait les « exorbitantes niaiseries » débitées par M. Désableau, le prototype du petit bourgeois : « il croyait à l'honnêteté des hommes politiques, à la valeur des hommes de guerre, à l'indépendance des magistrats[2] » ; l'auteur des *Foules de Lourdes* déplore désormais le défaut de respect dû aux institutions : « Personne ne croit plus à l'honnêteté des hommes politiques, à la valeur des généraux, à l'indépendance des magistrats ; [...] on a jeté dans le même sac les képis, les toques et les barrettes et envoyé le tout à la voirie ; c'est, actuellement, une sorte de malaria de l'irrespect ». Comme l'écrit Eduardo Cintra Torres, les foules huysmansiennes sont bien le « support d'un système politique conservateur[3] », dans lequel l'Église assure la sauvegarde de l'ordre social avec l'appui de l'armée et de la justice.

Cette lecture des apparitions lourdaises a connu une diffusion populaire dès les origines, par exemple dans l'ouvrage d'un ecclésiastique anonyme, intitulé *Bernadette. Histoire illustrée et populaire des apparitions de la T. S. Vierge à Lourdes et des fêtes du couronnement, avec une notice sur la vie et la mort de Bernadette*, qui se conclut sur cet appel : « Bernadette priera pour la France et lui obtiendra de demeurer toujours le *Royaume de Marie*[4]. » Au demeurant, le culte marial n'a pas toujours rompu avec cette vocation politique, si l'on s'en rapporte à Claire Lefouin, qui conclut une étude, publiée en 1998, sous le titre *Marie dans la littérature française*, par ces mots : « Grâce à nos hommes de lettres, le royaume de France est le royaume de Marie, il ne périra jamais[5] ! »

HUYSMANS CONTRE ZOLA ?

La controverse présente un intérêt moins circonstanciel lorsqu'elle porte sur le *Lourdes* de Zola[1]. Même s'il n'apparaît pas que Huysmans ait eu pour intention première, en choisissant ce sujet, de récrire *Lourdes*, le heurt entre les deux écrivains était inévitable et attendu du public. Le parallèle trentenaire qui a uni leurs romans de filles, *Marthe* et *Nana*, puis leurs romans paysans *En rade* et *La Terre* ; les coïncidences qui ont fait paraître, la même année, *Lourdes* et *En route*, puis *Vérité* et *Sainte Lydwine de Schiedam*, sont une aubaine pour les chroniqueurs littéraires de presse, et la lecture comparée de leurs deux livres est, aujourd'hui encore, une sorte d'exercice d'école, illustré par une bonne dizaine d'articles. Encore faut-il circonscrire précisément leurs sujets de désaccord, si l'on ne veut pas borner l'intérêt de son livre à une polémique antinaturaliste en faisant de lui l'adversaire posthume de Zola.

On sait que Zola avait découvert Lourdes à l'occasion d'un voyage dans les Pyrénées, au mois de septembre 1891. Il y avait aperçu, au moment où il arrivait au terme des *Rougon-Macquart*, « le sujet [de roman] le plus admirable qu'on puisse avoir[2] ». Un an plus tard, alors qu'il se préparait à aller y passer une quinzaine pour enquêter, il avait raconté devant Edmond de Goncourt ce qui l'avait décidé à écrire ce livre :

> La vue de ces malades, de ces marmiteux, de ces enfants mourants apportés devant la statue, de ces gens aplatis à terre dans le prosternement de la prière…, la vue de cette ville de la foi, née de l'hallucination de cette petite fille de quatorze ans, la vue de cette cité mystique en ce siècle de scepticisme…, la vue de cette grotte, de ces défilés dans le paysage, de ces ruées de pèlerins de la Bretagne et de l'Anjou […] Eh bien, oui, ce spectacle m'a pris, m'a empoigné de telle sorte que parti pour Tarbes, j'ai passé deux nuits entières à écrire sur Lourdes[3].

Publié en feuilleton dans le *Gil Blas* du 15 avril au 15 août 1894, puis en volume chez Charpentier le 25 juillet 1894, *Lourdes*, premier *opus* du cycle des *Trois villes*, connaît un immense succès, cent vingt mille exemplaires étant vendus en un mois. Douze ans plus tard, le livre de

Huysmans atteint, avec plus de vingt mille exemplaires, un chiffre de ventes, certes bien inférieur, mais excellent aux yeux de son auteur.

Tous les deux ont pourtant éveillé, à des degrés différents, la suspicion du monde catholique, le premier en raison de son credo matérialiste et de son anticléricalisme déclaré, le second du fait que la partie la plus conservatrice du clergé continuait de voir en lui un entrant naturaliste mal repenti, et un artiste peu contrôlable. L'Église condamne *Lourdes* dès le 21 septembre 1894, et étend l'inscription à l'Index de l'ensemble de l'œuvre de Zola, qui y avait jusqu'alors échappé[1]. Huysmans, de son côté, s'interroge sur l'orthodoxie théologique de son propre livre et s'inquiète d'une rumeur journalistique faisant état d'une possible dénonciation à l'Index.

Pour autant, ce n'est pas pour ces motifs que l'Église a ouvert une enquête sur le *Lourdes* de Zola. Elle a obéi à la demande instante des Pères de la Grotte, qui accusaient le romancier de les avoir calomniés. Or, l'ouverture des archives de la Congrégation de l'Index, en 1998, a rendu public le texte du rapport établi par Mgr Luigi Tripepi, qui avait été nommé « consulteur » sur ce dossier. La traduction et la publication de ce rapport, par les soins de Silvia Disegni[2], éclaire indirectement la position de Huysmans vis-à-vis de *Lourdes* et de l'Église. Suivant un plan bipartite, le consulteur avait examiné le livre de Zola sous deux aspects : respect de la moralité et conformité au dogme, et avait conclu à sa condamnation sous le double chef d'obscénité et d'impiété. Il assurait n'avoir « jamais eu sous les yeux un livre plus immonde et à la fois plus sacrilège dans la profanation des choses les plus saintes concernant la grotte de Lourdes », et accusait son auteur de « traduire, dans ses récits et réflexions, les théories de l'athéisme, du naturalisme et du matérialisme, transformées en obscénités et turpitudes. »

Comme l'indiquent ces derniers mots, un premier objet de litige porte sur les rapports entre moralité et littérature. Sur cette question, on ne sera pas surpris de voir Huysmans plaider la cause de Zola en se défendant la sienne propre. En dépit du rapport établi par Mgr Tripepi, dont il connaissait le verdict mais pas les attendus, il exprime, en privé et un peu à contre-cœur, un avis littéraire favorable au livre. En témoigne la lettre à Arij Prins, datée du 20 novembre 1894, où il fait un bilan de la production romanesque récente, et prouve, par la référence aux rognons et aux reins de Zola, sa fidélité au physiologisme naturaliste qu'on lui reprochait :

> Depuis la crevaison du naturalisme, ç'a été, il faut bien le dire, un désarroi – et réellement, si médiocre, si bête comme idées, qu'il puisse être, le *Lourdes* de Zola est encore le seul livre qui ait paru, depuis longtemps. Il a au moins des rognons et des reins. C'est d'un art d'enluminure grossière, mais c'est encore bien supérieur, aux petites crottes peintes en gris des Bourget et des Barrès. C'est triste à dire, mais c'est la vérité pourtant[1].

Sept ans plus tard, Huysmans continue de se faire l'avocat de Zola contre l'Église, alors même, soulignons-le, que les deux écrivains ont adopté, entre-temps, des positions idéologiques opposées durant l'affaire Dreyfus. Nul doute que le fait d'avoir lui-même redouté de voir Rome inscrire à l'Index *La Cathédrale*, puis, plus récemment, *Sainte Lydwine de Schiedam*, n'ait réveillé sa solidarité d'écrivain contre les institutions répressives[2], ecclésiastiques ou non. Toujours est-il qu'il n'hésite pas à prendre la défense de *Lourdes* dans une interview recueillie par Jules Bois et publiée, le 8 septembre 1901, dans *Le Matin*, quotidien républicain et dreyfusard. Débordant le cadre purement littéraire, il s'élève contre la sentence de Rome, sur le double terrain de la moralité et du dogme. Attitude courageuse de la part d'un écrivain catholique qui n'ignore rien de l'hostilité de ses coreligionnaires contre Zola, présenté par la presse religieuse comme le diable incarné. Sur un autre sujet qui les divise pourtant profondément, celui de l'argent, il lui rend également justice, en notant, dans son carnet de 1903 : « L'âme de Lourdes m'a été donnée hier – l'argent a tout gâté. Zola l'a dit justement[3]. » Non qu'il approuve la thèse rationaliste développée par *Lourdes* sur la question du miracle ; mais il recourt, pour la rejeter, à des formules étonnamment conciliantes, au point de lancer un appel à la compréhension et au pardon en faveur de son ancien maître :

> les catholiques ont été injustes pour lui [Zola] à propos de cette œuvre. On l'a abreuvé d'insultes, mis à l'index. *Lourdes* est pourtant respectueux pour la Vierge et contient d'admirables pages. À cause de cela, on aurait dû lui pardonner ses théories peu orthodoxes et les tirades à prétention scientifique qui surchargent inutilement le volume[4].

Revenant après dix ans sur le livre, Huysmans adopte donc une position moins intransigeante qu'on ne l'a dit. En matière d'esthétique romanesque, il ne renie pas le jugement qui est le sien depuis longtemps, même s'il le formule avec moins de brutalité que dans sa correspondance privée. S'il rappelle, dans *Les Foules de Lourdes*, que celui-ci « peign[ait] toujours ses toiles comme des décors de théâtre », il n'en fait pas moins l'éloge de « ces sinistres trains blancs si bien décrits par Émile Zola ». De plus, il s'inscrit en faux contre la prétendue obscénité de *Lourdes*, déclarée sacrilège et scandaleuse par la Congrégation de l'Index, et rend justice à Zola en reconnaissant qu'il y parle de Bernadette « avec tendresse, comme il a aussi parlé avec respect de la Vierge qu'inexplicablement encore les feuilles catholiques l'accusent d'avoir traînée dans la boue ».

En revanche, il entend battre Zola sur le terrain de la méthodologie naturaliste, en l'accusant de s'être informé avec désinvolture[1]. Ce grief ancien était un lieu commun de la littérature lourdaise antizolienne, par exemple sous la plume du Dr Boissarie, qui y voyait une preuve de malhonnêteté intellectuelle :

> Ce qui frappe le plus chez Zola, c'est l'ignorance, consciente ou non, des sujets qu'il traite. À Lourdes, il est resté treize ou quatorze jours absorbé par des visites incessantes, par une nuée de reporters, par le soin de sa popularité. [...] Zola est resté deux heures dans le Bureau des médecins. Il n'a pas pris une note. Il n'a suivi aucune des guérisons dont il avait été le témoin ; il n'a fait aucune enquête [...] Il falsifie sciemment les faits les plus avérés[2].

On aperçoit ici l'objectif indirect d'un tel témoignage : en assurant que le fondateur du naturalisme trahissait lui-même sa « méthode », Huysmans rejoint les catholiques qui entendent discréditer la vision zolienne de Lourdes et, au-delà, la philosophie matérialiste qui sous-tendait son livre. Là réside un second sujet de controverse, qui exige d'effectuer des distinguos.

Sur la question cruciale du sens que revêtent ou non la maladie et la douleur physique, les deux livres développent des avis diamétralement opposés. Huysmans arrive à Lourdes bardé de la doctrine de la souffrance expiatrice exposée dans *Sainte Lydwine de Schiedam* : selon la tradition inspirée de l'*Imitation de Jésus-Christ* et relancée par Joseph de Maistre, toute maladie dérive du péché ; la souffrance est salutaire ; elle sert à expier les fautes commises, en même temps qu'elle préserve l'équilibre et la survie du monde. Zola, lui, tient la maladie et la douleur pour des maux dépourvus de sens et de fonction. Lorsque Pierre Froment, son porte-parole, rapporte à la fin de son livre, les cris d'agonie poussés par Bernadette Soubirous, devenue sœur Marie-Bernard : « Oh ! que je souffre, oh ! que je souffre ! mais je suis si heureuse de souffrir ! », il réplique :

> Il n'est pas de parole plus effroyable, d'un pessimisme plus noir. Heureuse de souffrir, ô Seigneur ! et pourquoi, et dans quel but ignoré et imbécile ? À quoi bon cette inutile cruauté, cette révoltante glorification de la souffrance, lorsqu'il ne monte de l'humanité entière qu'un désir éperdu de santé et de bonheur[1] ?

Sur le sujet de la souffrance, leur désaccord est donc absolu. L'un s'en remet aux avancées de la connaissance médicale pour la combattre, l'autre à la puissance de la prière pour en faire l'instrument du Salut. Pour l'un, l'inconnu est le champ épistémologique que la science n'a pas encore exploré ; pour l'autre, les puissances de l'au-delà révélées par l'enseignement de l'Église. Le choix de chacun étant établi et connu depuis longtemps, Huysmans ne juge pas utile d'engager un débat d'ordre philosophique qui poursuivrait les dialogues de sourds entre Homais et l'abbé Bournisien. Il choisit de le porter sur deux spécificités proprement lourdaises.

En premier lieu, la réalité des apparitions de la Vierge à Bernadette. Nourri depuis quinze ans de la lecture de textes mystiques et d'hagiographies anciennes, Huysmans n'a aucun doute sur la réalité de l'intervention des puissances surnaturelles, maléfiques ou bénéfiques, dans la vie et l'histoire des hommes. Au-delà de l'acte de foi, c'est un fait d'expérience quotidienne pour ce croyant qui perçoit autour de lui la présence physique du diable et s'en remet à l'avis de la Mère pour prendre ses décisions. Il n'a donc pas à en faire la démonstration, surtout lorsqu'il s'agit d'un fait à ses yeux aussi banal et souvent attesté qu'une apparition de la Vierge à une bergère. Car, en matière de surnaturel, il en admettrait bien davantage.

Pour analyser le cas de Bernadette, Huysmans ne se met donc pas en frais. Au chapitre XII, il rappelle l'explication zolienne de ses visions par l'hallucination, telle que Pierre Froment la formule dans le roman : « N'est-il pas acquis, aujourd'hui, que certaines dégénérées, les enfantines, frappées d'un rêve, d'une hallucination, d'une imagination quelconque, ne peuvent s'en dégager, surtout lorsqu'elles sont maintenues dans le milieu où le phénomène s'est produit[1] ? » À cela, Huysmans réplique en argüant que l'hallucination est, selon des aliénistes dont il dédaigne le citer le nom, un phénomène mnésique, inapplicable au cas de cette petite paysanne qui a décrit des choses dont elle ignorait tout et ne pouvait donc pas se souvenir. Mais son argumentaire est loin d'être original, puisqu'on en trouve le déroulé essentiel dans le chapitre « Les visions de Bernadette et l'hallucination » du livre de l'abbé Georges Bertrin, professeur à l'Institut catholique de Paris[2].

En revanche, Huysmans recourt à un argument plus inattendu pour expliquer que l'Église s'égare tout autant que Zola, quand elle accuse ce dernier de l'avoir calomniée. L'auteur de *Lourdes*, se demande Huysmans, a-t-il été irrespectueux envers la bergère ? Il répond :

> Je ne le crois pas, car il la représente à la fois ainsi qu'une âme mystique et qu'une irrégulière de l'hystérie[3].
>
> Or, jamais personne ne fut moins mystique que Bernadette et elle ne fut pas davantage une irrégulière de l'hystérie.

Faisant d'une pierre deux coups, il réfute la thèse des incrédules et celle des croyants, en proposant une explication demeurée inaperçue par chacun des adversaires et susceptible de convenir à tous. Bernadette, d'intelligence bornée et d'imagination nulle, était trop ignorante pour être accessible aussi bien à l'hallucination qu'à la mystique, puisque rien ne la reliait, semble-t-il, au dolorisme réparateur qui formait le cœur de la conception développée par Huysmans[4]. Comme la petite Mélanie de La Salette, la bergère était, tout simplement, un de ces êtres simples d'esprit que Dieu choisit « lorsqu'il a besoin d'un truchement pour s'adresser aux masses » :

> Les portraits tracés par les adversaires du Surnaturel, comme l'était Zola, ne sont donc pas ressemblants, mais ceux que peignirent les écrivains catholiques, ainsi que Lasserre, qui font d'elle un être angélique, une petite sainte de plâtre, bonne à mettre dans une niche, le sont-ils plus ?

Argument habile et en apparence équilibré grâce auquel l'écrivain catholique se désolidarise du Zola naturaliste détesté par l'Église, sans que celle-ci puisse en tirer bénéfice – ce dont certains de ses lecteurs ne manqueront pas de se plaindre.

Un second aspect du débat porte sur les guérisons et donc sur la réalité du miracle. Question à ses yeux importante puisque Huysmans écrit, dans la lettre déjà citée adressée au quotidien catholique *La Liberté*, le 29 septembre 1906, que « le livre répond en quelque sorte à celui de Zola, à propos des imputations qu'il dirige contre les Pères de la Grotte ou contre l'authenticité des miracles[1] ». Huysmans, qui cite quinze fois Zola et deux fois Charcot (décédés, rappelons-le, le premier depuis cinq ans, le second depuis dix ans), présente ses principaux arguments, comme il est d'usage dans la littérature lourdaise catholique, sous la forme d'analyses de cas, dans les chapitres v, xii et xiii de son livre.

Ceux qu'il juge les plus probants et développe le plus longuement sont de source livresque et largement antérieurs à ses séjours à Lourdes. Le cas du lupus de Marie Lemarchand (Élise Rouquet dans la fiction de Zola) remonte au dimanche 21 août 1892. Huysmans, qui connaissait son histoire avant de se rendre à Lourdes, avait déjà attaqué Zola dans *Le Matin* du 8 septembre 1901 : « Cette guérison qu'il vit fut instantanée, il la fit, dans son livre, lente et successive[2] ». Il l'avait vraisemblablement lue dans *Les Grandes Guérisons de Lourdes*, où le Dr Boissarie, tout acquis à l'idée de miracle, lui avait consacré quatre pages donnant tort à Zola : « Dans ce récit – écrivait-il –, M. Zola a commis une double erreur matérielle, une double erreur voulue et bien cherchée. Il désirait rattraper la théorie de Charcot sur la guérison des maladies nerveuses[3]. » À sa suite, Huysmans accuse Zola d'avoir commis une violation inacceptable de la méthode expérimentale, en falsifiant les faits dûment constatés dans le vain espoir de sauver sa thèse matérialiste, que ces faits mettaient à mal :

> Zola n'a pas voulu avouer cette spontanéité qu'il avait constatée pourtant ; il a préféré raconter que l'aspect du visage s'améliorait peu à peu, que la cure s'opérait indolemment ; il a inventé des étapes et des gradations pour ne pas être obligé de confesser que cette renaissance soudaine d'une figure détruite était en dehors des lois de la nature humaine ; ç'eût été l'aveu du miracle. [...] Ce qui constitue l'élément du miracle, en pareil cas, c'est moins la guérison que sa promptitude, que son instantanéité.

Sans multiplier les exemples, on observe un procédé similaire dans le cas de l'ouvrier belge nommé de Rudder, qui est la pierre angulaire de la démonstration des tenants du miracle. Dans le bref récit oral qu'il lui a accordé dans son roman, Zola a manifestement déprécié l'événement en recourant à une tonalité populaire, relevant plus de la naïveté du légendaire que du discours scientifique :

> Cet homme avait eu la jambe cassée par la chute d'un arbre. Après huit ans, les deux fragments de l'os ne s'étaient pas soudés, on voyait les deux bouts, au fond d'une plaie, en continuelle suppuration ; et la jambe, molle, pendait, allait dans tous les sens… Eh bien ! il lui a suffi de boire un verre de l'eau miraculeuse, sa jambe a été refaite d'un coup ; et il a pu marcher sans béquilles, et le médecin le lui a bien dit : « Votre jambe est comme celle d'un enfant qui vient de naître. » Parfaitement ! une jambe toute neuve !

Huysmans, lui, présente la réduction de cette fracture comme « la guérison la plus inouïe qui ait jamais été observée, de mémoire d'homme » et en tire un récit circonstancié de plusieurs pages. Mais il s'en remet, pour l'écrire, à l'incontournable Boissarie, qui avait estampillé ce miracle dans les *Annales de Notre-Dame de Lourdes* :

> Nous pouvons dire que, pendant trente-deux ans, les médecins n'ont pas perdu de Rudder de vue ; avec une persistance que rien ne lasse, ils ont attendu sa mort pour faire son autopsie et voir par quel procédé Dieu pouvait bien guérir les fractures de jambe.
>
> Grâce aux matériaux qu'ils ont réunis, la guérison de de Rudder restera comme un modèle de ce que l'on peut obtenir par des enquêtes bien conduites.
>
> Il n'y a pas, dans la science, de fait plus concluant.

Là encore, l'auteur de *Sainte Lydwine* en déduit que « les plaies nerveuses de Zola, l'autosuggestion, la foi qui guérit, toutes les vieilles fariboles des écoles de la Salpêtrière et de Nancy, sont réduites à rien, du coup. » De la même façon, il reviendra, dans son dernier chapitre, sur la théorie zolienne « "du souffle guérisseur des foules", de "la puissance inconnue des foules" », qui sont, aux yeux des catholiques, autant de cache-misère pseudo-scientifiques servant à masquer ce qu'un incrédule se refuse, contre toute évidence, à appeler la puissance de la prière.

Bref, Huysmans est condamné à dérouler, cas par cas, des arguments livresques éprouvés[1], qui apportent peu à l'originalité de son livre. Se serait-il rabattu sur eux s'il avait été personnellement témoin d'un vrai et franc miracle ? On peut en douter à la lecture des lettres qu'il écrit au terme de son second séjour. « Il y a beaucoup de "bateau monté" de "bluff" dans ces miracles qui, la plupart du temps, ne tiennent pas[1] », confie-t-il à une amie. Jugement confirmé par les lettres aux Leclaire : « Non, plus on regarde Lourdes, plus c'est incompréhensible et j'ajouterai très louche. J'étais vraiment plus sûr des miracles, avant d'avoir vu tout ce fourbi[2]. » Ce qu'il admettra sans ambages dans l'interview qu'il accorde au *Temps*, le 12 août 1905 : « Si j'ai vu moi-même, de mes yeux vu, un miracle indiscutable ? Non[3]… » Avant d'ajouter, l'année suivante, une note de bas de page à son livre pour affirmer la réalité du miracle dont a bénéficié sœur Justinien[4].

Retenons plutôt de ce débat, qui met aux prises un agnostique et un homme de foi, qu'il était et demeure sans issue, car il repose, Thierry Lescuyer l'observe justement, sur les *a priori* de la croyance et de l'affectivité[5]. Avec les moyens limités que lui offre le savoir de son temps, l'un s'efforce d'expliquer rationnellement un phénomène dont l'autre admet, sans réserve, l'irrationalité. Face à des phénomènes observables qui défient la raison, Zola prend appui, dans un esprit pluridisciplinaire, sur des spécialités scientifiques constituées ou en passe de l'être. Pour rendre compte des apparitions prétendues de la Vierge à Bernadette, il s'applique à reconstituer, depuis son enfance à Bartrès, l'étiologie d'un cas clinique ; pour expliquer l'élan de dévotion qu'elles ont suscité dans la région, il tente une approche ethnologique des croyances populaires locales[6] ; au-delà, pour comprendre la puissance transformatrice de ce que Gustave Le Bon appellera, en 1895, la *Psychologie des foules*, il s'interroge sur la façon dont un individu aliène sa personnalité propre au bénéfice d'une personnalité collective[7] ; pour saisir le sens de la « folie sacrée[8] » qui saisit chaque membre de ces foules, c'est vers la psychopathologie de la Salpêtrière et Charcot qu'il se tourne – sans le nommer.

Huysmans, lui, n'a aucune explication personnelle à proposer, fût-elle hypothétique. Il ne démontre pas, il croit et il réfute. De fait, les arguments antipositivistes exposés dans *Les Foules de Lourdes* ont été depuis longtemps présentés par les adeptes du surnaturel : les ouvrages catholiques consacrés aux guérisons de Lourdes font tous des gorges chaudes de la « foi qui guérit » de Charcot et de l'autosuggestion de Zola, qui ont alors plus de dix ans d'âge. Sans doute Huysmans

– certaines ratures de son manuscrit le confirment – a-t-il construit avec conscience, voire avec passion, son plaidoyer de militant de l'au-delà, mais il n'innove en rien sur le fond et on ne sait, à vrai dire, en quoi il aurait pu le faire. On se convaincra du caractère inévitablement répétitif de son discours en observant que Jules Bois, dont Huysmans avait préfacé *Le Satanisme et la magie* en 1895, reproduira les arguments antirationalistes des *Foules de Lourdes* dans *Le Miracle moderne*[1], et que ceux-ci reparaîtront encore à l'identique sous la plume d'Adolphe Retté, dans *Un séjour à Lourdes. Journal d'un pèlerinage à pied. Impressions d'un brancardier*[2].

Plus originale, en revanche, est la stratégie discursive adoptée par Huysmans pour défendre la réalité même des miracles. Vincent Kaufmann a montré qu'elle repose sur une longue série de concessions accordées à l'adversaire. Comme il l'avait fait dans *Là-bas* pour démontrer l'existence du surnaturel, Huysmans reconnaît que les défenseurs de Lourdes se leurrent sur le nombre de miracles accomplis, que la plupart des guérisons s'expliquent sans recours au surnaturel, que le véritable miracle, il l'accorde aussi en reprenant une plaisanterie anticléricale, est que l'eau contaminée des piscines, « un hideux bouillon, une sorte d'eau de vaisselle grise, à bulles », ne tue pas les malades qui y sont plongés. Seulement, dans les très rares cas irréductibles (celui du belge de Rudder, par exemple), devant lesquels la raison humaine reste muette et doit s'incliner, l'impuissance de l'explication scientifique suffit à établir l'intervention de la Vierge – ce qui est à ses yeux l'essentiel.

Huysmans a-t-il conscience, ce faisant, de l'embarras logique où il se jette ? Celui qui aurait pu écrire avec Pascal : « Que je hais ceux qui font les douteux de miracles[3] », proclame, au seuil de son livre, n'avoir nul besoin d'en voir. Sa foi, explique-t-il, « ne repose ni sur [s]a raison, ni sur les perceptions plus ou moins certaines de [s]es sens » ; elle relève « d'un sentiment intérieur, d'une assurance acquise par des preuves internes ». Or, si les merveilles sidérantes qu'il avait narrées dans *Sainte Lydwine de Schiedam*, en démarquant des sources médiévales, pouvaient se contenter d'un acte de foi emportant la raison, il n'en va plus de même à Lourdes, où l'esprit scientifique moderne a confié aux médecins du Bureau des Constatations le soin d'enquêter sur la réalité médicale du miracle. Fondée sur une intuition intérieure perçue comme indubitable, l'affirmation de sa foi, si ardente soit-elle, ne suffit pas à Huysmans pour réfuter Zola : elle l'oblige à entrer en concurrence avec lui sur le terrain de la démonstration clinique et à tenir des raisonnements dignes d'un positiviste endurci. Cet arrangement de la science avec la foi, le Pierre Froment de Zola le refuse alors qu'il observe les examens effectués par le Dr Bonamy dans le bureau des Constatations :

> Est-ce que le miracle se prouve ? Il faut y croire. Il n'y a plus à comprendre, dès que Dieu intervient. Dans les siècles de réelle croyance, la science ne se mêlait pas d'expliquer Dieu. Que venait-elle faire ici ? Elle entravait la foi et se diminuait elle-même. Non, non ! se jeter par terre, baiser la terre et croire. Ou bien s'en aller. Il n'y avait pas de compromis possible[1].

À l'incrédule auteur de *Lourdes* qui jugeait « nécessaire de photographier les plaies », Huysmans objecte ainsi que « la photographie ne donne pas la couleur et ne pénètre point dans la profondeur des tissus ; elle ne serait donc pas, par elle-même, une garantie ». De là à croire que l'on pourrait faire en ce domaine des progrès, le pas est franchi lorsqu'il note, dans son calepin, le 20 septembre 1904 :

> le bureau des Consultations [...] est au-dessous de tout. *Il est impossible d'être moins scientifique.* Il serait facile d'avoir un bureau de médecin à l'hôpital, examinant et les certificats des malades et les examinant eux-mêmes, avant l'arrivée à la grotte. Et après – quand ils en reviennent[2].

Huysmans a évidemment conscience de cette hybridation des discours lorsqu'il écrit que les malades, en quittant trop tôt le sanctuaire, « interrompent, si l'on peut dire, le traitement commencé de la Vierge. » Il reste que le croyant censé se passer de preuves va jusqu'à proposer de recourir, « dans certains cas, aux instruments qui utilisent les rayons récemment découverts, dans des salles aménagées exprès[3]. » Suggestion qui ne l'empêche nullement d'assurer, comme il le fait depuis *En route*, que « la Mystique est une science résolument exacte ».

Cette contradiction n'a pas échappé à certains de ses lecteurs, anciens ou modernes. Le critique André Beaunier, par exemple, écrit dans le *Supplément littéraire* du *Figaro*, le 18 mai 1907 :

> C'est une chose remarquable qu'en ses écrits les plus hardiment mystiques, les *Foules de Lourdes* par exemple, il fasse un perpétuel effort pour démontrer ses

> dires. Il affirme les miracles ; et il en veut prouver l'authenticité. Il procède, ou veut procéder, expérimentalement. Il se réfère aux certificats des médecins ; il cite, discute et apprécie les témoignages. Puis, le miracle constitué en l'état de certitude scientifique, il l'utilise comme argument et comme le principal argument qui vaille en faveur de la foi.

Comme le constate, pour sa part, Laure de la Tour à propos de ce phénomène attesté depuis *En route*, « tout se passe comme si l'œuvre catholique de l'auteur hésitait entre une poétique du corps mystique fondée sur l'inexplicable et l'irrationnel et le besoin d'anticiper des accusations de crédulité par un effort constant d'objectivité et de rationalisation[1]. » Tension qui n'empêchait pas Huysmans d'expliquer, le 8 mai 1897, à un moine bénédictin de ses amis, que c'est une « bizarre idée que de vouloir expliquer scientifiquement ces phénomènes[2] ». À quoi attribuer ces approches peu compatibles, sinon à la résistance opposée par une écriture issue du physiologisme naturaliste à la mise en mots du surnaturel et, plus généralement, au fait d'une mystique née dans un siècle rationaliste ?

Au demeurant, il semble bien que l'écriture de fiction ait produit chez Zola un effet symétrique inverse, en assouplissant la rigidité de ses principes. Émilie Sermadiras a montré que, dans *Lourdes*, la distribution polyphonique des voix a multiplié les points de vue, diversifié les jugements aussi bien sur la médecine que sur la religion[3]. Moins arrogante qu'on ne le croit, la science n'y est pas exempte de doutes. Non que tous les médecins renient leur vocation et se convertissent, pour s'écrier à la façon de docteur Chassaigne : « La science ! Est-ce que je sais quelque chose, est-ce que je peux quelque chose[4] ? » Mais le livre reconnaît chez les hommes « l'insatiable besoin qu'ils ont d'être trompés et consolés[5] ». La paralysie dont souffre Marie de Guersaint est, certes, d'origine hystérique et sa guérison, qui ne doit rien à l'intervention du Ciel, n'ôte rien à l'utilité de la religion. « Ah ! la triste humanité ! que cela était bon, de la voir un peu consolée et ravie ! et qu'importait, si ses grandes félicités de quelques secondes lui venaient de l'éternelle illusion[6] ! » Nul doute que Zola ne soit anticlérical, mais il ne faut pas confondre *Lourdes* et *Vérité*, en oubliant que son roman offre à l'admiration du lecteur une religieuse comme la sœur Hyacinthe, qui a mis sa vie au service des malades « sans autre instinct que de soulager et de consoler[7] ».

Au total, il semble que la position prise par Huysmans dans la controverse relative au *Lourdes* de Zola a été plus complexe qu'on ne l'a pensé. Si l'on en croit Halina Suwala, qui se fonde sur ses seules lettres à Arij Prins, Huysmans, devenu « de plus en plus haineux envers Zola », aurait développé contre lui « une véritable obsession, dont il n'arrive pas à se libérer, même en la vomissant[1]. » De même, Soundouss El Kettani[2] juge, en s'en tenant aux *Foules de Lourdes*, que « Zola est vilipendé partout dans le récit de Huysmans ». Or il n'apparaît pas que Huysmans, même converti, se soit posé jamais en ennemi irréductible de Zola, puisque, jusqu'en 1906, il l'a défendu contre les attaques de l'Église, lorsque celles-ci lui paraissaient injustes. Pour autant, une vision irénique de leurs rapports n'est pas plus fidèle à la réalité. En prétendant identifier, dans leurs livres sur Lourdes, une supposée « identité des angoisses et des aspirations laïques et religieuses » qui découlerait du commun sentiment de décadence qu'auraient partagé leurs auteurs, Cécile Balavoine sous-évalue ce qu'ont d'incompatible leurs positions philosophiques. *A fortiori*, se gardera-t-on d'affirmer, à la suite de Patrice Locmant, que, « avec *Les Foules de Lourdes*, Huysmans *réconcilie* le naturalisme matérialisme et athée de Zola avec le spiritualisme des anciens temps[3] ». Sur cette question sujette à polémique, l'analyse la plus équilibrée est, nous semble-t-il, celle que présente Jacques Noiray dans « Huysmans critique de Zola et du naturalisme (1884-1907)[4] ».

Il reste que Huysmans, qui écarte la plupart des calomnies circulant sur Zola, semble avoir été embarrassé par certaines critiques plus singulières. L'un des griefs retenus par l'Église contre l'auteur de *Lourdes* trouve peut-être sa source dans les informations qui pouvaient circuler, dans les milieux ecclésiastiques, sur le rapport de Mgr Tripepi. Ce dernier avait écrit :

> Zola vit la vérité mais ne voulut pas la reconnaître ; il vit les faits prodigieux et inexplicables qui dépassent la science des hommes, mais il ne voulut pas adorer le Dieu qui les avait opérés ; contre la lumière la plus éclairante, il s'obstina à nier le surnaturel[5] [...] ».

Produite à l'usage des fidèles antidreyfusards, cette fable théologico-politique avait été diffusée par le quotidien catholique *L'Univers* à une date judicieusement choisie, le 24 février 1898 étant le lendemain même du jour où Zola avait été condamné à un an de prison par la cour d'Assises de Paris. François Veuillot, établissant un « parallèle entre le Zola détracteur de Lourdes, et le Zola, défenseur de Dreyfus », racontait que Zola avait été châtié par le Ciel pour avoir refusé la grâce divine, qui l'avait touché devant les piscines de Lourdes :

> Zola paraissait, devant ce spectacle incroyable et qu'il n'attendait point, tout troublé, presque ému. Oui, l'insulteur du Christ et le semeur de vice et d'ignominie, recevait là cette grâce immense et qui montre, au cœur de Marie, une profondeur de miséricorde à donner le vertige : il recevait à Lourdes, où l'avait conduit le désir d'outrager Dieu, la grâce inouïe d'être touché. Mais, bien vite, il a étouffé ce bienfait sous de nouveaux blasphèmes ; il a tué ce germe de grâce, humiliant pour son orgueil.

Huysmans avait été sensible à cette rumeur indémontrable, qui dessaisissait le tribunal des hommes au bénéfice de la justice céleste. Il s'était empressé de la rapporter, dès le lendemain, à son ami bénédictin Dom Thomasson de Gournay :

> Il y avait, hier, dans l'*Univers*, un article qui, s'il n'avait pas été exécuté par un sabot, était vraiment, comme rapprochement – très bien, le Zola ayant vu des miracles à Lourdes et refusant de croire et le Zola croyant, sans aucune preuve, sans rien à l'innocence de Dreyfus. Si comme le dit cet article et comme il m'avait été dit déjà, Zola a, en effet, reçu une touche de la grâce à Lourdes et s'il l'a délibérément écartée, il est vraiment à plaindre… et c'est peut-être maintenant l'expiation qui commence[1].

On notera toutefois que Huysmans a écarté de son livre l'idée que Zola aurait, en rejetant la grâce divine, commis le péché le plus grave, le péché contre l'Esprit[2]. Faute d'explication de sa part, le lecteur en est réduit à formuler des hypothèses sur ce qu'il se permettait d'écrire dans sa correspondance religieuse privée et ce qu'il s'interdisait de publier dans un texte diffusé en dehors du lectorat catholique.

Embarrassante aussi, mais pour une tout autre raison, a été pour lui l'objection présentée par Jules Bois contre les miracles lourdais, dans le *Gil Blas* du 15 octobre 1906. Bois allègue l'hypothèse d'un unijambiste qui espérerait en vain de voir repousser sa jambe coupée dans les piscines de Lourdes, grâce à l'intervention miraculeuse de la Vierge :

> Pour que la conviction fût irrésistiblement entraînée – raisonne Bois –, il nous faudrait autre chose que ces trop explicables prodiges qui nous sont

> offerts. Il faudrait un miracle vraiment miraculeux et tel que l'intervention divine puisse seule produire. Parmi les miracles qu'on nous rapporte, pourquoi n'est-il jamais question d'une jambe coupée qui aurait repoussé subitement dans la piscine[1] ?

Pour répliquer à Bois, qui est à la fois un vieil ami (leur rencontre remonte au temps de *Là-bas*) et un spécialiste reconnu des faits paranormaux, Huysmans se sent forcé de changer de ligne argumentative et d'adopter un ton que son livre n'autorisait pas. « Il me réplique par des arguments imprévus où la jovialité enveloppe une foi rigoureuse », note Bois avant de citer la réponse de Huysmans, datée du 17 octobre, qu'il publie, sans l'accord de l'auteur, dans le *Gil Blas* du 22 :

> Pourquoi, diable ! voulez-vous qu'une jambe coupée repoussât dans une piscine ? La Vierge ne fait pas l'inutile. Deux jambes, mais c'est du luxe ! On peut très bien vivre et marcher avec une jambe de métal ou de bois. Il n'est donc pas nécessaire du tout d'en avoir deux en viande, pareilles. Beaucoup d'aveugles sont guéris, mais, à ma connaissance du moins, pas de borgnes. Attendu qu'on peut très bien voir avec un seul œil.
>
> À un point de vue plus rigollo [...], l'homme qui aurait une nouvelle jambe, qu'en ferait-il, à la résurrection ? Ça lui en ferait trois ! ! ! un tripède. Il n'aurait qu'une ressource, ce serait de faire un "Portez armes" au Juge, avec l'une des trois !
>
> Non, mais sans rire, je crois que de simples infirmités avec lesquelles la vie et le travail sont possibles, ne seraient jamais guéries à Lourdes comme le sont des maladies mortelles ou des maladies telles qu'elles rendent l'existence à gagner presque impossible. Pas de luxe dans le miracle. On va, Là-Haut, je crois, au plus pressé[2].

La tactique – ou la sophistique – de Huysmans consiste, on le voit, à récuser le présupposé de Jules Bois, selon lequel un unijambiste serait un infirme. Non, répond-il, Lourdes ne fait pas repousser de jambe coupée, parce que cette infirmité prétendue n'en est pas une. L'orthopédiste amateur, se faisant alors le défenseur paradoxal d'une anatomie minimaliste, soutient que le corps dispose originellement de membres et d'organes surnuméraires (les jambes, les yeux) et qu'il est normal de renoncer à ces doublons superfétatoires. L'amputation n'étant par conséquent qu'un retour à un état quasi-naturel, la jouissance d'organes géminés devient un luxe inutile. Quant à l'hypothèse du tripède miraculé faisant un "Portez armes" le jour de la résurrection, elle introduit un sous-entendu érotique qui fait verser le débat dans un burlesque inattendu – car

Huysmans, explique Bois qui le connaissait bien, « est, transplanté dans la vie moderne, un grand artiste du Moyen Âge [...] qui a le mysticisme pittoresque ».

UN PÈLERIN SINGULIER

La combativité qui anime Huysmans, malgré la maladie qui use ses forces, ne fait cependant pas oublier que *Les Foules de Lourdes* est aussi le récit d'un pèlerinage religieux. Non qu'il se soit découvert une vocation subite d'*homo viator*, puisqu'il a fait ce voyage, pour partie du moins, à son corps défendant[1]. Mais ce voyage effectué sans enthousiasme ne l'a pas empêché de produire, sous ce rapport, un texte d'une grande originalité[2].

Le pèlerinage, on le sait, est une forme traditionnelle de sacralisation de l'espace dont l'Église du XIXe siècle a redécouvert l'importance. Alphonse Dupront le rappelle : « Le substrat et comme la matière même de l'acte pèlerin, c'est l'espace[3] ». Mais Huysmans, qui a beaucoup voyagé sur sa chaise à la façon de Des Esseintes, était peu accessible à cette forme de participation collective au sacré qu'est le déplacement. Qu'il peigne Chartres[4] ou Lourdes, il sédentarise ses voyageurs et oblitère la spatialité pèlerine. Il escamote le voyage en train, qu'il a été pourtant l'un des premiers à introduire dans le roman[5]. À la différence de Zola, il esquive le récit du parcours aller et retour au lieu saint – un des motifs récurrents des récits de pèlerinage – ainsi que la description des trains de malades, qui occupent dans *Lourdes* une place considérable, bien que Zola ne les ait pas personnellement empruntés. En prévoyant d'y aller une seconde fois, Huysmans se dit, lui, qu'il « faudrait vraiment se faire chloroformer chez soi et n'être réveillé qu'à Lourdes[6]. » Comme l'écrit Anne Boyer, « s'il est pèlerin, Huysmans est un pèlerin déjà sur place, ce qui en soi est contradictoire[7] ».

On mesure la singularité de son attitude en la comparant à l'expérience relatée, peu après, par Adolphe Retté. Converti de fraîche date, Retté s'est rendu à pied de Ligugé jusqu'à Lourdes, où il s'est engagé comme brancardier durant deux mois[1]. Rien de commun, non plus, entre Huysmans et le Jean Escuyot de Francis Jammes, ce « pèlerin à pied, vrai pèlerin, pèlerin dont on lavait les pieds poudreux dans les monastères hospitaliers, […] pèlerin qui allait par monts et par vaux [s]'appuyant sur [s]on bourdon », chanté, en 1936, dans *Le Pèlerin de Lourdes*[2]. À quoi l'on pourrait ajouter les 144 km abattus en trois jours par Charles Péguy, lors de son premier pèlerinage de Chartres, en 1912. Pour avoir intitulé *En route* le récit de sa marche vers la foi, Huysmans devait être plus sensible que quiconque à ce processus viatique. Or, dès l'ouverture de son livre, il est installé en villégiature près du sanctuaire, sans avoir dû s'y rendre, sans même se dire que le cheminement peut constituer une prière en acte, comme les longs pèlerinages pédestres de sa servante Julie Thibault le lui avaient montré, et comme le rappellera François Mauriac en écrivant, dans *Pèlerins de Lourdes*, que « le pèlerinage met en mouvement la pauvre machine humaine, c'est un départ, une mise en marche[3] ».

De plus, il demeure à Lourdes plusieurs semaines, alors qu'il est d'usage pour les pèlerins de ne pas séjourner dans l'espace sacral du pèlerinage[4]. On en trouvera la preuve dans un récit contemporain de pèlerinage, celui que le jeune François Mauriac effectue en 1905 – il a alors vingt ans – avec un groupe de Sillonistes, où l'arrivée à Lourdes et le départ sont bornés par les ponctuations fortes et rapprochées, que forment « l'aube, à travers les vitres du compartiment » et le « morne retour en wagon[5] ». De là un curieux phénomène qui paraît propre à son livre : gagnée par l'usure, la spatio-temporalité exceptionnelle du pèlerinage perd peu à peu de sa densité et de son efficace. Huysmans, lassé, se décrit tournant en rond dans le domaine de la Grotte, qui voit se dissoudre dans l'habitude une part de sa sacralité. La procession aux flambeaux elle-même, « cette façon de prendre l'espace dans une conjuration pédestre[6] », est si peu son fait qu'il choisit de la regarder à la bonne distance esthétique, depuis les hauteurs du Carmel, situé de l'autre côté du Gave, où il loge, comme un spectacle recommandable, sans y participer : « c'est l'endroit le mieux situé – écrit-il – pour *assister* au *gala* de la *féerie* du feu[7] ».

Cette attitude de retrait n'a pas de quoi surprendre, car rien ne répugne autant à Huysmans que le nivellement des hiérarchies intellectuelles, si ce n'est la promiscuité physique. La thébaïde où s'isolait des Esseintes, l'altitude où se réfugiait Durtal, les murs et les cellules des monastères étaient autant de moyens de se soustraire au contact des corps. À Lourdes, le sien est une citadelle que la foule assiège et qu'il lui faut protéger[1]. Aggravées par la promiscuité, les odeurs de la maladie l'incommodent. « Ça sent le pouacre, ça sent le fade », et lorsqu'il vient à s'asseoir auprès de « deux fillettes du peuple, des flamandes pâles et bouffies », il « hume, penché au-dessus d'elles, un fumet si fade, [qu'il] décampe ». Faite pour l'intimité chuchotée, sa voix semble si peu apte aux prières collectives que, malgré la durée de ses séjours à Lourdes, on ne l'entend jamais la mêler à celles des foules qui « brament » et qui « beuglent ».

Sans doute ce retrait tient-il aussi à la jeunesse du sanctuaire lourdais, car, pour ce pèlerin du passé, c'est l'ancienneté qui fonde la sacralité de l'espace. Les vieilles églises sont des lieux spirituels plus irradiants que les nouvelles. Sous ce rapport, la crypte de Chartres, où réside « l'aïeule des Madones de France[2] », doit à son antiquité d'être un espace magique unique, condensant et rediffusant un sacré multiséculaire. S'il est vrai que « nulle part on ne prie mieux qu'à Chartres », c'est en raison de « cette atmosphère de prières rabattues par [son] lourd plafond », atmosphère si dense qu'elle provoque « une suffocation issue d'une plénitude, d'un trop-plein ». « La patine de ses murs [...] façonnée avec des vapeurs d'âme » peut même s'épandre sur la ville entière : « des prières bourdonnaient de toutes parts, montaient en des fumées odorantes d'âmes[3] ». Refuge contre le monde réel hostile, la cathédrale s'éprouve d'abord comme la présence apaisante d'une respiration, d'une haleine : c'est « une bouffée de cave très douce [...] [qui] vous souffle au visage », une « caresse veloutée d'air » qui accueille Durtal. Et c'est aussi un parfum ancien, « une senteur molle et presque étouffée d'huile », une « exhalaison mystérieuse et confuse[4] ». Est-il un autre mot que celui de jouissance pour décrire Durtal assistant, à Chartres, à une messe matinale : « il se fondait en la douceur caressante d'hymnes, ne réclamait plus rien, taisant ses désirs inexaucés [...], ne songeant qu'à souhaiter un affectueux bonjour à sa Mère[5] [...] » ? Mais, à de rares moments d'exception près, Lourdes est trop moderne pour susciter l'illusion d'un autre âge et introduire le visiteur dans le monde médiéval qu'il rêve d'habiter. Lourdes la jeune représente une vertigineuse déperdition imaginaire : c'est « la mousse, le champagne de la piété, comme Chartres serait un vieux et solide bourgogne[1]. »

Puisque Lourdes il y a, le récit de pèlerinage n'en remplit pas moins son contrat en proposant au lecteur un tour complet du sanctuaire. Description des principaux édifices, de la grotte, de la maison des Soubirous, de l'hôpital, du bureau des Constatations, du chemin de croix en cours d'installation : rien ne manque à la visite. Pourtant, si *La Cathédrale*, une fois pourvue d'un index, a pu servir de guide pour la visite de Notre-Dame de Chartres, parce que le regard de son auteur était rempli d'une admiration sans réserve, rien de tel ne se passe avec le sanctuaire de Lourdes. Pour le genre à grand public qu'est le reportage, le texte est probablement trop hétérogène, le ton trop caustique. La dénonciation de la laideur esthétique, avec son cortège de comparaisons désobligeantes, répondait mal à l'attente des catholiques traditionnalistes. Même le portrait du cirier, si chaleureux et innocent qu'il puisse paraître aujourd'hui, leur a paru inconvenant, au point que « cette Vestale en pantalon », qui est aussi « une Danaïde en culotte », a été victime d'un caviardage dans les bonnes feuilles publiées par *L'Univers*, le 23 juin 1906. *A fortiori* lorsque l'église du rosaire est comparée à une « rotonde de locomotives », que la basilique est présentée comme « le produit de l'imagination d'un brelandier en veine de gain et d'un bedeau en délire », et ses décorations intérieures produites par « le sentimentalisme bébête de l'ouvrier de cercle catholique qui a bu un coup ».

Nombre de commentateurs du livre choisissent de croire, avec René Martineau, que Huysmans « fait tout ce qu'il peut pour être indulgent et juste[2] » envers le spectacle bâti autour de Bernadette. Il reste que Lourdes, ce « parangon de la turpitude ecclésiale de l'art » rouvre, dans son œuvre, une veine irrévérencieuse que *Sainte Lydwine de Schiedam* avait temporairement fermée. Délaissant la gravité seyant à l'évocation de la maladie et de la douleur, Huysmans reprend son ton gouailleur d'antan pour décrire un sanctuaire religieux, lieu censé entre tous exclure le rire. La pantomime jouée par le curé espagnol qui « se frappe la poitrine, cogne à coups de poing le rebord de la chaire, jette les bras au ciel, hurle tel qu'un énergumène », l'apparition des deux bigotes « pua[nt] ainsi que des étaux d'équarrissage » en l'honneur de saint Benoît Labre, sont le legs d'un naturalisme caricatural que l'écrivain n'a jamais renié. Choqués ou réjouis, tous les contemporains y ont été sensibles. Dans *Le Censeur* du 3 novembre 1906, Ernest Charles s'amuse ainsi de voir ce curieux pèlerin considérer la vie provinciale « en bon voyou parisien », et de la curieuse allégresse qui parcourt un livre sur la douleur humaine, ce dont l'auteur, précise-t-il, s'excuse auprès de la Vierge.

L'histoire merveilleuse de la petite paysanne de Lourdes, avec sa grotte, sa source et ses miracles, aurait pourtant pu s'accorder avec sa vision nostalgique du monde et son vœu de retrouver vivants des éclats du Moyen Âge dans le monde moderne. Car comme l'écrit Guy Thuillier, Bernadette « est un personnage de la Légende dorée en plein XIXe siècle rationaliste[1] ». Mais ce livre, qui aurait pu tendre vers l'hagiographie à la façon de l'*Esquisse biographique sur Don Bosco* et de *Sainte Lydwine de Schiedam*, qui l'ont précédé, prétend si peu en devenir une que Huysmans liquide, dans un hors-texte introductif imprimé en italiques[2], la vie et les visions de Bernadette, connues de tous les fidèles à cette époque. On ne peut donc se contenter d'écrire comme le fit Alexis Crosnier peu après la mort de Huysmans :

> *Les Foules de Lourdes*, qu'est-ce autre chose qu'un hymne d'amour et de reconnaissance à la nouvelle Ève, à la Vierge, "Lumière de bonté qui ne connaît pas les soirs, Havre des pleure-misères, Marie des compatissances, Mère des pitiés", qui se révéla, sous le nom de l'Immaculée Conception, dans la grotte de Massabielle, à une humble pastoure de la montagne[3] ?

Si Huysmans aborde à deux ou trois reprises la biographie de la sainte, en particulier pour narrer l'épisode de sa mort à Nevers, l'image de Bernadette, la brièveté de sa vie et le mystère même émanant de sa personnalité s'y prêtent difficilement. Comparée aux grandes mystiques qu'il affectionne, la fillette est trop ignorante pour nourrir sa réflexion, sa figure puérile trop lisse pour qu'il puisse y attacher l'extrême violence qui faisait de Lydwine sa sainte favorite. Avec sa robe blanche, son écharpe bleu ciel et ses orteils fleuris d'une rose jaune, la Vierge sulpicienne qui a honoré la petite paysanne de dix-huit apparitions répondait mal à son attente[4]. Le principe de décadence historique étant à l'œuvre, il s'en faut de peu qu'il ne retrouve, entre Lydwine et Bernadette, la distance qui séparait le satanisme du XVe siècle de celui du XIXe finissant, et qui plaçait le chanoine Docre « fort au-dessous de Gilles De Rais[5] ».

Ce qui retient davantage l'auteur de *La Cathédrale*, c'est le déchiffrement du sens symbolique caché de cette histoire. Après avoir montré, à l'ouverture de son livre, que les déplacements de la Vierge obéissaient à un plan divin, il cherche une autre preuve de ce plan dans la concordance des dates auxquelles celle-ci s'est adressée à Bernadette avec le calendrier des fêtes liturgiques. Le 25 août 1905, il fait appel à la serviabilité de Léon Leclaire, qui réside encore sur place :

> N'y aurait-il pas moyen d'avoir un vieil *ordo* de Lourdes pour les 18 jours des apparitions, c'est-à-dire de savoir quels saints, on célébrait à Lourdes, à la messe, les jours où la Vierge a parlé. J'ai déjà découvert, pour deux de ces jours, des coïncidences des plus curieuses. Peut-être y en a-t-il d'autres. Est-ce trouvable, j'en doute[1].

Leclaire lui ayant procuré l'*Ordo* de 1858, Huysmans résume le résultat – évidemment positif – de ses recherches à l'intention de Dom Besse :

> J'ai fait une découverte assez curieuse. Je m'étais toujours dit que les paroles de la Vierge devaient concorder avec la liturgie du jour où Elle les prononçait.
> À force, j'ai fini par avoir l'*ordo* de Lourdes de 1858 ; et je ne m'étais pas trompé[2].

De cette confrontation, il tire le tableau de concordance que le lecteur pourra consulter dans l'Annexe III, *infra*, p. 562-563.

À dire vrai, Henri Lasserre avait relevé ce phénomène bien avant Huysmans, qui ne pouvait l'ignorer. À la p. 69 de *Notre-Dame de Lourdes*[3], publié en 1868, on lit que, « par une coïncidence merveilleuse, comme on en rencontre souvent dans l'histoire des événements surnaturels [...], l'Église universelle avait chanté en ce jour, premier dimanche de Carême les paroles immortelles destinées à consoler et à conforter l'innocent et le faible en présence des persécutions » ; à la p. 130 : « Ce jour-là, 26 février 1858, vendredi de la première semaine de Carême, était la fête de la Sainte Lance et des Clous. Et la source dont nous parlons [...] était la grande source divine que la lance du Centurion romain, perçant le côté droit du Christ inanimé avait fait jaillir » ; à la p. 132 : « Or ce même jour, 26 février 1858, vendredi de la première semaine de Carême, l'Évangile de la messe contenait ces paroles [...] "Et il y avait à Jérusalem la Piscine probatique [...]" » ; à la p. 191 : « C'était l'anniversaire du jour où l'ange Gabriel était descendu vers la très pure

Vierge de Nazareth et l'avait saluée au nom du Seigneur. L'Église célébrait la fête de l'Annonciation ».

Plus encore que ces trouvailles, qui paraissent moins probantes par leur résultat que par la volonté de les établir, Lourdes répondait aux attentes d'une religion doloriste en exposant, au regard de tous, les infirmes et les malades transportés jusqu'au sanctuaire. Or, l'œuvre de Huysmans est depuis toujours traversée par une mise en spectacle des corps suppliciés et par une méditation sur le sens de la souffrance, sous l'aspect le plus humble de la douleur physique, à laquelle il aura été le naturaliste le plus sensible. Comme l'écrit Jacques Dupont, « les "meilleurs" corps, les plus fascinants pour lui [Huysmans], sont sans doute ceux où se font jour les marques tétaniques ou extatiques d'une souffrance, dans laquelle le corps se trouve ressaisi et brisé[1] ». De son côté, Brigitte Cabirol a montré comment s'allient douceur et douleur, tendresse et vitupération[2], même si ce dernier livre donne à réentendre les échos, désormais christianisés et déliés des bas-fonds de la société qui leur donnaient sens, de sa commisération pour les éclopés de la vie, qu'il croquait en deux colonnes de revue, à l'époque de *La République des Lettres*.

Pourtant, ce pèlerin qui rejette toute idée de progrès en matière de médecine scientifique, apparaît démuni face à l'exubérance des douleurs humaines. Sans doute ne renie-t-il pas le rôle salutaire de la souffrance expiatoire et de la substitution mystique, qui forme le foyer de sa croyance et de ses livres. Mais il lui faut admettre, devant le tableau des corps difformes dénudés dans les piscines, que les prières des grabataires sollicitant leur guérison contredisent le principe qui servait de théodicée et de fondement à sa cosmogonie. Les propos recueillis par l'abbé Mugnier le 26 septembre 1904, illustrent les interrogations qu'il avait rapportées de son second séjour :

> Dîné hier soir chez Huysmans, retour de Lourdes. Très peu de miracles, là-bas.
>
> Le grand miracle, c'est qu'on ne meure pas à Lourdes même, étant donné l'absence d'hygiène. Huysmans a vu des malades horribles. La piscine est un bouillon de pus. [...]
>
> Huysmans suivait les processions, derrière les évêques et était au bureau médical. Huysmans voulait voir tout cela, une bonne fois ; il n'y retournera plus. [...]

> Huysmans constate que Lourdes est le renversement de la mystique puisqu'on y va pour supprimer la souffrance[1].

Dans son livre, ce dernier a l'honnêteté de ne pas masquer ses incertitudes, à ceci près qu'il les formule non plus comme un *constat*, mais, au mode conditionnel, comme une hypothèse à réfuter. Après avoir décrit, au chapitre VIII, la procession du Saint-Sacrement, scandée par les appels « Seigneur, dites seulement une parole et je serai guéri ! », il écrit :

> Lourdes a pris, en quelque sorte, le contre-pied de la Mystique, car enfin l'on devrait, devant la grotte, réclamer non la guérison de ses maux, mais leur accroissement ; l'on devrait s'y offrir en expiation des péchés du monde, en holocauste !
>
> Lourdes serait donc, si l'on se plaçait à ce point de vue, le centre de la lâcheté humaine venue pour notifier à la Vierge le refus d'admettre l'« *adimpleo ea quæ desunt passionum Christi* » de saint Paul ; et l'on pourrait s'étonner alors que la Madone opérât des cures !

Puisant alors dans le « pauvre entendement » dévolu aux humains, l'apologiste de la souffrance n'est pas en peine pour offrir un assortiment d'explications consolantes aux infirmes qui quittent Lourdes sans avoir reçu la guérison espérée : c'est sans doute qu'ils n'étaient pas venus à Lourdes pour eux-mêmes, mais pour obtenir la guérison ou la conversion d'un proche, ou que leur guérison est partie remise, ou qu'ils y ont gagné un bénéfice spirituel invisible, ou que la poursuite de leurs souffrances va les préserver de péchés ultérieurs, etc. Bref, aux malades d'admettre qu'un non miracle est encore miraculeux.

Toutefois, si l'on comprend les efforts que Huysmans accomplit pour sauvegarder les assises de son monde intérieur, on le voit s'engager dans des conjectures et des questionnements théologiques aventureux, qui ne sont pas le moins pathétique de son livre. En réalité, le phénomène n'est pas nouveau chez l'auteur de *Là-bas*. Depuis longtemps le dogme de la Rédemption et le sens de la souffrance qui en découle lui inspirent une hypothèse audacieuse, attestée par une notation de son *Carnet vert* : « Peut-être qu'en autorisant les hommes à se venger sur son Fils, en le crucifiant, le Père voulut expier ses férocités bibliques, ses colères d'antan[2] ». Cette thèse, redoutable par sa radicalité, Huysmans s'en était alors défaussé sur le compte du diable, dans le dialogue intérieur qui l'opposait à Durtal dans *En route* :

> – Et cela te paraît juste que des générations innocentes réparent encore et toujours la faute du premier homme ?
> Et comme Durtal ne répliquait pas, la voix insinua doucement :
> – Cette loi est tellement inique qu'il semble que le Créateur en ait eu honte et que, pour se punir de sa férocité et ne pas se faire à jamais exécrer par sa créature, il ait voulu souffrir sur la croix, expier son crime, en la personne de son propre Fils !
> – Mais, s'écria Durtal exaspéré, Dieu n'a pu commettre un crime et se châtier ; si cela était, Jésus serait le rédempteur de son père et non le nôtre ; c'est fou[1] !

Mais Lourdes ravive les interrogations qui subsistent autour du Mal, lorsque le pèlerin se heurte à des cas qui l'ébranlent plus que d'autres, et pour lesquels l'option diabolique ne paraît plus lui suffire. Ainsi de la guérison partielle ou provisoire de certains malades, dont il surveille l'état de santé :

> Comment expliquer l'ironie de ce faux miracle, le mensonge de cette validité factice ? est-ce un piège tendu par le singe de Dieu, le coup renouvelé des fausses voyantes qu'il suscita du temps des apparitions de la Vierge à Bernadette, pour brouiller les cartes, pour jeter le doute sur la certitude des vrais miracles, ou est-ce autre chose, mais quoi alors ?
> Je confesse que cette histoire est celle qui m'a le plus stupéfié à Lourdes.

Confronté à une énigme de cette nature, il s'accroche à sa conviction que toute souffrance est l'expiation d'un crime, et échafaude un roman familial de l'au-delà, qu'il consigne dans son carnet de notes de 1904. Au principe de l'hérédité biologique, allégorisée par le « sang pourri » des Rougon-Macquart, qui dominait le naturalisme de ses années de jeunesse, il substitue, avec force *peut-être*, celui de l'héritage des péchés personnels, qui force les membres d'une même famille à expier les crimes commis par leurs ascendants. Huysmans se réfère-t-il, sur ce point, à Joseph de Maistre, qui soutenait cette thèse sous le nom de « *péché originel* du second ordre[2] », dans le IIe Entretien des *Soirées de Saint-Pétersbourg* ? Aucun document ne le prouve, mais l'usage singulier qu'il en fait permet d'en douter. Car, pour expliquer le caractère temporaire de la guérison miraculeuse d'un enfant, dont il observe l'état de santé depuis deux jours, il fait le décompte hypothétique des souffrances ancestrales qu'un arrêt, non moins hypothétique, du tribunal céleste, réuni pour statuer sur le cas de son aïeul coupable mais bien décidé à quitter le Purgatoire, aurait chargé son petit-fils innocent d'expier à sa place :

> Le gosse ds l'appareil ne pouvait guère être suggestionné – Il se lève, je le vois marcher, la plaie du dos est sèche ; le lendemain il est au plus mal ! !
> C'est très déroutant.
> Il faut toujours penser qu'une famille est responsable du haut en bas, que le petit hollandais, que la gangrenée tirent *peut-être* d'arrière-parents du purgatoire par leurs souffrances, que s'ils ne sont pas guéris, c'est parce que le compte n'y est point. [...] Une amélioration ne persistant pas – *peut-être* y a-t-il une consultation là-haut – de l'arrière-parent voulant à tout prix sortir de la géhenne et sacrifiant son descendant ? ? – alors qu'il avait d'abord consenti – ce qui justifiait le commencement du miracle[1].

Sans s'en expliquer, Huysmans a écarté des *Foules de Lourdes* cette affabulation tortueuse, qui ressemble, avouons-le, à une tentative désespérée de post-rationalisation par l'absurde. A-t-il craint de verser dans l'hétérodoxie, puisque l'Évangile ne semble pas connaître la culpabilité individuelle héréditaire ? A-t-il trouvé ce scénario par trop anthropomorphe ? Ou bien l'a-t-il jugé entaché par le souvenir de l'abbé Boullan[2] ? Toujours est-il que son besoin de trouver une raison présentable à ce qu'a d'inadmissible, pour un croyant sincère, la douleur d'un enfant, n'est pas apaisé et se reformule ailleurs en des termes plus radicaux.

Confronté au criant contraste entre l'ardeur des prières et l'infinie rareté, voire l'inexistence des guérisons, il s'interroge sur la dette de sang contractée par Jésus envers l'humanité qui l'a sauvé du massacre des Innocents et qu'il n'aurait, depuis lors, jamais entièrement acquittée[3]. Constat qui fait de la prière l'expression d'une revendication légitime, de la guérison un droit : « C'est une dette cela – une dette contractée par l'Enfant Jésus et que nous pouvons réclamer à l'Homme-Dieu, ici, où, plus que partout ailleurs, le sang déborde des lésions internes et des plaies ! » Or, si Huysmans s'est gardé d'énoncer dans son dernier livre les deux hypothèses précédentes, on sait, par une lettre inédite adressée à Léon Leclaire le 11 août 1906, qu'il tenait fort à celle-là, mais craignait de la voir censurée par l'Index : « je me demande s'ils [les catholiques] ne vont pas se lever en masse contre certain passage de mon Lourdes où il y a une exégèse, curieuse et toute nouvelle, sur le massacre des Innocents qui depuis longtemps me hante ! nous le verrons bien[1]. » À notre connaissance, cette thèse n'a déclenché, dans la critique catholique, ni censure, ni protestation.

Pour autant, il ne faudrait pas prendre *Les Foules de Lourdes* pour un traité de théologie, cette « science de l'orgueil humain » que Huysmans accuse de mettre « Dieu dans des petites boîtes avec défense d'en sortir[2]. » Car le motif de la souffrance humaine contribue, sur un autre plan, à transformer la chronique lourdaise en un grand livre d'art de lignée décadente. À Lourdes, Huysmans revisite les salles secrètes de son musée intérieur. Captivé avec toute son époque par les monstres, qu'ils prennent la forme de l'embryon enfermé dans le bocal du « Monstre pâle », des femmes colosses des *Sœurs Vatard* ou des amoureuses des estampes japonaises[3], Huysmans retrouve sa fascination devant la hideur humaine, inspiratrice d'incongruités descriptives et d'outrances verbales, dont témoigne ici, parmi bien d'autres, le portrait du paysan de Coutances :

> Il lui pend d'un trou informe et limoneux, qui fut jadis une bouche, une langue énorme. La peau molle et violette, comme enduite de gomme, qui la recouvre, semble morte, mais le dedans remue et vit. Les joues sont descendues avec leurs poils, mais le menton est où ? comment peut-il avaler ? et cependant il mâche sa viande, mais en cachette, car cette langue, pleine d'on ne sait quoi qui brandouille, dégoûte même les lupus !

Sous ce rapport, le défilé des malades examinés dans le service du Dr Boissarie, l'étalage des pauvres corps dévêtus qu'on plonge dans les piscines, la puanteur même dégagée par leurs plaies, offrent à l'écrivain son ultime tremplin d'art. Catherine Coquio le dit justement : les promenades de Huysmans dans le « musée d'horreurs » lourdais, ses visites de l'hôpital, salle par salle, ressemblent à celles du critique d'art d'autrefois, parcourant son Salon ; il n'y manque ni les références picturales ni les appréciations d'esthète[4]. Et quand, à la fin de son séjour, l'occasion de les décrire se raréfie, il ne cache pas son désappointement :

> Maintenant, les cas exorbitants, les figures de cauchemars comme celle du paysan de Coutances, les têtes de larves comme celle de cette femme dont l'œil était brandi, tel que celui d'une limace, au bout d'un tentacule, manquent. [...] À vivre ici, l'on finirait, ma parole, par se désintéresser complètement des affections courantes et ne plus s'exalter que devant des échappés de maladreries, devant des monstres.

Toutefois, la question reste débattue de savoir si Huysmans, pour parler de Lourdes, « aplatit en quelque sorte son style[1] », comme le pense Pierre Cogny, s'il écrit, selon Gaël Prigent, en un « style émondé[2] », ou bien s'il faut donner raison à François Angelier, pour qui « ce sont les mêmes mots qui dépeignent les stropiats de Lourdes et les tableaux de Gustave Moreau[3]. » Pressé par la maladie, Huysmans s'est peu exprimé sur cette question. On ne se fiera cependant pas à l'avis de Dom du Bourg, qui voit le chef d'œuvre de Huysmans dans « ce dernier-né, objet de ses prédilections : nulle part, malgré la vigoureuse personnalité dont il n'a su se défaire et qui était un merveilleux moyen d'atteindre le but proposé, ses qualités exceptionnelles de pensée et de style ne se sont épanouies plus admirablement[4] ». La liste des mots rares que l'écrivain, selon son usage, a établie en préparant son livre pour désigner les abjections morales et physiques, est peu éclairante car, si elle recèle des perles comme *vermineux*, *caroubleur de cloîtres*, *dégobillis* ou *putrilage*, il l'a fort peu exploitée[5]. Le seul document autographe à verser au dossier stylistique est la réponse qu'il adresse, le 26 juin 1906, à Mathilde Aigueperse, une romancière catholique écrivant pour les jeunes filles, qui s'était manifestement montrée critique :

> Ne vous inquiétez pas des répétitions. Le volume est, à cause même du sujet, fabriqué tout le temps avec les mêmes mots. La question est que, lu à la suite, il y ait, avec des cadences spéciales des phrases, un côté aigu et perforant dans les descriptions des lamentables foules.
>
> Il a fallu tout sacrifier à cela – Grotte, malades, souffrances, etc. Ça revient tout le temps – mais c'est inévitable. Et les mots, ici, et Lourdes – et le je, zut ! La question est que si il n'est pas raté, vous le consommiez furieusement d'une traite jusqu'au bout[6].

Du moins est-il certain qu'à Lourdes, où se concentrent « des maladies effroyables, des éléphantiasis, des lèpres, un vrai Moyen Âge, une Cour des Miracles[7] », la tératologie huysmansienne aura vidé ses tout derniers bocaux.

LA PRESSION AUTOBIOGRAPHIQUE

À quelque genre qu'il appartienne, quel qu'en soit le sujet, aucun texte de Huysmans n'est imperméable aux remontées mémorielles qui sourdent entre les lignes. Lourdes, qui lui a préparé de petits miracles intimes, imperceptibles à l'œil de ses lecteurs contemporains, n'y échappe pas. De même que le spectacle des aveugles attendant une guérison fait surgir à sa mémoire, dans une sorte d'éblouissement esthétique, le « tableau du vieux Breughel[1] », la piété populaire enclenche le dispositif qui lui permet de s'évader du présent et de revivre, l'espace d'un instant, dans le passé. Il suffit de peu de chose, d'un *Magnificat* bien chanté par exemple, pour permettre au pèlerin de « se croire ailleurs [...] pour quelques minutes ». Plus que le livre publié, c'est sa correspondance contemporaine qui révèle le rôle d'adjuvant imaginaire joué par les horreurs rassemblées à Lourdes : « je vois des choses bien curieuses, au bureau des constatations médicales où je suis installé avec les médecins – écrit-il à Prins. Des lupus, des lèpres, toutes les affections du Moyen Âge, sont ici[2] ». Il y retrouve même cette exacerbation des contraires que *Là-bas* jugeait propre au monde médiéval : « On vit dans un milieu sans proportions : l'extrême des douleurs et l'extrême des joies, c'est tout Lourdes. » De cet inappréciable instrument de voyage temporel, les religieuses du Carmel lui offrent une autre forme :

> je viens de passer la récréation avec les sœurs converses dont une filait le crin de cheval et une autre le tricotait pour fabriquer des haires. C'est tout un musée d'instruments de discipline, de ceintures à fils de fer, de fouets à lanières [...] qu'on arrange, ici, en devisant.
>
> Ça me met un peu loin de la vie moderne[3].

Car Huysmans rêve toujours de s'installer dans une atemporalité sacrée. Du sanctuaire, il attend qu'il le transporte vers un jadis soustrait au désastreux non-sens de l'histoire profane : « au lieu du glas que sonne l'avenir, j'écoute, ainsi qu'une douce protestation contre l'indicible panique des temps qui se préparent, l'heure dont les timbres sonnent, à la basilique, au-dessus de la grotte, sur quatre notes empruntées à la caresse chantée de la vieille prose de l'*Inviolata :* "Ô Benigna, ô Regina, ô Maria !" »

À ce pèlerinage en dehors des temps, contribue le foisonnement de références à la Bible et aux Évangiles, introduites par le récit des guérisons miraculeuses[1]. Telle guérison récente renouvelle les miracles effectués par Jésus, venu lui-même accomplir parmi les hommes les prophéties vétérotestamentaires. Ainsi s'efforce-t-il de prouver que les dates des apparitions de la Vierge à Bernadette, loin d'être livrées au hasard, correspondent à la scansion du temps liturgique, que les anciens sanctuaires pyrénéens dessinent autour de la grotte une couronne géographique. Lourdes est un dispositif imaginaire permettant de remonter le temps en direction des origines. Plus que dans l'insoluble débat sur les miracles, c'est là que réside l'objet de désaccord capital qui l'oppose à l'historicisme progressiste de Zola, tel qu'il s'exprime par la bouche de Pierre Froment dans la conclusion de *Lourdes* : « L'histoire ne retourne pas en arrière, l'humanité ne peut revenir à l'enfance [...]. Jamais plus la nation entière ne se prosternerait, comme l'ancienne nation croyante, dans les cathédrales du XIIe siècle, pareille à un troupeau docile sous les mains du Maître[2]. » Perspective désolante, intolérable pour Huysmans, dont elle ferait s'effondrer tout l'échafaudage imaginaire.

En-deçà de tout raisonnement, c'est la force de la piété populaire qui l'aide parfois à percevoir les échos des temps évangéliques. Le vrai miracle de Lourdes est celui de la charité en actes – même si l'écrivain résiste rarement, pour la décrire, au plaisir de l'opposer, dans la même phrase, au bigotisme qu'il déteste :

> Nulle part, je n'ai vu, avec des maux plus affreux, tant de charité, tant de bonne grâce. Lourdes est, au point de vue de la miséricorde humaine, une merveille ; l'on y constate mieux que partout ailleurs la mise en pratique des Évangiles et l'on y trouve des dévotes autres que celles qui sûrissent dans nos églises pour arranger leurs piètres affaires avec des statues à tirelires de Saints.

Surmontant sa défiance d'agoraphobe, il se laisse alors saisir par l'expression unanime de la foi. Observée le 8 septembre 1904 et décrite au chapitre X de son livre, la procession nocturne accomplit à cet égard un miracle esthétique : elle le rend sensible à la grandeur épique et à la poésie cosmique. Le symbole, réduit parfois dans *La Cathédrale* à un catalogue d'allégories livresques, s'enracine dans une émotion humaine véritable : « un autre symbole plus vivant et plus pénétrant s'impose, le symbole de la communion des âmes si lucidement exprimé par le mélange de ces flammes. / Vraiment, si l'on réfléchit, le spectacle de ces milliers de cierges en ignition est admirable ! » Les foules elles-mêmes, dont il fuit la présence, rachètent la médiocrité des individus qui les composent par la puissance de leurs oraisons conjointes. La laideur cocasse d'un curé de campagne se trouve transfigurée par la vigueur de ses prières : « Ce qu'il prie bien, ce pauvre vicaire de campagne ! et quel accent et quels yeux ! des yeux en feu et en eau, des brûlots qui flambent dans les larmes ! » Une telle piété, répète Huysmans pour contrebalancer la tapageuse modernité investissant le sanctuaire, « ramène aux préceptes des Évangiles » ; « À Lourdes, on assiste à un renouveau des Évangiles[1] ».

De toutes les figures évangéliques, c'est la Vierge qu'il privilégie. Bien avant Bernadette, Marie est le personnage le plus souvent cité du livre, son foyer affectif. « La Vierge seule existe ; dans les cantiques et dans les chants, il n'est question que d'Elle ». C'est dans ses pas qu'il a posé les siens en rappelant que « l'itinéraire de la Vierge en France, au XIXe siècle, a eu Paris comme point de départ – et après une étape à La Salette, dans les Alpes – comme point d'arrivée, Lourdes, dans les Pyrénées ». Parcours personnel auquel s'ajoutent Saint-Séverin, l'église de son baptême, et Notre-Dame des Victoires, l'un de ses lieux de prières favoris. Après *La Cathédrale*, *Les Foules de Lourdes* est donc un nouveau livre sur la Mère, à qui est dédiée la prière finale : « Lumière de bonté qui ne connaît pas les soirs, Havre des pleure-misère, Marie des compatissances, Mère des pitiés ! » Mais la solennité un peu maniérée de cet *explicit* répond-elle bien à l'image qu'elle offre dans le livre ? La Vierge de Lourdes a dépouillé la grandeur tragique de la Vierge des Sept-Douleurs peinte dans *L'Oblat*. Elle est faite d'humanité, d'humilité, de tendresse. Humanité lorsque Huysmans rappelle ses attaches en Orient, dont elle « affectionne [l]es populations qui furent, en somme, ses premières confidentes, ses plus anciennes amies » ; tendresse lorsqu'il décrit le travail attentif du cirier, qui fait le « petit ménage » de la grotte » ; humilité lorsqu'il s'étonne, en visitant le local des piscines, que ce soit « dans cet obscur réduit que la Vierge, devenue servante de bains, travaille ».

De toutes les Mères qu'aura priées Huysmans, celle de Lourdes est la plus humaine. En décrivant la statue de telle « petite Vierge qui se déhanchait un peu, en souriant, avec des yeux étonnés dans un visage ravi », le célibataire vieillissant, las de sa vie amoureuse désolante, se plaît à reconnaître la femme aimée qui lui fait fête, celle pour qui, la nuit, les « véritables amoureux [...] rôdent, éperdus, devant la grotte ». Figure de l'intimité heureuse pour ce promeneur sans foyer, elle lui donne, certain soir, « la vague impression qu'au lieu de rester debout, pour recevoir ses invités comme dans toutes les autres églises de la ville, Elle s'asseyait, ici, plus à l'aise, plus en famille, plus tranquille. C'était avec Elle une douce et longue causerie, dans le silence et l'ombre. » Enlaidir le visage aimé, ainsi que le font les artistes ratés, Huysmans le perçoit comme une agression personnelle et prend volontiers, pour la venger, d'étranges postures de chevalier servant. En même temps, l'amoureux exclusif laisse percer un dépit d'enfant frustré, lorsqu'il ne parvient pas à focaliser sur lui seul l'affection maternelle :

> Il me semble que je viens chez quelqu'un d'occupé et que je dérange ; je me rappelle l'ombre délicieuse de la crypte de Chartres, au petit jour, cette cave silencieuse où j'étais si bien auprès d'Elle. [...] à Chartres, l'on est seul avec Elle dans une chambre close et, ici, ce sont de banales audiences, en plein vent.

Dans l'un des carnets, il ajoute même, sur un ton pincé : « Ce n'est pas fait précisément pour les artistes, mais ce n'est pas eux sans doute que la Vierge a visés. [...] Ça devait être ainsi, puisque la Vierge est contente et fait des miracles[1]. » Ce qui est sûr, c'est que Lourdes ne répond qu'en partie à son attente. Il admet avec peine qu'elle puisse aimer ce sanctuaire « développé dans l'insalubre berceau de notre temps » et « le fétide relent des industries qui l'accablent ». Trente-sept mille pèlerins, cent quarante mille communions par mois, deux cents messes à l'heure : comme Jean-Paul Corsetti le notait déjà à propos de *Sainte Lydwine de Schiedam*, la mystique se compromet avec la promiscuité et les statistiques[2]. Sans doute ne se risque-t-il pas à écrire, avec le Baudelaire d'*Un cœur mis à nu*, que « l'être le plus prostitué, c'est l'être par excellence, c'est Dieu, puisqu'il est l'ami suprême pour chaque individu[3] ». Il choisit plutôt de conjurer la sourde menace de ce cosmopolitisme, en l'ennoblissant, à la fin du chapitre VIII, par l'image de la Vierge au grand manteau qui rassemble et protège, sans distinction, les hommes « de toutes classes, de tous pays, de tous rangs ».

Il est donc malaisé de mesurer l'influence que ses deux séjours à Lourdes ont eue sur lui, et de savoir s'ils ont conforté ou érodé sa foi. Est-il sûr, au moins, d'y avoir vu la Vierge à l'œuvre ? Les multiples lettres qu'il adresse à ses intimes, dont la teneur varie comme toujours selon les destinataires, en font douter. « Je ne suis pas fâché – écrit-il à Landry, le 21 septembre 1904 – de revenir et sans désir de jamais retourner en cette Kermesse de plaies et de cantiques. Ça ne gagne pas à être étudié de très près, car les vrais miracles sont extrêmement rares, et tout le reste, chanté par la presse, n'est que bluff[1]. » Même incertitude, le 7 octobre 1904, dans une lettre à Prins : « J'ai passé 3 semaines, 2 fois par jour, à l'hôpital et au bureau médical. Et je ne suis pas plus avancé qu'avant. On est dans l'inintelligible. Il y a miracle, c'est évident, mais bien souvent, il ne dure pas ; donc il est illusoire, dans ces cas-là. » Consigné dans le secret du *Carnet vert*, le bilan laconique qu'il dresse de l'année 1904 laisse à penser que le pèlerinage a aggravé sa perplexité : « voyage à Lourdes doutant de tout ».

Lorsqu'il passe à l'écriture, les lettres qu'il adresse à Léon Leclaire oscillent entre désintérêt et dégoût : « De loin, la face de Boissarie et autres pieuses gourdes m'apparaît comme celle de très cocasses fantoches, d'un intérêt quasi-nul[2]. » « À mesure que je revois Lourdes en l'écrivant, ça me semble dégueulasse en diable. Les Vierges blanches et bleues, sans croix, sans Enfant – tout ça c'est pas mon affaire[3] », lui confie-t-il encore le 25 juin 1905. Au-delà de ces réactions d'humeur, qu'il se plaît à aggraver par la trivialité calculée que ses amis attendaient de lui, l'écrivain découvre que l'éthique du reportage, qu'il ne songe pas à renier, entre en conflit avec l'autocensure que l'Église l'oblige à pratiquer sur un sujet d'une extrême conflictualité. Si solidement documenté que soit son livre, Huysmans met donc ses amis prêtres en garde : « la vérité ? elle est bien gazée pourtant, dans ce livre, en ce qui concerne les mœurs de Lourdes ; cette ville a comme envers un fumier qui serait une peste pour l'Église si on le remuait[4]. »

Reconnaissons donc, avec Pierre Cogny, que Huysmans a assagi, en rédigeant son livre, les colères qui parcourent sa correspondance. Mais hésitons à y voir « un profond respect à l'égard des formes de religion qui le touchaient le moins[5] » et, plus encore, à affirmer qu'il « parvient à l'objectivité en dosant les outrances[6] ». A-t-on jamais vu Huysmans objectif ? Aucun de ses livres, qu'il porte sur la Vierge ou sur quelque autre sujet, n'a eu pour vocation d'être objectif. *La Cathédrale* ne l'était pas, et c'est pourquoi, dans ses meilleures pages, ce livre était soulevé par un véritable lyrisme. Car, s'il est vrai que *Les Foules de Lourdes* constitue un livre de prière adressé à la Mère, cette Mère diffère grandement de la Vierge noire de Notre-Dame de Chartres ou de celle de la Salette. Telle qu'elle s'est montrée à Bernadette, telle que l'a figurée le sculpteur Fabish, cette Mère n'est pas *la* mère : trop jeune, trop mièvre, sans enfant, sans souffrances.

Cette fadeur sans attrait n'a cependant pas empêché l'ambivalence des figures féminines huysmansiennes de resurgir à Lourdes. Il faut en effet garder à l'esprit que, quand il s'est mis à écrire son livre, Huysmans venait tout juste de publier *Trois Primitifs*, son dernier recueil de critique d'art : en disposant en diptyque la Vierge du maître de Flémalle et la Florentine du musée de Francfort, en qui il reconnaissait « les deux antipodes de l'âme, les deux contre-parties de la mystique, les deux extrêmes de la peinture, le ciel et l'enfer de l'art[1] », il avait renoué avec une image duelle de la féminité, à la fois maternelle et redoutable, tendre et maléfique, expulsée de son œuvre depuis *En route*. Cette rechute fantasmatique, à laquelle n'est peut-être pas étranger le réveil du désir provoqué chez lui par les femmes amoureuses qui l'ont assiégé, a constitué pour l'auteur de *Trois Primitifs* une revitalisation esthétique, mais n'avait guère sa place dans un récit de pèlerinage pieux[2].

C'est dans son premier carnet de notes qu'il faut rechercher la coalescence de ces deux figures adverses, qui prend aux yeux de Huysmans une signification surnaturelle. La figure féminine duelle y apparaît scindée entre une mère et sa fille. La mère, qui l'avait poursuivi de ses désirs, est la comtesse Soledad Galoez de Pedreño, surnommée par lui la Sol : à l'en croire, cette femme, était dotée à la fois d'« une volonté de fer qui n'a d'égale que sa haine de Dieu[3] » et d'« un cratère bien mal placé ». « Ça lui cuit[4] ! », expliquait Huysmans, qui lui prêtait, en 1898, le dessein satanique de l'empêcher de faire son salut. Or c'est sa fille, « cette créature si parfaitement innocente, si pieuse, sortie de la Sol qui lui lisait du Voltaire, pour essayer de la convertir à rebours », qu'il rencontre au Carmel de Lourdes, où elle s'est faite religieuse, avec une dévotion spéciale pour « Notre-Dame des Sept-Douleurs et la Passion ». Dès le 7 mars 1903, lendemain de son arrivée à Lourdes, il lui rend visite et note, le dimanche 8 mars :

> Hier – au Carmel. – J'ai chassé la mère et je suis reçu par la fille. Derrière la grille, le volet s'ouvre et près d'une statue noire, tête enveloppée d'un voile, une apparition blanche, avec son voile, la petite ; c'est la mère qui s'avance, souriante, gracieuse et candide. [...] Elle est séraphique – Elle est candide et c'est une bien belle âme, me dit la prieure. La pauvre se macère, pleure pour sa mère dont elle demande la conversion[5].

Le 11 mars, il rapporte l'événement de façon plus circonstanciée à Georges Landry, qui avait suivi les péripéties de cette affaire érotico-satanique, en recourant à la célèbre formule de *L'Éducation sentimentale* :

> Il m'est arrivé au Carmel une surprise bizarre. Sans savoir au juste ce qui s'était passé avec la C^esse^ de Galoez, ma terrible espagnole, la prieure pensa que je serais content de voir la petite Térèse de Jésus, sa fille, novice au Carmel – et l'on ouvrit les volets derrière la grille. Ce fut comme une apparition de la mère, mais devenue angélique et toute jeune. Elle s'assit avec sa corbeille d'ouvrages, avec la maîtresse des novices, immobile comme une statue noire, avec son voile qui lui couvrait tout le visage ; et cette petite me dit d'assez étranges choses. C'est une âme extraordinaire, disait la prieure. Quand elle parle de sa mère, elle pleure et elle ne sait rien pourtant ! Enfin après avoir chassé de chez moi la mère, j'ai été reçu par la fille, dont la candeur est, en effet, extraordinaire.
>
> Ste Thérèse a repris sa dernière descendante et l'on ne peut comprendre que par des grâces inouïes la joie rayonnante de ce petit être vivant, seule jeune, au milieu de vieilles religieuses[1].

De cette métamorphose de mère en fille, qui reproduit de façon accélérée celle qu'a accomplie, non sans efforts, l'écriture littéraire, il fait un nouveau récit, le lendemain, à l'adresse de Jean de Caldain :

> La prieure, sans être au courant des histoires qui me survinrent jadis avec la mère, savait que je m'intéressais à la petite novice, dont vous avez vu la photo chez moi. Et, au parloir, elle a fait ouvrir les volets et j'ai eu une bien singulière impression.
>
> Quand la petite est entrée, en forme blanche, j'ai vu la mère à laquelle elle ressemble tant, toute jeune et angélisée. C'est une âme d'une candeur et d'une piété extraordinaire que celle de cet [*sic*] enfant. Elle m'a dit certaines choses pour moi, assez étranges, m'affirmant sur un ton singulièrement résolu, que j'aurais beaucoup de grâces à Lourdes et insistant sur ce que je devais donner beaucoup de gloire à la Vierge d'ici[2].

Au prix des souffrances expiatoires qu'elle subira sa vie durant, la future carmélite rachète la femme démoniaque qu'était sa mère. Mieux encore, afin de mieux réparer les préjudices que cette dernière lui avait causés, elle se fait la « prieuse » attitrée de Huysmans[3]. Rempli d'admiration, ce dernier, toujours épris de manifestations extraordinaires, n'hésite pas à lui prêter des pouvoirs surnaturels – financiers et administratifs, en l'occurrence : « Quand il n'y a plus un sou, en danger, elle se jette sur une statue de Ste Térèse et obtient, le lendemain, les 20 000 f. des Irlandaises. Pr le départ d'Écosse, sur St Élie et l'obédience refusée de l'Évêque, changeant subitement d'avis, arrive[1]. » Se recompose ainsi, pour la toute dernière fois, le diptyque ambivalent de la prostituée et de la sainte[2] et – signe du Salut toujours possible – le renversement de l'une dans l'autre. Comme l'écrit pertinemment François Angelier, « La goule et la nonne, la "Sol" et sa fille : deux autres "faces" de Lourdes[3] ». À peine reste-t-il, dans *Les Foules de Lourdes*, une allusion énigmatique à cet événement secret, lorsque le pèlerin évoque, au chapitre X, l'« amer reproche des égarements oubliés » qu'il ressent à chacune de ses visites au Carmel.

En revanche, le scénario imaginaire qui le sous-tend y est épaulé par l'histoire du sanctuaire, qui raconte comment, sur d'autres plans, la pureté salvatrice a triomphé de l'infestation diabolique. Au chapitre IX, Huysmans, après avoir lu le livre sulfureux d'un évêque, Mgr Goursat, s'attarde sur plusieurs mythes préchrétiens qui font de la grotte de Lourdes un lieu voué depuis toujours à Satan. Il rappelle qu'elle a abrité, selon les archéologues, des actes de cannibalisme, et que le mystérieux bloc de granit qu'on y a trouvé a pu servir à des sacrifices humains. Mais les preuves scientifiques intéressent moins le pèlerin que les légendes liées aux cultes archaïques. Ce qui lui importe, c'est que « cette pierre aurait été spécialement dédiée à Vénus Astarté, [...] l'infâme démon, la cruelle déesse de la Volupté » et que « l'Immaculée Conception serait apparue à Lourdes, pour chasser de la grotte le culte de ce péché d'origine dont Elle fut exempte » ; c'est aussi qu'une ville ayant connu le châtiment que le Ciel avait infligé à Sodome se serait élevée, jadis, à l'emplacement même de Lourdes. Il est vrai que Huysmans traite ces récits de « racontars », mais n'en conclut pas moins qu'il « y a présentement [...] assez de preuves que le diabolisme sévit, sous des aspects divers, à Lourdes, pour qu'il ne soit pas besoin de s'assurer du plus ou du moins de véracité des fictions ». S'il met tant de bonne volonté à juger celles-ci crédibles, c'est qu'elles corroborent le fantasme ravivé par l'épisode du Carmel, celui de la pureté venant laver une souillure antérieure. Souvenirs d'une équipée amoureuse personnelle, éléments du légendaire local, mythe biblique de Marie venue se substituer à la première pécheresse, sur lequel Huysmans achève son livre : ces trois récits narrent la même histoire de lustration. Par sa vocation réparatrice, la fille de la Sol purifie et sauve sa mère diabolisée ; la Vierge a choisi d'apparaître à Lourdes pour en chasser Satan ; la Vierge Marie est apparue comme « la remplaçante de la Vierge folle, de la pauvre Ève », dont elle assure le rachat. Ainsi Huysmans donne-t-il à ce livre décousu une cohésion secrète, unifiée autour d'une fantasmatique personnelle.

Ce livre singulier recèle d'autres préoccupations intimes. Le familier de Huysmans y reconnaît, discontinus, épars, les éléments d'une sorte d'autobiographie confidentielle, qui se rassemblent dans le dernier chapitre. Dans le portrait des agnostiques résistant au besoin de croire, hésitant par orgueil à « avouer qu'ils s'étaient trompés » de peur de « servir de risée à leurs amis », il retrouve les tergiversations de Durtal que l'amour-propre empêche, dans *En route*, de s'agenouiller dans une église, et que l'obligation de renoncer au plaisir sexuel éloigne de la confession préalable. Dans telle réflexion désabusée sur l'usage thérapeutique de l'électricité, il se rappelle le traitement du professeur d'Arsonval qu'il subissait en écrivant cette page. Non seulement l'écrivain partage les souffrances des malades qu'il a observés, mais son livre, en prenant un caractère testamentaire, est une sorte de salut adressé à son public par un écrivain qui sait sa mort proche.

Plus secrètement encore, car le texte publié n'en porte pas témoignage, il semble que Huysmans ait écrit certaines pages comme des fragments de sa propre hagiographie. Non qu'il se prît pour un saint, il s'en faut de beaucoup, mais parce qu'il se savait l'acteur d'une pièce dont le grand Dramaturge était l'auteur. Rien de ce qui environne l'écriture de ce livre qu'il ne voulait pas écrire n'échappe, à l'en croire, au surnaturel. Chaque épisode de son histoire, il le rappelle à la fin de son livre, lui fournit une preuve de l'immense belligérance qui gouverne le monde, dans son ensemble comme dans chacun de ses détails :

> Nous sommes dans l'obscurité, nous sentons vaguement en nous et au-dessus de nous des luttes qui toujours se recommencent et s'achèvent. La partie se joue à trois, entre Dieu, le démon et l'homme ; mais l'un des trois, l'homme, ignore la suite de cette partie dont il est lui-même l'enjeu.

C'est là que réside la raison d'être du cancer de la mâchoire dont il souffre : « on n'a pas écrit sur la Douleur, comme je l'ai fait, sans écoper. *Ste Lydwine*, *Lourdes*, je les paie – sapristi[1] ! » – écrit-il à Leclaire, le jour de Noël 1906.

Le travail de l'écrivain s'inscrit ainsi lui-même dans le surnaturel. Écrire *Les Foules de Lourdes* ravive une idée qu'il avait acquise en 1890 auprès de l'ex-abbé Boullan : celui-ci l'avait convaincu que les satanistes, et donc Satan en personne, lisaient les pages de *Là-bas* en cours de rédaction et menaçaient de le punir de son hostilité à leur égard[1]. Quinze ans plus tard, il est persuadé que la Vierge, irritée par les phrases qu'elle lit par-dessus son épaule à mesure qu'il les écrit, le punit d'un surcroît de douleur. Placée sous la surveillance de cette assistante surnaturelle, chaque phrase peut provoquer, pour peu qu'elle dérape vers le doute ou l'irrespect, une sanction immédiate, interprétable, ainsi que toute douleur, comme la preuve d'une amoureuse attention. C'est du moins ce que Myriam Harry – dont le témoignage, on le sait, doit être pris avec prudence, mais ne trahit nullement la logique imaginaire huysmansienne – raconte dans *Trois Ombres* :

> Ses douleurs l'accablaient ou le quittaient de façon subite et étrange. Il avait remarqué qu'elles coïncidaient avec les pages qu'il écrivait, se ralentissaient quand elles narraient des guérisons, le terrassant quand il doutait des miracles…
>
> – Je ne sais, il me semble que la Vierge m'en veut, et pourtant elle sait que je ne puis écrire contre mon sentiment. […]
>
> Elle ne le guérirait que si, repentant, il lui promettait de les retoucher. De cela il était certain, mais pas encore de sa contrition[2].

La Vierge de Lourdes constitue ainsi une instance d'autocensure intériorisée, une sorte de surmoi littéraire auquel il faudrait attribuer, si l'on prend l'écrivain à la lettre, la suppression, sur le manuscrit, des passages que nous avons relevés en bas de page.

Du même coup, Huysmans se présente auprès de ses intimes à la fois comme une victime expiatoire et comme un miraculé. Victime lorsqu'il raconte à Mme Huc que l'obligation où il se trouve de « se faire arracher presque toutes les dents […] est la récompense du livre de "Lourdes"[3] ». Miraculé, à l'instar de son prédécesseur Henri Lasserre, qu'il méprisait fort, quand la guérison de son zona, survenue subitement le jour de Pâques, prend place, insigne privilège, dans les desseins et les agendas secrets de la Providence. Dans la nature de sa maladie qu'il juge extraordinaire, il décèle une volonté divine qui l'aide à mourir :

> je suis devenu un espalier de maux tout à fait étranges, qui déconcertent même les plus forts. À un point de vue, ça vaut mieux – car c'est tout à fait alors du travail de Là Haut. Et il n'y a plus qu'à s'incliner et à attendre qu'on vous en délivre, avec ou sans l'aide des bistouris[4].

On ne s'étonnera donc pas que Huysmans, qui dotait son dernier livre d'un statut aussi singulier, l'ait offert à celle en qui il voyait à la fois son inspiratrice, sa collaboratrice et sa destinataire, et ait prié Marguerite Leclaire, par une lettre datée du 10 septembre 1906, d'aller en déposer un exemplaire dans le reliquaire de la grotte[1].

TROUVER UN TITRE

Quant au titre de ce livre, qu'il faut bien examiner, sa genèse reste en partie énigmatique. Que ce choix ait embarrassé Huysmans, on le devine grâce à un document manuscrit sans date, recueilli par Pierre Lambert[2]. Les sept titres différents qu'il a d'abord essayés révèlent son hésitation quant à la dominante sémantique qu'il comptait afficher, mais confirment une première évidence : aucun de ces titres ne nommant Bernadette, l'auteur de *Sainte Lydwine de Schiedam* n'avait nullement l'intention de présenter son livre comme une nouvelle hagiographie[3].

Si l'on se fie à la nature du crayon utilisé, il a mené cette recherche en deux phases successives. Dans la première, où il écrit à la mine de plomb, il a noté quatre titres : *Son fief*; *Chez Elle*; *À Lourdes*; *Vues de Lourdes.* Chacun d'eux possède un sème commun de spatialité désignant le lieu des apparitions de la Vierge Marie. Dans les deux premiers, toutefois, Huysmans s'est appliqué à définir ce lieu de manière implicite et indirecte, en recourant à des déterminants, *Son* et *Elle*, dépourvus de référent. Sans doute a-t-il disposé des indices d'interprétation : le mot *fief* renvoie confusément à une sorte de droit anhistorique, la majuscule de *Elle*, telle une auréole graphique, au privilège d'une suprahumanité. Mais c'est aux lecteurs de comprendre l'ellipse sémantique qui transforme ces deux titres en une sorte de devinette. Huysmans a-t-il douté de leur capacité à le faire ? C'est possible, car les deux essais suivants, renonçant à l'énoncé allusif, explicitent le toponyme masqué, *Lourdes*, – au double prix, cependant, d'une navrante platitude stylistique et d'un déficit sémantique plus grave encore, puisqu'ils effacent toute référence à la Vierge.

Probablement insatisfait, l'écrivain a poursuivi sa recherche en testant trois autres titres, notés cette fois au crayon de couleur bleu :

Le Pardon des Pyrénées ; *La Parthénie de Lourdes* ; *Ave*[1]. Manifestement, les deux premières tentatives visent à maintenir en coprésence la mention de la Vierge et le lieu de ses apparitions. Toutefois, si la première formule introduit, avec le mot *Pardon*, une dimension religieuse absente jusque-là, elle dissout le toponyme *Lourdes* dans un hypéronyme plus vaste (*les Pyrénées*) qui en obscurcit le sens. L'essai suivant en revient donc, une nouvelle fois, à une localisation géographique explicite, qui a l'inconvénient de désigner la Vierge par une appellation étymologique (la *Parthénie*, du grec *parthenos*, vierge), à la fois inusitée dans le catholicisme[2] et inintelligible pour les non hellénistes. Double inconvénient, qui aboutit à une ultime tentative, la plus concise de toutes : *Ave*. Mais ce titre est encore moins dénotatif du fait qu'il élude, en escamotant le *Maria* attendu, la destinataire de cette salutation – titre d'un cantique dont Huysmans, de surcroît, a moqué « l'obsédante importunité » dans le cours de son livre.

Sans que l'on puisse assurer qu'il s'agit de la même phase de recherche, Huysmans s'applique également à trouver une épigraphe, pour laquelle le latin, langue de l'Église, lui paraît s'imposer. Dans les quatre citations qu'il sélectionne, son idée, semble-t-il, est moins d'exposer l'objet du livre, tâche assumée par le titre, que de préciser les motifs de l'acte d'écriture lui-même. Ses deux premiers choix s'inscrivent dans le champ lexical du surnaturel et du miracle, mais suivent des pistes distinctes et complémentaires. Il songe d'abord à une citation tirée de la deuxième *Épitre de saint Paul aux Corinthiens*, II, 14 : « *Animalis homo non percipit ea, quae sunt Spiritus Dei. Similitia est illi, et non potest intellegere, quia spiritualiter examinatur* ». Assurer que « l'homme animal ne perçoit pas les choses de l'Esprit de Dieu, car elles sont une folie pour lui, et il ne peut les connaître parce que c'est par l'Esprit qu'on en juge », invite la raison humaine à s'incliner devant ce qui la dépasse infiniment, ce qui pourrait viser l'erreur commise par son prédécesseur Zola. Plus concis et aussi plus confiant, son second choix, emprunté au Psaume 74, confie à l'homme, et d'abord à l'écrivain, la tâche de répandre les preuves de la grandeur de Dieu : « *Narrabimus mirabilia tua* » (« Nous raconterons vos merveilles »). Écrire un livre sur le sanctuaire assigne donc à l'écrivain deux missions entre lesquelles il semble avoir oscillé : l'une, polémique, l'engage à dénoncer l'orgueil aveugle du rationalisme, l'autre, apologétique, à diffuser la croyance dans le miracle.

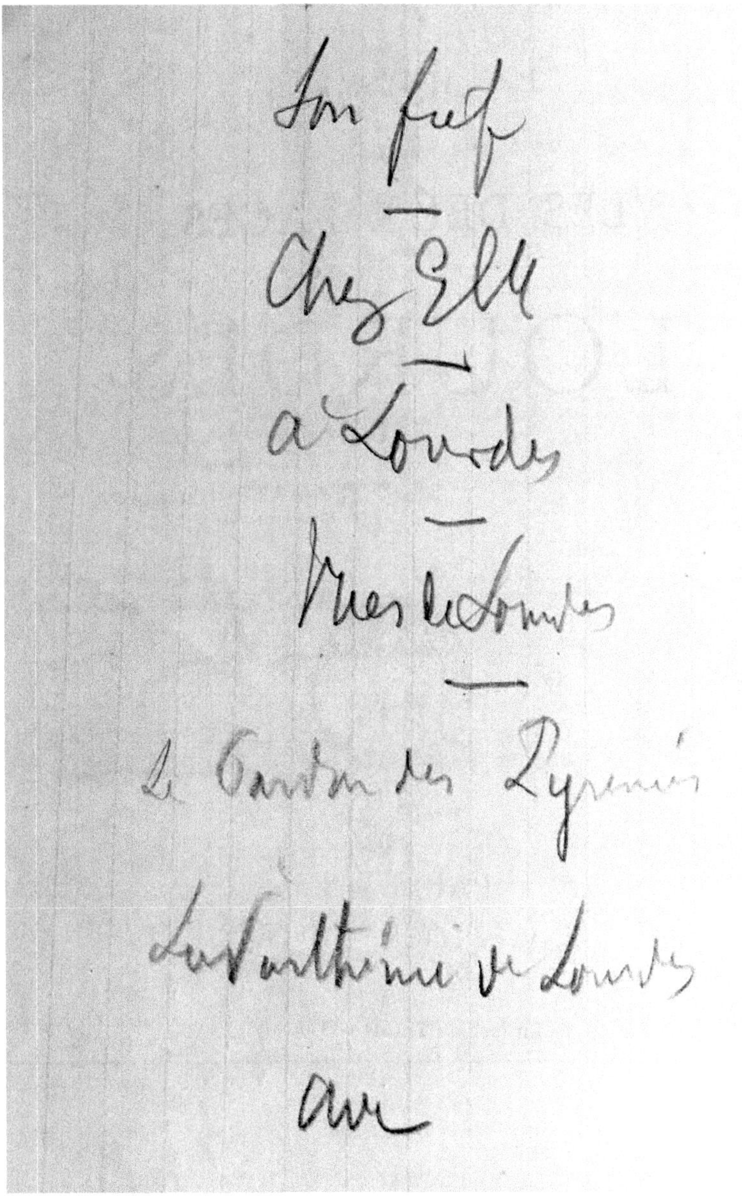

FIG. 1 – Essais de titres pour *Les Foules de Lourdes*,
Bibliothèque de l'Arsenal, Ms Lambert 42, f° 23.

J.-K. HUYSMANS

LES DEUX FACES DE LOURDES

Homo fragilis et cinis cineris et putredo putretudinis, dic et scribe quod vides et audis.

(Sæ Hildegardis, Liber Scivias)

PARIS. – Ier

P.-V. STOCK, ÉDITEUR

(Ancienne Librairie Tresse et Stock)

155, rue Saint-Honoré,

En face du Théâtre-Français

1905

FIG. 2 – Page de titre des *Deux Faces de Lourdes*, ouvrage tiré à 10 exemplaires par Stock en 1905. Bibliothèque de l'Arsenal, Ms Lambert 32.

Aucun de ces essais n'ayant été retenu, Huysmans s'est arrêté ensuite sur un titre, *Les Deux Faces de Lourdes*, sous lequel l'imprimeur dijonnais Darantière a tiré les premières épreuves du livre, pour une publication fixée à l'automne 1905. De ce tirage partiel, subsistent les p. 5 à 76, datées de la main de Huysmans du 30 septembre et du 2 octobre 1905[1], mais dépourvues de corrections. Il existe même une dizaine d'exemplaires du livre publié sous ce titre par Stock en 1905. La maladie le contraignant alors d'abandonner son travail jusqu'au printemps suivant, on ignore la date précise à laquelle il a écarté ce titre pour lui préférer *Les Foules de Lourdes*. Seule information : il annonce à Stock, son éditeur, vers le 17 avril 1906 : « J'ai retrouvé mes yeux, si bien que le volume retapé est prêt. [...] le titre définitif est *Les Foules de Lourdes*[2]. »

Or l'intitulé longtemps retenu, *Les Deux Faces de Lourdes*, possédait une grande densité sémantique. La dualité qu'il mettait en exergue, on pouvait l'attribuer, comme l'a fait Pierre Cogny, à l'opposition entre le Lourdes hivernal désert et le Lourdes estival des pèlerinages, entre la pureté du sanctuaire marial et les souillures qu'y apportait le démon, ou encore entre l'explication matérialiste du miracle défendue par Zola et celle du catholique Huysmans[3]. Plus encore, cette richesse était en intime adéquation avec le principe oxymorique qui régit, à de multiples niveaux, la vision huysmansienne du monde. C'est cette dualité qui, sous le rapport métaphysique, met aux prises la Vierge Marie et Satan, le Bien et le Mal, la beauté et la laideur ; au plan humain, c'est elle qui oppose la figure diabolique de « la Sol » et celle de la carmélite salvatrice qu'est devenue sa fille, la piété de certains fidèles et la vulgarité de beaucoup d'autres, le Lourdes intime et désert des mois d'hiver et le Lourdes des grands pèlerinages d'été ; c'est elle, toujours, qui fait de l'Hôpital des Sept-Douleurs « un enfer corporel et un paradis d'âme », et qui conduit le pèlerin, alors qu'il s'apprête à quitter Lourdes, à conclure que « les impressions que l'on emporte sont de deux sortes et elles sont hostiles, l'une à l'autre, inconciliables. » C'est l'esprit dans lequel, en 1905, il avait rédigé, et Stock imprimé le prière d'insérer de son livre :

> L'éditeur Stock met en vente un nouvel ouvrage de M. J.-K. Huysmans, intitulé : LES FOULES DE LOURDES.
>
> Dans ce volume, J.-K. Huysmans a décrit la vie des grands pèlerinages internationaux de passage dans cette ville, la face de kermesse et d'hospice de ces foules de malades en agonie et de pèlerins en fête ; et aussi la face divine

> de ce sanctuaire, avec ses antécédents, les itinéraires que la Vierge suivit, en France, à notre époque, avant de venir s'y fixer, les miracles qu'Elle y opère.
>
> Ce livre est comme une mise au point des opinions si diverses qui ont cours, dans tous les camps, sur cette ville unique[1].

Huysmans n'a pas fourni les raisons de ce changement tardif de titre. Il a donc livré ses lecteurs au jeu des supputations – sans qu'aucun rasoir d'Ockham leur permette d'en réduire le nombre. En préférant *Les Foules de Lourdes* aux *Deux Faces de Lourdes*, a-t-il adopté un titre offrant une qualité rythmique et musicale supérieure ? Le bénéfice est réel, certes, mais, outre que le sémantisme, si l'on en croit Naomi Schor, s'appauvrit jusqu'au pléonasme[2], c'est accorder à cette préoccupation phonique un rôle qui n'a jamais été déterminant dans sa titrologie. A-t-il prétendu réécrire le *Lourdes* de Zola en rivalisant avec lui dans la description des foules ? Idée improbable parce que Huysmans reconnaissait, avec la majorité de ses contemporains, la supériorité de son prédécesseur en ce domaine et lui laissait ce Lourdes-là en apanage. De même, s'il avait choisi de montrer que la foi des pèlerins modernes, affluant à Lourdes par trains entiers, égalait celle des chrétiens du Moyen Âge, qui cheminaient des semaines vers leurs sanctuaires, aurait-il écrit que « les fêtes liturgiques de Lourdes ressemblent aux fêtes civiques du 14 juillet » et comparé les pèlerinages à « une gigantesque fête de Neuilly » ?

A-t-il plutôt décidé d'atténuer ce que la formule duelle initialement retenue pouvait avoir d'inquiétant aux yeux des lecteurs catholiques, accoutumés pour la plupart à l'onctuosité des livres de piété et désireux de lire un pur dithyrambe ? L'hypothèse prend un peu de corps si l'on observe que le changement d'épigraphe accompagnant le nouveau titre atténue la morbidité des nosographies au bénéfice de la promesse de guérison. Tandis que la première lançait à l'humanité une injonction accablante empruntée à Sainte Hildegarde : « *Homo fragilis et cinis cineris et putredo putretudinis, dic et scribe quod vides et audis* » (« Ô homme périssable, cendre de la cendre et pourriture de la pourriture, dis et écris ce que tu vois et entends. »), celle qui l'a remplacée a l'avantage de faire référence aux foules suivant Jésus et d'offrir une parole d'espérance tirée de l'*Évangile de saint Matthieu* : « *Et secutae sunt eum turbae multae et curavit eos, ibi*[3] » (« Et des foules nombreuses le suivirent, et là il les guérit. »). Pour autant, tenir cette hypothèse pour acquise reviendrait à prêter à ce polémiste-né une volonté d'apaisement que ni le livre, ni l'auteur, qui annonçait dans le quotidien catholique *La Liberté* « un Lourdes exact, [...] révélant aussi bien les vilains que les très beaux côtés[1] », ne confirment. Car le principe esthétique de Huysmans, à cet égard, n'a pas varié depuis le 18 mars 1877, alors qu'il écrivait dans « Émile Zola et *L'Assommoir* » : « Pustules vertes ou chairs roses, peu nous importe [...]. La société a deux faces : nous montrons ces deux faces, nous nous servons de toutes les couleurs de la palette, du noir comme du bleu[2] ».

Dans l'ignorance des raisons de ce choix, constatons du moins que le titre définitif restreint la polysémie de l'intitulé initial et décentre la signification du livre, en n'affichant plus son ambivalence. L'accent porte moins sur les émotions conflictuelles qui ont mis à rude épreuve sa piété et ses inclinations esthétiques, que sur les cohues tapageuses d'une religion mercantilisée, qui lui a inspiré de la défiance, voire de la répulsion. Pour sa part, le lecteur est invité à retenir que la Vierge a perdu la place centrale qui lui réservaient les premiers titres ; que Huysmans, agoraphobe comme l'était déjà des Esseintes, a évité de se mêler aux multitudes qui dissolvent son élitisme d'artiste ; que, mal à l'aise dans un milieu cosmopolite, il s'est replié dans les lieux solitaires et silencieux ; que, chrétien enquêtant sur les miracles, il a découvert que ceux-ci n'ont besoin ni des piscines, ni de la prière collective, et qu'ils se passent bien souvent loin de Lourdes. Les foules, il les a observées de loin, ou de haut, dans une posture de spectateur. Et lorsque le spectacle a fini par le lasser, il a décampé. Ainsi que le font depuis toujours ses personnages, il a repris le train pour Paris. Rien de tel, au fond, qu'un séjour à Lourdes pour demeurer « inchangé[3] ».

LES FOULES DE LOURDES

Et secutae sunt eum turbae multae,
et curavit eos, ibi[1].
Saint Matthieu, XIX, 2.

Mon intention n'est pas de narrer, par le menu, l'histoire de Bernadette et de Lourdes. Des centaines de volumes ont paru qui la racontent ; elle est, on peut le dire, rabâchée par les écrivains de tous les camps, efflanquée par les redites. Je veux simplement, pour aider à la compréhension des croquis et des notes dont se compose ce livre[1]*, rappeler brièvement les apparitions de la Vierge dans la grotte de Massabielle, située, sur les bords de la rivière du Gave, au couchant de Lourdes*[2]*.*

En l'an 1858, la Vierge apparut dix-huit fois – du jeudi 11 février au vendredi 16 juillet – dans cette grotte, à une petite fille de quatorze ans, l'aînée de six enfants du meunier François Soubirous, à Bernadette.

Bernadette la vit, en une sorte de buée lumineuse, debout, dans une crevasse, en forme d'ogive, ouverte dans le haut du roc ; elle avait l'apparence d'une jeune fille de seize ou dix-sept ans, de taille moyenne, plutôt petite, très jolie, avec une voix douce et des yeux bleus. Elle était vêtue d'une robe blanche serrée à la ceinture par une écharpe bleu de ciel qui tombait en deux pans jusqu'aux pieds nus, coupés à la naissance des doigts par le bas de la robe, et ces doigts étaient fleuris d'une rose jaune, tout en feu. La tête était couverte d'un voile et les mains tenaient un chapelet dont les grains blancs étaient enfilés dans une chaînette d'or[3]*.*

En ses diverses apparitions, Elle s'exprima dans le patois de Lourdes et dit à l'enfant :

– Voulez-vous me faire la grâce de venir, ici, pendant quinze jours ? Je ne vous promets pas de vous rendre heureuse dans ce monde, mais dans l'autre ; je désire qu'il vienne du monde. – Vous prierez Dieu pour les pécheurs. – Pénitence, pénitence, pénitence ! – Vous irez dire aux prêtres de bâtir ici une chapelle. – Je veux qu'on y vienne en procession. – Allez boire à la fontaine et vous y laver. Allez manger de l'herbe que vous trouverez là. – Je suis l'Immaculée Conception, je désire une chapelle, ici[4]*.*

Elle révéla, en outre, à Bernadette, une formule spéciale de prière et trois secrets personnels qui ne furent jamais divulgués[5]*.*

Ajoutons que la Vierge n'a pas créé, au moment où Elle parlait, cette source qui fuse de la grotte ; elle existait depuis longtemps, mais était invisible et coulait, sans que personne le sût, sous les sables, avant que d'aller se perdre sans doute dans le cours du Gave. La Vierge s'est donc bornée à désigner l'endroit à la petite qui, sur ses indications, gratta le sol et l'en fit jaillir.

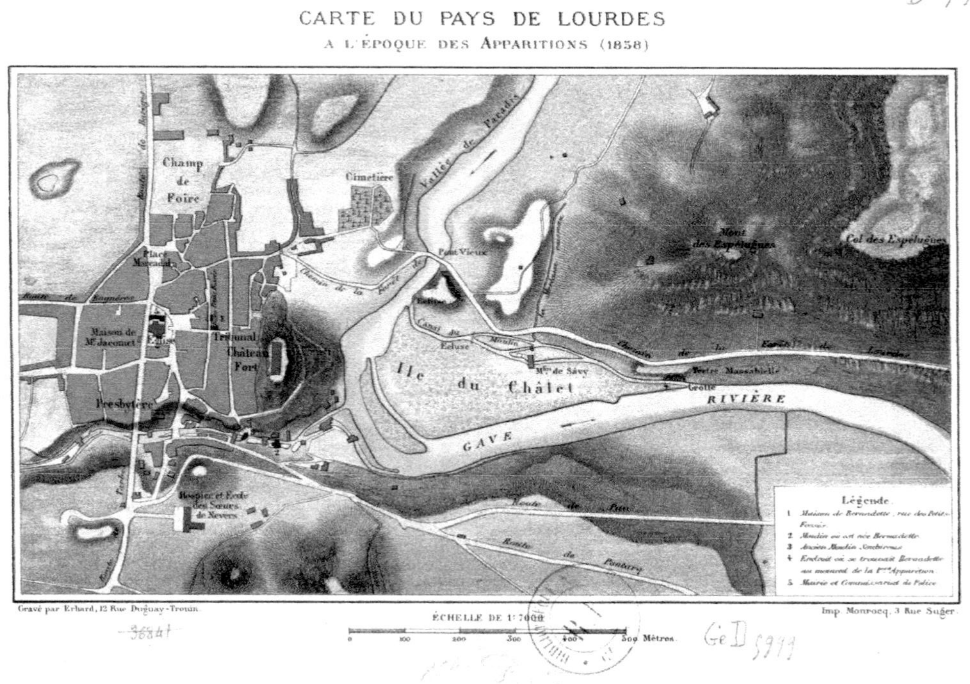

FIG. 3 – *Carte du pays de Lourdes* à l'époque des Apparitions, 1858, Bibliothèque nationale de France.

Cette source qui, lorsqu'elle s'élança de terre, n'était qu'un filet d'eau de la grosseur d'un doigt, débite actuellement, et sans jamais tarir, 122 000 litres par 24 heures.

Elle est devenue célèbre par les guérisons auxquelles elle sert de véhicule[1].

Quant à Bernadette, après avoir subi les épreuves de toutes sortes que lui infligèrent les autorités ecclésiastiques et civiles[2]*, elle entra, une fois sa mission terminée, à l'âge de vingt-deux ans, au couvent de Saint-Gildard*[a]*, chez les sœurs de la Charité à Nevers. Elle y prit le voile sous le nom de sœur Marie Bernard et y mourut, très pieusement, le 16 avril 1879, âgée de 35 ans 3 mois et 9 jours*[3].

---

a < *au couvent de St-Gildard*> – [*Nous relevons en bas de page les corrections les plus significatives introduites par Huysmans dans le manuscrit autographe conservé par la Bibliothèque de l'Arsenal sous la cote Ms 15788. Celui-ci est composé de 173 pages de papier de format 31, 3 × 20 cm, comportant 33 lignes par page et une marge gauche de 5 cm. Les pages sont numérotées en chiffres arabes de la main de Huysmans, en haut à gauche, au crayon, de couleurs variables ; les 15 chapitres en chiffres romains au crayon orange. Comme en témoignent les mentions marginales au crayon laissées par les différents compositeurs du texte, on peut penser que ce manuscrit a servi à l'impression du livre. Il comporte de ce fait peu de corrections.*]

I

Les apparitions de la Sainte Vierge à notre époque n'ont rien qui puisse surprendre ; Lourdes n'est, dans l'histoire de la France, ni une exception, ni une nouveauté ; toujours la Mère du Christ a considéré ce pays comme son fief[1]. En aucun temps, sauf au XVIIIe siècle[2], Elle ne l'a déshérité de l'aubaine continue de sa présence ; mais si l'on songe à l'effrayante bassesse des Bourbons et à l'inexorable infamie des Jacobins[3], cet abandon s'explique.

Il fallut même attendre la fin de la première moitié du XIXe siècle, pour la voir réapparaître aux âmes privilégiées, dans certains coins réservés de ses domaines.

La dernière de ses apparitions qui ne puisse faire de doute, celle de Lourdes[4], n'est donc qu'un succédané de manifestations plus anciennes ; il me semble dès lors curieux d'en préciser les antécédents.

Ils dérivent de deux sources :

L'une, purement régionale, l'autre parisienne.

Les précédents de Lourdes dans la région des Pyrénées sont nombreux. Si l'on prenait une carte des diocèses de Bayonne et de Tarbes, l'on pourrait y tracer, autour de Lourdes, un cercle formé par les hameaux ou les chapelles qui furent autrefois des centres de pèlerinages à la Madone ; Lourdes surgirait alors, au milieu de ce rond, tel qu'un astre vivant, entouré de neuf satellites à peu près morts[5].

Ces satellites sont :

Notre-Dame de Héas ;

Notre-Dame de Piétat, à Barbazan ;

Notre-Dame de Piétat, à Saint-Savin ;

Notre-Dame de Poueylahün ;

Notre-Dame de Bourisp ;

Notre-Dame de Nestès ;

Notre-Dame de Médoux ;

Notre-Dame de Bétharram ;

Notre-Dame de Garaison.

Tous ces sanctuaires, hormis l'avant-dernier qui relève de l'évêché de Bayonne, appartiennent au diocèse de Tarbes.

Voici, en quelques lignes, la biographie de chacun d'eux :

Notre-Dame de Héas, élevée dans un village situé entre Barèges et Saint-Sauveur, près du cirque de Gavarnie, existait avant le XVIe siècle, car elle est mentionnée dans un titre daté de 1415. La chapelle aurait été fondée par la famille d'Estrade d'Esquièze, afin de permettre aux bergers perdus dans ses pâturages d'entendre la messe, le dimanche ; elle est aujourd'hui quelquefois visitée par des touristes que tente l'escalade des monts sur la crête desquels elle est perchée[1].

Notre-Dame de Piétat. L'origine de cette chapelle, sise à Barbazan, disparaît dans le recul des âges et les documents sur sa vie, désormais terminée, manquent[2] : l'autre Notre-Dame de Piétat, érigée à Saint-Savin, se dressait au-dessus de l'abbaye bénédictine de ce nom, construite par un solitaire du Poitou qui possède encore un autel dans l'église abbatiale de Ligugé.

Ses reliques que contient une antique châsse, guignée par les brocanteurs, reposent dans l'église du village de Saint-Savin où, entre parenthèses, subsiste un vieil orgue[a] démantibulé du Moyen Âge, bien étrange. Les pédales, quand on les remue, mettent en branle les mâchoires de têtes fantastiques qui tirent la langue aux ouailles.

Ces mascarons dont les grimaces, dans un temple, surprennent, sont en bois, gaiement sculptés et violemment peints[3].

Notre-Dame de Poueylahün, à Arrens, est dominée, de tous côtés, par de hautes montagnes ; sa chapelle est bâtie dans le style de la Renaissance ; la Vierge y fut jadis très adulée, mais elle ne l'est plus guère maintenant que par les bonnes femmes du pays ; quant à sa monographie, elle est nulle[4].

Notre-Dame de Bourisp, à Vieille-Aure, est née de la légende tant de fois racontée par les historiens du Moyen Âge, d'un bœuf découvrant et adorant une statue de Madone qui, transférée dans plusieurs endroits, revient toujours, miraculeusement, au lieu où elle fut déterrée et force ainsi le peuple à lui construire, là où elle le veut, une église. Cette statue daterait du XIIe siècle ; elle n'est plus vénérée, en France, que par les fidèles de Vieille-Aure[5].

---

a <se dresse, démantibulé,> un vieil orgue

Notre-Dame de Nestès, à Montoussé ; l'emplacement de ce sanctuaire fut comme celui de Sainte-Marie Majeure, à Rome, désigné par une nappe de neige qui tomba du ciel, en plein été ; il était à l'état de ruines et depuis longtemps abandonné, lorsqu'en 1848, pendant les journées de juin, trois petites filles ayant vu, au milieu d'un buisson de ronces poussé dans les débris de ses pierres, une image lumineuse de la Vierge, l'on décida de réédifier la chapelle et l'on y replaça son ancienne statue qui avait été recueillie, en 1793, par l'église paroissiale du bourg ; si l'on excepte les terriens des alentours, les croyants n'y affluent guère et les pèlerinages l'ignorent[a].

Notre-Dame de Médoux, à trois kilomètres au sud de Bagnères-de-Bigorre, en face du hameau d'Asté, dut sa vogue, désormais périmée, à deux légendes[1].

La première rappelle, en partie, la légende de Notre-Dame de Bourisp ; le bœuf n'y est pas, mais la statue, revenant d'elle-même dans le sanctuaire d'où elle fut enlevée, s'y retrouve. En effet, les habitants de Bagnères-de-Bigorre s'en emparèrent, en 1562, et l'attachèrent sur un chariot pour l'emmener dans leur ville, mais, arrivée au petit pont du Martinet, elle rompit ses liens et fendit l'air pour retourner dans son église[2].

La seconde est plus intéressante et plus neuve[3]. En 1648, la Vierge apparut à une pauvre bergère du nom de Liloye qui priait devant son effigie et lui intima l'ordre d'avertir le clergé et le peuple de Bagnères qu'ils eussent à faire pénitence de leurs péchés. Liloye s'acquitta vainement de ce message et revint, bafouée, près de la Vierge qui renouvela ses injonctions, déclarant que, si on ne les écoutait pas, Elle décimerait, par une peste effroyable, la ville.

Liloye obéit de nouveau, mais ses remontrances échouèrent : alors, la peste sévit et tua tous ceux des habitants qui ne purent s'enfuir ; Bagnères demeura désert pendant une année ; puis, peu à peu, les coupables qui s'étaient soustraits au châtiment, en s'éloignant du lieu contaminé, revinrent. Une de ces émigrées, Simone de Souville, rencontra Liloye dans la rue et, gouailleuse, lui dit : cette épidémie providentielle que vous aviez annoncée n'a pu atteindre que les malheureux qui n'avaient pas les moyens de déguerpir ; nous autres, nous avons pu facilement y

a ~~le négligent~~

échapper. La leçon est donc incomplète et nous attendrons des semonces moins maladroites pour nous convertir[a].

– Va, fit aussitôt la Vierge à Liloye, va prévenir cette mauvaise brebis que le fléau se déchaînera sur les riches, cette fois, et qu'elle en sera la première victime.

Et la prédiction s'accomplit à la lettre, et Simone mourut.

Le peuple, terrifié, se repentit et de nombreuses processions défilèrent, durant des années, devant l'autel voué à Notre-Dame. Quant à Liloye, elle entra comme religieuse, dans un couvent de Balbonne, près de Montserrat, en Espagne, car tous les monastères du pays avaient été brûlés par les huguenots.

Ce sanctuaire de Médoux, que desservaient des Capucins, parmi lesquels vécut le P. Ambroise de Lombez qui trépassa, l'an 1778, en odeur de sainteté, fut l'un des pèlerinages célèbres des Pyrénées. Des guérisons, des miracles de toute espèce, y attirèrent les foules, puis vint la Révolution qui les dispersa ; la chapelle fut fermée et la statue transférée dans l'église de la commune[1].

Notre-Dame de Bétharram est, elle, située dans le village de ce nom que le chemin de fer relie à Lourdes ; c'est un des lieux d'excursion les plus connus des pèlerins qui vont y passer quelques heures, afin de changer leur piété de place[2]. Bâtie on ne sait quand, à la suite d'un miracle qui, sauf que ce furent des bergers au lieu de petites bergères qui découvrirent une image lumineuse de la Vierge dans un buisson, évoque, presque mots pour mots, la légende de Notre-Dame de Nestès, l'église fut incendiée par les protestants, en 1569[3], mais la statue, retirée intacte du brasier, fut sauvée par un prêtre qui l'emporta à Tauste, près de Saragosse, en Espagne, où elle se trouverait encore.

L'église n'était plus qu'un amas de décombres et cependant des guérisons de maladies incurables s'y opéraient encore et des multitudes s'y pressaient pour implorer la Vierge.

Louis XIII restaura le sanctuaire et messire Léonard de Trapes, archevêque d'Auch, y plaça le 14 juillet 1616 une nouvelle statue destinée à remplacer celle que les habitants de Tauste se refusaient

a [Ajout en marge] La leçon est donc ~~maladroite~~ <incomplète> et nous attendons de<s semonces> moins [mot rayé illisible] maladroites nous convertir.

à rendre ; et, la veille de l'Assomption de l'an 1622, une fontaine, depuis des années tarie, se reprit à couler en abondance, dans une petite grotte creusée près de l'église et de nombreux miracles furent effectués avec cette eau, comme si la Madone voulait préluder aux guérisons qu'Elle devait pratiquer, par ce moyen, deux siècles plus tard, à Lourdes.

L'église actuelle qui rappelle à la fois le style Renaissance et le style Jésuite, tel qu'il existe à Anvers, vaut qu'on la visite[1]. L'intérieur est bizarre, avec ses cintres supportés par des piliers très bas, d'une taille d'homme, ses grandes figures d'anges en bois doré, coupés à mi-corps, tels que les bustes mythologiques des Termes et enguirlandés, à partir de la ceinture, de feuillages de rosiers et de chênes. L'autel est une énorme pièce montée, dorée sur toutes les coutures, soutenue par de superbes colonnes torses enroulées de pampres, décorée de colombes, d'anges, d'amours nus et gras, à la Rubens, entourant une effigie placide et atone de Vierge. La nef, surmontée d'un plafond arqué de bois peint en bleu de ciel, semé d'étoiles, est parée de tableaux naïfs relatant les miracles de naguère et, dans une chapelle, à droite, un bas-relief raconte l'épisode de l'Apparition aux bergers, de Marie souriant dans un buisson de feu.

La Châtelaine, qui distribuait autrefois si largement l'aumône de ses grâces dans cette demeure de Bétharram, a déménagé et fixé plus loin, au lieu dit de Massabielle, son domicile…

Ces divers pèlerinages peuvent être considérés ainsi que les antécédents des triomphes hyperduliques de Lourdes, mais leurs légendes perdues, dans la nuit des temps, ne se rapprochent que par quelques points de l'histoire de la grotte. Tout au plus, Liloye pourrait-elle être envisagée telle qu'une image avant la lettre de Bernadette, car, après avoir servi de truchement à la Vierge et subi les contradictions de toute une ville, elle a fini, de même que la fille de Soubirous, dans un cloître ; et, d'autre part, la source et la grotte de Bétharram sont, en quelque sorte, les préfigures de celles de Lourdes.

Avec Notre-Dame de Garaison, les traits de ressemblance s'accentuent, se précisent davantage, car tout y est, la bergère, la grotte, l'eau, les foules innombrables, issues des confins les plus divers, les miracles et les cures.

L'on peut affirmer que ce pèlerinage fut, au XVIe et au XVIIe siècles, ce qu'est le pèlerinage de Lourdes à notre époque.

La biographie de Notre-Dame de Garaison tient en quelques lignes[1].

Vers l'an 1500, à Monléon, au val de Garaison, dans un lieu jadis appelé « la Lande du Bouc », parce qu'il servait de rendez-vous aux sorciers de la Gascogne[2], une petite bergère, Anglèse de Sagazan, gardait les troupeaux de son père, près d'une fontaine, quand une Dame, vêtue de blanc, lui apparut et après s'être fait connaître sous le nom de la Vierge Marie, demanda, tout comme à Lourdes, qu'on lui bâtît une chapelle et qu'on y défilât en procession.

La petite courut annoncer la nouvelle à son père. Lui, la crut sur parole, mais il n'en fut pas de même des habitants qui haussèrent les épaules et rirent. L'enfant retourna, le lendemain, à la fontaine et la Vierge lui apparut encore et réitéra sa requête, mais les recteurs et les consuls de Monléon, persuadés que le père et la fille qui leur débitaient de pareilles histoires étaient, l'un et l'autre, des déments, les congédièrent, en les engageant à se soigner.

Pour la troisième fois, Anglèse se rendit à la fontaine, mais elle y vint, accompagnée de sa famille et de quelques personnes du voisinage ; celles-ci ne virent point, ainsi qu'elle, la Vierge, mais toutes l'entendirent déclarer qu'Elle allait, pour les convaincre, changer le morceau de pain noir que la petite portait dans son bissac et aussi la provision restée dans la huche de la maison, en des miches de pain très blanc.

Et le double miracle eut lieu et, d'incrédule qu'elle était, la ville se fit fervente ; l'on organisa aussitôt des processions ; l'on construisit une chapelle, mais elle devint trop petite pour contenir les foules qui affluaient de toutes parts ; on la démolit, en 1536, et l'on édifia, à sa place, une vaste église gothique.

Une statue en bois de Notre-Dame des Sept-Douleurs fut posée sur le maître-autel ; d'où provenait cette statue aujourd'hui rongée par les vers et par les mites et qui simule une Vierge à la fois dolente et réfléchie, tenant sur ses genoux le corps inanimé de son Fils ? Nul ne le sait ; d'après une légende, cette Piéta aurait été découverte sur les indications de la Vierge, par Anglèse ; d'après une autre, on l'aurait déterrée dans un buisson de ronces. Quoi qu'il en soit de son origine, ce fut devant elle que[a] des conversions, des cures de maux inguérissables

a *Depuis « Une statue en bois », le début de ce paragraphe résulte d'un ajout marginal tardif.*

se succédèrent. On amenait des malades de très loin et les aveugles voyaient et les perclus marchaient, après avoir bu de l'eau puisée dans la fontaine[1]. Un temps d'arrêt surgit, au moment de la Ligue. Les hérétiques pillèrent l'église, jetèrent la statue de Notre-Dame dans le feu, mais, de même que celle de Bétharram précipitée dans une fournaise, elle ne s'y consuma point[2]. Quand la tourmente eut cessé, les multitudes reprirent le chemin de Monléon, mais elles procurèrent tant de bien-être à ce bourg que les habitants se perdirent – comme se perdront[a] ceux de Lourdes. – L'argent développa la cupidité et attisa le dévergondage des mœurs et la Vierge se retira.

Garaison n'était plus qu'un endroit, tel qu'un autre, lorsque la Révolution transforma l'église en une fabrique de poudre ; la statue de la Vierge, qui avait échappé aux fureurs des Jacobins, fut transférée dans l'église de la paroisse et, en 1834, l'Évêque de Tarbes restaura le sanctuaire et fonda, pour le desservir, une compagnie de missionnaires des rangs desquels sont sortis les Pères de Lourdes.

L'église est encore fréquentée par les gens du pays et par quelques touristes.

Quant à Anglèse, elle entra, en 1536, au monastère cistercien de Fabas, situé dans le diocèse de Comminges, à six lieues de Garaison[b]. La tradition rapporte qu'elle se présenta, ainsi que devant la Vierge, trois fois, à la porte de cette abbaye dont les moniales appartenaient à la noblesse des alentours. Les deux premières fois, elle fut éconduite, à cause de sa roture, mais la troisième fois, les portes s'ouvrirent, toutes seules, et les cloches sonnèrent d'elles-mêmes, à toute volée. Elle fut aussitôt admise et elle y mourut, âgée de plus de cent ans, en odeur de sainteté, simple religieuse, ne sachant ni lire ni écrire selon les uns, prieuresse suivant les autres, la veille de la Nativité de la Très Sainte Vierge, l'an du Seigneur 1589[3].

Lourdes, on le voit, n'est pas un fait isolé dans les annales des Pyrénées. Il n'est que la reviviscence d'anciennes dévotions populaires que la Madone a rajeunies ; sans changer de région, Elle s'est bornée à transporter sa demeure dans un site plus accessible à la piété des foules.

---

a ~~sans doute~~

b <à 6 lieues de Garaison>

Tels sont donc ses antécédents régionaux. La filiation parisienne, moins directe, s'établit par ricochet.

Elle dérive de Notre-Dame des Victoires qui se rattache à la chapelle des sœurs de Saint-Vincent de Paul de la rue du Bac, laquelle se relie, à travers les âges, à Saint-Séverin[1].

Il faut ne pas oublier, en effet, que si Marie vint à Lourdes pour inviter les pécheurs à la pénitence et affirmer par des guérisons la puissance médiatrice de ses grâces, Elle vint aussi et surtout pour attester qu'Elle était cette « Immaculée Conception » dont le dogme avait été défini, quatre années auparavant, par le pape Pie IX, à Rome[2].

Or, il n'avait jamais été question, dans les Apparitions précédentes des Pyrénées, de cette prérogative dont Elle n'avait jamais, elle-même, en personne, parlé avant l'année 1830 où elle la révéla à l'une des devancières de Bernadette, à Catherine Labouré, à Paris[3].

C'est donc dans cette ville que, pour la première fois, Elle entretint une créature humaine de l'intémérabilité[4] de sa naissance.

À dire vrai, du temps même de Charlemagne, dans diverses provinces de la France, les chrétiens honoraient la Conception sans tache de la Vierge et l'Université de Paris, au XIIIe siècle, suivait, sur ce point, la doctrine enseignée par saint Anselme ; mais il faut attendre au XIVe siècle pour trouver une église à Paris qui érige un autel et instaure une confrérie, sous le vocable même de l'Immaculée Conception, et ce fut l'église Saint-Séverin qui, la première en cette ville, reconnut et célébra, par ces actes mêmes, le privilège de Marie[5].

Cette dévotion fut récompensée par la Vierge qui guérit des multitudes de malades venus, de loin souvent, pour boire de l'eau d'un puits creusé au pied de sa statue[6] ».

Mais avec les années, cette dévotion s'affaiblit ; Saint-Séverin finit par être plus une église paroissiale qu'un sanctuaire de pèlerins. Au XVIIe et au XVIIIe siècles, elle devint un lieu de rendez-vous des jansénistes et il fallut bien des années et bien des efforts pour déraciner la secte du quartier. Aujourd'hui, la Vierge si méprisée des « appelants » a réintégré son domicile, mais si elle y dispense encore des grâces spirituelles, il semble qu'elle ait fermé son dispensaire des guérisons corporelles, avec l'eau abandonnée du puits que ses prêtres ont clos.

En somme, au XIVe siècle, la dévotion de l'Immaculée Conception était très vivante à Paris ; elle diminua ou plutôt elle s'éparpilla de jour en jour, à partir du Moyen Âge ; elle n'avait plus, dans les derniers siècles, de demeure spéciale ; elle vivotait partout et nulle part quand, au mois de novembre 1830, la Vierge se décida subitement à lui donner une nouvelle impulsion et à l'étendre non seulement à Paris, mais à l'univers tout entier.

Ce fut alors qu'elle apparut à Catherine Labouré[1] dans la chapelle des sœurs de la Charité, dite les sœurs grises, de la rue du Bac, et lui ordonna de faire frapper une médaille destinée à propager la croyance en son immunité d'origine.

Cette médaille, devenue rapidement célèbre par ses miracles, entraîna les foules vers la rue du Bac, mais la chapelle était trop petite pour les contenir et ce perpétuel va-et-vient eût dispersé du reste les heures concentrées du cloître. La Vierge arrangea pour le mieux les choses. Au moment où elle se montrait dans cette chapelle, M. Dufriche-Desgenettes[2] était curé de Saint-François-Xavier, dans la paroisse duquel était située la maison des sœurs ; il connaissait les persuasives audaces de la médaille miraculeuse[3] et il s'occupait activement à la répandre, lorsqu'il fut nommé curé de Notre-Dame des Victoires.

Cette circonscription était l'une des plus mauvaises de la ville ; l'église était vide du matin au soir ; après avoir vainement tenté d'y réunir quelques fidèles, ce prêtre se découragea et, le scrupule aidant, il résolut de se retirer, pensant qu'un autre réussirait peut-être mieux que lui à pêcher des repentirs dans le vivier de ces consciences mortes. Il était encore, plus que de coutume, obsédé par cette idée quand, le 3 décembre 1836, le matin de la fête de saint François Xavier, le patron de son ancienne paroisse, il monta à l'autel pour célébrer la messe. La hantise de tout quitter le torturait si cruellement qu'il lui était impossible de se recueillir[4]. Il parvint cependant à se reprendre au moment du « Sanctus » et supplia le Seigneur de le délivrer de ce tourment. À peine eut-il achevé cette prière, qu'une voix intérieure prononça en lui distinctement ces paroles : « Consacre ta paroisse au très saint cœur immaculé de Marie », et soudain le calme lui fut rendu. Sa messe terminée, il se demande s'il n'a pas été dupe d'une illusion, mais les mêmes mots se font entendre plus clairement encore ; il rentre chez lui, écrit d'un trait, comme sous une dictée, le règlement d'une confrérie qui doit vénérer plus spécialement l'Immaculée Conception et, avant même qu'il n'eût révélé publiquement ses desseins, sans qu'on sache pourquoi et comment, l'église déserte s'est remplie. Des guérisons, des conversions de toutes sortes s'y opèrent. Notre-Dame des Victoires devint peu à peu le grand pèlerinage de la Vierge à Paris.

Marie a traversé l'eau et fixé son domicile dans l'endroit le plus contaminé de la ville, près de la Bourse[1], dans le camp même de la Juiverie des banques et des draps[a] ; la dévotion, née dans la rue du Bac où Elle est apparue, s'est transférée[b] dans l'ancienne église des Augustins, et la multitude des visiteurs qui s'y amoncellent, chaque année, est immense.

L'hyperdulie spéciale de Lourdes est une réplique, agrandie, mise à la portée de toute la terre, de la dévotion de Notre-Dame des Victoires restreinte au diocèse de Paris. Elle en dérive, elle en est issue, mais la Vierge ne l'a créée qu'après que l'antique croyance de ses églises-mères de Paris fut imposée au monde par un pape.

Enfin, en dehors de ces deux lignées régionales et parisiennes que nous venons d'expliquer, l'on peut encore, bien que les conditions de parentelle soient différentes, rattacher les apparitions de Lourdes à celles de La Salette[2].

S'il n'a pas d'ascendance parisienne, le sanctuaire de La Salette possède une filiation locale, semblable à celle de Lourdes, car il est né, lui aussi, dans un lieu cerné d'anciennes chapelles de pèlerinages, plus ou moins mortes et, d'autre part, il présente ce cas particulier d'être situé dans un pays de montagnes comme Lourdes.

Seize années après l'apparition de la rue du Bac et douze années avant celles de Lourdes, à La Salette, près de Corps, dans le Dauphiné, sur la cime des Alpes, Marie a parlé à la petite Mélanie et une source a jailli qui, de même que plus tard, dans les Pyrénées, a servi de véhicule à des guérisons.

Seulement la Madone n'a pas dit un mot, cette fois, de la dispense d'impureté[c] de sa Conception, mais elle a pleuré et menacé, flagellé plus particulièrement les vices des prêtres et des cloîtres[3], exigé, en expiation de débordements de toute espèce, une prompte pénitence.

Ce pèlerinage eut, à ses débuts, une extraordinaire vogue[4], puis la difficulté des communications, l'impossibilité de hisser, par des lacets mal tracés sur le flanc des monts, les infirmes et les malades découragèrent

a <dans le camp même de la juiverie des banques et des draps>

b transportée, ~~faute de place,~~

c ~~l'intémérabilité~~

les pieuses caravanes qui se firent plus rares[1]. Ajoutons que la plèbe des alentours, en majeure partie constituée de mécréants et de francs-maçons qui exploitait les pèlerins en s'en gaussant, contribua sans doute aussi à cette désertion de plus en plus prononcée des foules.

Bref, bien que les grâces spirituelles y fussent toujours sensibles, le pèlerinage déclinait de plus en plus et n'était guère composé que d'excursionnistes et de gens du voisinage, quand l'apparition de Lourdes lui asséna le dernier coup.

La Vierge s'en fut des Alpes dans les Pyrénées, et là, non au sommet d'un pic, mais tout au bas d'un mont, dans une grotte, comme si Elle avait voulu se rapprocher davantage et se mettre plus à la portée[a] de la terre, Elle apparut, souriante, telle qu'une Vierge glorieuse et Elle distribua, à pleines mains, ces grâces qu'elle répartissait moins généreusement dans ses dispensaires de la Seine et du Dauphiné.

Que s'est-il passé dans l'intervalle de ces douze années qui séparent les manifestations des Alpes de celles des Pyrénées ? la Vierge dit bien encore à Lourdes qu'il sied de faire pénitence et de prier, mais elle ne pleure plus, elle n'adresse plus de reproches et de menaces[2].

Il semble que la colère du Fils soit apaisée – et pourtant l'humanité n'a vécu, durant ce laps de temps, que de mal en pis, autant que l'on en peut juger ; alors, pourquoi ce changement d'attitude, pourquoi cette soudaine clémence ?

Rien ne pourrait l'expliquer, si l'on ne savait qu'en dehors même des quelques rares Ordres non dégénérés de la pénitence, il existe parmi les laïques, surtout parmi les femmes, de nombreuses réparatrices que stimulèrent les plaintes irritées de La Salette. Beaucoup d'âmes se sont sans doute sacrifiées et, rétablissant l'équilibre perdu, ont, à force de souffrances, détourné les cataclysmes.

Nous sommes dans l'obscurité, nous sentons vaguement en nous et au-dessus de nous des luttes qui toujours se recommencent et s'achèvent. La partie se joue à trois, entre Dieu, le démon et l'homme ; mais l'un des trois, l'homme, ignore la suite de cette partie dont il est lui-même l'enjeu[3].

. . . .

a <et se mettre plus à la portée>

Si nous résumons maintenant ces quelques remarques, il nous est possible de constater que l'itinéraire de la Vierge en France, au XIXe siècle, a eu Paris comme point de départ – et après une étape à La Salette, dans les Alpes – comme point d'arrivée, Lourdes, dans les Pyrénées[1].

Nous pouvons noter aussi que la Mère du Christ a choisi pour résidence des lieux situés dans des régions qu'Elle avait jadis occupées et qu'Elle a, en quelque sorte, plus ranimé que créé, à notre époque, des dévotions qu'Elle a tirées de leurs provinces pour les propager dans l'univers entier.

Nous l'avons, en effet, relaté : La Salette et Lourdes figurent dans des territoires jadis habités par Elle ; quant à Paris, il convient d'observer que Saint-Séverin était, au Moyen Âge, un centre de pèlerinages très vivant et l'on peut admettre, d'autre part, qu'en dehors même des raisons qui décidèrent la Vierge à employer comme truchement une sœur de Saint-Vincent de Paul, Elle a choisi la maison de la rue du Bac[2] parce que, dans ce quartier de la rive gauche, la dévotion à son privilège d'origine y avait été très active pendant les derniers siècles, alors que justement elle se mourait dans son domaine de Saint-Séverin, envahi par les disciples de Jansénius, devenu même une succursale du cimetière de Saint-Médard, avec les convulsionnaires qui s'y rendaient pour prier sur la tombe de l'abbé Desangins, le confesseur du diacre Pâris, inhumé dans cette église[3].

Dans cette rue du Bac qui fut, au XVIIe siècle, une pépinière de communautés, il en existait, en effet, une située à quelques pas du couvent des sœurs grises, au coin de la rue de Varennes, le monastère des Recollettes, dites filles de l'Immaculée Conception, qui fut supprimé en 1792 et dont le but était précisément d'honorer la prérogative de sa naissance.

Ajoutons que lorsqu'Elle franchit les ponts et vint s'installer sur la rive droite de la Seine, Elle se rendit dans une ancienne église qu'Elle connaissait de longue date et qui lui appartenait plus spécialement que toute autre, car elle lui avait été vouée, au nom de la France, par le roi Louis XIII et baptisée par lui, à la suite de la prise aux huguenots de la ville de La Rochelle, du nom de Notre-Dame des Victoires[4].

À Paris, ainsi qu'à La Salette et à Lourdes, Elle s'est servie, en tant qu'intermédiaires, de filles de la campagne, d'êtres humbles, tout à fait frustes et bornés. À La Salette et à Lourdes, Elle s'est adressée à des bergères, à Mélanie et à Bernadette, de même qu'Elle s'était autrefois adressée à Liloye et à Anglèse de Sagazan ; et, à Paris, où les bergères manquent, Elle a jeté son dévolu sur une ancienne servante de ferme, devenue sœur de la Charité ; signalons encore, à ce propos, qu'Elle ne chercha pas son interprète parmi les moniales de la vie contemplative, mais bien parmi les religieuses d'un Ordre actif, fondé dans le temps même où se construisait Notre-Dame des Victoires. Et n'y a-t-il pas, à cause de cette ancienne simultanéité d'origine et du subit rapprochement, à notre époque, de ces deux sanctuaires que la Vierge échange l'un pour l'autre, une sorte de présomption qu'un lien mystérieux rattache cette église à cet Ordre[a] ?

Enfin, à La Salette, ainsi qu'à Lourdes, ainsi que jadis à Paris, à Saint-Séverin, et dans les Pyrénées, à Bétharram et à Garaison, Elle a voulu que l'eau fût l'excipient des guérisons.

Cette question des rapports de l'eau avec la Vierge a été très ingénieusement traitée par un occultiste catholique, M. Grillot de Givry, dans son incitant volume « les Villes initiatiques, Lourdes[1] ».

À dire vrai, la vieille Symbolique du Moyen Âge, qui s'est beaucoup occupée de cet élément, n'a pas vu en lui une image spéciale, unique de la Vierge et encore moins l'a-t-elle désigné comme pouvant être « ce principe féminin vital de la nature[2] », dont parle M. de Givry.

Il est bien évident que le rapprochement s'imposa du chapitre I de la Genèse et du chapitre I de l'Évangile selon Saint Luc et que l'on fut tenté d'assimiler les deux opérations du Saint-Esprit planant, d'une part, au moment de la Création, sur les eaux, les couvrant en quelque sorte, et planant, aussi, d'autre part, au-dessus de la Vierge que couvre l'ombre du Très Haut[3].

L'eau peut donc spécifier l'une des figures de la Vierge, mais il n'en est pas moins exact que plus souvent, que presque toujours même, la Symbolique lui assigna une signification très différente, qu'il s'agisse d'eau proprement dite, de mer ou de fleuve, de fontaine ou de puits.

D'après elle, l'eau représente, tour à tour, le Christ, les anges, la doctrine évangélique, le baptême, la charité, la science des Justes, et, en consultant la double face de son système d'analogies, en la prenant alors dans un mauvais sens, l'eau est une image de la tentation, de la multitude des péchés, de la luxure[b].

---

a *Phrase ajoutée en marge.*

b Luxure

Mais, si nous nous en tenons au mode d'interprétation le plus connu, nous trouvons, d'après les textes de saint Grégoire le Grand, de Raban Maur, de Pierre de Capoue, que l'eau est surtout le symbole du Saint-Esprit.

Il serait prudent, d'ailleurs, de n'accepter cette formule de guérisons que comme l'une de celles qu'emploie, lorsqu'Elle le veut, la Vierge, car fort souvent, Elle s'en passe. Dans les lieux mêmes où Elle fait jaillir des sources, à Lourdes, par exemple, Elle guérit parfaitement les infirmes et les malades, sans qu'ils aient besoin de boire de l'eau de la fontaine ou de se baigner dans les piscines.

L'eau n'est, au demeurant, qu'un signe matériel de régénération. Après avoir guéri l'âme des conséquences du premier péché, elle peut guérir les corps dont les souffrances sont les suites de ce premier péché. Tel est peut-être le motif pour lequel, en souvenir du sacrement de baptême, la Vierge use de ce procédé.

Elle fait, à certains jours, de cet élément un auxiliaire de ses grâces et, sans que l'on sache pourquoi, le délaisse à d'autres jours.

Les sources de La Salette et de Lourdes ont été, dans tous les cas, préfigurées dans l'Ancien Testament par le Jourdain qui délivra Naaman de la lèpre, dans le Nouveau, par la piscine probatique que remuait un ange[1].

II

Si quelqu'un n'a jamais été stimulé par le désir de voir Lourdes, c'est bien moi[1]. D'abord, je n'aime pas les foules qui processionnent, en bramant des cantiques et je suis de l'avis de saint Jean de la Croix, écrivant dans sa *Montée du Carmel* : « J'approuve fort celui qui, pour ne pas se joindre à la foule des pèlerins, entreprend des pèlerinages en dehors de l'époque fixée ; quand les multitudes s'y pressent, jamais je ne lui conseillerai de s'y mêler ; on risque d'en revenir plus distrait qu'on n'y est allé[2] ! »

Ensuite, je ne tiens pas à voir des miracles ; je sais très bien que la Vierge peut en faire à Lourdes ou autre part ; ma foi ne repose ni sur ma raison, ni sur les perceptions plus ou moins certaines de mes sens ; elle relève d'un sentiment intérieur, d'une assurance acquise par des preuves internes[3] ; n'en déplaise à ces caciques de la psychiatrie et à ces barbacoles[4] entendus, qui ne pouvant rien expliquer, classent sous l'étiquette de l'autosuggestion ou de la démence, les phénomènes de la vie divine qu'ils ignorent, la Mystique est une science résolument exacte[5] ; j'ai pu vérifier un certain nombre de ses effets et je n'en demande pas davantage pour croire ; cela me suffit.

Et voici cependant qu'en attendant l'arrivée des grands pèlerinages internationaux, je suis, pour la deuxième fois[a], par suite de circonstances tirées de loin et presque indépendantes de ma volonté, installé, depuis des semaines déjà, dans cette ville[6].

Ce matin, il pleut comme il pleut dans ce pays, c'est-à-dire à seaux ; et, assis près de la fenêtre du cottage que j'habite sur la hauteur de la route de Pau[7], je regarde le panorama de Lourdes, au travers de mes vitres qui pleurent[8].

L'horizon, très court, est bousculé par des montagnes entre lesquelles poussent des touffes de vapeur blanche, alors qu'à des altitudes plus élevées, galopent des nuées charbonneuses et roulent des flocons fuligineux d'usines. La cime de l'un de ces monts a l'air de fumer, tandis que le pic d'un autre, dégagé de ses nuages, paraît mort ; çà et là, des écharpes de ouate grise s'enroulent autour du col des plus basses collines et s'écardent en descendant ; quant aux cônes dont les têtes sont éternellement blanchies

---

a <pour la deuxième fois>

par les neiges, ils ont complètement disparu dans la brume ; à mesure que les averses tombent, tout se brouille ; le grand et le petit Gers, les deux montagnes les plus proches, ressemblent, dans cette buée, à d'immenses pyramides de mâchefer, à des tas gigantesques de cendre.

La tristesse de ce ciel rayé en diagonale par le fil des pluies ! en bas de la chaîne de ces monts, juste devant moi, le Gave, en un torrent qui ruisselle, jours et nuits, bouillonne sur des quartiers de rocs[a] et, avant de s'étendre plus loin en une tranquille rivière, ceinture d'écume un bâtiment surmonté d'un clocher pointu et entouré d'un maigre jardinet planté de sapins et de peupliers. L'on dirait d'un pénitencier de cette bâtisse percée, très haut, dans des murs très droits, de minuscules lucarnes ; c'est le couvent des pauvres Clarisses[1] ; à gauche, un pont enjambe la rivière et relie au nouveau Lourdes dont j'aperçois les maisons, la vieille ville que domine un antique donjon qui paraît fabriqué pour un décor d'opéra, avec des châssis de toiles peintes ; on le croirait factice ; enfin, à droite, l'esplanade et ses arbres menant au Rosaire et à la double rampe que surplombe la basilique dont le profil se détache, tout blanc, sur le coteau des Espélugues où, pour figurer les stations du Calvaire, se dressent dans des clairières cernées de verdure, d'énormes croix.

Et derrière l'esplanade et ses pelouses, en bas des rampes, deux cloches à gaz, l'une, ripolinée[2] au vert d'eau, l'autre teinte d'ocre jaune comme une porte de lieux, s'arrondissent, horribles ; ces tourtes de tôle contiennent, l'une, un panorama de Jérusalem, l'autre, un panorama de Lourdes[3].

Tout cela n'est pas très subjuguant au point de vue de l'art, et la cathédrale, perchée ainsi que sur une languette de roc, en l'air, ne l'est pas davantage. Mince, étriquée, sans un ornement qui vaille, elle évoque le misérable souvenir de ces églises en liège dont certaines devantures d'industries se parent ; elle relève d'une esthétique de marchand de bouchons : la moindre des chapelles de village, bâtie au Moyen Âge, semble, en comparaison de ce gothique de contrebande, un chef d'œuvre de finesse et de force[4] ; le mieux serait, malgré sa froide nudité, la double rampe de pierre qui conduit du bas de l'esplanade jusqu'à son portail, si elle n'était, elle-même, gâtée à son point d'arrivée par l'affreux toit du Rosaire qui bombe sous les pieds de la basilique, un toit composé d'un moule colossal de gâteau de Savoie, flanqué de trois couvercles de chaudière, en zinc.

---

a sur des ~~pierres~~

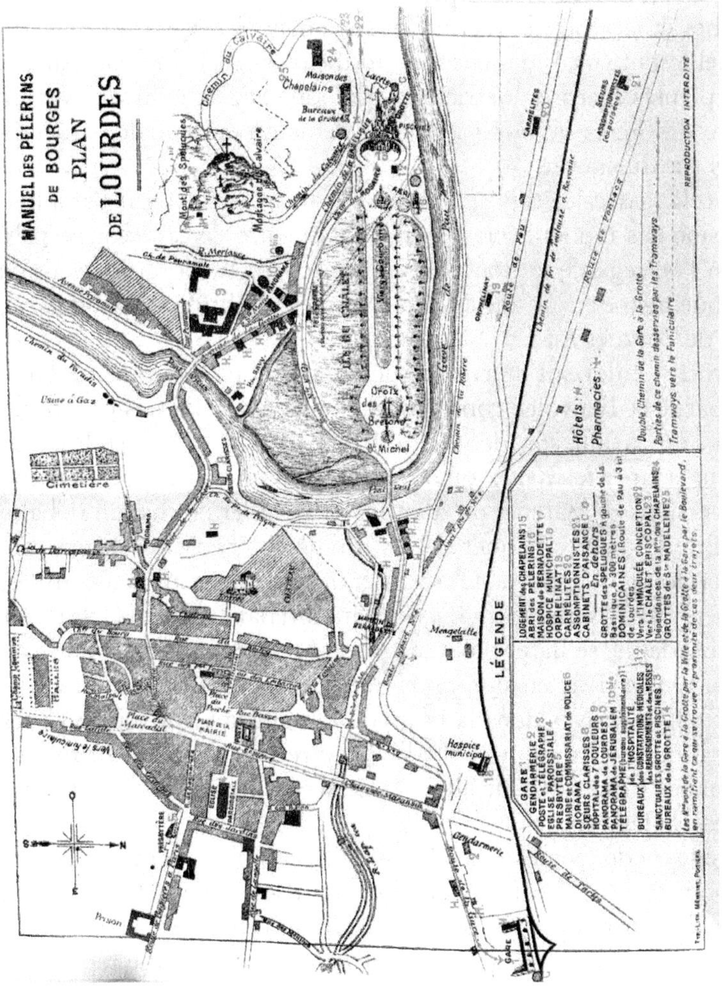

FIG. 4 – Plan de la ville de Lourdes et du sanctuaire en 1905.
Extrait de *Le Pèlerin du Berry à Lourdes*, Bourges, Imprimerie Tardy, 1905.

Vue d'où je suis, de côté, l'on dirait de cette rotonde avec ses deux rampes qui dévalent, en ondulant, de son toit jusqu'au sol, d'un crabe géant dont les pattes tendent leurs pinces vers la vieille ville[1].

Et, en bas de cette rampe, au-dessous de la basilique et le long du Rosaire, court, devant le lit du Gave, une large allée qui passe devant les piscines et la grotte et meurt, brusquement barrée par une colline sur laquelle sont tracés des lacets en forme d'M. Ils grimpent, par des sentiers plantés d'arbres, derrière la basilique et s'acheminent vers la résidence des Pères de la Grotte et la demeure épiscopale, situées à quelques pas du chevet.

Tout cela se décèle étique et gringalet, chiche et nain, car l'ampleur trop voisine des monts l'écrase ; mais l'indigence de ce décor préparé s'efface si l'on regarde le trou de feu, creusé dans le roc, au-dessous de la basilique même ; c'est une cave de flammes qui brûle sous son flanc ; l'intérêt de Lourdes est là.

La grotte ! enlevez l'inutile statue, nichée dans l'embrasure où la Vierge parut et l'envolée commence. L'on songe à l'amas de prières dont on s'est, avant son départ de Paris, chargé et on les lui présente, une à une, le mieux qu'on peut ; chacun a des guérisons ou des conversions de parents ou d'amis à demander et chacun déballe devant Elle le pauvre paquet des souffrances corporelles et des tortures morales qu'il apporta. C'est un grand silence ; tous, agenouillés, s'absorbent, et il semble qu'il faille, maintenant que la Grotte est encore abordable, se hâter d'obtenir de la Madone les grâces que l'on souhaite. On la tient encore, pour quelques heures, seule. Demain, les pèlerinages arrivés dans la nuit combleront la Grotte jusqu'à ses bords et il deviendra impossible d'y pénétrer, de se recueillir même, sur les bancs placés devant elle, car ce sera l'incessant tumulte des cantiques et des prêches.

Et il en sera de même de la source invisible[2] dont l'eau coule par les douze robinets de cuivre d'une fontaine installée à sa gauche. L'on devra faire queue pour remplir un bidon ou vider un verre.

Aussi maintenant s'empresse-t-on d'y aller boire ; l'on se repasse les gobelets de fer-blanc ; d'aucuns les lampent d'un trait, d'autres n'en avalent que la moitié et se versent le reste sur les mains et se frottent la figure et se bassinent les oreilles et[a] les yeux avec. Les femmes ramènent

---

a <les oreilles et>

leurs robes et les serrent entre leurs genoux pour ne pas se mouiller et l'on gronde des enfants qui s'éclaboussent en secouant des bouteilles trop pleines[a] ; chacun prend ses précautions ainsi que dans une ville dont le siège est proche.

En attendant l'assaut annoncé des foules, le charme de ce Lourdes intime, sans bousculade et sans vacarme, agit[1] ; l'on savoure la douceur d'une ville rendue complaisante par ses instincts de lucre, et un côté de fraternité vous vient pour tous ces gens qui pensent comme vous, qui sont, comme vous, à l'affût des bienfaits de la Vierge. L'on finit, sans l'avoir demandé, par savoir pourquoi un tel se promène ici et pourquoi une telle est là et l'on s'intéresse à leur guérison et à la réussite de leurs projets. Il y a un peu de la camaraderie d'un bivac[2] dans cette réunion de personnes campées dans un bourg ; l'on ne peut faire d'ailleurs deux pas, dans un sens ou dans l'autre, sans se retrouver. On se croise sur l'esplanade, on se côtoie dans la basilique et dans sa crypte ou dans le Rosaire, on se coudoie à la Grotte et l'on a presque envie, sans se connaître, de se saluer.

La vérité est que nul ne reste chez lui et que tous, qu'il pleuve ou non, vivent au dehors. L'on tourne, du matin au soir, sur la même piste, ne voyant, où qu'on aille, en sus de visages ressassés, que des statues de vierges en plâtre, les yeux au ciel, vêtues de blanc et ceinturées de bleu ; pas une boutique où il n'y ait des médailles, des cierges, des chapelets, des scapulaires, des brochures racontant des miracles ; le vieux et le nouveau Lourdes en regorgent ; les hôtels même en vendent ; et cela s'étend de rues en rues, pendant des kilomètres, part de l'ancien Lourdes, avec la pauvre camelote des petits chapelets à chaînettes et à croix d'acier et les immenses chapelets spéciaux à Lourdes, des chapelets en bois teint en caramel fabriqués à Bétharram et valant six sous pièce[3], avec des chromos aigres de Bernadette, en jupe rouge et tablier bleu, agenouillées, un cierge à la main, devant la Vierge, avec des statuettes de Lilliput et des médailles qui font songer à une monnaie de poupée, frappée à la grosse, dans des rebuts de cuivre ; et tous ces objets s'améliorent, enflent, grandissent à mesure que l'on se rapproche de la nouvelle ville ; les statues poussent, finissent, tout en demeurant aussi laides, par devenir énormes. Les chromos

---

a <trop pleines>

s'amplifient, déguisent en soubrette la fille de Soubirous[a] ; le module des médailles augmente et leur métal change ; l'or et l'argent se montrent et lorsqu'on atteint l'avenue de la Grotte, c'est l'explosion de la bimbeloterie de luxe ! les chapelets ne pendent plus, en bottes, au dehors, mais ils reposent dans les vitrines, couchés sur un lit de ouate rose ; leurs grains sont maintenant en lapis, en corail, en améthyste, montés en argent ou en or, et des bibelots de papeterie, des porte-crayons, des porte-plumes, des presse-papiers, en marbre divers des Pyrénées, s'y mêlent, renforcés par l'article de Paris, par de la bijouterie du Palais-Royal, sanctifiée par une croix ajoutée ou une médaille.

Et c'est la concurrence effrénée, le raccrochage sur le pas des boutiques dans toute la ville ; et l'on va, l'on vient, l'on vire, au milieu de ce brouhaha, mais toujours pour aboutir, par un chemin ou un autre, à la Grotte.

Cette Grotte, de forme irrégulière, assez haute, dès son seuil, moins élevée lorsqu'elle se recule et très basse sur l'un des côtés, elle se pare d'ex-voto de toute sorte, de béquilles carbonisées qui dansent, attachées à la voûte par des fils de fer, au moindre vent, d'un autel portatif sur lequel les évêques célèbrent la messe et d'un petit tombereau à roulettes, le tombereau à fumier des cires.

À gauche, près de la fontaine, se carrent un abri de pierre servant de logette de garde et[b] de sacristie et un peu plus loin une boutique où se débitent de la bondieuserie et des cierges ; à droite, presque sous le trou en amande dans lequel apparut, ainsi qu'en un cadre, la Vierge, une chaire, installée à demeure, est occupée, pendant les temps de pèlerinages, par des missionnaires ou des prêtres qui dirigent, de même que des catapultes, les prières des foules contre les vantaux du ciel, pour en faire jaillir, comme par les portes d'une écluse brisée, des torrents de grâces[1].

Cuite par les cierges, tapissée, telle qu'un fond de cheminée, par une suie toujours tiède, cette grotte de Massabielle, elle est, avec son brasier qui ne s'éteint jamais, curieuse à étudier.

Près de la grille d'entrée[2] se dressent des herses de cuivre, en couronne, munies de larges plateaux hérissés de pointes sur lesquelles

a ~~et s'encadrent de baguettes d'or~~

b <qui sert de sacristie et un peu plus loin une boutique ou se débitent de la bondieuserie>

des cierges empalés brûlent. Au fond de la grotte, au ras du sol, le long du roc, s'étendent trois rampes de fer noir, trouées d'anneaux dans lesquels s'emmanchent les troncs des cires ; ceux du bas, plus grands, sont, à vrai dire, moins des cercles que des entonnoirs dont ils imitent vaguement la forme ; ceux-là s'emploient plus spécialement à étreindre les énormes cierges à soixante francs qui durent pendant des semaines ; puis des ifs[1], enfoncés dans la pierre, et de petites broches sont, çà et là, piqués près d'une excavation couverte d'un filet où l'on dépose les lettres, aux levées trop humaines, de la Vierge[2].

Et tous ces cierges grésillent, se calcinent, différents selon leur rang de taille et suivant leur prix ; les minuscules s'effondrent autour d'un pied de mèche qui champignonne, en passant du rouge cerise au noir ; de plus gros, plus lentement, s'épuisent en des ruisseaux d'eau de riz qui se congèlent, peu à peu, en des flaques d'un blanc gras ; d'autres se strient de cannelures et ressemblent avec leurs sillons vermiculés et leurs exostoses aux branches verruqueuses des ormes ; d'autres encore poussent, en quelque sorte, au-dessus de leur mèche et se consument, ainsi que des veilleuses au fond d'un verre qui se gaufre de guipures, se festonne de ramages, de même que les papiers à dentelles des images pieuses. Il y en a aussi de défraîchis, de très vieux, qui se pointillent, comme des nez, de tannes, et des faux, des cierges déshonnêtes dupant l'acheteur et larronnant Dieu, des cierges dont la tige de stéarine est enroulée dans une couche de cire qui pleure des larmes jaunes, tandis que le milieu se fond en ce liquide vitreux dans lequel baigne le pédoncule grillé des simples bougies[3].

Ici, c'est l'à-rebours de la Pentecôte, les langues embrasées montent vers le ciel et n'en descendent pas ; mais elles prient le Paraclet sous la forme même qu'il adopta ; elles jouent le rôle des exorations liturgiques qui implorent le Seigneur avec les phrases mêmes dont ses Préfigures se servirent ; et si l'on se rappelle la liturgie du temps de la Pentecôte où presque partout l'eau apparait, associée au feu, l'on saisit la mystérieuse alliance des deux éléments, l'accord de la flamme et de l'onde, à Lourdes.

Cette floraison de feu, elle a, pour la cultiver, un vieux jardinier[4] qui vit, là, à demeure, et tourne, rissolé, devant le foyer de la grotte, un vrai jardiner avec son tablier bleu, à poches, sa face rase, ses outils de jardinage, sa serpette, son râteau, sa pelle, sa brouette devenue un wagonnet.

Du matin au soir, sans se presser, il fait, silencieux, le ménage de la Vierge, raclant les stalactites des herses et des ifs, remuant le sol, saturé d'un engrais de suif, d'une poudrette[1] de neige où les fleurs en ignition semblent pousser d'elles-mêmes et se reproduire avec le pollen des flammèches qu'emporte dans la fumée l'entrain des vents ; et il mouche le pistil en coton de ces fleurs, il émonde les tiges, échenille les vers blancs des coulures, déterre les racines qui s'éteignent, les jette, pour qu'elles achèvent de se consumer, dans l'un des plateaux de l'entrée où elles agonisent, en des trognons de feu, car ici on brûle tout, honnêtement, au contraire des autres églises où les cirières soufflent les bougies à moitié usées, pour les revendre.

Puis il prend, comme une botte d'asperges, une poignée de petits cierges, les allume tous ensemble, d'un coup, les enfonce dans l'un des anneaux de la rampe du fond, quand le gros cierge qui remplissait le goulot de fer noir est mort. Les cierges foisonnent, se multiplient. Il y en a des wagonnets entiers qui attendent leur tour d'être déchargés et il trie ces bâtons blancs, les sépare ou les assemble, recolle, en les chauffant, ceux dont les troncs se cassent, surveille sans repos le luminaire, dépotant tel cierge qui traine et languit, pour le replanter dans un endroit mieux exposé, moins garanti des brises ; et l'ouvrage est quand même à recommencer, car à mesure que les cierges meurent, d'autres naissent.

Cette Vestale en pantalon est donc aussi une Danaïde en culotte, car cette grotte est un puits de flammes sans fond ; de la province, de l'étranger, de toutes les parties du monde, chaque matin, les commandes affluent et il s'agit d'épuiser les provisions du jour, sous peine d'être débordé par les arrivées du lendemain ; et quoi que l'on fasse, les piles s'entassent ; ici l'on pourrait établir des chantiers de cierges comme on établit, autre part, des chantiers de bûches. Tous les habitants vendent des cierges ou plutôt de faux cierges, car en fait de cire produite par « la mère abeille » ils ne débitent, au mépris de tous les textes liturgiques, que des rouleaux de vieux suif traités à l'acide sulfurique pour les dégraisser et les durcir.

Mais ces subterfuges, nécessités par l'appât sans cesse accru des ventes, disparaissent dans l'éclat du brasier qui dévore, indifféremment, les paraffines et les cires et, à regarder ces haies de prières qui flambent, l'on se remémore la Symbolique du cierge, telle que la concevaient Pierre d'Esquilin et saint Ambroise. Le cierge se compose de trois parties : de la cire qui est la chair très blanche de Jésus, de la mèche insérée dans cette cire qui est son âme très pure cachée sous l'enveloppe de son corps, du feu qui est l'emblème de sa divinité[1].

Le cierge est donc la figure du Christ ; dès lors, on l'apporte à la Vierge médiatrice pour qu'elle présente, elle-même, au Père son Fils et qu'il intercède pour nous ; et cette intervention, elle peut également avoir lieu par le truchement moins valeureux des saints ; mais, il faut l'avouer, le culte de Dulie[2], tel qu'il se pratique dans la plupart des églises, est absurde. On offre, à certains saints, des cierges, en toute propriété, à titre de cadeau, pour eux ; on les honore ainsi par une oblation personnelle, si bien qu'on leur fait adresser des prières par le Seigneur, au lieu de les leur faire adresser au Seigneur, ce qui est dénué de sens.

À moins alors que l'on n'accepte la médiocre symbolique de saint Charles Borromée qui, ne voyant dans le cierge qu'une image des trois vertus théologales, assimile sa lumière à la Foi, sa forme à l'Espérance, sa chaleur à la Charité.

Dans ce cas, on l'allumerait devant une statue de célicole[3], afin d'obtenir, par son entremise, que le Sauveur développât en nous le ferment de ces vertus qui lèvent, contrariées par les levains du vice[4], avec tant de lenteurs et tant de peines.

Mais à Lourdes, un autre symbole plus vivant et plus pénétrant s'impose, le symbole de la communion des âmes si lucidement exprimé par le mélange de ces flammes[5].

Vraiment, si l'on réfléchit, le spectacle de ces milliers de cierges en ignition est admirable !

Quels navrements désordonnés et quels espoirs tremblants, ils recèlent ! de combien d'infirmités, de maladies, de chagrins de ménage, d'appels désespérés, de conversions, de combien de terreurs et d'affolements, ils sont l'emblème ! – Cette Grotte, elle est le hangar des âmes en transe du monde, le hangar où tous les écrasés de la vie viennent s'abriter et échouent en dernier ressort ; elle est le refuge des existences condamnées, des tortures que rien n'allège ; toute la souffrance de l'univers tient, condensée, en cet étroit espace.

Ah ! les cierges, ils pleurent des larmes désolées de mères et peut-être donnent-ils les simulacres exacts des douleurs qui les brûlent ; les uns, pleurant précipitamment, à chaudes larmes, les autres se contraignant, pleurant en de plus tardives gouttes ; et tous sont fidèles à la mission dont ils furent chargés ; tous, avant d'expirer, se tordent plus violemment, jettent un dernier cri de leurs flammes devant la Vierge !

Évidemment, il en est de plus éloquents que d'autres auprès de Dieu ; et, à n'en pas douter, les plus humbles sont les plus persuasifs ; ces prétentieuses colonnes de stéarine, achetées sur place ou envoyées par des gens riches, ont, en raison même du faste qu'elles affirment, le moins de chance, tout en priant plus longuement, d'être accueillies et certainement la pitié divine va à ces pauvres petits lumignons qu'on allume en bottes, qui confondent leurs désirs et leurs flammes, qui s'unissent, ainsi qu'à l'église même, en une supplique commune. Ils sont bien l'image des miséreux, des gens du peuple qui s'entr'aident, alors que les cierges aristocratiques vivent, seuls, à l'écart.

Et c'est alors que la basse besogne du feutier[1] de la grotte s'exhausse, devient sublime.

Cet homme, qui n'envisage que la propreté de ses herses et de ses ifs, opère inconsciemment l'œuvre magnifique de la communion des âmes ; il assemble les oraisons, les dresse vers la Madone en des gerbes de feu ; il bouleverse les conditions ordinaires de la vie, en confondant les classes ; il les ramène aux préceptes des Évangiles ; il adjuve, en amalgamant les racines des gros cierges aux radicelles des petits qui achèvent de se liquéfier, les instances des riches, les unissant à celles des pauvres devant le Seigneur, forçant en quelque sorte la main à la Vierge, en augmentant le poids insuffisant de leurs prières, en sauvant les plus débiles par le secours des plus forts.

Ici, c'est la Société retournée, le monde à l'envers ; ce sont les indigents qui font l'aumône aux riches.

Le cierge, que les incrédules considèrent comme une des formes les plus puériles de la superstition, est l'agent le plus extraordinaire qui soit des âmes dont il matérialise les sentiments et véhicule les vœux. Les âmes l'imprègnent, en effet, de leur fluide et je songe par analogie aux expériences du colonel de Rochas, au transfert de la sensibilité sur un objet inanimé, sur une chose inerte[2] ; je songe, et sans qu'il soit question d'hypnose ici, que par la seule puissance de la Foi, ces stéarines peuvent s'injecter d'effluves, détenir un peu de la sensibilité de ceux qui les offrent et vraiment prier.

Il est permis de penser aussi que cet élément du Feu à Lourdes n'est que le servant de cet autre élément qu'est l'Eau. Beaucoup de guérisons ont lieu devant la fontaine ou dans l'intérieur des piscines ; on commence par la Grotte et l'on finit par la Source. Il semble que Lourdes puisse se résumer en cette phrase : Ce qu'on demande ici par le Feu, on l'obtient par l'Eau[1].

III

Le temps des grands pèlerinages internationaux est venu[1] ; le vertige de la ville, assaillie de toutes parts, commence ; les pèlerins de la Lorraine, de la Champagne, de la Provence, de la Normandie, du Rouergue et du Berry, sont là. Une armée de Belges, débarquée d'hier, envahit l'esplanade et sillonne les rues[2] ; l'on attend, ce matin, les trains de la Bretagne, avec une nouvelle escouade de Belges et de Hollandais.

Lourdes craque déjà dans l'indéserrable ceinture de ses monts. La pluie a cessé ; une poudre violette tombe du ciel, implacablement pur, sur les montagnes qui se précisent[a]. Le grand et le petit Gers dorent, au soleil, la carapace cendrée de leurs rocs et les quelques plaques des pâturages, collées sur leurs flancs, s'éverdument[3]. Quelque chose monte lentement dans une rainure, creusée sur l'un des versants ; l'on dirait d'un ver blanc qui rampe ; c'est le funiculaire qui, tantôt en plein jour, tantôt dans l'ombre des tunnels, grimpe jusqu'à la cime[4]. Il semble que le soleil vanne du bien-être et blute de la joie sur la vallée où retentit le son du cor de chasse qui sert d'appel au marchand de chiffons dont la carriole apparaît sur la route, au loin.

Je descends pour assister à l'arrivée des fidèles du Finistère et du Morbihan[5], les rues de la vieille ville et le pont débordent ; il faut jouer des coudes pour se frayer passage ; l'indolent troupeau des Bretons tourne sur lui-même, piétine sur place, rabattu par ses prêtres qui le lancinent comme des chiens de garde ; mais les boutiques de bondieuseries hypnotisent les femmes et il devient nécessaire de les tirer par le bras, de les pousser par le dos pour les faire avancer. Mal éveillées, ahuries, elles regardent, ainsi qu'au sortir d'un songe, traînant avec elles de lourds paniers et des bidons, et la plupart des hommes vont, bras ballants, causant à peine, l'esprit gourd, ruminant, tel qu'un bétail, on ne sait quoi. La vérité est qu'ils sont éreintés par des nuits de chemin de fer et si dépaysés ! – Ils apportent au moins un peu de couleur locale dans le monotone assemblage des gris et des noirs des autres provinces. Les hommes ont gardé le chapeau à ruban de velours, la veste et le gilet, bleu de roi ou violet d'évêque, passementés

---

a ~~en grandissant~~

de broderies jaune serin et tiquetés de boutons à grelots de cuivre ; mais le buste seul a conservé la nuance et la forme du terroir ; le bas est quelconque, d'une laideur malpropre qui tranche avec la partie quasi fraîche du haut. Une ceinture de zouave, d'un azur à laver le linge, limite les deux zones de la veste amusante et de l'ennuyeuse culotte, achetée dans les laissés-pour-compte des regrattiers[1] d'un port. Quelques-unes sont à ponts, mais elles sont, comme les plus modernes, tissées avec des laines de teinte purée de pois ou ardoise ; d'aucunes même, lissées et salies par l'usage, ont pris ce ton d'un brun gras qu'ont les olives noires ; un seul homme, dans tout le pèlerinage, arbore le costume complet avec les grègues[2] et les jambières, couleur de cannelle, un vieux, grand et très droit, aux longs cheveux blancs, à la face rose, aux yeux secs et crus, en retrait dans un teint cuit.

Et presque tous ces marins ont des traits rigides, des épidermes d'ancien buis, des prunelles claires, de ce bleu froid qu'ont, dans le Finistère, les moutons noirs[3].

Les femmes grasses ou osseuses[a], avec des peaux de pelure d'oignons, salées par les embruns, des yeux lapis ou vert de mer, les jeunes filles aux têtes d'oiseaux et aux crânes durs, sont empaquetées dans des cloches superposées de jupes où se perçoivent des lisérés, colorés avec le rose aigre et le violet criard de l'aniline[4]. Elles aussi, sont de n'importe quelle région à partir de la ceinture et redeviennent, de la taille à la nuque, Bretonnes ; quelques-unes s'accoutrent de collerettes godronnées, tuyautées de petits plis comme du temps de Louis XIII et de corsages soutachés de croissants ou de pinces de crabes, en velours ; une ou deux, issues du fond du Finistère, ressemblent à des Hollandaises avec leurs robes frangées d'orange et les broderies en paillons de leur coiffe ; toutes se reconnaissent, dans la foule, à leurs bonnets cocasses et variés ; ils affectent, en effet, les plus étranges formes, depuis le pot de fleur, posé à la renverse, sur le chignon, le casque amidonné et la courte mitre, jusqu'aux élytres du papillon et au sabot du cypripedium, de l'orchidée ouverte en vide-poche et munie d'ailes[5].

En ce tas de l'Armorique qui vermille dans les rues et sur le pont, des estropiats et des manchots, des enfants déformés, aux membres interrompus, des vieillards dont les goitres pendent pareils

---

a Les femmes ~~maigres ou~~ grasses~~, mais toujours~~ <ou> osseuses

à d'énormes poires, des vieilles femmes qui claudiquent, appuyées sur leurs potences, des aveugles avec des prunelles en[a] blanc d'œuf, sont entourés et surveillés par les sœurs du Saint-Esprit dont le costume qui paraît découpé dans de la toile écrue, avec tout juste un bout de noir au capuchon, met un sourire de blancheur dans le ton foncé des habits et des robes.

Les prêtres, à figures de terriens et de pêcheurs, s'impatientent de ne pouvoir hâter la marche du troupeau, mais ils ont beau s'évertuer en remontrances, les femmes s'égaillent et l'une d'elles, arrêtée au milieu du pont, sur le trottoir, pour se faire cirer ses chaussures, discute avec le frotteur qui lui réclame deux sous et prétend n'en devoir qu'un parce que, dit-elle, ses pieds ne sont pas grands.

Enfin, la procession atteint un saint Michel de bronze qui valse sans grâce sur le corps renversé d'un vague notaire déguisé en démon et dépasse le monument du Calvaire, placé au début de l'esplanade, et offert par cette même Bretagne à la Vierge de Lourdes[1] ; le prêtre qui tient la tête du cortège fait halte et se retourne, le bétail l'imite ; il lève le bras et le cantique commence, tandis que le défilé reprend :

Nous venons encor du pays d'Arvor,
Où le sol est dur, où le cœur est fort,
Fiers de notre Foi, notre seul trésor,
Nous venons du pays d'Arvor[2] !

Et tous se dirigent vers la grotte, fendant une multitude de pèlerins de toutes les provenances qui se différencient par leurs insignes, car, ici, tout le monde affiche un ruban ou une rosette, tout le monde est décoré ! les Belges portent à la boutonnière une minuscule cocarde, noire, jaune et rouge, les couleurs de leur drapeau ; les Bourguignons, les mêmes couleurs, barrées d'une croix de métal ; les Normands, une croix de flanelle rouge ; les Bretons, un Sacré-Cœur également taillé dans de la flanelle rouge ; les Berrichons, une marguerite blanche sur un fond de cendre bleue, et combien d'autres !

Ballottés par le remous de cette foule, remorqués en avant et refoulés en queue par les sœurs du Saint-Esprit et par le clergé, les Bretons arrivent pourtant à la Grotte, mais tout est plein. Le long de la rivière

a ~~remplies par du~~

fourmille et l'espace est bien restreint entre les grilles de la Grotte et les parapets du Gave. Les brancardiers, chargés de maintenir l'ordre, se placent en vis-à-vis et tendent des cordes pour assurer un sentier libre aux voiturettes des malades qui descendent de l'hôpital. À cette heure, la basilique, la crypte qui la supporte et le Rosaire regorgent ; des groupes stationnent devant les portes laissées ouvertes et entendent, de loin, la messe, et voilà que la colline des Espélugues, sur laquelle est planté le chemin de croix, s'anime, tourne sur elle-même en une lente spirale et chante.

Elle semble marcher avec les gens qui montent sur les chemins en zigzag de ses flancs : c'est un pèlerinage du Quercy qui serpente, précédé d'une bannière, en clamant, avec des voix en tôles que l'on bat, un cantique où l'on distingue des « De Dious la rouzado[1] » et des « pitchoun ».

Ceux-là, je les connais ; ils sont, en quelque sorte, les charbonniers de Lourdes ; tout est noir en eux, habits, coiffes et robes ; pas même une tache blanche de linge, près du cou ; jusqu'à leurs traits qui paraissent accentués par des coups de fusain. Hier ils rôdaient, renfrognés, en une ribambelle de pieux margougniats[2] dans les rues de la ville ; et les marchands, qui savent qu'ils n'achètent rien, gouaillaient, en les regardant jargonner devant leurs devantures.

Et tandis que ce Midi sombre chemine, en beuglant, sur les lacets du coteau, on est parvenu, tant bien que mal, à tasser les Bretons près de la Grotte, et ils écoutent maintenant le sermon de l'un de leurs recteurs, huché dans la chaire. Ils se tiennent découverts et attentifs et, quand le chapelet se dévide, tous fixent, béats[a], la statue blanche et bleue de Notre-Dame. On les bouscule, on les bourre, on pressure leurs vastes pieds pour ouvrir dans leurs rangs une nouvelle voie pour les grabataires, nul ne se plaint et ne s'interrompt de prier ; ce ne sont plus les pataudss endormis de tout à l'heure, mais de braves et d'humbles gens qui implorent, avec la piété simple et forte de leur race, cette Vierge qu'ils sont venus de si loin pour vénérer. Après le chapelet, sans bruit, sous la conduite des sœurs[b], ils défileront, deux par deux, dans la grotte, baiseront le roc, en entrant par l'une des portes de la grille pour sortir par l'autre, puis ils iront boire, à la queue leu-leu, à la fontaine.

---

a ~~de leurs regards~~

b ils iront, ~~à la queue leu leu~~, ~~sous la conduite des sœurs~~,

Je me rends aux piscines[1]. La place, limitée par des barrières et fermée par des cordes tendues, devant les trois édicules, de style confusément gothique, collés au bas du rocher, sous le flanc de la basilique, à quelques pas de la Grotte, est remplie de voiturettes d'infirmes ; et des brancardiers en bérets, avec leurs bretelles de cuir qui sont le « laissez-passer », le « coupe-file » de Lourdes, vont et viennent, remontent l'oreiller d'un malade en lui donnant dans un gobelet de fer-blanc à boire, très dévoués vraiment à ces malheureux qu'ils traînent, de l'hôpital aux piscines, en faisant le métier de bêtes de somme.

Un prêtre, à mine patibulaire, avec une barbe de cinq jours, issu d'on ne sait quel fond de province, se jette à genoux, les bras en croix, face au public. Il récite à haute voix le rosaire, invoque à grands cris la Vierge, la supplie de guérir les patients que l'on baigne et l'âme embrasée de ce prêtre illumine ses traits et, peu à peu, agit sur les spectateurs qui s'échauffent. Ce qu'il prie bien, ce pauvre vicaire de campagne ! et quel accent et quels yeux ! des yeux en feu et en eau, des brûlots qui flambent dans les larmes !

Et des voiturettes arrivent encore, charriant des paralytiques blêmes, les lèvres détendues, considérant on se demande quoi, par terre ; des hydropiques, la tête rejetée en arrière, comme pour ne pas voir l'obsédante panique de leurs ventres[a] enflés ainsi que des bonbonnes ; des phtisiques, creux et amers, dont les yeux vernis errent à la ronde ; des[b] cardiaques étouffant, levant, dans leur effort pour mieux respirer[c], le cou en l'air.

Et l'on rapproche ces voiturettes les unes des autres, et voici le char à bancs des grands malades, étendus sur des matelas, placés sur des civières à manches : des hommes et des femmes livides, aux traits renversés, aux nez pincés[d], à la bouche marquée par deux lignes de cendre, aux yeux pochés d'un cercle de lilas, dans du blanc.

Les brancardiers s'empressent, descendent avec précaution les civières et les déposent aux portes des piscines, fermées par des rideaux.

Devant ces figures de la douleur[e] qui passe, le prêtre, à genoux, fouette la foule, l'exaspère par les cris de pitié dont sa voix se brise.

Seigneur, sauvez nos malades[2] !

---

a ~~turgides~~

b <~~gens atteints d'affections~~>

c <dans des efforts pour mieux respirer> remplace des mots biffés illisibles.

d <aux nez pincés>

e Douleur

Et le roulement furieux des *Ave Maria* reprend.

Marie, nous vous aimons[a] !

Et les grondements des *Ave* redoublent – et les portières des piscines s'ouvrent. On se penche avidement pour distinguer la physionomie des gens que l'on sort ; on attend une guérison, et l'on aperçoit des êtres couchés et qui vivent encore pour souffrir ; hélas ! pour ceux-là, les suppliques de ce matin sont vaines ! – Voyons tout de même, au dedans, si, à défaut de cure complète, il n'y aurait pas des allègements, des rémissions. Je franchis le camp des voitures et j'écarte le rideau des bains.

La première fois que je pénétrai dans ces salles, j'eus une surprise ; sur les récits de Zola qui peignit toujours ses toiles comme des décors de théâtre[1], je me les figurais très vastes ; j'imaginais au moins des pièces aérées et commodes, creusées de larges bassins, autour desquels baigneurs et malades évoluaient à l'aise. Il n'en est rien ; ces chambres ont tout juste l'ampleur des cabines de bains à bon marché. En guise de porte, une courtine ; trois murs ; celui du fond muni d'un vitrail qui n'éclaire pas et sur lequel est peint une Vierge, avec au-dessous une statuette de Notre-Dame de Lourdes ; les deux autres sont de simples cloisons, sans ornements[b] ; enfin au milieu une baignoire de pierre se creuse, peu profonde, dans laquelle on descend par quelques marches et le mobilier se compose d'une chaise[c]. C'est, dans cet obscur réduit que la Vierge, devenue[d] servante de bains, travaille ; c'est dans ce bouge humide, avec cette eau putréfiée, qu'Elle opère[2].

Et l'on est pris d'angoisse, l'on tremble presque, faisant un brusque retour sur soi-même, quand l'on songe qu'Elle[e] se tient, invisible, en cet étroit espace, qu'on la frôle peut-être, et que, dans une minute, Elle attestera, si elle le veut, sa présence par une guérison !

Il faudrait avoir l'âme blanche de Bernadette pour oser rester sans vergogne[f] aussi près d'Elle ! On se sent bien petit, un peu honteux même de se promener là, en simple curieux, mais, après tout, l'on n'est pas

a ~~Seigneur, dites un mot et je serai guéri !~~

b ~~garnies de patères pour accrocher les vêtements~~ <sans ornement>

c ~~et des sangles~~

d ~~dégradée en~~

e ~~que l'Immaculée Conception~~ <qu'Elle>

f <sans vergogne>

sans doute inutile puisqu'on vient la prier pour les infirmes, puisqu'on ne lui parle pas de soi, mais d'eux !

Et, machinalement, on la cherche, et l'on ne voit que sa pauvre effigie peinte sur un carreau ou moulée dans du plâtre. – Ah ! ce que ce n'est pas Elle ! – On regarde cette eau qui pourrait refléter son sourire, si elle n'avait perdu, dans la boue des plaies qu'on y trempe, la faculté de réverbérer la moindre image ; elle est opaque et elle est morte ; et pourtant, non, elle vit, attentive et docile, prête à obéir, depuis les Apparitions, aux ordres du Prophète et du Psalmiste qui lui enjoignirent, bien avant que le Fils ne fût né, de célébrer ses louanges, et elle s'en acquitte, en promulguant ses miracles, maintenant qu'elle a été choisie par la Mère, pour servir de véhicule aux guérisons.

Ce matin-ci, l'étroit corridor qui dessert l'antichambre des déshabillages et les cabines est obstrué par des brancards habités, lorsque j'arrive. Un vieux Monsieur dont la tête, en œuf, est chauve du haut et poilue du bas, s'agite dans un costume de cycliste. Il commande, en se dandinant, morigène les baigneurs, inscrit, d'un air important, le nombre des bains sur un carnet ; c'est un spécimen de grosse mouche du coche qui prêterait à rire, si le spectacle auquel on assiste n'était si triste.

On se met à quatre pour déshabiller un malade dont le dos n'est qu'une plaie ; une odeur horrible de pus et de cadavre vous saisit à la gorge ; l'homme, cassé en deux, gémit et la bouche bée, les dents au clair. On lui attache, par pudeur, un pagne sur le ventre ; on lui passe une sangle sous les reins et, le plus adroitement qu'ils peuvent, les quatre baigneurs le glissent dans la piscine. Au contact de l'eau glacée, toute la peau lui court en ondes sur le corps ; il suffoque, la tête à la renverse sur les épaules ; on le retire et, sans l'essuyer, on lui remet ses vêtements et on l'emporte.

On a prié, pendant ce temps-là, le mieux qu'on a pu ; mais comment ne pas se confiner dans la supplique labiale, comment penser à ce que l'on dit ? le patient est à moitié évanoui et il ne sait plus où il est et les infirmiers sont absorbés par leur dure besogne ; moi-même, qui demande la guérison de ce pauvre homme, je suis distrait par ce que je vois ; il ne faut donc valablement compter que sur les exorations plus libres du dehors que l'on entend, continues et véhémentes, dès que le rideau se lève.

Et il retombe sur une nouvelle civière qu'on amène. Il en sort un être, recroquevillé sur lui-même, dont le visage, rendu hagard par la souffrance, me bouleverse. Quelle pitié ! on le débarrasse de ses couvertures, de son gilet de flanelle, c'est un squelette en sueur. On le descend doucement dans l'eau ; il la pétrit de ses mains crispées et râle ; on l'en extrait et on le replace, tout mouillé, sur son brancard – et un autre entre.

Ah ! le regard de celui-là ! – deux flammes de gaz, allumées dans les orbites d'une tête de mort et qui sont, tour à tour, comme haussées par l'espoir et baissées par la peur ; on ôte sa chemise ; elle est maculée, par endroit, de gomme-gutte[a] et de sang frais, empesée[b], à d'autres, par des taches d'humeur sèche qui la font ressembler à du sparadrap. Et l'homme apparaît, avec des grenades ouvertes dans les flancs.

Une fois dans l'eau[c] il halète, rauque, les yeux hors du front, et des tampons de charpie que l'on n'avait pas décollés flottent. On le retire, on lui plaque, tant bien que mal, après les avoir trempés dans la piscine, ses linges de pansement et un jeune prêtre couché tout habillé, sur un matelas, lui succède. Celui-là se meurt d'une maladie de cœur, arrivée à la dernière période. On lui déboutonne sa soutane, on écarte sa chemise, et, sur l'ordre du Monsieur qui inscrit les bains, on lui fait simplement des lotions sur la poitrine.

Les porteurs s'en retournent ; ce sont maintenant des cris affreux, les cris d'un malheureux enfant qui supplie qu'on ne le baigne point !

Je vais dans les autres cabines ; le spectacle est le même ; des infirmes gisent sur des brancards, tandis que l'eau remue encore et clapote contre les parois de la baignoire ; par instants des bouffées d'iodoforme passent dans l'air empuanti, par les haleines amères et les plaies ; partout, traînent des bouts de charpie, des morceaux d'ouate couverts de sanie et de sang.

L'eau est devenue un hideux bouillon, une sorte d'eau de vaisselle grise, à bulles, et des ampoules rouges et des cloques blanchâtres[d] nagent sur cet étain liquide dans lequel on continue à plonger des gens[1].

Le miracle permanent de Lourdes est là ; on jette dans des récipients contaminés des malades, sans attendre qu'ils aient achevé la digestion de leur repas ; on trempe jusqu'au cou des femmes, à des époques où le plus élémentaire bon sens défend à une femme de prendre un bain – et souvent, dans ce cas-là, l'eau se change, d'un coup, en une mare de

a ~~de jaune d'œuf~~

b ~~gommée~~

c <Une fois dans l'eau>

d <blanchâtres>

pourpre – et personne n'est frappé de congestion, personne ne se ressent du saisissement glacé du bain et du manque d'essuyage. – Les pansements antiseptiques, tant vantés par la chirurgie, sont tout bonnement remplacés, ici, par des compresses d'eau de Lourdes et les plaies ne s'en portent pas plus mal[1]. Jamais pareilles nazardes ne furent infligées à l'hygiène et pareils camouflets à la médecine[2]. Ici, aucune infection ne se produit et aucune maladie, si elle n'est guérie, ne s'aggrave ; et cette exemption s'étend aussi à l'hôpital où presque jamais les alités, exténués pourtant par les fatigues du voyage et arrivés presque mourants, ne trépassent. Les décès sont, en effet, très rares dans l'établissement de Lourdes. En prenant une moyenne de quatre jours et un chiffre de mille malades qui donneraient dans les autres hôpitaux une mortalité de vingt au moins pour ces quatre jours, nous trouvons qu'ici – et depuis vingt années – les morts se réduisent, dans les mêmes conditions, à une ou deux[3].

Comment, si l'on ne croit pas à une intervention divine, expliquer cette impunité assurée à Lourdes seulement et tant que l'on sera dans la zone protectrice de la Vierge ?

IV

Le nouvel hôpital de Notre-Dame des Sept-Douleurs est un bâtiment énorme et inachevé[1]. Tel qu'il est, il parvient à héberger la multitude des patients qui s'y pressent. On couche partout, même dans des salles amorcées, séparées du vide par de simples cloisons de bois. On mange partout aussi, jusque dans les cours au-dessus desquelles l'on a tendu des bâches, sous des hangars où l'on a placé des séries de planches sur des tréteaux – et ce qui est vraiment extraordinaire – c'est que, dans le hourvari de ce camp, dans le flux et le reflux de ces entrées et sorties de malades, arrivant et repartant, en même temps que les pèlerinages dont ils font partie, dans cette promiscuité continue de gens de tous les pays dont beaucoup ne comprennent même pas le français, c'est une discipline amicale et un ordre parfait. La nourriture, bien préparée[2], est servie à l'heure ; tous ceux qui ne peuvent manger seuls sont assistés ; des prêtres se tiennent à la disposition des grabataires désireux de se confesser ; des brancardiers sont en permanence pour les emmener à la grotte et les en ramener ; et pourtant quelques sœurs de Saint-Frai[3], chargées de la cuisine et des salles, suffisent à la tâche, aidées par les infirmières qui accompagnent les trains et les dames de l'hospitalité de Notre-Dame de Lourdes.

C'est la division du travail, la distribution de la peine, très sagement conçues. Depuis des années que ce service fonctionne, tout marche sans encombre ; mais, il faut le dire aussi, les malades venus pour demander à la Vierge de les guérir sont des malades pieux et résignés, très doux, et celles qui les gardent le font par charité et supporteraient, au besoin je crois, bien des aigreurs et bien des plaintes avant que de pécher par impatience. En tout cas, Lourdes est le vestiaire des défauts ; on les y dépose en l'abordant, on les reprend sans doute lorsqu'on le quitte, car rien n'est plus difficile que de tuer son vieil homme[4] ; mais il y a au moins une épuration provisoire d'âme opérée, en sus même des grâces que départit la Vierge, par le contact de la gratitude des victimes de la vie et de la miséricorde[a] de celles qui les soignent.

L'entrée de l'hôpital est dénuée de pompe ; dans la cour qui le précède, derrière ses grilles l'isolant de la rue, c'est un bivac de voiturettes.

---

a ~~pitié~~ <miséricorde>

À cette heure, toutes sont de retour de la grotte et des brancardiers, rompus de fatigue, s'étendent, à la place des patients transférés dans leurs lits, sur les coussins ou causent, en fumant, avec d'autres qui vont et viennent, tenant des tasses de bouillon et de lait, destinées à des infirmes couchés sur des civières, sous les arcades longeant ces terribles salles du rez-de-chaussée, les salles des grands malades où s'entasse l'exorbitante horreur des maux incurables, des agonies charriées dans de mauvais wagons de troisième classe, de tous les coins de la France et de l'étranger, à Lourdes[1].

Celle de droite, réservée aux femmes, vous chavire le cœur lorsqu'on y pénètre ; elle est bondée de lits très rapprochés les uns des autres, et dans ces lits gisent des femmes immobiles qui, tout en ayant les yeux fermés, ne dorment point, car soudain ils s'ouvrent, effarés, et se referment. Quels visages hâves et exsangues ! quelle expression de lassitude de tout et de regret de la vie, de vague espoir et de peur ! – Et la misère des paquets, l'indigence des loques et des cartons, des valises à quatre sous, entassés près des couches, ajoute la pitié de la détresse matérielle à la compassion de la souffrance de ces pauvres êtres !

Ici, l'une se dresse subitement et, prise de hoquets, rend le sang à pleine bouche, tandis qu'une dame accourue la soutient et lui essuie avec une serviette les lèvres ; là, c'est une autre qui jette[a] d'une voix rauque une brève clameur et se tord, pendant qu'on s'empresse autour d'elle, qu'on lui mouille les tempes, qu'on lui fait respirer des sels, tout en l'assurant que ses tortures vont se terminer, que la Vierge va la guérir.

Au premier rang, sur la couverture d'un lit pas ouvert, la tête appuyée sur deux oreillers, une figure étrange est étendue, habillée, et les pieds cachés sous un tampon de ouate ; une vieille dame, assise près de cette jeune fille qui est plutôt une enfant, me raconte sa désolante histoire.

Cette petite a la gangrène dans les deux pieds. On s'est décidé à l'envoyer à Lourdes, mais personne ne voulut rester avec elle dans le wagon, tant l'odeur échappée de ses ulcères était fétide ; le pus coulait en une telle abondance qu'il perçait tous les linges et qu'il fallut poser au-dessous d'elle un seau ; les douleurs qu'elle éprouvait étaient si aiguës qu'elle couvrait avec ses cris les sifflets du train ; à un moment, ne sachant plus comment la soulager, cette brave dame, qui avait consenti

a ~~un cri et se brise~~ < d'une voix rauque une brève clameur et se tord>

à demeurer dans le compartiment, seule avec elle, défit les pansements et lui mit les pieds à la portière, pour les éventer et les rafraîchir[1].

La malheureuse fut débarquée à Lourdes sans qu'on pût les recouvrir, car le moindre contact la faisait hurler ; elle prit son premier bain à la piscine ce matin et, en une minute, les plaies séchèrent et devinrent indolores ; elle supporte maintenant, sans même la sentir, cette couche de ouate et, la soulevant, la dame ajoute : Voyez, Monsieur. – Et je vis des pieds qui n'en étaient plus ou qui n'en étaient pas encore, deux éponges d'un rouge obscur, mais deux éponges sèches. Ni sanie, ni sang, ni odeur, rien. – Encore quelques bains et Notre-Dame l'aura complètement guérie, reprend, en souriant, la dame.

Je regarde cette enfant et je cherche vainement à discerner ce qu'elle pense ; les traits sont taciturnes, comme reculés ; l'œil parle, mais il dit quoi ? une résignation infinie, une sorte d'indifférence d'elle-même… il est à la fois lointain et dolent, il est surtout grave. Est-elle absorbée en Dieu ou seulement abasourdie par ce brusque changement d'une intolérable souffrance en un repos très doux ? je ne sais…

Par contre, quelle délicieuse femme que cette petite vieille, fine et distinguée, si charitable, si dévouée à sa malade ! Elle a subi, à son âge, les fatigues d'un long voyage pour assister cette éclopée de la vie[a], qui n'est pas de son monde, qu'elle connaît à peine ; et elle vous entretient de cela, si simplement, elle juge sa conduite si naturelle que l'on s'émeut vraiment à l'entendre ; elle me demande de revenir visiter sa protégée et de prier pour elle. Ah ! tout ce qu'elle voudra, la bonne Samaritaine[2] !

Un des chapelains qui sert d'aumônier à l'hôpital, le brave abbé Darros[b][3], vient me chercher pour assister aux repas des infirmes[4]. Me revoici dans les corridors où des dames font la navette, les unes, allant vider des bassins, les autres rapportant des bols de soupe ; et ce sont des brancardiers qu'on appelle pour soulever un impotent trop lourd ; c'est une dame qui arrête l'aumônier, lui dit que le grabataire qu'elle soigne va mourir, qu'il serait temps de lui donner l'extrême-onction ; nous allons voir le malade et l'aumônier habitué aux masques des agonisants rassure la dame dont le visage attristé se détend ; c'est un va-et-vient au travers des conversations de gens qui encombrent, en causant, la place.

---

a <de la vie>

b Un des chapelains <qui sert d'aumônier à> ~~de~~ l'hôpital <, le ~~bon~~ <brave> abbé Darros,> vient

Nous finissons pourtant par sortir de cette foule et arrivons dans le grand réfectoire.

Il est si plein que les convives s'encaquent[1], coudes contre coudes ; des jeunes filles, des dames, en toilettes fraîches, sous leurs tabliers, distribuent à chacun une assiette de soupe, une part de gigot aux haricots et versent de cruchettes de grès du vin rouge, un peu coupé d'eau, dans les verres. Il y a de tout dans cette salle dont le seul décor est un crucifix, des malades qui paraissent bien portants et déjeunent avec appétit, d'autres qui chipotent et dont on devine, sur les faces ravinées, la rémanence des maux ; d'autres encore dont le crâne est embobeliné de linges cachant sans doute des bosses ou des plaies, d'autres enfin haussant, à la force des mâchoires, un goître qui, pendant le repas, danse… ; ce ne sont ici que des affections présentables.

Et il en est de même dans le hangar au dehors ; la colonie belge s'est installée à cet endroit et, tout autour des tables, des jeunes filles blondes, coiffées de bérets blancs, causent, rient, égaient, en les servant, les affligés ; un peu plus loin, sous l'abri des bâches tendues, stationne un camp de voiturettes d'infirmes auxquels des dames dispensent patiemment la becquée ; enfin, dans la cour, en une sorte de rancart, c'est la tablée des monstres.

Des gueules léonines et farineuses que l'on espérait abolies par l'usure des âges, se retrouvent là ; ces lèpres voisinent avec les tumeurs du cou, issues des hauts plateaux ; et ce sont des femmes qui, relevant leur voile noir, exhibent la tête de mort du lupus[2], avec deux trous rouges à la place des yeux, et un as de trèfle saignant au lieu du nez ; d'autres, dévorées par des cancroïdes[3] de la face, n'ont plus qu'une moitié de visage et, afin que le liquide ne fuie pas, en passant par le voile du palais perforé, un malheureux est obligé pour boire de se renverser la tête et de se pincer le nez…

Dans un autre coin, un homme, atteint d'une adénite[4], s'enfle d'une grosseur de la taille d'une citrouille, qui part de l'oreille et envahit le cou. Le crâne penche sous le poids et l'homme absorbe sa pitance, couché tout d'un côté…

Mais, dans cette cour des Miracles, il y a pis… un paysan, amené par le pèlerinage de Coutances, déjeune, seul, tel qu'un enfant puni[a], la figure contre un mur ; il se retourne pour demander du pain… oh !

---

a <tel qu'un enfant puni>

Il lui pend d'un trou informe et limoneux, qui fut jadis une bouche, une langue énorme. La peau molle et violette, comme enduite de gomme, qui la recouvre, semble morte, mais le dedans remue et vit. Les joues sont descendues avec leurs poils, mais le menton est où ? comment peut-il avaler ? et cependant il mâche sa viande, mais en cachette, car cette langue, pleine d'on ne sait quoi qui brandouille[a], dégoûte même les lupus !

Ah ! Seigneur, tout de même, songez que vous avez revêtu, pour nous racheter, la livrée humaine et ne fût-ce qu'en souvenir de ce lamentable corps que vous avez sanctifié, en le prenant, ayez pitié de celui-ci, guérissez-le !

Rappelez-vous l'image de votre Sainte Face ; elle était douloureuse, elle était sanglante, mais elle ne répugnait pas ! Sauvez la dignité même de votre image, par un miracle, nettoyez cette face immonde, purifiez-la !

Il est effrayant, me dit l'aumônier ; et il me narre sa gêne, ce matin même où il dut communier ce pauvre homme, car il ne savait dans quelle fissure de cet antre déposer l'hostie[1] !

Ce serait, reprend-il, un cancer d'une espèce spéciale ; mais venez, et il me conduit dans le champ des voiturettes et m'arrête devant une toute petite. Il sort du fond de la capote de cuir un délicieux visage de fillette, d'une blondine, aux traits délicats, à l'épiderme si mince que le réseau bleu des veines se voit dessous. Une demoiselle, assise sur un pliant, est là qui rit avec elle ; cette enfant ne souffre pas, au moins !

– Ce qu'elle a ? tenez, Monsieur.

Et la demoiselle nous montre un corps qui n'en a jamais été un, car cette enfant est venue au monde rachitique et nouée ; les jambes sont deux maigres ceps, enroulés l'un à l'autre, comme les branches d'un thyrse ; les bras sont des allumettes, les doigts sont en gélatine, on peut les retourner, dans tous les sens, ainsi qu'une peau de gant. Quant au reste du corps, c'est un minuscule paquet de chairs pâles et désossées[b] ; comment peut-elle vivre, en étant bâtie de la sorte ?

Toujours est-il que si elle ne peut ni marcher, ni bouger, elle végète tristement, dans un hospice, où cette brave demoiselle est allée la chercher pour l'emmener avec elle à Lourdes ; et l'on sent l'affection profonde qu'elle a vouée à cette orpheline qui, elle, ne la quitte pas

---

a ~~sous une peau qui suppure~~

b ~~il est on ne sait où~~ < c'est un minuscule paquet de chairs pâles et désossées>

de l'œil, qui s'inquiète, qui devient, tel qu'un petit oiseau perdu, dès qu'elle s'éloigne.

Il faut avouer que cet hôpital est à la fois un enfer corporel et un paradis d'âme[1]. Nulle part, je n'ai vu, avec des maux plus affreux, tant de charité, tant de bonne grâce. Lourdes est, au point de vue de la miséricorde humaine, une merveille ; l'on y constate mieux que partout ailleurs la mise en pratique des Évangiles et l'on y trouve des dévotes autres que celles qui sûrissent[2] dans nos églises pour arranger leurs piètres affaires avec des statues à tirelires de Saints.

Je ruminais ces pensées en franchissant la grille, lorsque je rencontre un brancardier que je connais ; nous nous promenons ensemble dans la rue et faisons les cent pas devant les magasins de chapelets. Une équipe de pèlerins belges passe et mon ami me dit :

– Les Belges sont les seuls qui soient admirablement organisés, ici[3] ; ils ont, sous la rampe du Rosaire, installé un bureau de renseignements et une permanence de secours[a] ; les dossiers de leurs malades, munis de certificats de médecins, vérifiés de très près, sont les modèles du genre ; ils sont, en tant qu'administrateurs, parfaits, mais en tant qu'hommes, c'est autre chose.

Ils forment, à Lourdes, une bande à part. Nous, quand on nous appelle pour donner un coup de main, nous y allons, sans nous préoccuper de savoir si le pèlerin qu'il s'agit de traîner ou de baigner, est français ou non. Eux pas ; ils ne veulent assister que les Belges ; leur compassion est patriotique et leur charité nationale.

Il semble du reste que cet égoïsme et que ce besoin de bien-être qu'ils ont importés, depuis quelques années, à Lourdes, n'aient pas tourné à l'avantage de leurs malades, car, après avoir obtenu, au temps des premiers pèlerinages, de nombreux et de retentissants miracles, ils en obtiennent beaucoup moins maintenant. Jadis, ils venaient en troisième classe et ne quittaient pas les alités ; aujourd'hui, ils ont construit un train médical composé de wagons de première, de sleeping-car, avec une chapelle pour célébrer la messe en route ; c'est le comble du confortable[4] ; puis, une fois débarqués ici et, leurs impotents casés, la moitié des infirmiers et des infirmières prend la poudre d'escampette et part en excursion dans la montagne. Ils ont fait, en un mot, du pèlerinage une partie de plaisir ; et très certainement, là-haut, ces nouvelles mœurs ne plaisent point.

---

a <installé> un bureau de renseignements et une permanence <de secours>

– Mais, lui dis-je, il faut cependant tenir compte des intentions ; en gens pratiques, les Belges ont voulu éviter la douloureuse horreur de ces trains d'agonisants trimballés, en de pénitentielles voitures, d'un bout de la France à l'autre, de ces sinistres trains blancs si bien décrits par Émile Zola[1], et ils ont voulu que leurs malades fussent mieux installés pour moins souffrir. Ce confort serait donc, si nous nous plaçons à ce point de vue, un acte de charité…

– Peut-être, mais néanmoins les faits sont là ; renseignez-vous auprès des habitants de Lourdes. Il n'en est pas un qui ne soit frappé de la diminution des grâces infligée aux Belges depuis qu'ils ne voyagent plus pauvrement et délaissent leur poste au chevet des grabataires, pour aller, en bande, se divertir[a][2].

---

a *Sur son manuscrit, Huysmans a biffé le long passage suivant]* – Mais, lui dis-je, croyez-vous que maintenant, pendant les pèlerinages nationaux, les Françaises n'offensent pas beaucoup plus la Vierge que les Belges ? // Vous n'êtes pas sans savoir, comme moi, que l'année dernière, au grand pèlerinage de septembre, les Madames, amenées par les ~~équipes~~ <escouades> de la rue François Ier, ont vendu des croix de ralliement, des cartes, sans lesquelles on ne pouvait pénétrer dans les salles d'hôpital, dans les piscines, partout où il y avait quelque chose d'intéressant à regarder. Et cette épicerie du Temple est d'autant plus choquante que, en temps ordinaire, à Lourdes, tout est gratuit. // Quant aux jeunes filles, elles sont venues, dans de telles toilettes, qu'on dut leur faire observer l'inconvenance de leur tenue. Elles avaient évidemment oublié qu'elles étaient les servantes des indigents et des malades ! // Celles-là ne sont pas, pendant les 3 jours de pèlerinage, un exemple, dans la montagne, mais je vous prie de croire qu'à entendre leurs babillages et leurs cris, pendant la procession même du Saint-Sacrement, l'on se demande ce que peut bien être la piété de ce genre de sœurs de charité là ! // Ah non, vivent les braves dames des pèlerinages pas mondaines, celles que je vois, pour le moment, ici ! // Ajoutez, répliqua mon ami, que ces infirmières de fantaisie prennent les bonnes places, se mettent même devant leurs malades quand la procession s'avance, elles essaient, si l'on peut dire, d'accaparer la bénédiction du Bon Dieu ! – mais, qu'importe, la Vierge sait bien reconnaître les siens !

V

On s'attache à certains malades que l'on ne connaît pas, plus qu'à d'autres que l'on ne connaît pas davantage, d'ailleurs ; je me répète cette réflexion en allant faire, ce matin, ma visite à l'hôpital. Ces préférences ont des causes multiples, quasi inconscientes, pour la plupart. Certainement, la pitié s'émeut, plus forte, pour ceux que l'on voit le plus souffrir ou qui sont férus d'affections plus rebutantes ; le souvenir de ceux-là vous hante, en effet, alors que tant d'autres infirmes, aux aspects moins imprévus, passent, sans qu'on y prête attention, en cet étonnant kaléidoscope de maux qui ne cesse de tourner dans cet hôpital où constamment des moribonds en remplacent d'autres. Il est bien évident aussi que l'on se sent, qu'on le veuille ou non, plus attiré vers une jeune fille impotente[a] et jolie que vers une vieille, plus touché également par les tortures d'un enfant que par celles d'un homme. Tout le monde, je crois, se mesure à ce même étalon de sensibilité. Ajoutons encore que des sympathies que ne déterminent point, cette fois, l'avenance[1] plus ou moins accentuée des traits, la différence des sexes, le degré plus ou moins pitoyable des douleurs subies, naissent pour les uns et pas pour les autres. L'on cause avec ces alités-là, alors que l'on n'éprouve aucun désir d'interroger leurs voisins et dès lors une sorte de lien s'établit avec eux et l'intérêt plus spécial qu'on leur porte s'explique ; mais la raison même de cette sympathie reste, dans ce cas, obscure ; elle dérive d'une impulsion que l'on serait bien en peine d'analyser. Enfin il y a parfois aussi, dans cette préférence, la présence d'un tiers qui vous tient plus à cœur que le malade même, mais qui vous le fait, par ricochet, aimer.

Tel est, je pense, le cas de cette petite, aux pieds gangrenés, que je vais revoir ; certes, je ne suis pas indifférent au sort de cette enfant qui a enduré le plus épouvantable des martyres, mais je suis plus requis, je le confesse, par l'héroïque dévouement de cette bonne vieille dame qui la soigne et qui est si contente que l'on vienne prendre des nouvelles de sa protégée. La petite va de mieux en mieux ; évidemment, ses pieds ne sont pas ce qu'on pourrait appeler de très jolis petons ;

---

a alitée

l'ont-ils jamais été d'ailleurs ? – mais ils ont maintenant la forme de pieds ; ils s'éclaircissent, leur rouge sombre commence à se muer en rose. Malheureusement, elle va partir avec le pèlerinage qui l'amena et je ne saurai que l'année prochaine, en admettant qu'on la conduise encore à Lourdes, si elle est décisivement guérie. Quant à l'homme à la langue fluctueuse de Coutances, il a quitté l'hôpital dans le même état qu'il y était venu ; de même aussi pour la mauviette nichée dans sa minuscule voiture ; elle ne s'est pas dénouée dans les piscines et la charitable demoiselle l'a remportée, heureuse tout de même de lui avoir procuré ce voyage au grand air et cette diversion.

Parmi les malades qui ont remplacé, dans les salles du rez-de-chaussée, ceux que l'on a réembarqués dans les trains, il y a, dans la salle des femmes, deux cas affreux. L'un est celui d'une malheureuse, étendue dans un cadre, dont on n'aperçoit qu'un bout de visage livide dans le creux, aux ailes rabattues, d'un oreiller ; elle est atteinte d'une tuberculisation générale et aiguë du système osseux et des poumons, le terrible mal de Pott[1], qui lui a déjeté la colonne vertébrale et couvert les hanches de fistules suppurantes et d'abcès ; elle trempe dans un lac de pus. L'autre est celui d'une jeune moniale d'un couvent de Saint-Brieuc, qui gît dans un panier d'osier ; elle est jolie et semble morte ; les joues sont d'une pâleur extraordinaire, les paupières sont closes, les lèvres ont le ton de la pierre ponce. Un prêtre brancardier cause avec une religieuse qui la garde ; il me mêle à la conversation et m'apprend que sœur Justinien a vingt-six ans, qu'après avoir été atteinte d'une pleurésie suivie d'hémoptysies[2], elle est, depuis un an, immobilisée par une coxalgie[3] avec raideur articulaire et déformation du membre inférieur. Elle a la jambe enfermée dans un appareil plâtré et son état d'épuisement est tel qu'on s'étonne qu'elle puisse encore vivre[4].

Dans la salle des hommes, que je parcours, il y a des cancéreux au teint de paille, des poitrinaires aux yeux moirés, un vieillard dont le visage peint en bronze décèle le mal d'Addison[5], des paralytiques, des gens qui se traînent sur des béquilles ; peu d'ulcères, visibles du moins, mais une sorte de lèpre qui boursoufle la face d'un homme dont la peau semble travaillée au repoussoir, dans un cuir grenu, couleur de lie de vin.

Et je monte au premier ; dans une des salles occupées par le pèlerinage de Belley qui vient d'arriver et qui s'installe, les sœurs du Saint-Esprit[1] s'empressent ; elles portent le magnifique costume des religieuses de l'hôpital de Beaune – elles appartiennent, en effet, au même Ordre – la robe bleue à vastes manches serrées au poignet et le hennin[2] de toile blanche, le costume resté intact des moniales du quinzième siècle. L'une d'elles console un enfant qui pleure, la jambe emprisonnée dans une gouttière de bois[3] ; celui-là est, comme la petite moniale du bas, tuberculeux et coxalgique ; il a sur la jambe et sur les reins des éruptions d'abcès. La sœur me dit que le voyage fut pénible, non à cause de cet enfant, mais à cause de l'une de leurs poitrinaires qui a failli mourir en wagon, dans un crachement de sang ; et elle ajoute que tout cela est oublié, qu'il va falloir maintenant ramener ses malades guéris ; et ce qu'elle l'espère, cette charmante vieille sœur, avec son regard candide et son à peine de sourire, très doux !

Je la quitte et me croise dans un couloir avec deux aveugles dont l'un a des yeux en laitance de poisson cuit et l'autre en croûte de bondon[4] gras[a] et ils sont conduits par un ophtalmique qui voit assez clair pour se guider, mais dont les paupières retournées exsudent sans arrêt, le long des joues, de leurs lisérés de jambon saignant, des traînées de larmes ; et, en les contemplant[b], le souvenir me hante du tableau du vieux Breughel où les gestes tâtonnants et les apparences des diverses cécités sont si bien rendus[5]. Je pénètre maintenant dans une autre salle ; là, parmi les alités amenés par les Hollandais, figure un vrai gnome, un petit garçon enfoui, tout habillé, sous une couverture, coiffé d'un chapeau tyrolien de feutre vert.

Il a une tête de bossu, blanche, comme échaudée, sans une expression, sans un pli ; il ressemble, étendu sur le dos[c], avec la gibbosité de sa poitrine qui bombe sous la couverture et ses membres grêles, à une grenouille. Il paraît insensible, plongé dans une sorte de coma. On me répond simplement, quand je demande quel mal a pu le réduire à un état pareil : « il a la colonne vertébrale pourrie. »

Quant aux autres invalides du même pèlerinage, entassés dans cette chambre, ce sont des incurables, mais dont l'existence peut se prolonger, ce sont surtout des scrofuleux et des infirmes.

---

a de poisson <cuit> et l'autre en croûte de bondon ~~ou de ver à soie~~ <gras>.

b ~~regardant~~ <considérant>

c <étendu sur le dos,>

Ça sent le pouacre[1], ça sent le fade ; j'éprouve le besoin de changer d'air et, en sortant de l'hôpital, je me heurte sur un pèlerinage qui chante avec des voix poussiéreuses[a] et traînantes :

Chez nous, dans la Vienne,
Nous vous aimons tous.
Ô Marie, soyez Reine,
Chez nous, chez nous !

Je n'ai pas de peine à reconnaître, en considérant la dégaîne lourde et musarde de ces hommes et de ces femmes et en écoutant l'air bébête et gnan-gnan de ce cantique, que ces pèlerins appartiennent à la race subalterne du Poitou[2].

Je fuis, pour les éviter, par une autre route, et, chemin faisant[b], je me répète ce que chacun doit se dire, après qu'il a vu à l'hôpital le défilé de tant de misères et de tant de maux : Seigneur, que vous êtes bon de ne pas m'avoir infligé des maladies semblables ! Il est bien certain qu'il faut venir à Lourdes, si l'on veut se rendre compte ce que peut devenir la loque décomposée de notre pauvre corps. Il n'est point de clinique qui présente un éventaire aussi varié de monstres. L'on se remémore les bêtes fabuleuses[c] du Moyen Âge[3], mais que sont-elles en comparaison de la tête de mort du lupus qui saigne et de la langue tuméfiée qui précède le paysan de Coutances ?

Je vais au bureau des constatations[4]. Y verrai-je, après le désolant spectacle de l'hôpital, la joyeuse scène du miraculé jailli, régénéré, de la piscine ? Ce bureau occupe, sous les arches de la rampe qui monte de l'esplanade à la basilique, un petit bâtiment éclairé par des fenêtres à vitres de couleur, solidement protégées contre la foule par des barreaux de fer, et surmonté d'une statue en marbre de saint Luc.

L'intérieur, plutôt obscur, tapissé du haut en bas de ses murs et sur son plafond en voûte, d'un cloisonnage de faux pitchpin, évoque l'idée d'une cabine de navire. Entre les deux fenêtres, du côté de l'esplanade, une grande table et une autre formant avec elle un angle ; et, cloué sur le panneau entre ces croisées, un crucifix ; en face, une cheminée sur la

---

a <poussiéreuses et>

b Je file … et chemin ~~faisant~~ <fuyant>

c ~~des bestiaires~~ du

tablette de laquelle est posée une statue de la Notre-Dame de Lourdes ; à gauche, une porte donnant sur une autre petite salle qui sert aux examens médicaux ; à droite, des photographies de miraculés, dans un cadre, et en vis-à-vis à la porte d'entrée, une autre qui s'ouvre, derrière la rampe, sur l'allée longeant le Gave ; des banquettes, quelques fauteuils, des chaises, des armoires qui renferment des dossiers et des registres et c'est, je crois bien, tout[1].

Devant la grande table, le docteur Boissarie[2] est assis et, à sa gauche, devant l'autre table, se tient son adjoint, le docteur Cox. La première impression que l'on éprouve, alors qu'on assiste à l'interrogatoire des malades, est que le docteur Boissarie est un juge d'instruction, mais un juge brusque et bon enfant, et qui retourne, en souriant, ses accusés sur le gril, et l'aimable docteur Cox fait alors l'effet du greffier qui, tout en écrivant, jette de temps en temps un coup d'œil sur les inculpés dont il inscrit, s'il y a lieu, la réponse.

La vérité est, n'en déplaise aux gens qui ne connaissent que par ouï-dire la clinique de Lourdes, que ces deux praticiens sont fort défiants et qu'ils ne retiennent, pour leurs annales, que bien peu des cas extraordinaires dont le défilé s'opère devant eux.

Alors que j'arrive, le docteur Boissarie me fait signe de m'asseoir auprès de lui et il continue de causer placidement avec une jeune fille d'allure un peu bizarre, une paralytique qui déclare avoir été guérie, miraculeusement[a], ce matin, après un premier bain. Elle ne fait pas partie d'un pèlerinage, ne possède aucun certificat de médecin, rien qui renseigne sur ses antécédents ; elle est d'ailleurs pleine de réticences et se tait sur l'origine de son mal ; mais elle a affaire à un homme patient qui l'incite à se contredire, qui lui dit : « Voyons, vous avez dû suivre tel traitement, éprouver tel et tel symptôme, et peu à peu, il finit par lui extirper la vérité, par lui faire avouer qu'elle est sujette à des attaques et qu'il faut alors quatre hommes pour la tenir, et le docteur sourit, la congédie avec de bonnes paroles, et me dit : « C'est de la fausse monnaie. »

Et d'autres passent, des améliorés, mais non des guéris. – « Voyons, marchez un peu sans vos béquilles. » – Et l'homme essaie quelques pas dans la pièce et s'arrête, épuisé, alors qu'on lui tend une chaise. On lui demande alors combien de temps il doit rester à Lourdes et on l'invite à revenir, avant son départ, pour un dernier examen.

a <miraculeusement>

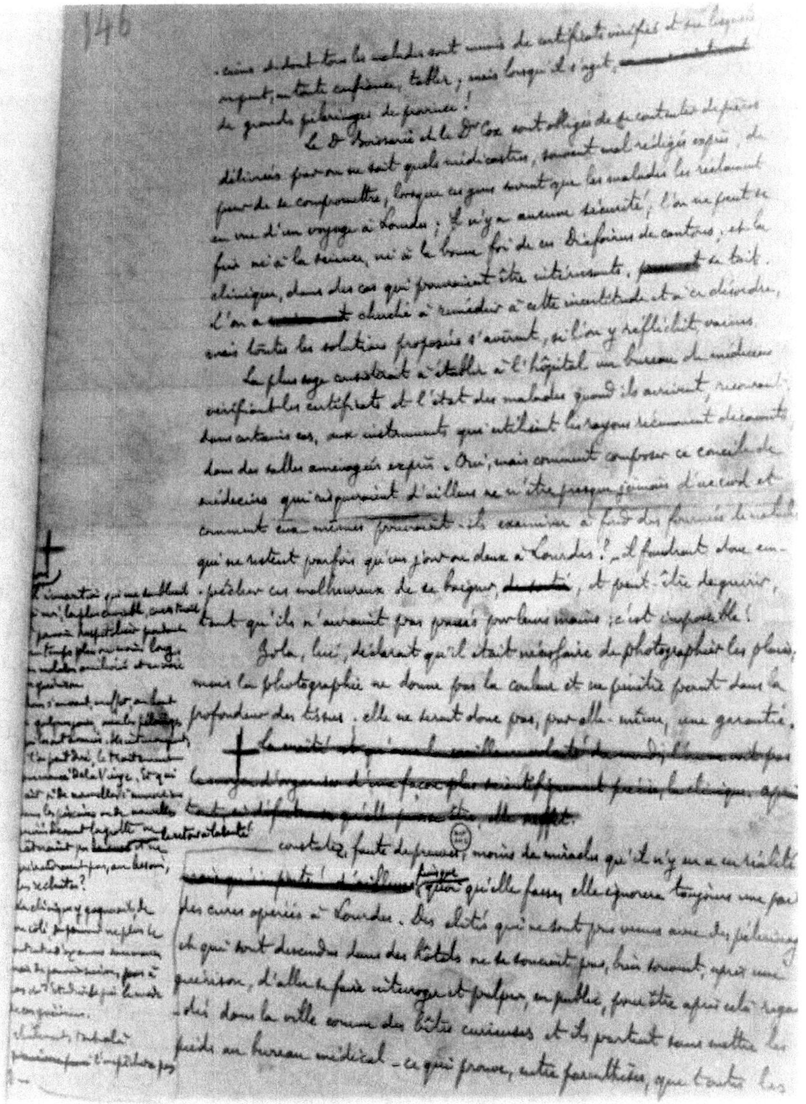

FIG. 5 – Extrait du manuscrit des *Foules de Lourdes*, Bibliothèque de l'Arsenal, Ms Lambert 44.

Et ainsi de suite ; l'on peut vraiment attester que le bureau des constatations ne pousse pas aux miracles, car toute affection qui peut provenir d'un détraquement du système nerveux est, de prime abord, écartée ; et quant aux autres, l'on ne se prononce réellement que quelques années après, alors que l'on a pu s'assurer que la guérison s'était maintenue[1]. Malheureusement, ces habitudes de prudence ne sont pas celles de la presse ; elle prend justement le contre-pied de la clinique et, à propos de guérisons surnaturelles qui n'en sont pas, donne raison à la critique obligée de ne se baser que sur des comptes rendus forcément inexacts.

À en croire les correspondants des journaux catholiques venus pour assister aux pèlerinages, les miracles foisonnent ; c'est à qui en aura vu le plus[2]. S'il en était ainsi, les inguéris seraient l'exception, et le vrai miraculé serait celui qui ne le serait pas !

– Connaissez-vous Mme Rouchel[3] ? me demande le docteur Boissarie.

– Non.

– Eh bien, je vais vous la montrer tout à l'heure, car elle est présentement à Lourdes et je l'attends, ce matin.

Et il me rappelle, en feuilletant un dossier, qu'on lui apporte, le miracle avéré, certain, celui-là, d'un lupus guéri instantanément et qui n'a jamais reparu depuis l'année 1903, pendant laquelle eut lieu la guérison.

Je regarde le dossier avec lui ; il est bourré de rapports, de certificats médicaux ; cette femme, avant de venir ici, avait été examinée par tous les docteurs[a] de la Lorraine, traitée par tous les spécialistes des maladies de la peau ; tous les certificats concordent et concluent à l'impossibilité de guérir un lupus arrivé à un état d'acuité pareille.

Ce que l'on a tenté, pour entraver la marche de cet ulcère, est incroyable ; on a saccagé la mâchoire de la malheureuse, en lui arrachant les dents ; on l'a cautérisée sans mesure et le lupus n'en a pas moins continué de la dévorer[b] vive et de répandre une odeur si nauséabonde que personne n'osait plus la panser. La figure était devenue quelque chose d'effrayant. Le nez et la bouche confondus s'ouvraient en un rouge cratère d'où coulaient des filets de lave couleur de soufre ; les joues étaient percées de deux trous de l'épaisseur d'un petit doigt

---

a <des hôpitaux>

b ~~toute~~

et qu'il fallait boucher avec des tampons de ouate[a] lorsque la pauvre femme s'apprêtait à manger ou à boire, de peur que les aliments et la boisson ne sortissent par ces ouvertures. Sa situation était devenue si atroce qu'elle avait résolu de se jeter dans la rivière. Un vicaire de l'église de Saint-Maximin, à Metz, où elle résidait, l'abbé Hamann[b], l'en empêcha et la fit admettre parmi les malades que le pèlerinage de cette ville expédiait à Lourdes.

Arrivée devant la grotte, elle prie, puis baigne ce qui lui sert de visage, à la piscine. Le lendemain, elle recommence à s'imbiber la face avec une éponge et sans plus de succès ; ce même jour, honteuse, se sentant un objet de dégoût pour tout le monde, à quatre heures, au moment de la procession du Saint-Sacrement sur l'esplanade, elle ne veut pas se mettre sur les rangs des malades et elle se cache dans le Rosaire, vide, à ce moment-là, derrière le grand autel. Elle lisait, agenouillée, ses prières dans un livre de messe quand, la procession étant terminée, Mgr de Saint-Dié, qui avait tenu l'ostensoir, rentre pour le déposer dans le Rosaire. À ce moment, le bandeau qui lui voilait la figure se défait et tombe sur son livre qu'il macule de sang et de pus. Elle le rattache solidement, à l'aide d'un double nœud et, intimidée par la foule qui rentre à la suite de l'évêque, dans l'église, elle s'échappe et s'en va à la fontaine pour y prendre un peu d'eau. Elle était penchée sur le robinet, lorsque le bandeau se détache encore ; un peu surprise, car elle était certaine de l'avoir très fermement noué, elle le rajuste et retourne à l'hôpital où elle se plaint qu'il ne tienne pas et demande qu'on le lui applique avec plus de soin. On l'enlève et les deux personnes qui l'ont ôté poussent un cri : « Vous êtes guérie ! » – Elle n'y croyait pas ; il fallut qu'elle se vît dans une glace pour se convaincre qu'en effet le lupus avait disparu, comme par un coup de baguette, en une seconde. Le visage s'était réparé, le nez s'était restauré tant bien que mal, les trous des joues et du palais ouverts étaient bouchés ; les chairs s'étaient reconstituées d'elles-mêmes, spontanément.

Et, tandis que nous nous entretenons de ce phénomène inouï, la bonne femme arrive et salue, en riant, le docteur ; elle peut avoir cinquante-quatre ans ; elle est grosse, marche pesamment, a l'air tout à la fois d'une paysanne et d'une loueuse de chaises, dans une église. Je

a de<s tampons de> la ouate
b <l'abbé Hamann>

regarde la figure, elle est celle de quelqu'un qui se serait autrefois brûlé ; elle est mâchurée de rose et veinée de blanc ; les traces des cicatrices sont apparentes. Cette femme est évidemment laide, mais d'une laideur qui ne répugne pas.

Et pendant que les médecins qui se trouvent dans le bureau l'examinent, je cause avec le docteur Boissarie de cet autre cas de lupus dont Zola a vu la guérison, à Lourdes, celui de Mlle Marie Lemarchand[1], de Caen, devenue, sous le nom d'Élise Rouquet, l'un des personnages de son livre. La guérison qui eut lieu, le 20 août 1882, fut ainsi que celle de Mme Rouchel, qu'elle précéda, instantanée.

Mais, elle, se sentit guérir. À peine se fut-elle lotionnnée dans la piscine qu'elle éprouva d'atroces douleurs, puis eut l'immédiate certitude qu'elle était guérie ; et elle l'était, en effet ; un médecin, le docteur d'Hombres, qui se tenait là et qui l'avait remarquée tandis qu'elle lavait l'horrible bouillie de sa face, et qui l'examina aussitôt après sa sortie de la piscine, a très nettement déclaré ceci : « Au lieu de la plaie hideuse, je vis une surface sèche, comme recouverte d'un épiderme de nouvelle formation. »

Zola n'a pas voulu avouer cette spontanéité qu'il avait constatée pourtant ; il a préféré raconter que l'aspect du visage s'améliorait peu à peu, que la cure s'opérait indolemment ; il a inventé des étapes et des gradations[2] pour ne pas être obligé de confesser que cette renaissance soudaine d'une figure détruite était en dehors des lois de la nature humaine ; ç'eut été l'aveu du miracle.

La question est, en effet, là. Que le lupus, si rebelle à tous les genres de médications, puisse néanmoins disparaître à la longue, c'est très possible ; mais ni les anciennes méthodes, ni la nouvelle thérapeutique des rayons invisibles ou des rayons lumineux[3] n'ont fait et ne feront qu'il s'envole, qu'il s'évapore, par enchantement, en un clin d'œil. La nature ne peut fermer une plaie en une seconde, les chairs ne peuvent se restaurer en une minute. Ce qui constitue l'élément du miracle, en pareil cas, c'est moins la guérison que sa promptitude, que son instantanéité[4].

L'histoire de Marie Lemarchand, telle que l'a relatée Zola, est donc résolument inexacte ; préoccupé de fournir des arguments aux adversaires du surnaturel, il insinua, dans son volume, en sus de la lenteur mensongère de la cure, que ce lupus pouvait bien être un faux lupus, d'origine nerveuse. Et après ? en l'admettant, en quoi la question serait-elle changée ? Il n'en resterait pas moins le point principal, la réfection subite des cellules et des tissus. Un ébranlement nerveux n'a pas, je présume, le pouvoir de faire repousser sur-le-champ des chairs ; alors ? – mais la vérité est autre – l'origine du lupus de Marie Lemarchand est parfaitement connue ; elle a été certifiée par les médecins, garantie par l'état même de la malade qui était atteinte de la phtisie lorsqu'elle vint à Lourdes. Son lupus était, ainsi que la plupart des lupus, d'origine tuberculeuse. Ajoutons que les tubercules des poumons sont partis en même temps que les ulcères de la face ; la Vierge a fait d'une pierre deux coups. Douze ans se sont écoulés, et ni l'une ni l'autre de ces affections ne sont revenues ; l'on peut donc affirmer que Mlle Marie Lemarchand est une miraculée vraiment guérie.

Et je songe maintenant aux cas semblables et cependant différents de ces deux femmes. Mme Rouchel n'a éprouvé aucune commotion, n'a senti aucun de ces souffles chauds ou froids qui sont si souvent les signes avant-coureurs des guérisons, à Lourdes ; elle a été guérie, sans souffrir, sans s'en apercevoir, hors des suppliques des foules et des piscines, seule, dans un coin. Mlle Lemarchand, elle, a souffert atrocement dans la piscine et s'est très bien senti guérir ; et elle n'a pas gardé, comme Mme Rouchel, trace des cicatrices de ses plaies ; ni coutures blanches, ni plaques roses ; sa figure est redevenue ainsi qu'elle était auparavant.

Je suis tiré de mes réflexions par le bruit des conversations qui se croisent dans la salle ; elle s'est, peu à peu, remplie ; des médecins, des prêtres, des curieux se pressent[a] ; le secrétaire de l'Évêque de Tarbes, l'affable[b] P. Eckert[1], entre, en quête de renseignements pour le *Journal de la Grotte* qu'il dirige et il s'installe près du docteur Cox ; et la porte s'ouvre encore et une jeune fille, accompagnée de deux dames, demande à être examinée.

On s'enquiert de son nom. Virginie Durand, âgée de dix-neuf ans, demeurant à Saint-Michel-Chef-Chef, dans la Loire-Inférieure ; elle raconte qu'elle était poitrinaire et qu'elle a été guérie, l'année dernière. Le docteur Cox se lève, va chercher les dossiers et les registres, découvre, en effet, le nom, et donne, à haute voix, lecture des pièces.

---

a ~~en quête de ses jugements,~~

b ~~le très~~ complaisant <l'affable et le> complaisant

Il en résulte que Virginie Durand est venue, avec le pèlerinage nantais, l'an dernier ; elle a présenté un certificat médical constatant qu'elle était atteinte de tuberculose des poumons ; les crachats avaient été analysés, la nature du mal ne pouvait faire de doute. Elle avait eu de nombreuses hémoptysies et elle était tombée dans un tel état d'affaiblissement qu'elle était incapable de se tenir debout[a]. Dans le bain où elle fut plongée, elle endura des douleurs épouvantables et faillit passer dans une crise de suffocation ; puis avant même que d'être retirée de l'eau, elle sentit un bien-être indicible qui succédait à ses tortures ; et elle put s'habiller, seule, aller sans aide à la grotte, manger de bon appétit et dormir. On l'a auscultée, le jour même, et l'on n'a plus trouvé trace des lésions.

– Avez-vous un nouveau certificat de votre médecin ? demande le docteur Boissarie.

Elle en tend un, relatant qu'elle n'a jamais été souffrante depuis son retour dans son pays et qu'elle a engraissé de vingt-quatre livres.

– Voulez-vous examiner Mademoiselle ? propose le docteur à plusieurs médecins qui tournent autour de l'ancienne malade ; deux acceptent, qui l'auscultent dans la salle voisine et déclarent, en rentrant, que les poumons ne présentent rien d'anormal.

Le docteur Cox rajoute au dossier le nouveau certificat, prend note de la consultation et, l'an prochain, quand cette jeune fille sera de nouveau de séjour à Lourdes, on l'examinera, afin de s'assurer si sa guérison s'est encore maintenue.

Il y en a qui, depuis quinze ans, viennent ainsi, en action de grâces, à la grotte et se rendent à la clinique, si bien que l'on suit, année par année, l'état de leur santé ; ce sont de vraies archives de familles, que ces archives de Lourdes !

– Ah ! Messieurs, s'exclame tout à coup le docteur Boissarie, voici un cas intéressant et que nous avons étudié de près, il y a quelques jours ; entrez, mon enfant, entrez, asseyez-vous là.

Et debout, dans le silence subit de la pièce, il dit, en désignant une jeune fille, installée dans un fauteuil :

– Mlle Rosalie Monnier, que voici, fait partie du pèlerinage diocésain de Belley ; elle habite le village de Cuet où est né le Bienheureux Chanel, un père mariste, qui fut, vous le savez, martyrisé en 1840, dans

a ~~marcher~~ <se tenir debout>

l'Océanie[1]. Sa mémoire est l'objet d'un culte fervent dans ce village ; ces détails ne sont pas, vous le verrez tout à l'heure, inutiles.

Mlle Monnier appartient à une famille de cultivateurs qui eurent six enfants dont deux sont morts de la poitrine ; elle, a été prise, dès l'âge de quinze ans, d'une maladie de langueur, sans cause bien définie et qui a arrêté son développement et[a] s'est compliquée, il y a déjà près de dix-neuf années, d'un état de dyspepsie tel qu'elle fut obligée de ne prendre que du lait, et à doses insuffisantes pour s'alimenter ; encore devait-elle, pour ne pas le vomir, l'absorber à l'aide d'un tube de caoutchouc.

Les médecins dont nous avons ici les certificats ont renoncé à la traiter ; elle gardait la chambre, ne pouvait supporter ni lumière ni bruit, et il y a quelque temps elle est devenue, par suite d'inanition, tellement faible que l'on a cru qu'elle allait mourir et qu'on l'a administrée.

Mais elle avait la dévotion de son pays, la dévotion du Bienheureux Chanel ; abandonnée par la science qui se déclarait inapte même à la soulager, elle se remit entre ses mains et, après l'avoir ardemment invoqué, elle eut l'intuition subite qu'il obtiendrait sa guérison de la Vierge, si elle se rendait à Lourdes. Elle partit le 6 septembre, et ce long voyage de vingt-six heures fut des plus pénibles ; elle vomit jusqu'à Lyon, arriva à jeun le lendemain soir à Lourdes où elle fut placée à l'hôpital de Notre-Dame des Sept-Douleurs. Le 8, dès le matin, elle se traîna jusqu'à la chapelle de cet établissement, pria le Bienheureux et fut portée à la grotte où elle reçut la sainte communion. Aussitôt, il lui sembla qu'on lui écartelait l'estomac, – qu'on le lui ouvrait, selon son expression, comme un livre – et depuis ce moment, elle ne souffre plus, mange avec appétit ce qu'on lui sert. Elle est encore un peu pâlotte, mais la reprise se fait depuis quelques jours, chez elle, à vue d'œil.

J'ai cru devoir signaler à MM. les ecclésiastiques, ici présents, parce qu'elle peut intéresser la canonisation du Bienheureux qui est actuellement soumise à la Congrégation des Rites, à Rome, l'intervention de ce martyr, auprès de la Vierge, pour cette guérison.

J'ajoute, du reste, que deux fois déjà nous avons pu constater son rôle de médiateur auprès de l'Immaculée Conception de Lourdes ; une fois, à propos de l'un de ses compatriotes, Vion-Dury[2], un aveugle incurable

---

a <a arrêté son développement et>

qui, après lui avoir fait une neuvaine, se bassina les yeux avec de l'eau de la source et recouvra immédiatement la vue ; une autre fois, à propos d'une femme du pèlerinage de Belley qui l'implora dans la chapelle de l'hôpital de Notre-Dame et fut guérie, le même jour, après avoir communié à la grotte[a].

En ce qui concerne la maladie même de Mlle Monnier, j'appelle l'attention de mes confrères sur les conditions dans lesquelles cette cure s'est opérée. Cette jeune fille, malade depuis dix-neuf ans, pouvait-elle guérir par les seuls efforts de la nature ? oui, évidemment ; au point de vue théorique, il est permis de le soutenir, mais pas cependant dans l'espace d'une minute, pendant le temps d'une communion ; car, de même que la nature ne peut cicatriser une plaie en une seconde, de même elle ne peut refaire soudainement une économie minée par dix-neuf années d'inanition. Cette instantanéité dans les résultats doit surtout vous arrêter, car il n'est pas, vous le savez, en notre pouvoir de supprimer la convalescence et de passer sans transition de la maladie grave à la santé.

Je pense, à part moi, que cette guérison – si tant est qu'elle persiste – s'est effectuée sans bain, sans verre d'eau, sans foule, sans cris, sans bénédiction du Saint-Sacrement, après une simple communion, ce qui prouve combien toutes les hypothèses qui attribuent les cures de Lourdes au saisissement causé par l'eau froide et à la suggestion des bruyantes multitudes sont fausses. Ce qu'en tout cas l'on guérit, si l'on doit guérir, d'une façon variée à Lourdes !

---

a *Paragraphe ajouté dans la marge.*

VI

La laideur de tout ce que l'on voit, ici, finit par n'être pas naturelle, car elle est en dehors des étiages connus ; l'homme seul, sans une suggestion issue des gémonies de l'au-delà, ne parviendrait pas à déshonorer Dieu de la sorte ; c'est, à Lourdes, une telle pléthore de bassesse, une telle hémorragie de mauvais goût, que, forcément, l'idée d'une intervention du Très-Bas s'impose.

Je laisse de côté la basilique qui grelotte, maigre comme une perche, sous son chapeau de pierrot, dans son mince vêtement de pierre, sur le plat humide de son roc, mais que dire du Rosaire, de ce cirque hydropique dont le ventre rebondi bombe sous ses pieds ? comment définir cette bâtisse dont la forme intérieure rappellerait vaguement celle d'un as de trèfle, avec cinq autels disposés dans la circonférence de chacune de ses feuilles ? On voudrait savoir de quel style cela procède, car il y a de tout là-dedans, du byzantin et du roman, du style d'hippodrome et de casino ; mais il y a surtout, à bien regarder de près, du dépôt de machines, de la rotonde de locomotives ; il ne manque que les rails et la plaque tournante au milieu, à la place du grand autel, pour permettre aux machines de sortir des coulisses et d'évoluer sur les voies de l'esplanade, en sifflant au disque.

Et cette rotonde qui devrait être enfumée par la vapeur des charbons, encrassée par la poix des suies, elle est d'un blanc de plâtre neuf ; on a commencé par la parer comme une salle de théâtre, mais le décor est inachevé ; partout cependant des ornements de faux or, des torchères électriques, lourdes et tortillées, d'une insolence de luxe atroce ; des colonnes qui ne sont que des pans de murs nains et carrés, revêtus à mi-corps de plaques de marbre, couleur de rillettes et dont les inscriptions des ex-voto, creusées en lettres d'or, se voient heureusement, à peine ; en fait de chapiteaux, au-dessus de ces piliers trapus, les versets des litanies courent, sculptés dans des feuillages, et montent pour atteindre, en s'incurvant, un dôme badigeonné au lait de chaux, troué d'œillères garnies de Dieu sait quelles vitres ! des colonnettes s'effilent et, au bout de leurs tiges, fleurissent des plumeaux ou plus exactement des diadèmes de sauvages en plumes ; ça, c'est de l'exotique d'opéra, de l'alhambra de province. Dans l'incohérence de cet ensemble, imaginez maintenant le boniment électrique de centaines d'ampoules[1], allumées, le soir, et dont les lueurs fracassantes se répercutent dans les ors et les marbres des murs et vous pourrez vous croire partout où vous voudrez, sauf dans une église.

Cette nef ou cette crypte – on hésite à qualifier d'un nom ces salles biscornues – sont évidemment le produit de l'imagination d'un brelandier[2] en veine de gain et d'un bedeau en délire ; mais il y a pis, ce constructeur de casino religieux a du génie, si on le compare aux peintres.

L'on a cru devoir, en effet, commander pour les niches à autels d'immenses peintures, traduites, pour que ce fût plus somptueux et que cela coutât plus cher, en des mosaïques que façonnèrent des fabricants de pâtes de couleur, en Italie[3].

Et cela dépasse tout ce que l'on pourrait rêver. L'art, même dans ses plus basses déchéances, n'a plus rien à voir, ici ; ce n'est même pas mauvais, car enfin, en art, le mauvais existe ; on peut l'expliquer, le définir ; la discussion qu'il suscite implique la reconnaissance peut-être d'un effort, d'une impuissance, en tout cas, ou d'une erreur ; mais ces murs cimentés de cailloux tassés dans un fond crevassé d'or et qui reproduisent de vagues fresques que signèrent de pauvres inconscients[a], ne peuvent susciter que l'idée d'une impéritie sans égale et d'un néant ; ce n'est même pas cocasse, ce n'est même pas fou, c'est puéril et c'est ganache ; ça vacarme et ça radote. Devant cette Nativité, cette Annonciation, ce Jardin des Olives, cette Flagellation[b], les bras vous tombent[4] ; le dernier élève de l'École des Beaux-Arts ferait mieux. Il ne s'agit pas, en effet, de talent, mais d'abécédaire et de rudiments et ici, c'est l'ignorance du métier, aggravée par le sentimentalisme bébête de l'ouvrier de cercle catholique qui a bu un coup[5] !

Aussi, va-t-on se réfugier devant le seul panneau qui ait été confié, par distraction, sans doute, à un peintre, médiocre, je le veux bien, mais enfin à un peintre. Celui-là sait au moins et dessiner et peindre ; l'on peut distinguer l'art d'affiche et de chromo de M. Maxence[6], juger que son Ascension réduite deviendrait une parfaite étiquette pour les boîtes à dragées d'un confiseur, mais enfin son art paraît réel si en le rapproche des vétustés enfantines des trois autres.

---

a ~~de pauvres badernes~~ <de pauvres inconscients>

b <cette Flagellation>

FIG. 6 – Basilique du Rosaire, *L'Ascension*, mosaïque d'Edgar Maxence (1899).

Et la même réflexion vous vient devant une Vierge de Maniglier[1], sculptée dans le tympan, au-dessus de la porte, tenant un enfant qui remet à saint Dominique, agenouillé, un rosaire dont les grains étaient jadis simulés par de petites ampoules électriques qu'on allumait le soir ! on la jugerait, dans une exposition de Paris, courte et savonneuse, sans aucun caractère religieux, mais ici, elle fulgure, admirable, en face des infernales fantaisies de la maison Raffl[2].

Quel évêque atteint d'ablepsie[3], quels églisiers, agités par des forces mauvaises, ont commandé et accepté de telles choses[4] ?

Et ils ont commandé et ils ont accepté pis encore. Sans parler de la Vierge en fonte peinte de l'esplanade, auréolée d'un cercle d'amandes électriques et dont la tête de raie, aux yeux laiteux et aux joues livides, est celle d'une démente évadée d'un asile, il faut, si l'on veut voir jusqu'où peut atteindre l'acuité du laid, grimper les lacets du coteau des Espélugues où l'on a commencé à planter un chemin de croix. Une station y est posée sur un tertre, entouré d'arbres.

Ici, les invectives défaillent. Imaginez des statues détachées d'un chemin de croix de la rue Bonaparte ou de la rue Saint-Sulpice, devenues deux fois plus grandes que nature, et campées en plein air et se découpant sur le ciel, en plein jour.

Au centre est assis un bonhomme dont la face glabre serait celle d'un fond de culotte si elle n'avait deux yeux et, autour de cette poupée de taille démesurée, des comparses aux traits fades et secs, aux gestes pétrifiés, cernent une statue, debout, vêtue d'une robe blanche, avançant le visage régulier de la sydonie masculine, de l'une de ces sydonies à teintures, représentée dans des tableaux d'annonces, avec une barbe blanche d'un côté et noire de l'autre. – Cela représente Notre-Seigneur devant Pilate ! – Figurez-vous encore, pour animer le champ immobile de ces fantoches morts[a], des paysannes vivantes et ahuries qui, ne voyant tout d'abord que le Pilate assis, bien en évidence, hors des groupes, le prennent de bonne foi pour le Christ, vont à lui, l'embrassent et lui font toucher leurs chapelets. Et vous aurez un vague aperçu de cette odieuse mascarade des Écritures[5] !

Cette station du Calvaire est la seule qui, actuellement, existe. Un brave curé me racontait que l'argent manquait pour édifier les autres et il paraissait croire que l'on réunirait difficilement la somme nécessaire pour commander la suite de ces stupres divins à Raffl. Qu'il se rassure !

a ~~figures~~ mortes

FIG. 7 – « La Vierge en fonte peinte de l'esplanade, [...] dont la tête de raie, aux yeux laiteux et aux joues livides, est celle d'une démente évadée d'un asile [...] », *Les Foules de Lourdes* (chap. VI). Statue de la Vierge, Raffl, 1876.

Je ne connaîtrais pas mes catholiques si je doutais, une seconde, qu'ils ne fussent prêts à se laisser héroïquement dépouiller pour la joie de parfaire une telle œuvre[1] !

Évidemment, en aucun endroit, en aucun pays, en aucun temps, l'on n'a osé exhiber d'aussi sacrilèges horreurs et si l'on songe qu'elles ont été façonnées exprès pour Lourdes, fabriquées exprès pour Notre-Dame, l'on en vient à tirer d'un pareil spectacle un enseignement.

À n'en pas douter, de tels attentats ne peuvent être attribués qu'à des facéties vindicatives du démon. C'est sa vengeance contre Celle qu'il abhorre et on l'entend très bien lui dire[2] :

Je vous suis à la piste et partout où vous vous arrêterez, moi je m'établirai ; vous ne serez jamais débarrassée de ma présence ; vous pourrez avoir à Lourdes toutes les prières qui vous plairont, vous pourrez vous croire revenue aux beaux temps du Moyen Âge ; les foules afflueront auprès de vous ; les hourras des miracles, les Magnificat des guérisons, les roulements ininterrompus des rosaires, vous encenseront comme nulle part ailleurs, c'est possible ; en un siècle que je malaxe et pervertis à ma guise, vous découvrirez peut-être même de la sainteté dans les âmes éparses à vos pieds, c'est encore possible ; mais l'art, qui est la seule chose propre sur la terre après la sainteté, non seulement vous ne l'aurez pas, mais encore je m'y prendrai de telle sorte que je vous ferai insulter sans répit par le blasphème continu de la Laideur ; et j'obnubilerai à un tel point l'entendement de vos évêques, de vos prêtres et de vos fidèles, qu'ils n'auront même pas la pensée d'écarter de vos lèvres le calice permanent de mes injures ! Tout ce qui vous représentera, Vous et votre Fils, sera grotesque ; tout ce qui figurera vos anges et vos saints sera bas. Vous constaterez aussi que je n'ai rien omis ; j'ai même songé aux objets du culte, à ceux qui touchent surtout à la chair même du Christ ; je me suis spécialement occupé des monstrances et des ciboires et j'ai voulu qu'ils fussent d'un goût somptueux, atroce. L'abomination singulière pourtant de la bijouterie religieuse de l'Europe ne m'a pas suffi ; vous y étiez habituée peut-être ; j'ai trouvé mieux ; j'ai requis les rastas de l'Amérique du Sud et ils m'ont compris. Je suis vraiment satisfait des articles effrayants qu'ils vous offrirent. Ah ! les pièces de votre trésor de Lourdes, ce que je les ai, moi-même, une à une, choisies !

Et ces paroles s'attestent d'une déconcertante vérité, quand on considère l'esthétique de Lourdes !

L'art est, en effet, un don particulier que l'homme emploie à sa guise, bien ou mal, mais qui n'en garde pas moins, si profane qu'il soit, le caractère divin d'un don. Il est, sous des apparences variées qui atteignent l'âme et affectent les sens, la reproduction du Beau unique et multiforme comme la divinité même qu'il représente un peu, dans son faible miroir, car le Beau infini, inaccessible à l'être déchu, est identique à Dieu même.

Et Lamennais qui se sert de termes à peu près semblables pour définir l'art conclut : « Le Beau, tel que l'homme peut le reproduire dans son œuvre, a une nécessaire relation avec Dieu[1]. »

Or, s'il en est ainsi, le contraire est également exact, et le Laid est, lui aussi, en une nécessaire relation avec le démon ; il en est le reflet, comme le Beau est le reflet de Dieu.

Il est donc évident que l'on attribue à Satan ce qui est dû au Christ, lorsque l'on portraiture Jésus et la Vierge en d'immondes images ; l'on fait, dans tous les cas, son jeu ; l'on pratique, en quelque sorte, un acte de magie noire, en rendant hommage au Maudit, lorsque[a], renversant les rôles, transformant en effigies infernales les effigies divines, l'on dispose, pour sa joie, les ridicules personnages usités dans nos chemins de croix.

La laideur, l'atechnie, l'inart[b], dès qu'ils s'appliquent à Jésus, deviennent fatalement, pour l'homme qui les commet, un sacrilège.

La plupart des catholiques, heureusement pour eux, ne savent ce qu'ils font[2], car l'Esprit du mal use de prémotion[3] et ne révèle pas à ceux qu'il incite ses desseins. Il se borne à utiliser la vilenie de la nature humaine et son peu de foi ; il agit, par l'intermédiaire des curés des campagnes et des villes qu'il aveugle et dont il accroît la vulgarité native du goût ; il s'installe à demeure, pour les servir, dans les officines du quartier Saint-Sulpice et là, il inspire ses tenanciers de la prostitution divine et organise, avec leur concours, le carnaval de la Jérusalem céleste, la chienlit du ciel.

Ah ! si l'on exorcisait ces ateliers de bondieusarderies, ce qu'il en sortirait des larves !

Le résultat le plus clair de cet état de choses est que tout individu qui fabrique, que tout individu qui vend, que tout individu qui achète des produits de ce genre est un possédé inconscient.

---

a [*Ajout marginal*] <renversant les rôles, transformant en effigies infernales ~~celles du Ciel~~, les effigies divines, l'>

b La Laideur, l'atechnie, l'Inart

Les prêtres devraient y réfléchir[1] et songer aussi combien l'élément juif domine maintenant parmi les débitants d'objets de piété. Convertis ou non, il semble bien qu'en sus de la passion du gain, ces négociants éprouvent l'involontaire besoin de retrahir le Messie, en le vendant sous des aspects soufflés par le démon[2].

L'argument qu'invoquent certains catholiques plus compréhensifs que les autres, pour excuser cette outrance de la laideur qui sévit à Lourdes, est vraiment débile. Ils feignent de croire qu'elle est indispensable pour plaire au peuple et attirer les foules. D'abord, il n'a jamais été démontré que le peuple aimât le laid de préférence au beau ; il ignore ce qu'est l'un et ce qu'est l'autre et voilà tout ; il s'enthousiasmerait aussi bien pour une belle œuvre, si on la lui montrait, que pour une laide ; mais en fait de nutriment et de breuvage artistiques, on ne lui sert, sous couvert de religion, que de la ratatouille de cantine et de la ripopée[3] !

Et puis, est-ce qu'au Moyen Âge les cathédrales n'ont pas été construites pour lui ; est-ce que les statues, les tapisseries, les retables, toutes les œuvres magnifiques qui parent maintenant nos musées, n'ont pas été créées pour rehausser, à ses yeux, le prestige de l'Église et l'aider à prier ?

Il les admirait de bonne foi et il comprenait très bien que cette splendeur était, par elle-même, un hommage rendu à Dieu et une supplique. Sans doute, son niveau a baissé depuis… il ne sait plus… mais à qui la faute, sinon au clergé qui avait charge de l'instruire et qui l'a, par son ignorance et son dédain de toute esthétique, ramené à son état primitif d'indifférence.

Lourdes est donc le parangon de la turpitude ecclésiale de l'art et il est, dans son genre, unique ; et pour que rien ne manque à l'œuvre scélérate que le Malin y joue, les soirs de grande fête, on illumine la façade et le clocher de la basilique, avec des ampoules électriques tricolores et l'on dessine en traits de feu la tourte du Rosaire qui ressemble alors à une rotonde en pain d'épices, anisée de grains roses.

Il ne resterait, en fait de divertissements pour voyous, qu'à tirer un feu d'artifices sur la montagne du chemin de croix et peu s'en est fallu que cette dernière avanie ne fût commise. Un soutanier, venu de je ne sais quelle province, y avait si bien songé que l'on eut toutes les peines du monde à l'empêcher d'en allumer un.

Il n'en est pas moins vrai que, même sans fusées et sans bombes, les fêtes liturgiques de Lourdes ressemblent aux fêtes civiques du 14 juillet[1] ; n'y ai-je pas entendu des fanfares de cuivre et[a] des Ave Maria soufflés dans des pistons et des trombones[2] ? Je crois avoir, ce soir-là, souffert.

Ce pays où triomphe l'odieux spectacle de cette bravade de la beauté divine est d'ailleurs devenu, depuis que la Vierge s'y fixa, une sorte de camp, sillonné par les grands gardes du démon.

À vrai dire, cette grotte de Massabielle lui appartenait, car c'était un lieu désert et mal famé où personne ne s'aventurait. Ses seuls hôtes étaient deux espèces d'animaux qui faisaient, l'un et l'autre, partie du bestiaire infernal au Moyen Âge : les serpents qui gîtaient dans ses crevasses et les pourceaux qui s'y abritaient, alors que Paul Leyrisse, le porcher du village, les menait paître sur les rives du Gave[3].

Marie balaya cette fange vivante en se montrant ; mais pour salir de nouveau cette grotte, Satan la fit, pendant la période même des apparitions, souiller la nuit par des ébats[b] de couples ; « on a fait des sottises à la grotte », disaient les paysans qui n'ignoraient pas ces scandales ; puis il s'attaqua à Bernadette même, en extase, qui entendit derrière elle, sortant du Gave, des hurlements sauvages et des cris furieux lui ordonnant de se sauver ; enfin, il tenta d'amoindrir les révélations de l'enfant en suscitant des visions plus ou moins bizarres à un groupe de possédées dont les divagations essayèrent de troubler la confiance des habitants.

Mais bientôt[c] le bon sens revint et Bernadette fut écoutée ; alors il changea de tactique et il attisa la passion du gain chez ces carriers qui se transformèrent en hôteliers, en marchands de chapelets et de cierges et dévalisèrent, à qui mieux mieux, les pèlerins[4].

Et, après l'argent, ce fut la chair. Bientôt les mœurs de ces montagnards qui étaient honnêtes, lorsqu'ils étaient pauvres, se dévergondèrent ; puis ce fut l'indécent appoint des étrangers ; des liaisons impossibles dans des petites villes où chacun s'observe purent s'épanouir dans la promiscuité de ces immenses foules où l'on passe inaperçu ; ce fut, dans

---

a ~~et vu, de mes yeux vu, des prêtres qui soufflaient, avec des joues gonflées comme des ballons~~, et des Ave Maria <soufflés> dans des <pistons et des> trombones

b ~~réitérés~~

c ~~l'ordre ou~~

le hourvari des grands pèlerinages, la facilité des rencontres, l'impunité absolue des rendez-vous[1]…

Satan put se réjouir – mais il n'obtenait, en somme, que des péchés communs, que des fautes inhérentes à la misère humaine ; il ne produisait que des oublis momentanés, que des offenses passagères que la pénitence efface.

Il voulut davantage, rêva de forfaits plus profonds et plus tenaces et c'est alors qu'il manœuvra, sous le manteau de la piété, et qu'il instaura le blasphème permanent, en implantant la laideur sacrilège à Lourdes.

Et c'est par cet atroce moyen – qu'il faut divulguer à la fin, pourtant – que le vieux serpent nargue Celle qui lui écrase la tête et la mord quand même au talon !

VII

La ville est devenue, depuis quelques jours, inhabitable. Le chiffre du pèlerinage national est dépassé. Plus de quarante-cinq mille pèlerins bivaquent dans un bourg de neuf mille âmes ; et pourtant les trains ont pompé la Bretagne, le Berry, la Bourgogne, le Forez et le Rouergue, mais d'autres ont refoulé dans la cuve toujours pleine de nouveaux milliers de voyageurs venus de tous les points du territoire et de nombreuses caravanes de l'étranger s'annoncent.

Où loge-t-on ? il n'est plus un taudis où l'on ne couche, en rangs de sardines pressées, sur des paillasses ; pas de greniers ou de combles où des gens ne s'entassent ; les habitants ont loué jusqu'aux celliers, jusqu'aux caves ; l'on a réquisitionné dans les environs jusqu'aux hangars, et des débarqués errent, une valise à la main, en quête d'un gîte. Il va falloir organiser des trains spéciaux qui emmèneront coucher, le soir, dans les stations voisines, des pèlerins qu'ils ramèneront, dès l'aube du lendemain, à Lourdes. Inutile de dire que les abris de la rampe du Rosaire sont pleins. Ce matin, quand j'y arrive, c'est, en pénétrant dans les immenses salles, une touffeur si cuisante, si âcre que je recule. Partout, sur le sol, des matelas, des femmes qui dorment tout habillées, un mouchoir sur la figure ; d'autres qui se rechaussent ; d'autres encore qui bâillent, les yeux bouffis, et s'étirent sur le séant ; des enfants courent et se poursuivent ; une petite fille pleure[a] ; et, au dehors, des hommes se débarbouillent avec un peu d'eau puisée dans le creux de la main et se secouent. On se croirait dans un campement de saltimbanques, dans un douar de bohémiens[1]. Il en est de même au Rosaire qu'on essaie d'aérer en laissant ouvertes les portes ; des centaines de personnes y ont passé la nuit sur des bancs, tenues éveillées par les fouets de lumière électrique, par les chants, jusqu'à minuit ; et, à cette heure, elles ont succombé à la fatigue quand tout s'est tu et que les messes ont commencé. Les sacristains sont sur les dents. Ils ont déjà fourni le vin, les hosties, le linge pour plus de mille messes qui se sont débitées dans le Rosaire, cette nuit, et qui vont continuer maintenant jusqu'à deux heures du jour. On les célèbre partout, sur

a *En marge :* < des enfants courent et se poursuivent ; une petite fille pleure ;>

des autels improvisés de planches ; il y en a en haut jusque dans la galerie des grandes orgues ; et les prêtres s'assistent les uns les autres, et l'aide nettoie, après la communion, le calice, à la place de l'officiant pour que le sacrifice finisse plus vite et qu'il puisse à son tour, et sans tarder, être servi. Et il en est ainsi dans la basilique, dans la crypte, dans l'église du village, dans les couvents, partout où l'on a pu dresser des simulacres d'autels ; c'est un moulinet de messes-express qui n'est pas sans m'inquiéter un peu ; quant aux communions des fidèles, elles atteignent des chiffres exorbitants, 125 000 en ce mois.

Il va de soi qu'il est impossible d'approcher de la grotte, de la fontaine et que, si l'on veut prier et se recueillir, le plus simple est de rester chez soi.

Déjà, les pèlerins, hébergés dans le village, remplissent l'esplanade ; on fait queue, comme aux abords d'un théâtre, devant les secourables cabines, et, c'est autour d'elles[a] une pestilence de bouse humaine et d'urine ; des gens rapportent de la ville[b] du pain, du saucisson, du vin ; et des familles, installées sur les pelouses de gazon, cassent la croûte ; on se croirait, un dimanche, au bois de Vincennes, avec les tessons de bouteilles et les papiers gras.

Et voici que, dans un brouhaha de poussière, une armée de femmes s'avance, en jetant des cris rauques et en gesticulant. Je comprends, en les voyant de plus près, que les quatre trains prévus de l'Espagne sont arrivés.

Ah ! ces maugrabines[1] qui agitent des mouchoirs, envoient des baisers à la foule, en rugissant telles que des hyènes !

Ce sont les filles de Marie de Guipuzcoa ; elles ont l'air de je ne sais trop quoi, ces filles de Marie[2] ; la plupart, brunes et petites, avec des visages ronds, de gros nez, des yeux noirs, de fortes hanches et d'impétueuses croupes ; presque toutes arborent la mantille et jouent de l'éventail. Quelques-unes sont affublées de costumes qui sont un compromis entre la livrée monastique et la toilette de ville ; deux ou trois ont les robes raisin-sec des Carmélites, la ceinture de cuir et une plaque d'émail au corsage, ce sont les tertiaires de sainte Térèse[3] ; d'autres sont habillées en bleu et d'autres en noir, ce sont

---

a comme ~~devant~~ <à> la porte d'un théâtre, devant les <secourables> cabines et c'est <autour d'elles> une pestilence de bouse humaine et d'urine, ~~dans tous les coins~~ ;

b <de la ville>

les enfants de l'Immaculée Conception et les filles de Notre-Dame de Compassion[1] ; d'autres encore sont accoutrées de violet, ce sont les affiliées de la Confrérie des âmes du Purgatoire[2] ; d'autres enfin sont vêtues de vert, la couleur de Notre-Dame Del Pilar[3] ; pas de malades et très peu d'hommes, en comparaison de la masse des femmes, mais beaucoup de prêtres qui fument des cigarettes, pendant que celles des pèlerines qui ne s'éventent pas sucent des oranges ou croquent des bâtons de chocolat.

Les paisibles habitués de Lourdes s'écartent, ahuris, devant cette poussée d'Espagnoles qui les acclament ; ah ! je ne suis pas inquiet ; ce que celles-là vont avoir vite fait de se frayer un chemin, au travers de la multitude, jusqu'à la grotte !

Ce serait l'instant de monter à la basilique pour assister à une messe ; elle est bourrée de monde et force m'est de rester près de la porte. Au ruban jaune-souci qui pavoise les boutonnières, je reconnais, assis sur les bancs, le pèlerinage des Hollandais.

La grand'messe commence et j'ai la surprise de l'écouter, chantée en vrai plain-chant ; c'est la seule messe propre que j'aurai entendue à Lourdes. Un sermon a lieu après le Credo. Tandis que le prêtre hollandais prononce en chaire un discours que je ne comprends pas, je regarde, une fois de plus, l'intérieur de la basilique.

Il est d'aspect étriqué, avec la sécheresse de ses arêtes, la ténuité de ses voûtes[a], la couleur de cendre de ses murs ; il est très inférieur au gothique de la chapelle des Jésuites de la rue de Sèvres[4] dont il rappelle un peu la disposition, par son assemblage de petites chapelles logées dans les bas-côtés et les portes de cave ouvertes dans les pans de murs qui les séparent. Sans élévation et sans largeur, la nef est, en somme, longée de chaque côté par un étroit corridor dans lequel la foule se bouscule sans pouvoir circuler. La funeste ganache qui a construit ce misérable pastiche du treizième siècle, n'a su réussir qu'une chose, l'alliance de l'incommodité et de la laideur[5].

Au fond de cette nef qui s'achève en un maigre chevet, occupé, lui aussi, par de minuscules chapelles, se dresse, entouré d'une grille dorée, un autel en marbre de Carrare, surmonté d'une statue de l'Immaculée Conception de Cabuchet[6] qui n'est pas sensiblement supérieure à celle que fabriqua pour la grotte le Lyonnais Fabisch[7].

a <~~L'étrécissement~~ <la ténuité> de ses voûtes>

La bonne Bernadette s'y connaissait, sans doute, fort peu en art, mais elle ne put s'empêcher de sourire de pitié quand ce Fabisch lui présenta ses esquisses et ses maquettes. Il n'en continua pas moins de modeler et de durcir ses pains de margarine et ses[a] bols de cérat[1] et, quand la statue fut terminée, Bernadette, que l'on consulta pour savoir si elle ressemblait à la Vierge, répondit : « Pas du tout » ; puis quelque temps après, alors qu'elle la vit, en place, dans la grotte, elle dut s'éloigner aussitôt, ne pouvant, nous raconte un témoin oculaire, le docteur Dozous[2], supporter la vue d'une telle image[3] !

Ajoutons, pour attester le manque absolu de talent de ce très pieux homme[b], qu'il avait vu Bernadette en extase, qu'il avait par conséquent aussi vu un reflet divin éclairer une figure humaine et tout cela pour aboutir à cette effigie de première communiante, à cette tiède, à cette molle[c] fadeur ! Ah ! ce qu'à notre époque la piété ne donne pas de talent ! Est-ce, dans toutes les branches de l'art, assez prouvé[4] ?

Pour en revenir à la basilique, ce qui est inconcevable, c'est cet amas de bibelots de dernier ordre et de loques bariolées qui la décorent. Partout pendent aux voûtes des bannières poussiéreuses, aux ors devenus noirs ; et le long de la nef, parée, au-dessus de ses arcs d'ogive et au-dessous de ses minces fenêtres aux vitres colorées comme des bonbons anglais[d], d'une frise dessinée avec des cœurs de métal qui simulent des lettres et reproduisent les paroles adressées par la Vierge à Bernadette, c'est un déballage de drapeaux de toutes les nations : Haïti, Chili, Belgique, Angleterre, Autriche, Hollande, Bolivie… et contre les murs, partout, dans les chapelles, du haut en bas, une collection d'ex-voto ridicules, des fleurs artificielles, des couronnes de mariées, des brassards de première communion, des épaulettes, des épées, des croix de la légion d'honneur, des portraits de famille, des tapisseries pour pantoufles, des chromos. Un seul de ces ex-voto est intéressant. Il est accroché, à droite, dans le chœur, près de l'autel voué à Notre-Dame de la Salette ; il contient, sous un verre bombé, dans un cadre, des fragments d'os et d'horribles griffes, quelque chose comme des griffes de léopard qui seraient pétrifiées. Ce sont les ongles d'une femme dont le bras était paralysé et la main fermée

---

a <ses pains de margarine et ses bols de>

b du <très > pieux <homme> ~~Fabisch~~

c <à cette molle>

d au vitres <colorées comme> de<s> bonbons anglais

depuis des années ; les ongles avaient percé la paume et poussé, en se recourbant, dans les chairs. Elle plongea son bras dans la piscine ; il se ranima, la main s'ouvrit et les ongles et les os cariés tombèrent dans la baignoire où on les repêcha[1].

L'on dirait, en examinant ce déballage de hardes qui flottent au plafond, d'un séchoir et de ce fatras de babioles clouées aux murs, d'un magasin de décrochez-moi-ça, d'une boutique de bric-à-brac ; l'on dirait surtout que l'on s'est ingénié à loger dans une basilique un tas de choses qui n'ont aucun rapport avec elle. Tout y est incohérent et disparate, depuis les lampes du chœur, jusqu'à ces lustres à pendeloques de cristal ou en verre de Venise, pendus dans la nef. Ils seraient à leur place, dans un salon, mais pas dans une église[2].

Salon en haut et écurie en bas alors, car l'asphalte est substitué dans ce sanctuaire aux pavés liturgiques et aux dalles.

Tout cela est bien laid ; si seulement c'était simple et naïf, mais le malheur est que[a] ça ne l'est pas !

En attendant, je suis reconnaissant aux Hollandais de m'avoir donné une messe de pur[b] plain-chant et je descends maintenant au Rosaire, car j'ai lu, sur une pancarte affichée en un coin de porte, que les Espagnols allaient, également, célébrer une grand'messe et je ne serais pas fâché de voir comment on s'acquitte des offices en Espagne.

La rotonde du Rosaire est, ainsi que la basilique d'où je sors, pleine. Je finis cependant par franchir la haie des dos et je gagne un coin ; de là, je plonge sur le champ noir des mantilles qui s'étend jusque sur les marches de la rampe de communion ; toutes les Espagnoles accroupies s'éventent ; la messe commence avec diacre et sous-diacre et la petite maîtrise des hommes que les prêtres ont amenée avec eux entonne l'Introït.

La bonne et l'expansive Espagne, la voilà qui chante, elle aussi, du plain-chant ! À l'Introït, succède un Kyrie, inconnu de nos manuels, mais qui gémit avec une allure implorante, étrange ; le Gloria et le Graduel sont déjà d'une couleur moins ancienne ; quant au Credo, après avoir débuté en musique grégorienne, il s'achève en une chevauchée à la Palestrina qui doit servir sans doute de transition avec le reste de l'office exclusivement composé de séguedilles[3] et de fredons ;

---

a <le malheur est que>

b <pur>

la messe est, en somme, hybride, à deux parties, mais la première est au moins belle !

Après le Credo, Monseigneur de Tarbes[1], qui vient d'arriver, monte dans l'une des deux chaires en marbre blanc qui flanquent, de chaque côté, l'autel, somptueux, mais d'un goût, par extraordinaire[a], quasi probe, et il adresse ses souhaits de bienvenue aux pèlerins. Il parle simplement, d'une voix calme, détache ses mots qu'écoute attentivement un prêtre espagnol, huché[2] dans l'autre chaire.

Et lorsque l'évêque a terminé son discours, ce prêtre le traduit aux assistants. Il le traduit ? je ne sais. Tout d'abord je me demande, stupéfié, ce qui le prend, celui-là ! car il bouleverse son masque olivâtre, peint avec un rasoir sur les joues en bleu, se frappe la poitrine, cogne à coups de poing le rebord de la chaire, jette les bras au ciel, hurle tel qu'un énergumène. Quelle singulière transposition d'un entretien placide et d'un compliment aimable en une tumultueuse harangue, en un boniment de drame !

Il s'arrête enfin, inondé de sueur, prononce quelques mots sur un ton raisonnable et aussitôt toutes les Maugrabines se lèvent et poussent, par trois fois, un vivat rauque et strident ; elles se soulagent avidement ainsi de cette compression de silence qu'elles ont subie depuis qu'elles sont assises et, dès la fin du dernier Évangile, leur exubérance déborde, en mêlant leurs voix à celles de la maîtrise, en chantant la marche de saint Ignace[3], une marche mâle et rythmée qui, passée par ces timbres rugueux et suraigus, s'affirme d'une pompe barbare et contraste violemment avec l'effroyable vulgarité des cantiques que l'on beugle ici[4].

On étouffe dans cette rotonde si mal bâtie qu'on ne peut suffisamment l'aérer et je m'échappe avant que la ruée des mantilles n'ait obstrué les portes. Une fois dehors, je vais m'asseoir sur un banc le long du Gave et je me remémore cette vie si peu liturgique qu'il faut suivre, à Lourdes.

Jamais, en temps ordinaire, une grand'messe en plain-chant, mais toujours une messe basse accompagnée de pieuses turelures[5] qui n'ont aucun lien avec elle – ou bien, ce qui est plus étrange encore, un prêtre débite tranquillement un sermon, tandis que celui qui est à l'autel continue le sacrifice ; et l'inutile bavard ne se tait que lorsque tinte la sonnette, pour l'élévation.

---

a <par extraordinaire>

N'ai-je pas entendu, jadis aussi, dans la vieille église du village détruite, un Sub tuum[1] clamé au moment de l'Évangile et à la basilique, des Vêpres de la Vierge, exécutées par un pèlerinage du diocèse et ainsi ordonnées[a] : deux psaumes au lieu de cinq, en fait d'hymne l'Ave maris stella avec la première strophe servant de refrain aux autres, le Magnificat, et le tout sans aucune antienne ! mieux vaudrait ne pas chanter les Vêpres du tout plutôt que de les réduire de la sorte. Quant au sanctorial et aux féries[2], il n'en est guère question ici. Le plus souvent, l'on célèbre l'office de l'Apparition dont le rite est supérieur à Lourdes à celui du Propre du Temps et à celui de la majeure partie du Commun des Saints qu'il refoule[b] ; mais cet office qui fut façonné par les Bénédictins de Solesmes est superbe et je serais mal venu à me plaindre de l'avoir entendu tant.

Je me rappelle, certains dimanches, ces Vêpres magnifiques et j'en arrive à regretter qu'on ne les chante pas toujours à la place de ces autres Vêpres si écourtées parfois qu'elles n'en sont plus.

Ces dimanches... mais il n'y avait pas alors l'étonnante cohue des pèlerinages internationaux[3]. L'office avait lieu à la basilique ; les antiennes, les psaumes en vrai plain-chant étaient exécutés par deux chœurs, l'un dans la nef, l'autre derrière l'autel. Celui, situé dans la nef, se composait du pensionnat des sœurs de Nevers[4], une armée de bambines, coiffées de capulets gris lisérés d'une ganse bleue, expertement dressées au plain-chant par les sœurs ; l'autre, derrière l'autel, était constitué par les enfants de la maîtrise et par quelques chantres très bien formés, eux aussi, par l'abbé Darros[c], le maître de chapelle, et ils alternaient les versets des psaumes et chantaient ensemble l'hymne Omnis expertem[5] qui se déroulait sur une mélodie populaire, charmante, mais la merveille de ces Vêpres, c'était le Magnificat.

Après l'antienne, tous les enfants se taisaient ; et alors, du haut des grandes orgues, au-dessus de la porte d'entrée, un cri rocailleux mais vibrant, explosant en une flamme, ébranlait l'église : Magnificat[6] !

Et une troupe de montagnards soutenait ce cri lancé à toute volée sous les voûtes, avec le tonnerre de leurs voix de bronze. C'était d'une âpreté et d'une violence, mais c'était aussi d'une solennité jugulante,

---

a <ainsi> ordonnées ~~de la sorte~~

b < qu'il refoule>

c < l'abbé Darros>

d'une gloire inouïe ! Jamais tempête plus majestueuse de louanges n'avait retenti en l'honneur de la Vierge et il semblait que, nulle part encore, l'on n'eût ainsi exprimé le triomphe d'allégresse du Magnificat, comme en ces Vêpres brûlantes de Lourdes !

La disgrâce de la piètre église disparaissait ; elle se brouillait d'ailleurs dans les nuées gris perle de ses flocons d'encens et tremblait dans le fouillis des rayons de soleil tombés des vitres et mêlés aux foyers de lumière électrique allumés dans les centaines d'ampoules de ses lustres. On pouvait se croire ailleurs et savourer, pour quelques minutes, le bienheureux oubli de la Laideur et la joie de voir enfin offrir à Notre-Dame un présent qui fût vraiment digne d'Elle.

Et je songe à tout ce qu'on pourrait amoureusement lui dispenser à Lourdes… des grand'messes célébrées, selon le mode grégorien, ainsi que le veut d'ailleurs le Motu proprio du Pape[1] ; et des grandes et des petites Heures dont on n'entrevoit, publiquement du moins, aucune trace dans la basilique et le Rosaire – personne n'y a entendu chanter, même le dimanche, l'office admirable des complies. – Et le petit office qui porte son nom, qui fut fait exprès pour Elle n'est-il pas tout désigné ainsi que ces touchantes et que ces naïves proses que le Moyen Âge tissa pour aduler ses douleurs et ses liesses ? – Bref, il faudrait instaurer le Laus Perennis de la liturgie Mariale, à Lourdes. – Il fonctionne jusqu'à un certain point, si l'on veut, puisque, jours et nuits, les cantiques ne cessent pas[2]. Mais quelle Laus de pacotille, quelle louange de drogue[3] ! – C'est l'« En revenant de la revue » et « le père la Victoire » de la piété[4] ; et qui dira l'obsédante importunité de ces « Ave Maria », de ces « Laudate Mariam[5] », de ces « Nous voulons Dieu, c'est notre père[6] », de ces « Au ciel, nous la verrons un jour[7] », braillés à tue-tête sur des mélodies canailles dont la vraie place serait dans les beuglants d'un faubourg ? Et l'on en mange et l'on en boit, ici ; on s'endort et l'on se réveille en les écoutant ; c'est l'air même du pays, le vent même de Lourdes[a] !

---

a *[Les cinq paragraphes qui suivent ont été supprimés dans la version imprimée du livre.]* – Et puis, ne serait-on pas en droit aussi de demander, en ce domaine virginal, un peu de tenue, un peu de respect pour les choses saintes ? // L'an dernier, j'assistais, dans le Rosaire, à une consécration de pierres d'autel, qui fut faite par un prélat portugais, l'évêque de Macao, un petit homme ~~illisible~~ <~~frétillant~~ <pétulant> et replet>, habillé <comme une Cydalise>, de la tête aux pieds, de <taffetas> rose. // On avait, ainsi que pour un repas de noce, étendu sur des tréteaux des planches recouvertes d'une nappe blanche et les pierres s'y allongeaient, à la file. // L'Évêque officiait, consciencieusement, entouré de

Il y a, pourquoi ne pas le constater, dans cette ville, un clergé montagnard, excellent mais insensible à tout ce qui n'est pas la grosse besogne des processions et des prêches, du maniement des foules ; il est juste de relater aussi que ces prêtres qui ont remplacé les pères de la grotte, chassés de leur maison commune, sont excédés de travail, tués par les confessions et que l'on ne peut raisonnablement exiger d'eux qu'ils organisent encore des offices canoniaux dans les églises – seuls, des Bénédictins, installés à Lourdes, pourraient assurer ce service. – Et puis, en admettant, par impossible, que le sens liturgique existe dans cette contrée, il pourrait très bien ne pas exister, – et combien c'est probable ! – dans les diocèses de France et de l'Étranger qui se rendent à la grotte – et il serait assez malséant de leur demander d'abandonner leur routine et de chanter, à la place de leurs rigaudons, des hymnes latines… aucun ensemble n'est donc réalisable[1].

Mais, tout de même, il n'en coûterait pas davantage au clergé de Lourdes de faire chanter à ses offices, à lui, du plain-chant et de suivre un peu, dans ce qu'elles peuvent avoir de conciliable avec ses occupations, les règles de la liturgie[2]…

Je crains bien, hélas ! que ce vœu ne soit aussi parfaitement inutile que les autres, car, si nous exceptons les Vêpres de la basilique, il en est, ici, de la liturgie et du chant, comme de l'architecture, comme de la peinture, comme de la statuaire. Il y a, cette fois, ensemble[3].

Ah ! lorsque le Diable se fait bondieusard, ce qu'il devient terrible !

---

quelques prêtres et d'enfants de chœur ; mais les saintes huiles furent apportées dans des chopines de marchand de vins et versées dans des verres de cabaret. Un bol de crèmerie contenait l'eau bénite et les reliques enfermées en de vulgaires étuis de bois, pareils à ceux qui détiennent des crayons de menthol, s'entassaient, pêle-mêle, dans une assiette. // C'était d'un manque de déférence ! – mais je fus le seul à être choqué par ce sans-gêne. L'Évêque, lui, trempait son pouce dans l'horrible verre et, pieusement, sans y regarder de si près, signait les croix des pierres et les prêtres bâillaient, trouvant que les cérémonies du Pontifical étaient longues…

VIII

On vit, il faut l'avouer, à Lourdes, dans une température d'âme étonnante ; c'est la chambre de chauffe de la piété. Ces hurlements ininterrompus d'Ave, ces remous de foule que l'on a constamment sous les yeux, cette vue permanente de gens qui souffrent et de gens qui se gaudissent et mangent et boivent sur l'herbe comme un dimanche à Clamart, finissent par vous abasourdir. On vit dans un milieu sans proportions ; l'extrême des douleurs et l'extrême des joies, c'est tout Lourdes[1]. Au bout de quinze jours de ce régime, on est à point ; l'on ne regimbe plus dans l'ambiance ; on aide, soi-même, sans le savoir, à la développer et le premier résultat de cet abandon de sa personne est le désintérêt absolu de ce qui se passe dans le reste de l'univers. Les peuples peuvent s'exterminer et le Fallières[2] périr[a], peu importe. Lourdes seul existe ; les journaux n'ont plus de raison d'être, on ne les achète plus ; une feuille que l'on vend sur l'esplanade les remplace tous, le *Journal de la Grotte*[3] ; il s'agit de savoir combien il y eut de miracles hier et, hormis cette question, plus rien ne vaut. Une note du bureau des Constatations, insérée dans le journal même, prévient le public que ces annonces de guérisons sont hâtives et non contrôlées ; ces réserves ne sont admises par aucun lecteur ; tout individu qui entre dans la pièce du docteur Boissarie ou qui en sort doit être un miraculé ; les prêtres sont encore plus enragés que les autres pour vouloir discerner des miracles partout ; j'en ai vu qui se précipitaient sur des femmes que l'on emportait de la clinique médicale et que l'on prétendait guéries, pour leur faire toucher leurs chapelets, et c'étaient de simples hystériques ! – Comment s'entendre avec des gens d'une mentalité pareille ? – et des bruits courent, issus d'on ne sait où, de prodiges extraordinaires que l'on n'a pas eu le temps de vérifier, car ils se sont produits au moment où les pèlerinages partaient ; et les détails deviennent de plus en plus confondants, à mesure qu'ils sont racontés par de nouvelles bouches ; la barrière de bon sens que la clinique s'efforce d'opposer à ces divagations est vite rompue ; l'on pense que le docteur Boissarie met de la mauvaise volonté quand il

---

a Les ~~Japonais~~ peuvent s'exterminer et le Loubet périr

n'accepte pas, d'emblée, l'origine miraculeuse[a] d'une cure ; c'est une véritable débâcle de la raison !

Mais aussi, l'étrange monde que celui qui s'agite ici ! – les hommes sont, en général, mieux que ceux qui siègent sur les bancs d'œuvre des églises. Il y a bien encore, çà et là, des figures sébacées trouées d'yeux qui serpentent sous des lunettes[1], mais il y a aussi un élément jeune, aux visages intelligents, surtout parmi les brancardiers ; puis chez des hommes d'âge qui n'ont pas la dégaine sournoise des bigots, une piété simple et forte, vraiment touchante ; quant aux femmes !

Il y a là des cagotes de province inouïes ; elles errent, jabotent, remuent, ainsi que des juments leurs gourmettes, leurs rosaires ; c'est à qui en récitera le plus, c'est à qui lampera le plus d'eau, à qui fera le plus de chemin de croix. Les dévotes, qui sont déjà une engeance redoutable dans les chapelles de Paris, deviennent effrayantes à Lourdes. Elles sont déchaînées depuis hier soir. Elles ont aperçu un évêque de trente ans qui a des cheveux longs et sales lui tombant dans le dos, une barbe de Christ et des mains tatouées de bleu, comme un lutteur ; et elles se précipitent sur ses traces en criant : « Qu'il est beau ! c'est Notre-Seigneur Jésus même ! » – et lorsque le bruit se répand que ce prélat serait un évêque de Terre Sainte, c'est du délire !

Les autres pontifes qu'elles guettaient jusqu'alors pour se faire bénir et leur baiser l'anneau ne comptent plus ; cet exotique qui a l'air indolent et souffreteux, les rejette tous dans la pénombre ; et, harcelé par les femmes, il les bénit tant qu'elles veulent, leur tend à sucer son bonbon d'améthyste, visiblement ravi de son succès.

Quel est en réalité ce romanichel violet que ses confrères me paraissent regarder avec défiance[2] ? c'est un évêque de Palestine[b] venu en France afin de trouver pour les prêtres de[c] son diocèse de l'argent et de taper par des quêtes les fidèles.

Et j'entends, autour de moi, des conversations de ce genre : où dit-il sa messe ? ah ! si l'on pouvait être communié par lui !

Quel concept du catholicisme dans ces têtes de pioche ; elles s'imaginent que la communion distribuée par ce jeune Oriental serait supérieure à celle dispensée par un simple prêtre !

---

a < miraculeuse>

b c'est un nommé ~~Haggéas~~ [?] ~~archevêque grec melchite~~ de ~~Ptolémaïs~~ <Palestine>

c < les prêtres de>

Et une fois bénies et rebénies par cette complaisante Grandeur, infatigablement elles assiègent la fontaine et vident des gobelets d'eau ; puis elles recommencent à défiler dans la grotte et elles font toucher à la place du roc[a] que l'on baise sous la statue, non seulement des chapelets et des médailles, mais encore des bibelots qui n'ont aucun rapport avec les objets du culte, tel un porte-cigare d'ambre que l'une d'elles frottait sur la crasse grasse de la pierre, sans doute pour sanctifier les lèvres de son heureux mari[1] ! D'autres s'arrêtent devant le filet tendu et y déposent des lettres munies, j'aime à le croire[b], d'un timbre-poste pour la réponse, afin d'obtenir que la Vierge en prenne connaissance.

Évidemment, à Lourdes, nous atteignons les derniers bas-fonds de la piété.

Ce genre de mômières est certainement recruté dans les couches les plus inintelligentes du peuple, mais je ne sais pas si je ne préfère point la vulgarité de ces édifiantes oies, à la prétention de pieusardes d'un rang supérieur, issues de la souche moyenne de la bourgeoisie riche, car certaines de celles-ci sont hantées par un besoin de cabotinage, par un désir de se faire remarquer et cette ostentation de ferveur finit par devenir insupportable.

Elles sont là qui se traînent sur les genoux en regardant de côté, qui récitent des chapelets, les bras en croix, et baisent la terre. Cela est tout naturel, cela est très bien, quand c'est pratiqué par une personne simple que l'on sent vraiment recueillie et vraiment pieuse ; mais lorsque celles qui opèrent ces exercices ont des figures réparées par des pâtes[c] et les cheveux potassés ; quand elles sont parées de bijoux et vêtues d'éclatantes frusques, cela sonne faux. Une paysanne qui prie humblement de la sorte ne saurait être ridicule, mais il n'en est pas de même alors que ces signaux de dévotions s'accompagnent d'ébouriffants dehors.

Je n'ai pas vu celles-là, d'ailleurs, parmi les admirables infirmières qui soignent et baignent les malades. Il sied toujours, ici, de se rappeler l'abnégation et le dévouement de ces femmes, pour ne pas trop s'indigner contre la gent féminine qui fréquente Lourdes !

Il va y avoir aujourd'hui plus de huit cents malades à bénir au moment de la procession. Je suivrai le cortège derrière le Saint-Sacrement ;

---

a <~~que les baisers ont rendu grasse comme une olive noire~~> <que l'on baise sous la statue>

b munies, <j'aime à le croire,> d'un timbre-poste, ~~parfois~~, pour la réponse

c d'<es> ~~odorantes~~ pâtes

d'habitude je me place dans la tribune de l'orgue du Rosaire. Il y a là deux losanges de jour ouverts dans les vitraux et d'où l'on embrasse toute l'étendue de l'esplanade. On domine la scène et si un infirme, en un élan subit, se lève, l'on assiste à la course des brancardiers arrivant, de toutes parts, pour l'entourer et le protéger contre la démence d'une foule qui lui arracherait ses vêtements pour en faire des reliques. Aujourd'hui je veux voir, non plus l'ensemble, mais les détails de la procession et je me rends vers trois heures et demie au bureau de l'Hospitalité où le président de cette société m'attend ; ce bureau est situé à côté de celui du docteur Boissarie sous les arches de la rampe qui conduit à la basilique : c'est là, dans cette pièce ressemblant, elle aussi, à la cabine d'un bateau, que se trouve le moteur qui met en marche l'énorme machine de Lourdes. M. Christophe[1] y tient le gouvernail et dirige le vaisseau à travers les récifs des foules. Il assure la mise en train des brancardiers, le service de l'hôpital et des abris, l'arrivée et le départ des malades par les trains ; ce n'est pas, on peut le penser, par ce temps de pèlerinages internationaux, une sinécure. Je me suis souvent demandé comment, dans le tumulte de son bureau, envahi par les directeurs de pèlerinages, des hospitaliers, des curés, il ne perd pas la tramontane et répond, souriant et avec patience, à tous ces gens[a] ; quand j'arrive, il achève de distribuer ses ordres, passe sa bretelle de civière et nous voilà dehors.

Nous nous heurtons à la tête du cortège qui se forme et à une multitude serrée de curieux qui encombrent les allées du Gave. On nous livre passage et nous atteignons la grotte d'où doit partir la procession[2].

Le Saint-Sacrement, que l'on est allé chercher dans le Rosaire, est posé sur l'autel portatif et il rutile dans cette fournaise des cires. Les évêques[3] sont déjà là, ceux d'Avignon, d'Angoulême, d'Ayre[b], le jeune homme aux longs cheveux[c] de la Palestine et des dignitaires, des chanoines affublés de pèlerines et de jupes[d] mi-partie violette, mi-partie pourpre, des capucins en bure brune[e], des prêtres, les uns en surplis, les autres en chasubles d'or, attendent derrière ces Grandeurs auxquelles vient se joindre l'évêque Bénédictin de Metz dont la robe d'un violet qui tourne au rose me rappelle le costume en taffetas tout à fait rose,

a ~~j'admire sa patience et j'envie son sang-froid ;~~

b l'évêque bénédiction de Metz, à la robe d'un violet plus rose,

c l'homme aux cheveux de Palestine

d affublés de robe

e en robe brune, de dominicains en blanc et noir,

celui-là, dont était vêtu, comme une frêle Cydalise, un prélat Portugais, l'évêque de Macao, que je vis, l'an dernier, à Lourdes[1].

Des milliers d'ecclésiastiques, des milliers de fidèles, un cierge au poing, s'étendent de la grotte à l'esplanade, tout le long du Gave, sur deux rangs, précédés de la croix, des enfants de chœur, des suisses de la basilique, chamarrés d'argent sur fond bleu.

Au centre de la procession qu'ils semblent trancher en deux, devant des bannières qui flottent, deux autres suisses, deux longs escogriffes amenés par je ne sais plus quel diocèse – par celui de Nantes, je crois – sont habillés de vermillon et d'or et coiffés de bicornes gigantesques, surmontés d'un énorme panache de catafalque, blanc.

L'on attend le signal du départ ; des prêtres agenouillés prient devant le Saint-Sacrement ; j'allume le cierge qu'on m'apporte ; des estafettes laïques vont et viennent, de l'esplanade à la grotte ; des messieurs d'une importance incroyable jouent le rôle d'agents de police, bousculent les prêtres, tarabustent les pèlerins. Les étonnantes gens ! n'ai-je pas entendu l'un d'eux, un jour, alors qu'on célébrait la messe à la grotte, dire à la foule : « Nous allons donner la sainte communion » – ce *Nous* est un monde[a] !

Tout à l'heure, devant l'ostensoir, l'un d'eux encore semblera désigner au Christ, avec son ombrelle blanche qu'il agitera dans sa main, ceux des malades qu'Il doit guérir, tandis qu'un autre fera le geste, bien inutile d'ailleurs, puisqu'il s'adresse à des catholiques, de s'agenouiller devant le Saint-Sacrement, lorsqu'il se tiendra devant eux.

Enfin, avec l'assentiment de ces sacristes[b], la procession s'ébranle ; je suis les évêques et, derrière moi, la troupe des brancardiers ferme la marche.

On chante un ambigu de latin et de français, un pot-pourri composé du Magnificat, alternant, verset par verset, avec cette strophe :

> Vierge, notre espérance,
> Étends vers nous ton bras,
> Sauve, sauve la France,
> Ne l'abandonne pas[2] ! (*Bis*).

Nous avançons lentement, comme dans un couloir profond de foule et quand, après avoir longé la rivière, nous débouchons sur l'esplanade,

---

a [*phrase absente du manuscrit*]

b ces ~~mouches de~~ sacristi~~e~~<es>

c'est un mur de multitude, une mer de têtes qui moutonnent aussi loin que nous pouvons les voir ; la rampe, les escaliers, la terrasse au-dessus du Rosaire, les allées, le parvis de la basilique pullulent de monde. Le blanc des bonnets fourmille et des coups de feu sont tirés, çà et là, par des ombrelles rouges ; la montagne du chemin de croix est couverte et ses lacets débordent ; rien ne monte ni ne descend, tout grouille sur place ; jamais il n'y eut une telle affluence de pèlerins et de curieux. Des appareils photographiques sont hissés, au sommet d'échelles, en bas de la rampe.

L'immense cirque de l'esplanade, dans le vide duquel nous allons pénétrer, est limité, formé par la haie des voiturettes des alités, posées au premier rang ; derrière elles, sur des bancs, s'entassent les infirmes qui peuvent encore s'asseoir et les infirmières chargées de les garder ; et plus loin, à perte de vue, en une masse compacte, le public s'amoncelle.

La procession qui nous précédait nous a quittés, pour la bénédiction des malades ; après avoir traversé toute l'esplanade, elle a rejoint le Rosaire, et là, sur le parvis, en colonnes serrées, elle se range. Contre les portes closes, au-dessous du bas-relief de Maniglier, se dressent les bannières de velours nacarat[1] et de soie blanche, brodées d'or. D'un bout à l'autre de la façade, une grande ligne s'étend, blanche en haut et noire en bas, la ligne tracée par les prêtres dont les surplis coupent la soutane aux genoux.

Dans le buisson en feu des cierges dont chacun hausse une ramille, tous ces ecclésiastiques s'amassent, avec, devant eux, sur le bord des marches, la troupe des enfants de chœur, revêtus de la livrée bleue de la Vierge, et les suisses, aux uniformes d'azur et d'argent, de vermillon et d'or.

Et, dans le fond de ce tableau resté, pendant quelques minutes, immobile, j'aperçois des mouvements qui s'opèrent ; d'abord c'est le coup brun, le ton de motte à brûler de robes de capucins que l'on pousse en avant, et c'est ensuite la soudaine explosion des tuniques violettes et pourprées des chanoines, sortis du remous blanc et noir des prêtres et placés au premier rang.

L'évêque d'Avignon tient l'ostensoir, sous une ombrelle, entouré de sacerdotes en chasubles et de céroféraires qui portent des lanternes, aux vitres cramoisies, allumées.

Nous commençons à longer après lui, lentement, la haie des malades, et déjà le cœur s'étreint. Ah ! les visages qui divaguent de détresse et d'espoir, les visages désordonnés de ce moment-là ! il y en a qui pleurent, sans bruit, la tête basse ; d'autres, au contraire, qui lèvent des yeux inondés de larmes ; et des voix suffoquent, des voix à bout de souffle, des voix déjà mortes essaient de répéter le cri vivant des invocations que lance, de toute la force de ses poumons, un prêtre qui stationne, seul, sur l'esplanade :

> Seigneur, celui que vous aimez est malade !
> Seigneur, si vous le voulez, vous pouvez me guérir !

Et des bras se tendent vers l'ostensoir, des lèvres tremblent et balbutient, des mains se joignent qui retombent, désolées, après.

Le Saint-Sacrement passe.

Une femme, la tête dans ses doigts qui ruissellent, a le corps soulevé par des sursauts.

Et rien ne bouge, les alités restent étendus.

Voilà que je reconnais dans les rangs mes pauvres amis inconnus de l'hôpital ; dans le groupe des malades hollandais qui ouvrent des yeux bleus, tout noyés, dans des faces de panaris mûrs, dans des faces trop blanches, le petit gnome est enfoui sous des couvertures sur sa minuscule civière ; ses traits sont rigides, ses bras et ses jambes en fuseaux sont roides. Il dort ou est évanoui ; et voici le môme de Belley qui a la jambe emprisonnée dans sa gouttière de bois. La sœur bleue qui l'accompagne est prosternée sous son hennin et égrène son rosaire ; lui, regarde d'un air curieux, sans s'émouvoir.

Et le Saint-Sacrement passe.

On chante trois fois la strophe « Monstra te esse Matrem[1] » que la foule répète en un immense écho qui se prolonge et résonne, repris là-haut par les pèlerins installés sur la montagne du chemin de croix.

Et toujours rien ne bouge.

Ce champ de la maladie que nous venons de suivre, cette récolte couchée sous l'averse des maux, me semblent, hélas ! bien perdus. Nous sommes arrivés à la moitié de notre course, aux marches du Rosaire, et aucun impotent n'a été, dans un souffle divin, projeté debout.

Là, gisent, sur des brancards, les grands malades ; un homme, dont le visage couleur de feuille sèche, ouvre les yeux ; deux tisons, subitement allumés, flambent dans des paupières de cendre. Il fixe avidement la monstrance, puis tout s'éteint : son visage, éclairé une seconde, redevient un visage d'ombre ; la femme au mal de Pott, qui baigne dans son pus, n'ouvre même pas les yeux ; elle paraît être déjà hors de la terre ; d'autres également sont plongées dans le coma et la bouche d'une fillette que l'on essuie, écume ; plus loin, dans le rang serré des matelas, je retrouve la petite sœur blanche, la sœur Justinien qui paraît morte, exposée dans son panier comme dans son cercueil.

Ah ! j'ai le cœur angoissé, en la voyant. Je ne sais… je crois que celle-là va se dresser, que le ciel va enfin répondre à nos suppliques.

Le Saint-Sacrement l'enveloppe dans la croix de son éclair d'or. Elle demeure inerte et livide…

Le prêtre accélère les invocations ; la foule les répète en un long grondement :

> Seigneur, faites que je voie !
> Seigneur, faites que j'entende !
> Seigneur, faites que je marche !

Et l'on entonne l'« Adoremus in æternum[1] » – et toujours rien ne se produit ; nous avons longé le devant du Rosaire ; nous redescendons maintenant, à gauche, l'avenue que nous avons montée à droite.

D'une voix rauque qui s'exaspère, l'implorateur clame :

« À genoux, tout le monde les bras en croix ! »

Et la multitude immense obéit ; les prières dévalent, se précipitent et aucun malade ne se lève !

Des maux hideux défilent devant nous. Je croyais avoir tout vu à l'hôpital, hélas ! il y a là des lots d'hydrocéphales et de choréiques[2] – un homme perturbé par la paralysie agitante, dont la tête va et vient, secouée comme un battant de cloche et dont les doigts crispés font sans cesse le geste de déboutonner son gilet ; il y a surtout des êtres effrayants, sortis de je ne sais où, un vieillard qui a un mufle de veau, cachou, tout en croûtes, une femme dont le nez est devenu une trompe de tapir et dont l'œil, entraîné par cette poussée en avant, projette un globe blanc, au bout d'un pédoncule ; il y a là, cachées derrière des voiturettes, des figures en viande écorchée et des figures en viande mortifiée, vertes ; c'est un déballage de l'hôpital Saint-Louis, un musée d'horreurs.

L'invocateur continue, sans se lasser :

> Seigneur, dites seulement une parole et je serai guéri !

On chante le « Parce Domine[3] », trois fois, et, dans un cri désespéré, le prêtre, les bras au ciel, vocifère :

Seigneur ! sauvez-nous, nous périssons !

Et le cri, répété par des milliers de voix, roule dans la vallée !

Le Saint-Sacrement passe toujours et rien ne se montre.

On finit par être pris de tentation ; les reproches sont prêts à vous jaillir des lèvres. Que fait-Elle, alors qu'il lui serait si facile de guérir tous ces gens ? Il y a, malgré tout ce qui peut la choquer, ici, tant de Foi, tant de prières, tant de charité, tant d'efforts, qu'attend-elle ?

Cette clairière où l'exorateur rugit ses appels n'est cependant pas vide. Le Christ, Marie et les Anges sont là, qui regardent, invisibles, et écoutent, silencieux. Jésus l'a formellement promis : « Là où deux ou trois sont assemblés en mon nom, je suis au milieu d'eux[1] ». Et nous sommes des milliers réunis pour le prier ! – Pourquoi ne répond-il pas ? Et j'ai l'immédiate vision d'un vieux tableau du Jugement dernier à Bruges, d'un Primitif des Flandres, Jan Provost[2], où le Christ, entouré d'une cour d'anges, s'affirme, terrible, une épée à la main et montre de l'autre la plaie de son cœur à la Vierge qui le supplie à genoux d'épargner les pécheurs ; et Elle réplique, au geste de courroux, en découvrant la poitrine qui l'allaita, en opposant à son cœur percé par les hommes, son sein.

N'est-ce pas ce qu'Elle doit faire à ce moment-ci ?

Et pourtant aucun grabataire n'est allégé. Ici, une femme tend, éperdue, un enfant dont les yeux chavirent dans une face qui se décompose[a] et retombe sur ses genoux, en sanglotant ; là, un pauvre homme, aveugle, se tient agenouillé, le chapeau à la main. Il semble demander à Dieu l'aumône et, comme aux autres, Dieu qui passe ne lui donne rien !

C'est vraiment[b] affreux !

L'implorateur s'énerve, hurle :

Vous êtes le Christ, le fils du Dieu vivant[3] !

Et il épuise ce qui lui reste de forces, en jetant le grand cri après lequel souvent les miracles éclatent :

Hosannah ! au Fils de David[4] !

---

a ~~qui grimace, déjà froide~~, <qui se décompose>

b C'est <vraiment> affreux !

La foule, les bras en croix, lance furieusement au ciel cette clameur de triomphe ; elle sent qu'elle joue son va-tout.

Et le Saint-Sacrement continue sa marche, indifférent, insensible.

Je suis découragé, je n'ai plus envie de prier ; cependant je sollicite la guérison du malheureux à la peau boursouflée, au cuir chagriné, couleur lie de vin ; il est là, si triste, grappillant ses patenôtres, dissimulant derrière la capote d'une voiturette sa lamentable figure.

La procession est revenue à son point de départ ; tous les malades ont été bénis ; nous faisons volte-face et, traversant alors la clairière, dans son milieu, nous nous dirigeons, en droite ligne, sur le Rosaire.

L'on recommence l'« Adoremus in æternum », l'on reprend le « Monstra te esse Matrem » et l'Évêque d'Avignon atteint le parvis de l'église ; il entre sous le dais d'or qui l'attend et présente l'ostensoir, dont le métal étincelle, aux assistants. L'on chante le « Tantum ergo[1] » et, dans le grand silence de toute l'esplanade prosternée, il élève la monstrance et trace au-dessus des milliers de têtes, une croix lumineuse d'or.

C'est fini ; l'on va quérir les voitures, les civières, ramasser ce bagage de débris humains et le reporter à l'hôpital.

Ah ! tout de même, je ne puis m'empêcher de songer à ces malheureux arrivés de si loin, qui ont subi tant de fatigue de chemin de fer et qui ne sont pas guéris ! ils vont rentrer dans les funèbres salles, rejoindre leurs lits, exténués par ces transbordements sur des brancards ou dans des attelages. – Et cependant, je me dis tout bas que ce que nous demandons, ici, à la Vierge, est fou !

Lourdes a pris, en quelque sorte, le contre-pied de la Mystique, car enfin l'on devrait, devant la grotte, réclamer non la guérison de ses maux, mais leur accroissement ; l'on devrait s'y offrir en expiation des péchés du monde, en holocauste !

Lourdes serait donc, si l'on se plaçait à ce point de vue, le centre de la lâcheté humaine venue pour notifier à la Vierge le refus d'admettre l'« adimpleo quæ desunt passionum Christi[2] » de saint Paul ; et l'on pourrait s'étonner alors que la Madone opérât des cures !

Mais d'abord, en dehors même de la vocation spéciale qui n'est pas donnée à tous d'être des victimes réparatrices, beaucoup, une fois à Lourdes, s'omettent et sollicitent la grâce que des gens plus malades qu'eux guérissent à leur place ; beaucoup, nous le savons, proposent de garder leurs souffrances en échange de conversions. Il y a dans le camp de ces grabataires, épurés par la douleur, des abîmes de charité qu'on ignore ; et combien désirent la santé moins pour eux que pour les autres, des mères pour pouvoir élever leurs enfants, des jeunes filles pour entrer dans un cloître et servir Dieu, des religieuses pour retourner à leur poste, auprès des infirmes !

Combien aussi dont le rôle propitiatoire[1] est terminé et que la Mère délivre ! d'autres, qui ne sont pas guéries une année, le sont l'année suivante, quand leur temps d'expiation est accompli ; – d'autres qui n'ont rien obtenu, à Lourdes même, sont exonérées[a] en rentrant à Paris, comme Mlle Glaser, à Notre-Dame des Victoires[2], ou chez elles, comme Marie-Louise Louchet, d'Yvetot, qui, en 1904, s'éloigne de Lourdes ainsi qu'elle y était arrivée, avec une plaie suppurante occasionnée par une opération de l'appendicite et se réveille un matin, dans sa chambre, complètement guérie[3] ; comme Louise Lécuyer qui, atteinte de coxalgie à la hanche droite, recouvre la santé, en septembre 1902, après qu'elle a réintégré l'hôpital de Pont-de-Veyle[4] ; comme tant d'autres enfin qui sont libérés de leurs maux, après qu'ils ont rejoint leur chez eux[b].

Il n'y a donc jamais lieu de désespérer, puisque bien souvent le miracle se produit quand on ne l'attendait plus.

Dans tous les cas, ce n'est pas en vain que l'on consent aux tortures du[c] trajet de Lourdes. L'on pourrait croire que ces gens qui partent dans le même état qu'ils sont venus, sont anéantis par le désespoir. Il en est très rarement ainsi, car à défaut d'un allègement corporel, la Vierge accorde presque toujours la patience et la résignation à supporter ses maux. Le déplacement est, d'une façon ou d'une autre, payé[5].

Nous voulons raisonner et notre pauvre entendement est si borné ! nous ne voulons voir à Lourdes que du palpable et du visible ! À cette heure où j'étais tenté de reprocher à Notre-Dame de ne pas guérir tant de malheureux, Elle s'occupait certainement de chacun d'eux, agissant

---

a ~~guérissent~~ < sont sauvés>

b *[Ajout marginal]* ou chez elles, comme Marie-Louise Louchet, d'Yvetot, qui, en août 1904, s'en retourne, de Lourdes, comme elle y est arrivée, avec une plaie suppurante occasionnée par une opération de l'appendicite et se réveille un matin, dans sa chambre, complètement guérie ; comme Louise Lécuyer qui, atteinte de coxalgie à la hanche droite, recouvre la santé, en septembre 1902, après qu'elle a réintégré l'hôpital de Pont-de-Veyle ; comme tant d'autres enfin qui sont ~~délivrés~~ <libérés> de leurs maux, après qu'ils ont rejoint leur chez eux.

c au <aux tortures de> trajet

au mieux de ses intérêts, sachant que si un tel revenait valide, il perdrait par des sottises le bénéfice assuré de ses souffrances – et, dans bien des cas, Elle sauve l'âme au détriment du corps qui, s'il recouvrait la santé, devrait bien, d'ailleurs, retomber malade, ne fût-ce qu'une fois encore, pour mourir.

Enfin, sur ces champs catalauniques[1] de la terre et du ciel, sur ce champ de bataille où il n'y a pas de cadavres, mais seulement des blessés, dans cette lutte que nous engageons, à coups de prières, contre un Dieu qui résiste et qui, pour des motifs que nous n'avons pas à connaître, refuse de se rendre, que deviendrait le mérite de la Foi, si nous ne comptions que des succès ?

Je rumine ces réflexions, en suivant les voiturettes qui montent à la queue-leu-leu dans les allées pour rejoindre l'avenue de la grotte et l'hôpital ; et je me secoue ; j'ai besoin, je le sens, de me détendre les nerfs, d'échapper à cette tristesse qui, malgré tout, m'accable. Je vais aller m'attabler à la terrasse de l'hôtel Royal ; là sont déjà réunis des groupes d'Espagnols, de Belges, de Hollandais. Chaque pays y revit avec ses usages ; les prêtres espagnols fument des cigarettes, rient avec leurs compatriotes qui s'éventent, souriant à la foule, dégustant des glaces ou buvant du chocolat, séparées par une équipe de Belges en train de lamper de la bière et de fumer des cigares, du petit camp des Hollandais qui prennent le thé ou savourent l'apéritif, le schiedam, en fumant, eux aussi, des cigares.

Cela me rappelle les petits quartiers de l'Exposition[2], les cases où chacun apporte ses habitudes et implante, en France, un raccourci de sa patrie, un diminutif de ses mœurs ; ici, c'est une petite Néerlande contenue dans les quelques îlots de ses tables, séparée de la mer de la foule qui moutonne sur la chaussée par la digue du trottoir ; les femmes aux casques d'or, qui attiraient les visiteurs du Champ de Mars, sont représentées par deux magnifiques échantillons, non plus de servantes de bars, mais de riches fermières du Zuyderzée, venues, en grand costume, avec le casque et les tirebouchons d'or et les fines dentelles. Personne ne s'occupe des autres et chacun est chez soi, à Lourdes ; les[a] Hollandais dételle nt ; il y a les directeurs de leur pèlerinage, des camériers d'honneur du pape, reconnaissables à leur ceinture violette, et rien n'est plus charmant que la bonhomie de ces vieux prêtres à

---

a ~~bons~~

cheveux blancs, qui ont de bons yeux et de petites bouches qu'ils plissent pour dérouler le tourbillon de fumée bleue de leurs cigares ; ils plaisantent paternellement avec les jeunes Hollandaises coiffées de bérets blancs et décorées d'un ruban jaune souci, avec les mères qui apprêtent, elles, le thé et s'interrompent, pour rire à leur aise, de le verser dans les tasses. De jeunes prêtres, bien découplés, aux figures limpides, forment le cercle autour de leurs chefs et de leurs ouailles et sirotent du genièvre, en fumant. On devine une placidité d'âme, une absence de bourrasques nerveuses dans ce clergé qui vit comme les fidèles, ne constitue pas une caste à part, une espèce de parias ignorant tout de la vie, ainsi que notre clergé déprimé par la peureuse éducation de nos séminaires[1]. Tous ces abbés hollandais ont l'air ravi d'arborer dans la rue cette soutane qu'ils ne revêtent en Hollande, de même que dans tous les pays protestants, que chez eux[2].

L'on peut, à première vue, penser que ces compatriotes de sainte Lydwine manquent un peu d'ascétisme, mais il faut se dire aussitôt que ces ecclésiastiques ont fait, depuis l'aube, un véritable métier de portefaix et de charretiers. Il n'y a presque pas de laïques dans leur pèlerinage ; aussi doivent-ils s'employer en qualité de brancardiers et de baigneurs ; tous ont la bretelle de cuir sur le dos ; ils sont échinés et il est assez juste qu'ils se reposent et se divertissent avant de reprendre, demain, leur pieux fardeau.

N'en déplaise à une ratichonne[3] qui se plaignait à moi de ces allures, je trouve très bien ce manque de gêne, cette franchise de tenue chez des gens qui se considèrent tels que des enfants venus de loin pour rendre visite à leur Mère ; Elle les reçoit, en effet, ainsi qu'une mère, les dispense de toute cérémonie, les installe commodément et les gâte. Ils sont chez eux en étant chez Elle ; quoi de plus naturel, quoi de plus simple ?

Et puis, cet attablement au café, ces cordiaux que l'on avale sont vraiment utiles ; je le sens bien, par moi-même, moi, qui n'ai pas cependant trimé comme eux. Je suis las de plaies, de prières, de cris ; les voiturettes des malades continuent de passer et je ne veux plus les regarder. Tout au plus, suis-je ému par la lamentable vision[a] d'une grande jeune fille qu'on enlève, devant l'hôtel, de sa voiture et qu'on porte sur les bras, jusqu'à l'ascenseur, pour la remonter dans sa chambre. Elle est si

a ~~spectacle~~ <vision> d'une <grande> jeune fille

défaite, si pâle qu'elle ferait pleurer de pitié ! mais non, je détourne les yeux, je ne veux plus voir ; j'ai tenté tout ce que je pouvais pour ces malheureux, j'ai ardemment imploré leur guérison. Je demande grâce, moi aussi, jusqu'à demain.

Le spectacle auquel on assiste, du bord de cette terrasse, est plus amusant, plus varié que celui de n'importe quel café des boulevards ; tout le cosmopolitisme de Lourdes défile devant nous et l'on n'entend même plus parler le français[1]. Des vagues de foule déferlent, de la chaussée, sur les trottoirs. Les tramways[2], dont la station est en face de l'hôtel, roulent dans un bruit de ferrailles, sonnent des coups de timbres, sans arrêt, pour dégager les rails ; un bureau télégraphique, que l'on a provisoirement installé dans ces parages, est envahi ; c'est un va-et-vient de gens empressés qui entrent et qui sortent[3]. Tout autour de nous flotte une odeur de poussière et de vanille ; des montagnards empestent Lourdes, du matin au soir, en promenant des paquets de vieilles gousses, aux sucs épuisés par les pâtissiers et les parfumeurs et fallacieusement ranimées par quelques gouttes d'essence ; des marchands de peaux de moutons, de tapis, de fourrures, auxquels manque sur la tête le fez des Juifs algériens de la rue de Rivoli[4], se glissent entre les tables du café et essaient d'écouler leurs marchandises aux femmes, et, dans un brouhaha de toutes les langues auxquelles se mêle le patois des Pyrénées, l'on a le tympan percé par les notes stridentes du chalumeau d'un homme qui amène un troupeau de chèvres et vend du lait chaud à la tasse.

Des gamins courent, criant : le *Journal de la Grotte ! lisez les derniers miracles !* des fillettes, aux yeux effrontés[a], essaient de carotter aux passants des sous ; des religieuses filent, les paupières baissées, en récitant leurs chapelets ; des prêtres de province hasardent un regard de côté sur les prêtres étrangers qui fument ; et voilà qu'un tramway descend, bourré de femmes ; c'est un premier départ d'Espagnoles qui vont rejoindre la gare ; et elles hanchent, braillent des vivats, poussent des cris de bêtes fauves, agitent des mouchoirs. Les autres Espagnoles, assises au café et qui demeurent jusqu'à demain à Lourdes, leur répondent ; et les jeunes Hollandaises auxquelles elles envoient des baisers se lèvent, les saluent de la main, leur souhaitent bon voyage. C'est une riposte de courtoisies, un échange de bonsoirs ; toute une fraternité s'est établie, sans même

---

a ~~douteux~~ ? <effrontés>

que l'on s'en soit aperçu, dans ce petit monde qui ne s'était peut-être pas encore parlé.

Le manteau de la Vierge couvre tout, ainsi qu'en ces très vieux tableaux de « Madones protectrices » où Marie, très grande, et debout, étend un large manteau d'hermine soutenu par deux saintes femmes, au-dessus de minuscules personnages, de toutes classes, de tous pays, de tous rangs, qui prient à sa gauche, et à sa droite et ne forment, en somme, qu'un unique troupeau, abrité sous une seule et même tente[1].

IX

Et moi qui accusais la Vierge de ne pas guérir les malades auxquels je m'intéresse ! j'ai une vraie joie, ce matin. Je vais à la clinique et j'aperçois de loin la porte assiégée par la foule. Je sais ce que signifie cette affluence de pèlerins. On vient d'amener au docteur Boissarie un ou plusieurs malades guéris, ou prétendus guéris, après une immersion dans les piscines. C'est en effet l'heure des bains. Un brancardier qui me reconnaît me fait livrer passage et je pénètre dans le bureau.

– Ah bien, vous arrivez à temps, s'écrie le docteur ! racontez, ma sœur, ce que vous avez ressenti lorsqu'on vous a plongée dans l'eau.

Je reçois un coup en plein cœur : est-ce possible ? sur une chaise est assise la petite sœur blanche de Saint-Brieuc ; elle a le rose de la fièvre sur les joues et ses yeux, que je vois pour la première fois, ouverts, brûlent en deux flammes bleues. Par terre, gisent son panier d'osier, un appareil détraqué, des fragments de plâtre, des linges tachés d'humeur fraîche.

D'une voix qui s'essouffle, la sœur Justinien, joyeusement et vite, dit :

– Ah ! j'ai bien souffert, toute ma hanche droite a craqué ; on m'a retirée de l'eau, mais comme je souffrais encore, j'ai demandé qu'on m'y remette et alors la douleur a cessé ; j'ai senti que ma jambe était devenue droite et je me suis levée.

– Et vous étiez depuis combien de temps immobilisée dans cet appareil, continue le docteur qui vérifie les termes des certificats médicaux qu'il tient à la main.

– Depuis un an, mais je gardais le lit bien longtemps déjà avant que l'on ne m'eût mise dans le plâtre, – et se parlant à elle-même elle ajoute : Ce que notre mère va être contente !

– Il faudra retourner encore à la piscine avant votre départ, conclut le docteur ; la hanche a repris sa souplesse, mais il n'en est pas de même du genou[1] ; voyons, essayez de marcher un peu.

La sœur se lève, fait quelques pas, mais péniblement ; on lui approche une chaise et tandis que le tumulte de la multitude derrière la porte et les croisées augmente, le docteur Boissarie s'écrie : « Ils vont me l'écharper quand elle sortira ! » et il donne l'ordre à des brancardiers d'aller chercher une voiture et de l'accompagner. – « Non, passez plutôt par la porte de derrière », reprend-il, – mais celle-ci est également obstruée par une foule qui veut voir la sœur. On est obligé de s'arcbouter contre la porte quand les brancardiers ont quitté la salle, pour la fermer.

– Vous savez, me dit le docteur, que le petit du pèlerinage de Belley est sur pied ?

– Le petit à la gouttière de bois ?

– Oui.

Ça, par exemple, je veux aller vérifier, par moi-même, l'état de cet enfant. Je me lance, tête baissée, dans la cohue ; mais je suis arrêté à chaque pas par des femmes qui m'interrogent sur la maladie de la religieuse miraculée ; un prêtre que je ne connais point est prêt à se fâcher quand je lui affirme que l'on ne peut formellement attester la guérison, puisque le genou reste enflé ; je crois bien qu'il me considère tel qu'un mécréant. Enfin, je parviens à m'échapper de la bousculade et, chemin faisant, je pense qu'à défaut d'une guérison complète qui n'est plus sans doute qu'une affaire de jours, la petite nonne a été si divinement changée qu'elle n'est plus reconnaissable. Elle qui était si incapable de remuer, si livide, si faible, si quasi morte, je l'ai vue causant, assise, les yeux ardents et les joues roses ! j'ai eu l'impression d'être en face d'une ressuscitée. Va-t-il en être de même du gosse ?

Arrivé à l'hôpital, je grimpe dans la salle réservée aux pèlerins de Belley et la première chose que j'aperçois, c'est la gouttière de bois vide sur le lit ; et la bonne sœur au hennin frappe, en me regardant, joyeusement les mains.

– Croyez-vous, Monsieur, que la Sainte Vierge nous gâte ! nous avons déjà deux malades guéris ! la dame qui est là-bas et qui ne pouvait boire du lait qu'à l'aide d'un tube de caoutchouc ; ah bien, le veau aux pommes de terre ne l'épouvante pas maintenant ! quand elle a fini de manger sa tranche, elle en redemande une ! et le petit que vous avez visité, quel miracle, celui-là !

– Où est-il, ma sœur ?

– Où il est ? mais il court dans les corridors ; il n'y a pas moyen de le faire tenir en place ; je vais vous le chercher.

Elle sort et, au bout de quelques minutes, elle le ramène.

– Ah ! dit-elle, imaginez qu'il a fallu lui acheter des souliers, puisqu'il était venu, étendu sur une litière et sans chaussures, et tandis qu'une brave dame était allée chez le cordonnier, il n'a pas voulu rester assis ; il a galopé, pieds nus, dans les couloirs.

Je demande au marmot s'il est content. Il se tait, mais considère d'un air fâché ses souliers[a].

– Voyons, bêta, reprend la sœur, tu sais bien qu'on te les changera, puisque ce sont des jaunes que tu veux ; la dame t'emmènera aujourd'hui même les choisir ; en attendant, ne boude pas et réponds aux questions du Monsieur.

– Qu'est-ce que tu as éprouvé lorsqu'on t'a plongé dans l'eau ?

– Je ne sais pas.

Finalement, à force de l'interroger, la sœur lui extrait qu'il a ressenti une secousse, mais qu'il n'a pas eu de mal.

– Allons, pendant que je te tiens[b], tourne-toi, que je te change de chemise.

Et la sœur ôte une chemise encore tachée de pus frais et je considère sur les reins la couronne d'abcès, sèche, en croûtes à demi levées et sous laquelle apparaît une peau rose et mince, toute neuve.

– Quand on songe que ces abcès étaient à vif et rendaient beaucoup de matière, dit la sœur ; et voyez la jambe, elle est redevenue droite et elle fonctionne aussi bien que l'autre, sans effort, sans fatigue. Ce gamin ne boitera même pas ; il est complètement guéri.

Lui, s'impatiente et ne dissimule pas qu'il voudrait s'en aller. Nous lui rendons sa liberté et il quitte, ventre à terre, la salle.

– Et dire, s'écrie la sœur, qu'il a fallu le brusquer pour le baigner ! il tempêtait, il avait peur de l'eau ; ah ! il nous aura fait endêver[1], ce polisson-là !

Je prends congé d'elle et vais réciter une dizaine de chapelet dans la chapelle de l'hôpital ; elle est très douce, cette petite chapelle, un peu sombre, plus intime que toutes les églises de Lourdes ; elle ressemble à une crypte avec la voûte de son plafond bas, son autel situé au fond, dans la pénombre, surmonté d'une Pieta, et, à quelques pas plus loin, se dresse la statue, avantageusement obscure, d'un saint dont la place se justifie bien en cet endroit, saint Jean de Dieu portant dans ses bras

a d'un air ~~mécont~~ fâché ses souliers ~~noirs~~.

b < pendant que je te tiens,>

un malade[1] ; des infirmes, tandis que je prie, récitent, assis sur des bancs, le rosaire ; le vacarme de l'hôpital, avec l'agitation fébrile de ses couloirs, s'éteint ici.

Et je songe, une fois de plus, à ces différences dans le mode adopté des cures. La sœur Justinien a beaucoup souffert dans la piscine, sa jambe s'est redressée, mais le genou est demeuré roide et gonflé ; le petit, lui, n'a éprouvé aucune souffrance et, d'un seul coup, il a été rendu souple et valide.

Je rumine ces réflexions en sortant de l'hôpital, mais je me heurte, dès que j'ai franchi les grilles, sur un nouveau pèlerinage qui se dirige vers la grotte ; en tête marche un être automatique qui brandit un drapeau anglais. Tous, hommes et femmes arborent à leur boutonnière un ruban tricolore, aux couleurs disposées dans le sens vertical. Aucun de ces gens ne chante, mais des femmes à lunettes dont les dents s'évadent des gencives, croassent[2a].

Un prêtre, habitué de Lourdes et que je connais, me dit : ces Anglais-là vont tout accaparer, prendre les meilleures places, exiger d'être en tête des cortèges, mais rassurez-vous, leur encombrant sans-gêne ne vous offusquera pas bien longtemps. Après-demain, tout ce monde-là sera parti en excursion ; ils ont amené peu ou pas de malades ; au fond ce sont plus des touristes que des pèlerins.

Nous redescendons ensemble sur l'esplanade.

– Comptez, poursuit ce prêtre, combien, malgré cette multitude de personnes qui prient, il y a peu de miracles certains pour le moment, à Lourdes. Cherchez la cause et vous la trouverez peut-être dans cette masse de curieux venus en automobiles de Pau, de Bagnères, d'Argelès, de Cauterets, de Luchon[b], de toutes les villes d'eaux des environs, pour commérer et s'amuser ici[3] !

Et comme, à propos de l'indigence de cervelle et de la misère d'âme de la plupart de ces funestes snobs qui se déguisent en bêtes fauves pour écraser, dans un délire de vitesse[c], des femmes et des enfants sur les routes[4], l'entretien s'oriente sur les impulsions du satanisme, je me rends compte aussitôt combien un prêtre intelligent peut être incompréhensif dès qu'il s'agit d'art. Je lui parle de l'ignominie monumentale de Lourdes ; il ne s'en était jamais aperçu.

a ~~C'est le pèlerinage des anglais~~.

b de Pau, de Bagnères, <d'Argelès>, de Cauterets, <de Luchon>

c délire de ~~leurs funestes machines~~ <vitesse>

– C'est ainsi que partout ailleurs, profère-t-il.

– Mais non, ce n'est pas de même que partout ; c'est pis, dans ce douaire de la Vierge !

– Ah ! fait-il, alors que je lui explique le triomphe sournois du diabolisme des statues plantées dans les églises et sur l'esplanade[a], il y a encore autre chose ; vous le savez aussi bien que moi, la présence de la Vierge attire la présence du démon ; mais à Lourdes, c'est particulier. On pourrait attester que c'est le démon qui a occupé, le premier, la place, et que Notre-Dame est venue l'y relancer[1].

Aussi loin que l'on peut remonter au travers les âges, l'on constate, en effet, que ce lieu fut toujours visité par le Maudit. Les fouilles qui ont été pratiquées, au point de vue préhistorique, ont amené la découverte, dans les cavernes des Espélugues[2], voisines de la grotte, de silex taillés, de bâtons de commandement, de pointes de flèches en bois de rennes, de squelettes d'animaux et surtout d'ossements humains, calcinés et fendus dans leur longueur, pour en extraire la moelle. Il est donc permis de supposer que des sacrifices humains ont abondé dans ce pays et que l'on y dépeçait, que l'on y grillait, que l'on y mangeait des victimes.

D'autre part, une légende se répète au sujet de ce quartier de roc qui se carre encore derrière la statue de la Vierge, dans l'excavation de la grotte, à l'endroit même où Elle parut. Ce bloc de granit présenterait, selon les uns, un grain de pierre si spécial qu'il faudrait se rendre en Mongolie pour en trouver un pareil ; il aurait été, dans ce cas, apporté, on ne sait à quelle époque et par quelles tribus nomades ; selon d'autres, la composition de sa matière serait tout bonnement celle des dolmens bretons[3] ; enfin, certains croient que ce bloc a dû descendre de la chaîne granitique de Gavarnie qui s'étendait autrefois jusque dans les plaines de Lourdes. Quoi qu'il en soit, s'ils ne s'entendent pas sur la provenance d'origine, les géologues sont d'accord cependant pour voir en ce bloc une pierre de sacrifices, vouée à des divinités infernales que l'on n'apaisait que par des libations réitérées de sang…

Je me dis, en écoutant ces histoires, qu'elles ne prouvent absolument rien au point de vue du diabolisme particulier de Lourdes, car l'on a déniché des pierres de ce genre et des os humains calcinés et fendus dans la plupart des cavernes de tous les pays.

---

a sur ~~les places~~ <l'esplanade>

Mais mon prêtre continue.

– Dans un livre récemment édité par la librairie Savaëte, Mgr Goursat cite le témoignage de deux archéologues, MM. de Caumont et de Mirville, d'après lequel cette pierre aurait été spécialement dédiée à Vénus Astarté[a][1], c'est-à-dire à[b] celle qu'Eusèbe appelle : l'infâme démon, la cruelle déesse de la Volupté[2].

Et il conclut[c] que l'Immaculée Conception serait apparue à Lourdes, pour chasser de la grotte le culte de ce péché d'origine dont Elle fut exempte.

Ici, vous le voyez, nous sommes sur un terrain presque sûr ; mais il en est encore un autre, plus mouvant, je l'avoue, mais très ancien aussi : celui de la pure légende. Vous la connaissez ? D'après une tradition qui paraît inspirée par l'histoire de Sodome[3], Lourdes s'élevait, jadis, au bord d'un lac, de celui qui s'étend sur la gauche de Biscaye – et Dieu, pour punir cette ville de crimes que la similitude du châtiment vous fait comprendre – l'engloutit, ainsi que dans une mer Morte, sous les flots soulevés de ce lac. Une femme, qu'il avait épargnée, lui ayant désobéi, pendant sa fuite, en se retournant, fut changée non en une statue de sel, comme l'épouse de Loth, mais en un monolithe – et ce monolithe ne serait autre que celui de Peyre-Crabère, situé sur la route de Pouyferré[4].

De tous ces fabuleux racontars, il semblerait résulter que cette ville, choisie par la Vierge, fut un des plus antiques repaires du démon. – C'est après tout possible. – Il en fut de même à Garaison, cette préfigure de Lourdes, où Marie se montra dans la lande du Bouc, à l'endroit même où Satan présidait aux turpitudes nocturnes des sabbats, mais, en omettant même les faits plus modernes qui se passèrent dans la grotte de Massabielle : la souillure reparue de la tache édénique[d], les cris infernaux qu'entendit Bernadette et la possession des fausses voyantes, il y a présentement, je crois, assez de preuves que le diabolisme sévit, sous des aspects divers, à Lourdes, pour qu'il ne soit pas besoin de s'assurer du plus ou du moins de véracité des fictions que me raconte mon ami l'abbé.

---

a <astarté>
b ~~la Déesse de la Chair~~
c il conclut très justement
d la tache d'origine

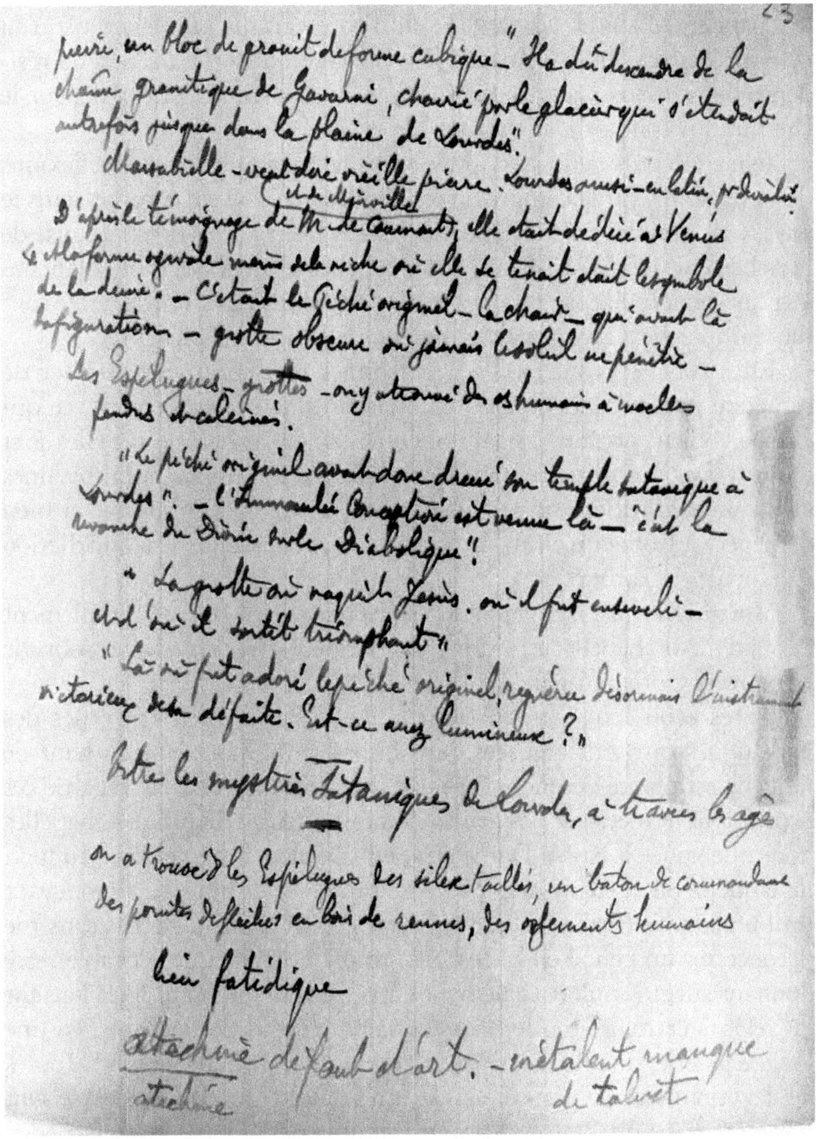
23

pierre, un bloc de granit de forme cubique" Il a dû descendre de la chaîne granitique de Gavarni, charrié par le glacier qui s'étendait autrefois jusque dans la plaine de Lourdes".

Massabielle - veut dire vieille pierre. Lourdes aussi - en latin, préhistoire

D'après le témoignage de M. de Caumont, (cité de Mirville) elle était dédiée à Vénus et la forme ogivale même de la niche où elle se tenait était le symbole de la déesse. - C'était le péché originel - la chair - qui avait là sa figuration - grotte obscure où jamais le soleil ne pénètre -

Les Spelugues - grottes - on y a trouvé des os humains à moelles fendus et calcinés.

"Le péché originel avait donc dressé son temple satanique à Lourdes". - L'Immaculée Conception est venue là - c'est la revanche du Divin sur le diabolique"!

" La grotte où naquit Jésus. où il fut enseveli - celle où il sortit triomphant"

" Là où fut adoré le péché originel, règnera désormais l'instrument victorieux de sa défaite. Est-ce assez lumineux ?"

Lire les mystères Sataniques de Lourdes, à travers les âges

on a trouvé dans les Spélugues des silex taillés, un bâton de commandement des pointes de flèches en bois de rennes, des ossements humains

lieu fatidique

Attachiné défaut d'art. - mètalent manque de talent

atachine

FIG. 8 – Notes de lecture prises sur *Les Mystères sataniques de Lourdes à travers les âges*, par Mgr Léopold Goursat. Bibliothèque de l'Arsenal, Ms Lambert 42, f° 23.

Nous nous séparons ; lui, se dirige vers le Rosaire, et moi, désireux d'échapper, ce matin, au bain des foules, je vais me promener jusqu'au couvent des dames de l'Immaculée Conception[1], situé derrière la résidence des anciens pères de Garaison et de la maison épiscopale, sur le chemin qui conduit à Bétharram.

Je n'ai, depuis deux ans que je viens ici, recueilli que des réflexions désobligeantes sur le compte de ces nonnes que l'on surnomme, dans le pays, « les grandes dames, les coquettes de Dieu », sans doute à cause de la richesse de leur costume théâtral, car elles portent des robes blanches à traîne quand elles se rendent à leur chapelle ; dans la rue, elles sont plus simplement accoutrées, il est vrai de le dire, de bleu.

Elles sont, en tout cas, des personnes fort commerçantes[2] et de caractère peu commode. Elles prennent des dames en pension, ce qui exaspère, bien entendu, les gargotes et les hôtels de Lourdes, et elles sont en lutte avec l'Ordinaire pour des questions de murailles mitoyennes et de chemin. Elles ont perdu leur procès, mais elles se sont si bien démenées à Rome qu'elles ont obtenu d'être soustraites à la juridiction épiscopale de Tarbes[3].

Moi qui suis fort indifférent à ces disputes, je me propose simplement de visiter leur chapelle, espérant y trouver peut-être une relative solitude et pouvoir y prier en paix.

Après avoir longé la route sur laquelle s'ouvrent les cavernes des Espélugues qui sont creusées dans le bas de la montagne en haut de laquelle est planté l'étonnant groupe du chemin de croix et regardé ces excavations fermées par des grilles et transmuées en d'humides chapelles dont une vouée à Notre-Dame des Sept-Douleurs et une autre au fond de laquelle on aperçoit une effigie de sainte Madeleine, j'arrive devant un luxueux monastère et une églisette dont l'abord n'est pas sans me déconcerter un peu ; l'entrée est une rotonde vitrée, une véritable serre donnant sur un couloir également en verre et aboutissant à un battant de velours cramoisi ; on le pousse et alors s'étend devant vous, en une longue galerie, un salonnet prétentieux muni d'un autel au fond. Toutes les dévotionnettes, omises dans les autres sanctuaires de Lourdes, se sont réfugiées dans cet oratoire[a] : saint Antoine de Padoue, saint Expédit[4] représentés par des plâtres peints de la rue Saint-Sulpice, mais la pièce de résistance, le chef-d'œuvre, est une statue en cire coloriée de sainte

---

a Correction illisible.

Philomène[1], couchée dans une boîte fermée par un pupitre vitré que l'on soulève pour y glisser des cartes de visite et des lettres.

Et, tandis qu'un peu ahuri je m'agenouille, des dames à traînes blanches font des entrées solennelles, par le côté cour et par le côté jardin[2], dans le chœur. Elles ont l'air d'être en scène et regardent d'ailleurs le public[a] pour s'assurer qu'on les admire.

Ô ces « m'as-tu vues » de la piété !

Ce n'est décidément pas l'endroit rafraîchissant que j'avais rêvé ; ce genre de nonnes n'incite pas à la prière et, une fois sorti, quand j'ai rejoint la route, je pense à un autre couvent bizarre où l'on ne rencontre plus de religieuses en costume, mais des femmes vaguement inquiètes, en habit de ville.

Ce couvent, situé à l'autre bout du pays, au pied d'un mont sec et nu qui semble avoir été fait avec des détritus d'ordures ménagères, accumulées, là, depuis des siècles, possède une singulière chapelle tendue d'andrinople rouge, semé de fleurs de lys jaunes et parée d'un assortiment de bondieuseries italiennes, sanglantes à la fois et aimables, telles que l'on en voit dans la montre d'un débit de la rue du Bac, à Paris.

Il y avait jadis, dans ce lieu, un Christ de ce genre de[b] fabrication qui remuait les yeux et hypnotisait, en les vidant, les bourses. L'Évêque intervint et[c] le supprima ; moi, j'ai toujours l'impression, quand j'entre dans cette boîte rouge qui tient du café-concert et du théâtre forain, de humer un fumet d'hérésie. On n'y célèbre, d'ailleurs, aucun office ; les religieuses – si religieuses il y a – sont des Passionistes, mais des Passionistes indépendantes, ne relevant d'aucune maison de cet Ordre[3].

Lourdes renferme, heureusement, des instituts plus sérieux : des Dominicaines nichées sur la hauteur, derrière la voie des trains ; des Carmélites en face de la grotte, de l'autre côté de la rivière[d], et les Clarisses sur le rebord de la cascade du Gave.

Je déambule doucement, regardant ces plantes plus expressives, plus odorantes que celles poussées dans les plaines, qui fleurissent tout le long de la route. Ici, les ellébores vertes sont énormes, les pulmonaires aux clochettes roses ou lilas, aux feuilles cailloutées de blanc, sont deux fois aussi grandes que celles cultivées dans les régions du centre ; mais la

a D'ailleurs de côté <le public>

b De ~~cette~~ <ce genre de> fabrication

c < intervint et>

d ~~sur la route de Pau,~~

somptuosité des teintes, c'est surtout sur les côtes des rocs qu'il la faut chercher. Il y a sur ce chemin des rochers qui sont éclaboussés comme d'une poudre d'argent, par des lichens ; d'autres sont fastueusement revêtus de mousses d'un jaune de bouton d'or et d'un orange vif[1].

Et je croise à chaque instant des femmes qui reviennent de la forêt et balancent de lourds fagots sur leurs têtes. Dans ce pays, on porte tout ainsi, que le fardeau soit pesant ou léger, qu'il s'agisse de branches, de paniers, voire de minuscule paquet ; la question est d'avoir les mains libres et de pouvoir tricoter, en marchant.

Et ce sont aussi de lourds chariots en forme de berceau[a] qui passent, traînés par des petits bœufs ayant une peau de mouton sur la tête et une serviette blanche autour du corps.

Tout en grimpant et en descendant, car il est quasi impossible, à Lourdes, de cheminer sur un terrain plat, j'arrive dans une gorge, près d'une source captée et d'un petit pont. Je suis dans la vallée du chaos. À perte de vue s'étagent des pics gigantesques gris, pelés, sans herbages, et de formidables débris, roulés d'en haut, jonchent le sol. L'on pourrait se croire à mille lieues de tout territoire habité, dans une nature absolument sauvage, si des poteaux télégraphiques n'étaient çà et là plantés dans les anfractuosités des versants et si le bruit des marteaux des tailleurs de pierres ne vous révélait que l'on vide, à mesure, en creusant des carrières, le flanc des monts.

Je m'assieds sur le rebord du petit pont. La joie de se trouver un peu seul ! – On se dégrise, car on finit par être un peu saoul dans le tintamarre de ces foules ; l'on n'est plus soi, mais un composé de je ne sais quels êtres affolés tournant, dans un mouvement de toton[2], sur eux-mêmes. Le recul fait défaut ; on ne voit plus, on a le mal de mer de l'âme ; tout se brouille ; c'est à peine si la prière intime est permise, car au moment où l'on va se recueillir, le chapelet se déroule à haute voix et, vous-même, vous êtes pris dans l'engrenage de cette roue vocale et vous moulez vos oraisons avec elle[b].

a <en forme de berceau>

b *Paragraphe biffé* : Bien heureux quand on n'assiste pas, au moment de la procession du St Sacrement, ainsi qu'il m'est arrivé, il y a quelques jours, à l'invasion d'une fanfare de cuivres, composée de laïques et de prêtres. Il y avait là un sacerdote qui ventait, à décorner les bœufs, dans un ~~trombone~~ un ~~ophicléide~~. Il fallut intervenir, pour empêcher cette brute qui se rebiffait, de continuer le sabbat de ses joues, afin que l'on pût lancer les invocations des malades ! // Quel monde !

Ah non ! Lourdes n'est pas un lieu de délices pour ceux qui aiment le cœur à cœur avec la Vierge dans le silence et les ténèbres[a] des vieilles cathédrales !

Mais il faut constamment le répéter, où constater un épanouissement de la grâce et une efflorescence de la charité plus magnifiques qu'ici ?

Et c'est si anormal, à une époque où chacun ne poursuit qu'un but, s'enrichir aux dépens du prochain, que Lourdes présente vraiment, à ce point de vue, dans les annales de ce siècle, un spectacle unique !

À cette heure où la Société, fissurée de toutes parts, craque, où l'univers, empoisonné par des germes de sédition, s'inquiète dans l'attente d'une[b] gésine ; à cette heure où l'on entend distinctement retentir, derrière les ténèbres de l'horizon[c], les tintements prolongés du glas[1], il semble que cette grotte embrasée de Lourdes ait été placée par la Vierge comme un grand feu allumé sur la montagne, pour servir de repère et de guide aux pécheurs égarés dans la nuit qui envahit le monde[2].

Et tandis que je reviens sur mes pas et reprends le chemin de la ville, très au loin, au lieu du glas que sonne l'avenir, j'écoute, ainsi qu'une douce protestation contre l'indicible panique des temps qui se préparent, l'heure dont les timbres sonnent, à la basilique, au-dessus de la grotte, sur quatre notes empruntées à la caresse chantée de la vieille prose de « l'Inviolata » : « ô Benigna, ô Regina, ô Maria[3] ! »

a Dans le silence des ~~sombres~~ <et les ténèbres> cathédrales !

b une épouvantable gésine

c derrière un horizon qui n'est que ténèbres

X

Le plus sûr abri, tandis que ces foisons de caravanes se démènent à Lourdes, c'est encore la chapelle des carmélites[1], située juste en face de la grotte dont la sépare le Gave, sur la hauteur de la route de Pau ; elle demeure inconnue aux pèlerins dont la vie s'écoule en bas, dans la ville même et sur l'esplanade. Ici personne ne s'intéresse à sainte Térèse, pas plus d'ailleurs qu'à une autre sainte ; la Vierge seule existe ; dans les cantiques et dans les chants, il n'est question que d'Elle ; tout le monde dit le chapelet pendant la messe ; on ignore et le Sanctoral et le Propre du temps[2] ; nulle part, l'hyperdulie ne s'avère aussi véhémente qu'à Lourdes !

À certains jours, le Carmel est envahi pourtant ; lorsque l'arrivée de centaines de prêtres est annoncée, que tous les autels de toutes les églises sont déjà retenus par la masse du clergé présent, l'on installe des autels en bois dans toutes les chapelles des monastères de la ville et l'on y distribue, en quelque sorte, des billets de logement de messe aux nouveaux venus. Les ecclésiastiques de tel pèlerinage sont envoyés chez les Clarisses, ceux de tel autre chez les Dominicaines et ainsi de suite. Le Carmel héberge alors, comme les autres communautés, des équipes de célébrants. Dans ce cas, la chapelle devient une galerie bordée de tables où des prêtres, les uns, le nez devant le mur de droite, les autres, le nez devant le mur de gauche, pratiquent, en se tournant le dos, le service accéléré des messes. Mais après ce coup de feu, tout rentre dans l'ordre ; d'ailleurs, pendant les après-midi, la chapelle, qui est, en somme, assez loin de la grotte, car faute de pont, il faut effectuer de longs détours pour franchir le Gave, est quasi vide.

C'est le seul endroit où, si l'on ne veut pas se recueillir dans sa chambre, l'on puisse se trier et se récupérer ; et cependant, ce que ce sanctuaire, d'habitude si placide, est inintime[3] ! il apparaît tel que le hall d'un de ces casinos balnéaires, si fréquents dans la région ; c'est un assemblage de vitres criardes et de sculptures exécutées à la grosse, et il est paré d'un autel doré qui représente tout ce qu'il y a de plus fastueux, dans le genre, et de plus cher. La salle qui affecte des prétentions ogivales est, avec cela, d'un blanc de plâtre, d'une clarté crue, et les boiseries luisantes de ses bancs et de son parquet, implacablement cirés, ajoutent encore à cette impression acide de neuf que l'on ressent dès que l'on pousse une étonnante porte d'entrée, toute en verre; celle-là évoque, avec le décor de ses peintures sur fond bleu, l'affligeant souvenir de ces verrières fabriquées pour certaines brasseries, au cadre Moyen Âge, du quartier latin; elle y serait certainement beaucoup mieux à sa place qu'ici.

Cette chapelle est accolée à une énorme bâtisse qui fut construite sur les données du curé Peyramale[1], le premier bâtisseur de Lourdes[a].

Préoccupé par le désir de « faire grand », ce prêtre ne tint aucun compte de la règle de sainte Térèse, qui n'admet qu'un nombre très faible de religieuses dans chacun de ses monastères et il encouragea l'érection d'une colossale caserne dans laquelle des régiments manœuvreraient à l'aise[2]. Les saintes filles qui l'habitent sont comme perdues dans l'immensité de ce monument dont le coûteux entretien les accable. Elles ne peuvent voir, heureusement, derrière la treille de fer noir qui les sépare du chœur, cette orgueilleuse chapelle si messéante à leur ordre voué, par ses ordonnances mêmes, à la pratique de la pauvreté et à l'exercice de la pénitence[b].

Et cependant, en fermant les yeux, le dimanche à la grand'messe, quand on écoute leur lamento derrière la grille, l'importunité de ce clinquant s'efface et l'éternelle kermesse de Lourdes, la vision même de la Madone triomphale de ce pays s'évanouissent et le souvenir vous revient d'une autre Vierge qui apparut, douze années auparavant, sur une autre montagne, sur la chaîne rivale des Pyrénées, pour pleurer et prêcher la pénitence et l'on se rappelle soudain qu'à Lourdes aussi, l'Immaculée Conception a, par trois fois, répété le mot de pénitence à Bernadette.

Mais il semble que ces paroles détonnent dans ce milieu. Ni l'allure des pèlerins, ni la tenue des églises, ni les cantiques des foules, ni même

---

a *[Les trois paragraphes suivants ont été supprimés]* – Cette chapelle a été construites sur les données du Curé Peyramale, le premier bâtisseur de Lourdes. Ce brave homme croyait que rien ne pouvait être assez beau pour la Vierge – et il avait, en pensant ainsi, cent fois raison. Malheureusement, il détenait, en art, le goût d'un Caraïbe. Lasserre raconte qu'il déchira le premier plan que son architecte lui soumit de la basilique, en s'écriant qu'il voulait, non une église rétrécie de village, mais un temple magnifique et un chef d'œuvre ! // Ce chef d'œuvre, nous le connaissons, il n'est autre que celui de la basilique actuelle. Est-il, Seigneur Dieu, possible d'imaginer un idéal de magnificence plus restreint ? // Pour le Carmel, ce fut le contraire. En guise de cathédrale, il avait édifié une églisette; à la place d'un petit couvent, il fit ériger un château.

b *Version antérieure de ce passage* : Il éleva une colossale bâtisse dans laquelle des régiments manœuvreraient à l'aise et il y * cette chapelle dont l'orgueilleuse richesse dut le séduire; et jamais il ne se douta combien ces monuments messeyaient à un ordre voué, par ses ordonnances même, à la pratique de la pauvreté et à l'exercice de la pénitence.

les textes de la liturgie qui n'est que joyeuse ici, ne suscitent l'idée de la contrition et du repentir[1].

Le site surtout y est résolument contraire ; le paysage est un gai paysage d'opéra-comique, avec ses montagnes de familles, ses cavernes pour enfants, ses pics à la papa ; ce n'est plus du tout la nature grandiose et stérile de la Salette ; l'on n'est pas au-dessus des abîmes, dans un endroit sans arbres, sans oiseaux, sans fleurs, sur une place qui n'est guère plus grande que la place Saint-Sulpice et au-delà de laquelle ce ne sont plus que d'effroyables gouffres ; là-haut, à la Salette, on est seul, dans les nuages, avec la Vierge ; il n'y a pas de distractions, pas de cafés et de journaux, pas de panoramas, pas d'excursions en automobiles, pas enfin de funiculaire pour se faire hisser doucement au sommet des monts[2] !

On y vit replié sur soi-même, tandis que l'on vit déplié à Lourdes ; c'est un véritable pèlerinage d'expiation ; je le crois bien désert, bien abandonné maintenant ; il répondait si peu aux entrains des foules !

Mais cette Notre-Dame des Sept-Douleurs[a] qui a jadis guéri à La Salette tant de malades et distribué tant de grâces, n'en restera pas moins toujours plus attirante pour certaines âmes que la jeune Vierge, blanche et bleue, sans Enfant, sans croix, de Lourdes[b]. C'est la très ancienne Vierge du Calvaire qui est apparue dans les Alpes, c'est la Mère dont le cœur fut un fourreau de glaives[c]…

Et la voilà qui revient encore dans cette chapelle de Lourdes, ramenée par sainte Térèse, évoquée par la tristesse même de ces chants qui contrastent si singulièrement avec les allègres fredons que l'on entend dehors !

Elle vous lamine ; on ne pensait qu'à Elle et c'était très bon – et l'on pense à soi, et c'est horrible !

On était saisi par le décor extérieur, par la pitié pour la souffrance des uns, par un vague acquiescement à la grossière gaieté des autres. On était absent de son âme qui se satisfaisait, tant bien que mal, dans ce pêle-mêle d'impressions issues de l'extérieur, par les pratiques externes, elles aussi, des prières vocales ; l'on ne songeait plus à descendre dans ses aîtres et voilà que le Carmel vous enlève à cette torpeur qui était délectable, après tout, puisqu'elle vous dispensait des résipiscences, qu'elle vous exemptait des lancinants regrets !

---

a des Douleurs

b ~~que l'Immaculée Conception~~ de Lourdes.

c une ~~gaine~~ <~~pelote d'épées~~> <fourreau> de glaives.

Mais cet amer reproche des égarements oubliés s'évanouit aussitôt que l'on quitte le Carmel, car la permanente atmosphère des affluences en liesse vous reprend. À la porte même du cloître, ce matin, les tourières exultent en parlant de la formidable procession[a] qui va s'organiser ce soir ; tout un corps d'armée, trente mille hommes, pérégrineront, un cierge à la main, de la grotte au Rosaire, en passant par les lacets en forme d'M couché[1] qui grimpent sur la colline, derrière la basilique, et, après avoir descendu et remonté les rampes, ils évolueront sur l'esplanade pour finalement se fondre, en un seul groupe, dans le cirque immense du Rosaire.

En attendant la fête aux flambeaux de ce soir, j'assiste encore aujourd'hui à la procession de quatre heures ; seulement, cette fois, au lieu de suivre le Saint-Sacrement ou de regarder la cérémonie par les lucarnes de l'église, je me mêle à la foule. Il y a beaucoup de pèlerins fervents, mais aussi beaucoup de curieux arrivés des villes d'eaux des environs et qui se promènent autour du cercle des malades comme autour d'un orchestre militaire, aux Tuileries. Ce ne sont pas ceux-là qui nous apporteront un appoint de prières et un renfort de grâce !

Il est vrai que le spectacle auquel ils vont assister[b] n'est pas de nature à leur inspirer le respect d'une religion qu'ils ignorent.

Presque en tête du cortège, après la croix, les céroféraires et les suisses bleus – les suisses vermillon aux plumets de corbillard sont, avec le pèlerinage qui les amena, partis[c], – une fanfare, débarquée d'hier, s'avance, composée d'ecclésiastiques et de laïques parmi lesquels domine un énorme soutanier qui vente, à décorner les buffles, dans un ophicléide[2].

Ils jouent des mélodies de barrières, des flons-flons[d] !

Et une fois qu'ils sont entrés dans le camp des infirmes, une indécente dispute éclate avec ces brutes qui regimbent d'ailleurs, alors qu'on les supplie de se taire, pour permettre au prêtre implorateur de lancer les invocations !

Le Saint-Sacrement parcourt, selon l'habitude, le rang des voiturettes. C'est devant moi un remous de têtes ; des gens se haussent sur la pointe des pieds pour voir ; des enfants sont à califourchon sur les épaules de leurs papas, des dames sont montées sur des bancs et sur des chaises ; les

a ~~aux flambeaux~~

b est ~~un de ceux qui me feront éternellement dire que le purgatoire d'un converti est de vivre parmi les catholiques~~

c *Ajout marginal* : les Suisses vermillon <aux plumets de corbillard> sont, avec le pèlerinage qui les amena, partis,

d ~~de foire~~

échelles des photographes sont envahies. L'on dirait d'une multitude en attente du bœuf gras. – Çà et là, pourtant, à l'écart, des prêtres lisent, placidement, leurs bréviaires ; – et tout à coup un frémissement passe dans la foule[a]. Des cris retentissent : un miracle ! une femme se lève ! Magnificat[b] ! J'aperçois les brancardiers qui courent à toutes jambes dans le cercle vide. Le plus sage est de filer dare-dare à la clinique, avant que tout le monde ne s'y précipite, pour être là lorsqu'on amènera cette femme.

Quand j'arrive, le docteur Boissarie cause avec une jeune fille assise dans un fauteuil, devant lui.

Elle raconte que, paralysée de la main et du bras droits[c], elle n'avait pas encore été guérie, dans les piscines ou pendant la procession, depuis huit jours qu'elle est à Lourdes, mais qu'elle l'a été subitement, ce matin, sur la montagne du Calvaire où elle s'était rendue pour faire, avant son départ de ce soir, un dernier chemin de croix.

La guérison eut lieu quand elle n'y comptait plus, juste au moment où, allant se retirer, elle prononçait en se signant, à la fin de ses prières, le mot Amen.

Et la petite agite son bras dans tous les sens et rit, en regardant avec complaisance une bague en doublé et en strass qu'elle s'amuse à faire monter et à faire descendre le long de son doigt.

– Mais, dit le docteur qui sourit, vous ne l'aviez pas cette belle bague quand vos doigts étaient repliés dans l'intérieur de votre main ?

– Oh ! non, seulement lorsque j'ai été guérie, j'ai été si contente que j'ai couru aussitôt en acheter une !

Et, comme craignant d'être accusée de coquetterie, elle ajoute, en rougissant un peu :

– Je l'ai donnée à bénir !

Tout le monde rit et je pense que cette petite ne manque pas d'une certaine roublardise, car enfin, elle a trouvé moyen de mettre sa conscience à l'abri et de se garder à carreau envers la Vierge, en transformant un objet de vanité en un objet de piété ; est-ce assez femme[1] !

La porte s'ouvre en un coup de vent, dans une tempête de voix ; le bureau est, en un instant, rempli[d]. On pousse, en hâte, sur le parquet, une civière

---

a ~~avec une bousculade~~.

b <Magnificat !>

c paralysée ~~depuis des années des bras et~~ de la main et du bras droits

d <le bureau est, en un instant rempli>

et les brancardiers se débattent derrière elle, dans une ruée de foule[a]. Il faut aller leur prêter main-forte pour rejeter les assaillants et refermer la porte.

Ce bureau suggère de plus en plus l'idée d'une cabine de navire battu par un flux de vagues[b] et l'on entend, en effet, en dehors, un roulement de mer, sur l'esplanade où la multitude, qui attend la sortie de la miraculée, moutonne[c].

– Voyons, dit le docteur, qui considère la femme que les brancardiers aident à se lever de la civière, qu'est-ce qu'il y a ?

Tous ceux qui ont pénétré à la suite dans le bureau parlent en même temps.

– Un peu de silence, Messieurs ! s'écrie le Docteur ; laissez Madame s'expliquer.

Mais elle n'explique rien du tout ; elle est ahurie, se borne à répéter[d] : je suis guérie, je suis guérie !

– De quel pèlerinage êtes-vous ? avez-vous un certificat médical ?

Elle n'en sait rien ; pourtant l'on finit par comprendre que le certificat est resté à l'hôpital.

Enfin, un prêtre qui la reconnaît déclare que cette femme est une épileptique dont les paralysies sont intermittentes.

– C'est bien, reprend le docteur Boissarie, nous examinerons ce cas plus tard.

Et il hausse[e] les épaules.

– Maigre butin ! lui dis-je, en le quittant.

Il sourit :

– Eh bien ! me répond-il, vous êtes assuré, je pense, que, contrairement à l'opinion de certains journaux, le miracle ne se fabrique pas sur commande, ici[1] !

Au moment où je sors, la fanfare, à laquelle on a rendu sa liberté, vacarme sur l'esplanade ; le cambrousier[2] d'église qui tient l'ophicléide en tire des meuglements de vache éperdue, de pieux et de profonds rots.

Il n'y a qu'une ressource, rentrer chez soi et fermer ses fenêtres, pour échapper, s'il se peut, à l'infatigable chahut de ces gens.

---

a ~~Le bureau est rempli en un instant et~~

b ~~dont on entend <dans ce bruit de cohue>, le roulement, au loin.~~

c *Remplacé en marge par* : et l'on entend, en effet, en dehors, comme le roulement de la mer, sur l'esplanade où la multitude, qui attend la sortie de la miraculée, moutonne.

d ~~, paresseuse~~

e ~~lève haut~~ hausse

Vers huit heures du soir, le calme se rétablit. Ces orphéonistes bâfrent et boivent, sans doute, encore. Je vais rejoindre mes braves tourières au Carmel et je m'assieds, auprès de quelques prêtres, sur les marches de la chapelle. De là, je domine, au-dessus du Gave, la basilique, la rampe, l'esplanade, le Rosaire, vus de profil ; c'est l'endroit le mieux situé pour assister au gala de la féerie du feu.

En attendant que le défilé commence, nous causons[a], et l'on ne s'entretient, bien entendu, que d'arrivées et de départs de pèlerins et de miracles. L'on m'interroge pour savoir si je suis allé à la clinique aujourd'hui et si j'y ai constaté des prodiges. Je raconte l'histoire de la petite à la bague guérie, sans y penser, quand elle n'y comptait plus, et à propos de cette cure inattendue, un ecclésiastique dont je n'aperçois pas le visage dans l'ombre et qui doit être, d'après certains détails qu'il donnait tout à l'heure à l'un de ses voisins, un prêtre de la Sainte Face, à Tours[1], s'exclame :

– Le miracle ! M. Dupont répondait à un curieux qui lui exprimait son ébahissement des guérisons qu'il obtenait par l'huile de la lampe allumée devant la Sainte Face : « Mais, Monsieur, le miracle n'est pas plus difficile à obtenir pour un chrétien qu'un plat de petits pois chez la marchande du coin ; il suffit de demander… »

Seulement, lui, demandait d'une façon spéciale. Il ne disait pas à Dieu : « Je voudrais », il disait : « Je veux ». Il reprit, une fois, une jeune fille qui souffrait d'un pied et s'adressait au Seigneur en ces termes : « mon Dieu, si c'est votre bon plaisir et votre volonté, je vous prie de m'accorder ma guérison.

« Ce n'est pas de la sorte qu'il faut prier, s'écria-t-il ; vous n'avez pas la foi, il faut commander au Bon Dieu[2] ! » – C'est peut-être ainsi qu'il conviendrait de s'y prendre, ici, quand le Christ résiste…

– Peut-être, répliqua un autre prêtre, car lorsque le Père Marie-Antoine[3] venait à Lourdes, il usait parfois de ce mode d'impétration et avec succès…

– Oui, mais ce vieux capucin était un saint homme dont l'éloquence, toute en cris, déchaînait les foules et il disposait ainsi, en sachant la manier, d'une force de prières étonnante[b]…

Et, tandis qu'ils bavardent, évoquant entre eux des souvenirs du Père Marie Antoine, au loin, devant nous, la procession se forme.

a ~~dans l'ombre,~~

b *Depuis « guérie sans y penser », ce dialogue est ajouté en marge.*

À cette heure, dans la nuit, la grotte, creusée sous la basilique, flamboie comme une fournaise ; c'est de là que part l'incendie propagé par les cierges des pèlerins que l'on ne voit pas ; il semble que des étincelles sautées du fond d'un four ouvert et portées par le vent voltigent dans les lacets de la colline, qui, lentement, s'embrasent ; et les bluettes[1] gagnent du terrain, pétillent déjà dans les arbres derrière l'abside de la basilique et atteignent, peu à peu, en tournant, le parvis, avant de descendre sur la rampe de droite, dans une indescriptible cacophonie de « Laudate Mariam », de « Au ciel, au ciel ! », mêlés à des cantiques de langues étrangères, tous écrasés, pourtant, par la masse pesante des Ave.

Et voici la basilique qui s'illumine du haut en bas, qui se découpe en des lignes tricolores dans l'ombre et elle paraît plus étriquée, plus chétive encore, sur le fond de ces montagnes que les ténèbres, déchirées par des coups de lumière, agrandissent. La chaufferette ronde, à couvercle, le gueux posé sous ses pieds, le toit du Rosaire, brasille avec la ferblanterie de son dôme et ses oculi rouges. Maintenant, les deux rampes sont en pleine combustion ; l'on monte sur l'une et l'on descend sur l'autre ; l'on dirait d'une roue de feu, couchée sur le flanc, à demi soulevée du sol, qui tourne, en crépitant, lançant, dans son mouvement giratoire, des gerbes d'étincelles. Les cierges qui grimpent se hâtent, semblent marcher, en poussant des cris de victoire, à l'assaut de la basilique ; et subitement, dans le sillage scintillant, de grands trous se font ; le vent a éteint des cierges et des mouches de feu volent pour les rallumer et les trous noirs disparaissent, bouchés par des paquets de flammes[2] !

Et cela tourne, tourne, sans arrêt, dans un vacarme d'Ave soutenu par les cuivres de la fanfare ; au loin, l'esplanade qui déborde, fait songer à une plaine dont la récolte se carbonise, à des champs d'épis en ignition[a] ; et les tiges de cette moisson qui brûle projettent un éclairage de théâtre sur les arbres des alentours dont le vert s'albumine et[b] se décolore.

En face de la grotte, le long du Gave, de minuscules cortèges s'organisent encore et l'on croirait voir des essaims de vers luisants qui ondulent sur la terre, puis se muent, rejetant leurs chrysalides de nuit, à mesure qu'ils montent en voltigeant, dans les lacets de la colline, en des phalènes d'or. Ces cierges chantent, mais leur faible voix que l'on entend à peine finit par se perdre dans l'énormité de l'ensemble qui ébranle l'ombre des monts.

---

a en feu

b < s'albumine et>

Ah ! l'étrange vision et le délirant spectacle de cette foule accourue de tous les pays de l'univers, dans ce petit coin de rien du tout, pour prier la Vierge ! à quelques pas d'ici, c'est la campagne silencieuse, la campagne noire ; et tous ces gens qui veillent, si loin de leurs patries, disent la même chose dans des idiomes différents et pensent de même ; tous sont certains que des infirmes abandonnés par les médecins peuvent, si la Vierge le veut, en un instant, guérir ; tous savent que des conversions impossibles, que des affaires inextricables peuvent s'accomplir et se dénouer, en un clin d'œil ; et dans cette multitude innombrable que ne contraint aucune police, jamais un désordre, jamais une dispute ; l'effervescence même que produisent des miracles tombe d'elle-même. Il y a, dans cette cité de Notre-Dame, un retour aux premiers âges du christianisme, une éclosion de tendresse qui durera, tant que l'on restera sous pression, dans ce havre de la Vierge. On a l'idée d'un peuple composé de fragments divers et néanmoins uni comme jamais peuple ne le fut ; il se désagrégera, demain, par des départs, mais il se reconstituera par l'arrivée de nouveaux éléments apportés par de nouveaux trains, et rien ne sera changé ; la piété sera pareille, la patience et la foi seront semblables. Lourdes, est, en somme, une principauté qui réalise, et bien au-delà, les plus audacieuses chimères des philanthropes ; c'est la fusion temporaire des castes ; la femme du monde y panse et y torche l'ouvrière et la paysanne ; le gentilhomme et le bourgeois deviennent les bêtes de trait des artisans et des rustres et se font garçons de bains, pour les servir[1].

Le pauvre est hébergé, nourri, baigné, choyé, pour la grâce de Dieu[2] ; il peut puiser toute l'eau qu'il désire à la fontaine ; il peut s'asseoir dans toutes les églises, et devant la grotte, partout où il lui plaît, sans avoir jamais à dépenser un sou.

Le rêve d'une société qui serait propre se décèle, pour quelques mois, tous les ans, à Lourdes ; il est dû à cette vertu que saint Paul déclarait supérieure à toutes, à la charité[3] ; et je songe mélancoliquement que si les préceptes du Christ étaient suivis, l'existence pourrait être clémente à tous ; mais c'est ici que l'utopie commence ; personne ne se soucie d'un prochain qui ne cherche la plupart du temps, d'ailleurs[a], qu'à vous exploiter et, d'autre part, les mécréants n'ont qu'un but, persécuter les catholiques, lesquels regrettent de ne pas disposer du pouvoir pour

a ~~du reste~~ <d'ailleurs>

persécuter, à leur tour, les impies, oubliant que, s'ils ont le droit d'avoir des martyrs, leur religion, à eux, leur défend d'en faire[1].

Et, tandis que je rumine ces réflexions, la roue de feu tourne toujours ; mais elle dégage déjà moins d'étincelles, et, à mesure qu'elle se refroidit et s'éteint, un brasier s'allume au-dessous d'elle, dans la cuve formée devant le Rosaire, par le cercle des rampes. Toutes les lueurs des cierges sont tombées là ; et quand les rampes sont devenues tout à fait noires, quand la roue s'est arrêtée, une immense flambée d'incendie jaillit de la cuve.

Et alors un spectacle splendide, à jamais inoubliable, surgit.

Les hurlements disparates se sont tus et de la cuve incandescente le Credo du plain-chant s'élance. Il se déroule, soutenu par des milliers de voix, monte, au milieu des flammes, en une auguste lenteur dans les ténèbres du firmament.

C'est la profession de foi de la terre enfin sortie de la confusion des langues pour s'exprimer dans l'idiome liturgique ; c'est la concentration des prières individuelles du jour, réunies en la gerbe de la prière commune ; c'est l'offrande au Seigneur – devant lequel la Vierge exaltée jusqu'à ce moment s'efface – du parfum vocal du symbole de ses Apôtres, l'encens chanté de son Église même !

Et en haut, tout en haut, dans le ciel, alors que les accents solennels du Credo planent, un nouvel astre se lève[a], au sommet de la montagne du grand Gers, invisible dans l'ombre, un astre qui a la forme d'une croix et qui rutile dans la mêlée des autres étoiles, la croix, allumée par des jets électriques, sur la cime disparue du mont[2] !

C'est terminé, la cuve ardente fume et s'éteint ; la moisson de feu de l'esplanade a été fauchée ; la procession se disloque, les cierges se meurent. Seul, le vaste trou de la grotte continue de flamber. Cependant, çà et là, comme d'un collier dont le fil se casse, des perles de lumière bondissent, roulent, isolées, et s'éloignent les unes des autres, sur les routes. Quelques fumerons achèvent de rougeoyer le long du Gave ; quelques feux-follets volètent encore près du Rosaire, mais ils ne tardent pas à disparaître, eux aussi, dans le noir.

Cette fois, c'est bien fini ; je ne sais... mais j'ai l'idée que cette splendide féerie est indépendante de nous, que nous n'y sommes pour rien, que cette vision n'est qu'une allégorie, qu'une figure... il me paraît que la réalité, cachée sous des apparences humaines, est autre...

a < un nouvel astre se lève,>

Il me semble qu'après avoir humblement travaillé, pendant le jour, dans des cabines de bain, pour guérir des corps et sauver des vivants, la Vierge travaille, maintenant, dans la nuit, pour guérir des âmes et pour sauver des morts.

C'est Elle qui a tourné ce rouet de feu et filé le lin en flammes des prières, afin de tisser les robes glorieuses de ces âmes qui n'attendent plus que leur vêtement de Paradis pour sortir du Purgatoire[1] !

Si j'allais me coucher ; le vent des montagnes qui souffle, dès que tombe le crépuscule, alors que l'après-midi fut torride, me glace ; ces sautes de température, qui se renouvellent presque chaque jour, sont pénibles ; je suis d'ailleurs éreinté par mes courses, toujours en montées et en descentes, à travers les rues. Je pars, mais combien vont rester éveillés et debout, car il n'y a plus ni jours, ni nuits à Lourdes ; la ville en fièvre a perdu le sommeil ; l'esplanade, les rampes, l'allée du Gave demeurent éclairées, à la lumière électrique, jusqu'à l'aube ; les hôtels sont illuminés[a] ; la grotte, derrière ses grilles que l'on ferme, va consumer le bûcher toujours grandissant de ses cires.

Bien des pèlerins, assis sur les bancs, égrèneront, devant la statue devenue claire dans le reflet des cierges, leurs chapelets jusqu'à l'aurore[b] ; d'autres, pour combattre le froid, marcheront, en chantant des Ave ; d'autres encore s'étendront, au chaud, dans l'église toujours ouverte du Rosaire et ils y somnoleront, exténués, écoutant, vaguement, ainsi qu'en un songe, les pétillements argentins des sonnettes brandies par les servants de messe ; d'autres enfin, iront rejoindre l'abri où, pêle-mêle[c], des pèlerins morts de fatigue s'entassent, mais, à cette heure, les places sont déjà prises. Le réveil de ces hospitalisés que je surpris, un matin, était affreux ; le sommeil qui les abat[d], ce soir, ne l'est pas moins. Ce sont des ronflements de gens[e] anéantis par les digestions des lourdes charcuteries et des gros vins ; ce sont des soupirs de gens en proie à des cauchemars, de femmes qui rêvent. Des gamins sont couchés entre les jambes de leur mère, la tête appuyée sur leur ventre comme sur un oreiller et ce sont des plaintes étouffées, lorsque, lasse de reposer sur le dos, péniblement, la mère se retourne, en chavirant l'enfant. L'abri

a demeurent ouverts.
b jusqu'~~au petit jour~~ <à l'aurore>
c ~~sur des matelas,~~
d ~~casse~~ <abat>
e ~~éreintés~~ anéantis

est une sorte de morgue où les cadavres restent habillés, mais dont les pieds déchaussés fument !

Et ce sont les grognements des dormeurs réveillés par le courant d'air glacé de la porte qu'on ouvre ; c'est le revers de la médaille du jour, la bête revenue dans l'écrasement d'un somme !

Mais ce camp couvert est indifférent aux véritables amoureux de la Vierge qui rôdent, éperdus, devant la grotte. Ceux-là n'aiment guère, pour la plupart, le vacarme des cohues et ils profitent de l'accalmie de ces quelques heures pour se tenir frileusement auprès d'Elle et la prier en paix.

Lourdes est une cité de noctambules qui compensent, par les excès de leur pieux surmenage, les excès peccamineux des noctambules des autres villes. Il sied d'avouer que si le Démon s'abat sur ce lieu de pèlerinages[a], ainsi que sur tous les sanctuaires voués à la Vierge, la défense des fidèles y est acharnée et que, pour une chute consentie dans l'ombre, il y a des centaines de conversions acquises par ces oraisons esseulées, par ces élans solitaires qui se produisent justement à ces heures tardives où la Madone n'en a plus.

Ces oraisons se joignent aux gerbes magnifiques des Clarisses qui commencent précisément, ici, l'office, au moment où toutes les communautés le cessent[1].

Et elles participent à la puissance des grâces que les moniales de sainte Claire attirent. Quelle œuvre admirable que celle de cette communion des âmes qui, sans se connaître, s'aiment et s'entraident !

Dans le sinistre hôpital où les malades, tenus éveillés par le bruit qu'ils entendent, au dehors, des cris et des chants, désespèrent de pouvoir, en souffrant, s'endormir, peut-être que ces prières réunies seront le dictame[b] qui calmera, pour le reste de la nuit, leurs tourments, en attendant que la Vierge, émue par tant d'efforts[c], consente à opérer, demain, au moment où ils y compteront peut-être le moins, leur guérison ?

---

a s'abat sur Lourdes,

b qui sait si ces prières réunies ne seront pas le dictame

c d'efforts

XI

Rien n'arrive comme on le croit, ici ; on vit dans l'imprévu ; ce matin, je suis encore allé à l'hôpital ; les malades qui m'intéressaient n'y sont plus ; ils ont quitté Lourdes, par des trains de nuit. La petite religieuse blanche[1] a recouvré l'usage de ses jambes ; le genou, après quelques nouveaux bains, s'est désenflé et la charnière s'est réparée, très souple ; elle est partie gaiement, marchant sans aucun aide. Je puis donc espérer qu'elle rentrera guérie, dans son cloître[a] ; mais le môme à la gouttière de bois[2] !

Il est retombé, paraît-il, plus malade qu'auparavant et on l'a remporté, réintégré, dans son appareil, presque mourant, dans le wagon !

Ici, je ne comprends plus ; le miracle acquis ne me surprend pas ; mais le miracle, accordé d'une main et retiré de l'autre, me désarçonne ; je n'y suis plus du tout.

Je sais bien qu'un miracle qui ne dure pas, qui n'est pas entériné par l'épreuve du temps, n'en est pas un ; et cependant, comment nier une intervention extranaturelle dans le cas de cet enfant ? une jambe tordue se redresse, une couronne d'abcès sèche, la peau se reforme sous des croûtes prêtes à se détacher, la santé revient, sans transition, sans convalescence, avec la vigueur nécessaire pour courir sans fatigue, et cela, instantanément, en coup de foudre, après une simple immersion dans un bain d'eau sale ; est-ce explicable par des raisons purement physiologiques ? je ne le pense pas.

Si j'ai, en effet, recours aux arguments des médecins, décidés à ne voir, dans les faits qui se passent à Lourdes, que des phénomènes de la suggestion et de l'exaltation de la Foi, devenues, suivant eux, une panacée souveraine contre la plupart des maux, j'aboutis à des résultats dont l'absurdité s'avère manifeste.

Que des gens atteints de maladies nerveuses, que des femmes hystériques soient guéries par une forte commotion, c'est possible ; je vois un

a *Note de Huysmans.* « Deux années se sont écoulées depuis que ces lignes ont été écrites. La sœur Justinien est revenue en pèlerinage d'action de grâces à Lourdes. Elle a été examinée de nouveau et nulle trace ne reste de la coxalgie tuberculeuse dont elle était atteinte. L'on peut donc affirmer que, dans les conditions où elle s'est produite, sa guérison a été vraiment miraculeuse. »

certain nombre de femmes à Lourdes auxquelles ces théories peuvent, en effet, s'appliquer ; seulement, nul ne les considère comme des miraculées, nul ne s'en préoccupe, ici ; mais il ne s'agit pas, en l'espèce, d'une grande personne qui peut s'autosuggestionner, en se persuadant, d'avance, qu'elle sera guérie ; il s'agit d'un marmot de sept ou huit ans ; et il faut avoir vu baigner des enfants dans la piscine, pour se rendre compte de leur état d'esprit, à ce moment. Ils ne songent pas plus à prier la Vierge qu'à guérir. Ils se débattent, en pleurant et en criant, entre les mains des infirmiers qui les tiennent ; et, une fois dans l'eau, ils hurlent jusqu'à ce qu'on les en retire !

Quelle suggestion voulez-vous qu'il y ait, dans ces conditions, chez un enfant dont la piété est d'ailleurs souvent nulle ?

Mais si, au point de vue humain, le cas du petit garçon de Belley me demeure inintelligible, je dois avouer qu'au point de vue divin, il me paraît plus incompréhensible encore.

Un homme, une femme, parvenus à l'état cachectique[1] de la dernière période de la phtisie galopante, et amenés, mourants, à Lourdes, sont guéris, soit dans la piscine, soit pendant la procession du Saint-Sacrement, soit sans rien de tout cela, dans la solitude, en un coin ; c'est une guérison, sans marche lente et progressive, une guérison immédiate. Ils sont auscultés par plusieurs médecins qui ne trouvent plus trace des lésions ; ils se promènent, mangent, boivent, dorment, ainsi que vous et moi ; ils sont en quelque sorte ressuscités ; ils repartent et, quelquefois, six mois après, chez eux, tout revient.

C'est évidemment étrange[a], – car enfin la suggestion n'a jamais, que je sache, fait repousser, ne fût-ce que pour six mois, des poumons que l'on a, comme on dit dans le peuple, crachés[b], – mais l'on peut cependant admettre que ces gens, une fois réinstallés dans leurs foyers, se sont remis à vivre, au mépris de toute hygiène, dans les milieux contaminés où ils avaient contracté la tuberculose qui disparut à Lourdes. Le miracle n'est pas, en effet, un vaccin qui dispense ceux qui l'ont obtenu de nouvelles

---

a ~~mais enfin, si le problème médical qui se pose reste insoluble,~~

b *Huysmans a biffé les phrases suivantes et les a récrites dans la marge* : ~~il n'en est pas de même du problème divin ; l'on peut au moins essayer d'indiquer une cause plus ou moins exacte à cette récidive ; l'on peut croire que le miraculé a abusé de la grâce et qu'il est retombé malade, comme il aurait pu, d'ailleurs, contracter une autre maladie, car l'on n'est pas réparé des infirmités humaines, parce que l'on a été guéri, une fois, à Lourdes, mais l'enfant de Belley n'a pas pu mésuser, à son âge, des bienfaits reçus~~

maladies, un sérum qui les préserve de celle même dont ils furent, une première fois, guéris ; d'autre part, en se plaçant au point de vue divin, il est permis de penser que ces malades, rendus à la santé, ont abusé de la grâce et que leur rechute est une punition, mais pour l'enfant de Belley ces hypothèses sont vaines. Il n'a pas changé de place et il n'a pu mésuser, à son âge, des bienfaits reçus ; le retour offensif du mal ne peut donc être le signe d'un avis ou d'un châtiment ; alors, comment expliquer l'ironie de ce faux miracle, le mensonge de cette validité factice ? est-ce un piège tendu par le singe de Dieu[a], le coup renouvelé des fausses voyantes qu'il suscita du temps des apparitions de la Vierge à Bernadette[1], pour brouiller les cartes, pour jeter le doute sur la certitude des vrais miracles, ou est-ce autre chose, mais quoi alors ?

Je confesse que cette histoire est celle qui m'a le plus stupéfié à Lourdes, et, plus je la scrute et moins je la comprends[b], en admettant toutefois que ce gamin ne se rétablisse pas en cours de route ou lorsqu'il sera rentré à l'hôpital, car les exemples de ces guérisons accordées, après un séjour dans le douaire de la Vierge, mais seulement après qu'on l'a quitté, abondent.

Je me dis, en sortant de l'hôpital, que Lourdes est beaucoup moins simple que ne le croient et les catholiques et les incrédules. Pour les uns, tout est miracle ; pour les autres, rien ne l'est ; il y a encore autre chose, le mystère plus affolant, selon moi, d'un Dieu qui tolère les parodies ou qui se reprend !

Je vais au monastère des Clarisses, situé sur la même avenue, et je remets, en y arrivant, à la sœur tourière, une lettre d'introduction que j'ai reçue pour son Abbesse. Je voudrais entendre, de sa bouche, le récit d'un miracle très particulier qui lui est advenu, il y a plus de vingt ans[2].

Je m'installe, en attendant la réponse, dans la chapelle. Son décor est[c] en parfaite accordance avec les mœurs expiatrices de ses nonnes ; c'est une pauvre bicoque de campagne, très simple, avec, devant la treille noire de la clôture, un maigre autel garni de chandeliers de bois ; elle est très bien, elle est telle qu'elle doit être pour un institut voué à la pénitence ; elle est quasi déserte, à cette heure, et, assis sur une chaise,

---

a < le coup renouvelé des fausses voyantes qu'il suscita du temps des apparitions de la Vierge à Bernadette>

b *La fin de ce paragraphe est un ajout marginal.*

c ~~n'est point, ainsi que celui du sanctuaire des Carmélites, en opposition~~ <en parfaite accordance>

je pense à cet Ordre admirable de sainte Claire, réformé par sainte Colette[1]. Il est certainement celui des Ordres de femmes qui est demeuré le plus fidèle à sa règle et le plus intact ; et c'est probablement à cause même de cette constance, qu'il s'est montré plus résolu, plus brave que les autres, dans la tourmente ; au reste, on peut le dire, à l'honneur des enfants de saint François, ils sont les seuls qui aient tenu bon jusqu'au dernier moment, les seuls, à l'heure présente, qui aient le courage, en habitant Paris, de porter, en pleine rue, de même que les Capucins[a], le costume de leur Ordre[b].

En tout cas, à Paris, au lieu de déserter comme les Carmélites, qui ont abandonné, sans coup férir, leur poste de combat[2], les Clarisses n'ont pas quitté leur geôle[c] de l'impasse de Saxe. Privées de jardins et dénuées d'air, elles y meurent, ainsi que des mouches, mais joyeusement, en réparatrices de crimes qu'elles ignorent ; elles sont les seuls parafoudres de la ville, maintenant. Ici, à Lourdes[3], ce sont encore elles qui endurent les premiers chocs démoniaques et prennent à leur compte les méfaits commis. Aussi, sont-elles parfois écrasées par d'incroyables maux qui ne sont pas guéris par l'eau de la Grotte, ceux-là[4] !

L'on me parlait, l'an dernier, d'une de ces saintes atteinte d'une enflure telle qu'elle ressemblait plus à une montgolfière qu'à une femme ; elle ne pouvait rester ni assise, ni debout et la posture sur le dos était intolérable ; ce n'était pas une hydropisie ; c'était on n'a jamais su quoi ; elle mourut, radieuse, enviée par ses compagnes et il fallut fabriquer un cercueil exprès pour l'inhumer[5].

Ce que ce petit couvent de Lourdes, jeté au bord du torrent dont il entend, jours et nuits, le fracas régulier, est triste ! il est entouré d'un jardinet minuscule en pente, et l'on aperçoit, par-dessus ses murs, les croix de bois de son cimetière. Les moniales ont bien peu de place pour se promener ; leur vie est atroce et divine : jeûnes permanents, jamais de viande, sommeil coupé en deux tronçons, coulpes et offices, hiver comme été, les pieds nus ; elles vivent de quoi ? des quelques aumônes déposées

a <comme les Capucins>

b *Paragraphe biffé :* J'avoue préférer la dignité de cette attitude à la fuite des Bénédictins et des Bénédictines de la Congrégation de France, aux menées si singulièrement louches des Chartreux, aux discrètes parties de cache-cache que jouent <maintenant en France> les autres institutions <ordres> dans les villes ; l'on en vient à [*mot illisible*] l'intrépide dignité des religieux qui ne font après tout que leur devoir !

c Sont demeurées dans leur geôle

dans une sorte de marmite à couvercle installée dans la chapelle ; quand ce tronc est vide, elle demandent leur pâture à l'évêché ; mais elles ne reçoivent que la somme nécessaire pour assurer les repas d'un jour, car elles ne peuvent posséder, ni en argent, ni en provisions, la moindre avance ; elles doivent être pauvres et elles le sont pour de bon, celles-là !

Cela nous change un peu de ces autres Ordres, âpres au gain et hantés par la manie des bâtisses, que la Providence a laissé balayer, de même que des épluchures de piété, de notre sol[1] !

La sœur interrompt mes réflexions, en me venant quérir ; elle m'annonce que l'Abbesse est au parloir et elle m'introduit, au sortir de la chapelle, dans une petite pièce, blanche et nue, où je m'assieds sur une chaise de paille, tout contre une grille[a] de fer noir, garnie de broches, et fermée encore, derrière ses barreaux, par une plaque de fonte, percée, ainsi qu'une écumoire, de trous ; mais, au lieu d'être ronds, ils sont allongés en fentes de tirelire et la conversation, pénible derrière ce blindage qui assourdit les voix, s'engage ; je demande à l'Abbesse de me relater, par le détail, le miracle dont j'ai ouï parler et j'entends le petit rire gai d'une vieille femme, accompagné par le rire plus jeune de la sœur discrète qui l'assiste.

– Oh ! c'est si loin, Monsieur, il y a vingt-cinq ans de cela ; pensez-donc !

Enfin, sans se faire prier, elle me raconte son histoire[2] :

– Elle était sœur, sous le nom de Marie des Anges, dans la maison des Clarisses-Colettines[3] de la rue Sala, à Lyon, lorsqu'en 1867, peu de temps après avoir émis ses vœux, à l'âge de vingt-cinq ans[b], elle fut atteinte d'une affection cancéreuse du lobe gauche du foie ; elle fut, trois années, malade, employée à l'infirmerie, puis il lui fallut s'aliter et elle demeura couchée pendant sept ans ; elle ne pouvait s'alimenter et était arrivée à un tel état de dépérissement que l'on attendait sa mort, de jours en jours ; ce fut alors que la mère Thérèse qui avait été envoyée, depuis deux années, à Lourdes afin d'y établir, avec quelques-unes des moniales de Lyon, le monastère actuel, écrivit à sa maison-mère de la rue Sala pour obtenir qu'on lui donnât la sœur Marie des Anges. De deux choses l'une, disait-elle, ou elle guérira[c], et ce sera la preuve que notre création de cloître est approuvée par la Vierge, ou elle ne guérira pas, mais alors

a une grille ~~noire~~ <de fer> noir

b à l'âge de 22 ans

c ou ~~la Vierge la~~ <elle> guérira

elle fondera l'infirmerie, sera notre première malade et, en sa qualité de membre souffrant du Christ, elle portera bonheur à la communauté[1].

Notre mère de Lyon, reprit l'Abbesse, après un silence, ne savait à quoi se résoudre ; elle jugeait – et c'était l'avis unanime des médecins – que j'étais trop malade pour subir les fatigues d'un voyage à Lourdes ; elle me consulta, mais, moi, je n'avais pas d'opinion ; j'étais liée par mon vœu d'obéissance[a], prête à rester ou à m'en aller où l'on voudrait. Notre mère hésitait toujours, quand le cardinal Caverot, alors archevêque de Lyon[2], vint en visite à l'abbaye. Notre mère, devant moi, lui soumit le cas. Son Éminence pensa que je devais partir, mais quand je lui demandai, comme à mon supérieur, si je devais solliciter de la Sainte Vierge ma guérison, il me répondit textuellement ces mots : « Ma fille, je n'en ai pas l'inspiration. »

On m'embarqua donc, pour constituer la première malade du nouveau monastère[b] ; le voyage fut bien pénible, mais tout le monde, en route, était si attentionné, si charitable[c] pour moi ! – Il fallait, en descendant des trains, me coucher sur une civière et, chaque fois qu'on me bougeait, j'étais sur la croix ; enfin j'arrivai, presque morte ; on me traîna tant bien que mal jusqu'à l'entrée de ce couvent et la mère Thérèse me fit intimer l'ordre de ne pas me baigner et de réclamer ma guérison.

On me transféra donc à la grotte – c'était le 17 septembre 1878. – Là, on m'étendit par terre, derrière un autel roulant et on me laissa.

J'ignorais à qui je devais obéir, au Cardinal ou à l'Abbesse ? au fond, l'idée de guérir me désolait ; pensez donc, je n'avais plus, de l'avis de tous, que quelques jours à vivre pour être auprès du Bon Dieu… enfin, je m'abandonnais à sa volonté, en pleurant, quand un évêque, suivi d'un Monsieur de Lyon, que je connaissais[d], pénétra dans la grotte. Ce Monsieur me désigna à l'évêque qui me questionna ; je lui expliquai du mieux que je pus pourquoi j'étais là ; et je pouvais à peine parler, tant j'étais faible ! puis, croyant que ce prélat était mon nouveau supérieur, l'évêque de Tarbes, je lui dis : « Monseigneur, vous êtes maintenant mon maître et c'est à vous que je dois l'obéissance ; voulez-vous me commander de guérir ? »

---

a ~~indifférente à mon sort,~~

b <nouveau> monastère ~~de Lourdes~~

c <si charitable>

d qui me connaissait

Il fut surpris et me répondit : « Mon enfant, je le veux bien, si la Vierge le veut. »

J'eus à peine le temps de formuler ma prière ; je fus enveloppée dans un grand frisson et jetée debout. Mgr Fonteneau, – car, je l'ai su après, – ce n'était pas l'évêque de Tarbes, mais l'évêque d'Agen[1] qui m'avait interrogée[a], fut bien content et il me bénit. Les pèlerins étaient accourus, de tous les côtés, et voulaient m'emmener au bureau des constatations médicales, mais le Père Sempé[2], qui était alors le supérieur des missionnaires de la Grotte et qui avait été aussitôt prévenu du miracle, s'y opposa. – « Elle est hors de sa clôture, dit-il, qu'elle y rentre, et au plus vite ! »

Et voilà tout ce que je puis vous raconter ; vingt-cinq années se sont écoulées depuis et je n'ai jamais plus été malade…

– Alors, ma révérende Mère, vous ne teniez pas du tout à guérir ?

– Ah ! non, s'écria vivement la Mère Marie des Anges, Dieu soit loué ! mais songez que je ne vis plus maintenant que pour encourir la responsabilité de cette charge d'Abbesse que je ne cherchais pas… et j'étais prête alors – autant qu'on peut l'être – à paraître devant le Seigneur !…

Et, après un soupir, elle changea la conversation et m'entretint de ce bon Mgr Fonteneau qui ne serait jamais revenu à Lourdes, quand il vivait, sans la visiter…

– Et vous n'êtes jamais retournée à la Grotte, même pour y faire une action de grâce ?

– Non, puisque je ne puis sortir de la clôture… on m'a rapporté que la grotte était bien changée, qu'on y avait mis, à cause de la foule, des grilles… moi, je me la rappelle toujours, très simple, sans rien… telle qu'elle était alors.

Je rumine cette histoire, après avoir pris congé de l'Abbesse. Je pense encore à cette théorie de la suggestion, chargée d'expliquer toutes les cures de Lourdes ; mais voilà une moniale qui n'enviait pas du tout un réveil de santé[b], et qui a été, en quelque sorte, guérie malgré elle ! si elle s'était autosuggestionnée, ce serait le contraire qui se serait produit ; elle serait, comme elle le désirait, morte !

Elle est vraiment intense, elle est vraiment râpée, à la fin, cette théorie ! l'on n'a jamais vu la thérapeutique suggestive guérir, ainsi que cela

---

a qui se trouvait là

b qui ne tenait pas du tout à recouvrer la santé

se passe à Lourdes, des maladies de poitrine et des maladies de foie, des cancers et des lupus[1] ; on ne l'a jamais vu rendre les yeux aux aveugles et l'ouïe aux sourds. La vérité est que ceux qui prônent[a] ce genre de traitement sont bien obligés d'avouer, s'ils ne sont pas des charlatans, que ses effets sont des plus infidèles et des plus restreints. Hélas ! c'est tout juste s'ils parviennent à pacifier ces affections de nerfs dont ils nous rebattent les oreilles, depuis des ans ! – Si faillite de la science[2] il y a, c'est bien par la psychothérapie, à peine née et déjà moribonde, qu'elle commence !

Mais, par contre, la belle preuve administrée par la Vierge de la puissance des vœux monastiques ! car ce miracle, c'est le miracle de l'obéissance[3] ; et je me souviens de la petite sœur blanche du Saint-Esprit, de Bretagne ; qui sait si, elle aussi, n'a pas été sauvée pour les mêmes raisons ? était-elle si heureuse que cela de vivre ? je me remémore son cri : « Ce que notre mère va être contente ! » – Elle est donc venue ici par obéissance, et a requis, sur l'ordre de sa supérieure, sa guérison et elle semblait plus satisfaite pour sa maîtresse que pour elle-même d'être enfin rétablie ! Qui peut sonder les délicieux abîmes d'une âme, détachée d'elle-même et fondue en Dieu[b] ?

L'obéissance monastique est si désordonnée sous son apparence régulière, si profonde sous la banale tranquillité de ses semblants, qu'elle ne peut s'accomplir sans un secours spécial d'en Haut, sans une aide !

Un supérieur ou une supérieure, c'est-à-dire des êtres faillibles et médiocres, pour la plupart, tiennent dans le cloître la place du Christ ; et il est nécessaire de se convaincre que ce qu'ils commandent, Jésus le commande, que ce qu'ils défendent, Jésus le défend. – Et cela ne serait encore rien d'obéir extérieurement, en toutes choses, grandes ou petites, faciles ou difficiles, à toute heure et en tout lieu, mais il faut encore obéir intérieurement, avec une entière servitude de l'esprit, avec une parfaite soumission du cœur !

Il convient donc de s'aveugler soi-même, de ne pas vouloir examiner si l'injonction prescrite est raisonnable ; il faut que la sujétion soit simple et confiante, sans restriction mentale ; il faut qu'elle soit adhérente et simple, souple et joyeuse !

---

a qui usent de

b qui ne vit plus qu'en Dieu

Cet idéal est si contraire à la nature humaine qu'il existe à peine, est-il besoin de le dire, dans les couvents. Essayez de vous persuader que vous allez abandonner sans réserve, de votre plein gré, tout ce qui constitue votre personnalité, tout ce qui fait de vous un homme différent d'un autre homme ; représentez vous encore qu'il siéra de mater cet égoïsme plus ou moins conscient qui vous incitera toujours à vous intéresser plus à vous-même qu'à votre prochain ; figurez-vous aussi que vous devrez renoncer à vous consulter, être indifférent aux humiliations et aux souffrances, que vous ne serez plus qu'un objet animé entre les mains d'un Abbé dont le caractère peut être celui d'un tyran[a] ou d'un gâteux et que, par vertu, vous ne serez plus, lorsqu'il touchera votre déclic, qu'une machine tournant sur ses propres aîtres, pour les broyer – et vous concevrez le volcan de révolte qui bout et gronde, prêt à exploser en vous[1] !

Et cependant, il y a des humains qui subissent, patiemment, gaiement, tant ils aiment Dieu et en sont aimés, cet écrasement de leur volonté, qui se forcent à se taire et se submergent eux-mêmes dans l'heureuse indifférence que le Ciel apitoyé prépare ; telle me paraît être la bonne Abbesse des Clarisses ; mais pour une qui répond exactement à la vocation divine des cloîtres, combien d'autres que je connus – qui étaient gens de vertu, pourtant – et qui, après être entrés dans des monastères où il semblait que Dieu les voulût, en sont, n'en pouvant plus, sortis[2].

Ceux-là, après avoir enduré, sans trop regimber, bien des affronts, s'étaient rebellés, à un moment, contre des ordres qu'ils estimaient ineptes et qui l'étaient sans doute ; mais c'était là l'épreuve ; ils délibérèrent[b] et ils furent perdus ; en une minute, le peu qu'ils avaient acquis, à force d'abnégation, croula ; il aurait fallu tout rejeter, ne rien garder de soi, se quitter entièrement et s'abolir. Ils le savaient, mais la nature vainquit la grâce ; et c'est, à de rares exceptions près, maintenant, le cas de tous[c].

Un moine admirable, devenu le général d'un des grands Ordres du monde[3], me disait un jour : « Le frère un tel que vous avez connu est mort ; eh bien, vous ne rencontrerez plus son équivalent dans les cloîtres. » – Et, comme je me récriais, alléguant que j'avais vu, dans l'un de ses

a ~~versatile~~

b ils délibérèrent

c *Paragraphe biffé :* Ou ils s'en vont, ou, s'ils restent, ils louvoient, n'ont plus qu'un souci, aduler les supérieurs et tirer en toute affaire, leur épingle du jeu.

ascétères, de très pieux convers et d'ardents novices, – il me répondit : « Oui, sans doute, vous verrez encore de saintes gens, mais vous ne verrez plus des saints[1] » ; et il ajouta : « On leur donne un ordre, ils l'exécutent aussitôt, mais ils cherchent, en eux-mêmes, à savoir pourquoi on leur a donné cet ordre et, dès lors, fatalement, ils sont amenés à le plus ou moins discuter. Cela suffit pour que la vertu d'obéissance s'affaisse ; elle n'est plus généreuse, elle n'est plus spontanée, elle n'est plus complète ; Dieu ne la bénit plus du moment qu'elle raisonne ! »

À quoi cela tient-il ? beaucoup pour les hommes, à l'obligation du service militaire[2] qui, s'il rend des services aux élèves des séminaires, en leur enseignant[a] la vie, est déplorable pour les novices des instituts religieux qui n'ont nul besoin d'être instruits, par des entretiens de chambrées, de détails qu'ils auront peut-être bien du mal à oublier dans leur cellule.

En tout cas, ils apprennent au régiment une discipline frondeuse, une dépendance subie mais exécrée ; ils apprennent à observer et à se méfier, à contester le bon aloi de certaines consignes, et ils rapportent avec eux ce levain, sinon de révolte, tout au moins de discussion, dans les couvents[b].

Cela tient aussi, d'une façon plus générale, à l'état morbide d'une société qui a été trop dupée par le mensonge des décors et par l'abus des apparences. Les scandales de chaque jour que l'on ignorait sans doute autrefois et que la presse propage maintenant jusque dans les coins les plus reculés de la province, nous ont pour longtemps allégés des égards et débarrassés des déférences[3].

Personne ne croit plus à l'honnêteté des hommes politiques, à la valeur des généraux, à l'indépendance des magistrats ; personne ne se figure que le clergé est composé de saints. Sans admettre des exceptions qui subsistent pourtant, on a jeté dans le même sac les képis, les toques et les barrettes et envoyé le tout à la voirie ; c'est, actuellement, une sorte de malaria de l'irrespect ; et nul ne se soustrait à ce paludisme de l'âme ; tout le monde en est plus ou moins atteint[4], car l'on n'échappe pas à l'ambiance d'un temps, encore moins à la pression démoniaque qui se sent aujourd'hui plus intense que jamais… le diable est dans tout ce que l'on pense, dans tout ce que l'on dit ; il est l'air même que l'on respire[5].

---

a à connaître la vie

b dans les cloîtres

Que vous voici loin de l'obéissance claustrale qui se désagrégera dans cette atmosphère de plus en plus mordace[1], j'en ai peur ! – Ah ! ce qu'une authentique moniale, telle que la Mère Marie des Anges, qui ne voit rien, qui ne saura jamais rien de tout cela, est heureuse[2] !

Mais, au lieu de me ratiociner d'importunes réflexions[a], je ferais beaucoup mieux d'aller me confesser ; ce n'est pas, hélas ! une chose facile. La crypte, creusée sous la basilique même[3], où sont installés les confessionnaux des ecclésiastiques qui remplacent les Pères de la Grotte, est, depuis que les pèlerinages internationaux fonctionnent, inabordable. L'on croirait vraiment, du reste, que l'habituelle stupidité des architectes sévit plus véhémente qu'ailleurs, ici. L'an dernier, quand on arrivait à la crypte, on rencontrait, dès l'entrée, un couloir circulaire qui vous menait à la sacristie du prêtre de garde ; les pèlerins qui étaient obligés, pour pénétrer dans la chapelle, de suivre une autre route, n'obstruaient pas le passage et chacun y trouvait son compte. Cette année, tout est changé ; l'on a supprimé le couloir circulaire et l'on ne peut plus s'introduire dans la crypte que par une seule allée, si bien que la bousculade des gens qui y viennent et de ceux qui en sortent, s'opère dans ce médiocre boyau où chacun s'écrase. Quant à joindre la sacristie, c'est toute une aventure, car il faut se laisser d'abord ballotter par le flux et le reflux des visiteurs dans l'unique allée, puis, à un moment donné, s'échapper et couper au travers d'une autre multitude de gens répandue dans ce cellier, pour atteindre la cabine réservée au confesseur[b].

Cette crypte, quand elle n'est pas inaccessible comme pour l'instant, est encore l'église la moins offensante qui soit à Lourdes. Petite, courte, très basse, hérissée de piliers, mal éclairée par des ampoules électriques, allumées tout le jour, elle suggère quand même l'idée d'un peu de chez soi, d'un peu d'abri, loin de la bruyante coulée des foules ; lorsque celles-ci ne s'y coagulent pas, l'on peut s'isoler dans la pénombre d'un coin ; puis son décor est plus intelligent et moins vil que celui des autres temples ; elle est percée au-dessus de chacun de ses autels, fixés dans des niches en demi-lunes, de deux lucarnes dont les embrasures, taillées en biais dans l'épaisseur des murs, sont revêtues de mosaïques d'or. Et mieux que partout, ici, l'on se rend compte du rôle que doit jouer, dans l'art monumental, ce genre d'ornement, délivré de son inutile

a ~~et d'inutiles regrets~~

b *Paragraphe biffé :* Quel est donc l'imbécile qui a imaginé cela ?

souci de parodier des tableaux, ainsi que dans les chapelles du Rosaire ou de s'égarer dans de la peinture de portraits, de même que dans les deux ridicules pastilles, collées à la porte du Rosaire et qui prétendent reproduire les traits du Pape Léon XIII et de Mgr Schoepfer, l'évêque actuel de Tarbes.

Ici, la mosaïque se contente d'entrelacer des arabesques, des rinceaux, des fleurs et des croix, exécutés en pierres de couleur sur un fond craquelé d'or ; et, dans le demi-jour versé par les meurtrières et dans les lueurs orangées des amandes électriques, ces embrasures scintillent avec les tons fauves et saurés des vieux ors des cuirs de Cordoue[a] ; et ces lueurs, à la fois souples et sourdes, sont la plus fastueuse et la plus discrète parure de ce caveau trop blanc. Mieux que partout ailleurs, l'on peut encore observer, dans cette crypte, le matin, pendant les messes, le contraste[b] qui s'atteste entre les feux des pochettes électriques et le feu des cires, allumées sur l'autel. Celui des cierges palpite et vit, tandis que l'autre brûle, immobile, et rougeoie, mort. Rien n'est moins symbolique que cette forme d'éclairage adoptée non seulement à Lourdes, mais à Paris, dans la plupart des sanctuaires[c], voire même dans certaines chapelles d'abbayes. C'est commettre un véritable contre-sens que de se servir de lueurs inanimées, là où se tient le Christ, dont la lumière est la vivante image ; c'est supprimer aussi, dans l'église, l'indispensable signe de la Charité dont la flamme est l'emblème[d] ; et nous voici également bien loin de la divine liturgie bénissant par de vénérables et de magnifiques formules l'huile et la cire, avec ces paquets de fils incandescents dont le moindre inconvénient est de fabriquer une lumière de mensonge, car elle n'éclaire pas et il est impossible de lire son office, sous ces lueurs blafardes qui se diffusent et diluent leur or, en tombant des voûtes[1].

Que sont devenus les types bizarres qui, dans les périodes calmes de Lourdes, fréquentaient cette crypte ? Marie, la cul-de-jatte[2], qui bondissait, sur les rampes du rosaire, dans son plat de bois que renouvelaient les Pères de la Grotte, lorsqu'il était usé[e] ? qu'est devenue la grabataire,

a Des ~~anciens~~ ors des <vieux> cuirs de Cordoue ~~et que les carapaces fumées des harengs <fumés>~~

b le ~~violent~~ contraste

c dans ~~toutes~~ <la plupart des> églises

d *Ajout marginal :* < c'est supprimer aussi, dans l'église, l'indispensable signe de la Charité dont la flamme est l'emblème>

e dans son plat <de bois> … lorsque ~~le bois se réduisait à l'état d'une feuille~~

assise dans une voiturette que l'on amenait et remisait, à l'entrée de la crypte, au bout de l'allée conduisant au maître-autel ; elle assistait ainsi à la messe de dix heures et le prêtre traversait toute l'église pour lui apporter la communion ; puis on venait la rechercher, dans son logis ambulant, à midi.

Jamais on ne pouvait apercevoir son visage ; il était enveloppé de voiles noirs si épais que je me demandais, – avant de savoir qu'elle était atteinte, depuis vingt-cinq ans, d'une maladie de la moelle épinière, – si elle ne cachait pas une tête décomposée sous ce masque qu'elle relevait, juste sous le nez, pour recevoir l'hostie – et elle le rabaissait aussitôt après[1].

Et ces deux monstrueuses créatures, deux sœurs[a] colossalement riches, qui avaient, il y a de cela cinq ans, fait le vœu, le jour de la fête de saint Benoît Labre[2], de vivre comme lui, dans un linceul de crasse ; toutes deux, en haillons, sous leurs robes, se dispensaient de jamais se déshabiller et se laver ; l'aînée aux yeux farouches[b], aux traits fusinés par la poussière dont s'emplissaient ses rides, entretenait, dans son chignon, des garennes de poux qui couraient sur ses épaules pour rejoindre une autre colonie d'insectes campés dans son corsage. La cadette, non moins sale, se défendait pourtant de la vermine qui rongeait sa sœur, en ayant, sous un voile de crêpe, les cheveux ras…

Elles puaient ainsi que des étaux d'équarrissage et l'on fuyait à leur approche.

Que sont devenus aussi ces hurluberlus de la piété et ces maniaques qui montaient et descendaient sur les rampes, entraient dans le vestibule de la crypte, s'inclinaient en un salut, ici, et en un salut, là. En bas, à la grotte, ils baisaient la terre, se relevaient, allaient boire à la fontaine, retournaient baiser le sol, allaient embrasser le roc et rebuvaient. Et cela, pendant des heures !

Perdus dans l'immense foule des pèlerinages, je ne les ai pas, cette année, revus.

Pour en revenir à la crypte, il faut aujourd'hui me placer à la queue des pèlerins afin d'y pénétrer ; l'atmosphère est irrespirable, j'avance derrière des dos, dans une buée de miasmes ; enfin, poussant et poussé, je me dégage des gens qui m'enserrent et, à travers des bancs chargés de fidèles que je dérange, j'atteins la sacristie ; elle est pleine ! le découragement

---

a deux <sœurs> vieilles filles,

b ~~, au teint vert~~

commence ; – je me dis que je me confesserai, un autre jour, mais un autre jour, ce sera la même chose, tant que les compagnies de chemin de fer continueront à déverser leurs trains de voyageurs, dans la vallée de Lourdes.

S'il n'y avait parmi les pénitents que des hommes, la lessive aurait lieu encore assez vite, car les lavandiers expédient d'habitude, après un rinçage sommaire, les hommes ; mais il y a des femmes ! – et, celles-là veulent qu'après les avoir amidonnées, on les repasse ; – alors pour peu que chacune apporte à savonner toutes les petites affaires de son ménage et que le blanchisseur y prenne intérêt, il y en a pour des heures !

Je me détermine pourtant à rester ; faute de chaises, je me tiens debout dans un coin et j'examine mes voisins. Les premiers arrivés sont des hommes ; ils sont là, têtes basses, qui se pelurent la conscience ; ils auront vite fait de déposer leur paquet d'épluchures aux pieds du prêtre et je me console également, en constatant que la plupart des femmes sont des paysannes ; celles-là seront moins longues à narrer leurs exploits et seront d'ailleurs plus vite renvoyées que des bourgeoises.

Il n'y aura peut-être pas à attendre trop longtemps ; mais, tout de même, comme ce service des confessions, si bien organisé par les Pères de la grotte quand ils étaient les maîtres de Lourdes, est donc mal agencé maintenant ! Ils sont là quelques ecclésiastiques qui ne peuvent suffire à la tâche et malheureusement tous ces églisiers amenés par les pèlerinages et auxquels on accorde les pouvoirs de confesser lorsqu'ils les demandent, ne paraissent se soucier que fort peu de venir en aide à leurs confrères ; ils se considèrent ainsi que des enfants en vacance, et ne sont pas pressés, – si ce n'est pour épousseter les salles intérieures de quelques-unes de leurs philothées[1], – de s'interner dans la cabine aux aveux où l'on étouffe. D'aucuns, il est vrai, parmi les jeunes surtout, s'engagent dans la troupe des infirmiers, mais il vaudrait mieux laisser ce travail matériel aux laïques et s'occuper des âmes qui ont besoin, elles aussi, d'être pansées.

Ils sont deux qui opèrent pour l'instant. Les braves gens ! ils ne lanternent pas. On entend le grincement répété des lames des guichets ; des hommes à figures devenues rouges s'échappent, en rejetant le rideau sous lequel ils s'abritaient et décampent au galop, tels que des chats qui s'enfuient de leur plat de cendre ; les femmes, elles, n'ont pas cette pudeur ; elles sont chez elles au confessionnal[2], elles s'y plaisent et ne se retirent que lentement et à regret, pour céder la place à d'autres, lesquelles viennent odorer l'arôme de leurs péchés qui flotte encore dans la case et y ajoutent le parfum plus ou moins accentué des leurs[1].

Mais aucune n'éprouve de gêne à être regardée. Le désir de l'homme est que ça soit fini et de filer ; celui de la femme est que ça dure et de rester[2].

Je plains[a] le pauvre prêtre qui se balance, avec des mouvements de pendule, tantôt d'un côté et tantôt de l'autre, dans cette guérite munie de guichets et percée, de même qu'un tamis, de trous. Ce qu'il doit avoir chaud ! moi qui ne suis pas interné, comme lui, je suffoque dans cet air saturé de déjections spirituelles et d'effluves de passants en sueur. Je donnerais bien des choses pour être parti ; c'est enfin mon tour ; je vide ma hotte dans les ouïes d'un excellent homme qui m'absout en un tour de bras, et je m'élance de la sacristie[3] ; mais il s'agit maintenant de déguerpir de[b] la crypte ; les deux courants de foule coulent toujours, en sens inverse, dans l'étroite allée et il me faut jouer sérieusement des coudes pour arriver enfin dehors.

Ça y est ! c'est étonnant ce qu'une confession allège, ce qu'on se sent frais et dispos après ; la sensation est presque physique. Il y a vraiment une vertu perceptible, presque tangible, dans le sacrement de la Pénitence[4] !

a ~~devant cette guérite, munie de guichets et percée de trous,~~ … < dans cette guérite munie de guichets et percée, <de même qu'un tamis,> de trous>

b s'échapper de

XII

Le vieux Lourdes est dénué de faste ; nous sommes dans la petite ville de province, parée d'une mairie, d'un palais de justice, d'une grande place ornée d'une fontaine. Dès qu'il pleut, on patauge, en battant avec ses pieds de la remolade dans des marais de fange ; dès que le soleil luit, on rissole. Lorsque le temps des pèlerinages est clos, c'est la paix des anciens bourgs seulement interrompue par le vacarme des jours de foire ; alors sur la place ondule une moisson de bérets bleus et de capuces[1] noirs ; les paysans des alentours ont amené pour les vendre de petits bœufs à cornes bisonnières, de petites vaches pas encore traites et dont les pis durs sont énormes, des moutons qui se bousculent, en égrenant leurs pastilles de réglisse, tout le long du sol, des pourceaux blancs, tachés de noir, qui semblent truffés de leur vivant, des chèvres et de malheureux chevreaux, jetés, comme morts, les quatre pattes liées, par terre ; et, tout autour de cette ménagerie, s'étendent des éventaires, en plein vent, où l'on débite des oignons d'Espagne, roses et marbrés de plaques de lie de vin[a], des chapelets d'aulx, des fromages ronds, dont la pâte sous une croûte malpropre est un mastic[b], de la boucherie, des espadrilles, des étoffes poilues, de la ferraille, des citrons et de hideuses poteries du cru, au ventre chocolat sillonné de coulées de jaune beurre ; il y a de tout, de la bondieuserie à deux sous le tas et des miches de pain blanc, régal des montagnards qui ne mangent d'habitude que du pain noir.

Et, dans le meuglement des vaches, le bêlement des brebis, le grognement des porcs, tout ce monde jargonne, un bâton à la main, s'attable au seuil[c] des cabarets, s'appelle ; les vieux, avec leur face dure, leur nez busqué, relié par des rides en coups de sabre à la bouche ; les jeunes avec des figures de bruyants tourlourous[2] ; à de rares exceptions près, tous les vieux sont rasés et tous les jeunes portent la moustache ; et tous sont coiffés de bérets, vêtus de gilets de chasse, de manteaux à capuchons, chaussés, les vieux surtout, d'incroyables sabots dont le bout recourbé se dresse en proue de galère, en lame de yatagan.

a roses ~~ou saumâtres~~ et marbrés <de plaques> de lie de vin

b <dont> ~~à~~ la pâte <, sous une croûte malpropre,> ~~en~~ <est un> mastic

c ~~à la porte~~ <au seuil>

Cette race semble avoir gardé quelque chose de sa sauvagerie d'antan ; on la sent encore brute et fière, rude pour les animaux, cruelle presque, à l'état latent, civilisée seulement par les besoins des achats et des ventes ; on la sent brave et tenace, mais batailleuse aussi ; et il est très certain que si, sous le ministère de Combes, l'on avait, comme le demandaient alors les mégères masculines[a] du Bloc[1], interdit les pèlerinages et fermé la grotte, tous ces chasseurs de sangliers auraient combattu à coups de fusils dans la montagne[b]. La Vierge aurait profité de cette défense opiniâtre de leurs intérêts[2], mais l'Iscariote des Charentes[3] le sut et il se tint coi.

Ce n'est pas jour de marché, aujourd'hui, dans l'ancien Lourdes, mais il n'en est pas moins bondé de monde, car les rues sont encombrées de pèlerins qui stationnent devant les boutiques d'objets de piété où se lit le nom des Soubirous et des enseignes annoncent que le tenancier est le frère ou le parent de Bernadette ; la famille agite, ainsi qu'un pavillon de commerce, le nom de la voyante[4]. L'on visite, dans une ruelle, le moulin que ses parents habitèrent. De même que toutes les maisons devenues pieusement historiques, cette demeure est décorée de quelques portraits de l'héroïne et d'images religieuses plus ou moins laides. C'est une très misérable masure, meublée de pauvres ustensiles de ménage et du lit de Bernadette, entouré d'un grillage, afin de le préserver des fanatiques[c] qui avaient commencé à le taillader à coups de couteaux, pour faire, des fragments enlevés de son bois, des reliques[5].

Et c'est tout ce qui reste, ici, de la sainte fille dont les révélations ont transformé ce trou, inconnu avant elle, en une ville célèbre dans l'univers entier.

L'on a l'impression, dans cette chambre sale et sombre, à peine balayée, d'une tombe abandonnée, sans une couronne, sans une fleur, dans un cimetière où l'on n'enterre plus ; et l'on se prend à vitupérer l'oublieux égoïsme de ce Lourdes qui s'est rajeuni depuis les apparitions de la Vierge à son enfant, depuis surtout que, grâce à elle, les multitudes y affluent. Il s'est, à plus justement parler, changé de village en ville. Des devantures de magasins de luxe, des épiceries assorties, des pâtissiers de choix ont remplacé dans les rez-de-chaussée des rues, ces logis où l'on apercevait, en passant, des vieilles femmes à bésicles, travaillant dans le

a les tète-chopines du Bloc
b auraient fait le coup de feu et la guerre de montagne.
c du fanatisme des visiteurs

cadre d'une fenêtre. Les campagnards sont maintenant des hôteliers et des marchands de cierges et leurs femmes se sont muées en des dames qui paradent, dans d'éclatantes toilettes, les dimanches. Ils vivent dans l'aisance et réaliseraient, sans se donner aucun mal, d'amples fortunes si la rage de paraître et la certitude que la tonte des pèlerins durera toujours, ne les incitaient à dépenser encore plus d'argent qu'ils n'en gagnent.

Si, demain, la Vierge quittait la grotte, tous ces gens qui ont élevé de somptueuses auberges[a] succomberaient sous le faix des dettes et ce serait la saisie de la brocante religieuse, la faillite générale de Lourdes.

Quant à la piété de ce monde-là, il faudrait, pour la jauger exactement, qu'elle ne rapportât plus. Un mot de quelqu'un qui vécut parmi eux et les connaît bien peut la résumer : « le respect humain est à rebours, ici ». À Paris, des hommes de peur d'être montrés au doigt se cachent pour faire leurs Pâques ; à Lourdes, c'est le contraire ; les hommes les font ostensiblement pour n'être pas remarqués et ne mettent, bien entendu, plus les pieds à l'église, après ; j'ai peur que cette piété n'appartienne qu'au décor des magasins de bimbeloteries ; elle aide, en tout cas, à hameçonner l'acquéreur ; elle est secourable à l'écoulement des soldes.

Jadis, lorsque je venais dans la ville[1], j'allais à l'ancienne église de Saint-Pierre qui était une église de campagne, charmante. Imaginez une bâtisse romane, réparée tant bien que mal, mais conservant encore, dans certaines de ses parties, l'étampe du treizième siècle ; elle possédait de vieux bois polychromés intéressants, entre autres, une Notre-Dame du Mont-Carmel tendant un scapulaire à saint Simon Stock[2] et surtout une petite Vierge qui se déhanchait un peu, en souriant, avec des yeux étonnés dans un visage ravi ; pour une fois, à Lourdes, on se trouvait en face d'une Madone pas neuve et l'on pouvait regarder des murs qui n'étaient pas blancs !

Très silencieuse, à peine éclairée, très intime, elle était presque vide pendant la semaine et, au sortir des foules du nouveau Lourdes, quel délicieux abri c'était ! – Les quelques femmes qui priaient devant le Saint-Sacrement demeuraient immobiles sur leurs chaises et muettes ; pas un bruit. Quelle différence entre cette piété foncière, assez sûre d'elle-même pour être calme et cette fureur agitée des pèlerins de la Basilique et du Rosaire ! il semblait que Marie, elle-même, se ressentît de cette atmosphère lénifiante, de ces oraisons pas pressées, de ces suppliques

a *Deux mots illisibles.*

placides. On éprouvait la vague impression qu'au lieu de rester debout, pour recevoir ses invités comme dans toutes les autres églises de la ville, Elle s'asseyait, ici, plus à l'aise, plus en famille, plus tranquille. C'était avec Elle une douce et longue causerie, dans le silence et l'ombre.

Et, le dimanche, la nef se remplissait pour la grand'messe. Peu d'hommes, mais beaucoup de femmes et de jeunes filles qui, avec leurs robes et leurs capulets[1] noirs, suggéraient l'immédiate vision de nonnes priant dans une antique chapelle de cloître ; et, dans ce pauvre sanctuaire de village, le service divin s'affirmait presque luxueux. Il y avait de gentilles théories d'enfants de chœur, proprement habillés de robes et coiffés de calottes violettes, un grand suisse rouge, une maîtrise de petits montagnards et de quelques chantres aux voix métalliques qui chantaient du plain-chant.

Je m'y réfugiais souvent, heureux de suivre ma messe en paix et de ne pas entendre de faridons[2].

Cette église n'existe plus[3] ; les Vandales l'ont jetée bas et construit, pour la remplacer, à quelques pas plus loin, une espèce de cathédrale qui est au roman ce que la Basilique est au gothique, c'est-à-dire une merveille de vilenie, un haut-le-cœur d'art.

Démolir une ancienne église, patinée par des siècles de prières, pleine du souvenir de Bernadette, pour lui substituer un grossier monument voulant lutter à coups de vitrailles infâmes et de clinquant avec la Basilique, quelle aberration ! Il en triomphe sans peine[a], d'ailleurs, avec son architecture de roulier et sa pesante et son obtuse nef au bout de laquelle se dresse un grand autel dont les différents marbres ressemblent à un assortiment de fromage d'Italie[b], de galantine et de farce, le tout recouvert d'un énorme ciborium[4] en carton et en bois, glacés d'or. L'on dirait de la scène d'un guignol. Ô le Canaque qui inventa ces infernales[c] représailles ! pour parachever son œuvre, il a jugé nécessaire d'ajouter encore un peu d'or à l'aveuglant ensemble de ces colifichets et, après avoir beaucoup réfléchi sans doute, il s'est décidé à tendre des chaînes dorées devant ses chapelles. Que pensez-vous de celui-là ?

Est-ce pour le culte d'un marquis de Carabas ou pour le culte d'un Dieu que l'on a instauré un pareil temple ?

---

a <sans peine>

b ~~sont du~~ <ressemblent à un assortiment de> fromage d'Italie

c <infernales> représailles ~~de l'art !~~

Quant aux statues de vieux bois, elles ont, cela va de soi, disparu et les mauvais lieux du quartier Saint-Sulpice contaminent de leurs produits scélérés tous les autels.

Ah ! cette nouvelle église qui n'a été édifiée que pour faire pièce à la basilique, pour élever autel contre autel, suivant l'expression même du cardinal Langénieux[1], elle évoque, à elle seule, tous les épisodes de l'histoire de Lourdes, les souterraines batailles engagées entre deux camps, celui du curé Peyramale et du vieux Lourdes que maniait[a] en sous-main M. Lasserre[2] et celui des évêques de Tarbes et des Pères de Garaison[3].

Sans vouloir remuer la cendre des haines qui couvent encore dans les deux partis, je vais cependant expliquer comment Mgr Peyramale qui était le curé de Lourdes, au moment des Apparitions, a, dans un intérêt pécuniaire, au profit de sa paroisse et aussi par dépit d'avoir vu le domaine de la Grotte séparé de sa cure, tué, de gaieté de cœur, sa vieille église.

Mgr Peyramale était un très brave homme et un très bon prêtre, mais il était un rustre, d'un caractère entier et bourru, et de plus, une sorte de mégalomane et de brouillon[4]. Or, il fallait un homme entendu aux affaires, un esprit net et aussi une complexion plus souple que la sienne, pour mettre sur pieds la gigantesque entreprise de Lourdes. Avec lui, rien n'eût marché. Son évêque Mgr Laurence le comprit et il eut recours au Père Sempé qui remplissait les conditions d'habileté et de prudence qu'il estimait indispensables pour assurer le succès de l'œuvre. Il confina donc Peyramale dans sa cure et mit le Père Sempé à la tête des missionnaires de Garaison qu'il appela à Lourdes, afin d'organiser le service des messes, des confessions, des prêches, afin de diriger les processions et d'hospitaliser les pèlerins dont le nombre allait croissant dans une ville qui n'était alors qu'un petit village, qu'un affreux trou.

Avec la meilleure volonté du monde, Peyramale n'eût pu d'ailleurs, même avec l'aide de trois vicaires[b], assumer une semblable tâche et il est fort probable que si ces missionnaires, au lieu d'être commandés par le Père Sempé, avaient été placés sous sa coupe, à lui, il n'aurait pas songé à se plaindre, car il ne pouvait nier que la nécessité ne s'imposât d'un pareil renfort ; mais, vexé d'être mis à l'écart, blessé d'avoir été, assez brutalement, il faut le dire, dépossédé, au cours d'une maladie, de la basilique qu'il avait construite au-dessus de la grotte ; mal consolé par

a maniait
b < même avec l'aide de trois vicaires, >

le titre de Monseigneur que lui valut, sur les instances de son évêque, une prélature romaine[1], il se résolut – bien que la Vierge ne l'eût pas demandée, celle-là – à ériger une autre basilique, dans la ville même.

Il fallait trouver un prétexte. Il argua d'abord de l'insuffisance de son église qu'il jugeait trop laide pour lutter contre celle de la Grotte ; puis il imagina cette bourde que le message de la Vierge à Bernadette signifiait ceci : que les pèlerinages, au lieu de se rendre directement du chemin de fer à la source, devaient partir de l'église du village, de son église à lui, pour aller en procession à la Basilique et pour de là revenir encore à son église[2].

Et dans son journal « l'Écho des Pèlerins », son conseiller et ami Lasserre renchérissait encore sur ces galéjades, déclarant que « ce n'est pas la grotte, mais le vieux Lourdes qui doit être le centre du pèlerinage, que la Vierge est invoquée sous le nom de Notre-Dame de Lourdes et non sous le nom de Notre-Dame de la Grotte, que l'église du village doit être la première et la dernière station du pèlerinage[3] ».

Comme bien l'on pense, ce projet fut soutenu par le vieux Lourdes qui espérait pouvoir de la sorte saigner, à l'aller et au retour, les pèlerins.

Aussi, le malheureux curé, qui était possédé par la manie des grandeurs[a], se lança-t-il, bride abattue[b], dans les frais d'énormes constructions ; il s'endetta d'une façon formidable et laissa une succession si obérée, lorsqu'il mourut, le 8 septembre 1877, qu'il fallut aux évêques qui se succédèrent sur le siège de Tarbes des années et des procès plus embrouillés les uns que les autres pour la liquider[4].

On peut juger, par ces impérities, de la façon dont il aurait régi les biens de la Grotte, si l'évêque lui en avait laissé la gestion.

De tout cela, il ressort clairement pour moi que l'idée de bâtir, loin du lieu des Apparitions, loin de la fontaine, loin de l'esplanade et des abris, une basilique qui ne pouvait être d'aucun intérêt et d'aucune utilité pour les pèlerins eût été une idée résolument absurde si elle n'avait eu pour but de drainer l'argent au profit des gargotiers et des marchands de chapelets du vieux Lourdes et d'élever, du même coup, un monument rival en face d'un autre monument.

J'ajoute qu'il n'y avait aucun motif sérieux qui pût justifier la destruction de cette vieille et charmante église, car elle était suffisante, bien qu'en ait dit Peyramale, pour contenir ses ouailles. Je l'ai vérifié,

a la manie de « faire grand »

b tête baissée

par moi-même, le dimanche ; tout le village y tenait. Si le curé avait besoin d'une annexe, d'une chapelle de catéchisme, il était facile d'en édifier une, à bon marché, sur le terrain même où se prélasse la nouvelle basilique ; si enfin, elle était très délabrée, il fallait la réparer et la consolider et, avec un adroit architecte, c'était possible.

Et si l'on songe que nous devons ces exploits de sauvages aux rivalités de Peyramale et de Sempé, l'on ne peut s'empêcher de déplorer ce côté exclusif qui était commun à l'un et à l'autre de ces prêtres – et, avouons-le, qui est dans le caractère de presque tout le clergé des Pyrénées – de ne pouvoir supporter auprès de soi aucun voisinage d'influences et d'œuvres.

Ce qui est certain encore, c'est que Peyramale et Sempé professaient, aussi bien l'un que l'autre, l'esthétique des Fuégiens, l'idéal des omophages[1]. Là, ils étaient d'accord. À l'un, la Basilique et la nouvelle église ; à l'autre, le Rosaire ; les deux font la paire, ils se valent[2] !

Maintenant, pour parler du temps présent, je ne crois pas justes les reproches que Zola adresse aux Pères de la Grotte[3], dans son livre où il a ramassé tous les griefs que Lasserre avait déjà délayés contre eux, dans son tas d'articles et de romans[4].

Comme l'explique très nettement et avec preuves à l'appui, M. l'abbé Moniquet dans ses deux volumes « Le Cas de M. Lasserre » et « Les Origines de Notre-Dame de Lourdes[5] », Lasserre ne parvint pas, ainsi qu'il le désirait, à « imposer sa personne et son livre[6] » aux évêques de Tarbes et aux Pères de Garaison et il garda de cet échec une si féroce rancune qu'elle permet de suspecter l'équité de ses jugements, l'aloi même de ses récits.

Mais venons aux faits incriminés. Les missionnaires de Lourdes sont-ils riches et vendent-ils des statues, de l'eau et des cierges ? oui, c'est indéniable[7]. – Et de cela, je ne les félicite, ni eux, ni leurs successeurs ; – mais la question ainsi posée, une autre reste à résoudre, celle de savoir comment ils dépensent l'argent ainsi gagné.

Or, il est très évident que si les recettes sont colossales, les frais[a] ne le sont pas moins. Il faut se remémorer que tout est gratis dans le domaine de la Grotte. Pour éviter autant que possible la simonie, le Père Sempé ne voulut pas que les prêtres fussent tenus, de même que dans les autres pèlerinages, de payer leurs messes[8] ; et si l'on songe que ces messes s'élèvent à des centaines de mille par an ; si l'on suppute ce que peut coûter le linge

a dépenses

de corps et d'autel, le vin, les hosties pour les célébrants et les fidèles qui consomment parfois jusqu'à 140 000 communions par mois[1] ; si l'on tient compte de la malpropreté et du sans-gêne des ecclésiastiques de passage qui salissent et déchirent des ornements qu'il est nécessaire de souvent renouveler, l'on obtient des chiffres confondants. Il sied de se souvenir aussi qu'il n'y a pas de rendement de chaises dans les églises[2], que les bains des piscines sont gratuits ; il convient surtout de se rappeler les gigantesques frais d'entretien des églises, des maîtrises, de l'esplanade, des jardins, de la clinique, des abris, les dépenses du personnel domestique, des sœurs chargées du blanchissage, de l'éclairage électrique brûlant, jours et nuits, l'hospitalité offerte aux évêques et aux directeurs de pèlerinages à la résidence, les aumônes, tout… et si l'on établissait des comptes, l'on s'apercevrait sans doute que les quêtes, que les dons, que les offrandes volontaires qui affluent de partout, seraient insuffisants pour parer à de tels frais, si la vente de l'eau, envoyée au loin, et celle des cierges, pris sur place[3], ne changeait le déficit assuré en un trop-plein.

En somme, les Pères ne se sont arrogé qu'un seul monopole, celui de l'eau expédiée en bouteilles et en caisse ; autrement, à Lourdes même, chacun peut puiser et emporter autant d'eau qu'il lui plaît, et sans payer un sou.

Dans tous les cas, ce sont les pauvres qui profitent de ce bien-être et ils seraient mal venus à se plaindre. Ils sont traités, comme nulle part ailleurs, ici. Ils n'ont rien à débourser, ni dans les abris, ni dans les églises ; ajoutons que, ni à la Basilique, ni à la crypte, ni au Rosaire, il n'existe de places réservées, de prie-dieu de luxe ; c'est donc l'égalité parfaite entre l'indigent et le riche. Trouvez-moi une église où il en soit de même !

Quant aux mercantis du vieux Lourdes, ils ne m'intéressent pas plus que ceux du nouveau et je ne comprends pas pourquoi Zola s'est plus épris des uns que des autres. Ils sont, pour la plupart, des cormorans[4] qui se disputent sinon la peau, au moins la bourse des visiteurs.

Est-ce que d'ailleurs ceux du vieux Lourdes qui s'improvisent[a] hôteliers, restaurateurs, marchands de chapelets et de médailles, pendant les pèlerinages, ne gagnent pas aisément de l'argent ? est-ce qu'ils ne débitent pas des statues et des cierges[b] aussi bien que les Pères ? est-ce que ceux-ci s'en sont réservé la vente ?

---

a qui se font

b ne débitent pas des cierges

Ce ne sont pas eux non plus, je pense, qui ont inventé cette abjection commerciale des bonbons et des pastilles à l'eau de Lourdes que les boutiquiers[a] fournissent[1] !

Non, au fond, l'on ne m'ôtera pas de l'idée que l'antique animosité de Lourdes contre ses évêques et ses missionnaires, « ces monomanes de la propriété[2] », comme les nomme le cacographe Lasserre, tient surtout à ceci qu'ils ont acquis les terrains qui font face, de l'autre côté du Gave, à la Grotte. S'ils avaient pu être achetés par les habitants du pays, on y aurait installé de somptueux hôtels, avec remises d'automobiles et soupers fins ; à un moment donné, l'on aurait jeté un pont pour relier les deux rives ; l'armée des touristes, des Anglais et des Américains, venus de Pau, de Bagnères, d'Argelès-Gazost, de Luchon, aurait pu festoyer, en assistant ainsi que sur la terrasse d'un café des Ambassadeurs à Paris[3], au spectacle varié des processions, des prières, des bénédictions du Saint-Sacrement, des miracles à la fontaine. Ils auraient été aux premières loges et auraient soldé les additions en conséquence ; l'on eût empoché[b] des millions[4].

Les Pères, qui ont laissé ces terrains à l'état de prairies, ont justement voulu empêcher, en s'en emparant, de telles hontes !

Quand l'évêque et le Père Sempé[5] n'auraient fait que cela, ils auraient encore bien mérité de Notre-Dame !

Zola qui se documentait au galop[6] ne paraît donc pas du tout s'être rendu compte de la situation exacte des dessous de Lourdes.

A-t-il vu plus clair lorsqu'il voulut peindre un portrait en pied de Bernadette – dont il parle d'ailleurs avec tendresse[7], comme il a aussi parlé avec respect de la Vierge qu'inexplicablement encore les feuilles catholiques l'accusent d'avoir traînée dans la boue[c]. – Je ne le crois pas, car il la représente à la fois ainsi qu'une âme mystique et qu'une irrégulière de l'hystérie[8].

Or, jamais personne ne fut moins mystique que Bernadette et elle ne fut pas davantage une irrégulière de l'hystérie.

Elle fut scrutée, à ce point de vue, par combien de médecins ! et nul ne put découvrir en elle le moindre stigmate de ce genre de maladie, de son enfance jusqu'à sa mort. Force fut donc, pour expliquer les

---

a habitants

b gagné

c *Ajout marginal :* comme il a aussi parlé avec respect de la Vierge qu'inexplicablement encore les feuilles catholiques l'accusent d'avoir traînée dans la boue

Apparitions, de l'affirmer, sinon folle – ce qui était impossible puisque l'on pouvait s'assurer qu'elle ne l'était pas – mais au moins atteinte de trouble mental, hallucinée.

Mais alors, quelle singulière hallucinée que cette petite fille qui ne l'est que juste le temps de révéler et d'assurer l'œuvre de la Vierge et qui ne l'est plus ensuite, après ne l'avoir jamais été avant[1] ! – d'autre part, si j'admets une théorie qui a cours chez beaucoup d'aliénistes, l'hallucination n'est jamais qu'une réminiscence plus ou moins déformée d'une sensation reçue ; elle n'invente pas par conséquent, mais se souvient.

Comment alors Bernadette aurait-elle pu se rappeler des paroles qu'elle n'avait jamais entendues ; comment aurait-elle pu découvrir une source qu'elle ignorait, dont personne, pas plus qu'elle, ne soupçonnait la présence dans la Grotte ; comment même aurait-elle pu imaginer ce type de Vierge qu'elle n'avait vu sur aucune gravure, sur aucune image, puisqu'il était inconnu avant elle et n'est devenu que, grâce à elle, une icône spéciale, une figure nouvelle dans la piété ; comment enfin aurait-elle mis dans la bouche de Marie ce mot de l'Immaculée Conception qu'elle n'avait jamais ouï et dont elle ne comprenait pas le sens ?

Comment aussi expliquer – si elle était une hallucinée – qu'elle se soit rendue, plusieurs fois, à la Grotte, persuadée que la Vierge y viendrait, alors qu'Elle n'y venait pas ? Les Apparitions ne dépendaient donc, ni de la puissance de sa volonté, ni de la force de sa conviction.

Elle était d'un tempérament lymphatique et nerveux, chétive et petite ; à treize ans, elle en paraissait onze[2] ; sa physionomie était avenante et sa structure frêle ; elle souffrait d'un asthme ; tel est le signalement rigoureusement exact ; il y a beaucoup d'enfants constitués de la sorte et qui ne sont pas plus qu'elle des hystériques ou des détraquées.

Les portraits tracés par les adversaires du Surnaturel, comme l'était Zola, ne sont donc pas ressemblants, mais ceux que peignirent les écrivains catholiques, ainsi que Lasserre, qui font d'elle un être angélique, une petite sainte de plâtre, bonne à mettre dans une niche, le sont-ils plus ?

Il m'a semblé que pour découvrir une effigie un peu précise de Bernadette, il fallait chercher dans les pièces qui ne sont pas des souvenirs écrits longtemps après de mémoire tels que ceux d'Estrade[a][3], qui peuvent être, sans le vouloir, inexacts et aussi dans les documents parus, avant que la légende ne se fût emparée d'elle.

---

a < tels que ceux d'Estrade>

J'ai donc feuilleté les journaux de son temps, les « Annales de la Grotte » rédigées par les Pères de Garaison qui l'avaient suivie de près et consigné leurs observations très simplement, sans que l'on puisse surprendre en eux le souci[a] de l'abaisser ou de l'embellir.

Voici ce que je trouve dans le tome II – 2e année – à la date du 30 avril 1869 :

« Bernadette était bonne, douce, simple, naïve ; elle édifiait mais elle n'étonnait pas. – Dans cette enfant, l'intelligence manquait de souplesse et l'imagination de variété ; elle ne pouvait être très expansive ; ce n'est pas le charme de sa parole qui eût gagné un peuple à la foi d'apparitions et personne n'était moins capable de produire l'enthousiasme ; elle n'avait pas reçu le don de peindre et d'intéresser ; son récit était bref, incolore, froid ; il fallait des questions multipliées pour obtenir la description entière de ce qu'elle avait vu. »

« Elle parlait sans émotion ; elle s'animait un peu à la longue, mais jamais sa joie n'allait jusqu'à l'ardeur… elle était vraiment insignifiante. »

« Elle se montrait sérieuse et appliquée dans ses pratiques religieuses, mais sa piété ne s'éleva pas à la hauteur que beaucoup de personnes pensaient lui voir atteindre, après la grâce inouïe de dix-huit visions[1]. »

Enfin, l'abbé Pomian[2], qui fut son confesseur jusqu'au moment où elle partit pour Nevers, disait d'elle :

« Rien ne la distinguait des enfants vulgaires ; on l'avait laissée ignorante ; elle possédait d'intelligence à peine la mesure commune… »

Ces portraits ne sont pas flattés, raison de plus pour qu'ils aient des chances d'être véridiques.

Il faut noter d'abord la remarque des Pères sur son manque d'imagination ; l'on peut en tirer une preuve de plus de la réalité de ces récits, car elle eût été bien incapable de les inventer – et celle ensuite sur le peu d'élévation de sa piété.

« Sa piété était sincère, mais elle n'avait rien qui tînt de l'enthousiasme ou de l'exaltation », disait, de son côté, la supérieure générale des sœurs de Nevers, après que Bernadette fut entrée[b] dans sa communauté. Bernadette confirme d'ailleurs, elle-même, la simplicité de sa dévotion. À une personne[c] qui lui demandait une prière spéciale, elle

---

a la volonté

b comme religieuse

c À un Espagnol

répondait : « le chapelet est ma prière de prédilection, je suis trop ignorante pour en composer une », et, à l'une des supérieures de son couvent qui, impatientée par ses exercices[a] qu'elle jugeait trop enfantins, s'écriait : « À votre âge, vous devriez descendre quelquefois à la chapelle et méditer un peu ! » elle répliquait doucement : « Je ne sais pas méditer, moi. »

Nous voici également loin de la mystique que l'on nous représente ; elle était, on le voit, d'une ferveur peu étendue, peu déréglée, incapable par conséquent de lui avoir tourné la tête et d'avoir déterminé ces hallucinations dont Zola nous parle[1].

D'autre part, l'esprit peu intelligent et l'entendement terne et borné de cette petite, corrobore, une fois de plus, cette vérité, certifiée par l'expérience, que Dieu ne choisit que les plus pauvres et les plus humbles, lorsqu'il a besoin d'un truchement pour s'adresser aux masses.

Il eût été, en effet, difficile de découvrir à Lourdes une famille plus indigente et, faut-il le dire, moins bien famée que celle de Bernadette, décriée, elle-même, à cause des siens.

Le Père Cros, de la Compagnie de Jésus, qui a pu consulter toutes les archives et prendre connaissance des dépositions écrites de plus de deux cents témoins, nous raconte que la misère des Soubirous était si complète que souvent le pain manquait et que l'un des petits frères de Bernadette détachait avec ses ongles, pour la manger, la cire tombée sur les dalles de l'église, aux offices des morts[2].

À la fin de mars 1857, alors que le dénuement de cette famille était extrême, le père Soubirous fut – bien qu'innocent, je crois – poursuivi et incarcéré à Lourdes jusqu'au 4 avril suivant, sous inculpation de vol de farine et de bois[3].

C'était le discrédit ajouté à l'indigence. Dieu voulut de l'abaissement, et il en eut.

Il prit donc la fille de cet homme et il la prit telle qu'elle était, humble et pure, douce et bonne, mais vraiment « insignifiante », suivant l'expression même des Pères ; il ne fit aucun miracle pour elle, en l'élevant d'un coup jusqu'à Lui. Il ne la rendit pas différente de ses compagnes, la laissa paysanne, dans toute l'acception du mot[b] ; ce détail matériel, constaté par le Père Cros, qu'aussitôt sortie de l'extase, après le

---

a sa piété

b ~~sans la décrasser~~ ;

départ de la Vierge, elle se reprenait à gratter, selon son habitude, sous le mouchoir, qui lui couvrait la tête, ses poux, est typique[1].

Mais n'est-elle pas ainsi plus humaine, plus vraie que sur toutes ces images où on la mue en une petite bergère de féerie ? La vérité est qu'elle ne s'équarrit qu'après son entrée au cloître ; ce fut là qu'elle finit par apprendre à lire et à écrire ; l'intelligence ne se développa guère, la piété, elle-même, ne s'exhaussa point, mais les qualités charmantes de douceur et d'humilité qu'elle avait toujours eues, grandirent. Celle qui avait réfléchi, lorsqu'elle était en extase, sur son visage transformé, comme en un lointain miroir, les traits apparus de Notre-Dame, n'eut plus qu'un désir, cacher sous un voile le souvenir du reflet divin ; elle envia d'être oubliée, loin des foules[2]. Jamais elle n'eut de vanité et d'amour-propre et Dieu sait si elle était adulée « la bonne viergette », ainsi que l'appelaient les paysannes ! – Elle soupirait, honteuse de ces hommages : « Je suis donc une bête curieuse. » – Entendant, un jour, des gens qui disaient derrière elle : « si je pouvais couper un bout de sa robe ! », elle se retourna et, sans colère, mais d'un ton convaincu, elle s'écria : « que vous êtes imbéciles ! »

Au cloître, pour la maintenir dans la voie du renoncement, bien souvent on l'humilia devant ceux qui l'honoraient le plus et jamais on ne surprit un mot de mécontentement, un geste de dépit.

Elle eût voulu être Carmélite, mais sa santé ne lui eût pas permis de suivre l'implacable règle[3] ; elle entra au couvent de Saint-Gildard, chez les sœurs de la Charité, à Nevers ; elle y fut infirmière très charitable et nonne très docile ; ses seuls petits défauts qui étaient l'entêtement campagnard et la bouderie s'effacèrent peu à peu. Dieu l'épurait, opérant un peu la besogne qu'elle ne pouvait accomplir. « Elle a été plus travaillée par Lui, qu'elle ne s'est travaillée elle-même », affirmait l'abbé Febvre, l'aumônier de la maison[4]. Toujours est-il qu'elle était une âme délicieusement pure, lorsque le Seigneur la détacha du bouquet du cloître. Elle souffrit beaucoup avant de mourir. Les souffrances la desséchèrent, elle devint, raconte la mère générale, « si maigre que ses chairs étaient comme réduites à rien[5] ».

Si l'on croit l'entourage des religieuses qui la soignèrent, son corps refleurit après sa mort, et le visage reposé se refit jeune et charmant ; pendant les trois jours qui précédèrent la sépulture, ses membres restèrent souples, les mains gardèrent leur couleur naturelle et l'extrémité des doigts demeura rose. De plus, on n'observa ni humeur, ni odeur, aucune trace de dissolution quand on l'inhuma dans une chapelle, dédiée à saint Joseph, et élevée dans le jardin même du couvent.

La Vierge lui avait tenu parole. – Elle ne l'avait pas rendue « heureuse en ce monde », mais Elle a certainement aussi tenu son autre promesse « de la rendre heureuse dans l'autre[1] ».

Ajoutons maintenant que si la Libre-pensée ne voulut jamais admettre les révélations de la fille de Soubirous, l'Église de Tarbes ne fut pas moins méfiante qu'elle[2], dans les commencements, et il n'est point de vexations que la pauvre Bernadette n'ait eu à subir de la part du clergé de Lourdes.

Tout d'abord le Père Sempé, prêtre peu mystique s'il en fut, ne l'écouta pas ; l'évêque, homme prudent et froid, d'une piété sage et réservée, ne se gênait pas, nous révèle le Père Cros, pour rire des prétendues Apparitions de Notre-Dame. Quant à Peyramale qui la défendit si bravement plus tard, il traitait de « carnaval d'apparitions[3] » les révélations de la voyante et réclamait, pour être convaincu, l'assez inintelligente preuve d'une éclosion de fleur d'églantier, en plein hiver[4].

Tous étaient dans leur rôle et ils avaient raison lorsqu'ils refusaient d'accepter d'emblée l'origine céleste des visions. Ce fut très bien ainsi. Cette suspicion nous a valu de longues enquêtes, des recherches contradictoires, des contrôles de toute sorte dont les résultats furent si probants que tous ces prêtres incrédules se convertirent et qu'à la date du 18 janvier 1862, Mgr Laurence promulgua un mandement dans lequel il déclarait que « Les Apparitions avaient tous les caractères de la vérité et que les fidèles étaient fondés à les croire certaines[5]. »

Ce fut le point de départ des grands pèlerinages. La Vierge, dont l'ordre : « Je veux que l'on vienne ici en procession[6] » allait s'exécuter, approuva les termes de ce mandement, le sanctionna, en y apposant le seing de ses nombreux miracles.

XIII

Lourdes est, pour une après-midi, quasi vide ; les grands pèlerinages de la province sont partis ; il ne reste plus que les hollandais, que les anglais, que quelques flamands et ce qu'on appelle, ici, les pèlerinages à paniers, c'est-à-dire des troupes de paysannes venues, en partie de plaisir, des environs.

Tous ces gens réunis forment à peine un groupe de quelques milliers de personnes ; c'est pour Lourdes le désert et le calme, mais, demain, tout reprendra ; le Journal de la Grotte annonce des arrivées fantastiques de trains issus de tous les points du territoire ; la trêve sera courte.

J'en profite pour aller à la Grotte, afin, d'assister, ce matin, à la messe des malades. De loin, derrière les barreaux de la grille fermée, j'ai la vision, au fond de la cavité, d'une forme humaine évoluant, tout en or, sur un fond de feu.

La messe est commencée. Je m'installe, sous les arbres, sur un coin de banc ; devant moi, sont toutes les voiturettes des malades. Les nuits sont interminables pour ceux qui souffrent et les ténèbres accélèrent l'acuité des maux. Avec quelle impatience ils ont dû attendre, dans le dortoir traversé par les pas des infirmières et assourdi par les gémissements, le lever de l'aube ! est-ce aujourd'hui qu'ils guériront ? ils comptent les jours qui s'épuisent de leur passage à Lourdes. Encore deux, encore trois et il faudra, si l'on n'est pas guéri, monter l'autre pente du Calvaire, supporter, de nouveau, le mouvement de trémie si douloureux des trains. L'angoisse s'accroît à mesure que les journées s'écoulent ; tous ces pauvres gens sont là, égrenant, absorbés, leur rosaire, dardant tout à coup les regards implorants d'une bête qui se sent mourir, vers la Vierge, impassible, debout, dans l'ogive du roc.

Tous ces lamentables infirmes, qui ne peuvent remuer dans leurs voitures, ferment les yeux par respect, quand sonne l'élévation, et ceux qui peuvent bouger leurs mains les joignent.

Et c'est une déchirante expression de souffrance et de ferveur alors que le moment de la communion est proche. Ah ! l'éloquence effrénée de ces traits lorsque le prêtre sort de la grotte, tenant le ciboire et qu'il vient communier, un à un, tous ces alités !

Et il n'y a plus d'yeux, dans ce champ de faces pâles, rien que des voiles blancs de paupières, lorsque le célébrant, rentré dans la grotte, communie à travers les grilles, munies d'une nappe, les malades en état de marcher et les fidèles bien portants.

Assurément, la condescendance de ce Dieu qui va au-devant de ses ouailles dont les corps agonisent est émouvante, mais, Seigneur, je voudrais plus ! – « Vous avez dit : venez à moi, vous tous qui êtes accablés, et je vous soulagerai[1]. » – Ils sont venus, ils sont là ; tenez votre promesse, allégez-les !

Et puis, songez que si nous essayons de scruter l'incompréhensible mystère de votre[a] sang, nous pouvons presque oser vous rappeler, à Vous qui avez sauvé le monde, qu'à un certain moment, nous vous avons, nous aussi, sauvé !

Nous tâtonnons, éperdus, dans l'ombre, discernant à peine, dans de brèves lueurs, les insondables énigmes du sang ; nous voyons que l'homme vous a, dès sa naissance, gravement offensé, dans l'Éden et que pour effacer cette offense, il a fallu qu'il en commît une plus grande encore ; pour compenser le crime de la désobéissance, il a dû se faire déicide, ne point reculer devant un meurtre sans pareil, verser le sang de son Dieu, afin de permettre à Celui-ci de le racheter.

Et ce sang que nous vous avons aidé à nous donner, pour le salut de notre âme[b], nous l'avons, nous les premiers, donné pour le salut de votre corps, car enfin les Innocents ont été égorgés à votre place par Hérode[2] !

Il y a eu substitution d'enfants ; tous les nouveau-nés de Bethléem ont payé pour le Nouveau-Né, réfugié en Égypte ; des milliers d'innocents, quatorze mille d'après le Canon de la messe des Abyssins et le Calendrier des Grecs[c], ont été sacrifiés pour un seul.

C'est une dette cela – une dette contractée par l'Enfant Jésus et que nous pouvons réclamer à l'Homme-Dieu, ici, où, plus que partout ailleurs, le sang déborde des lésions internes et des plaies ! – Mais peut-être siérait-il que ce fussent des enfants qui prient, à la grotte, pour les malades, qui clament les invocations dans les piscines, qui se constituent les créanciers du sang, à Lourdes !

---

a ~~précieux~~ sang

b ~~notre~~ <le> salut <de notre âme>

c <, quatorze mille d'après le Canon de la messe des Abyssins et le Calendrier des Grecs,>

Et je rêve à ces processions désespérées où Dieu résiste et reste sourd, où l'assaut de nos suppliques échoue. Il faudrait lancer, comme à la fin d'une bataille perdue, la vieille garde et notre vieille garde à nous, elle serait composée de l'irrésistible[a] phalange de prières des enfants !

En tout cas, mon Seigneur, à l'heure présente où la messe est terminée, où ces malheureux qui ont fini leur action de grâces vont être reconduits à l'hôpital, souvenez-vous que lorsque des scélérats vous bafouaient sur la montée du Calvaire, un homme s'est trouvé qui eut pitié de vous, qui vous aida à porter votre croix[1]. Soyez, à votre tour, le Cyrénéen des grabataires, aidez ces excédés de la vie à porter la leur !

Je ne sais si Dieu a au moins amélioré, ce matin, l'état de ces malades, mais il ne les a pas, sûrement, guéris, après leur communion, car je les revois encore dans leurs voiturettes, lorsque je retourne, cette après-midi, à la grotte.

Ils sont encore là, mais d'autres petites voitures que je n'ai pas remarquées à la messe sont installées, elles aussi, devant la Vierge.

Deux contiennent des bambins[b], deux garçons, paralysés de la ceinture aux pieds, veillés par leur mère, une dame de l'Équateur ; et, de temps en temps, elle se lève du pliant sur lequel elle est assise, empoigne les deux petits et les jette sur son dos ; l'on dirait de deux pauvres singes qui grimacent et dont la tête vivante ballotte, d'un côté sur l'épaule et les jambes mortes, de l'autre côté, sur le giron de la mère. Elle les emmène ainsi à la grotte, leur fait baiser sur le roc la place grasse des bouches, puis elle les redépose dans leurs voitures où ils rient et jouent. Ils sont débarqués depuis quelques jours et cette dame ne veut repartir que lorsqu'ils seront guéris. Le seront-ils ?

Je ne puis m'empêcher de songer, à propos d'elle. J'imagine que, dans son pays, tout le monde la blâma lorsqu'on la vit entreprendre un aussi coûteux et un aussi long voyage ; si elle revient, après tant de fatigues et de dépenses, bredouille, ce sera vraiment affreux, car tous les gens de soi-disant bon sens triompheront de sa déconvenue et se moqueront d'elle.

Et puis la douleur d'avoir tant espéré, pour ne rien obtenir – le regret même de s'en aller, en se disant que peut-être si on était restée plus longtemps[c], la Vierge aurait fini par s'émouvoir ! il y a de quoi devenir

a <irrésistible>

b enfants

c <plus longtemps>

folle ! – Mais non, en admettant même que Notre-Dame n'exauce pas ses prières, Elle lui accordera ainsi qu'aux autres[a], plus qu'aux autres, en échange de tant de foi, la patience[b] et le courage, lui revaudra son échec par d'autres grâces !

C'est égal, je voudrais bien que le Ciel prît en pitié les angoisses de cette malheureuse !

À cette heure, la grotte désencombrée est douce ; le feutier fait son petit ménage des cires ; il va, vient, plante ses minuscules bosquets de feu, en arrache d'autres dont les dernières feuilles de fumée s'envolent ; et sa toque, sa figure, son tablier sont comme poudrés de givre. Des oiseaux pépient dans le lierre, courbent sous leur léger poids les branches de l'églantier qui pendent sous les pieds de la Vierge. Les béquilles desséchées dansent et s'entre-cognent sur leur fil de fer[c] ; quelques paysannes, après avoir embrassé ce roc poli par les baisers et qui a la couleur presque huilée d'une olive noire, embrochent elles-mêmes, sur les ifs, leurs modiques cierges ou déposent un bouquet dans un coin de la grotte ; au dehors, tout le monde récite le chapelet et respectueusement l'on s'écarte devant la personne[d] de Mgr Schoepfer qui profite, lui aussi, de cette accalmie pour venir prier en paix. Il s'approche des voiturettes, cause avec les malades, bénit les gamins de l'Équateur et, refusant un prie-Dieu qu'une dame lui offre[e], il s'agenouille par terre et dit, de même que les autres, son chapelet, puis il se dégage des dévotes qui le cernent pour lui baiser l'anneau et retourne dans l'assez triste résidence qu'il habite derrière la basilique.

Oui, certainement, la Vierge de Lourdes est exorable et avenante et l'on éprouve un allègement et une joie à l'implorer, mais je pense que je suis tout de même, en ce lieu, une sorte d'étranger et d'intrus pour Elle ; il me semble que je viens chez quelqu'un d'occupé et que je dérange ; je me rappelle l'ombre délicieuse de la crypte de la cathédrale de Chartres, au petit jour, cette cave silencieuse où j'étais si bien auprès d'Elle[1].

À Lourdes, je suis dans une réception publique, dans une cérémonie officielle où les invités défilent par fournées devant la Reine et s'inclinent ;

---

a Elle lui donnera comme aux autres

b la ~~résignation~~ <la patience>

c *En marge :* < Les béquilles <desséchées> dansent et s'entre-cognent sur leur fil de fer>

d ~~fière et distinguée~~

e *En marge :* < refusant un prie-Dieu qu'une dame lui offre,>

à Chartres, l'on est seul avec Elle, dans une chambre close et, ici, ce sont de banales audiences, en plein vent.

À Paris même, à Notre-Dame des Victoires, à Saint-Séverin, chez la Vierge noire des Dames de Saint-Thomas de Villeneuve, l'on est plus chez soi et l'on est plus chez Elle ; il y a au moins un peu d'obscurité et du silence ; évidemment, ces sensations d'intimité plus ou moins vives dépendent des tempéraments et des genres de piété qui en dérivent, mais, il faut dire, qu'ayant prévu ces différences, la Madone se met, avec la diversité de ses effigies et de ses demeures, à la portée de tous ; elle accueille les solitaires à tel endroit et les foules à tels autres ; chacun peut, en somme, la trouver, selon ses besoins et selon ses goûts.

Très certainement, cette Vierge glorieuse, toute moderne, qui s'est définie elle-même, par une abstraction, n'est pas Celle que je préfère. J'espère bien qu'Elle me le pardonne, car Elle sait que[a] je l'aime autre part et sous d'autres formes ; et encore est-ce façon de parler, car comment échapper à l'emprise de Celle dont la dilection ne s'est jamais affirmée aussi véhémente qu'en cette ville, pour les membres souffrants de son Fils ?

Et[b] je me remémore ces coïncidences qui existent entre certaines des Apparitions à Bernadette et certaines fêtes, et certains offices et je songe que ces rapprochements qu'Elle voulut attestent, une fois de plus, l'importance, dans le plan divin, de cette Liturgie si dédaignée[c] et qui est pourtant la moelle de l'Église même[1].

Ainsi, la première fois où Elle se manifesta, en un halo de lumière, dans la grotte, c'était le jeudi 11 février 1858. Or, ce jour-là, l'on célébrait dans le diocèse de Tarbes la fête de la patronne des bergères. Lourdes avait dit, par conséquent, le matin, la messe et récité l'office de sainte Geneviève, également patronne de Paris, de ce Paris d'où Notre-Dame était venue pour se fixer à Lourdes.

Le choix de cette festivité à partir de laquelle la Vierge conversa pendant dix-huit jours, à divers intervalles, avec la fille de Soubirous, n'est-il pas significatif ? outre qu'il implique un souvenir affectueux pour la capitale[d] et pour son sanctuaire de Notre-Dame des Victoires, il confirme encore la prédilection du Christ et de sa Mère pour les

---

a <Elle sait que>

b Et ~~tout en récitant mon chapelet,~~

c <si dédaignée>

d la grande ville

êtres restés les plus près de la terre, pour les gens de la campagne qui ont conservé, loin des centres civilisés, la profession biblique des patriarches, pour ces pâtres et ces bergerettes dont Bernadette faisait partie.

L'on peut même noter, à cette occasion, que les deux personnages du dix-neuvième siècle, les plus connus pour leur sainteté, le Bienheureux curé d'Ars[1], et Don Bosco[2], le fondateur des Salésiens, ont, eux aussi, gardé les troupeaux dans leur enfance[a].

À consulter l'Ordo de l'année 1858, du diocèse de Tarbes, l'on découvre encore d'autres coïncidences qui valent d'être signalées.

Par exemple : la première fois que la Vierge enjoignit de prier pour les pécheurs, c'était le dimanche de la Quadragésime et la messe de ce premier dimanche de Carême ne cesse, dans ses Collectes[3], de demander pardon à Dieu de nos péchés et nous invite, par la voix de l'Évangéliste, à expier, à force de macérations corporelles, l'abus toujours grandissant de nos fautes et à résister, comme le fit le Christ, dans le désert, aux assauts diaboliques et aux tentations sans cesse renouvelées de nos sens.

Le mercredi suivant où Elle s'écria, par trois fois : Pénitence ! et le vendredi de la même semaine où Elle prescrivit[b] à Bernadette de baiser la terre, étaient le mercredi et le vendredi des Quatre-Temps, plus particulièrement voués à l'exercice de la pénitence[4]. Ce sont, en effet, jours d'abstinence, de jeûne, d'humiliation et l'Église prend soin de le notifier, après les Postcommunions[5] de ses messes, alors que le prêtre adresse cet avis aux fidèles[c] : Courbez, humiliez vos têtes !

Toutes ces recommandations de Notre-Dame concordent donc avec le caractère de la férie du Propre ; Elle ne fait que répéter, en les soulignant[d], les avertissements de l'office du jour.

De plus, à la fin des messes célébrées le lendemain de ce jeudi, 25 février[e], où Elle désigna l'emplacement de la source dans la Grotte, on lut l'Évangile selon saint Jean, relatant l'histoire de ce paralytique

a *Paragraphe biffé et déplacé infra :* Une autre coïncidence n'est pas moins, dans un autre ordre d'idées, à remarquer. Le jeudi 25 février fut le jour où le Vierge désigna à Bernadette l'emplacement de la source dans la grotte et la fit jaillir. Or, on lisait ce jour-là, à la messe, l'Évangile de saint Jean relatant l'histoire du paralytique qui attend une aide pour descendre dans la piscine probatique que remuait un ange.

b ~~enjoignit~~

c le prêtre, ~~tourné vers les fidèles~~, dit <aux fidèles> :

d ~~du doigt~~

e <25 février>

qui attendait un baigneur, afin de pouvoir descendre et guérir dans la piscine probatique que remuait un ange[1].

C'était, en effet, l'Évangile du vendredi des Quatre-Temps dont la férie était remplacée dans le diocèse de Tarbes par la fête adventice de la Lance et des Clous.

Ce rappel, à travers les âges, de cette source de Béthsaïde qui semble la préfigure de celle de Lourdes, n'était-il pas, comme une promesse de ces miracles que la Vierge préparait, mais dont elle n'avait soufflé mot à Bernadette[a] ?

Et cependant je ne puis m'empêcher de songer, à ce propos, que Jésus n'aida pas le jeune homme à se plonger dans la piscine, mais qu'il lui dit simplement : « Lève-toi, prends ton lit et va-t'en ! » préludant ainsi aux guérisons[b], sans le secours de l'eau, ainsi qu'Il en opère tant maintenant, ici !

Nous pouvons observer encore que, malgré toutes les instances de Bernadette, la Vierge ne lui révéla qu'elle était l'Immaculée Conception que le jour même où se célébrait, dans la chrétienté, la fête de l'Annonciation[2]. Il n'est pas besoin d'insister sur le rapprochement qui se peut établir entre l'origine immaculée de la Mère et la Conception immaculée du Fils. Bien que ces deux panégyries[3] catholiques ne se touchent pas dans le calendrier de l'Église, pour une fois, franchissant le mois qui les sépare, elles se sont, à la voix de Marie, juxtaposées dans la grotte de Lourdes.

Enfin la dernière apparition à Bernadette eut lieu, le vendredi 16 juillet, fête de Notre-Dame du Mont Carmel, vénérée jadis dans cette ville où un autel surmonté d'un vieux retable lui était dédié dans l'ancienne église[4].

Elle est partie, le jour d'une de ses festivités où la liturgie exprime, en son nom, les plus doux appels, les plus tendres[c] assurances. Voyez l'Épître de sa messe : « Venez à moi, vous tous qui me désirez avec ardeur et remplissez-vous des fruits que je porte[d]... celui qui m'écoutera ne sera point confondu et ceux qui agissent par moi ne pécheront point... Ceux qui me font connaître auront la vie éternelle... »

---

a *Paragraphe biffé :* Ne dirait-on pas que la Vierge réalisait ainsi la préfigure de sa source de Lourdes, annoncée, le matin même, dans les Écritures, qu'elle soulignait du doigt cette concordance ?

b ~~devant les sources,~~

c ~~délicates~~ tendres

d ~~ma mémoire vivra dans la suite des siècle~~

Je le voudrais bien, Sainte Vierge ! En attendant, les voiturettes s'en retournent à la queue-leu-leu, les pèlerins se dirigent vers la basilique où l'on prêche ; je suis quasi seul. Ce qu'elle devient plus intime cette grotte ! – le malheur est qu'elle soit si administrative avec sa source captée, disparue telle qu'une eau vulgaire dans des tuyaux, et ses grilles de jardin public et ses plaques d'émail bleu, pareilles à celles de nos coins de rues, sur lesquelles sont écrits, en reliefs blancs, « Entrée » d'un côté, et « Sortie » de l'autre[a].

Il faut vraiment faire un effort pour se la représenter, sauvage et désintéressée, comme elle l'était du temps de Bernadette, alors que la rivière baignait ses bords, qu'au lieu d'asphalte[b 1], la mousse et le gazon couvraient son sol égayé par les fleurettes d'un lilas rose et d'un jaune pâle, des cardamines et des dorines[2] qui s'épanouissaient[c], plus nombreuses que les autres plantes, dans cette terre toujours humide et privée de soleil, remplie, les jours de crue du Gave, par des couches de limon.

Toutes les herbes, toutes les fleurs, sauf l'églantier placé sous les pieds de la Vierge, sont mortes dans cette cave jambonnée par la fumée des cires.

L'on ne peut nier que ces modifications d'aspect et que les dispositions de ces étiquettes et de ces grilles n'aient été rendues nécessaires par l'afflux des foules. Il en est de même du paysage, des alentours, du Gave repoussé plus loin, de l'esplanade, mais alors, si nous envisageons la question, à ce point de vue, il sied de dire tout de suite que Lourdes est, du haut en bas, à refaire.

En homme pratique, le Père Sempé avait admirablement organisé les parages de ce nouveau bourg ; mais il ne pouvait prévoir, à cette époque, l'extension formidable que prendraient les pèlerinages ; il avait distribué des jardins et des pelouses, planté des abris, mis des bancs sous les arbres, installé partout des apartés pour le corps[3] ; nulle part, certainement, l'on n'avait mieux pourvu aux évolutions de la vie des multitudes, mais pas de multitudes devant s'élever au chiffre de quarante-cinq mille âmes ! À l'heure actuelle, pendant ces semaines d'immenses caravanes, tout se révèle insuffisant, les églises, les abris, les allégeantes

---

a <~~sans compter que le vilain édifice, le chenil de luxe destiné à la vente des cierges, l'entache d'une salissure, en la civilisant~~.>

b <qu'au lieu d'asphalte>

c poussaient

guérites et les bancs ; l'espace surtout qui s'étend entre la Grotte et le Gave est trop étroit ; l'on pourrait aisément reculer le quai et gagner encore du terrain sur la rivière, mais à quoi bon ? qui sait l'avenir ? qui sait ce que Lourdes sera un jour[1] ?

D'autre part, il convient de noter aussi que, telle qu'elle est organisée, la clinique médicale, dans ces moments-là, est débordée.

Lorsque le pèlerinage national arrive, il n'y a que demi-mal, car ses hospitalisés sont cotés et contrôlés à l'avance ; tous ont leurs pièces d'identité et les certificats des médecins qui les soignèrent sont prêts. De même pour les pèlerinages belges qui amènent avec eux des praticiens et dont tous les malades sont munis de certificats vérifiés et sur lesquels on peut, en toute confiance, tabler ; mais lorsqu'il s'agit de grands pèlerinages de province !

Le docteur Boissarie et le docteur Cox sont obligés de se contenter de pièces délivrées par on ne sait quels médicastres, souvent mal rédigées exprès, de peur de se compromettre, lorsque ces gens savent que les malades les réclament en vue d'un voyage à Lourdes ; il n'y a aucune sécurité ; l'on ne peut se fier ni à la science, ni à la bonne foi de ces Diafoirus de cantons ; et la clinique, dans des cas qui pourraient être intéressants[a], se tait. L'on a cherché à remédier à cette incertitude et à ce désordre, mais toutes les solutions proposées s'avèrent, si l'on y réfléchit, vaines.

La plus sage consisterait à établir à l'hôpital un bureau de médecins vérifiant les certificats et l'état des malades quand ils débarquent, recourant, dans certains cas, aux instruments qui utilisent les rayons récemment découverts[2], dans des salles aménagées exprès. Oui, mais comment composer ce concile de médecins qui risqueraient d'ailleurs de n'être[b] jamais d'accord et comment eux-mêmes pourraient-ils examiner à fond des fournées d'éclopés qui ne restent parfois qu'un jour ou deux à Lourdes ? – Il faudrait donc empêcher ces malheureux de se baigner[c], et peut-être de guérir, tant qu'ils n'auraient pas passé par leurs mains ; c'est impossible !

Zola, lui, déclarait qu'il était nécessaire de photographier les plaies[3] ; mais la photographie ne donne pas la couleur et ne pénètre point dans

a ~~presse et~~ (?)
b presque
c ~~de sortir,~~

la profondeur des tissus ; elle ne serait donc pas, par elle-même, une garantie[a].

Non, l'innovation qui me semblerait, à moi, la plus enviable, serait celle qui permettrait d'hospitaliser, pendant un temps plus ou moins long, les malades améliorés et en voie de guérison.

Tous s'en vont, en effet, au bout de quelques jours, avec les pèlerinages qui les ont conduits. Ils interrompent, si l'on peut dire, le traitement commencé de la Vierge[1]. Et qui sait si de nouvelles immersions dans les piscines ou de nouvelles prières devant la grotte ne hâteraient pas le retour à la santé et ne préviendraient pas, au besoin, les rechutes ?

La clinique y gagnerait, de son côté, de pouvoir ne plus se contenter d'examens sommaires, mais de pouvoir suivre pas à pas et d'étudier de près le mode de ces guérisons.

Seulement, tout cela ne l'empêchera pas de constater, faute de preuves, moins de merveilles qu'il n'y en a en réalité[b], puisque, quoi qu'elle fasse, elle ignorera toujours une partie des cures opérées à Lourdes. Des alités qui ne sont pas venus avec des pèlerinages et qui sont descendus dans des hôtels ne se soucient pas, bien souvent, après une guérison, d'être interrogés et palpés, en public, pour être après cela regardés dans la ville comme des bêtes curieuses et ils partent sans mettre les pieds au bureau médical. – Ce qui prouve, entre parenthèses, que toutes les statistiques que l'on a voulu établir des miracles obtenus à Lourdes sont illusoires et inexactes.

C'est donc une question de plus ou de moins, et dès lors, que le bureau médical soit organisé d'une façon plus ou moins scientifique, peu importe ! au fond[c], sa véritable, sa seule utilité est ne pas perdre de vue[d], dans la vie, un certain nombre de miraculés dont il connaît les antécédents, qu'il a examinés aussitôt après leur guérison, qu'il examine encore, tous les ans. Si aucune récidive ne se produit, il peut alors se prononcer à coup sûr. Sans lui, aucune certitude ne s'impose. Personne ne peut, en effet, se vanter d'avoir vu un miracle à Lourdes, puisque

---

a *Un paragraphe biffé :* ~~La vérité est qu'avec la meilleure volonté du monde, l'on ne voit pas le moyen d'organiser d'une façon scientifiquement précise, la clinique. Après tout, si défectueuse qu'elle puisse être, elle suffit.~~ Les trois paragraphes qui suivent (« Non, l'innovation [...] le mode de ces guérisons ») ont fait l'objet d'un ajout marginal.

b , mais qu'importe d'ailleurs

c *Le début de ce paragraphe est un ajout marginal :* C'est donc une question de plus ou de moins, et dès lors, que le bureau médical soit organisé d'une façon plus <ou moins> scientifique, peu importe ! au fond

d est de pouvoir ~~suivre~~ <ne pas perdre de vue>

bien des cures extraordinaires ne résistent pas à l'épreuve du temps et qu'il n'y a pas de miracle, au vrai sens du mot, si le mal n'a fait que s'endormir pour se réveiller après.

Et puis, en supposant même que l'on découvre un procédé de vérification plus sûr que celui des certificats, à quoi cela servirait-il ? La Vierge ressusciterait, demain, un mort que le camp des libres penseurs crierait aussitôt, sur tous les toits, que cet homme était en léthargie, qu'il n'était pas trépassé ; il existera toujours, en effet, une sorte de procédure spirituelle qui permettra à des gens dont le parti est pris, de nier quand même[a], presque avec une certaine bonne foi, l'évidence.

Il y aura, ce soir, une petite procession ; peu nombreux, les patients tiendront tous dans la cuve du Rosaire. Je resterai simplement debout, derrière les voiturettes et les infirmes assis sur des bancs. Sauf le môme[b] hollandais coiffé de son chapeau tyrolien vert[c] et qui a toujours l'air d'une grenouille étendue sur le dos et les deux frères de l'Équateur dont la mère m'émeut, je n'ai plus de malades préférés dont je souhaite plus spécialement la guérison. Tous ceux qui sont rassemblés dans ce cercle sont des alités déjà vus à la grotte, des paralytiques et des tuberculeux, d'autres atteints d'affections invisibles que j'ignore.

Vers les quatre heures, je m'installe derrière deux fillettes du peuple, des flamandes pâles et bouffies qui sont assises, mais je hume, penché au-dessus d'elles, un fumet si fade, que je décampe. Les pauvres filles seront-elles libérées de ces maux cachés que cette affreuse odeur décèle ? – Je vais plus loin, à côté d'aveugles inodores qui prient.

Précédée, comme d'habitude, des suisses et des enfants de chœur, la processionnette[d] arrive, en chantant des cantiques. Un évêque[e] porte la monstrance, suivi par l'épiscope aux longs cheveux de la Palestine et par la troupe coutumière des prêtres en surplis et des brancardiers.

Et voici du nouveau ; aujourd'hui, les exorations se crient dans toutes les langues, en français d'abord, en anglais ensuite, puis en hollandais et en flamand.

Des prêtres de nationalités différentes, tous en soutane, sauf l'anglais en redingote, se succèdent, pour les vociférer au milieu du cirque.

---

a < presque avec une certaine bonne foi>

b le petit

c < coiffé de son chapeau tyrolien vert>

d petite procession

e ~~quelconque~~

L'effet est lamentable ; l'on entend à peine quelques voix qui les répètent ; les assistants se taisent, ne comprenant pas un mot à ce qui se profère. Ne serait-il pas plus simple dès lors de clamer[a] les invocations dans la langue de l'Église, de parler latin ?

Et puis qu'est-ce que cela signifie ? les touristes d'outre-Manche sont à peine quelques-uns ; ils ont amené deux ou trois égrotants dans leurs bagages et il faut que l'on s'adresse à Dieu en anglais. – C'est vraiment sans proportion !

Cependant, le Saint-Sacrement commence à bénir les malades, mais, je ne sais, il me semble que j'assiste à la mesquine[b] répétition d'un grand drame ; cette réduction quasi taciturne d'immenses processions où rugissaient les foules, suscite la pitié ; personne ne prie avec entrain et les grabataires déconcertés ne paraissent plus compter sur leur guérison. Aucun qui se torde devant l'ostensoir et qui le supplie. Tous baissent la tête, alors que les cris de Babel meurent sans écho sur l'esplanade et dans les monts.

Je vois de loin les deux singes de l'Équateur qui rient et la mère qui dit ses patenôtres, le batracien hollandais qui gît, inanimé, sur sa civière ; aucun n'est même amélioré ; c'est le four terrestre et le fiasco divin !

Pour comble de malechance, le comique s'en mêle. Au moment où le Saint-Sacrement arrive de mon côté, l'un des[c] laïques qui le précède, une ombrelle blanche à la main, adresse des gestes impérieux à un gamin en train de se démener, debout. Celui-ci continuant à gigoter, il se fâche, et l'on a toutes les peines du monde à lui faire comprendre que cet enfant est atteint de la danse de Saint-Guy et qu'il ne peut demeurer à genoux ; – et voilà que je constate maintenant que l'évêque d'Orient, à tête de Christ[d], convaincu sans doute que la bénédiction du Seigneur est insuffisante pour sauver les malades, y ajoute après la sienne[e] !

La tournée se termine et tous se dispersent.

Restent, seuls, les Hollandais qui doivent quitter Lourdes, ce soir ; ils montent sur les marches du Rosaire et forment des groupes avec les malades en avant, et le petit gnome, couché sur sa civière, au milieu. – Hélas ! celui-là ne s'en va pas guéri ! – Le photographe rectifie les positions. Les

---

a faire

b petite

c des ~~étonnants~~ laïques

d l'Évêque ~~d'Orient,~~ à ~~figure~~ tête de Christ

e ~~Eh bien, il a du culot au Levant, alors !~~

jeunes Hollandaises rient comme des folles; les camériers aux ceintures violettes s'ingénient à les obliger de tenir[a] en place. On entend le cri : « Ne bougez plus ! » – et, après, c'est ainsi qu'une débandade d'oiseaux; toutes s'envolent. – Ce qu'elles vont en raconter à leurs amies lorsqu'elles seront retournées dans leurs maisons penchées sur les canaux qui les mirent, dans le fond si mélancolique de la placide Hollande!

Je me rends à la clinique; quelques prêtres assis regardent gaiement un Portugais qui saute, à pieds joints, par-dessus les chaises, puis se courbe en arrière et touche presque, avec sa nuque renversée, le sol.

– Un vrai clown, dit le docteur Boissarie qui ne le quitte pas des yeux, et quand ce jeune homme est sorti, il m'apprend que celui-là était paralysé des bras et des jambes, qu'il était parti, dans un coupé de chemin de fer, de Lisbonne pour se rendre à Paris où il voulait consulter des médecins. Il fut poussé, il n'a jamais trop su comment, à bifurquer et à s'arrêter à Lourdes et là, après un bain dans la piscine, il a repris l'extraordinaire souplesse dont il vient de nous donner des preuves. Alors, au lieu de gagner Paris, il a voulu, pour remercier la Vierge, s'installer ici, afin d'y faire le métier de brancardier et de baigneur.

Quant à sa maladie, nous n'avons pas à nous en soucier, poursuit le Docteur, nous ignorons ses antécédents et ses causes; cette paralysie peut fort bien être une paralysie d'origine nerveuse[1]...

– Mais, en tout cas, interrompt un prêtre occupé à classer[b] des notes, les médecins qui l'ont soigné n'ont pu le guérir; il serait présomptueux de croire que ceux de Paris auraient réussi là où leurs collègues du Portugal ont échoué. Pourquoi dès lors la Sainte Vierge n'opérerait-elle pas un miracle quand il s'agit d'une affection des nerfs plus incurable souvent que beaucoup d'autres? l'éternel argument des névroses, invoqué par les libres penseurs, ne me semble donc pas définitif.

– L'on ne voit pas bien, en effet, répond un autre abbé, pourquoi une personne, parce qu'elle est nerveuse, serait privée des grâces accordées à celles qui ne le sont pas.

– Évidemment; mais à quoi bon discuter! s'écrie le Docteur; il n'est pire sourd que celui qui ne veut entendre. Si encore l'on avait toujours affaire à des adversaires de bonne foi, mais, tenez, écoutez cette histoire, elle vous renseignera sur la mentalité de certains incroyants.

---

a ont grand mal à les faire tenir

b qui prend des notes

Un jour, nous examinons une malade munie d'un certificat[a] de médecin déclarant qu'elle est poitrinaire[b], – elle l'était, en effet ; – après un bain, elle est guérie, toutes les lésions ont disparu. Craignant néanmoins une méprise, nous télégraphions au médecin – mais sans lui annoncer la guérison – pour lui demander si cette malade qu'il soigne depuis longtemps est bien réellement une tuberculeuse et il nous répond par l'affirmative, confirme par dépêche la nature de la maladie.

Une fois rentrée chez elle, cette femme va revoir ce praticien qui s'étonne, l'ausculte, l'interroge, l'oblige à revenir trois fois, puis consent, sur ses instances, à lui délivrer un certificat de guérison ; mais alors, comme il s'agit d'une cure miraculeuse de Lourdes, il atteste dans cette pièce que sa malade n'a jamais été atteinte que d'un simple rhume[1] !

La chaleur est terrible dans ce petit bureau ; je sors accompagné par un ecclésiastique qui me dit :

– Le docteur Boissarie a raison, pourquoi discuter avec des gens qui, en face d'un miracle, chercheront quand même des causes naturelles, prononceront de grands mots qu'ils seraient sans doute bien en peine d'expliquer ainsi que Zola lorsqu'il parle de « troubles de la nutrition[2] » à propos d'un lupus[c] ? Le cas de Gabriel[d] Gargam est typique à ce point de vue ; vous connaissez, je crois, ce miraculé, car je vous ai vu causer plusieurs fois avec lui[3]…

– Oui, je l'ai connu aux piscines ; c'est un homme intelligent, humble et charmant.

– Bien. Je résume en quelques mots son histoire pour vous faire mieux toucher du doigt la folie des idées qu'elle suggère aux mécréants. Il était commis ambulant des postes. Le 17 décembre 1899, en plein hiver, son wagon est attelé en queue du rapide qui part, le soir, de Bordeaux pour Paris. Par suite d'une avarie de la machine, le train reste en panne près d'Angoulême et est rejoint par l'express qui arrivait avec une vitesse de quatre-vingt-dix kilomètres à l'heure. Le wagon-poste fut broyé et Gargam projeté à dix-huit mètres de la voie, dans la neige.

On l'y ramassa, le lendemain matin, et on le porta, mourant, à l'hôpital d'Angoulême ; il était couvert de plaies ; il avait une clavicule

a Un jour, une malade arrive avec un certificat

b ~~Nous l'auscultons,~~

c ~~Une façon typique de nier l'existence même, c'est~~

d <Gabriel>

brisée ; il était paralysé de la ceinture aux pieds ; il ne pouvait rien avaler et bientôt même avec une sonde, qu'on lui introduisait plusieurs fois par jour dans l'estomac, l'alimentation devint presque impossible.

Une action en responsabilité fut engagée contre la Compagnie d'Orléans. Les médecins furent appelés à fournir des rapports et tous conclurent à l'incurabilité et à la mort, dans un délai plus ou moins bref, du malheureux. Sur le vu de ces rapports, la Compagnie, qui avait d'abord offert de payer une rente de trois mille francs, fut condamnée par jugement du tribunal civil d'Angoulême, à lui en payer une de six mille, plus encore une indemnité de soixante mille francs.

Vous remarquerez que si un malade a été examiné avec soin, c'est bien celui-là et que si les médecins de la Compagnie d'Orléans, qui auraient été heureux, dans l'intérêt même de leur cliente, de le juger guérissable, ont déclaré qu'il était perdu, c'est qu'il l'était réellement.

Le pronostic était, d'ailleurs, juste ; l'état de Gargam empira ; l'on s'aperçut, un jour, que ses pieds étaient noirs ; on crut qu'ils étaient sales, mais dès qu'on toucha la peau des doigts pour les nettoyer, elle éclata et le pus jaillit. C'était la gangrène, en plus.

Gargam n'avait pas la foi, mais sa famille l'avait et priait ardemment pour lui ; la médecine s'avouant impuissante, même à le soulager, on résolut de l'emmener à Lourdes. Il se laissa faire pour ne pas désespérer sa mère, mais il ne crut pas du tout qu'il serait guéri. On le transféra sur un brancard spécial muni d'un matelas que l'on hissa dans le train. Un peu avant d'arriver en gare, à Lourdes, sa mère lui montra du doigt le grand Christ érigé sur la montagne du chemin de croix et lui demanda de lui envoyer un baiser ou tout au moins de le saluer.

Il refusa, en détournant la tête.

Amené sur son brancard aux piscines, on le fit glisser, tandis que tout le monde priait[a], attaché sur une planche, dans le bain. Il s'évanouit, puis rouvrit les yeux et se dressa debout. Cet homme, épuisé par vingt mois de maladie, réduit à l'état d'un squelette, marcha ; la gangrène avait disparu, les pieds étaient maintenant[b] sains ; plus de paralysie et l'estomac, qui ne supportait même plus, ces derniers jours, le passage de la sonde, digéra facilement tous les mets ; l'on peut dire qu'en un bond Gargam ressuscita.

a < tandis que tout le monde priait,>
b redevenus

– Oui, et ce qui me frappe, c'est qu'il n'avait pas la foi, ou du moins s'il l'avait, c'était à l'état oublié, éteint depuis son enfance. De tous les entretiens que j'eus avec lui, il me semble résulter qu'il fut l'objet d'un double miracle ; il crut en même temps qu'il fut guéri ; les deux eurent lieu, spontanément, à la même minute. Alors que devient la foi qui autosuggestionne d'avance le malade, la foi qui guérit de Charcot[a][1] ?

– Je l'ignore ; mais contrairement au diagnostic du médecin en chef de l'hôpital d'Angoulême qui vit dans la paralysie de Gargam une maladie de la moelle, à marche progressive, les incrédules, aussitôt après le miracle, déclarèrent que cette paralysie ne pouvait être qu'une paralysie d'origine nerveuse.

– Et la gangrène, elle était, elle aussi, d'origine nerveuse ?

– Je ne pense pas, répondit, en riant, l'abbé ; mais, en admettant même qu'ils aient raison sur la nature de la maladie[b], il leur resterait à expliquer la guérison instantanée de la gangrène, les forces revenues, sans convalescence, après plus d'une année d'inanition, l'estomac rétabli, en une seconde.

– Eh bien ! mais ils répliqueront que ce sont là les effets du saisissement causé par l'eau froide, les bienfaits de réaction de l'hydrothérapie[2]. Seulement, s'ils croient à la puissance de cette thérapeutique, pourquoi, diable, ne l'appliquent-ils pas, dans des cas pareils, à Paris ? L'on peut faire de l'hydrothérapie autre part qu'ici et même beaucoup mieux, car enfin, il n'est pas d'établissement de bains qui soit plus mal outillé que celui de Lourdes, puisqu'il ne possède, pour tout appareil, que des baignoires d'eau sale.

Et ils pourraient, pendant qu'ils y sont, pratiquer le système des piscines, où l'on baigne des femmes sans s'occuper de savoir si elles sont indisposées et si elles ont terminé leur digestion. Je serais bien curieux de connaître les résultats qu'obtiendraient, à la Salpêtrière par exemple, ces essais de traitement sur les affections nerveuses des femmes qu'on y soigne !

---

a *Paragraphe biffé :* – Aussi les libres penseurs ont tous recours à une autre solution pour légitimer cette cure ; ils ont parlé de la commotion d'une eau glacée sur une paralysie d'origine nerveuse.

b ~~cette maladie~~ <la paralysie>

XIV

Je commence à être un peu las. Lourdes, vide hier, s'est de nouveau rempli ; le boucan des Ave Maria recommence ; voici trois semaines que je vais, chaque jour, à l'hôpital et à la clinique, que je fais le vague métier d'un carabin. Maintenant, les cas exorbitants, les figures de cauchemars comme celle du paysan de Coutances, les têtes de larves comme celle de cette femme dont l'œil était brandi, tel que celui d'une limace, au bout d'un tentacule, manquent. Sauf un vieillard dont le teint gris-perle me rappelle celui de certains ouvriers, employés dans les manufactures de tabac, tous les nouveaux arrivés de l'hôpital sont des malades sans luxe d'horreur particulière, sans étampe spéciale. J'en ai vu tant de ce genre que je ne flâne plus auprès des lits. À vivre ici, l'on finirait, ma parole, par se désintéresser complètement des affections courantes et ne plus s'exalter que devant des échappés de maladreries, devant des monstres. Le vertige des excès vous gagne ; je sens cela maintenant que ces déballages de bestiaires sont clos ; mais ce que j'éprouve surtout, à ce moment-ci, c'est le besoin de ne plus bouger, le besoin de ne plus humer cette senteur de poussière, de vanille et de pus qui est l'odeur sigillaire[1] de Lourdes.

Le spectacle que je vois de ma fenêtre, la nouvelle ville couchée dans le fond de cuvette de ses monts ne m'enthousiasme guère. Est-ce parce que je suis issu par la ligne paternelle de pays maritime et de sol plat, mais je constate que j'ai de moins en moins le sens de la montagne ; elle me produit l'effet d'un océan figé ; la seule vie qui l'anime est due à une supercherie du ciel ; les nuages qui se meuvent sur les pics jouent le rôle de vagues muettes, ils bondissent et crêtent leurs cimes sèches d'écume ; sans eux, ce serait l'immobilité absolue, la mort de la terre stérilisée par l'abus des froids[2]. Le pis est qu'en étant très hautes, ces montagnes n'ont pas l'air d'être élevées, qu'elles ne suggèrent pas une idée d'infini, mais une impression d'étouffement. Ah ! décidément, je ne suis pas Alpiniste pour deux sous ! les ascensions cabotines qui se pratiquent, ainsi que chacun sait, avec des jarrets serrés dans des lainages d'Écosse et des bâtons ferrés à la main, ne m'incitent guère. J'ai encore assez d'imagination pour pouvoir, tout en demeurant dans un fauteuil, me représenter des horizons dont l'immensité dépasse de beaucoup celle qui se déroule du sommet des monts[a] ; le beau est moins ce que l'on voit que ce que l'on rêve[1] et j'avais rêvé, je l'avoue, un tout autre Lourdes ; mais, en fin de compte, puisque j'y suis, je dois convenir que la nature m'émeut plus[b] en largeur qu'en hauteur, et que la traversée si mélancolique des Landes, avec ses couchers de soleil[c] qui s'éperdent dans l'étendue des pins, m'impressionne bien autrement que ces sites de faîtes et de glaciers[d] si courts.

En tout cas, je suis fatigué des pèlerins et las des paysages ; je reste donc aujourd'hui dans ma chambre et je bouquine des volumes sur les contrefaçons de Lourdes, organisées par la Belgique et la Turquie[2].

Et je me dis vraiment[e] que la Vierge de Lourdes déconcerte, car les contrefaçons valent l'original, sont parfois même plus fertiles en miracles, plus actives.

L'histoire, en Belgique, du sanctuaire d'Oostakker, situé dans un bourg, au milieu du parc de Slootendriesch, à cinq kilomètres de Gand, est pour le moins singulière. Elle débute par un projet mondain dont la Vierge n'a que faire. En 1870, le goût des aquariums était à la mode dans les familles riches du peuple belge ; une marquise de Courtebourne, qui possédait le château de Slootendriesch, se met dans la tête d'en construire un et comme un aquarium ne va pas sans une fausse grotte, elle décide également d'en bâtir une. L'emplacement une fois choisi dans son parc, on commence les travaux ; sur ces entrefaites, le curé d'Oostakker, l'abbé Moreels, montre une image de la grotte de Lourdes à la marquise et la détermine à réserver, dans l'amas cimenté de ses rocailles, une niche pour y placer une statue de l'Immaculée Conception, imitée de celle des Pyrénées. Le tout fut terminé en 1871 ; et[f] trois ans après, les quelques paysans du hameau qui venaient prier devant l'aquarium et la Vierge avait engendré, on ne sait pas très bien comment, des milliers de visiteurs. Il en vint jusqu'à dix mille en un jour et les miracles éclatèrent.

---

a ~~connus~~

b ~~est plus attachante~~ <m'émeut plus>

c ~~dans les pins et ses ciels~~ qui s'éperdent ~~dans l'immensité~~ dans <~~l'espace~~> <l'étendue des pins>

d ces sites de montagnes, si courts.

e <vraiment>

f ~~le parc ouvert d'abord aux paysans, le dimanche seulement, le fut ensuite tous les jours~~

Le premier qui fut enregistré date du 12 février 1874 ; il échut à Mathilde Verkimpe, une enfant de dix ans, habitant à Loochristi. Elle était boiteuse, incapable de marcher sans béquilles ; tous les médecins des hôpitaux de Gand s'étaient déclarés impuissants à la guérir. Sa mère va demander sa cure à la grotte, rapporte de l'eau de Lourdes qu'on y distribue et, pendant une neuvaine, elle frictionne avec cette eau la jambe de sa fille ; et, à la fin de la neuvaine, la petite se trouve instantanément guérie et peut aller remercier à pied la Vierge[a].

Et les miracles continuent ; l'on fait d'habitude trois fois le tour de la grotte ; on se lotionne avec l'eau d'un bassin tombée de l'aquarium, dans laquelle on jette, chaque matin, quelques gouttes de la source de Lourdes, et les affections les plus diverses, telles que les coxalgies et les cécités, disparaissent dès que ce liquide les touche.

Au mois de mai de l'année 1875, pour répondre aux besoins des pèlerins, l'on édifia une église de style ogival, sans transept, à deux clochers ; l'on confia le service du pèlerinage aux pères jésuites de la province belge et Oostakker devint célèbre dans les Flandres. On y brûle des milliers de cierges, comme à Lourdes, et des pyramides d'ex-voto s'élèvent, au-dessus de la grotte, dans les arbres.

Ce fut dans ce lieu que surgit[b] la guérison la plus inouïe qui ait jamais été observée, de mémoire d'homme[1].

Le 16 février 1867, un paysan du nom de Pierre de Rudder, résidant à Jabbeke, village situé près de Bruges, eut la jambe gauche cassée par une chute d'arbre ; il y avait fracture du tibia et du péroné et les fragments d'os étaient si nombreux qu'en remuant la jambe, l'on entendait, suivant l'expression du médecin qui lui donna les premiers soins, les os s'entre-choquer, ainsi que des noisettes dans un sac ; ces fragments ayant été ôtés des tissus, l'on pouvait discerner, dans la plaie, les deux os, demeurés intacts, distants de trois centimètres l'un de l'autre.

L'on ne connaissait pas, à cette époque, l'antisepsie[2], et l'on eut beau se servir de bandages solides, jamais la jonction des deux os, qui baignaient dans le pus, ne parvint à se faire ; la partie inférieure du membre qui n'était plus soudée à l'autre ballottait, telle qu'une chiffe, dans tous les sens.

---

a ~~, à la grotte.~~

b survint

Les chirurgiens qui se succédèrent près du malheureux déclarèrent le cas incurable et[a] le professeur Thiriart, de Bruxelles, que l'on consulta en dernier ressort proposa d'amputer la jambe.

De Rudder refusa ; et il souffrit, pendant plus de huit années, d'atroces tortures, obligé de panser, plusieurs fois par jour, cette plaie dont la sanie ne tarissait pas, se trainant, comme il pouvait, sur des béquilles.

Il avait ouï parler d'Oostakker ; il résolut d'y aller demander à la Vierge sa guérison. Le 7 avril 1875, trois hommes le hissent dans le train en partance pour Gand ; il est, à sa descente dans cette ville, porté dans l'omnibus d'Oostakker et sa jambe, si bien enveloppée qu'elle soit, laisse échapper des filets d'humeur et de sang qui traversent les linges et tachent la banquette ; arrivé devant la statue de la Vierge, il se repose un peu, boit une gorgée d'eau et veut, ainsi que les autres pèlerins, effectuer, trois fois, le tour de la grotte. Soutenu par sa femme, il accomplit ce tour deux fois et, à bout de force, il tombe, exténué, sur un banc. Il supplie Notre-Dame de Lourdes de le sauver et il perd subitement la tête, ne sait où il est, se retrouve, en reprenant connaissance, devant Elle, à genoux, et se relève, guéri. Plus de trou, les os se sont rejoints ; il ne boite même pas, car les deux jambes sont de longueur égale.

Ce prodige eut un retentissement énorme dans les Flandres ; vingt-deux médecins s'en occupèrent ; on fit des enquêtes minutieuses, dirigées pour plus d'impartialité par des catholiques et par des incrédules ; on interrogea tous les praticiens qui l'avaient soigné, tous les gens du village de Jabbeke qui avaient vu, le jour même du départ, l'état de la blessure, tous ceux qui avaient assisté au miracle ; on soumit de Rudder aux examens les plus rigoureux ; il fallut bien convenir de l'authenticité de ce fait sans précédent, d'une plaie guérie toute seule, en une seconde, et d'un fragment d'os de trois centimètres, destiné à remplacer celui qui manquait, poussé instantanément, à la suite d'une prière.

Il restait, juste, sur la jambe, une tache bleuâtre à l'endroit de la brisure, comme pour attester que l'on n'avait pas été le jouet d'une illusion, que la rupture avait bien existé.

Vingt ans s'écoulent, sans que jamais cette jambe ait fléchi ou ait été, au point de vue de la solidité[b], inférieure à l'autre et de Rudder,

---

a ~~, finalement,~~

b force

atteint d'une pneumonie, meurt à l'âge de soixante-quinze ans, le 22 mars 1898. Le 24 mai de l'année suivante, l'on procède à l'autopsie de sa jambe.

L'on constate que la Vierge ne joue pas la difficulté, ainsi que l'on dit au jeu du billard[1] ; Elle a remis cette jambe de même qu'aurait pu le faire le chirurgien le plus habile, si l'opération avait été possible ; et Elle l'a rendue possible par la suppression immédiate d'un foyer purulent, par la création spontanée d'un os.

Cette autopsie d'un miracle est certainement la preuve la plus extraordinaire qui ait jamais pu être fournie d'une action surnaturelle remédiant à l'impuissance humaine dans les guérisons d'ici-bas. Les plaies[a] nerveuses de Zola, l'autosuggestion, la foi qui guérit, toutes les vieilles fariboles des écoles de la Salpêtrière et de Nancy[2], sont réduites à rien, du coup.

Et il n'y a pas de porte pour s'échapper, ici ; comme l'écrit fort bien le docteur Boissarie, dans les Annales de Notre-Dame de Lourdes : « Nous pouvons dire que, pendant trente-deux ans, les médecins n'ont pas perdu de Rudder de vue ; avec une persistance que rien ne lasse, ils ont attendu sa mort pour faire son autopsie et voir par quel procédé Dieu pouvait bien guérir les fractures de jambe.

« Grâce aux matériaux qu'ils ont réunis, la guérison de de Rudder restera comme un modèle de ce que l'on peut obtenir par des enquêtes bien conduites.

« Il n'y a pas, dans la science, de fait plus concluant[3]. »

Ce qui peut sembler étrange, au premier abord, c'est qu'un tel miracle, le plus clair peut-être qu'il ait été donné à l'homme de palper et de voir, ait eu lieu, non à Lourdes même, mais dans une de ses succursales. Cependant, ce choix n'est pas étrange, si l'on y réfléchit[4]. Admettez que la guérison de Rudder se soit passée à Lourdes, les incrédules se seraient empressés de la nier ; ils auraient, en tout cas, refusé de participer aux enquêtes, de même qu'ils refusent, malgré toutes les invites qu'on leur adresse, de venir s'assurer de la véracité des phénomènes que l'on observe à la clinique de Lourdes.

Les quelques personnes indépendantes, curieuses de vérifier et d'étudier[b] de visu cette cure, auraient peut-être reculé devant les pertes de temps et les dépenses assez fortes qu'entraîne le parcours des chemins

---

a ~~soi disant~~

b <et d'étudier>

de fer, en France ; bref, aucune n'aurait voulu ou n'aurait pu s'atteler, à ses propres frais, à une telle besogne.

Il en est autrement, en Belgique[a] ; les voyages dans ce minuscule pays sont toujours et peu dispendieux et brefs ; puis, il y a dans le tempérament flamand ce qui n'est pas dans le tempérament français, plus nerveux et plus pressé, un côté méthodique et minutieux, administratif, lourd même, si l'on y tient, mais capable de ne pas se décourager, de ne pas dévier de la voie qu'il s'est tracée et c'est grâce à ces qualités ou à ces défauts, comme l'on voudra, que nous devons d'être si exactement renseignés sur le cas de de Rudder.

Le choix d'un pays tout à la fois flegmatique et pointilleux, décidé par la Vierge, se comprend donc. Il est à remarquer d'ailleurs que son Fils a agi de même lorsqu'il voulut imposer au monde le nom de l'une de ses stigmatisées, Louise Lateau. Il l'a prise également dans les Flandres et elle y a été l'objet d'enquêtes approfondies, d'expériences de toutes sortes ; les médecins de tous les camps sont allés la visiter dans sa pauvre chaumière de Bois-d'Haine. Louise Lateau[1] est célèbre dans l'univers entier. Qui connaît une autre stigmatisée de France dont l'aloi divin peut sembler également sûr ? À part quelques médecins catholiques, tels que le docteur Imbert-Gourbeyre[2], qui fut chargé par Mgr Fournier, l'ancien évêque de Nantes, de la scruter, de la surveiller de très près, personne dans la thérapeutique ne s'en est occupé, depuis plus de vingt ans, qu'elle est étendue sur un lit ; et, à l'exception de[b] quelques mystiques, tous ignorent Marie-Julie Jahenny, de la Fraudais[3] !

Il en eût été de même pour Louise Lateau, si, au lieu de résider en Belgique, elle avait demeuré en France.

Pour en revenir à de Rudder[c], les os de sa jambe sont conservés[d] à l'Université de Louvain, mais des moulages en cuivre ont été concédés à Lourdes où l'on peut les voir, au bureau de la clinique médicale, sur le bureau du docteur Boissarie.

Telle est, en peu de mots, l'histoire du sanctuaire de Oostakker-lez-Gand.

Celui qui fut instauré dans le faubourg de Féri Keuï, à Constantinople, s'explique aisément pour peu que l'on se rappelle combien, depuis des

a ~~d'abord il semble que les incrédules aient <moins le respect humain ou> plus de curiosité désintéressée que les nôtres, ensuite~~

b à part

c ~~les moulages en cuivre des~~

d ont été concédés

siècles et malgré les efforts de l'Islam, l'hyperdulie s'est maintenue[a] fougueuse et continue, chez les catholiques et chez les schismatiques du Levant.

C'est en Orient qu'est né le culte de la Vierge. D'après une très ancienne tradition mentionnée par le cardinal de Vitry et par[b] les Bollandistes et que l'on retrouve dans les révélations de Marie d'Agréda, saint Pierre aurait fondé, du vivant même de la Vierge, un oratoire en son honneur dans la ville d'Antarados[1]. Ce sanctuaire aurait été le premier, érigé sur la terre, sous son vocable.

Depuis lors, les églises, dédiées à son nom, se sont propagées dans toutes les régions de l'Orient et d'aucunes, au Moyen Âge, furent si fameuses qu'elles attiraient, comme Lourdes maintenant, des pèlerinages venus du monde entier, deux surtout, Notre-Dame de Tartase où, dit Joinville, « Notre-Seigneur a fait maint beau miracle pour honorer sa Mère » – et Notre-Dame de Saidnaya[2] où l'on vénérait le portrait de la Madone attribué à saint Luc.

Et de même que le culte de la fille de Joachim avait, dans le Levant, précédé le nôtre, de même le culte de l'Immaculée Conception y était solennisé par les Grecs dès le huitième siècle, alors qu'en Occident, l'on devait longtemps encore discuter la question de savoir si ce privilège pouvait être accordé à la Mère du Sauveur.

Enfin, nulle part, Marie n'a été révérée et choyée d'une façon plus persistante et plus magnifique que dans les liturgies de l'Orient. Les offices de ses différents rites débordent d'effusions, de cris d'enthousiasme, d'éloges enflammés auprès desquels nos prières officielles paraissent bien mesquines et bien froides. Outre les brûlants transports et les câlines hyperboles de leurs hymnographes et de leurs mélodes, leurs messes mêmes, à la fois si dramatiques et si familières, célèbrent ses louanges, ainsi qu'aucun de nos services divins ne le saurait faire.

Toutes les messes arméniennes, maronites, syriaques, débutent par une oraison qui lui est personnellement[c] adressée, au bas de l'autel, par le prêtre, avant qu'il ne commence le Confiteor ; – le Sacrifice s'accomplit sous sa tutelle ; – dans le rite copte, l'on encense son image, pendant

a ~~et vivante et~~ fougueuse et continue

b <de Vitry et par>

c < personnellement>

les saints mystères ; quant au rite chaldéen, onze fois par jour, il prône sa miséricorde et ses grandeurs.

La place qu'Elle occupe[a] dans les offices du Levant est, on le voit, beaucoup plus considérable que dans les nôtres ; sans compter encore l'habitude établie dans les temples de déposer son image, entourée de fleurs, sur l'autel, et après les encensements et les chants des Litanies, de bénir le peuple, avec.

La Vierge est donc adulée et aimée dans ces contrées dont Elle est du reste originaire, plus que partout ailleurs, et l'on comprend qu'Elle affectionne ces populations qui furent, en somme, ses premières confidentes, ses plus anciennes amies.

Il est, dès lors, tout naturel qu'Elle les ait admises[b] à participer aux grâces qu'Elle distribuait aux fidèles de l'Occident ; et si elle a choisi, pour dispensaire de ses bienfaits, Constantinople[1], c'est peut-être parce que la renommée de ses miracles pouvait, de là, mieux se répandre dans l'Asie voisine et peut-être aussi parce que c'est dans cette ville que fut définie et proclamée sa Virginité perpétuelle contre les hérétiques[2].

Pour organiser cette succursale de Lourdes en Turquie, Elle s'est[c] servie des moyens les plus pratiques et les plus courts[3].

Elle n'est pas réapparue à une nouvelle bergère, Elle n'a pas créé une nouvelle source, car il est probable qu'en pays infidèle, ses apparitions auraient soulevé des rafales de fanatisme et suscité des luttes de toutes sortes ; Elle ne s'est pas transportée, elle-même, Elle s'est fait transporter[d] sans bruit, de Lourdes à Constantinople où l'on connaissait par ouï-dire son renom de Panaghia[4] des miracles et, de là, Elle a rayonné dans le Levant.

La façon dont s'est effectuée sa translation de l'Occident en Orient est des plus simples.

Les Pères Géorgiens qui avaient fondé, en 1872, à Montauban, une résidence pour l'éducation de leurs novices[5], durent quitter la France, en 1880, à la suite des décrets d'expulsion[6] et ils retournèrent à Constantinople où était installé leur couvent. En 1881, le 25 mars, fête

a qu<'elle> occupe ~~la Médiatrice~~

b ait voulu les amener <faire> participer aux grâces qu'elle ~~dispensait aux fidèles des autres~~ <distribuait aux fidèles de l'> Occident

c ~~comme toujours~~

d <elle-même,>

de l'Annonciation, ils dédièrent dans leur chapelle un autel à Notre-Dame de Lourdes, le surmontèrent d'une statue semblable à celle de la grotte et firent venir de l'eau de la fontaine[a] miraculeuse.

Il n'en fallut pas davantage pour décider l'immédiate éclosion de surprenants miracles ; ils devinrent bientôt si nombreux que le cardinal Vincent Vanutelli[1], alors archevêque de Sardes et délégué apostolique du Saint-Siège en Turquie, dut instituer une commission d'enquête pour l'examen des guérisons.

Des paralysies, des épilepsies, des cancers disparurent en un clin d'œil ; un juif d'Orta-Keuï[2], sourd des deux oreilles, et un enfant de treize ans, pied-bot de naissance, furent, en une minute, guéris ; mais ce furent surtout les aveugles et les borgnes qui obtinrent des cures instantanées ; les ophtalmies, si fréquentes et si tenaces dans les régions du Levant, cédèrent après une simple lotion et des prières[3]. Le bruit déterminé par ces faits extraordinaires fut énorme, et les gens appartenant aux croyances les plus diverses vinrent visiter dans la chapelle des Pères Géorgiens la Notre-Dame de Lourdes.

En sus de femmes de toutes les castes, des pachas, des officiers et des soldats turcs, des eunuques et des derviches, se mêlèrent à la foule qui envahissait le couvent. Des Grecs, des Arméniens, des Bulgares schismatiques, des musulmans, des juifs furent guéris tout aussi bien que les catholiques. L'Immaculée Conception ne paraissait se soucier que fort peu de la différence des cultes et ne se préoccuper nullement, au point de vue des grâces temporelles, de l'axiome « hors de l'Église, point de salut[4] ». Elle avait toujours agi de la sorte, d'ailleurs, car en 1203, dans son sanctuaire de Notre-Dame de Saidnaya, Elle avait miraculeusement guéri des mahométans et sauvé d'une maladie mortelle le Sultan de Damas, le frère de Saladin, qui, par reconnaissance, voulut entretenir une lampe à perpétuité, devant son icone, dans l'église. Du reste, tous les hommes, chrétiens ou non, ne sont-ils pas ses enfants et le Christ ne s'est-il pas incarné pour les rédimer tous ?

Enfin, comme les catholiques sont peu nombreux dans la Turquie, la chapelle des Géorgiens eut été une bien misérable succursale du grand pèlerinage de Lourdes, tout au plus une pauvre échoppe de prières, si la masse des musulmans et des schismatiques n'y était, elle aussi, venue. – Et ce dut être, à coup sûr, un curieux spectacle que celui de

---

a source

ces cortèges dans lesquels se confondaient toutes les croyances, priant Celle qu'ils nomment « Meriem-Ana[1] ou Bikir Meriem » et demandant et obtenant, par des voies plus liturgiques même qu'à Lourdes, des guérisons.

On procédait, en effet, ainsi :

Après les exorations dans la chapelle, devant l'autel de la Vierge, les pèlerins, hommes et femmes, se rendaient dans la sacristie. Là, on les aspergeait d'eau bénite et on leur lisait l'Évangile du jour ; on les bénissait avec l'Évangéliaire[2] posé sur la tête et on leur faisait embrasser la croix gravée sur le plat du livre.

Et les guérisons s'opéraient, en buvant après de l'eau de Lourdes ou en se frictionnant avec cette eau ou encore avec l'huile des lampes allumées devant l'autel de la Madone, dans l'église.

Parfois aussi, les mahométanes dépliaient[a] des mouchoirs et des chemises, destinés, selon l'usage turc, à être portés par les personnes dont elles sollicitaient le retour à la santé[b] – et, avant les prières, elles les plaçaient sur les premières marches de l'autel, pour les reprendre après.

Il y a de cela quelques années, l'on brûlait de quatre à cinq mille cierges dans cette chapelle et l'on y distribuait gratuitement des quantités considérables d'eau et de médailles.

De la Mésopotamie, du Turkestan, l'on en réclamait des envois et – ce qui est plus étrange – de Médine et de la Mecque, les deux villes saintes de l'Islam !

Parmi les cures reconnues par la Commission d'enquête, il en figure une spécialement intéressante, parce qu'elle reproduit, avant la lettre, une guérison fameuse de Lourdes, celle de la femme à l'aiguille.

Dans le volume si attentif et si lucide du docteur Boissarie, « Lourdes depuis 1858 jusqu'à nos jours[3] », l'on trouve l'histoire détaillée de cette femme qu'il a observée et étudiée de très près ; on peut la résumer en quelques lignes :

Célestine Dubois avait, depuis sept ans, un fragment d'aiguille brisée dans la paume de la main qui enfla et les doigts contractés se replièrent. L'on pratiqua des incisions, l'on dilata la plaie pendant trois semaines, jamais on ne put extraire ce fragment.

a apportaient
b la guérison

Le 20 août 1886, cette femme plongea sa main dans une des piscines de Lourdes et l'aiguille, se creusant un sillon de huit centimètres, sortit, toute seule[a], après un trajet subit, sous la peau, par l'extrémité du pouce[1].

En novembre 1882, c'est-à-dire quatre ans avant cet événement, à Constantinople, une Arménienne catholique de Péra[2] vint à la chapelle des Géorgiens, avec un tronçon d'aiguille perdu dans un doigt[b] ; les chirurgiens renonçaient à l'extirper ; l'inflammation avait gagné la main et le bras et les douleurs étaient atroces. Cette femme fit une neuvaine devant l'autel et, au bout de la neuvaine, l'aiguille partit, d'elle-même, et immédiatement l'inflammation cessa[c].

Qu'est devenue depuis cette époque la chapelle de Féri-Keuï ? – Un article d'un des grands journaux quotidiens de Constantinople, « le Stamboul[3] » m'apprend que, cette année 1906, l'on a célébré les noces d'argent de ce sanctuaire[4]. Le petit couvent des Pères Géorgiens s'est mué en une vaste abbaye, mais l'église est restée la même. Des milliers d'ex-voto tapissent ses murs ; des foules, appartenant à toutes les religions, continuent d'y affluer et, comme autrefois, la Vierge y dispense ses grâces[d].

Des succursales de Lourdes existent dans d'autres pays, en France, en Italie, en Espagne, en Autriche ; les missionnaires ont fondé des temples sous son vocable[e], dans l'Amérique et l'Océanie, dans la Chine et dans les Indes. Malheureusement, des renseignements précis et soigneusement contrôlés manquent sur les incidents miraculeux qui sans doute[f] s'y produisent[5].

---

a <toute seule>

b on n'avait pu, malgré toutes les incisions ~~opérées~~, l'extraire ;

c *Le paragraphe suivant est ajouté en marge.*

d et la Vierge y départit, dans différents cultes, ses grâces.

e propagé des sanctuaires de Lourdes

f sur les guérisons qui peut-être s'y produisent.

XV

La perspective de rentrer à Paris, qui est un lieu singulièrement calme en comparaison du Lourdes des pèlerinages, me délecte. Il me semble que je vais revenir dans une bonne grande ville de province où il y a encore des églises noires, des gens qui prient sans brailler, des offices liturgiques qui sont des offices.

Et cependant, tout en bouclant ma valise, je me dis qu'il faut avoir vu ces Pardons[1] des Pyrénées et que lorsque le souvenir de tant de pieuses bousculades, de fracas de trombones et de cris s'atténuera, Lourdes m'apparaîtra dans le lointain, comme une cité de rêve où l'on vit, à l'état intense, dans une griserie traversée de courants de révoltes, mais infiniment douce, certains jours, alors que l'atmosphère paraît plus spécialement imprégnée des effluves divins des guérisons[2]. La Vierge a voulu des foules, ainsi qu'au Moyen Âge, Elle les a ; sont-ce les mêmes ? sans doute, l'âme ingénue et la foi naïve des vieilles paysannes n'a guère changé ; l'existence même que ces multitudes mènent, ici, couchant dans le Rosaire, mangeant sur les bancs et sur les pelouses, rappelle la vie des cohues d'antan, couchant dans la cathédrale de Chartres – dont le pavé s'inclinait en pente exprès pour qu'on pût le nettoyer à grande eau, le matin, – ou campant autour de la Vierge noire, en plein air, dans les plaines de la Beauce ; mais tout s'est encanaillé ; la magnificence de la cathédrale, l'attrait des costumes, l'ampleur des liturgies tutélaires ne sont plus. Lourdes, né d'hier, s'est développé dans l'insalubre[a] berceau de notre temps et il expire le fétide relent des industries qui l'accablent ; un jour, alors qu'une des sœurs bleues de Beaune, sous son hennin et son splendide habit du quinzième siècle, priait, agenouillée, les bras en croix, j'ai eu la transportante vision des anciens âges, mais l'arrivée de dévotes modernes, avec leurs faces confites, leur remuement simiesque des badigoinces, leurs maigres doigts roulant des boulettes de chapelets, leurs funèbres chapeaux et leurs robes aux teintes funestes de fonds de cheminée et de cendre, m'a rejeté dans l'implacable dégoût de mon époque et j'ai pensé que s'il était salutaire de visiter Lourdes, il ne fallait pas s'y attarder trop longtemps, car le côté dramatique des cures qui

a Le berceau <insalubre> ~~d'arsouille~~

vous émeut furieusement tout d'abord, s'émousse à la longue et alors la hideur de tout ce qui vous entoure, de tout ce que l'on voit, domine.

En somme, les impressions que l'on emporte sont de deux sortes et elles sont hostiles, l'une à l'autre, inconciliables.

Lourdes est un immense hôpital Saint-Louis[1], versé dans une gigantesque fête de Neuilly[2] ; c'est une essence d'horreur égouttée dans une tonne de grosse joie ; c'est à la fois et douloureux et bouffon et mufle. Nulle part, il ne sévit[a] une bassesse de piété pareille, un fétichisme allant jusqu'à la poste restante de la Vierge ; nulle part encore, le satanisme de la laideur ne s'est imposé, plus véhément et plus cynique[b].

Oui, certes, cela est bien misérable, cela incite à quitter cette ville et à n'y jamais remettre les pieds, mais c'est l'impudent revers d'un inégalable endroit ; la face, Dieu merci, diffère.

D'abord, il y a la foi de ce peuple réuni pour exorer la Vierge, une foi qui ne jaillit, nulle part, en des laves brûlantes comme ici ; et jamais de défaillance ; aujourd'hui Notre-Dame demeure sourde aux supplications, Elle détourne la tête et se tait ; personne ne se plaint ; tous continuent de prier et de croire ; la foule se charge, pour ainsi dire, et se comprime dans l'attente, afin d'exploser dans les gerbes de flammes des Magnificat, alors que, devant le Saint-Sacrement ou au sortir des piscines, le malade, projeté debout, se dresse ; c'est un retour à la fiance résolue du Moyen Âge ; c'est aussi la fusion des classes, confondues en une unique dilection, en un unique espoir.

Puis, il y a la charité exaltée plus que partout sur la terre à Lourdes. Pour quelques ardélions[3] qui regardent travailler les autres et leur distribuent, à tort et à travers[c], des ordres, combien de gens, au lieu d'excursionner sur les montagnes ou sur les plages, viennent passer leurs vacances dans ce bourg et les occupent à tirer des petites voitures et à baigner des infirmes ; parmi ces gens, il en est qui sont jeunes et riches et qui pourraient voyager plus joyeusement et se divertir ; il en est d'autres

a il n'existe

b *La suite de ce paragraphe est supprimée :* enfin le grotesque ajoute sa pointe de piment à ce ragoût des hontes. Qui n'a observé ces Messieurs qui dirigent le service des piscines et des processions, ne peut connaître la béate suffisance de ceux que l'on appelle, dans la bedeaudaille, « des hommes d'œuvres ». N'ai-je pas entendu l'un d'eux, un jour, alors que l'on célébrait la messe à la grotte, un bourgeois à la moustache en brosse à dents, le col penché de couche-en-joue, ~~les hommes à l'ombrelle~~, dire à la foule : « *nous* allons donner la sainte communion » ! – Ce *Nous* est un monde !

c ~~des semonces et~~

qui sont des commerçants et qui laissent leur négoce, pendant un mois, pour faire le métier de cheval de fiacre et de portefaix et ce sont souvent les seuls congés qu'ils puissent s'accorder[a] ! Combien de dames, telles que cette bonne vieille accompagnant la petite aux pieds pourris par la gangrène qui abandonne sa famille et ses appartements, pour venir coucher sur un grabat et veiller, la nuit, des alités ; et tout ce monde est si tenu par sa tâche et si fatigué qu'il n'a même pas la consolation d'aller, ainsi que les autres pèlerins, autant qu'il le voudrait, prier seul à la source ; il est à l'attache, en service et à ses frais[1].

Parmi même les visiteurs qui ne besognent pas dans le service des attelages et des piscines, combien, mus de pitié pour ces épaves humaines que l'on traîne devant eux, sur les routes, s'oublient complètement et implorent[b], de toutes leurs forces, la Madone pour elles. Il y a là le bienfait de l'omission personnelle, l'amour si rare du prochain. On a remisé le bagage de son égoïsme à la consigne. Qui sait si, tout de même, il ne pèsera pas moins, quand on le reprendra ?

En résumé, à Lourdes, on assiste à un renouveau des Évangiles ; on est dans un lazaret d'âmes et l'on s'y désinfecte avec les antiseptiques de la charité ; en comparaison de ces profits sanitaires, qu'est-ce que le désarroi de la bêtise et de la laideur, la partie purement[c] humaine des déchets[2] ?

Enfin, il y a, ici, la Vierge, compatissante et douce, qui semble, à certains instants, plus vivante, plus près de nous, que partout ailleurs.

C'est Elle qui, par ses guérisons miraculeuses, a rendu ce pèlerinage célèbre dans l'univers entier. Le public des indifférents ou des sceptiques, inapte à comprendre ce qui ne tombe pas sous la portée de sa raison et de ses sens, ne se soucie guère des grâces spirituelles qu'Elle déverse cependant à foison, dans la grotte[d] ; il ne peut être touché que par le visible et le palpable, par des prodiges matériels, par des suppressions[e] de maladies et de plaies ; et la question se résume pour lui de savoir, d'abord, si des guérisons s'opèrent, en effet, à Lourdes et ensuite si ces guérisons sont, comme l'affirment les catholiques, le bouleversement absolu des lois de la nature, le désaveu complet de toutes les méthodes

a prendre
b prient, de toutes leurs forces, pour elles.
c <purement>
d à foison, ici.
e guérisons

médicales, la négation de tous les préceptes de l'hygiène et[a] de toutes les prévisions de la science. Cela seul l'intéresse.

J'ai répondu, je crois, tout le long de ce livre, par des exemples, à ces questions. Il me reste, en présentant les objections et les réponses, à les réunir et à les récapituler, en quelques lignes.

Au début, aussitôt après les Apparitions à Bernadette, les libres penseurs, ahuris par le mystère d'inintelligibles cures, songèrent à les expliquer par les vertus thérapeutiques de la source ; mais on fit l'analyse de l'eau et il fut reconnu qu'elle était dénuée de toute propriété médicinale[1] ; et d'ailleurs de quel pouvoir magique n'aurait-il pas fallu que cette nouvelle fontaine de Jouvence fût douée, puisqu'au contraire[b] de toutes les eaux thermales dont les effets se spécialisent, elle enlevait indifféremment toutes les infirmités et toutes les maladies ? c'eût été la panacée terrestre, l'unité du remède appliqué à la diversité des maux !

La nature ne nous a pas jusqu'à ce jour départi des mirobolants pareils. Ce point une fois acquis, comme il était impossible de nier la réalité de faits vus et observés par des milliers de personnes, force fut bien de chercher de nouvelles raisons et l'on adopta cette théorie que les patients étaient des névropathes, exaltés par la Foi, qui se suggestionnaient, eux-mêmes, et guérissaient parce qu'ils avaient la volonté de guérir et la certitude qu'ils seraient guéris.

Pour que cette hypothèse eût des chances d'être exacte, il aurait été nécessaire que la Vierge n'expérimentât que sur des hystériques et des névrosés, sur des monomanes de la guérison, en un mot. Ceux-là peuvent sans doute recouvrer la santé, de la sorte ; mais Elle supprime[c] des phtisies arrivées à la dernière période, des cancers, des maux de Pott, des gangrènes ; Elle redresse des pieds-bots, rend la vue aux aveugles et l'ouïe aux sourds, traite toutes espèces d'affections, aussi bien les désordres organiques que les plaies ; à moins donc d'oser affirmer que les maladies dont souffre l'humanité relèvent, toutes, sans exception, d'un détraquement du système nerveux, l'explication demeure insuffisante.

Mais j'admets même cette théorie[d] ; j'accepte que toutes les personnes atteintes de cancer et de gangrène et sauvées à Lourdes, l'ont été par

---

a < le désarroi de tous les préceptes de l'hygiène et>

b pour qu'au contraire

c guérit

d cette ~~insane~~ théorie

suite d'une émotion morale, par suite d'une imagination surexcitée, par suite de la puissance du désir et de l'énergie de la suggestion[a] ; et alors, les enfants peuvent-ils l'être par ces mêmes moyens, est-ce possible ?

J'ai parlé du gamin à la gouttière de bois de Belley. Celui-là pouvait avoir de sept à huit ans. Était-il en âge de s'hypnotiser ? je veux bien encore le croire ; passons alors à de plus jeunes. Dans un volume très documenté sur Lourdes, l'abbé Bertrin a relevé, au hasard des[b] archives médicales de la clinique, des cures d'enfants plus jeunes – et qui se sont maintenues, celles-là – Fernand Balin, guéri, en 1895, d'une déviation du genou, il avait trente mois ; Yvonne Aumaître, la fille d'un médecin, guérie, en 1896, d'un double pied-bot, elle avait vingt-trois mois ; Paul Marcère, guéri, en 1866, de deux hernies congénitales, il avait juste un an ; et combien d'autres[1] !

Dira-t-on que des enfants de cet âge étaient en état de s'autosuggestionner ? il faudrait être, on en conviendra, dément pour le prétendre.

Comment supposer, d'autre part, que l'exaltation de la foi est, à Lourdes, l'agent principal des cures ?

Pourquoi alors tant de personnes qui ont la foi, ne sont-elles pas guéries, alors que tant d'autres, qui ne l'ont pas, le sont ; – car enfin, sans même citer le cas de Gargam et de tant d'autres, comme celui de Lucie Fauré, de Puylaurens (Tarn), qui, le 24 août 1882, persuadée de l'inefficacité des bains, ne se plonge dans la piscine que pour faire plaisir à ses compagnes et en sort délivrée instantanément d'une luxation du fémur dont elle était affligée depuis vingt-huit ans[2], les preuves existent de gens ne croyant ni à Dieu, ni à diable qui ont été[c] pourtant, grâce aux prières des assistants, guéris ; tel ce mendiant aveugle de Lille, ce Kersbilck, qui ne mettait pas les pieds dans les églises et se moquait de la Vierge des Pyrénées[3] !

D'autres enfin, qui ont la foi et qui n'ont rien reçu, alors qu'ils la fouettaient, qu'ils l'exaspéraient par des prières et des cris, à Lourdes, s'en retournent, ne comptant plus sur un miracle, et ils sont libérés, en rentrant chez eux !

Que devient dans tout cela la foi qui guérit de Charcot, la foi qui guérit, malgré ses désirs de ne pas guérir, l'Abbesse des Clarisses de Lourdes ?

---

a par la puissance <du désir et l'énergie de> la suggestion

b dans les archives

c ~~sans le demander, sans le vouloir~~, <pourtant, grâce aux prières des assistants>

Et puis que signifient toutes les remarques de Zola et des autres, affirmant que les malades sont hypnotisés par le décor, par le saisissement de l'eau froide, par les lumières de la Grotte, par le roulement des Ave ?

Les patients sont affranchis de leurs maux[a] – et c'est la majorité maintenant – dans des coins, tout seuls, sans se baigner, sans boire d'eau, sans être bénis par le Saint-Sacrement, sans l'aide de suppliques communes, sans cet adjuvant des invocations qui a tant frappé Zola.

Il parle « du souffle guérisseur des foules », de « la puissance inconnue des foules[b][1] » . Cette puissance dont le vrai nom est la prière est indéniable, mais, je le répète, elle n'est pas indispensable au salut des malades[c], pas plus d'ailleurs que le cadre et le milieu ; la preuve est que des gens recouvrent la santé chez eux, sans aller à Lourdes, en faisant tout bonnement une neuvaine ; l'histoire de Lasserre, pour en mentionner une, est, à ce point de vue, typique ; il se lotionne, à Paris, chez lui, avec de l'eau expédiée de la grotte et est soudainement exonéré de sa maladie d'yeux[2] ; et d'autres encore, sans avoir même recours à ce procédé, obtiennent, sans bouger de leurs chambres, après une communion[d], en invoquant simplement la Vierge de Lourdes, des grâces identiques.

L'on est donc sauvé[e], ici ou autre part, avec ou sans le secours des autres, avec ou sans eau, d'un coup ou lentement.

Dans ce dernier cas, il semble que la Madone soit pressée, qu'Elle se contente de donner à la nature un tour de clef qui la remet en train et lui laisse le soin, maintenant qu'elle a repris sa marche, d'achever, elle-même, la guérison.

Et la même variété existe dans la façon dont se pratiquent les cures ; les uns souffrent en guérissant, et les autres pas ; les uns sont soulevés par un mouvement de flots et lancés sur leurs pieds, d'autres sont parcourus par[f] des frissons ou sont ventilés par des souffles chauds ou froids, alors que d'autres n'éprouvent rien ; les uns se sentent guérir ; les autres, de même que Mme Rouchel, la femme au lupus, le sont, sans s'en douter ; d'aucunes enfin, telles que cette miraculée, gardent, une fois rétablies,

a Les patients guérissent
b qui se dégage des foules
c aux cures
d <après une communion>
e guérit donc
f éprouvent des frissons ou sont parcourus par des souffles

des cicatrices, des marques de leurs ulcères, tandis que d'autres, telles que Marie Lemarchand, n'en conservent aucune ! Expliquez cela. – La vérité est qu'il n'y a aucune règle, que la Vierge guérit qui, où et comme Elle veut.

Jusqu'à ces derniers temps, nous l'avons dit, les incrédules répondaient au mot « Miracle » par les mots « Autosuggestion et Foi qui guérit ». À l'heure actuelle, presque tous les médecins libres-penseurs qui savent combien les effets de la thérapeutique suggestive sont restreints, avouent que ces raisons de l'imagination exacerbée et de l'hypnotisme exercé sur soi-même sont insuffisantes pour résoudre le problème de prodiges semblables, par exemple, à la suppression immédiate et définitive d'un cancer[a] et ils ont cherché à se cantonner sur un terrain plus sûr ; mais ils se sont, ainsi que toujours, bornés à baptiser la difficulté d'un nouveau nom et à trouver, afin de ne pas voir le miracle, une nouvelle pierre d'autruche pour se cacher la tête.

Ces cures de Lourdes sont incompréhensibles, confessent-ils, oui, c'est entendu, mais elles sont dues « à des forces encore ignorées de la nature », elles sont « du merveilleux encore inexpliqué[1] » et voilà tout. Cela ferait donc deux forces opposées, contradictoires, car celles que l'on ne connaît pas sont la négation absolue de celles que l'on connaît ; nous voici, du coup, déjà en pleine incohérence. Ainsi, depuis que le monde est monde, il est certain, il est confirmé, chaque jour, par l'expérience, que la nature n'a jamais pu fermer une plaie, fût-elle d'origine nerveuse[b], en une minute, reformer un épiderme détruit, en une seconde, tarir, comme dans le cas de de Rudder, un foyer purulent et faire repousser un os, pendant le temps de dire une prière ; il est également établi qu'elle ne peut restaurer, en coup de foudre, sans l'ombre de convalescence, une économie ruinée par une longue maladie et des années d'inanition et voilà que, subitement, des forces ignorées interviennent et font tout le contraire.

Je le veux bien, moi ; mais alors il reste à savoir qui les dirige ces forces ; ce n'est pas nous, puisque nous ne les connaissons pas. Il faut donc que ce soit un être qui les connaisse, dont la science soit, par conséquent, supérieure à la nôtre. Or, cet être est invisible ; ce n'est donc pas un homme ou une femme ; c'est qui, alors ?

---

a par exemple à celle d'un cancer

b *Ajout en marge :* <fût-elle d'origine nerveuse>

La nature ? la nature des athées, la nature sans Dieu[a] et qui se manipulerait, elle-même, et qui se manierait, en personne ? – mais[b] voyons, c'est insensé[c] ! – Comment, la nature se contredirait, se violerait, elle-même, et pourquoi ? parce que l'on aurait adressé des prières à une *autre* qu'à elle !

Car, autrement, elle ne se contrecarre pas et elle suit son cours régulier. Il faut donc pour qu'elle se détermine à se dédire qu'on invoque Dieu ou la Vierge – sans cela rien – et on peut la prier, elle, comme on prie Notre-Dame de Lourdes, et elle n'en demeurera pas moins inerte, elle n'en restera pas moins insensible. L'essai est facile à tenter, d'ailleurs ; adulez-la par tous les dithyrambes que vous voudrez, priez-la de toutes les façons que vous concevrez et vous verrez si le cancer qui vous ronge disparaîtra !

Ces arguments ne tiennent donc pas debout et nous sommes bien obligés d'en revenir à une puissance qui la commande et à laquelle elle obéit, c'est-à-dire à Dieu et à la Vierge[d].

Mais, comment faire admettre la certitude de cette dynamique divine à des personnes qui ont, il sied de l'avouer, tout intérêt à la nier[e] ?

Ces Apparitions de la Vierge, attestées par des actes inouïs, sont, en effet, très inquiétantes pour bien des gens, si l'on y songe.

Imaginez, par exemple, un homme – non un coquin dont l'âme est putride[f] – mais un brave homme qui n'a pas la foi ou qui l'a perdue, ainsi que tant d'autres, lorsqu'à la sortie du collège, il entendit les rumeurs grandissantes de ses sens ; s'il se rappelle les enseignements du catéchisme, il les juge enfantins, s'étonne presque de la naïveté qui lui permit d'y croire. Il constate, de plus, que les quelques catholiques pratiquants qu'il peut fréquenter sont plus bêtes que les autres[1] – et

---

a la nature qui remplace Dieu

b ~~ce n'est même plus de l'incohérence <voyons>~~

c ~~de l'insanité~~ <insensé>

d *Le passage suivant a été biffé :* et si cette théorie des forces occultes, employée pour les guérisons, était vraie, cela prouverait simplement qu'au lieu d'effectuer des cures avec rien, la Vierge les opère en se servant de forces qu'elle seule connaît. // Il n'y en aurait pas moins, dans ce cas, miracle, autrement dit œuvre au-dessus de la puissance de tous les agents créés. // Cette hypothèse d'une dynamique cachée, évoquée pour expliquer les phénomènes surnaturels de Lourdes, ne réfute donc pas la théorie de ces miracles que l'on a, il sied bien de l'avouer, tant d'intérêt à nier.

e Paragraphe ajouté en marge.

f Dont l'âme ~~est pourrie~~ <putride<

ce qui est pis – ne sont pas d'une vertu supérieure à la sienne – et son siège est établi ; la religion est bonne pour les faibles d'esprit, pour les femmes et les enfants ; tout homme instruit et intelligent doit s'y soustraire ; il vit donc parfaitement tranquille, loin d'elle ; il dort en paix sur les deux oreilles de son âme et il s'amuse sans contrainte. Il est incapable d'une mauvaise action ; il est même, si l'on veut, charitable, mais il a, comme on dit, son petit côté faible, il aime[a] la vie large et les femmes.

Et voici que, brutalement, il sait, par des gens au bon sens desquels il peut se fier, que la Vierge opère des miracles à Lourdes. Elle existe donc ! si Elle existe, le Christ est Dieu et, de fil en aiguille, il lui faut reconnaître que les enseignements de ce catéchisme, qu'il estimait si puérils, ne le sont pas ; c'est alors l'Église et tous ses dogmes qui s'imposent…

Et c'est le trouble qui commence[1]. S'il écoute sa conscience, il doit renoncer à un tas de plaisirs qui le séduisent, ici-bas, renverser sa vie aux pieds d'un prêtre et, s'il est célibataire, demeurer chaste. S'il ne le fait pas par respect humain, par lâcheté, c'est alors, à l'état permanent, un malaise sourd, un reproche.

Le miracle est, en somme, le coup de glas des passions terrestres ; l'on comprend pourquoi l'on n'en veut pas !

Aussi le brave homme préfère-t-il s'appliquer un bandeau sur les yeux, ne rien entendre et ne rien savoir. Que de personnes j'ai connues ainsi[2] ! elles étaient parvenues à se fabriquer une certaine croyance qui reposait surtout sur des négations et leur permettait de vivre à leur guise ; et ces gens ne désiraient même pas en être délogés[b] par le spiritisme, car ils craignaient la réalité de ce surnaturel de table d'hôte qui les eût forcément incités à penser à l'autre[3] ; ils étaient assis, placides, dans la vie… et, d'ailleurs, quelle histoire ! s'ils arrivaient à être convaincus de la divinité de l'Église, il leur faudrait donc avouer qu'ils s'étaient trompés et servir de risée à leurs amis[c] !

Aussi peu importe pour les sceptiques de cet acabit que les arguments invoqués contre Lourdes soient sérieux ou futiles ; ils ne tiennent pas du tout à les approfondir ; ils les prennent, ainsi qu'un paravent quelconque

a la ~~bonne chère,~~

b ils voulaient n'en être pas délogés même par

c à ceux que l'on connaît

derrière lequel ils peuvent se réfugier, à l'abri de nouvelles objections et de nouveaux ennuis…

Cette pusillanimité de l'âme explique pourquoi la clinique du docteur Boissarie[a], si largement ouverte à tout le monde, est si peu fréquentée par les incrédules[1] ; elle a contre elle ce qu'on pourrait appeler la haine de la peur, de la peur de la Foi !

Pour en revenir à Lourdes même, c'est, je le répète, un endroit à la fois répulsif et divin, mais il sied de l'expérimenter en personne.

Pour les malades, du moment que la science se déclare impuissante à les alléger, ils font bien de s'y rendre, car, au cas même où la Vierge n'accueillerait pas leurs prières, Elle leur paiera l'effort et la fatigue du voyage par le bienfait de la résignation et par la grâce du réconfort ; et n'est-ce pas déjà beaucoup ? – Pour les pèlerins valides, s'ils sont des intimistes ou des artistes, ils doivent s'apprêter à souffrir, car ils ne pourront voir sans une sainte colère les hideurs diaboliques que la dégénérescence des hommes d'église nous inflige ; mais la Madone leur donnera, en échange, l'admirable vision de la Beauté morale, de la Beauté de l'âme illuminée par les transports de la Foi et de la Charité !

Et puis sait-on ce qu'Elle réserve à ses visiteurs ?

. . . .

Et au moment de la quitter, devant ce portrait inconnu jusqu'alors et qui depuis les révélations de Bernadette[b] la représente, je me dis :

Tout de même, notre Mère, comme vous êtes étrange ! Ici, tout d'abord, je ne vous reconnais pas, dans cette image de fillette d'avant Bethléem et d'avant le Golgotha ; vous êtes si différente des Notre-Dame du Moyen Âge, et même de toutes celles que les siècles suivants nous montrèrent[2] !

Mais, en y réfléchissant, je comprends cet avatar d'effigie, cette nouveauté d'attitude, ce renouveau des traits.

La liturgie de la fête de l'Immaculée Conception parle constamment d'Ève ; elle vous oppose l'une à l'autre et mêle vos deux noms. L'office de ses Matines semble être le développement du « Mutans Evæ nomen[3] » de l'hymne de vos Vêpres.

a de Lourdes

b < les révélations de Bernadette>

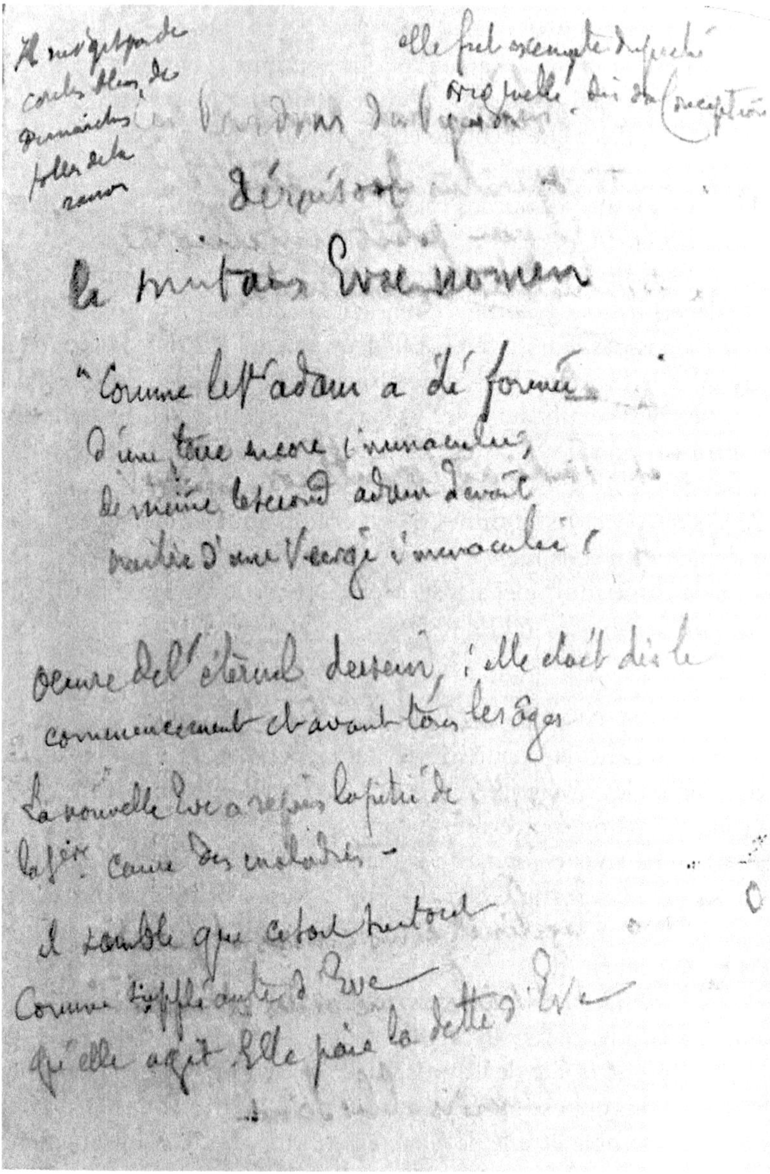

FIG. 9 – Notes de lecture prises pour la rédaction de la dernière page des *Foules de Lourdes*. Bibliothèque de l'Arsenal, Ms Lambert 42, f° 17.

Vous êtes évidemment Celle qui se promena, sous des figures, sous des noms divers, dans l'Ancien Testament ; Vous êtes – sans crèche et sans croix – la Vierge antérieure aux Évangiles.

Vous êtes la fille de l'impérissable Dessein, la Sagesse qui est née[a] avant tous les siècles.

Vous-même l'avez affirmé, dans l'Épître de vos messes : « Le Seigneur m'a possédée au commencement de ses voies, avant qu'il créât aucune chose, au début ; j'ai été établie dès l'éternité et de toute antiquité[b] ; les abîmes n'étaient pas encore et déjà j'étais conçue[1]. »

Vous êtes donc, sous un nouvel aspect, la plus ancienne des Vierges ; Vous êtes, en tout cas, la Vierge sage qui se décèle, à Lourdes, plus que partout ailleurs, la remplaçante de la Vierge folle[2], de la pauvre Ève.

De même que celle-ci fut façonnée d'un corps issu d'une terre vivante, encore impolluée[c], Vous, vous êtes aussi formée d'une chair que n'entacha pas le péché d'origine[3].

L'Immaculée Conception nous ramène, à travers la Bible, jusqu'au chaos de la Genèse et, de là en revenant sur nos pas jusqu'à l'Éden[d], et, forcément, je pense à Ève, devenue sainte maintenant, et, qui, désolée par les douleurs de ses descendants, par ces maladies affreuses qu'ils n'auraient pas connues, sans sa faute[4], se tient, là, près de Vous, et vous supplie de payer à ces malheureux sa dette, de les guérir…

Et Vous, qui ne fîtes point, ici-bas, de miracles, de votre vivant, Vous en faites maintenant, et pour elle et pour nous, Lumière de bonté qui ne connaît pas les soirs, Havre des pleure-misère, Marie des compatissances, Mère des pitiés[e] !

---

a ~~qui a été créée~~ <~~générée~~> <est née>

b avant que la terre ne fût créée

c immaculée

d au chaos <de la Genèse> et, de là, <en revenant sur nos pas> jusqu'à l'Éden

e Havre des pleure-misère, <~~Dame des mercis~~>, Marie des compatissances, ~~Dame des mercis~~, Mère des pitiés !

NOTICES ET NOTES

NOTES SUR L'INTRODUCTION GÉNÉRALE

P. 8

1 Lucien Descaves, *Pages choisies de Huysmans*, Introduction, Londres, J. M. Dent, Collection Gallia, 1913, p. 20.

P. 9

1 Éd. citée p. 389. Il s'agit du *Polyptique du Jugement dernier*, exposé au musée de l'Hôtel-Dieu à Beaune. Huysmans citera « la Vierge en prière du polyptique de l'hôpital de Beaune » dans la troisième section de *Trois Primitifs*.

2 Lettre à Leclaire, 29 octobre 1904, Ms Lambert 60, f° 315.

3 Lettre du 25 mars 1905, Ms Lambert 67, f° 111.

4 Ms Lambert 66, f° 97.

P. 10

1 Ce texte est publié dans le tome VII de la présente édition.

2 Lettre à Henri d'Hennezel, 26 août 1906, Ms Lambert 66, f° 41.

3 Lettre à Leclaire, 20 septembre 1906, Ms Lambert 60, f° 355.

4 Lire Gustave Vanwelkenhuyzen, « Le Manuscrit de *Trois primitifs* », *BSH*, n° 15, 1936, p. 12-23.

5 « Je sais que la douleur est la noblesse unique / Où ne mordront jamais la terre et les enfers, / Et qu'il faut pour tresser ma couronne mystique / Imposer tous les temps et tous les univers. » Charles Baudelaire, « Bénédiction », *Les Fleurs du mal*, éd. Claude Pichois, Paris, Gallimard, Bibliothèque de la Pléiade, 1975, t. I, p. 9.

P. 12

1 Le mot est d'Olivier Tonnerre, dans « Lourdes entre monstres et merveilles. Les pèlerinages de Zola et Huysmans », *Les Lettres Romanes*, vol. 69, n° 3-4, 2015, p. 349.

P. 13

1 La formule est de Frédéric Gugelot dans *La Conversion des intellectuels au catholicisme en France (1885-1935)*, Paris, CNRS éditions, 2007, p. 307.

2 Ms Lambert 65, f° 174.

3 Lettre à Leclaire, 28 juillet 1905, Ms Lambert 60, f° 342.

P. 14

1 Lettre du 9 octobre 1904, conservée au Centre de recherche sur la littérature française du XIXe siècle, UMR CELLF 16-21 de l'Université Paris-Sorbonne.

2 Lettre à Leclaire, 26 septembre 1904, Ms Lambert 60, f° 310.

3 Traduit en quatre-vingts langues, ce livre aurait atteint un million d'exemplaires.
4 Lettre de Huysmans à l'abbé Mugnier, extrait s. d. cité par Pierre Lambert, *BSH*, n° 51, 1966, p. 475.
5 Lettre à Leclaire, 25 août 1905, Ms Lambert 60, f° 344.

P. 15

1 Lettre à Mathilde Aigueperse, 7 janvier 1905, citée par Henri Blandin, *J.-K. Huysmans. L'homme, l'écrivain, l'apologiste*, Paris, Maison du Livre, 1912, p. 145.
2 Différence justement soulignée par Brigitte Cabirol : « dans *Les Foules de Lourdes*, il intervient directement dans le texte, non pour reprendre des documents hagiographiques ou pour résumer une théorie mystique de la douleur, mais pour dire ses frémissements. » (« Tendresse et vitupération dans *Les Foules de Lourdes* », *Huysmans entre grâce et péché*, Alain Vircondelet dir., Paris, Beauchesne, 1995, p. 160.
3 Lettre à la princesse Bibesco, décembre 1900, *BSH*, n° 89, 1996, p. 37.
4 À la même, 13 mars 1900, copie conservée au Centre de recherche sur la littérature française du XIXe siècle, UMR CELLF 16-21 de l'Université Paris-Sorbonne.
5 *Ibid.*

P. 16

1 Sur les incessants bulletins de santé émis par l'égrotant et leurs variations tonales, on lira Gilles Bonnet, « Pensées, épanchements : l'épistolaire maladif de J.-K. Huysmans », *Eidôlon*, n° 55, *Littérature et médecine II*, Jean-Louis Cabanès dir., LAPRIL, Bordeaux III, p. 299-310.

P. 17

1 Dans *Le Corps de l'artiste. Discours médical et représentations littéraires de l'artiste au XIXe siècle*, Lyon, Presses universitaires de Lyon, 2001, p. 141.
2 *J.-K. Huysmans*, Paris, Casterman, 1947 ; *J.-K. Huysmans, romancier du salut*, Sherbrooke, Canada, éd. Naaman, 1981.
3 « Huysmans et l'expérience de la douleur », *J.-K. Huysmans. Littérature et religion*, Samuel Lair dir., Actes du colloque du département des lettres de l'Institut catholique de Rennes, P. U. de Rennes, 2009, p. 155. L'auteur ajoute : « La puissance de son psychisme est telle qu'il va subir les mêmes douleurs que Lydwine de Schiedam et les mêmes consolations » (p. 161).
4 *Ibid.*, p. 162. Nous soulignons. Thèse également ébauchée par Jean-Luc Steinmetz, pour qui le style de Huysmans, du fait de l'écriture de *Sainte Lydwine*, « sera menacé, orienté dès lors vers le silence de l'ineffable » (« Sang sens », *Revue des Sciences humaines*, 1878-2-3, p. 81).
5 Il n'est jamais sorti de la problématique définie par Durtal au sortir de Notre-Dame de l'Âtre : « me voici condamné à vivre dépareillé, car je suis encore trop homme de lettres pour faire un moine et je suis cependant déjà trop moine pour rester parmi les gens de lettres » (*En route*, éd. Crès, t. XIII, II, p. 316).
6 Respectivement dans *Huysmans et la médecine* (Paris, Société d'édition "Les Belles Lettres", 1950) ; *La Médecine dans l'œuvre de Huysmans* (Paris, Nizet, 1994) ; *J.-K. Huysmans et la médecine : du "clinicien ès lettres" au physiologiste des âmes*, thèse de doctorat préparée sous la direction du professeur Dominique Millet-Gérard et soutenue devant l'Université de Paris IV, en 2014.

P. 18

1 Par exemple dans la lettre à Prins du 31 décembre 1889 : « Ici, la moitié du monde est sur le flanc, avec l'influenza » (éd. citée, p. 181).

2 Ms Lambert 53, f° 14-15. Le sirop de Vial, à base de phénol, est alors prescrit comme antiseptique pour les maladies pulmonaires.

P. 19

1 « Ah ! Seigneur, où sont les Saints guérisseurs, n'ayant pas de diplômes ! », écrivait Huysmans à Leclaire, le 22 janvier 1897 (Ms Lambert 60, f° 23). Dans cet esprit, il conseille à son ami Dom Thomasson de Gournay, qui souffrait d'une maladie nerveuse, le recours à saint Marc et saint Georges qui, « au Moyen Âge, avaient la réputation de guérir ces sortes de maladies, – et je ne doute pas qu'ils ne se soient mieux acquitté de leur mission que les Charcot et les Luys, tous les vains médicastres de notre temps, avec tous leurs polypharmacon et leurs douches ! » (lettre du 8 février 1897, Ms Lambert 61, f° 67). Durtal développe ce raisonnement dans le chapitre XV de *La Cathédrale* : « les saints ne furent-ils pas les vrais thérapeutes de ces temps ? Toutes les maladies que les médecins, que les mires, ne pouvaient soulager, leur étaient confiées. [...] / Étant donné [...] qu'à l'heure actuelle la médecine est devenue plus que jamais un leurre, je ne vois pas pourquoi l'on n'en reviendrait point aux spécifiques des oraisons, aux panacées mystiques d'antan. / Si les saints intercesseurs se refusent, en certains cas, à nous guérir, ils n'aggraveront pas au moins notre état, en se trompant de diagnostic et en nous faisant ingérer de périlleux remèdes ; et, d'ailleurs, quand bien même les praticiens de notre temps ne seraient pas ignares, à quoi cela servirait-il, puisque les médicaments qu'ils pourraient utilement prescrire sont frelatés ? »
2 Lettre à Descaves, Ms Lambert 64, f° 233.
3 Au même, *ibid.*, f° 235.
4 Lettre à Leclaire, 25 juillet 1902, Ms Lambert 60, f° 237.
5 Au même, 23 juin 1903, *ibid.*, f° 277.

P. 20

1 Au même, 9 novembre 1903, *ibid.*, f° 317.
2 Au même, 2 avril 1905, *ibid.*, f° 337. – Sur le rapport singulier qu'entretient, depuis toujours, Huysmans avec la maladie et la médecine, et l'usage littéraire qu'il en fait, on lira la thèse de Victor Segalen, *Les Cliniciens ès lettres*, préface de Jean Starobinski, Fata morgana, 1980 ; Jean-Louis Cabanès, *Le Corps et la maladie dans les récits réalistes (1856-1893)*, Paris, Klincksieck, 1991, 2 vol. ; Laure de La Tour, « L'idée de "document humain pathologique" dans *Les Cliniciens ès lettres* de Victor Segalen », *Fabula / Les colloques*, Ce que le document fait à la littérature (1860-1940), URL : http://www.fabula.org/colloques/document1754.php.
3 À Leclaire, 25 août 1905, Ms Lambert 60, f° 344.
4 *Journal de l'abbé Mugnier*, Paris, Mercure de France, coll. Le Temps retrouvé, 1985, p. 163.
5 Ms Lambert 66, f° 128.
6 *En route*, éd. citée, t. XIII, I, chap. VI, p. 164.

P. 21

1 Charles Baudelaire, *Les Paradis artificiels*, *Œuvres complètes*, éd. citée, t. II, p. 439.
2 Lettre à l'abbé Ferret, 21 mars 1897, Ms Lambert 71, f° 38.
3 *Carnet vert*, Bibliothèque de l'Arsenal, Ms Lambert 75, p. 102. Nous citons le texte établi par Sylvie Duran, dans *Étude et projet d'édition du Carnet vert de J.-K. Huysmans*, thèse de doctorat préparée sous la direction du professeur Pierre Jourde, Université de Grenoble III, 2004. Huysmans transfère cette expérience sur le plan spirituel dans le chapitre XIV de *La Cathédrale* : « Avez-vous, dit-il, absorbé du protoxyde d'azote, de ce gaz qui endort et qui sert, en chirurgie, pour les opérations de courte durée ? Non ; eh bien, on a la tête qui bourdonne et au moment

où un fracas de grandes eaux commence, l'on perd connaissance ; c'est cela que j'éprouve ; seulement ces phénomènes se passent non dans mon crâne, mais dans mon âme qui est débile et étourdie, prête à se trouver mal… » (éd. Crès, t. XIV, II, p. 238).

4 Texte publié dans *La Vie moderne* le 19 février 1881, repris en 1886 dans la seconde édition de *Croquis parisiens*, puis dans *De tout*, en 1901.

5 Lettre à Lucien Descaves, 9 mai 1900, Ms Lambert 64, f° 233.

6 Au même, 23 mai 1900, *ibid.*, f° 235.

7 Au même, 30 mai 1900, *ibid.*, f° 237.

8 Lettre à Arij Prins, 29 août 1906, *Lettre inédites à Arij Prins*, publiées et éditées par Louis Gillet, Genève, Droz, 1977, p. 401.

9 Lettre à Leclaire, 2 février 1907, Ms Lambert 60, f° 364.

P. 22

1 Alain Vircondelet, qui cite à son tour ces paroles, semble les référer à *En route*, art. cité, p. 162.

2 *Huysmans intime. Lettres et souvenirs*, Paris, Librairie des Saints-Pères, 1908, p. 31 et p. 26.

3 Dans une lettre tardive écrite vers 1928-1929, le Dr Joseph Arrou (1861-1938), chirurgien des hôpitaux, dit avoir été invité par Victor Crépel à examiner Huysmans. Il écrit : « Huysmans était le muet par excellence, l'homme qui ne prononçait pas dix paroles par jour, qui fuyait la société de ses semblables, vivait en ours et ne voulait pas être connu. Je ne l'ai point soigné pour un c. [abréviation pour cancer ?] de la langue, mais pour une misère sans grande importance… C'est Poirier qui l'a soigné, peut-être opéré (?) pour “un mal” dans la bouche, je ne sais combien de temps après. » (Ms Lambert 32/3).

4 Lettre de Huysmans à Adolphe Berthet, du 22 décembre 1906 : « J'ai eu hier une consultation du grand Lama de la chirurgie, le professeur Poirier. Il n'a été que médiocrement rassurant. La vérité est que je suis toujours sous le coup de nouvelles opérations. » (Ms Lambert 67, f° 116).

5 *Ibid.* Sur ce sujet on lira les « Souvenirs sur deux chirurgiens de Huysmans : Arrou et Poirier », par le docteur André Finot, *BSH*, n° 36, 1958, p. 306-312.

6 Depuis 1896, le Dr d'Arsonval (1851-1940) expérimentait des méthodes d'électrothérapie inédites ; on parlait alors d'« arsonvalisation ». Dans la préface qu'il écrit pour le *Précis d'électrothérapie* du Dr H. Bordier, Arsonval assure que « l'électricité constitue l'agent physique le plus puissant et le plus souple à la fois dont puisse disposer le médecin pour modifier l'organisme » (Paris, Baillière, 1897, p. IX).

7 Lettre à Mme Huc, Ms Lambert 24/7, RM 45. Selon la lettre à Prins datée du 9 octobre, le traitement lui aurait coûté 250 f. par mois (éd. citée, p. 402).

8 Technique innovante : c'est en 1896 que le premier traitement du cancer par les rayons X a été tenté à Lyon par le Dr Victor Despeignes.

P. 23

1 Lettre à Leclaire, 9 octobre 1906, Ms Lambert 60, f° 356.

2 Lettre à Prins, éd. citée, p. 402.

3 Lettre à Mme Huc, 17 avril 1906, Ms Lambert 24/7, RM 42.

4 Il écrivait alors à l'abbé Ferret : « Au fond, la médecine n'existe pas. Les maladies sont envoyées et enlevées avec la même aisance. Il n'y a que la prière qui soit un réel remède. » (17 juillet 1897, Ms Lambert 71, f° 50) ; et à l'occasion d'une rémission de sa maladie, à Cécile Bruyère, le 6 juin 1897 : « il paraît bien évident que la Mère a exaucé tant de prières, voulu attester l'inanité de cette science dont les hommes sont si fiers et affirmer, une fois de plus, la puissance des prières dont disposent les cloîtres. » (*J.-K. Huysmans*

et Cécile Bruyère. Correspondance, éd. Philippe Barascud, Paris, Éditions du Sandre, 2009, p. 47).
5 À Leclaire, 25 juillet 1902, Ms Lambert 60, f° 237.
6 Lettre à Mme Huc, 28 avril 1905, Ms Lambert 24/7, RM 32.

P. 24
1 Né en 1867 sous le nom de Marchand, cet ancien élève des Beaux-Arts a tâté du cloître à l'abbaye de Maredsous puis travaillé dans l'atelier de Forain, avant de devenir secrétaire de Huysmans en 1905.
2 Ms Lambert 64, f° 421. Huysmans tient le même discours à Dom Guerry le 22 juin, à Mathilde Aigueperse le 26, à Mme Huc et à Henri d'Hennezel le 3 juillet, etc. Il semble inverser le rapport de causalité, puisque la zona est dû à la réactivation d'un virus provoquée par une déficience immunitaire, elle-même fréquemment liée à un cancer.
3 Paris, Louis Michaud, s. d. Dans une lettre à Charles Rivière du 27 novembre 1905, Huysmans attribue le fait à une manœuvre politique : « ce livre, pour lequel la direction des cultes a fourni des documents, doit servir de sujet d'interpellation à la Chambre, pour tâcher d'obtenir la fermeture de la Grotte. Il me semble qu'il y a quelque chose de diabolique dans cette affaire » (Ms Lambert 52, f° 316).
4 Lettre du 27 novembre 1905, Ms Lambert 52, f° 316.

P. 25
1 Lettre à Mme Huc, 3 mars 1906, Ms Lambert 24/7, RM 38. – Huysmans avait déjà recouru à ces signes surnaturels pour donner sens à la mort de Carhaix. « À deux mois de distance, des Hermies et Carhaix mouraient, tués, l'un par une fièvre typhoïde, l'autre par un refroidissement qui l'alita, après qu'il eut sonné l'angélus du soir dans sa tour. » (*En route*, éd. Crès, t. XIII, I, p. 36).
2 Lettre à Henry Moeller, 8 juin 1906, Ms Lambert 65, f° 177.
3 Au même, *ibid.*
4 À Dom Thomasson de Gournay, 25 décembre 1906, Ms Lambert 61, f° 225. Il poursuit : « La Ste Vierge m'a heureusement capitonné mes croix en m'entourant de sympathie, en faisant des grands chirurgiens de Paris, des amis. Il ne faut donc pas trop se plaindre et accepter cette voie des douleurs qui est devenue la mienne et pour laquelle, comme tant d'autres, je me sens si peu de vocation ! » (*ibid.*)
5 Lettre à Myriam Harry, 5 janvier 1907, *Trois ombres*, *op. cit.*, p. 96.

P. 26
1 Lettre à Mme Huc, 31 mai 1906, Ms Lambert 24/7.
2 Lettre à la même, 4 juin 1906, *ibid.*, RM 54.
3 Lettre du 20 septembre 1906, Ms Lambert 60, f° 354-355.
4 Lettre à Pierre Roche, 16 septembre 1906, Ms Lambert 66, f° 98. Nous soulignons.
5 Lettre à Adolphe Berthet, 20 novembre 1906, Ms Lambert 67, f° 119.
6 Le 9 octobre 1906, Huysmans raconte à Leclaire la « sinistre histoire » du père Parisot, « accusé de deux tentatives d'empoisonnement [...] sur la personne de sa nièce ; cela pour une question d'héritage. [...] voilà une nouvelle histoire qui ne va pas relever encore la réputation des messieurs les prêtres et en particulier celle des bénédictins. / Il pleut sur l'Église, pour l'instant ; mais ce qu'elle ne l'a pas volé ! / Après Delarue, Parisot, ça va bien. » (Ms Lambert 60, f° 356). Un mois plus tôt, la presse racontait que l'abbé Delarue, curé de Châtenay, qui passait pour assassiné, s'était enfui à Bruxelles en compagnie d'une institutrice enceinte de ses œuvres.

P. 27

1 Lettre à Mme Huc, 3 juillet 1906, Ms Lambert 24, f° 46.

2 « Je démène pour tâcher de la coller chez les petites sœurs des pauvres, elle a 79 ans ! – mais ça n'est pas commode du tout. En attendant, ils ont chez eux cette vieille qui est insupportable à ce que je comprends (lettre à Leclaire, 9 octobre 1906, Ms Lambert 60, f° 357).

3 Au même, 26 juillet 1906, *ibid.*, f° 351.

4 Lettre à l'abbé Broussolle, 20 septembre 1906, Ms Lambert 66, f° 23.

5 Lettre à Myriam Harry, citée dans *Trois ombres*, *op. cit.*, p. 94.

6 Lettre à Leclaire, 14 décembre 1906, Ms Lambert 60, f° 360.

P. 28

1 Au même, 26 janvier 1907, *ibid.*, f° 363.

2 Au même, 11 mars 1907, *ibid.*, f° 365. Huysmans se rappelle peut-être la question posée par Thomas A Kempis dans sa *Vie de sainte Ludivige, vierge* : « N'était-il pas juste qu'elle passât avec lui aux joies de la vie éternelle, pendant les saintes fêtes de Pâques, pendant les fêtes de sa joyeuse Résurrection ? » (*Œuvres spirituelles*, Paris, Victor Sarlit, t. VII p. 152).

3 Sur l'agonie de Huysmans, on possède deux témoignages – sensiblement différents – dus à ceux qui se sont relayés à son chevet. C'est dans celui de son secrétaire Jean de Caldain, publié dans la *Revue des Flandres* sous le titre « Les Derniers Moments de J.-K. Huysmans », que l'on trouve les formules édifiantes le plus souvent citées : « Ah ! ceux qui ont douté de ma sincérité quand je me suis converti, ne diront pas cette fois-ci que c'est de la littérature » ; « Je suis peut-être, répétait-il, le total d'une addition. Qui sait si je n'expie pas pour d'autres ! » ; « Tout devient facile depuis que j'ai dit *Fiat* ! Quel mot lourd d'énergies et de consolations !… J'offre chaque jour pour les revanches de l'Église mes vains orgueils d'écrivain et mes souffrances aussi, toutes mes souffrances, celle qu'il plaira à Dieu de me dispenser encore ici-bas et celles aussi que sa justice me réserve dans l'autre monde, avant de m'admettre dans son éternelle contemplation… *Fiat* !… » (p. 177-180). Outre l'abbé Fontaine et le Dr Crépel, il donne une liste de ceux qui étaient quotidiennement à son chevet : « Coppée, Descaves, Céard, Ludovic de Francmesnil, Thyébault, Landry, Hennique et Geffroy. » – Le second témoignage est celui de Marie Gaudy, la dernière servante de l'écrivain, recueilli en 1954 alors qu'elle avait 89 ans. Elle évoque le cercle d'amis de l'écrivain : « Tous les dimanches il y avait sept ou huit messieurs ; alors j'achetais un gigot, ou un poulet […] je les servais à table et j'en avais du mal. […] Il [Huysmans] était toujours content de ce que je faisais. » Parmi les habitués du dimanche, elle cite Descaves, Hennique, Léon Daudet, Girard, Landry et l'abbé Mugnier, « un fameux pique-assiette ». Elle se montre réservée sur la personne de Caldain, qui « aimait trop les femmes », selon Huysmans. Quant à ce dernier : « C'était un saint. Il était au-dessus des autres. Il ne se plaignait jamais. » (« Les derniers instants de Huysmans vus par sa servante. Souvenirs recueillis par Andrée Bemelmans », *BSH*, n° 29, 1955, p. 198-207).

P. 29

1 *Le Gaulois*, 14 mai 1907.

2 Dans *Les Convertis d'hier, F. Coppée, Ad. Retté, J.-K. Huysmans, Paul Bourget, F. Brunetière*, Paris, Beauchesne, 1908, p. 29.

3 Talmeyr diffusait des idées proches de celles de Huysmans, qui l'avait invité à Ligugé, le 15 mai 1901, par ces mots : « J'aime beaucoup ce que vous faites, c'est vous dire que vous êtes un ami » (Ms Lambert 53, f° 1). En 1886, Talmeyr avait publié chez Dentu *Les*

Gens pourris, où il dénonçait la démocratie sous les noms de « goujatocratie », de « loufocratie », de « pornocratie » et de « saltimbanquocratie », ainsi que le féminisme naissant : « Conférencières, femmes politiques, femmes à tapage ? Femmes publiques ! [...] oui, la femme qui s'agite, qui pérore, qui bat le rappel, c'est la violation des lois et des fonctions naturelles. C'est une espèce de sodomisme ». On lui doit aussi *La Franc-Maçonnerie et la Révolution française. Comment on fabrique l'opinion* (Paris, Perrin, 1904).

4 Richard Griffiths. *Révolution à rebours. Le Renouveau catholique dans la littérature française de 1870 à 1914*, Paris, Desclée de Brouwer, 1971, p. 174.

5 Alain Vircondelet, préface de *Sainte Lydwine de Schiedam*, Paris, Maren Sell, 1989, p. XXIII.

P. 30

1 Dans « *Mors mater artium et magistra.* Huysmans et la mort », *Le Tigre et le chat gris. Vingt études sur Léon Bloy et Joris-Karl Huysmans*, Paris, Classiques Garnier, 2018, p. 415-429. Caldain avait rapporté ces paroles dans la *Revue des Flandres* de juin 1907.

2 Texte publié dans le premier numéro du *BSH*, 1928, p. 10.

3 C'est le titre du « portrait » consacré à Huysmans par Patrice Locmant, Paris, Bartillat, 2007.

4 Ms Lambert 67, f° 111.

5 Lettre à Adolphe Berthet, Ms Lambert 67, f° 119.

TROIS ÉGLISES

NOTES SUR L'INTRODUCTION

P. 44

1 *Œuvres complètes*, Éd. Crès, t. XI, 1930, Note, p. 359.

2 Voir Annexe VII des *Foules de Lourdes*, *infra*, p. 575.

P. 45

1 Éd. citée, p. 393.

2 *Les Pèlerinages de Paris*, par l'abbé F. R. Salmon, Paris, Victor Palmé, 1874, p. 272 et 275.

3 *L'Oblat*, éd. Crès, tome XVII, II, p. 238-239.

4 Dans « Huysmans à Saint-Germain-l'Auxerrois », *BSH*, n° 101, 2008, p. 87-92

5 Ms Lambert 66, f° 31.

6 Conservé dans le fonds Lambert de la Bibliothèque de l'Arsenal, Ms 34, f° 485-496.

P. 46

1 Ms Lambert 60, f° 315.

2 *Là-bas*, *Œuvres complètes*, éd. Garnier, 2019, t. IV, p. 531. Huysmans tenait alors ces informations de l'astrologue Ledos et les avait notées à la p. 39 de son *Carnet vert* : « Le portail de N. Dame – les 3 grandes sciences – au milieu, la mystique – puis l'astrologie, l'alchimie – / L'astronomie, dit-il, c'est le travail sur un corps mort – la dissection sur cadavre – l'astrologie c'est une vivisection alors ! »

3 *En route*, éd. Crès, t. XIII, I, chap. II, p. 57.

4 *La Cathédrale*, éd. Crès, t. XIV, I, chap. II, p. 72.

5 *Ibid.*, chap. III, p. 111.

6 Croquis paru en 1899 dans *L'Almanach du Bibliophile* et repris en volume en 1905.

P. 47

1 Dans le chapitre VI de *La Cathédrale*, l'abbé Plomb a décrit ce phénomène : « Regardez maintenant la déviation systématique de l'axe de cette église ; elle imite l'attitude du corps affaissé sur le bois du supplice, et, dans certaines cathédrales, telles que celle de Reims, l'exiguïté, l'étranglement du sanctuaire et du chœur par rapport à la nef, simule d'autant mieux le chef et le cou de l'homme tombés sur l'épaule, après qu'il a rendu l'âme. / Cette inflexion des églises, elle est presque partout, ici, à Saint-Ouen et à la cathédrale de Rouen, à Saint-Jean de Poitiers, à Tours, à Reims [...] » (éd. citée, I, p. 209-210).

P. 48

1 Paris, Bance, 1856, p. 140-153.

TROIS ÉGLISES

Notice

Publié à titre posthume, *Trois Églises et trois Primitifs* n'a guère mobilisé l'attention des critiques. Non seulement la seconde partie du recueil éclipse la première, mais, un an après la mort de l'écrivain, le livre les intéresse moins que les souvenirs et témoignages publiés par ses proches. La *Revue hebdomadaire* donne ainsi la préférence aux révélations promises par le *Huysmans intime*, que Henry Céard et Jean de Caldain y publient à partir du 25 avril, et la revue belge *Durendal* choisit de publier – avec force caviardages – les lettres que l'abbé Moeller avait reçues de lui. Il est vrai aussi que ce recueil ne contenait, avec « Saint-Merry », qu'un seul texte inédit, ce qui explique peut-être que la *Gazette des Beaux-Arts* se borne à en relever le titre, sans autre commentaire, dans sa bibliographie. Dans les grands quotidiens, le livre se contente d'entrefilets. C'est le cas dans *L'Aurore* du 23 mars, dans *Le Gaulois* du 10 avril, dans *Le Temps* du 11. Il semble même, sauf oubli de notre part, que *L'Écho de Paris*, journal auquel Huysmans a collaboré, n'en ait pas publié. Quant aux quotidiens catholiques, envers lesquels celui-ci n'avait jamais été tendre, ils ne sont pas plus diserts : le 27 avril, *L'Univers* salue d'un éloge de politesse des pages qui « ne sont pas la partie la moins curieuse et la moins belle de son œuvre », et *La Croix* garde le silence.

Il existe cependant quelques exceptions. *Le Matin* soutient le livre en publiant à sa une, le 6 avril, de longs extraits de « La Symbolique de Notre-Dame de Paris » sous le titre « Du Huysmans inédit ». Dans *Le Figaro* du même jour, Ph. Emmanuel Glaser en présente les différentes composantes avec cette appréciation sans risque : « Tout cela est très beau, très noble, écrit dans une langue superbe et, "la critique s'y mêle à l'oraison" en des pages d'une haute et forte originalité. » À la une du *Gil Blas* du 15 avril 1908, le critique, qui semble avoir lu le livre, promet aux lecteurs « un haut régal littéraire », un « véritable travail de bénédictin », « une merveille de science et d'observation » ; il loue Huysmans d'avoir réhabilité « l'âme » des églises et va jusqu'à évoquer le contraste qu'il établit entre la Vierge du maître de Flémalle et de la fille des Borgia, en assurant que, « même si l'on ne partage pas ses idées, on s'incline du moins devant leur sincérité. » Il faut attendre le 28 avril, semble-t-il, pour lire une recension plus fournie, modérément enthousiaste, certes, mais parfois pertinente : dans *Le Journal des Débats*, Pierre de Quirielle prouve sa connaissance de l'œuvre de Huysmans, en voyant dans ce recueil « un livre qui, sans apporter rien de nouveau et sans être de ses meilleurs, est encore curieux à feuilleter. [...] L'exposition des idées n'était pas son fort, et son érudition n'était pas aussi profonde, ni aussi sûre qu'il le croyait. [...] Il y a, comme toujours, chez Huysmans, des impressions très vives, très personnelles, admirablement rendues, des appréciations d'art contestables, d'amusantes boutades. Le style est inégal, comme l'inspiration. Quelquefois on dirait du Flaubert, ailleurs un journaliste du boulevard qui vise à la haute littérature. Il y a des incorrections, des manies, des pages de grand écrivain. Et tout cela fait encore un ensemble assez savoureux. »

Peu de revues ont jugé bon de publier un compte-rendu sur le recueil et, quand elles l'ont fait, elles se sont attachées aux primitifs plutôt qu'aux églises. On notera la brève mais intéressante recension publiée par l'historien Jacques Bainville dans *L'Action française*, le 15 mai 1908 : s'il note que le livre est « par quelque côté édifiant », il retient surtout, conformément à la germanophobie maurrassienne, qu'« une vision de la cité judéo-germanique de Francfort, avant une station au musée Staedel, exprime avec une bouffonnerie vengeresse l'ennui et le dégout que la vie allemande ne peut manquer de causer à un Français. » La lecture de Charles Merki, dans le *Mercure de France* du 16 août, est plus littéraire : il présente le recueil comme un « véritable régal », moins pour la qualité de l'érudition de l'auteur, à qui il semble préférer celle d'Émile Mâle, que pour « son art spécial, maladif et rageur ». Huysmans, rappelle-t-il, « ignorait la pondération et sacrifiait tout au plaisir d'employer une image colorée, même incongrue. [...] il arrivait à des effets surprenants de puissance et de force. Le plus souvent, il ne discute pas, il *engueule* » – en particulier les tenants de l'archéologie officielle, ce qui n'empêche pas le critique d'admirer les « pages de très pénétrante critique » consacrées aux peintres primitifs.

Bibliographie

ÉDITIONS

J.-K. Huysmans, *Trois Églises et Trois Primitifs*, Paris, Librairie Plon, Imprimerie Plon-Nourrit, 1908, 286 pages.

J.-K. Huysmans, *Œuvres complètes*, édition de Charles Grolleau, sous la direction de Lucien Descaves, Paris, éditions G. Crès et Cie, 1930, vol. XI, p. 167-263.

J.-K. Huysmans, *Trois Églises*, Paris, René Kieffer, 1920. Un volume in-4, 167 p., avec 21 eaux-fortes originales de Charles Jouas dont un frontispice et 20 hors-texte.

J.-K. Huysmans, *Les Églises de Paris. Saint-Julien-le-Pauvre, Saint-Séverin, Notre-Dame de Paris, Saint-Merry, Saint-Germain-l'Auxerrois*, préface et notes de Patrice Locmant, Paris, les Éd. de Paris, Max Chaleil, 2005, 138 pages.

ÉTUDES CRITIQUES

MAMELSDORF, Alice, « Cinquième conférence-promenade dans le Paris de Huysmans, 13 mars 1954 : l'église Saint-Merry et le quartier environnant », *BSH*, hors-série, 1961, p. 35-59.

BARASCUD, Philippe, « Huysmans à Saint-Germain-l'Auxerrois », allocution prononcée le 22 juin 2008 sur le parvis de Saint-Germain-l'Auxerrois, *BSH*, n° 101, 2008, p. 87-92.

Notes

LA SYMBOLIQUE DE NOTRE-DAME DE PARIS

« La Symbolique de Notre-Dame de Paris » paraît le 15 avril 1905 aux pages 329 à 333 du n° 14 de la revue *Le Tour de France*, accompagné de vingt-huit illustrations du graveur Charles Jouas. L'article est précédé d'une introduction due au « prédicateur inoubliable », le père Montsabré (que Huysmans avait éreinté dans *En route*), et d'un article signé Boyer d'Agen ; il est suivi d'études intitulées « Saint-Martin du Canigou » et « La Passion à Nancy en 1905 », et de la série de rubriques touristiques régulières.

Huysmans a fait reparaître son article, avec des modifications notables relevées dans les notes de bas de page, dans le volume posthume *Trois églises et trois primitifs* (Paris, Plon-Nourrit, 1908). Il a été repris dans un recueil porteur d'un titre qui n'est pas le fait de Huysmans, *Les Églises de Paris : Saint-Julien-le-Pauvre, Saint-Séverin, Notre-Dame de Paris, Saint-Merry, Saint-Germain-l'Auxerrois*, avec une préface et des notes de Patrice Locmant (Paris, Les Éditions de Paris, 2005).

Nous remercions Gaël Prigent, auteur de l'édition critique de *La Cathédrale* dans la présente édition des *Œuvres complètes* de Huysmans (tome VI), de l'aide précieuse qu'il nous a apportée pour l'annotation de ce texte.

P. 55

1 À celui de l'auteur de *Notre-Dame de Paris*, roman fondateur paru en 1831, Huysmans ajoute les noms des représentants de l'archéologie médiévale française, qu'il avait déjà plus ou moins ouvertement convoqués dans *La Cathédrale*. Charles de Montalembert (1810-1870) : Huysmans possédait dans sa bibliothèque un exemplaire de ses *Moines d'Occident depuis saint Benoît jusqu'à saint Bernard*, ouvrage en sept volumes, paru chez Lecoffre entre 1860 et 1877. Sur leur relation, voir Dominique Millet-Gérard, « Huysmans et l'art chrétien : l'empreinte de Montalembert », *BSH*, n° 104, 2011, p. 40. – Eugène Viollet-le-Duc (1814-1879) est plus connu par ses travaux de restauration des monuments d'architecture militaire et religieuse que par ses créations. – Adolphe Napoléon Didron (1806-1867) a contribué à la préservation et à la restauration du patrimoine médiéval et fondé, en 1844, les *Annales archéologiques*, auxquelles Viollet-le Duc a contribué. Huysmans le cite à plusieurs reprises dans *La Cathédrale*.

2 Voir le chapitre III de *La Cathédrale*, qui citait notamment, outre Quicherat, Richard-Albert Lecoy de La Marche, mentionné plus loin. L'École des Chartes fut créée par Louis XVIII en 1821. Pour la première fois en France, elle dispensa un cours d'archéologie médiévale à partir de 1847.

3 Le texte paru dans *Le Tour de France* et les diverses éditions postérieures donnent *vivel* au lieu de *vive*. Huysmans ne fait que citer l'une des sources de *La Cathédrale*, l'article de Doublet de Boisthibault paru dans la *Revue archéologique* (VIIe année, volume 1, Paris, Leleux, 1850, p. 277) et intitulé « Les artistes au Moyen Âge » : « À cette époque, éminemment religieuse, les architectes étaient de hauts personnages de l'Église ; on comptait également parmi eux des médecins ; les évêques s'initiaient aux connaissances qui leur étaient nécessaires pour diriger de si vastes entreprises. Ils faisaient une étude approfondie de l'architecture ; ils s'honoraient du titre de *Maîtres maçons carriers* ou *maîtres de pierre vivel.* » L'auteur précise en note qu'il s'agit d'une citation du troisième tome de *L'Histoire de saint Louis, roi de France* (Paris-Nancy, Paulin, 1839, p. 154) par le marquis de Villeneuve-Trans. Mais ce dernier ouvrage donne « maîtres maçons carriers, ou maîtres des pierre vives ». Il serait donc tentant d'en conclure que Huysmans n'a fait que reproduire une erreur de transcription de Doublet de Boisthibault. La même erreur se trouvait déjà au troisième chapitre de *La Cathédrale*. Quant à la pierre vive, il s'agit de la pierre à nu, non recouverte de terre.

4 Archiviste paléographe, archéologue spécialiste du Moyen Âge, Jules Quicherat (1814-1882) tint la chaire d'archéologie médiévale de l'École des Chartes, avant d'en devenir le directeur de 1871 à sa mort. Il a publié de nombreux travaux sur l'art roman, dont certains sont mentionnés dans *La Cathédrale*, et les documents relatifs à Jeanne d'Arc dans un ouvrage : *Procès de condamnation et de réhabilitation de Jeanne d'Arc*, que Huysmans n'a pas cité dans *Là-bas.*

5 Voir *La Cathédrale*, chap. III.

6 « *Revera quæ videntur sunt lucidæ imagines eorum quæ non videntur* ». Il s'agit d'une citation de la dixième des *Lettres* de Denys l'Aréopagite, que Huysmans a pu lire dans les *Œuvres* procurées par l'abbé Darboy (Paris, Sagnier et Bray, 1845, p. 518 : « Vraiment les choses visibles sont une frappante image des choses invisibles ») qu'il possédait et avait annotées, mais qui proposent une autre traduction. En revanche, on trouve celle-ci (« En vérité, les choses visibles sont les images lumineuses des choses invisibles ») chez beaucoup de commentateurs, comme Mgr Landriot (*Le Symbolisme*, Paris, Victor Palmé, 1866, p. 40). Mais l'idée est également éminemment maistrienne et bloyenne.

P. 56

1 Émile Mâle (1862-1954) est un historien de l'art médiéval. Consacrée à *L'Art religieux au XIIIe siècle en France*, sa thèse a paru l'année même de *La Cathédrale*. Huysmans lui a rendu hommage dans l'article « Bouquins », publié dans *L'Écho de Paris*, le 26 avril 1899, en reconnaissant qu'il a fourni sur « l'iconographie des livres saints, les explications les mieux avérées et les plus nettes ».

2 Huysmans évoque ici, sans s'y attarder, les principales sources médiévales qu'il a dépouillées pour la rédaction de *La Cathédrale*. Vincent de Beauvais (1184-1264) est l'auteur du *Speculum universale*, aussi appelé *Speculum majus*, ou *Miroir du monde*. – Le *Spicilège* de Solesmes, par Dom Pitra, Paris, Firmin Didot, 1855. – *Les Évangiles apocryphes*, tr. Gustave Brunet, Paris, Franck, 1848. – Le moine dominicain Jacques de Voragine (1228-1298) a rassemblé sous le titre de *Légende dorée* une suite d'hagiographies.

3 Huysmans reprend ici un paragraphe du dernier chapitre de *La Cathédrale* : « La Symbolique ! [...] / Elle jaillissait comme un arbre touffu, dont la racine plongeait dans le sol même de

la Bible ; elle y puisait en effet sa substance et en tirait son suc ; le tronc était la symbolique des Écritures, la préfiguration des Évangiles par l'Ancien Testament ; les branches : les allégories de l'architecture, des couleurs, des gemmes, de la flore, de la faune, les hiéroglyphes des nombres, les emblèmes des objets et des vêtements de l'Église ».

4 Le pape Grégoire le Grand (540-604) est notamment l'auteur de commentaires sur *Le Livre de Job* (*Morales in Job*), dont est peut-être tirée cette citation que nous n'avons pas retrouvée. La préoriginale ne précisait pas la source et donnait la citation comme une simple affirmation.

5 Ce que rappelait l'abbé Plomb dans *La Cathédrale* : « L'Ancien Testament est une traduction anticipée des événements que raconte le Nouveau Livre ; la religion mosaïque contient, en allégorie, ce que la religion chrétienne nous montre en réalité ; l'histoire du peuple de Dieu, ses personnages, ses propos, ses actes, les accessoires même dont il s'entoure, sont un ensemble d'images ; tout arrivait aux Hébreux en figures, a dit saint Paul ». Voir 1 Co x, 11.

P. 57

1 Recueil de sermons.

2 Mt xxv, 1-13.

3 Huysmans avait longuement rappelé, dans le cinquième chapitre de *La Cathédrale*, la fonction didactique de l'art médiéval. Le Moyen Âge, écrivait-il, « usait [...] par ce procédé, d'un moyen pratique pour se faire entendre. Il écrivait un livre accessible aux incapables, remplaçait le texte par l'image, instruisait de la sorte les ignorants. / [Il] traduisit, en des lignes sculptées ou peintes, la Bible, la théologie, les vies de Saints, les évangiles apocryphes, les légendaires, les mit à la portée de tous, les récapitula en des signes qui restaient comme la moelle permanente, comme l'extrait concentré de ses leçons. » Il renvoyait alors au synode d'Arras de 1025, dont il citait les prescriptions iconographiques. Tout le développement qui suit, sur la symbolique architecturale, ne fait d'ailleurs que reprendre le même passage du roman de 1898.

4 Guillaume Durand (1230-1296), évêque de Mende de 1287 à sa mort, est l'une des principales sources de *La Cathédrale.* Huysmans possédait dans sa bibliothèque le *Rational ou Manuel des divins offices ou Raisons mystiques et historiques de la liturgie catholique*, trad. du latin en français par Charles Barthélemy, précédé d'une notice historique sur la vie et les écrits de Durand de Mende, Paris, Vivès, 1854, 5 vol., in-8°. Il en tire ici une citation déjà donnée dans le chapitre du roman chartrain : « Les tours de l'églises sont les prédicateurs et les prélats de l'Église qui forment son rempart et la défendent » (livre premier, chapitre I : « De l'église et de ses parties », § XXI, éd. citée, p. 22).

P. 58

1 Huysmans a trouvé cette interprétation symbolique chez l'abbé Godard Saint-Jean, dans un article intitulé « Essai sur le symbolisme architectural des églises », publié dans le *Bulletin monumental* (Paris, Derache, 1847, vol. 13) et ensuite repris en plaquette (Caen, Hardel, 1847) : « L'église enfin se compose de ceux qui parlent et de ceux qui écoutent, de ceux qui commandent et de ceux qui obéissent. Les tours et les flèches représentent l'ordre des prédicateurs. Tous les mystiques nous l'enseignent. Le sommet élancé de la tour, c'est la perfection de son âme qui tend sans cesse vers le ciel ; la croix du clocher, c'est la croix qu'il prêche et le résumé de sa doctrine... » (*Bulletin*, éd. citée, p. 357).

2 Pierre de Mora (?-1242), évêque de Capoue, cardinal, auteur du traité de symbolique : *La Rose alphabétique*, fait partie des auteurs dont les ouvrages sont compilés par *La Clef*

de l'Écriture de saint Méliton, dont Dom Pitra a donné une édition dans le *Spicilège* de Solesmes. Mais, comme dans *La Cathédrale* (chap. v), Huysmans suit ici l'*Histoire et théorie du symbolisme religieux avant et depuis le christianisme* (t. III, Franck-Dupré, Paris-Poitiers, 1870-1871, p. 116) de l'abbé Auber, où il a trouvé la double référence.

3 Durand de Mende, *op. cit.*, I, chap. I, § XVI, éd. citée, p. 20 : « Le toit représente la charité qui couvre la multitude des péchés », repris par l'abbé Auber, *op. cit.*, p. 115, qui cite Durand de Mende, saint Méliton et l'abbé Raffray, *Beautés du culte catholique*, Paris, Sagnier et Bray, 1845, t. I, p. 123.

4 Durand de Mende, *ibidem*, § XXXVI, p. 27 : « Les tuiles du toit, qui empêchent la pluie de pénétrer dans l'édifice sacré, ce sont les soldats et les chevaliers qui protègent et défendent l'Église contre les païens et les attaques des ennemis de la foi », repris par l'abbé Auber, *ibid.*, p. 115.

5 Saint Nil l'Ancien, *Lettre à Nemertius*, d'après Dom Pitra, *Spicilegium Solesmense*, t. III, p. 398, cité par l'abbé Auber, *op. cit.*, t. III, p. 202-203 : « Némertius, homme lettré de son temps, lui avait demandé l'explication de plusieurs symboles relatifs à l'église matérielle [...] Le solitaire, selon sa coutume, y répond avec autant de précision que de brièveté : "[...] les pierres représentent l'union des âmes fortement établies et s'élevant toujours plus vers le ciel..." »

6 Hugues de Saint-Victor, *De duobus parietibus Ecclesiæ, clericis et laïcis, quasi duo latera unius* (*Opera*, t. II, col. 417). La référence se trouve chez Auber, *op. cit.*, t. III, p. 113 : « Hugues de Saint-Victor y voit la double personnalité des clercs et des laïques, dont la réunion constitue la société chrétienne, et qui se tiennent à la droite et à la gauche du Christ, dont le corps est figuré par la longueur du vaisseau sacré. »

7 Yves (1040-1115), évêque de Chartres, est l'auteur du *De sacramentis ecclesiasticis sermones*, plusieurs fois évoqué dans *La Cathédrale.* Mais l'assimilation du ciment à la charité est due à Vincent de Beauvais (*op. cit.*, I, chap. I, § X, p. 17).

8 Cette interprétation se trouve évidemment chez Auber, *op. cit.*, t. III, p. 113 : « Que si nous considérons les quatre côtés formant un parallélogramme de dimensions plus ou moins inégales, les murs deviennent l'emblème des quatre vertus cardinales, basées sur la foi, et non moins sur la charité du Fils de Dieu ; elles enveloppent la vie spirituelle d'un quadruple rempart qui la rend inaccessible aux attaques des mauvaises passions ; ou bien on peut y voir, avec l'un des plus anciens commentateurs du poète Prudence, les quatre Évangélistes, fondements véritables et principaux appuis de cet édifice, qui ne s'est construit que comme une conséquence de leurs enseignements. » La référence à Prudence de Troyes (*Tractatus super ædificium*) est donnée en note et renvoie au *Spicilège* de dom Pitra, t. III, p. 421.

9 Durand de Mende, *op. cit.*, I, 1, § XVII, p. 20 : « Les quatre murailles latérales sont les quatre principales vertus de la Religion : la Justice, la Force, la Prudence et la Tempérance. Ces vertus sont également, dans l'Apocalypse, les quatre parois de la cité de Dieu. » *Cf.* Ap XXI, 16.

10 Durand, *ibid.*, § XXIV, p. 24 : « Les fenêtres de l'église, qui sont faites d'un verre transparent, sont les divines Écritures qui repoussent le vent et la pluie, c'est-à-dire qui empêchent d'entrer dans l'église ce qui pourrait nuire à l'édifice et aux fidèles qui y sont rassemblés. Et, tandis qu'elles livrent passage à la clarté du vrai soleil (qui est Dieu) dans l'église, c'est-à-dire dans le cœur des fidèles, elles illuminent ceux qui habitent dans son sein. Elles sont plus larges au-dedans, parce que le sens mystique est plus étendu et surpasse le sens littéral. Les fenêtres représentent encore les cinq sens du corps ; leur forme signifie qu'ils doivent être resserrés au dehors, afin de ne pas attirer en eux les vanités de ce monde, et s'épanouir au-dedans pour recevoir plus largement et plus libéralement les

dons spirituels. » L'image du Soleil de Justice (*Sol Justitiæ*), traditionnelle, est empruntée à Malachie (III, 20 / IV, 2).

11 Huysmans a trouvé chez Auber, *op. cit.*, t. III, p. 184-185, la citation d'Hugues de Saint-Victor (*Traditionis theologicæ in speculum Ecclesiæ*, cap. I) à laquelle il fait ici allusion : « *Fenestræ ecclesiæ vitreæ Scipturæ sunt divinæ, quæ ventum et pluviam repellunt, id est nociva prohibent, et, dum claritatem veri Solis in ecclesiam per diem transmittunt, inhabitantes illuminant.* »

12 Jn X, 9 : « Je suis la porte. » Huysmans a trouvé jusqu'à la citation évangélique chez Auber, *op. cit.*, t. III, p. 140 : « Trois portes, dont deux moyennes, s'y ouvrent immanquablement, correspondant à la triple nef de l'intérieur. C'est tout d'abord, dans cette unité pleine de tant d'harmonie, l'image préliminaire de l'auguste Trinité, qui reviendra plus d'une fois dans ce vaste ensemble d'iconographie où tout parle de Dieu et de l'âme. La plus ample de ces baies, la porte royale, la porte médiane, est presque toujours partagée dans sa hauteur, pendant et après le douzième siècle, par un trumeau orné d'une statue qui lui est adossée, et qui est ordinairement celle de Notre-Seigneur, de la Sainte Vierge ou du patron. Quant au trumeau lui-même, il indique les deux voies qui s'offrent à l'homme et qui mènent à deux vies bien différentes sur la terre et dans l'au-delà… » L'auteur renvoie à l'*Iconographie chrétienne* de Crosnier, éd. citée, p. 77, relativement au symbolisme de la Trinité.

13 Mt VII, 13. Huysmans ne fait ici que reprendre mot pour mot ce qu'il écrivait dans *La Cathédrale* (chap. V).

P. 59

1 Voir la citation de Durand de Mende : note 3 de la p. 58.

2 1 Co XIII, 13.

P. 60

1 Ici encore, Huysmans s'en réfère à Godard Saint-Jean, *op. cit.*, p. 403 (à moins qu'il n'en passe par le *Psalterium glossatum* : voir note suivante) : « Les dimensions de la Croix sont en longueur, largeur, hauteur et profondeur. Il y a l'extrémité enfoncée en terre pour la soutenir ; la longueur est dans la tige jusqu'aux bras ; la largeur, dans leur ouverture ; la hauteur, dans la partie correspondant à la tête. La profondeur marque la foi mise la première au fond de l'âme et semblable à la base d'un édifice ; la longueur, c'est la persévérance ; la hauteur, l'Espérance qui nous transporte vers les choses célestes ; et la largeur, la Charité. » Une note précise : *De divinis officiis librum* VI, 9 : « *Quid Crucus figura significet* ». Mais Rupert (1070-1129) y est donné comme abbé de Tuits, tandis que l'abbé Auber, plus moderne, le présentait comme abbé de Deutz.

2 Le *Psalterium glossatum* est un manuscrit du XIe siècle conservé à la bibliothèque de Boulogne-sur-mer. On y trouve mentionnées les interprétations dont il est question ici. Mais comment Huysmans y a-t-il eu accès ? Se peut-il qu'il ait lu l'*Histoire de la caricature au moyen âge* (Paris, Dentu, 1870, p. 49) de Champfleury : « La hauteur d'une cathédrale est l'espérance ; sa largeur est la charité ; sa longueur est la persévérance ; les fenêtres d'une cathédrale sont les paroles des saints ; les piliers sont les vertus spirituelles ; les colonnes sont les bons évêques et les prêtres ; le toit est la figure d'un intendant fidèle… » ? On notera que la voûte n'est pas mentionnée dans le passage cité par Champfleury, et que les piliers y sont autrement définis.

3 Augustin-Joseph Crosnier, *L'iconographie chrétienne ou études des sculptures, peintures, etc., qu'on rencontre sur les monuments religieux du Moyen Âge*, Paris, Derache-Didron, 1848, p. 154 : « Ce n'est pas non plus sans raison, qu'on compte douze piliers jusqu'au premier transept ; image de la céleste Jérusalem, l'église devait reproduire ses traits les plus saillants : "la

muraille avait douze fondements, sur lesquels étaient écrits les noms des douze apôtres" (saint Jean, Ap XXI) ... »

4 Glose mentionnée dans la *Clef* de saint Méliton, qu'on trouve dans le *Spicilège* de Solesmes, éd. citée, t. III, p. 204 : « *Columnæ comparatur Christus, propter fortitudinem.* »

5 Durand de Mende, *op. cit.*, I, 1, § XXVII, p. 24 : « Et les colonnes de l'église, ce sont les évêques et les docteurs, qui soutiennent le temple de Dieu par la doctrine catholique, comme les évangélistes soutiennent spirituellement le trône de Dieu. »

6 *Ibid.*, p. 25 : « Le pavé de l'église représente le fondement de notre foi. Or, dans l'Église spirituelle, le pavé, ce sont les pauvres du Christ, à savoir, les pauvres en esprit qui s'humilient en toutes choses ; c'est pourquoi, à cause de leur humilité, ils sont assimilés au pavé. Le pavé que l'on foule aux pieds représente encore le peuple par le travail duquel l'Église est nourrie et entretenue. »

7 Ricard, « Résumé du symbolisme architectural », *Revue de l'art chrétien*, Paris, Blériot, 1859, t. III, p. 283 : « L'ambon, qui a précédé la chaire, et où le diacre lisait l'Évangile, est pour ainsi dire suspendu dans les airs, pour rappeler que Notre-Seigneur prêchait principalement sur les montagnes. C'est du moins ce que nous disent Hugues de Saint-Victor et Honorius d'Autun. »

8 Auber, *ibid.*, p. 222 : « Cette dernière partie de l'église, formée du chœur et du sanctuaire, symbolise le Ciel, où sont les personnes et les choses sacrées par excellence. La nef par elle-même n'est aussi que l'image du monde inférieur qu'habitent les simples fidèles, figure, en un mot, de l'église militante ; et comme on ne peut passer de ce monde à l'autre que par la croix, on avait autrefois l'habitude, aujourd'hui presque partout abandonnée en dépit de son caractère de tradition apostolique, et d'autant plus regrettable, d'encadrer au haut de l'arcade qui séparait les deux espaces un crucifix de grandes proportions qui frappait sans cesse les yeux des assistants : c'est de là que l'arcade susdite avait reçu le nom de triomphale, aussi bien que cette croix. » L'auteur cite deux sources : saint Charles Borromée, *Instructiones fabricæ et supellitilis ecclesiasticæ* (*Instructions pour la construction des églises*), I, ch. 2 et l'abbé Raffray, *Beautés du culte catholique*, éd. citée, t. II, 1845, p. 44.

P. 61

1 Huysmans a trouvé cette idée dans *Du symbolisme dans les églises du moyen âge* par J. Mason Neale et Ben J. Webb (Tours, Mame, 1847, p. 129) : « Nous n'en produirons qu'un seul, extrait par l'abbé Thiers d'un poëme de saint Grégoire de Nazianze, et où il est dit que la *balustrade* ou clôture se trouve "entre deux mondes, l'un immuable, l'autre sujet au changement ; le premier, celui des dieux (ou le ciel) ; l'autre, celui des mortels (ou la terre) ; c'est-à-dire qu'elle est posée entre le chœur et la nef, entre le clergé et les fidèles. » L'abbé Jean-Baptiste Thiers (1636-1703) est l'auteur d'une *Dissertation de la clôture du chœur des églises* (1688), dont l'article VI comporte cette citation.

2 L'association de l'abside et de ses chapelles à la couronne de la Passion est un lieu commun du symbolisme architectural. Voir : Godard Saint-Jean (*op. cit.*, p. 346 : « Des auteurs modernes continuant l'idée principale, ont reconnu dans les dômes des églises du midi, les clous énormes qui transpercèrent les membres du Sauveur, et dans la coupole du centre, le Diadème du Roi crucifié qui devait dater son règne [...] Pour eux, la couronne de chapelles qui environnent le chœur, figure le chef de Jésus couronné d'épines, et les arcades qui s'ouvrent autour de lui, les plaies profondes de son front déchiré. Les portes des transepts et de l'occident sont l'emblème des trous de ses pieds et de ses mains ; et le sang qui ruisselle sur le fond rouge des verrières où la passion est souvent peinte c'est le sang de la victime qui n'est que blessure de la plante, (*sic*) des pieds au sommet de la tête ») ; Ricard (*op. cit.*, p. 210), qui cite lui-même les *Beautés du culte catholique* de l'abbé

Raffray (éd. citée, t. II, p. 112 : « Car, les enfoncements des chapelles figuraient les parties saillantes de la couronne d'épines et les arcades du chœur les blessures qu'elle fit à la tête du Roi des rois »).

3 Huysmans glose toujours Godard Saint-Jean, *op. cit.*, p. 407, ainsi qu'Auber, *op. cit.*, t. III, p. 207.

P. 62

1 Cet exposé sur la déviation de l'axe des églises au niveau du chœur est repris du chapitre VI de *La Cathédrale*. Au texte paru le 15 avril 1905 dans *Le Tour de France*, Huysmans ajoute une réfutation de l'étude de Robert de Lasteyrie, publiée la même année et mentionnée plus loin.

2 Jn XIX, 30 : « et baissant la tête, il rendit l'esprit. »

3 Léon Gautier (1832-1897), spécialiste de la poésie médiévale, fut professeur de paléographie à l'École des Chartes : il édita les *Œuvres* d'Adam de Saint-Victor (1859) et est l'auteur d'une *Histoire de la poésie liturgique au Moyen Âge* (1886). Richard-Albert Lecoy de La Marche (1839-1897), cité par Huysmans dans « L'Abbaye de Ligugé », entra à l'École des Chartes en 1858 et fut reçu archiviste paléographe trois ans plus tard. Il est notamment l'auteur de *L'Art d'enluminer*, Paris, Leroux, 1890, qui figurait dans la bibliothèque léguée à l'abbé Fontaine.

4 L'article visé par Huysmans a paru dans les *Mémoires de l'Institut national de France*, t. 37, 1906, p. 277-308. Mais un tirage à part avait paru l'année précédente chez Klincksieck, 1905, 36 pages.

5 Robert de Lasteyrie (1849-1921) fut élu professeur à l'École des Chartes en 1880. Il ne faut pas le confondre avec son père, Ferdinand de Lasteyrie (1810-1879), auteur d'une *Histoire de la peinture sur verre d'après ses monuments en France* (Paris, Firmin-Didot, 1853-1857) que Huysmans avait lue et appréciée.

6 R. de Lasteyrie, « La déviation de l'axe des églises est-elle symbolique », éd. citée, p. 283. Lasteyrie ne cite pas nommément Huysmans, mais semble bien le désigner en évoquant « les interprétations fantaisistes, inventées après coup par certains écrivains. »

P. 63

1 *Ibid.*, p. 296.

P. 64

1 Émile Mâle, *L'art religieux du* XIII*e siècle en France : étude sur l'iconographie du moyen âge et sur ses sources d'inspiration*, Paris, Leroux, 1898.

2 La citation se trouve chez Émile Mâle, *op. cit.*, p. 493, avec la référence (Labbe, *Concil.*, t. VIII, col. 831., *Syn. Nicæna*, II).

3 Dans son *Cours d'archéologie sacrée à l'usage des séminaires*, Paris, Guyoy, 1851, t. I, p. 390, l'abbé Godard cite le sermon d'Yves de Chartres sur la Dédicace des églises, adressé au peuple assemblé. Il commente en note : « Ce sermon prouve que ces idées symboliques faisaient partie de l'enseignement donné au peuple durant le moyen-âge aussi bien dans l'antiquité chrétienne. »

4 Voir la dissertation de Dom Pitra : « *De sancto Melitone* » en tête du tome II du *Spicilège*, éd. citée, p. IV *sqq.*

5 « Qui s'attachent à déterminer l'avenir des individus d'après la position des astres au moment de leur naissance » (*TLF*).

P. 65

1 Synonyme d'*alchimie.*

2 Le baron Ferdinand de Guilhermy étudie Job et ce personnage à la p. 37 de sa *Description de Notre-Dame, cathédrale de Paris*, Paris, Librairie d'architecture de Bance, 1856. Il conclut que « dans l'état actuel de la sculpture, toute explication [lui] échappe ».

3 *Ibid.*, p. 38.

P. 66

1 Synonyme ancien d'*alchimique.*

2 *Explication tres curieuse, des enigmes et figures Hierogliphiques, Physiques, qui sont au grand Portail de l'Eglise Cathédrale & Métropolitaine de Notre-Dame de Paris par le Sieur Esprit Gobineau de Montluisant, Gentilhomme Chartrain, Ami de la Philosophie naturelle & Alchimique*, Paris, A. C. Cailleau, 17**, texte réédité sous le titre *Trois anciens traités d'alchimie* par J.-J. Pauvert, 1975. Huysmans ne fait toujours que suivre Guilherny.

3 C'est surtout Guilhermy qui ne dit rien de ces deux derniers personnages, tandis qu'il livre l'interprétation citée par Huysmans pour les deux autres : *op. cit.*, p. 38.

4 Procureur de la commune de Paris, Pierre-Gaspard Chaumette (1763-1794) a milité et agi en faveur du culte de la Raison et de la déchristianisation. L'anecdote rapportée par Huysmans, y compris la mention de Dupuis, se trouve telle quelle chez Guilhermy, *op. cit.*, p. 12.

5 Charles-François Dupuis (1742-1809) a publié en 1781 un *Mémoire sur l'origine des constellations et sur l'explication de la fable par l'astronomie*, inscrit à l'Index. Hostile au catholicisme, il a travaillé avec Favre d'Églantine à l'établissement du calendrier révolutionnaire.

6 Le *Dictionnaire* de l'Académie française donne ce mot comme synonyme de *réceptacle.* Mais, dans la langue alchimique, il désigne les ouvrages ou le procédé livrant la *recette* du grand œuvre, parce qu'ils commencent par le mot latin *recipe.* Huysmans en fait donc un usage métonymique.

P. 67

1 La vie de saint Marcel, évêque de Paris au IVe siècle dont la fête se célèbre le 1er novembre, se trouve au tome XIII des petits Bollandistes : *Vies des saint (du 28 octobre au 30 novembre)*, Paris, Bloud et Barral, 1876, p. 85 *sqq.* Le passage incriminé se trouve p. 87. Mais elle est également exposée par Guilhermy (*op. cit.*, p. 65-66), qui renvoie également à *La Légende dorée.*

2 Cette coutume est rapportée par la plupart des historiens de la cathédrale parisienne, mais on la trouve surtout dans l'article de Félicie d'Ayzac, « L'iconographie du dragon », *Revue de l'art chrétien*, t. VIII, Arras-Paris, Rousseau-Leroy-Putois-Crette, 1864, p. 85, qui cite Alfred de Nore, *Coutumes et traditions*, Paris, Périsse, 1846, p. 349.

3 *Cours de philosophie hermétique ou d'alchimie, en dix-neuf leçons… suivies des explications de quelques articles des cinq premiers chapitres de la Genèse, par Moïse, et de trois additions prouvant trois vies en l'homme, animal parfait… ou Chemin ouvert à celui qui veut faire une grosse fortune*, par L.-P.-François Cambriel,… Paris, impr. de Lacoux et Maistrasse, 1843. Ce texte a été recueilli par Bernard Husson dans *Deux traités alchimiques du XIXe siècle*, Paris, La Table d'émeraude, 1988.

4 Cambriel, *op. cit.*, p. 31.

5 L'athanor est le fourneau dont se servent les alchimistes. Il est mentionné par Cambriel, *op. cit.*, p. 31 et p. 32.

6 Nicolas Flamel est cité en ces termes par Cambriel, *op. cit.*, p. 32.

7 *Ibid.*, p. 32-34.

P. 68

1 Le chapitre VI de *Là-bas* a évoqué ces rudiments d'alchimie à propos de Gilles de Rais.

2 Cambriel, *op. cit.*, p. 33-34 : « Cet évêque porte un doigt à sa bouche, pour dire à ceux qui le voient et qui viennent prendre connaissance de ce qu'il représente… Si vous reconnaissez et devinez ce que je représente par cet hiéroglyphe, taisez-vous… ! N'en dites rien ! »

3 « Vie de saint Marcel », *Petits Bollandistes*, éd. citée, p. 86 : « Un jour de l'Épiphanie, Marcel, versant de l'eau sur les mains de ce prélat, pour la célébration des saints mystères, toute l'eau du vase qu'il avait puisée dans la rivière de la Seine, se trouva changée en vin. »

4 *Ibid.* : « Donnant encore une autre fois à laver à son évêque, l'eau se changea en une liqueur parfumée et en une sorte de chrême. »

5 Rien ne prouve que Huysmans ait trouvé la citation notée en bas de page dans les *Œuvres poétiques d'Adam de Saint-Victor*, éd. Léon Gautier, Paris, Picard, 1894, 3e éd., p. 94. Elle apparaît dans le *Rational* de Guillaume Durand, dans la *Patrologie* de Migne, dans *L'Année liturgique* de Dom Guéranger, ainsi que dans plusieurs ouvrages de vulgarisation sur l'alchimie.

6 Au sens originel, petit fragment d'une pierre.

7 Voir note 6 de la p. 66.

P. 69

1 Dans *Notre-Dame de Paris*, Hugo écrit : « pour ne citer que quelques exemples capitaux, il est, à coup sûr, peu de plus belles pages architecturales que cette façade où, successivement et à la fois, les trois portails creusés en ogive, le cordon brodé et dentelé des vingt-huit niches royales, l'immense rosace centrale flanquée de ses deux fenêtres latérales comme le prêtre du diacre et du sous-diacre […] se développent à l'œil » (Livre troisième, chap. I, éd. Marius-François Guyard, Paris, Classiques Garnier, 1961, p. 126).

2 *Aîtres* : « disposition des différentes parties d'une habitation ». Par extension métaphorique, et souvent chez Huysmans : « intimité » ou « for intérieur » (TLF).

SAINT-GERMAIN-L'AUXERROIS

« Saint-Germain-l'Auxerrois » paraît d'abord le 15 janvier 1905 aux pages 231 à 236 du n° 8 de la revue bimensuelle illustrée *Le Tour de France*, sous-titrée *Album et guide du touriste en France, colonies françaises et pays de langue française (Algérie, Tunisie, Alsace-Lorraine, Luxembourg, Suisse, etc…)*. L'article est illustré de sept gravures en noir et blanc, dont une en pleine page figurant le portail principal de l'église. Il est précédé d'un article sur la ville de Metz « au temps jadis », suivi d'un autre sur « la Basse-Touraine et ses légendes » et d'une série de rubriques – d'esprit peu huysmansien – consacrées à l'athlétisme et au sport, à l'automobilisme, à la science et à la photographie, ainsi que d'actualités touristiques. Parmi les annonceurs de la revue, on relève les noms de Lefèvre-Utile et de Suchard.

Huysmans a fait reparaître son article, avec des modifications notables relevées dans les notes de bas de page, dans le volume posthume *Trois églises et trois primitifs* (Paris, Plon-Nourrit, 1908). Il a été repris sous le titre *Les Églises de Paris : Saint-Julien-le-Pauvre, Saint-Séverin, Notre-Dame de Paris, Saint-Merry, Saint-Germain-l'Auxerrois*, avec une préface et des notes de Patrice Locmant (Paris, Les Éditions de Paris, 2005).

P. 70

1 Sur le fondateur de cette première église, qui fut évêque d'Auxerre de 418 à 448, on consultera la *Vie de Saint Germain d'Auxerre*, de René Borius, Paris, éd. du Cerf, coll. "Sources chrétiennes", 1965.

2 Saint Landry a été évêque de Paris autour de 650 ; la première église était dédiée à saint Germain, évêque d'Auxerre, et aurait été pillée et détruite lors du siège de Paris par les Normands en 885-887. La seconde église est attribuée à Robert II le pieux, qui a régné de 996 à 1031. Rebâtie au XIIIe siècle, l'église prend alors son nom actuel.

3 Huysmans unit à juste titre deux des plus grands artistes de la Renaissance française au XVIe siècle, qui ont défini les canons esthétiques du siècle suivant. Pierre Lescot (1515-1578) a été l'architecte de plusieurs rois de France, de François Ier à Henri III ; il a travaillé avec Jean Goujon (1510-1567) à l'actuelle Cour carrée du palais du Louvre, alors en cours de reconstruction. Le jubé sculpté de Saint-Germain-l'Auxerrois, édifié entre 1540 et 1545, a été détruit en 1750.

4 Guilhermy précise : « Plusieurs enfants de France y ont reçu le baptême, et les rois y venaient en grand appareil remplir le devoir pascal. » (p. 141).

5 Membres du conseil de la fabrique d'une paroisse.

6 Claude Bacarit (?-1785), qui a restauré l'église, a en effet construit, en 1773, les écuries du roi à Villeneuve-Saint-Georges.

P. 71

1 Le *Mercure de France* d'octobre 1762 avait vanté sa réussite : « Cet habile Architecte a justifié pleinement le choix qu'on avait fait de lui pour conduire un ouvrage aussi ingrat & aussi difficile à traiter. [...] Quel goût, quel Art, que de réflexions n'a-t-il pas fallu pour détruire ce gothique informe du Chœur [...]. Vous vous rappelez sans doute [...] la masse énorme des piliers qui soutenaient le Chœur ; l'obscurité qui y régnait ; l'espace étroit dans lequel il paraissait renfermé. Tous ces défauts n'existent plus. Maintenant le Chœur est vaste & éclairé. » (p. 121). La réévaluation de l'art gothique a conduit la fin du XIXe siècle à dénoncer le mépris que lui portait l'époque classique. Avant Huysmans, Didron avait écrit dans les *Annales archéologiques* : « C'est l'architecte Baccarit [...] qui a créé, accompli et perfectionné cet odieux système de décoration loué si mal à propos [...] » (« Ameublement et décoration des églises », Paris, Bureau des Annales archéologiques, 1846, p. 6).

2 Le projet de détruire l'église pour dégager la colonnade du Louvre remonte à l'époque de Louis XIV et a été envisagé par Napoléon.

3 Académicien et pair de France sous la Restauration, Mgr Hyacinthe-Louis de Quélen (1778-1839) a été archevêque de Paris de 1821 à sa mort. La Monarchie de Juillet l'a suspecté de légitimisme et la foule a pillé l'archevêché en février 1831. C'est lui qui accorda l'autorisation de frapper la médaille miraculeuse de la rue du Bac, dont Huysmans rapporte l'histoire dans *Les Foules de Lourdes*.

P. 72

1 *Op. cit.*, p. 144,

2 Victor-Louis Mottez (1809-1897) a été l'élève d'Ingres et portraitiste comme lui. Grand admirateur de la peinture italienne, il s'est spécialisé dans les fresques murales, à Saint-Germain-l'Auxerrois et à Saint-Séverin. Peintes sur des murs salpêtrés, celles-ci, comme le note Huysmans, ont en grande partie disparu.

3 Il s'en fera une idée infiniment plus précise dans le « Mémoire historique et critique sur le portail, le porche et les peintures du porche de l'église royale et paroissiale de Saint-Germain-l'Auxerrois », publié sous la signature d'un certain Troche, dans la *Revue archéologique*, IIIe année, Paris, Leleux, 1846, aux p. 591 à 616. Huysmans ne semble pas avoir consulté cette étude où il aurait trouvé des jugements confortant les siens.

4 Jean Gaussel, qui se déclarait « maçon-tailleur de pierres », reçut pour son travail 960 livres parisis.

P. 73

1 Le sculpteur François Jouffroy (1806-1882) a été prix de Rome en 1832 et membre de l'Académie des Beaux-Arts en 1857.

2 Le peintre lyonnais Joseph Benoît Guichard (1806-1880), élève d'Ingres comme Mottez, traite des sujets religieux et décore Saint-Germain-l'Auxerrois et Saint-Gervais-Saint-Protais.

P. 74

1 Issu d'un atelier anversois, ce retable, d'une dimension de 3,3 × 2,9 mètres, comporte huit panneaux de bois. Les cinq panneaux du bas représentent Jessé entouré des prophètes Jacob, Isaïe, Daniel et Michée qui ont annoncé l'avènement du Messie, un mariage de la Vierge, une Nativité, une Adoration des Mages et une Présentation au Temple ; les panneaux du haut, Jésus portant sa croix avec la Vierge, saint Jean, Véronique et le Juif errant, une Vierge évanouie entourée de saint Jean, de Madeleine et du Juif errant, enfin d'une Descente de Croix.

P. 75

1 Amaury-Duval, pseudonyme d'Eugène-Emmanuel-Amaury Pineu-Duval (1808-1885), est un autre élève d'Ingres dont Baudelaire dénonçait l'« afféterie prétentieuse et maladroite » dans son *Salon de 1846*. Outre Saint-Germain-l'Auxerrois, il a décoré de fresques l'église de Saint-Merry et celle de Saint-Germain-en-Laye.

2 Par l'abondance de son œuvre, les honneurs qu'il reçut de Louis XIV (premier peintre du roi, directeur de l'Académie royale de peinture et de sculpture) et les lieux prestigieux qu'il décora, Charles Le Brun (1619-1690) résume le classicisme pictural d'un siècle que Huysmans n'a jamais jugé grand.

P. 76

1 Le bisontin Jean Gigoux (1806-1894) s'est fait connaître comme graveur sur bois et a pratiqué ensuite la peinture d'histoire.

P. 77

1 Colorant de couleur jaune d'origine végétale.

2 Antoine Lusson, père et fils, sont, au XIXe siècle, les créateurs les plus réputés de vitraux archéologiques. Le père a commencé par restaurer les verrières de la cathédrale du Mans ; la commande relative à Saint-Germain-l'Auxerrois lui a été passée en 1846 ; il a travaillé ensuite dans de très nombreuses églises, dont la Sainte-Chapelle et Notre-Dame de Paris.

3 Laurent-Charles Maréchal (1801-1887) a mené une longue carrière de peintre et de verrier. Ses vitraux, qui lui ont acquis une grande notoriété, ont la particularité d'être des vitraux peints, technique innovante rejetée par Huysmans.

4 Que personne ne parle de cet artiste n'est pas étranger au fait que Huysmans lui consacre deux pages. – On possède sur lui des informations biographiques transmises à Lucien Descaves par la romancière Mathilde Aigueperse, avec qui Huysmans était en relations épistolaires, et publiées dans la « Note » accompagnant *Trois églises et trois primitifs* dans l'édition Crès, tome XI, p. 359-360. On y apprend que le clermontois Étienne-Hormidas Thévenot (1797-1862) était un ancien militaire attaché à la garde des Bourbons et retiré en 1830. Il avait ouvert un atelier de peintre-verrier et travaillé à la restauration des vitraux de la cathédrale de Clermont. Mérimée l'avait nommé inspecteur des monuments historiques.

P. 78

1 « Lorsque vous étiez en prière, [...] c'était moi qui présentais vos suppliques devant la Gloire du Seigneur et qui les lisais ; et de même lorsque tu enterrais les morts. » (Tobie, XII, 12).

P. 79

1 A la grande satisfaction de Hugo lui-même, Gustave Brion (1824-1877) a illustré de deux cents dessins l'édition des *Misérables* publiée en livraisons à partir de 1864. Sur son travail, on lira Jean Gaudon, « Illustration/lecture », *Lire Les Misérables*, Anne Ubersfeld et Guy Rosa dir., Paris Corti, 1985, p. 1-34.

2 Luc-Olivier Merson (1846-1920), *Les Vitraux*, Paris, Librairies-imprimeries réunies, 1895. Dans son *Salon de 1879*, Huysmans avait expédié d'un mot « la Vierge aux sphinx et le Jésus à la mayonnaise de M. Merson » (*L'Art moderne*, éd. Crès, t. VI, p. 28).

3 Léon Ottin, *Le Vitrail. Son histoire, ses manifestations à travers les âges et le peuples*, Paris, H. Laurence, 1896. Cette mention apparaît dans la liste des peintres verriers à la p. 347.

4 La *Pietà* d'Hippolyte Bonnardel (1824-1856) était, à sa mort, à l'état d'esquisse en plâtre ; le marbre a été sculpté par ses amis et élèves.

P. 80

1 Au sens propre, se débarrasser des chenilles ; au figuré, faire son examen de conscience.

P. 81

1 Messe célébrée par fondation pour un défunt à la date anniversaire de son décès. Honoraires versés aux prêtres pour la célébration d'un service funèbre (*TLF*).

2 On se rappelle que Huysmans a consacré, dans *Certains* en 1889, une étude à une gravure de Jan Luyken figurant les massacres de la Saint-Barthélemy.

3 André Valladier, *La Saincte philosophie de l'âme, sermons pour l'Advant preschez à Paris à Sainct Médric*, l'an 1612, Paris, P. Chevalier, 1614. Le texte de la dédicace « À la Royne

Régente » qui figure dans cette édition, dont Huysmans s'amuse à ignorer la signification allégorique, suit bien le plan tripartite mentionné, mais a été sensiblement édulcoré. Jean-Paul Goujon a repris ce texte dans *Le Grand siècle déshabillé. Anthologie érotique du XVIIe siècle*, Laffont, coll. Bouquins, 2017, p. 230-232. De la partie caviardée par Huysmans, il donne la version suivante : « Pour le pratelin principal de la génération, l'époux le découvre et l'admire en se taisant, *absque eo quod intrisecus latet*, sans ce qu'elle a de caché, qui est son refrain ordinaire, après qu'il a exprimé les autres beautés [...] à cause qu'il est pudiquement fécond, fécondement pudique. Magasin des merveilles en la nature animale [...] ». Valladier ajoute cependant : « Il faudrait un plus expert anatomiste que moi pour exprimer et admirer ces grands ouvrages de la main toute-puissante de l'ouvrier [...]. »

P. 82

1 Méat, *La Fille héroïque ou sainte Reine, martyre*, Paris, T. Blaise, 1644, p. 139-140. – Huysmans traduit « les fâcheuses maladies que cause l'impureté » par la « guérison des maladies secrètes », mais ces dernières n'étaient nullement la « spécialité » de cette sainte Reine, dont la fontaine miraculeuse guérissait la fièvre, la gravelle, les empoisonnements, la gale, et redressait même les membres des estropiés.

P. 83

1 Fils du comte d'Artois, futur Charles X, le duc de Berry fut poignardé le 13 février 1820 pour mettre un terme à la dynastie des Bourbons ; après sa mort, son épouse mit au monde l'enfant qu'elle portait, « l'enfant du miracle », le duc de Bordeaux, appelé à régner sous le nom de Henri V, mais qui mourra sans enfant en 1883. En 1830, le roi Louis-Philippe, appartenant à la branche cadette des Bourbons, était monté sur le trône, au grand dépit des légitimistes, qui continuaient de défendre les droits de la branche aînée. Il semble que Huysmans, dans le récit qui suit, sous-évalue la gravité des événements, les émeutiers républicains ayant pillé et dévasté l'archevêché de Paris et d'autres églises de Paris.

P. 84

1 Cette citation provient du document intitulé *Procès du service funèbre célébré le 14 février 1831 à Saint-Germain-l'Auxerrois*, Paris, Dentu, 1831, 128 pages (ici p. 49). Ce texte manuscrit avait été retenu à charge par le tribunal contre un des émeutiers, nommé Valerius, accusé de l'avoir diffusé comme une circulaire appelant à la rébellion royaliste contre le nouveau régime. Les accusés ont été acquittés.

2 Lodoïska Kawecka, militante communarde aux côtés de Louise Michel, a réuni dans l'église St Germain l'Auxerrois le Club des Libres-penseurs le 29 avril 1871 et émis la revendication du droit au divorce. Elle fit le coup de feu sur les barricades et parvint à se réfugier à Londres.

3 Ange Pitou (1767-1846) a connu la célébrité comme journaliste et chansonnier politique sous la Révolution. Il a réuni certaines de ses chansons sous le titre *Le Chanteur parisien*, en 1808. En 1850, Alexandre Dumas a fait de lui le héros du roman qui porte son nom.

P. 85

1 Selon la légende, Marie l'Égyptienne était une prostituée repentie qui était partie vivre dans le désert de Palestine. Saint Zosime la rencontra et, à sa demande, lui donna la communion ; revenant l'année suivante, le saint découvrit le corps de Marie et reçut l'aide d'un lion pour l'enterrer. Balzac consacre à ce personnage un long passage du *Chef d'œuvre inconnu*.

SAINT-MERRY

Le croquis intitulé « Saint-Merry » n'a fait l'objet, semble-t-il, d'aucune prépublication en revue. Huysmans n'y fait aucune allusion dans sa correspondance connue et l'on ne connaît ni documents préparatoires, ni brouillons, ni épreuves d'imprimerie. L'église Saint-Merry elle-même n'a jamais été un de ses lieux de prière favoris et l'on s'interroge donc sur le choix qu'il a fait d'elle pour cette monographie et sur la date précise à laquelle il l'a écrite.

P. 86

1 On retrouve ces informations biographiques dans l'ouvrage monumental de l'abbé Baloche, intitulé *Église Saint-Merry de Paris. Histoire de la paroisse et de la collégiale*, Paris, H. Houdin, 1910, t. I, p. 1 à 6. Si Huysmans n'a pas pu consulter ce livre, il a pu en prendre connaissance dans la brochure du même auteur qu'il cite *infra*.

2 Source : *Les antiquitez, histoires, chroniques et singularitez de la grande et excellente cité de Paris, ville capitale & chef du royaume de France*, auteur en partie Gilles Corrozet, Paris, Nicolas Bonfons, 1577. Huysmans reproduit ici, en le modernisant, le texte de la p. 185.

P. 87

1 Boîte de bois ou de métal où l'on range des objets précieux.

2 Le texte de cette épitaphe est cité par l'abbé F. R. Salmon, *Les Pèlerinages de Paris*, Paris, Victor Palmé, 1874, p. 275-277.

3 « *Saint Frodulphe*, que le vulgaire appelle *saint Frou*, & qui étoit disciple de saint Merry, [...] conseilla à saint Merry de venir en dévotion à Paris aux tombeaux de S. Germain et de S. Denys. Il vint avec lui à Paris, où il mourut. Son corps est conservé dans l'église de S. Merry, où il est honoré. » *Calendrier historique et chronologique de l'Église de Paris*, par A. M. Le Fèvre, Paris, C. Hérissant fils, 1747, p. 376.

4 Information confirmée par l'abbé Baloche : « Pierre Étienne Maupas donna une fiole de baume creu, l'an 1330, le 26 mai. » (*op. cit.*, p. 238).

5 Pierre Lambert note cependant que la presse a signalé un vol de reliques dans l'église Saint-Merry, en 1965 (voir *BSH*, n° 49, 1965, p. 341).

6 « On peut voir, dans le trésor de l'église de Longpont (diocèse de Versailles), un fragment de la chasuble de saint Merry, offrant les dessins les plus curieux et les plus bizarres, avec tous les caractères de l'art incorrect et grossier de ces âges barbares. » *Les Pèlerinages de Paris*, *op. cit.*, p. 277.

P. 88

1 Prix de Rome en 1826, Louis Desprez (1799-1870) s'est spécialisé dans la restauration des églises gothiques de Paris. – Joseph Silvestre Brun (1792-1855), prix de Rome de gravure en médailles en 1817, est l'auteur des statues de Saint Pierre, Saint Thomas, Saint Barthélemy, Saint Jean et Saint Mathias.

P. 89

1 Les noms de ces quatre verriers, qui ont travaillé à Saint-Merry, sont associés dans *L'Art de la peinture sur verre et de la vitrerie*, de Le Vieil, qui énumère « les plus habiles peintres sur verre du seizième au dix-septième siècle, les *de Paroy*, les *Chamu*, les *Héron* & les *Nogare* » (Paris, Delatour, 1774, p. 83), ainsi que dans *Le Vitrail, son histoire, ses manifestations à travers les âges et les peuples*, de L. Ottin, qui écrit, dans la biographie de Jacques de Paroy, que Chamu, Jean Nogare et Héron ont travaillé avec lui (Paris, H. Laurens, 1896, p. 329). – Le nom de *de Parvy*, pour *de Paroy*, résulte d'une transcription fautive, sans qu'on puisse dire si l'erreur revient à Huysmans lui-même, qui n'a probablement pas corrigé les épreuves de ce texte, à Jean de Caldain qui en a recopié le manuscrit ou au typographe qui l'a composé.

2 L'abbé Baloche décrit, de façon confuse, les travaux engagés vers 1740 par ce Richard, nommé architecte de l'église en 1732 (*op. cit.*, p. 503-507). Il juge que, « quoiqu'il y ait de la nouveauté dans la composition de cette chapelle, l'effet d'ensemble n'est ni heureux, ni satisfaisant pour les connaisseurs. » (p. 576).

3 Petite houppe ou nœud bouffant de ruban, de laine ou de soie employés comme ornement (*TLF*).

P. 90

1 Vase de nuit de forme allongée (*TLF*).

P. 91

1 Par référence à la boutique *Au petit Dunkerke*, située au n° 3 du quai Conti, qui vendait au XVIIIe siècle des bijoux, des colifichets et des bibelots.

2 Selon son usage, Huysmans traite à la grosse les sommités de l'architecture du XIXe siècle, dont il condamne depuis longtemps la formation (école des Beaux-Arts, prix de Rome, Villa Médicis) et le travail. Prix de Rome d'architecture en 1852, Léon Ginain (1825-1898) a été architecte de la ville de Paris ; on lui doit l'église Notre-Dame des Champs et le palais Galliera. – Paul Abadie (1812-1884) a restauré et bâti des églises dans plusieurs diocèses du sud de la France et fourni les plans du Sacré-Cœur de Montmartre. – Théodore Ballu (1817-1885) a bâti l'église de la Trinité et l'Hôtel de Ville de Paris, incendié par les Communards. – Quant à Victor Baltard (1805-1874), qui a travaillé à la restauration de nombreux édifices religieux et civils et dont Huysmans avait loué, dans *L'Art moderne*, le modernisme architectural, il est emporté par son rejet de ses contemporains, alors qu'il reste connu, aujourd'hui, pour l'architecture métallique des Halles de Paris.

3 Cette description est la version retravaillée de notes de voyage prises à Mayence, le 25 septembre 1903 : « Augustinerstrasse. Église de Notre Dame – un bijou de rococo intact. C'est peu mystique, mais quand le XVIIIe siècle est ainsi conservé avec les peintures même du plafond, dans le genre Tiepolo, c'est tout de même joli et curieux. / Orgue, avec tribunes et amours – Les murs sont blancs et or ; tout est tarabiscoté. Les ventres de commode sont partout, les tortillages des grilles < dorées >, les amours, les chicorées, les cercles. Goncourt est travaillé devant cette résurrection intacte d'un temps (j'en ai une photo). [...] Retournés à l'Église de Notre Dame. Il y a des confessionnaux rococo – au-dessus de l'autel, un immense baldaquin avec couronne. Un groupe grandeur nature, une descente de croix de marbre, avec entre les colonnes aux chapiteaux dorés des angelots lancés qui relèvent des tentures de marbre – gloire d'or, au-dessus de la chaire avec des amours-anges. Tout cela c'est du théâtre – mais c'est, en comparaison de nos églises modernes, bien joli. » (« Voyage aux cathédrales rouges », éd. Pierre Brunel et André Guyaux, *Cahier de l'Herne Huysmans*, Paris, 1985, p. 389-390).

P. 92

1 Ce tableau n'est pas l'œuvre d'Antoine Coypel, un des peintres les plus honorés du XVIIIe siècle, mais de son fils Charles-Antoine Coypel (1694-1752), lui-même peintre d'histoire, qui l'a peint vers 1749. Pour sincères qu'elles soient, la comparaison redoutable que Huysmans fait de ce tableau avec celui de Rembrandt, la description moqueuse qu'il en propose et la réhabilitation inattendue par laquelle il la conclut sont là d'abord pour écraser l'art religieux du XIXe siècle, selon un même procédé appliqué ensuite aux frères Slodz.

2 Sculpteurs et décorateurs, René-Michel Slodtz, surnommé Michel-Ange Slodtz, et son frère Sébastien-Antoine ont réalisé la gloire environnée d'angelots qui décore le chœur baroque de Saint-Merry.

3 Le sculpteur Victor Évrard (1807-1877).

4 La *Nouvelle description de ce qu'il y a de plus remarquable dans la ville de Paris*, de Germain Brice, a été plusieurs fois rééditée et enrichie. Huysmans raboute ici cinq citations empruntées à l'édition de 1725, publiée à Paris par J.-M. Gandouin et F. Fournier, t. II, p. 20-24.

5 G. Brice écrit Lerembert et non Lerembart (p. 21).

P. 93

1 Auteur de *La Pucelle*, dont Boileau se moque dans sa quatrième satire, Chapelain a été membre de l'Académie française dès sa fondation en 1634.

2 « Cette église est assez régulièrement distribuée, mais triste & obscure, & très mal propre, ainsi que la plupart des Églises de cette Ville, où l'on est bien plus négligent à cet égard qu'en aucun endroit de la chrétienté, s'il est permis de le dire. » (G. Brice, *op. cit.*, p. 20).

3 Cette fresque de Théodore Chassériau (1819-1856) représente, dans le registre supérieur, la sainte accoudée à une statue de la Vierge à l'enfant et, dans le bandeau inférieur, son inhumation par saint Zosime accompagné de son lion ; elle a été peinte en 1841-1843.

4 Carle Van Loo (1705-1765) a été un des peintres de cour les plus appréciés et récompensés du siècle de Louis XV, en particulier dans l'entourage de Mme de Pompadour. Cette *Vierge à l'enfant*, dite *La Vierge bleue*, est une huile sur toile qui date de la fin de sa vie ; elle n'a rien pour séduire un admirateur des peintres primitifs.

5 Présentée au salon de 1759, cette œuvre Clément Louis Marie Belle (1722-1806) évoque la profanation des hosties perpétrée le 15 avril 1723. Sous le n° 122, l'*Explication des peintures de 1759* le décrit ainsi : « On y voit en bas le S. Ciboire & les Hosties renversées, le Curé & quelques Ecclésiastiques suivis du Peuple, sont prosternés dans un saisissement de frayeur & d'adoration. En haut paroît le Pere Eternel : l'Ange Exterminateur est prêt à venger cet outrage ; la Religion prosternée implore la miséricorde de Dieu pour l'auteur inconnu de ce sacrilége. [...] Le tableau destiné à être placé dans l'église de S. Merry a onze pieds de hauteur sur sept de largeur. »

P. 94

1 Barbe Avrillot, épouse Acarie (1566-1618) a œuvré à l'introduction des Carmels en France, après avoir reçu l'apparition de sainte Térèse. Huysmans reviendra longuement sur son rôle dans « Les Carmels de Paris », publié dans *L'Écho de Paris* le 15 février 1899, et repris dans *De tout*, en 1901.

2 Gabriel Cornu, décédé en 1763, a été élève de Largillière ; il était actif autour de 1750.

3 Jean-Baptiste Antoine Boucher, *Histoire de la bienheureuse Marie de l'Incarnation : dite dans le monde Mme Acarie*, Paris, Lecoffre, 1854, t. I, p. 35. Ceci « dans les premiers temps qui suivirent son mariage », car, selon son hagiographe, elle avait « amour, respect et soumission

envers son mari », lui portait « fidèle et courageuse assistance », était le « modèle des mères chrétiennes » et le « modèle d'une maîtresse de maison » (*passim*).

4 Intitulé *Sainte Geneviève gardant ses moutons*, ce tableau est daté du 4e quart du XVIe siècle par l'Inventaire général du patrimoine culturel. Il est conservé aujourd'hui au musée Carnavalet. La ville présente dans les lointains est Paris. Traditionnellement, Geneviève n'est pas représentée en bergère, mais la guerrière qui engagea les habitants de Paris, dont elle est la patronne, à résister aux Huns d'Attila.

P. 95

1 La rue Taillepain a été absorbée en 1911 par la rue Brisemiche, qui existe encore.

P. 96

1 Si ce mot, qui désigne les prostituées se tenant à la fenêtre, est ancien, ce type de racolage a inspiré à Maupassant la nouvelle « Le Signe », publiée en 1886, et à Jean Lorrain « L'Homme au bracelet », paru dans *Histoires de masques*, en 1900. Andrea del Lungo a étudié ce motif dans *La Fenêtre : sémiologie et histoire de la représentation littéraire*, Paris, éd. du Seuil, 2014.

2 Lorsqu'il écrivait *Là-bas* sous l'influence de Boullan, Huysmans a composé un dossier sur les profanations d'hosties, consultable à la bibliothèque de l'Arsenal sous la cote Ms Lambert 34. Le récit bien connu du miracle des Billettes, qui remonte au début du XIVe siècle, prouve que cette question, ravivée par l'antisémitisme lié à l'affaire Dreyfus, lui importe encore.

3 Fête religieuse célébrée durant trois jours.

4 Autre synonyme ancien de prostituées.

P. 97

1 On trouve trace de l'affaire dans l'*Histoire de la ville de Paris*, composée par Michel Félibien, Paris, Desprez et Dessesartz, 1725, 5 vol. t. II, p. 704-705. Il raconte que le Prévost de Paris fit « déffense » aux propriétaires des maisons de « loüer à des femmes vivant publiquement dans la dissolution [...] en chassa toutes les femmes de mauvaise vie et fit boûcher les portes de plastre » ; les bourgeois portèrent plainte, mais le « chefcier » argua de « l'indécence d'un pareil voisinage auprès d'une église aussi fréquentée que celle de S. Merri. » – L'abbé Baloche, dans son ouvrage postérieur à la mort de Huysmans, cite le texte de l'édit du roi Henry VI et ajoute ce commentaire : « Huysmans a buriné quelques traits, bien frappés, sur la rue Taillepain et ses clients, filles follieuses et ruffians. « "Les bouticles à péché" de Baillehoc [*sic*] ont disparu, mais dans d'autres milieux et conditions elles foisonnent toujours. » (p. 103).

2 Nom donné jadis au chanoine chargé de l'entretien du chevet, du luminaire et du trésor d'une église.

3 Huysmans prétend tenir cette anecdote de Henri Sauval, qui la rapporte en effet dans son *Histoire et recherches des Antiquités de la ville de Paris* (Moette et Chardon, 1724, t. III, p. 612), mais il l'emprunte probablement à l'abbé Lebeuf, qui la raconte, en citant cette source, dans son *Histoire de la ville et de tout le diocèse de Paris*, Paris, Féchoz et Cie, 1883, p. 167.

4 Source non identifiée.

P. 98

1 Histoire emprunte à l'abbé Lebeuf, qui écrit que « S. Edme Archevêque de Cantorbery, étudiant à Paris en Théologie vers 1220, avait assisté toutes les nuits à Matines », mais l'élément final provient sans doute d'une autre source non identifiée.

P. 99

1 Récit emprunté quasi textuellement à l'*Histoire de la ville et de tout le diocèse de Paris*, de l'abbé Lebeuf, Paris, Féchoz et Letouzey, 1883, t. I, p. 167. Mais on en trouve aussi les éléments dans le *Choix de chroniques et mémoires de l'Histoire de France*, composé par J. A. C. Buchon : Guillemette « moult avoit de belles révélacions de Nostre Seigneur » ; « Le Roi lui fist faire de beauls oratoires de bois en plusieurs esglises [...] comme à Saint Marry sa perroisse » ; « on l'a aucusnesfois veue soulevée de terre en l'air plus de deux piez » (Paris, Desrez, 1839, p. 288).

2 L'abbé Lebeuf écrit : « Comme il s'était commis des excès sur une Image de la Sainte Vierge peinte sur une maison proche de l'église, le Parlement ordonna, le 25 mai, "que le clergé de la Sainte Chapelle se rendrait processionnellement à cette image qui serait repeinte, et qu'on y chanterait les louanges de la Mère de Dieu" » (*ibid.*, p. 167).

3 Huysmans emprunte ces informations au même abbé Lebeuf, p. 171. Les détails relatifs à la règle suivie par les Bonnes femmes proviennent d'une autre source, non identifiée.

P. 100

1 *Ibid.*

2 Citation extraite du *Théâtre des Antiquitez de Paris*, de Jacques du Breul, *religieux de Saint Germain des Prez*, Paris, Société des Imprimeurs, 1639, p. 737.

3 Le sort de saint Genest, comédien romain converti et exécuté, a inspiré une tragédie à Rotrou, en 1647.

P. 101

1 En 1720, le comte Antoine-Joseph de Horn attira un riche agioteur dans un cabaret pour le dépouiller et l'assassiner. Malgré son rang et ses relations avec le Régent, il fut arrêté et roué vif, le 26 mars, en place de Grève. Alexandre Dumas évoque ce fait divers célèbre dans *Les Mémoires d'une aveugle*, roman publié en 1857.

2 À la suite des funérailles du général Lamarque, des barricades furent élevées rue du cloître Saint-Merry les 5 et 6 juin 1832. Les insurgés ont été pour la plupart massacrés par la garde nationale. Hugo décrit longuement les faits dans la 4e partie des *Misérables*.

P. 102

1 Affilié à l'Internationale, nommé commissaire de police du quartier Sainte-Avoye sous la Commune, Eugène-François Froissart a perquisitionné les églises Saint-Gervais et Saint-Merri : condamné par contumace aux travaux forcés à perpétuité par le conseil de guerre le 24 décembre 1872, il s'est exilé en Belgique.

2 Gustave Flourens, né en 1838 et tué le 3 avril 1871, était un opposant républicain à l'Empire, un proche de Rochefort et, avec le titre de général, un membre influent de la Commune de Paris.

3 Faute de trouver cette brochure, on se reportera à l'ouvrage monumental de l'abbé Baloche, intitulé *Église Saint-Merry de Paris. Histoire de la paroisse et de la collégiale*, Paris, H. Houdin, 2 vol. 1910-1911.

4 Assemblée religieuse.

P. 103

1 Néologisme créé par Huysmans (M. Cressot, p. 316).

2 Le Concordat de 1801 relatif à l'organisation des cultes a mis fin aux principes de l'église gallicane et entraîné processus d'unification liturgique sous l'autorité de Rome, qui

conduit les prêtres à changer de bréviaire. Cette romanisation rencontre des résistances aux divers niveaux de la hiérarchie ecclésiastique.

3 Condamnant les réformes introduites au XVIIe siècle, Dom Felletin déclarait dans le chapitre XIII de *L'Oblat* : « Nous eûmes alors les œuvres de Harlay, de Noailles, de Vintimille. Ces Prélats chambardèrent de fond en comble le psautier, n'admirent plus que des antiennes et des répons extraits des Écritures ; ils biffèrent les légendes des saints, amoindrirent le culte de la sainte Vierge, évincèrent une série de fêtes, substituèrent aux anciennes hymnes des poésies de Coffin et de Santeuil. L'on enroba les hérésies de Jansénius dans le latin du Paganisme. Le bréviaire parisien fut une sorte de manuel protestant que les jansénistes de Paris colportèrent dans la province. » (éd. Crès, t. XVII, II, p. 186-187.) – Sur cette question, on se reportera à l'*Histoire de la France religieuse*, de Ph. Boutry, Paris, Seuil, 2001, t. III, p. 423-445), et à Vincent Petit, « Clergé romain, évêque anglican : la guérilla liturgique au sein du clergé français au milieu du XIXe siècle », *Mélanges de l'école française de Rome*, 2008, 120, 1, p. 223-234.

P. 104

1 Prose du XIVe siècle à la Vierge Marie pour les défunts.

2 L'acolyte est un clerc chargé de servir à l'autel un membre de la hiérarchie placé au-dessus de lui ; thuriféraire, il est chargé de l'encensoir ; cérémoniaire, de veiller à l'organisation et au déroulement des cérémonies.

3 Le livre de l'abbé Baloche cite ces extraits du règlement à la p. 408.

P. 105

1 Nous n'avons pas trouvé trace de ce fait.

P. 106

1 Selon l'abbé Baloche, Pierre Fabrègue (1748-1812) avait prêté serment à la Constitution civile du clergé en 1791 et suspendu ses fonctions ecclésiastiques en 1794, avant de rétracter son serment. Il est vicaire à Saint-Merry en 1800, curé en 1803. « Fabrègue s'appliqua, avec un zèle louable, à réorganiser son église. Sur une œuvre déjà ancienne, les Clercs de Saint-Merry, formée, avant 1789, de pieux laïques et d'aspirants au sacerdoce, – pendant la Révolution, seulement de laïques, – il fonda une œuvre nouvelle, conforma aux exigences du moment. » (*op. cit.*, t. II, p. 254). L'abbé Baloche ajoute : « Le dimanche 26 novembre 1905 [...] fut célébré le "Centenaire des clercs". [...] M. l'abbé Baloche, en chaire, lut un rapport sur les Clercs. [...] M. Baloche retraça le passé, non sans gloire, des Clercs de Saint-Merry. [...] La fondation de la Société en 1805, par le curé Fabrègue, fut plutôt une réorganisation [...] » (*ibid.*, p. 406). – Atteint d'un zona à cette date, Huysmans n'a pas assisté à la cérémonie.

Annexe

Le manuscrit inédit publié ci-dessous est conservé à la Bibliothèque de l'Arsenal sous la cote Ms Lambert 26 (21). Pierre Lambert, qui en a effectué une copie conservée sous la même cote, le date de l'année 1903. Mais il est probable que la rédaction des notes qu'il contient se soit étendue sur une plus longue période, comme ce fut le cas, mieux connu, du *Carnet vert*.

Ces notes étaient-elles destinées à documenter un ouvrage unique ou bien des ouvrages différents ? Aucun document ne permet d'en décider, même si leur caractère disparate fait pencher vers la seconde hypothèse. De fait, seule la première série de notes, brèves et particulièrement décousues, semble correspondre à un projet de roman abandonné (il y est question de Durtal et de *Là-bas*, de chapitres et de personnages), dont c'est la seule trace écrite. Une seconde partie, brève également, est constituée de notes de lecture relatives à l'histoire du jansénisme, qui n'ont fait l'objet, comme les précédentes, d'aucun réemploi connu. Seule la troisième partie, la plus fournie et la moins hétérogène, est formée de notes réemployées. Certaines d'entre elles ont servi à la rédaction du texte intitulé « Paris retrouvé », que Huysmans a n'a pas publié ; d'autres, sur l'église de Saint-Germain-l'Auxerrois et son quartier, ont alimenté la rédaction du croquis publié sous ce titre le 15 janvier 1904. C'est pourquoi nous avons choisi de les publier dans le même volume que le croquis en question.

6e chapitre – bonne sort – soir – apportez bois

---

vie du libraire – En raconté – on peut mettre entre chapitres comme Là Bas, autre chose, vie habituelle de Durtal, mais sans nom.

n'apparaît qu'au d[ernie]r chapitre, en tisonnant, avec l'idée de feu Trinitaire. Gloria Patri etc.

Sacré Cœur et le Jansénisme		
grds magasins		
communion fréquente	Lourdes	symbolique du cierge
hymne des Complies	La vierge (itinéraires)	
22 sous des confessions.		
L'abbaye aux Bois	le P. Chevrier	
St Germain l'Auxerrois	souvenirs d'Allemagne	

Les types chez lui de Meilkeinen [sic] et autres –
En raconté, cela devient autrement facile, avec les réflexions que l'on peut faire.
Le P. Michaud, y songer
à propos de vocation, : la beauté
la seule ici bas – la sœur Prache – lui
partisan Charles II [Charles IX] partant au cloître, malgré mes avis. La vocation ! se rappeler Ste Chantal et St
François de Sales à propos de la mère Angélique

Le système du casse-cou et de la glissoire
Le P. a charge sur ces âmes là, à coups de plat de sabre.
L'abbaye aux bois
St Germain l'Auxerrois
rue de la Bourdonnais

Naundorff. La Lécarech – de Meckeinem [sic] –
Gaukler
Lourdes – itinéraires de la Vierge en France

Voir – fils employé Ministère – Parison ? [ou bien : Paris ou]
curé d'Aulnoy – Gorenflot.
Livre des Nonnains de Troyes
Sacré-Cœur – et le Jansénisme –
Ce fut en 1623 que St Cyran entra en relations avec la mère Angélique –
condamnation papale de <la 1re bulle contre> Jansénius en …1643
Angélique morte en 1661.
« ces religieuses pures comme des anges et orgueilleuses comme des démons ».

- La pénitence et la contrition des mourants lui semblaient non avenues et inutiles. Pour lui, on était jugé avant la mort (St Cyran).
- Angélique abbesse fut une fois 5 mois sans s'approcher des sacrements et passa une année, le jour de Pâques, sans communier) 252 – 250.
- La peur de Dieu, seule, là où Jésus a mis l'amour.
- Jansénisme – (245)

– Il y en quelque sorte rayé l'Évangile pr reprendre le Dieu de Genèse (moi)

– Dieu défiguré.

histoire du parfum versé, reproché avarement par Judas

Angélique Mre de Port Royal en la haine de St Bernard, pr l'art, pour le luxe, pour les fleurs, pour Dieu –

C'est l'aboutissement fol de la religion du Moyen Age le Jansénisme – L'acuité de la juste peur exprimée par le Jugement d[ernie]r des cathédrales :

Du Vergier de Hauranne, abbé de St Cyran.

traînant toujours l'enfer, après lui, ne fulminant que des anathèmes. En somme c'est la religion vraie, juste du Moyen Âge, mêlant la juste crainte à l'amour, aboutissant seulement à la défiance et à la crainte.

Ce serait là la raison de la protestation du Sacré Cœur – l'amour –. Les Jansénistes lui firent une guerre acharnée à Longuet (vie de Marie Alacoque) parue en 1729.

Marguerite née en 1647 + (morte) 1690

St Germain l'Auxerrois, cerné par les usines à péchés – la Belle Jardinière, le Pont Neuf, la Samaritaine – Et encore là, y a-t-il peut-être un côté utilitaire – mais le Louvre n'est pas loin !

L'ancienne paroisse des Rois de France est celle de la Mode
pour les femmes – avec ses ventes à temparément [*sic*], ses bons
Crépin, la Samaritaine qui grandit, est atroce.
St Germain est là, c. N. Dame des Victoires près de la Bourse.
Le sort des seules églises propres, de l'autre côté de l'eau !
La cleptomanie [sic] des grands magasins !
Toute la question sociale est là : le Louvre et Potin,
la mort du petit commerce, la force du Capital. Il
faut d'abord détruire cela, où rien n'est à faire ; mais
les petits commerçants sont moins bien montés et plus voleurs
alors ?
Les vitraux du fond sont de : Thévenot 1847.
celui de St Borromée. 1845 – par Vigné – qui ne
sont pas sans valeur, dit Odin.

Thevenot – 1835. Clermont – Odin – c'est tout –
Clermont-Ferrand – « où Thévenot, verrier et écrivain contribua

à remettre la peinture sur verre ds une bonne direction ;
il répara, aidé de Steinheil les vitraux de la cathédrale de Bou …
(Olivier Merson – des vitraux)
Maréchal de Metz – « ses couleurs ne sont pas assez adhérentes
au verre » (Merson). je te crois ! !

Dimanche 21 juin 1903
Fête du Sacré-Cœur – (du jeudi) Vêpres St Germain l'Auxerrois
prêche – salut procession – reposoir ds l'abside, chapelle
du milieu – Exquis de la chapelle de la bonne Mort
cela rappelle le bon temps de St Séverin. Des nuées
de gosses, couronnées de roses, si petites, si petites, avec les
sœurs de charité.

Et si peu de monde ! !

Ce jeudi. St Guillaume. 25. à 5h petit salut. Bien. 2 enfs de chœur en rouge céroféraires, 1 thuribule. Suisse avec hallebarde et canne, en petite tenue, en tête 3 prêtres le Curé avec étoles l'officiant et derrière un huissier à chaine, le père Pichard. Quelques cierges sur l'autel, en sus des 6 grands allumés.

Chants : Ave Verum – quelques strophes de l'adoro Te – Magnificat, Inviolata – tu es petrus, tantum Ergo – et après Laudate.

Le tout en plain chant. 4 basses – petit orgue. Mieux que les grands saluts.

Pas une âme ! – le vide – quelques petites filles amenées par une sœur de charité pr la nef. 3 ou 4 bonnes femmes, un ou 2 étrangers, regardant sans se soucier du Salut. La pauvre église !

– ~~Jeudi~~ 15. Samedi. Assomption – Vêpres, mauvais St Sulpice – puis procession
statue Vierge sur épaules – d'abord fillettes en blanc – puis enfs de chœur rouge et
blanc – prêtres noirs et blancs – 3 en chape à la fin. Les Litanies de la Vierge, comme
à N. D. des Victoires, encore arrangées sur l'Ora pro nobis – mais entraînantes, aimables.
s'il n'y avait que ces hérésies de plain-chant là ! – le Magnificat de St Sulpice, et

– sermon – bénédiction. Du fond de la chapelle de la bonne mort, par un temps d'orage, couvert, tout noir, au tournant, près de porte d'entrée Renaissance
un coup de jour – Pas une âme ! seul dans l'abside – La pauvre église ! mais
combien charmante ainsi et là ! – un seul suisse – 2 hommes à chaînes – Il n'existe certainement pas d'église plus délaissée !

5 juillet 1903

St Germain – grand messe 9 ½ – durée 1 h ½ – sorti à 11 h.
juste – prône, brioche, tout – dimanche 5e après Pentecôte
Précieux sang – au chœur solemnité de la fête de St Pierre et Paul –
Messe – introït en plain-chant, ordinaire, pas mal
Kyrie, Gloria, musique moderne, infâme.
Graduel – avalé en moitié par petit orgue – alleluia supprimé –
Credo – plain-chant abîmé – chanté avec des lenteurs imbéciles
pas d'offertoire remplacé par morceau de grand-orgue
Agnus Dei – de contrebande moderne – ainsi que le Sanctus
Communion – plain-chant médiocre.

En somme : en fait de plain-chant (faux) introït, Credo, Communion – après la communion du prêtre – un sabbat moderne –

Nef pas remplie – serait vide sans les petites filles des Sœurs.
4 hommes dans la nef – un ou 2 mendigos ds les bas-côtés. Diacre, s.diacre en velours rouge, avec pattes, en palettes de bouchons.

Les vitres de la Renaissance qu'on voit, de belle tenue, mais brouillées c. à St Etienne du Mont, avec le système des blancs, pour les chairs, les figures – des gommes-cutte [*sic*] et des bleus de Prusse gros, des verts opaques
Comme nous sommes loin du bleu idéal de Chartres et de ces verts sourds et mystérieux. Rouges médiocres –

Ça vaut par l'ordonnance, la belle tenue des scènes – mais
c'est une vraie décadence déjà au point de vue de la couleur.

Les 3 chapelles du fond – une avec St Vincent tenant un livre et une palme – puis
un ange agenouillé, la Ste Vierge couronnée, Jésus tenant le globe du monde – un autre ange – enfin St Germain avec un manteau d'un brun Carmélite, sourd, mystérieux – superbe –

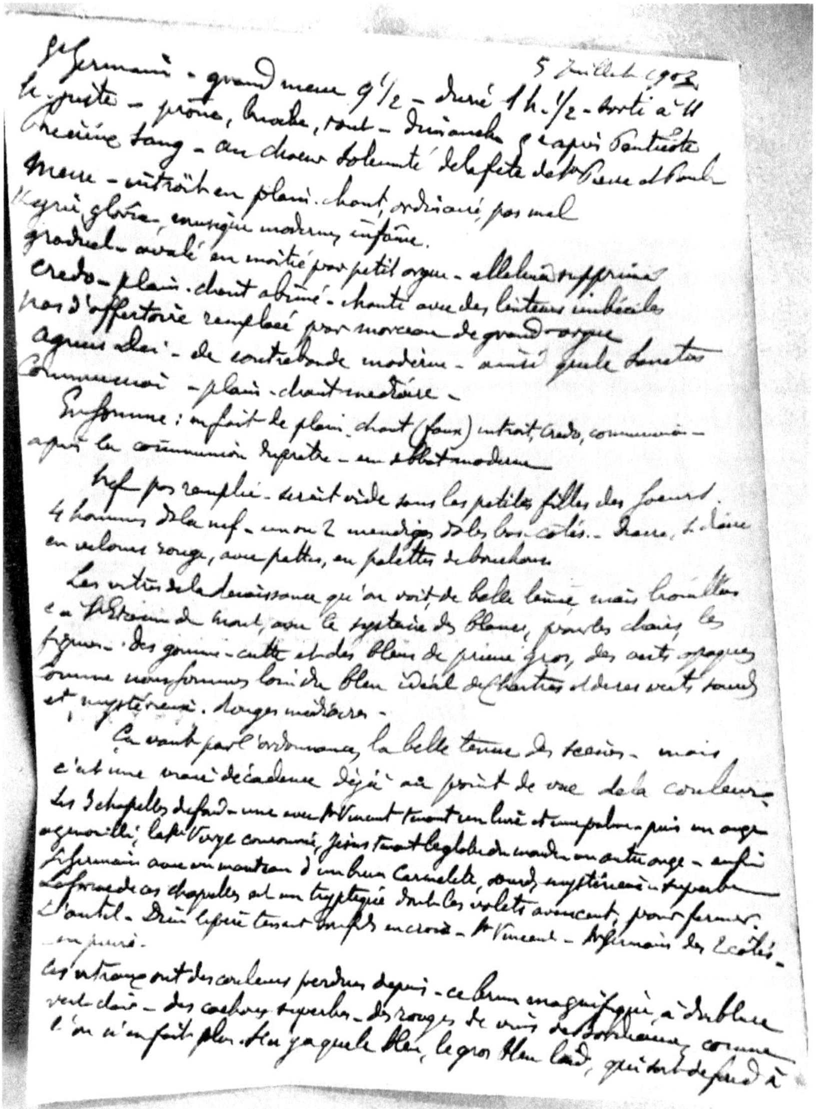

5 Juillet 1902

St Germain - grand messe 9 1/2 - durée 1 h. 1/2 - sorti à 11
la juste - prône, [illegible], tout - dimanche [illegible] après Pentecôte
[illegible] - au chœur solennité de la fête de St Pierre et Paul
Messe - introït en plain-chant, ordinaire, pas mal
Kyrie, gloria, musique moderne infâme.
graduel - avalé en moitié par petit orgue - alleluia supprimé
Credo - plain-chant abîmé - chanté avec des lenteurs imbéciles
pas d'offertoire remplacé par morceau de grand orgue
agnus dei - de contrebande moderne - ainsi que le sanctus
Communion - plain-chant médiocre -
En somme : on fait le plain-chant (faux) introït, credo, communion -
après la communion reprise - en [illegible] moderne

Nef pas remplie - serait vide sans les petites filles des sœurs
4 hommes de la nef - un ou 2 mendiants dans les bas-côtés. Suisse, bedeau
en velours rouge, avec pattes, en palettes de bouchers.

Les vitres de la Renaissance que l'on voit de belle tenue mais brouillées
[illegible] dans le mystère des Blancs, pour les chairs les
figures. Des [illegible] des bleus de prime [illegible], des verts opaques
[illegible] bleu idéal de Chartres et de ces verts sourds
et mystérieux. Rouges médiocres -

On vante par l'ordonnance, la belle tenue des scènes - mais
c'est une vraie décadence déjà au point de vue de la couleur.
Les 3 chapelles du fond - une avec St Vincent tenant un livre et une palme - puis un ange
agenouillé ; la Ste Vierge couronnée, Jésus tenant le globe du monde, un autre ange - enfin
St Germain avec un manteau d'un bleu [illegible], sourd, mystérieux - superbe
Le fond de ces chapelles est un tryptique dont les volets avancent pour fermer
l'autel - Dieu le père tenant son fils en croix - St Vincent - St Germain des 2 côtés
- en pierre.

Ces vitraux ont des couleurs perdues depuis - ce brun magnifique, ce bleu
vert clair - des cachous superbes - des rouges de vins de Bordeaux, comme
l'on n'en fait plus. Bleu quel bleu, le gros bleu lavé, qui est de fond à

FIG. 10 – Notes prises par Huysmans sur l'église Saint-Germain l'Auxerrois, extrait, Bibliothèque de l'Arsenal, Ms Lambert 26 (21).

La forme de ces chapelles est un tryptique [*sic*] dont les volets avancent, pour fermer.
L'autel – Dieu le père tenant son Fils en croix – St Vincent – St Germain des 2 côtés –
en pierre ou prière [à voir]
Ces vitraux ont des couleurs perdues depuis – ce brun magnifique, à doublure vert-clair – des cachous superbes – des rouges de vins de Bordeaux, comme
l'on n'en fait plus. Il n'y a que le bleu, le gros bleu laid, qui sert de fond à

> rue des Bourdonnais – serpente – en contre bas
> trottoir élevé tout le long du derrière de la
> Belle Jardinière qui occupe tout un côté
> 12 – imprimeur
> 14 fermé – portes à doubles vanteaux carrelées de clous.
> [*en marge*] ex hôtel de Beaulieu maître des Comptes
> 16 contributions – gdes remises au fond de la cour
> 20 – porte à mi-corps en laque verte – avec
> les noms Bertou et Got en rouge. Elle fait le
> coin d'une rue fermée par une grille, rue des
> trois Visages.
> [*en marge*] hôtel de magistrature (Lefeuve)
> 22 toiles – bâches prélarts
> 24 bonneterie
> toutes vieilles maisons à grandes portes
> 43 coin – md de vins à l'enfant Jésus – cabaret du 16e siècle (?)
> [*en marge*] aboutit aux Halles en traversant la rue Rivoli
> 39. 17e siècle – impasse au coin – Lieu patibulaire –
> 34 de l'autre côté – 2 cours – un perron date de 1640.

tous. Les 2 mausolées sont de la famille de Rostaing – puis chapelle Ste Geneviève ds l'ombre – jour là – une à St Denys sans autel, avec une inscription – en haut devt un confessionnal, en l'air St Denys entre St Eleuthère et l'autre.

Ces vitres modernes du fond ne sont vraiment pas mal.
Bien supérieures à celles de la nef, en bas, peintes à fleur de verre, où

il y a des verts pistaches et des roses pourtant curieux.

Ceux-là qui ressemblent aux vitraux de la chapelle de la Vierge seraient du ~~Maréchal de Metz~~.

rue de l'arbre sec

9 ou 10 hôtels garnis.
rue Baillet envahie par les annexes de la Samaritaine
qui s'avance et englobe tout.
au 54. Carrière, fabricant de cierges qui a une maison rue St Sulpice
Le 22 est au coin de la rue Baillet – hôtel du XVIIe siècle –
46-48 ? hôtel Louis 14 – de St Roman 1680
y logent un peintre – Renouard graveur. 1 grav. en pierres fines.
52 balcon très beau c'est l'
hôtel de Trudon

Société protestante de prévoyance de Paris (Bottin)

Le n° 44 est passé la rue de Rivoli
Le 33 de l'autre côté.
4 hôtel des Mousquetaires. D'Artagnan y aurait logé ?
2 ancienne maison avec balcon.

Le Bon Marché – à 6 ½ du matin – La table
servie de luxe est visible – La tentation en
permanence. La figure affolée des femmes sortant
les jours de g^{de} exposition – La kleptomanie –
Usines à péchés –
La Samaritaine donnant à tempérament
ajoutant ce système de glissoire dans l'abîme –
Tout est fait pr inviter la femme au péché.
Elle peut entrer sans acheter – se donner le supplice
de Tantale – se préparer ainsi plus sûrement à
la chute.
Combien de femmes là dedans seraient levées par des
vieux riches, devant des robes et des dentelles.
La grande démoralisation est là – sans
compter la question sociale –

L'infamie spéciale de la luxure ds les vieilles âmes !

LES FOULES DE LOURDES

NOTES SUR L'INTRODUCTION

P. 110

1 Bibliothèque de l'Arsenal, Ms 15587, f° 20.

2 Lettre du 22 mars 1903, Ms Lambert 61, f° 34.

3 *Le Gaulois*, 1er août 1903, Joris-Karl Huysmans, *Interviews*, éd. J.-M. Seillan, Paris, Champion, 2002, p. 385. Huysmans précise que son voyage à Lourdes lui servira peut-être « pour quelque épisode » de ce futur roman.

4 J.-K. Huysmans, *Pages choisies*, Paris, J. M. Dent et fils, [1913], Introduction, p. 20.

5 Non sans en souffrir, comme il l'avoue à Jules Lemaitre, alors qu'il lui reste deux romans à écrire, dans une lettre, le 9 mars 1890 : « Certes oui, je commence à être las de ma série, ceci entre nous. Mais il faut bien que je la finisse, sans trop changer mes procédés. Ensuite, je verrai si je ne suis pas trop vieux, et si je ne crains pas trop qu'on m'accuse de retourner ma veste. » (*Correspondance*, éd. B. H. Bakker, Montréal-Paris, Les Presses de l'université de Montréal-Éditons du CNRS, 1987, vol. VI, p. 455).

6 Lettre en date du 19 décembre 1903, Ms Lambert 66, f° 23.

P. 111

1 Au même, 31 mai 1906, *ibid.*, f° 39.

2 *La Vie de J.-K. Huysmans*, *op. cit.*, p. 392.

P. 112

1 Lettre à A. Berthet, 3 mai 1903, Ms Lambert 61, f° 96.

2 *L'Oblat*, II, p. 232. Nous soulignons.

3 Lettre du 25 juillet 1902, Ms Lambert 60, f° 238. Formule reprise à l'identique dans la lettre au même du 26 août, *ibid.*, f° 240. Sur cette question, lire *Huysmans, politique et religion*, chap. XVI.

4 À Léon Leclaire, 24 mars 1904, Ms Lambert 60, f° 298.

5 Lettre à Mme Huc, 20 septembre 1905, Ms Lambert 24/6, RM34.

6 À Léon Leclaire, 28 août 1902, Ms Lambert 60, f° 242.

7 *Les Foules de Lourdes*, note de Lucien Descaves, *Œ. C.*, éd. Crès, t. XVIII, 1934, p. 340.

8 Lettre à Mme Huc, Ms Lambert 24/6, RM 34.

9 Lettre à Leclaire, 28 novembre 1902, Ms Lambert 60, f° 251.

P. 113

1 « Pantin », texte paru le 15 septembre 1881 dans le numéro 18 de *La Revue littéraire et artistique*. Cette phrase a disparu de la version du texte introduite dans *A rebours*.

2 *Interviews*, *op. cit.*, p. 149-150.

3 *Journal de l'abbé Mugnier*, Paris, Mercure de France, 1985, p. 91.

4 Parmi eux, bien sûr, Léon Bloy qui écrit en 1908 dans *Celle qui pleure* : « Je ne sens pas d'attrait vers une Immaculée Conception couronnée de roses, blanche et bleue, dans les

musiques suaves et dans les parfums. Je suis trop souillé, trop loin de l'innocence, trop voisin des boucs, trop besoigneux de pardon. » (*Œuvres de Léon Bloy*, éd. Jacques Petit, Paris, Mercure de France, 1970, p. 171-172).

5 *Là-Haut ou Notre-Dame de La Salette*, éd. Michèle Barrière, Nancy, Presses Universitaire de Nancy, 1988, p. 141-142.

6 Ni dans ses deux carnets de voyage, ni dans le livre qui en est issu, Huysmans, qui fut un des premiers romanciers à introduire le chemin de fer en littérature, ne décrit l'arrivée ou le départ des trains de malades à la gare de Lourdes. Zola s'y était rendu trois fois pour prendre des notes, les 20, 23 et 30 août 1892.

7 Lettre à Leclaire, 19 août 1898, Ms Lambert 60, f° 94.

8 Par exception, Huysmans évoque Lourdes avec bienveillance dans une lettre datée du 23 novembre 1897. Mais il s'adresse à Dom Micheau, curé du village Mondion, dans la Vienne, qui rentre de pèlerinage : « Je vois que vous êtes allé à Ligugé et à Lourdes. Ce dernier lieu est tentant, car si l'on y voit l'horreur de la souffrance, l'on y voit aussi l'immense bonté de la douce Mère. » (Joseph Daoust, *Les Débuts bénédictins de J.-K. Huysmans*, Abbaye de Saint-Wandrille, éditions de Fontenelle, 1950, p. 131).

9 Lettre à Georges Landry, 11 mars 1903, Ms Lambert 25, f° 148.

P. 114

1 Notes du samedi 14 mars 1903, *infra*, p. 527.

2 Lettre à Jean de Caldain, 27 mars 1903, Ms Lambert 61, f° 241.

3 À Henri d'Hennezel, 19 juillet 1903. Copie conservée au Centre de recherche sur la littérature française du XIXe siècle, UMR CELLF 16-21 de l'Université Paris-Sorbonne. – La presse anticléricale ne cesse, dans ces années, de réclamer la fermeture du sanctuaire. À titre d'exemple, le *Gil Blas* écrit sous la plume de J. Ernest-Charles, le 8 juin 1906 : « il y a quelque chose à faire. [...] c'est dans l'intérêt de la religion autant que dans celui de la République qu'il importe d'agir. [...] dans ces basiliques tumultueuses s'organisent désormais les troupes du cléricalisme politique. »

4 Lettre à Auguste Prénat, 27 novembre 1904, *BSH*, n° 59, 1972, p. 20. Voir aussi les lettres à l'abbé Salles du 29 novembre 1904 : « je ne sais toujours pas si je ferai quelque chose sur Lourdes. C'est si embrouillé, si obscur et il y a tant de choses désagréables à dire que vraiment j'hésite » (Ms Lambert 52, f° 53), et à l'abbé Henry Moeller du 29 décembre 1904 : « « je suis toujours très incertain à propos de *Lourdes*. C'est si parfaitement incompréhensible – et si affreux, au point de vue humain – quand on a vraiment étudié cela de très près, qu'on peut hésiter vraiment à s'engager dans ce véritable maquis où il y a du vrai et tant de faux. Je me tâte, sans me résoudre » (Ms Lambert 50, f° 173).

P. 115

1 *Guide de Lourde et de la Grotte, comprenant la description complète de Lourde, de la grotte, et des environs : topographie, histoire, itinéraires, statistiques, administrations, etc*, par M. Jean Barbet, officier de l'Instruction publique, membre de la Société académique des Hautes-Pyrénées, Société de Saint-Augustin, Desclée, De Brouwer et Cie, 1892.

2 Par exemple : « Est-ce le Démon qui pr offenser la Vierge fait acheter et poser là où Elle se plaît, ces laideurs ? C'est à se le demander. » (Annexe I, *infra*, p. 520) « Quel mystère ! et comment définir et expliquer la Vierge de Lourdes ? » (*ibid.*, p. 527) « Ici, c'est enfant et pompeux, mais est-ce très naïf ? peut-être arriverai-je à Paris, au loin, à déchiffrer l'énigme de sensations que Lourdes donne. » (*ibid.*, p. 531).

P. 116

1 *Interviews*, *op. cit.*, p. 468. Formulation approximative, Huysmans ayant séjourné à Lourdes au printemps 1903 et dans l'été 1904.

2 *Ibid.*, respectivement p. 434-438, 461-467 et 467-473.

3 Interview écrite datée du 25 septembre 1906, *ibid.*, p. 477.

P. 117

1 « Lourdes, vu par Zola et Huysmans : lectures croisées », *Balade en Midi-Pyrénées, sur les pas des écrivains*, Pierre Nouilhan, Paris, Éditions Alexandrines, 2011, p. 246. C'était déjà l'avis de Zola, qui écrivait dans son *Voyage à Lourdes* : « C'était la suite au prochain numéro » (éd. citée, p. 80).

2 C'est, parmi d'autres, le cas du chapitre XII, où se succèdent une promenade sur un marché, des attaques contre le ministère Combes, la visite de la maison de Bernadette, des souvenirs personnels, le rappel des polémiques lourdaises, des jugements de critique d'art, des extraits de documents sur la personnalité de Bernadette et le récit de ses dernières années à Nevers.

P. 118

1 Le Havre, Imprimerie du Commerce, 1885.

P. 119

1 Dans « Notre visite à Lourdes », *Les Amitiés françaises : notes sur l'acquisition par un petit lorrain des sentiments qui donnent un prix à la vie*, Paris, Plon, 1924.

2 Au chapitre X, par exemple « C'est devant moi un remous de têtes ; des gens se haussent sur la pointe des pieds pour voir ; des enfants sont à califourchon sur les épaules de leurs papas, des dames sont montées sur des bancs et sur des chaises ». Ou encore au chapitre XI : « l'atmosphère est irrespirable, j'avance derrière des dos [...] ; enfin, poussant et poussé, je me dégage des gens qui m'enserrent et, à travers des bancs chargés de fidèles que je dérange, j'atteins la sacristie ».

P. 120

1 Comme il l'avait fait pour le Durtal de *L'Oblat*, Huysmans a accru sa propre solitude en évinçant des *Foules de Lourdes* Marguerite et Léon Leclaire, qui l'accompagnaient quotidiennement.

2 C'est plus vrai encore dans *Terrains à vendre au bord de la mer*, qui paraît la même année que *Les Foules de Lourdes*. Henry Céard y décrit *in absentia* des malades en cure à Berck-sur-Mer : « Les infirmes, traînés sur le dos dans ces longues voitures tirées par des ânes, véhicules sinistres dans les planches desquels les immobiles voyageurs semblent déjà faire l'apprentissage de la bière et du corbillard, les infirmes s'effaçaient, points noirs perdus, presque invisibles, dans l'immensité des sables, et ne tenaient guère plus de place que les poux de mer au bord de l'Océan. » Puis il évoque le « spectacle des coxalgies, des scolioses, des gibbosités, du mal de Pott, des affections tuberculeuses des os, des arthrites, des goitres, de la scrofule infinie et variée dans ses manifestations suppurantes d'abcès et de fistules. » (Paris, Librairie Charpentier et Fasquelle, 1906, p. 714-715). Huysmans ne relève pas cette coïncidence thématique dans la lettre de remerciement qu'il adresse à Céard le 27 octobre 1906.

3 Ms Lambert 25, f° 154. Nous soulignons. Même sentiment dans *Les Foules de Lourdes* : « Je suis las de plaies, de prières, de cris ; les voiturettes des malades continuent de passer et je ne veux plus les regarder. »

P. 121

1 Ms Lambert 25, f° 149. Lire les notes de voyage prises sur ces villes, *infra*, p. 532-538.
2 En quoi il se conforme à l'Esprit de pénitence « qui nous fera accepter avec résignation et joie tous les sacrifices et toutes les privations ; pas d'*excursions* en dehors de Lourdes. » Recommandation du *Pèlerin du Berry à Lourdes*, Bourges, Tardy, 1903, p. 6.
3 Voir aussi : « Notre-Dame de Bétharram [...] est un des lieux d'excursion les plus connus des pèlerins qui vont y passer quelques heures, afin de changer leur piété de place » ; « Après-demain, tout ce monde-là sera parti en excursion ; ils ont amené peu ou pas de malades ; au fond ce sont plus des touristes que des pèlerins. »

P. 123

1 Lettre à Marie de Villermont, 26 mars 1903, éd. citée, p. 357. Même plainte, le lendemain, auprès de Jean de Caldain : « Le séjour, ici, est devenu vaguement insupportable, par suite des visites de raseurs, des raccrochages de prêtres dans la rue. L'incognito étant perdu, il n'y a qu'à regagner le patelin [Paris]. » (27 mars 1903, Ms Lambert 61, f° 241).
2 Ms Lambert 51, f° 63.
3 Document conservé dans le dossier Ms Lambert 34 de la bibliothèque de l'Arsenal.
4 Lettre à Georges Landry, 12 septembre 1904, Ms Lambert 25, f° 151.
5 Au même, 19 septembre 1904, *ibid.*, f° 154.
6 À Mme Huc, 5 octobre 1906, Ms Lambert 24/7, RM 50.
7 Traduit en quatre-vingts langues, ce livre de Lasserre aurait atteint, dit-on, un million d'exemplaires. Ce succès tient, pour une part sans doute, au caractère grossièrement mélodramatique de son récit. Bernadette y est présentée comme une vierge innocente tourmentée par une coalition de persécuteurs retors, manipulés par Satan (commissaire de police, juge de paix, préfet, évêque, prêtres, ministre des Cultes), mais protégée par le Ciel.

P. 124

1 *La Cathédrale*, éd. citée, t. XIV, I, p. 25 et 27.
2 Lettre du 14 août 1903, Ms Lambert 54, f° 161. Nous soulignons.
3 *Les Villes initiatiques. I. Lourdes, étude hiérologique*, Paris, Chacornac, 1902.

P. 125

1 Lille, Société de Saint-Augustin, 1892.
2 Toulouse, E. Privat, 1901.
3 Carnet de notes de 1904, *infra*, p. 561.

P. 126

1 Mais la revue escamote la dernière phrase du chapitre : « Ah ! lorsque le Diable se fait bondieusard, ce qu'il devient terrible ! »
2 Note sur *Les Foules de Lourdes*, éd. Crès, t. XVIII, p. 339.
3 Comme le notera également Michel de Saint-Pierre, « malgré sa limpidité, Bernadette est l'un des êtres les plus secrets et les plus mystérieux de l'hagiographie » (*Bernadette et Lourdes*, Paris, La Table ronde, 1958, p. 172). On rappellera aussi les paroles adressées par le pape Pie XI à Mgr Flynn, évêque de Nevers, lors de la canonisation de Bernadette, en 1933 : « Je n'y comprends rien, cette simple enfant, la Vierge l'a choisie ! Cette dernière des religieuses, je la mets sur les autels ! Quel mystère ! » (Paroles citées par Guy Thuillier, « À propos du 150e anniversaire des apparitions de Lourdes : pour un programme de recherche sur Bernadette Soubirous », *La Revue administrative*, n° 362, janvier-février 2008, p. 198).

4 Dans son édition de 1874, le *Grand Dictionnaire universel du XIXᵉ siècle*, de Pierre Larousse, parangon de l'esprit positif, écrit à l'article *miracle* : « le miracle craint le grand jour de l'esprit. S'il recommençait à faire nuit sur terre et que l'ignorance étendît de nouveau sur l'humanité ses ailes de chauves-souris, les miracles reprendraient leur cours et iraient bon train. [...] Le miracle est mort, et en attendant que la police correctionnelle se charge de tirer au clair les jongleurs de Lourdes et de La Salette, disons avec Béranger : "Sous le nom de pieux patrons, / Ainsi nos corps mis en spectacle, / Font pleuvoir l'argent dans les troncs ; / C'est là notre plus grand miracle." »

5 L'opposition irréductible entre les deux partis est mise en scène dans une curieuse pièce de théâtre en vers et en deux tableaux, due à Jean-Marc d'Anthoïne (pseudonyme du prêtre traditionnaliste Luc Lefèvre) et intitulée *Une enquête sur le miracle. Les Premières Foules de Lourdes. Deux tableaux, février et juin 1858* (Paris, Éditions de la Jeune Académie, 1934). Elle fait dialoguer un « journaliste de droite » et un « journaliste de gauche » qui s'affrontent, avec un sectarisme égal, au cours de l'enquête qu'ils mènent à Lourdes en février et juin 1858, c'est-à-dire à l'époque des visions de Bernadette. Simultanément, ils sont les témoins des démêlés qui opposent les commères du village, tout aussi partagées qu'eux sur le crédit et le sens à accorder au phénomène en cours. C'est un miracle accompli par Bernadette sous les yeux de tous qui met un terme à leurs débats.

P. 127

1 Élisabeth Claverie a consacré une étude éclairante aux premiers moments de l'apparition dans « Parcours politique d'une apparition. Le cas de Lourdes », *Archives de Sciences sociales des religions*, nº 145, 2009/1, p. 109-128.

2 À Jean Lionnet, 4 août 1901, Ms Lambert 66, fº 109.

3 Paris, Bloud & Gay, 1897, 464 pages. – Lasserre ne faisait nullement l'unanimité au sein du clergé. Mgr Augustin Forcade, évêque de Nevers de 1860 à 1873, qui avait été témoin de ses manœuvres pour rencontrer et interroger Bernadette, l'accuse de malhonnêteté intellectuelle. « Enivré par le succès de son premier ouvrage – écrit-il –, il s'est cru tout permis ; avec des vues fort peu surnaturelles, il a prétendu se faire comme un monopole du pèlerinage de Lourdes. » (*Notice sur la vie de sœur Marie-Bernard, dans l'Institut des Sœurs de la Charité et de l'Instruction chrétienne de Nevers*, Aix, A. Makaire, 1879, p. 62).

4 Zola a été chaperonné par Henri Lasserre lors de son séjour d'enquête à Lourdes et a subi son influence. Sur le sujet, lire Émile Zola, *Mes voyages, Lourdes, Rome*, journaux inédits présentés et annotés par René Ternois. Zola, rapportant un de leurs entretiens, note : « Lasserre voudrait que tout en mettant le divin, je fisse l'histoire de l'humain pas beau qui s'agite autour. C'est mon plan, mais par divin, je n'entends que l'inconnu. » (Paris, Fasquelle, 1958, p. 86).

P. 128

1 Lettre à Leclaire, 17 septembre 1905, fº 347. – L'ouvrage en question s'intitule *Henri Lasserre, sa vie, sa mission, ses lettres, papiers et documents inédits* (Paris, B. Bloud, 1901).

2 Paris, Bloud and Gay, s. d. Colin rapporte les propos de Lasserre, selon qui *Lourdes* « n'est pas un roman, c'est un faux témoignage » et un plagiat de l'œuvre de... Lasserre. Ce dernier raconte que Zola, qu'il avait guidé à Lourdes, avait été retenu par intérêt au bord de la conversion : « Elle impliquait en effet, sans tarder d'une heure, la nécessité d'arrêter le fleuve de corruption, d'empoisonnement en permanence qu'il a depuis vingt ans déversé sur notre pays. Mais ce fleuve de boue roule en grande abondance d'incessantes paillettes d'or. En décréter l'arrêt soudain, fermer cette fructueuse maison de commerce et de proxénétisme qui lui appartient en propre, c'était la ruine immédiate. (p. 37-37).

3 Documents autographes conservés par la Bibliothèque de l'Arsenal, Ms Lambert 32, f° 31, p. 7.

4 Qui voudrait mesurer la violence de cette querelle lirait la copie de la très longue lettre écrite en 1901 par cet Ernest Artus à ses enfants. Persuadé que Lasserre a été « manifestement choisi par le Très Sainte Vierge pour être l'historien de ses apparitions à Lourdes », il dénonce « la jalousie imbécile des Pères de la Grotte », en particulier du Père Sempé, qui devraient au contraire lui « élever une statue ».

5 Ms Lambert 32, f° 25. Louis Colin écrit une première fois à Huysmans le 22 avril 1906, puis, après avoir lu *Les Foules de Lourdes*, les 4 et 8 octobre 1906. La réponse de Huysmans est datée du 7 octobre.

6 Lettre à Mme Huc, 5 octobre 1906, Ms Lambert 24/7, RM 50.

P. 129

1 Lettre à Leclaire, 9 octobre 1906, Ms Lambert 60, f° 356. On sait que P.-V. Stock, anticlérical et dreyfusard, avait créé dans son catalogue une « Bibliothèque anarchiste ».

2 Au même, *ibid.*, f° 347.

3 La référence aux marchands du Temple (Matthieu, XXI, 12-13) est constante dans les descriptions de Lourdes, en particulier dans la littérature anticléricale.

4 Analyse identique chez Zola, qui relève « la démoralisation par l'argent gagné, par le flot d'étrangers qui traversent la ville au galop, par le mauvais exemple. Des étrangers viennent pour coucher avec des femmes, des prêtres même. » (*Mes voyages, Lourdes, Rome, op. cit.*, p. 66).

5 L'idée que le sens esthétique fait défaut dans l'Église a été confortée, chez Huysmans, par Dom Besse, qui écrivait dans *Le Moine bénédictin* : « Ce sens artistique, les moines l'ont porté partout avec eux. Le laid leur fait horreur. Ils y voient un désordre, un je ne sais quel péché, dont la présence dans le temple ou à son ombre blesse le regard des Anges. Tandis que l'art est comme un reflet de la beauté ineffable de Jésus. » (Ligugé, Imprimerie Saint-Martin, 1898, p. 113. La première édition date de 1892.)

P. 130

1 Paris, Arthur Savaète, 1905.

2 Lettre du 18 mars 1903, Ms Lambert 48, f° 239.

P. 131

1 *Du Sacré. Croisades et pèlerinages*, Paris, Gallimard, 1987, p. 364.

2 Lettre à Léon Leclaire, 30 septembre 1906, Ms Lambert 60, f° 355.

3 Nous soulignons.

P. 132

1 Zola a chargé M. de Guersaint de dénoncer, en des termes que Huysmans ne pouvait qu'approuver, le ratage esthétique de Lourdes : « aujourd'hui, les architectes bâtissaient les églises avec la science tranquille qu'ils mettaient à bâtir les maisons à cinq étages, de même que les objets religieux, les chapelets, les médailles, les statuettes, étaient fabriqués à la grosse, dans les quartiers populeux de Paris, par des ouvriers noceurs qui ne pratiquaient même pas. » (*Lourdes*, éd. Jacques Noiray, Paris, Gallimard, coll. Folio classique, 1995, p. 496-497). De son côté, Grillot de Givry s'élève avec force contre « la suprême dérision qu'on appelle l'église du Rosaire, monstrueux pastiche d'art et la pire laideur qui soit à Lourdes ». « Partout à Lourdes l'Église a oublié son passé d'art. Le protestantisme

et le XVIIIe siècle, son succédané, ont si bien passé comme un fléau empoisonné sur toute l'Europe qu'ils n'ont rien laissé ». « On sent déchoir de toute part la splendeur d'art dont s'était entouré le passé » (*Les Villes initiatiques, Lourdes*, éd. citée, p. 187, 195 et 201). Il n'est pas jusqu'à Paul Claudel qui ne déplore, dans un texte tardif, « que les deux églises de ce lieu sacré soient si médiocres, si étriquées, si insuffisantes à tous points de vue, si timides, si inadéquates à leur vocation » (« L'Institution de Lourdes », texte daté du 27 mai 1953, repris à l'occasion de sa mort dans le *Journal de la grotte de Lourdes*, 27 février 1955, p. 1).

P. 133

1 « *Huysmans et* Les Foules de Lourdes », in *Littératures, région, religions*, P. U. de Bordeaux, 1988, p. 166.
2 *Pèlerins de Lourdes*, Paris, Plon, 1933, p. 174-175.
3 *Notre-Dame de Lourdes*, Paris, Victor Palmé, 1869, p. 450.
4 Les plus longs passages biffés sur manuscrit concernent en effet les membres du clergé et les dames de la haute société : voir les variantes relevées aux p. 229, 260-261, 286 et 357.
5 « Huysmans et Zola : Lourdes en question », *Cahier de L'Herne Huysmans*, Paris, 1985, p. 326-327.
6 Zola écrit : « Cela était à la fois anxieux et délicieux. Et il [Pierre Froment] voyait des choses qui le touchaient infiniment, des bouquets en tas déposés aux pieds de la Vierge, des ex-voto enfantins, des petits souliers fanés, un petit corselet de fer, une béquille de poupée, pareille à un joujou. » (éd. Noiray, p. 311).

P. 134

1 Carnet de notes de 1903, *infra*, p. 519.
2 Lettre à Mme Leclaire, 12 novembre 1904, Ms Lambert 60, f° 318.
3 Lettre à Leclaire, 26 septembre 1904, Ms Lambert 60, f° 310.
4 Robert Baldick (*La Vie de J.-K. Huysmans*, *op. cit.*, p. 394) affirme que « le livre fut en général peu critiqué », alors que L. Descaves évoque les « centaines d'articles » provoqués par sa publication (éd. Crès, t. XVIII, p. 342-344.). La consultation des dossiers de presse composés par Huysmans donne raison à ce dernier.

P. 135

1 Rétrospectivement, Paul Claudel lie encore les apparitions de Lourdes au contexte politique d'alors. Il y reconnaît « un mouvement, après les premières années du XVIIIe siècle, dont on dirait, promu et soutenu par une science effrontée, que le triomphe, aujourd'hui menacé, a coïncidé avec d'effroyables catastrophes. » (« L'Institution de Lourdes », art. cité.)
2 Paris, au secrétariat de l'œuvre, 1909.
3 Dans *Politiques du pèlerinage, du* XVIIe *siècle à nos jours*, Luc Chantre, Paul d'Hollander et Jérôme Grévy dir., Rennes, Presses universitaires de Rennes, coll. « Histoire », p. 199-207.
4 *Ibid.*, p. 202.

P. 136

1 *Notre-Dame de Lourdes, récits et mystères*, *op. cit.*, p. 429, souligné par l'auteur.
2 *Ibid.*, p. 473-474.
3 *Ibid.*, p. 607.
4 Bruxelles, Espace de libertés-Éd. du Centre d'action laïque, 2005.
5 Dans *Lourdes et ses tenanciers*, Paris, Louis Michaud, [s. d.], p. 60 et 93.
6 Lyon, M. Paquet, 1906.

P. 137

1 Auxquels s'ajoutent évidemment les protestants, comme le confirme Huysmans à Grillot de Givry, le 15 janvier 1903, à propos de son livre *Les Villes initiatiques. I. Lourdes, étude hiérologique* : « Vous avez joliment bien fait [...] de vomir le protestantisme. À ce moment, où tous ces solennels gredins triomphent, c'est de joie que de les voir fumer sous le bon fer rouge dont vous les étampez. » (Ms Lambert 48, f° 21/29).

2 *En ménage*, éd. Crès, t. IV, p. 78.

3 « La Foule religieuse de Lourdes chez Zola et Huysmans », *Mil neuf cent. Revue d'histoire intellectuelle*, 2010/1, n° 28, p. 58.

4 Paris-Lourdes, Garnier frères-Paul Dufour, 1887, 89 pages.

5 Paris, Téqui, 1998, p. 229.

P. 138

1 Lire Thierry Lescuyer, « Huysmans et Zola : Lourdes en question », *Cahier de l'Herne Huysmans*, 1985, p. 324-332.

2 Lettre à Van Santen Kolff, 9 septembre 1893, éd. citée, 1989, vol. VII, p. 433. Avec sa malveillance coutumière, Edmond de Goncourt avait noté dans son *Journal*, le 6 mars 1892 : Zola nous dit « qu'il a été à Lourdes et qu'il a été frappé, stupéfié par le spectacle de ce monde de croyants hallucinés, et qu'il y aurait de belles choses à écrire sur ce renouveau de la foi, qui, pour lui, a amené le mysticisme, en littérature et ailleurs, de l'heure présente. En l'entendant, je pensais au roublard littéraire qui, sentant que le naturalisme est en baisse, songeait au bon tremplin qu'il trouvait là pour passer mystique avec une grosse vente, ainsi que d'antiacadémique, il est devenu aspirant académicien. » (*Mémoires de la vie littéraire*, éd. Robert Ricatte, Paris, Laffont, coll. Bouquins, 1989, t. III, p. 675).

3 Le 26 juillet 1892, *ibid.*, p. 735.

P. 139

1 Face au roman de Zola, le clergé serre les rangs et s'applique aussitôt à le discréditer. Témoin l'ouvrage de Mgr Antoine Ricard, *La vraie Bernadette de Lourdes. Lettres à M. Zola* (Dentu, Paris, 1894), qui en relève méthodiquement les inexactitudes, en citant les témoins des apparitions, et en en réfutant l'interprétation, à l'aide d'arguments et d'exemples que l'on retrouve chez Huysmans.

2 Dans « *Lourdes* à l'Index : le rapport de la censure pontificale » *Les Cahiers naturalistes*, 2009, n° 83, p. 263-287.

P. 140

1 *Ibid.*, p. 268.

2 Comme le prouve la lettre à Grillot de Givry du 17 mars 1903, Huysmans redoute l'inscription de ses livres à l'Index : « L'Index ? ah ! j'y ai passé pour la Cathédrale et ai eu bien du mal à m'en tirer. Dès qu'un de mes livres paraît, je suis dénoncé par de bons prêtres et des laïques que ma franchise exaspère. » (Ms Lambert 48, f° 21/29). Il exposera les raisons de son hostilité à l'Index dans une lettre à Mme Huc, le 1er janvier 1904 : « Cette lourde machine de l'Index mise en branle par tant de délations et de haines m'est insupportable. Je n'ai jamais vu dans les Évangiles que le Christ ait persécuté personne. [...] Nous demandons la liberté pour nous et nous n'avons qu'un but, assommer ceux qui ne pensent pas comme nous. Nos revendications sont dans de telles conditions, ridicules. Nous nous rendons odieux à tous. Comme l'a dit assez ironiquement Loisy : je

me soumettrai – "Galilée s'est bien soumis et ça n'a pas empêché la terre de tourner". » (Ms Lambert 24/5, RM 19).

3 Annexe I, *infra*, p. 540.

4 *Interviews*, *op. cit.*, p. 306-307.

P. 141

1 Zola et Huysmans ont consulté les mêmes ouvrages : *La Grotte de Lourdes, sa fontaine, ses guérisons*, du docteur Dozous (Auch, Guérin-Muller et Cie, 1874), *Lourdes, histoire médicale*, du Dr Boissarie (Lacoffre, Paris, 1891), *Les Épisodes miraculeux de Lourdes* (Lyon, E. Vitte, 1892) et *Notre-Dame de Lourdes* (Paris, Victor Palmé, 1869), de Henri Lasserre. Sur le *Lourdes* de Zola, on consultera Pierre Ouvrard, *Le Fait religieux, notamment le miracle, chez Zola. Foi et raison*, Paris, L'Harmattan, 2002 ; Marie Lapière, *Le Langage dans les* Trois Villes *d'Émile Zola. La dialectique de la foi et de la raison*, Paris, Champion, 2018. Mais la documentation livresque de Huysmans a été plus abondante et, forcément aussi, plus récente.

2 *Les Grandes Guérisons de Lourdes*, Paris, Téqui, 1900, p. 517-518.

P. 142

1 Éd. Noiray, p. 565.

2 À Jean Lionnet, 4 août 1901, Ms Lambert 66, f° 109.

P. 143

1 *Lourdes*, éd. Noiray, p. 334.

2 *Histoire critique des événements de Lourdes. Apparitions et guérisons*, Lourdes-Paris, Bureaux de l'Œuvre-Lecoffre, 1905, p. 41-71.

3 Empruntée à *Lourdes*, cette formule a fait florès. Zola la prête à l'abbé Pierre Froment : « Selon le mot brutal d'un médecin, cette fillette de quatorze ans, tourmentée dans sa puberté tardive, déjà ravagée par un asthme, n'était en somme qu'une irrégulière de l'hystérie, une dégénérée à coup sûr, une enfantine. » (*Lourdes*, éd. Noiray, p. 130). Dans une interview donnée à *L'Écho de Paris* le 2 octobre 1894, Zola avait déclaré plus brutalement : « J'ai idéalisé Bernadette, qui n'était réellement qu'une pauvre idiote ».

4 Non que Bernadette ait été exemptée de maladies et de souffrances, si l'on s'en rapporte au récapitulatif établi par un médecin catholique, le Dr René Flament, dans la *Semaine religieuse du diocèse de Nevers* du 23 avril 1960 (91e année, n° 17, p. 178-190. À l'insalubrité de l'habitat familial et aux carences alimentaires de son enfance, il ajoute des atteintes de choléra, un asthme chronique, une pneumonie, des crachements et vomissements de sang, une tuberculose pulmonaire, une tumeur blanche du genou droit, alors appelée carie des os, une tachycardie probable, des syncopes et des otites à répétition, enfin des escharres. Cependant, rien dans le récit de ce médecin, qui considère que « son agonie a duré plus de trois mois, de janvier à avril 1879 », ne confère à ses douleurs la fonction de réparation ou de substitution qui caractérisait sainte Lydwine.

P. 144

1 *Interviews*, *op. cit.*, p. 477. Pour une analyse attentive des relations unissant *Les Foules de Lourdes* au *Lourdes* de Zola, on lira l'article de Soundouss El Kettani, « *Les Foules de Lourdes* ou le dernier dialogue », *Romantisme*, n° 151, mars 2011, p. 113 à 128.

2 *Interviews*, *op. cit.*, p. 306.

3 *Les Grandes Guérisons de Lourdes*, Paris, Téqui, 1900, p. 129.

P. 145

1 Voir aussi le livre de l'abbé Bertrin, dont la Table des matières, au chapitre « Interprétation des faits », contient les sections suivantes : « Que ni la nature, ni le contact de l'eau de la grotte n'expliquent les guérisons. – De l'insuffisance de la suggestion pour expliquer les guérisons de Lourdes. – [...] La suggestion et les maladies nerveuses. – La suggestion et les maladies organiques. – [...] Qu'il n'y a pas de suggestion à Lourdes. – L'explication par les forces inconnues. » (p. 147-199).

P. 146

1 Lettre à Mme Huc, 19 octobre 1904, Ms Lambert 24/5, RM 25.

2 Lettre à Léon Leclaire, 9 octobre 1904, Ms Lambert 60, f° 312.

3 *Interviews*, *op. cit.*, p. 469. Affirmation reprise et motivée dans le chapitre XIII des *Foules de Lourdes* : « Personne ne peut, en effet, se vanter d'avoir vu un miracle à Lourdes, puisque bien des cures extraordinaires ne résistent pas à l'épreuve du temps et qu'il n'y a pas de miracle, au vrai sens du mot, si le mal n'a fait que s'endormir pour se réveiller après. » – *L'Univers* montrait moins de prudence en évoquant le 8 août « les manifestations miraculeuses qui s'y produisent pour ainsi dire quotidiennement ».

4 Voir *infra*, p. 300.

5 Dans « Huysmans et Zola : Lourdes en question », *Les Cahiers de l'Herne*, Huysmans, 1985, p. 332.

6 Zola suggère que Bernadette doit ses hallucinations à « l'air de primitive foi qu'elle avait respiré dans ce pays lointain, barré de montagnes » (éd. citée, p. 123). « Toute la contrée, d'ailleurs, dévote et simple d'esprit, était comme peuplée de mystères, des arbres qui chantaient, des pierres où perlait le sang, des carrefours où il fallait dire trois *Pater* et trois *Ave*, si l'on ne voulait pas rencontrer la bête aux sept cornes, qui emportait les filles à la perdition. » (*ibid.*, p. 120). Sur ce sujet, on lira Jean-Louis Cabanès, « L'Enfance de Bernadette : effets de voix », *Les Cahiers naturalistes*, 1998, n° 72, p. 211-223.

7 En ce sens, son roman illustre les analyses développées par Gustave Le Bon en 1895 dans sa *Psychologie des foules* (Paris, Alcan). « Fallait-il croire qu'une foule n'était plus qu'un être, pouvant décupler sur lui-même la puissance de l'autosuggestion ? Pouvait-on admettre que, dans certaines circonstances d'exaltation extrême, une foule devînt un agent de souveraine volonté, forçant la matière à obéir ? », se demande Pierre Froment (éd. Noiray, p. 395).

8 *Ibid.*, p. 401.

P. 147

1 Paris, Ollendorff, 1907. J. Bois y résume les arguments des *Foules de Lourdes* aux p. 295-321.

2 Paris, Vanier, A. Messein succ., 1909, chapitre « Sur le miracle », p. 248-263.

3 *Pensées*, éd. Jacques Chevalier, Paris, Gallimard, Bibliothèque de la Pléiade, 1954, p. 1317.

P. 148

1 *Lourdes*, éd. Noiray, p. 215.

2 Nous soulignons. *Infra*, p. 557.

3 Découverts par Röntgen en 1895, les rayons X ont donné naissance à la radiologie et à l'imagerie médicale. Atteint d'un cancer, Huysmans a reçu un traitement aux rayons X en octobre 1906.

P. 149

1 Dans « Paradigme physiologique et mélange des genres. La mystique dans l'œuvre catholique de Huysmans », *Le Naturalisme spiritualiste en Europe. Développement et rayonnement*, Mickaëlle Cedergren et Marie-Cécile Cadars dir., Paris, Classiques Garnier, coll. "Rencontres", 2013, p. 44. Le phénomène a été relevé également par Christopher Lloyd, qui écrit : « *Lourdes attempts to restore such [supernatural] power, paradoxically using the techniques of modern medical science to prove that faith can effect miraculous cures.* » (*J.-K. Huysmans and the Fin-de-Siècle Novel*, Edinburgh, Edinburgh University Press, 1990, p. 129).

2 Lettre à Dom Thomasson de Gournay, Ms Lambert 61, f° 77.

3 *Religion et maladie dans le récit de fiction de la seconde moitié du* XIX*e siècle*. Thèse de doctorat préparée sous la direction du professeur Pierre Glaudes et soutenue le 5 juin 2019 devant l'université de Paris-Sorbonne.

4 *Ibid.*, p. 183.

5 *Ibid.*, p. 442.

6 *Ibid.*, p. 472.

7 *Ibid.*, p. 74.

P. 150

1 Dans « Huysmans et Zola : le dialogue brisé », *Autour de Zola et du naturalisme*, Paris, Champion, 1993, p. 254.

2 Dans « *Les Foules de Lourdes* ou le dernier dialogue », *Romantisme*, n° 151, mars 2011, p. 113.

3 *J.-K. Huysmans. Le Forçat de la vie*, Paris, Bartillat, 2007, p. 264. Nous soulignons.

4 *Modernités* 20, *Champ littéraire fin de siècle autour de Zola*, Béatrice Laville dir., Presses universitaires de Bordeaux, 2004, p. 121-139.

5 Art. cité, p. 286.

P. 151

1 Lettre du 24 février 1898, Ms Lambert 61, f° 121-122.

2 « Celui qui me reniera devant les hommes sera renié devant les Anges de Dieu », Luc, XII, 8.

P. 152

1 Zola fait présenter une objection similaire au « petit monsieur blond » de *Lourdes*, « cet écrivain de quelque talent, rédacteur influent d'un des journaux les plus lus de Paris », en qui il est d'usage de reconnaître Zola lui-même : « il n'y a pas besoin de tant d'affaires ! Qu'on me montre seulement un doigt entaillé d'un coup de canif et qui sorte cicatrisé de l'eau : le miracle sera aussi grand, je m'inclinerai. » (éd. Noiray, p. 208).

2 Jules Bois republiera cette lettre dans *Le Miracle moderne*, *op. cit.*, p. 320.

P. 153

1 Ce n'avait pas été le cas lorsqu'il s'était rendu à La Salette avec l'abbé Boullan en 1892, et à Paray-le-Monial en 1895, en compagnie de l'abbé Ferret.

2 La brièveté du séjour, la relative exiguïté du sanctuaire, la rigidité des horaires, le caractère collectif des prières, des parcours et des rituels : tout concourt à produire des narrations d'une extrême stéréotypie. Parce qu'il est dénué de toute visée littéraire et n'oublie aucun *item* de son cahier des charges, le bref récit rédigé par un certain Édouard Alexandre, sous le titre énumératif *Un Havrais à Lourdes : le voyage, les foules, la grotte, les guérisons, aperçus divers* (Le Havre, Imprimerie du Commerce, 1885), pourrait passer pour l'étalon du genre.

3 *Du Sacré. Croisades et pèlerinages*, Paris, Gallimard, 1987, p. 397. En prenant appui sur l'approche anthropologique d'A. Dupront, le père Cosimo Scordato analyse le rôle spirituel de l'itinérance pèlerine dans « Le pèlerinage, entre théologie, liturgie et piété populaire », étude recueillie par Gilles Drouin dans *Liturgie de pèlerinage et piété populaire*, Paris, Salvator, 2018, p. 139-144.

4 Durtal se dit ravi de quitter la ville durant les pèlerinages et les processions (*La Cathédrale*, II, p. 292).

5 François Angelier insiste justement sur la modernité du pèlerinage lourdais : « La technique ne bouscule pas les méandres du chemin pédestre depuis toujours emprunté, sanctifié par le pas des pèlerins, mais crée, pour elle, [...] une sacralité technologique, une sacralisation par la technique, la première. » (« Le Drageoir aux épines », introduction aux *Foules de Lourdes*, Grenoble, Jérôme Millon, 1993, p. 20).

6 Lettre à Mme Huc, 12 juillet 1904, Ms Lambert 24/5, RM 23.

7 « Huysmans à Lourdes », *Le Voyage est au bout de la page*, Anne Le Fauvre-Vivier et Claude Leroy dir., *RITM* 25, Université de Paris X, 2001, p. 200.

P. 154

1 Adolphe Retté, *Un séjour à Lourdes. Journal d'un pèlerinage à pied, impressions d'un brancardier*, Paris, A. Messein, 1909.

2 *Le Pèlerin de Lourdes*, Paris, Gallimard, 1936, p. 64

3 *Pèlerins de Lourdes* Paris, Plon, 1933, p. 10.

4 Si l'on en juge par un *Manuel du Pèlerin* contemporain du livre de Huysmans (*Le Pèlerin du Berry à Lourdes*, *op. cit.*), le pèlerin séjournait trois jours à Lourdes, chaque voyage rajoutant une journée – ce qui est le cas du roman de Zola, bâti sur cinq journées. Huysmans a séjourné à Lourdes trois semaines en mars 1903 et une quinzaine de jours en septembre 1904. Il est vrai aussi qu'il insiste sur la longueur de ses séjours à Lourdes pour mieux accuser Zola de s'être documenté « au galop » (p. 249). Il va même jusqu'à prétendre que Zola « a passé en tout 3 jours à Lourdes » (lettre à Henry Céard, 19 mars 1903, Ms Lambert 46, f° 10).

5 « À Lourdes », *Le Sillon de Bordeaux et du Sud-Ouest*, 1re année, n° 6, 15 juin 1905, p. 129 et p. 131.

6 A. Dupront, *op. cit.*, p. 397.

7 *Les Foules de Lourdes*, p. 192. Voir aussi la lettre à Jean de Caldain du 12 mars 1903 : « *De mon lit*, je vois tout cela flamber la nuit, car c'est le pays de l'eau et du feu. » (Ms Lambert 21, f° 236. Nous soulignons.)

P. 155

1 Ce qu'avait fort bien décrit Jean Borie dans *Huysmans. Le Diable, le célibataire et Dieu* : « Le corps n'est plus un lieu de communication et d'échanges avec l'extérieur, mais un refuge, une citadelle et un poste d'espionnage. Le célibataire s'y barricade comme quelqu'un qui, enfermé dans une cabane, dirigerait tous ses sens vers l'extérieur, dans une appréhension terrifiée d'une invasion possible, d'un contact redouté – alors que tout en lui supplie : ne me touchez pas. » (Paris, Grasset, 1991, p. 77-78).

2 *La Cathédrale*, II, p. 292.

3 *La Cathédrale*, I, p. 113, 123-124, 130, 139 et 279.

4 *La Cathédrale*, I, p. 120-121.

5 *Ibid.*, I, p. 49. « Descendre dans la crypte, note Alain Vircondelet, c'est revenir comme un enfant à la Mère, à cette Vierge inaltérable, non soumise à la putréfaction, c'est résoudre

l'idée de la Mère absolue. (« L'Embarquement mystique », préface de *La Cathédrale*, éd. du Rocher, 1992, p. 28). De fait, *Les Foules de Lourdes* s'oppose plus à Chartres qu'à La Salette.

P. 156

1 Carnet de notes, 20 septembre 1904, Annexe II, *infra*, p. 560.

2 *Autour de Huysmans*, Paris, Desclée de Brouwer, 1946, p. 10.

P. 157

1 Guy Thuillier, site Lourdes de Nevers, mars 2008, p. 26.

2 Le manuscrit porte la mention : « Ces 2 pages en caractères autres que ceux du texte. » (Arsenal, Ms Lambert 44).

3 *Les Convertis d'hier. François Coppée, Ad. Retté, J.-K. Huysmans, Paul Bourget, Ferdinand Brunetière*, Paris, Beauchesne & Cie, 1908, p. 15.

4 Contrairement à l'abbé Benjamin Guinaudeau, qui a « essayé de faire revivre la pure et douce figure de Bernadette, [...] de saisir et fixer quelques traits de la suave beauté de son âme », dans *Douze heures avec Bernadette*, Tours, Barbot-Berruet, 1887. Guinaudeau, qui s'inspire de Lasserre, défroquera peu après et deviendra journaliste dans la quotidien socialiste *La Justice* de Georges Clemenceau.

5 *Là-bas*, éd. Classiques Garnier, 2019, p. 632.

P. 158

1 Ms Lambert 60, f° 344.

2 Lettre du 19 septembre, Ms Lambert 77, f° 59.

3 Nous nous référons ici à l'édition Victor Palmé de 1870.

P. 159

1 « Huysmans, le corps dépeint », *Revue d'Histoire littéraire de la France*, nov.-déc., 1980, n° 6, p. 955.

2 Lire « Tendresse et vitupération dans *Les Foules de Lourdes* », *Huysmans entre grâce et péché*, Beauchesne, 1995, p. 149-171.

P. 160

1 *Journal de l'Abbé Mugnier*, 26 septembre 1904, Paris, Mercure de France, 1985, p. 149.

2 Éd. citée, p. 75.

P. 161

1 *En route*, éd. Crès, II, I, chap. v, p. 176-177.

2 Le IIe Entretien ouvre un débat sur ce sujet, à la suite d'une objection présentée au Comte par le Chevalier : « Vous disiez *que nous souffrons peut-être aujourd'hui pour des excès commis il y a plus d'un siècle*; or il me semble que nous ne devons point répondre de ces crimes, comme de celui de nos premiers parents. Je ne crois pas que la loi s'étende jusque-là; et, si je ne me trompe, c'est bien assez d'un péché originel, puisque ce péché seul nous a soumis à toutes les misères de cette vie. Il me semble donc que les maux physiques qui nous viennent par héritage n'ont rien de commun avec le gouvernement temporel de la Providence. » À quoi le comte répond : « si un homme s'est livré à de tels crimes ou à de telles suites de crimes qu'ils soient capables d'altérer en lui le principe moral, vous comprenez que cette dégradation est transmissible, comme le vice scrofuleux ou syphilitique. » (éd. Pierre Glaudes, Paris, Robert Laffont, 2007, p. 484-486).

P. 162

1 Annexe II, *infra*, p. 557.

2 Cette thèse de la transmission intrafamiliale des péchés et des peines par une sorte d'hérédité surnaturelle remonte en effet à l'époque de *Là-bas*. Elle apparaît dans une lettre inédite adressée par Huysmans à une correspondante non identifiée (Berthe de Courrière, peut-être) le 9 septembre 1892 à propos d'une certaine Mme Garcet, une possédée qu'il avait demandé à l'abbé Boullan de libérer de ses démons : « Le cas de la brave Mme Garcet est [...] l'un des plus compliqués qui soient. Il est héréditaire. Depuis 40 ans – ce qu'elle n'avait pas osé dire – de père en fils et de mère en fille, tout le monde en est atteint et en meurt dans cette famille. La maison de Varennes est hantée à un tel point que tous les arbres meurent ou ne donnent plus de fruit. [...] Je me demande, moi, étant donné l'hérédité satanique de cette famille – qui doit expier quelque chose que nous ne connaissons pas – si la délivrance sera possible. » Boullan parle lui-même de cette affaire dans une lettre à Huysmans à l'occasion de son voyage à Paris, en novembre 1892 (Ms Lambert 98).

3 Cette réflexion sur le massacre des Innocents avait trouvé initialement place dans le texte de *Trois Primitifs* publié fin 1904 par l'éditeur Messein, à propos des souffrances de la Vierge du maître de Flémalle. On y lisait : « Ne peut-on également conjecturer que, Daret l'ayant peinte un peu avant son départ pour l'Égypte, elle médite sur cet hallucinant mystère du Christ incarné pour sauver le monde de son sang et sauvé tout d'abord, lui-même, par le sang des autres, par le sang des Innocents qu'Hérode s'apprête à trucider ; les Innocents qui se substituent au faux coupable pour endurer la peine de la mort à sa place ! » Huysmans a fait disparaître cette phrase dans le texte de *Trois Primitifs* repris dans le volume *Trois Églises, trois primitifs*, publié à titre posthume, en 1908, chez l'éditeur Plon, parce qu'il l'avait entre-temps employée, en la dotant d'une signification nouvelle, dans *Les Foules de Lourdes*.

P. 163

1 Ms Lambert 60, f° 353. Une rumeur a alimenté la crainte de Huysmans de voir son livre inscrit à l'Index. Le 23 octobre 1906, le *Gil Blas* avait écrit à propos des *Foules de Lourdes* : « Ce volume déchaîne des colères inouïes et le clergé français menace son auteur, quoique oblat, des pires châtiments, Rome va être saisie, et l'écrivain sera très probablement puni. » Le même quotidien avait dressé, le 6 septembre, la liste des écrivains français dont l'abbé Bethléem proscrivait la lecture aux catholiques et, notant que Huysmans n'était pas inscrit à l'Index, avait ajouté : « Bethléem, vous n'avez pas tout lu... ».

2 Dans *Les Rêveries d'un croyant grincheux*, *BSH*, n° 89, 1996, p. 57.

3 Lire Évanghélia Stead, *Le Monstre, le singe et le fœtus : tératogonie et décadence dans l'Europe fin-de-siècle*, Genève, Droz, 2004.

4 « Huysmans et *Les Foules de Lourdes* », *Littératures, Région, Religions*, Presses Universitaires de Bordeaux, 1988.

P. 164

1 P. Cogny, *De l'écriture à l'Écriture*, Paris, Téqui, 1987, p. 261.

2 Gaël Prigent, « *Les Foules de Lourdes* ou le style émondé », *BSH*, n° 99, 2006, p. 3-19.

3 « Le Drageoir aux épines », préface des *Foules de Lourdes*, Grenoble, Jérôme Millon, 1993, p. 50.

4 Dans *Huysmans intime*, Paris, Librairie des Saints-Pères, 1908, p. 29.

5 Voir Annexe VI, *infra*, p. 569.

6 Ms Lambert 45, f° 19.

7 Lettre à G. Landry, 12 septembre 1904, Ms Lambert 25, f° 151.

P. 165

1 Il s'agit de *La Parabole des aveugles*, œuvre de Pierre Breughel l'Ancien exécutée en 1568, illustrant la parole de Jésus à propos des Pharisiens : « « Laissez-les. Ce sont des aveugles qui guident des aveugles. Or, si un aveugle guide un aveugle, ils tomberont tous deux dans la fosse. » (Mt XV,14 ; Lc VI, 39). On se rappelle que cette œuvre a inspiré à Baudelaire une pièce des *Fleurs du mal*.

2 Le 11 septembre 1904, éd. citée, p. 388.

3 Lettre à Émile Nugues, 13 mars 1903, Ms Lambert 51, f° 88.

P. 166

1 Pour une identification exhaustive de ces références, on consultera Gaël Prigent, *Huysmans et la Bible. Intertexte et iconographie scripturaires dans l'œuvre*, Paris, Champion, 2008, p. 404-405 et *passim*.

2 *Lourdes*, éd. Noiray, p. 570.

P. 167

1 *Infra*, respectivement p. 218, 212 et 358.

P. 168

1 Carnet de notes, dimanche 15 mars 1903, *infra*, p. 530.

2 « *Sainte Lydwine de Schiedam* ou l'hagiographe dépossédé », *L'Infini*, n° 24, hiver 1988-1989, p. 125.

3 *Œuvres complètes*, éd. Claude Pichois, Paris, Gallimard, Bibliothèque de la Pléiade, 1975, t. I, p. 692.

P. 169

1 Ms Lambert 25, f° 153.

2 Lettre à Léon Leclaire, 26 septembre 1904, Ms Lambert 60, f° 310. Boissarie, à qui Huysmans offrira son livre, en accusera réception en ces termes, le 13 octobre 1906 : « Je vous remercie d'avoir bien voulu nous envoyer votre ouvrage. Vous reproduisez avec exactitude et bienveillance la physionomie de nos séances et votre ouvrage rendra certainement service en nous débarrassant de tous les préjugés de suggestion et d'influence nerveuse qui règnent autour de nous. Nous vous remercions bien sincèrement d'avoir bien voulu mettre au point nos enquêtes et nos travaux. […] » (Ms Lambert 34).

3 Lettre à Léon Leclaire, 25 juin 1905, Ms Lambert 60, f° 340.

4 Lettre à l'abbé Henry Mœller, 6 octobre 1906, Ms Lambert 65, f° 180.

5 Pierre Cogny, *J.-K. Huysmans, de l'écriture à l'Écriture*, Paris, Téqui, 1987, p. 262.

6 « *Les Foules de Lourdes* ou la dualité de J.-K. Huysmans », *La Table ronde*, n° 125, mai 1958, p. 124.

P. 170

1 Éd. Crès, t. XI, 1930, p. 356.

2 Ce qu'il reconnaît le 24 mars 1904 dans une lettre à Leclaire : « c'est si monté de ton, à cause d'une admirable démone du 15e siècle qui s'y prélasse que je ferai dresser les cheveux sur les têtes des catholiques. Je ferai paraître ça dans des revues profanes » (Ms Lambert 60, f° 299).

3 Lettre à Arij Prins, 24 juin 1898, éd. citée, p. 325.

4 À Léon Leclaire, 19 août 1898, Ms Lambert 60, f° 94.

5 Carnet de notes de 1903, *infra*, p. 522.

P. 171

1 Ms Lambert 25, f° 148.

2 Lettre à Jean de Caldain, 12 mars 1903, Ms Lambert 61, f° 236.

3 « Lettre de la prieure : elle a fait l'exhortation, disant à la petite : il faut que les grâces que nous obtenons retombent sur nos amis. – Sur M. Huysmans, surtout, dit la petite. « Elle s'est constituée *sa prieuse* (terme du Carmel) dit la Mère. Que tout cela est étrange ! » (Carnet de Lourdes, 24 mars 1903, Annexe 2, *infra*, p. 541).

P. 172

1 Voir Annexe I, *infra*, p. 524.

2 Dans *Le Quartier Saint-Séverin*, Huysmans avait composé un diptyque similaire autour de dame Flore, la recluse enfermée, au Moyen Âge, auprès de l'église Saint-Séverin et d'une fille homonyme assassinée dans un bouge du quartier : « Quels abîmes d'âme séparent la prostituée de cette sainte pleurant les méfaits des Flore de son temps [...] ! Mais l'ancienne solitaire doit encore intercéder là-haut pour les descendantes de celles que les supplices qu'elle s'infligeait ici-bas sauvèrent ; elle prie sans doute pour la pauvre vaurienne qui a mérité le pardon de ses péchés [...] ». (éd. Crès, t. XI, p. 125).

3 Dans « Le Drageoir aux épines ou L'intime souffrance de Joris-Karl Huysmans », *op. cit.*, p. 18.

P. 173

1 Ms Lambert 60, f° 362.

P. 174

1 Le 30 juillet 1890, Boullan mettait en garde Huysmans qui écrivait *Là-bas* : « pour votre livre, ils en savent le contenu, et ils ont même la connaissance de ce que vous n'avez pas encore écrit. Au besoin, ils pourraient vous le citer à vous-même. » (Ms Lambert 76, f° 185).

2 Myriam Harry, *Trois Ombres*, Paris, Flammarion, 1932, p. 84 et 89. On n'oubliera pas que le témoignage tardif de Myriam Harry a été parfois contesté.

3 Lettre du 29 novembre 1906, Ms Lambert 24/7, RM 51.

4 À Léon Leclaire, 25 décembre 1906, Ms Lambert 60, f° 362.

P. 175

1 La lettre est adressée à Léon Leclaire : « Mon cher ami, je vous envoie le premier volume broché de *Lourdes* pour votre femme qui, après l'avoir lu, pourra le déposer dans le reliquaire de la roche » (Ms Lambert 60, f° 354).

2 Ms Lambert 42, f° 23.

3 À la différence, par exemple, de deux écrivains qui ont adopté une forme littéraire dialoguée : Émile Pouvillon, auteur d'un « Mystère » intitulé *Bernadette de Lourdes* (Plon, Nourrit et Cie, 1894) ; Henri Ghéon, converti en 1915, avec *Bernadette devant Marie. Histoire véridique du fait de Lourdes en cinq actes et douze tableaux plus un prologue légendaire* (Ligugé-Paris, imprimerie Aubin et fils-André Blot, 1931).

P. 176

1 « Notes inédites sur Lourdes », *La Table ronde*, n° 125, mai 1958, p. 118.

2 Ce mot possède une seule occurrence dans l'œuvre publiée de Huysmans. Dans le chapitre III de *La Cathédrale*, Durtal cite la *Parthénie*, œuvre de Sébastien Roulliard, à propos

des nombreux sinistres ayant frappé la cathédrale de Chartres : « c'est en expiation de certains péchés, que ces désastres furent permis et il [Roulliard] insinue que la combustion de la troisième cathédrale fut peut-être légitimée par l'inconduite de certains pèlerins, qui couchaient en ce temps, hommes et femmes, pêle-mêle, dans la nef. » (éd. citée, t. XIV, I, p. 100-101). L'ouvrage en question s'intitule *Parthénie ou Histoire de la très auguste et très dévote église de Chartres [...] par Me Sebastian Roulliard de Melun, avocat en parlement*, Paris, Rolin Thierry et Pierre Chevalier, 1609.

P. 179

1 Bibliothèque de l'Arsenal, Ms Lambert 32.

2 Ms Lambert 56, f° 111.

3 Dans son dernier ouvrage, *J.-K. Huysmans, de l'écriture à l'Écriture*, Paris, Téqui, 1987, p. 244. Imitant les bilans que Huysmans a l'habitude de pratiquer, P. Cogny dresse la liste des *pour* et des *contre* que ses séjours à Lourdes lui inspire (p. 263-266).

P. 180

1 Ms Lambert 34.

2 « *In the latter half of the nineteenth century, Lourdes and crowds are synonymous ; Huysmans's title* Les Foules de Lourdes *is pleonastic* », Naomi Schor, *Zola's crowds*, Baltimore-Londres, The John Hopkins University Press, 1978, p. 126.

3 Nous reprenons les traductions proposées par Pierre Lambert, art. cité, p. 119. Ms Lambert 42, f° 16.

P. 181

1 Interview écrite datée du 25 septembre 1906, *Interviews*, *op. cit.*, p. 477.

2 *Œuvres complètes*, Paris, Classiques Garnier, t. I, 2017, p. 514.

3 Nous empruntons ce mot au titre de l'ouvrage de Marc Smeets, *Huysmans l'inchangé. Histoire d'une conversion*, Amsterdam-New York, Rodopi, 2003.

LES FOULES DE LOURDES

Notice

GENÈSE

À la différence des deux précédents livres de Huysmans, *Sainte Lydwine de Schiedam* et *L'Oblat*, qui avaient connu une longue maturation, *Les Foules de Lourdes* est une œuvre circonstancielle. Car à supposer que Marguerite et Léon Leclaire ne soient pas partis s'installer à Lourdes, il est probable que le sanctuaire du Béarn n'aurait jamais reçu sa visite et que ce livre n'aurait pas vu le jour. Seulement, si l'on est bien informé sur les raisons qui l'ont conduit à traiter ce sujet (voir *supra*, Introduction, p. 109-116), il est malaisé de dater, grâce à sa correspondance, les étapes de l'écriture du livre.

La phase la mieux documentée est la première, celle du doute qui saisit l'écrivain à son retour à Paris, le 24 septembre 1904, et qui dure trois bons mois. Ce ne sont pas les matériaux, livresques ou personnels, qui lui manquent, mais l'usage à en faire, comme il l'écrit à Prins, le 7 octobre : « Je rumine toujours mes notes sur Lourdes et je ne connais rien de plus difficile à mettre en place » (éd. citée, p. 390), et à Mme Huc, le 19 octobre, où il se décrit « digérant [s]es souvenirs de Lourdes » (Ms Lambert 24/5, RM 25). À en juger par sa correspondance de l'automne, ses tergiversations s'expliquent de deux façons : elles tiennent autant à la difficulté de donner du sens à ce qu'il a vu à Lourdes qu'à l'aventure périlleuse représentée par la publication d'un livre sur un tel sujet. À Auguste Prénat, le 25 novembre : « c'est pour moi la bouteille à l'encre. Il y a des choses si désagréables à dire sur cet endroit que j'hésite fort à écrire. [...] Bref, je ne suis décidé à rien. »

(*BSH*, n° 59, 1972, p. 20). À l'abbé Salles, le 29 novembre 1904 : « À dire vrai, je ne sais toujours pas si je ferai quelque chose sur Lourdes. [...] En somme, toute la partie humaine y est odieuse, depuis le décor d'Opéra-Comique jusqu'à la foire du 14 Juillet qui s'y tient ; mais il y a autre chose – seulement, c'est cette autre chose qui me reste confuse, presque discutable – et d'entrer là-dedans, ça m'effraie. » (Ms Lambert 52, f° 53). Ou encore à l'abbé Henry Mœller, le 29 décembre 1904 : « je suis toujours très incertain à propos de *Lourdes*. C'est si parfaitement incompréhensible – et si affreux, au point de vue humain – quand on a vraiment étudié cela de très près, qu'on peut hésiter vraiment à s'engager dans ce véritable maquis où il y a du vrai et tant de faux. Je me tâte, sans me résoudre. » (Ms Lambert 65, f° 172).

Suit alors une période de silence épistolaire, longue de plusieurs mois, qui correspond probablement à la difficile mise en mouvement de l'écriture. Il faut attendre le 20 mai 1905 pour que le sujet reparaisse dans une lettre à l'abbé Henry Moeller : « Je travaille tout de même, mais faiblement. » (Ms Lambert 65, f° 175). Faiblement est un euphémisme, car il annonce, deux semaines plus tard, à son épigone lyonnais, Henri d'Hennezel, « abatt[re] d'assez larges tranches de [s]on *Lourdes* », sans que l'on sache précisément où il en est parvenu à cette date (lettre du 4 juin 1905, Ms Lambert 66, f° 37). L'été solitaire qu'il passe à Paris sera donc consacré au travail. Il se montre alors plus disert, sinon plus enthousiaste, dans plusieurs lettres successives. Début juillet, au Père Pacheu : « Il fait ici une chaleur à crever. Je travaille tout de même à mon *Lourdes*, qui me vaudra l'exécration générale, la fureur de tous les camps. Enfin, il faut bien faire quelque chose, la vie serait trop embêtante sans cela ! » (Ms Lambert 51, f° 201). Le 27, à son confesseur, l'abbé Daniel Fontaine, qu'il invite rue Saint-Placide : « Venez donc quand vous voudrez. Vous me rendrez service, en rompant l'ennuyeuse solitude d'un travail sans joie sur Lourdes » (Ms Lambert 47, f° 73). À Pierre Roche, le 31 juillet : « Plaignez-moi, car, comme vous le pensez, je rissole doucement, dans ma poêle, tandis que je décris pour me remettre, les tumeurs et les lupus de Lourdes ! / Je m'empuantis, moi-même ! » (Ms Lambert 66, f° 96).

À cette date, le livre doit être déjà bien avancé, puisqu'on découvre, par une lettre du 15 août à Léon Leclaire, que Huysmans a commencé de le recopier (Ms Lambert 60, f° 343). Recopiage partiel, sans doute, car il complète simultanément son texte en réclamant à celui-ci, le

25 août, « un vieil *ordo* de Lourdes pour les 18 jours des apparitions » (*ibid.*, f° 344), d'où il tirera une partie du chapitre XIII, et en le bombardant, le 25 juin et le 6 septembre (*ibid.*, f°s 340 et 345), de questions de détail, vérifiables sur place, qui trouveront place dans les descriptions du livre. Car Huysmans est maintenant pressé. Ce volume, qu'il juge « extrêmement court, [...] condensé, sans phrases inutiles », il a entrepris de le lancer dans la presse dès la première quinzaine d'août, en accordant de longues interviews à *L'Univers* et au *Matin*. Trop pressé ? Sans doute, car il juge lui-même l'opération prématurée, si l'on se fie à la lettre à l'abbé Moeller du 26 août : « Les interviews sur *Lourdes* sont parties beaucoup trop d'avance. Le volume très court d'ailleurs, mais qui n'est même pas terminé, ne paraîtra au plus tôt qu'en mars ou avril prochain. » (Ms Lambert 65, f° 176). Huysmans est alors convaincu de disposer du temps nécessaire pour corriger les épreuves d'un livre qu'il n'avait jamais eu l'intention d'écrire et qui s'est fait, raconte-t-il à Mme Huc, le 20 septembre, « sans bien comprendre comment. » (Ms Lambert 24/6, RM 34).

En quoi il se trompe doublement. D'abord en apprenant que Stock, soucieux d'éviter un télescopage entre son calendrier éditorial et les événements politiques qui accaparent la presse, « veut paraître tout de suite, à cause des élections de l'an prochain. Je lui remets mon manuscrit, jeudi, et nous paraîtrons vers la mi-octobre. » Surtout en n'imaginant pas qu'une brutale aggravation de son état de santé allait suspendre la correction des épreuves et différer la publication du livre d'une longue et douloureuse année.

PUBLICATION

Comme on l'a rappelé, le fait le plus notable dans la sortie de ce livre est le retard qu'elle a connu. Huysmans, qui ne recouvre la capacité de travailler qu'au printemps 1906, écrit l'abbé Moeller, le 8 juin 1906 : « J'ai repris, à petites doses, les épreuves de mon livre : *Les Foules de Lourdes*, arrêtées depuis un an. Nous paraîtrons, je crois, si Dieu le veut, en octobre prochain » (Ms Lambert 65, f° 177). De fait, il effectue, non sans peine, le service de presse en septembre, le livre sort le 1er octobre 1906. Durant l'été, il en avait fait paraître les bonnes feuilles dans *Le Journal de la Grotte de Lourdes* et dans la revue belge *Durendal.*

Fidèle à ses habitudes, il décrit à ses amis la courbe de ses ventes, qu'il suit avec attention. Le tirage de départ, explique-t-il à Henry Mœller le 6 octobre, est de 15 000 exemplaires : « Il est vrai qu'il était très attendu. » Le 9, à Leclaire : « Le bouquin marche épatamment et sans que la presse ait encore sérieusement donné. Stock pense enlever 20 000 en deux mois, et pourtant les temps ne sont guère favorables aux livres ! » (Ms Lambert 60, f° 356). Le 2 novembre, il annonce au même Leclaire : « *Les Foules de Lourdes* marchent toujours bien. 17 000 sont vendus à l'heure qu'il est. En dehors d'autre question, c'est, au point de vue de l'art, pour moi, un gros succès. » (*ibid.* f° 358). Et à Adolphe Berthet, le 16 : « *Les Foules de Lourdes* se portent bien. 21 000 exemplaires en un mois. » (Ms Lambert 67, f° 115). Il ne lui reste plus alors qu'à surveiller l'accueil fait à son livre par la presse.

RÉCEPTION

Pour des raisons qui nous échappent, Robert Baldick écrit que *Les Foules de Lourdes* « fut en général peu critiqué » (*op. cit.*, p. 394). Il n'en fut rien, en réalité, comme l'observe Descaves en ébauchant, dans la « Note » accompagnant l'édition qu'il en a donnée chez Crès en 1934, p. 342-344, la liste des « centaines d'articles » provoqués par la publication du livre.

Annoncé depuis longtemps mais différé par la maladie de Huysmans, celui-ci est, en effet, fort attendu. Dès le 17 octobre 1904, *Le Figaro*, interrogeant l'écrivain au retour de son second séjour en Béarn, annonce qu'« un livre de Huysmans sur les miracles de Lourdes serait un événement » ; deux semaines plus tard, l'intéressé déclare avoir vu là-bas « des choses stupéfiantes » dans un entretien au quotidien catholique *L'Univers*, qui se dit, par avance, « heureux d'applaudir à la revanche de *Lourdes* par Émile Zola ». L'année suivante, alors qu'il prépare le lancement de son livre, dont il croit alors la sortie imminente, Huysmans donne deux grandes interviews, le 8 août 1905 à *L'Univers* et le 12 au *Temps*, qui ravivent la curiosité des lecteurs. Mais ceux-ci devront attendre jusqu'au mois de septembre de l'année suivante, le temps pour l'écrivain de recouvrer la vue dont un zona ophtalmique – événement rapporté en novembre 1905 par des dizaines de journaux – l'avait privé. Le livre finit par paraître à la fin du mois de septembre 1906, épaulé par deux nouvelles interviews à la presse catholique, à *L'Univers* de nouveau, le 23 juin 1906, et à son concurrent *La Liberté*, le 29 septembre. Comme on le voit, les critiques ont eu largement le temps d'aiguiser leurs plumes.

Dans les années qui suivent l'affaire Dreyfus, le contexte politico-religieux est tendu. Le vote de la loi de 1901 sur les Associations, celui de la loi de 1905 instaurant la séparation des Églises et de l'État, l'obligation faite aux prêtres de soumettre leurs biens à un inventaire suscitent un sentiment de persécution et, parfois, des mouvements de résistance. Au cœur du débat, la question emblématique de Lourdes, de ses pèlerinages et de ses miracles, divise l'opinion publique. Inspirée du pamphlet anticlérical de Jean de Bonnefon, *Lourdes et ses tenanciers*, une pétition réclamant du gouvernement la fermeture du sanctuaire aurait recueilli, dès le 21 novembre 1904, 24 000 signatures. La politisation du débat s'accroît lorsque l'ensemble de la presse révèle que le catholique Huysmans, dénonciateur virulent de l'anticléricalisme gouvernemental, a été promu dans l'ordre de la Légion d'honneur – il a « attrapé le rond », persifle Gustave Kahn à la une du *Gil Blas*, le 9 janvier 1907 – par le ministre de l'Instruction publique, Aristide Briand, que l'on tient pour le principal artisan de la loi de Séparation. Comme le raconte l'intéressé dans sa toute dernière lettre à son ami Prins, le 1er février : la « presse [est] en fureur ; les socialistes déclarent que c'était une honte d'honorer un clérical, et les catholiques très vexés du geste élégant et l'esprit peu sectaire de Clemenceau et de Briand. » (éd. citée, p. 404). Si l'on ajoute la controverse annuelle provoquée par le choix de l'Académie Goncourt, présidée par Huysmans, qui a décerné son prix en décembre 1906 à *Dingley l'illustre écrivain*, de Jérôme et Jean Tharaud, on ne s'étonnera pas que la réception des *Foules de Lourdes* ait été brouillée par des considérations parfois plus idéologiques que littéraires, et qu'elle provoque des études binaires, opposant avec brutalité le naturaliste et le mystique.

Huysmans s'y attendait, qui avait écrit à Mme Huc le 19 octobre 1904 : « Je ne vois guère la possibilité d'écrire sur cet étrange endroit sans se faire huer et par les catholiques et par les libres penseurs » (Ms Lambert 24/5, RN 25). Un an plus tard, il confirme ce pronostic : « ce sacré livre sur Lourdes est terriblement attendu ! Va y en avoir des tinettes ! » Et un an plus tard encore, une fois le livre en vente : « Pas mal de tinettes sur la tête de la part des journaux rouges. C'est du bon ! – Un peu de défécations molles et quasi inodores des feuilles bien pensantes. C'est du mieux. » (Lettre à A. Berthet, 16 novembre 1906, Ms Lambert 67, f° 115). Quoi que vaille ce singulier mode de classement, on commencera ici par le suivre.

Du côté des libres penseurs, qui se trouvent frontalement attaqués, on s'offre souvent le luxe de ne pas riposter. Il suffit, prétendent certains, de citer sans commentaires de longs passages du livre pour écraser les croyants sous le pavé de l'ours que leur a lancé le converti. Ainsi procède, le 24 novembre 1906, le quotidien *L'Action*, repris par *La Voix du peuple*, de Reims, pour dénoncer « La Foire aux miracles » lourdaise. L'auteur, nommé J.-M. Gros, loin d'opposer Huysmans à Zola, voit en lui un épigone qui poursuit, avec plus de dureté encore que son maître, la démystification de Lourdes : en glanant les formules les plus anticléricales du livre, il compose un florilège qui lui permet de s'exclamer : « Peut-être n'eussions-nous pas osé en écrire autant ! » *L'Action*, journal du rationaliste militant, reviendra sur le sujet, sous la manchette « Le Génie du cléricalisme », pour s'élever contre la décoration scandaleuse qu'Aristide Briand a eu le front d'accorder à l'auteur des *Foules de Lourdes*. Tactique voisine dans *Le Signal*, *La Nation* et *Le Voltaire* qui mettent en commun, début décembre, un article signé Paul d'Armon. Celui-ci constate que « jamais Zola n'a parlé avec autant de liberté des "soutaniers", des "églisiers", [...] des "ratichonnes", des boutiques de "bondieuserie" » que ne le fait ce « fervent catholique ». Et de feindre l'étonnement : « – Ah çà ! Il n'y a pas d'erreur ? C'est bien pour glorifier Lourdes que ce livre a été écrit ? »

Parmi les adversaires depuis longtemps déclarés de Huysmans, Adolphe Retté est un cas particulier. Ce militant anarchiste, qui est sur le point de se convertir, tire contre lui ses derniers boulets. Après avoir rangé parmi les prosateurs « charabiaïsants » celui qu'il tient pour un faux styliste, il fait de Huysmans « un champignon vénéneux, poussé soudain parmi les navets et les citrouilles dont s'encombrent les potagers d'une société en déliquescence », et renvoie la Vierge dans

[s]es « sales ténèbres » pour dresser à sa place « Pallas-Athéné debout et immortelle sur la colline radieuse de l'Acropole. » (« La Gourde bariolée », *La Revue littéraire de Paris et de Champagne*, septembre 1906, p. 261-266). Revenu peu après à l'Église, Retté abjurera ses convictions antérieures, mais continuera de voir dans *Les Foules de Lourdes* « un livre manqué », Huysmans ayant eu, à l'en croire, « sur les yeux une sorte de voile qui lui amortit fâcheusement l'incomparable éclat du Surnaturel à Lourdes. » (*Quand l'esprit souffle*, Paris, Messein, 1914, 2e éd., p. 100).

À la une de *L'Aurore* du 9 octobre, Maurice Le Blond, gendre d'Émile Zola et dreyfusard militant, commence par déplorer la croyance inconditionnelle de Huysmans, puis retourne contre l'Église les expressions irrespectueuses et les descriptions satiriques dont son livre est parsemé : à ses yeux, « c'est bien moins le "génie" que l'ignominie du christianisme dont ce sincère catholique s'est proposé de nous monter le spectacle », ce qui l'autorise à prétendre que le livre, manquant son but, plaide en faveur de la fermeture du sanctuaire. Mais la semaine suivante, Gustave Geffroy, ami de longue date de Huysmans, revient dans le même quotidien sur le sujet, non pour contredire Le Blond, puisqu'il assure avoir vu lui-même à Lourdes « tous les signes morbides des croyances maniaques, des délires religieux », mais pour assurer que le livre de Huysmans deviendra « historique, par son souci d'exactitude et la force drue de son style. »

D'autres critiques, campant sur des positions scientistes, poursuivent les débats qui opposaient M. Homais à l'abbé Bournisien. C'est le cas, parmi eux, de Georges Linne : dans un article publié dans *L'Action* du 26 octobre et intitulé « Charlatanisme et suggestion », il rappelle que la découverte du bacille de Koch et l'invention du télégramme par Marconi garantissent que la science expliquera les prétendus miracles que les ignorants attribuent au surnaturel. Même système argumentatif dans la presse de province : début décembre, il suffit que *La Gazette du Centre* rappelle aux lecteurs de Limoges qu'un certain docteur Simonin avait plaidé, le mois précédent, en faveur du sanctuaire de Lourdes, pour que *Le Réveil du Centre*, limougeaud comme son confrère, proclame en capitales que « M. le docteur Simonin est partisan que l'on plonge les malades dans une piscine où des milliers et des milliers de purulents et de syphilitiques se sont communément lavés. »

Pour sa part, *La Revue* du 15 novembre 1906 se plaît à relever les contradictions de Huysmans. Après avoir rappelé que ce dernier prétend n'avoir pas besoin de preuves pour croire aux miracles, le chroniqueur anonyme le prend en défaut : « Fort bien, c'est son affaire. Mais pourquoi, dans la suite du livre et particulièrement dans le chapitre final, veut-il démontrer, par des preuves externes, la réalité des miracles ? Sa logique est loin de valoir sa rhétorique. Et, si sa rhétorique abonde en métaphores très virulentes contre les libres-penseurs, ceux-ci, après tout, ont la consolation de se dire qu'elle ne ménage guère plus les "églisiers", comme il les appelle, et les "ratichons" ».

La presse anticléricale utilise d'autres angles d'attaque. Sous le titre « Lourdes jugée par un catholique », *La Dépêche de Rouen* du 5 novembre 1906 ne voit dans le livre de Huysmans, exemples à l'appui, que sa violence dénonciatrice, et en tire un pronostic qui la réjouit : « Sa critique – assure le journaliste qui signe Fix – a presque complètement annihilé sa religion et nous ne serions pas autrement surpris que le fragile édifice de sa foi récente se soit effondré au spectacle des turpitudes dont il a été témoin et qu'il a stigmatisées dans ce style violemment imagé dont il a le secret. » Ailleurs, on s'amuse à prendre l'écrivain à son propre piège esthétique : Paul Marion se demande si les prêtres ne risquent pas, au sortir des *Foules de Lourdes*, de ne vouloir « tendre aux fidèles extasiées que des hosties prises dans des calices ciselés par Benvenuto Cellini ou bénir leurs pénitentes qu'avec des ostensoirs sertis par Lalique en personne. » (*La République*, 19 novembre 1906). Mais l'humour est rare dans ces feuilles républicaines. En témoignent les *Cahiers de l'université populaire*, une revue mensuelle militante et éphémère. Aux p. 615-616 de sa livraison du 10 janvier 1907, le critique, Frédéric Mallet, expose à l'ouverture de son article un jugement sans nuances : « M. Joris-Karl Huysmans continue, avec le style que vous savez, à exposer sa ferveur catholique. Ce n'est guère plaisant. Ce n'est pas religieux. Ce n'est pas beau. Ce n'est pas intelligent. Je me demande comment la Vierge peut permettre des choses pareilles. » Et de conclure, à la lecture de son « galimatias » et de ses « insanités pénibles », que le livre le fait immanquablement penser à Pécuchet – par référence au chapitre IX du roman, qui raconte sa conversion. Notons toutefois une rare exception prouvant que laïcité ne signifie pas toujours hostilité à Huysmans : si l'on se félicite, dans les *Annales de la jeunesse laïque* (novembre 1906), d'« entendre avec quelle ironie, avec quelle férocité ce croyant dénonce l'avilissement de l'Église contemporaine », on ne s'interdit pas de juger que *Les Foules de Lourdes* demeure un grand livre.

Comme il le prévoyait, Huysmans est loin de faire l'unanimité dans la presse catholique, où il ne manque pas d'adversaires. « Les imbéciles de l'archevêché de Paris – explique-t-il à Leclaire le 2 novembre 1906 – ont interdit de parler du livre dans la *Semaine religieuse* et même de faire paraître une annonce. Je m'en fiche, mais quelle mentalité ! comme dit le P. Bremond. » (Ms Lambert 60, f° 358). Hostilité à laquelle s'ajoute l'annonce, faite par le *Gil Blas* le 23 octobre, que le livre serait dénoncé à Rome et son auteur « probablement puni » : « De cela, je me fiche encore, car j'ai une réponse toute prête. Je ne crois pas d'ailleurs à cette nouvelle, surtout donnée par ce journal de putains. » (*ibid.*)

Le Correspondant, la vénérable revue qui avait publié en bonnes feuilles le premier chapitre de *La Cathédrale*, réserve au livre un accueil mitigé. Édouard Trogan, qui avait sommé Huysmans de renier son œuvre profane, en écarte des pans entiers (il déplore les flèches lancées contre Lasserre et Peyramale, juge « injustes et regrettables » les pages satiriques du livre), pour ne sauver que son plaidoyer en faveur du miracle et « les effusions vers la sainte Vierge, qui sont exquises de fraîcheur, de tendresse, de dévotion et où l'écrivain catholique n'a jamais été meilleur catholique ni meilleur écrivain » (78e année, 25 octobre 1906, p. 405). Dans le quotidien *L'Univers* du 5 novembre, J. Calvet s'efforce également, non sans peine, d'équilibrer son jugement. Il accuse Huysmans de verser dans l'habituelle « hallucination littéraire » qui lui fait trouver hideux, et donc satanique, l'art de Lourdes : ces « colères outrancières », juge-t-il, sont « exagérées jusqu'à la folie ». Tout aussi sévère envers son style, il entonne une vieille rengaine : « On assure que l'auteur écrit d'abord ses livres comme tout le monde, très rapidement, et qu'il passe ensuite des mois à remplacer les mots ordinaires par des mots rares, et les expressions justes, mais banales, par des images violentes et inouïes ». Cependant, le critique reconnaît, à la fin de son article, « la profondeur du sentiment chrétien, l'intensité de l'émotion religieuse » qui animent le livre et qui convaincront ceux qui douteraient encore de sa sincérité.

Le compte rendu publié chez les jésuites d'*Études religieuses* (20 décembre 1906, p. 825-831) commence bien et finit mal. Rempli d'admiration pour l'écrivain, le père Pierre Suau, S. J., part de « son dualisme obstiné de caricaturiste outrancier et de mystique très pur » pour faire de son livre « l'œuvre la plus complète, inutile d'ajouter la plus grandement artistique – qui ait été écrite sur le sujet. » Mais la critique ne tarde pas à suivre. Il reproche à Huysmans d'être lui-même impaludé par la « malaria de l'irrespect » qu'il dénonce, d'avoir « le crayon partial et quinteux », de « manqu[er] de pitié pour la débilité humaine » et de traiter les monastères d'« épluchures de piété » – ce qui ne l'empêche pas de conclure que Huysmans a écrit un « chef-d'œuvre ». *La Quinzaine*, le 16 décembre 1906 (13e année, no 292, p. 579) choisit la prudence : elle se contente de publier une brève note bibliographique anonyme, qui vise à ne mécontenter personne. « Les hommes ne seront pas contents du nouveau livre de M. Huysmans, mais les âmes pieuses s'y plairont et les artistes en seront ravis. » La *Revue du monde catholique*, janvier 1907 (p. 123-124), ouvre sa recension des *Foules de Lourdes* par des mots inattendus : « Nous en dirons du bien, dussent quelques-uns de nos lecteurs et même de nos lectrices s'en étonner, peut-être s'en scandaliser un peu. » Mais c'est la résignation qui guide ce choix utilitaire : le livre de Huysmans corrigera les dommages causés par l'impiété du *Lourdes* de Zola ; peu importent donc les paradoxes, les outrances et les critiques injustes qu'on y trouve, dès lors qu'il exprime une foi sincère dans la sainte Vierge et ses miracles. *Les Échos de Saint-Maurice*, publication du monastère suisse de Saint-Maurice d'Agaune (9e année, janvier 1907, no 1), intitule son compte rendu « Un enfant terrible ». Napoli, le signataire, n'ignore rien de la propension de l'écrivain aux « excentricités persistantes, déconcertantes pour le bourgeois non averti », et en signale nombre d'exemples dans son dernier livre. Mais plutôt que de les réprouver, il en recherche les causes : son tempérament d'artiste, son amour exclusif des Bénédictins, la priorité qu'il donne à ses premières impressions, sa volonté de soutenir sa thèse satanique. Avant de lui rappeler que « le baptême ni les autres sacrements ne nous ont rendus parfaits » et de l'inviter à apprendre la vertu de l'indulgence.

Nombre de lecteurs chrétiens sont, cependant, moins sévères. Le vieux Dom du Bourg, qui avait été le compagnon et le confesseur de l'écrivain lorsqu'ils logeaient l'un et l'autre rue Monsieur, enfourche le cheval de l'idéologie, faute d'oser risquer, peut-être, un jugement littéraire : il rappelle, dans *La Vérité* du 18 octobre 1906, la rupture de Huysmans avec Zola, ce Zola qui, « pour proclamer l'innocence d'un capitaine juif, a jeté sa boue sur l'armée de France », approuve les passages les plus politiques du livre, avant d'offrir en exemple l'amour de l'écrivain pour la Vierge. Dans *La France catholique*, le 28 octobre, un certain Jean de Raives remercie Huysmans, moins de la lecture de *Foules de Lourdes*, que de l'avoir personnellement conduit vers l'Église. Le 10 décembre 1906, la *Revue augustinienne* accepte de passer, non sans renâcler, sur la gouaille et la « trivialité gamine » de l'écrivain, dont elle énumère des exemples, pour reconnaître qu'il a su « exprimer la profondeur du sentiment chrétien » animant les pèlerins de Lourdes, « l'intensité de leur prière », et « les merveilles de charité qui s'y opèrent sans relâche », avant de conclure que cette œuvre est « de nature à produire un grand bien dans certains milieux où nos livres catholiques ne pénètrent point d'ordinaire. » Plus original dans la forme, l'abbé A. Ducroq se décrit dialoguant, dans un wagon de chemin de fer, avec le représentant de commerce d'une des maisons spécialisées dans la vente d'objets d'art religieux de la rue Saint-Sulpice : paradoxalement, c'est le curé qui prend la défense de Huysmans, accusé par le marchand d'être un « maniaque égaré dans le catholicisme », de toucher « à des choses délicates avec des mains [...] trop sales », de peindre à nu les horreurs des corps souffrants, et de mépriser les statues qu'il écoule lui-même au prix de 50 f. auprès des curés de campagne (*Revue du Clergé français*, 15 décembre 1906, t. XIX, p. 175-179). Au total, rares sont les recenseurs qui approuvent le livre sans réserve. C'est le cas, pourtant, de l'abbé Henri Pradel qui, sans sourciller devant le réalisme de certaines peintures, le déclare « parfaitement et pieusement et amoureusement catholique », souscrit sans réserves à la thèse du diable esthète à rebours et conclut que « M. Huysmans aime, d'un profond et vivant amour, Lourdes. » (*L'Union catholique de Rodez*, le 24 novembre).

La grande presse parisienne, comme souvent, reste circonspecte. Le 10 octobre 1906, *Le Gaulois*, journal mondain et conservateur dirigé par le converti Arthur Meyer, propose un diptyque favorable, signé Poivre et sel, opposant l'obtus et l'ignoble Zola au « réaliste qui s'est élevé soudain vers la Mystique », sans rien renier, cependant, de « ses sensations aiguës, amères, vireuses et passionnées » ; au total, il voit dans le livre une salutaire apologie du miracle en des temps plongés « en pleine impiété, en pleine apothéose de la matière ». Le 19 novembre,

L'Écho de Paris, quotidien dreyfusard adossé à la franc-maçonnerie, auquel le catholique Huysmans a collaboré, publie une recension embarrassée : le signataire, Charles Foley, tout en assurant que le livre « répond éloquemment à la question qui passionne actuellement tant de gens : "Faut-il fermer Lourdes" ? », conclut que la foi dans le miracle est étrangère « aux tendances et préoccupations actuelles », mais n'en constitue pas moins « un sentiment [...] secourable » dans une société qui a cessé de l'être.

D'autres journaux montrent plus de fermeté dans l'éloge ou dans le rejet. Ami de Huysmans depuis quinze ans, Jules Bois, dans le *Gil Blas* du 15 octobre 1906, associe dans sa critique *Les Foules de Lourdes* et le livre de Jean de Bonnefon, *Lourdes et ses tenanciers* : comparaison à l'avantage de Huysmans, dont il souligne la verdeur et la force satirique : Huysmans le remerciera, le surlendemain, « de [son] article, si vibrant et si net, et de toute la sympathie d'artiste qu'il [lui] exprime ». Catulle Mendès reviendra sur le livre dans la même feuille le 26 octobre, non pour approuver sa dénonciation de l'hypocrisie et du mercantilisme évidents qui règnent à Lourdes, mais pour définir ce qui « hyperhystérise jusqu'à la danse de Saint-Guy du Verbe » celui qui n'a jamais cessé d'être un artiste obsédé par la laideur : son tort, écrit Mendès qui retourne l'artiste contre le croyant, est donc « d'identifier la beauté à la divinité » et de sacrifier la seconde à la première. Accueil pour le moins réservé dans *Le Temps* du 13 janvier 1907, qui avait annoncé, le 17 novembre précédent, ce « très gros succès de librairie ». Gaston Deschamps, un de ces normaliens honnis par Huysmans, assène au lecteur, comme autant d'excès fâcheux, un florilège de citations déclarées choquantes : nouvelle preuve à ses yeux que le pèlerin « a fait sa rhétorique aux soirées de Médan », que « le "vieil homme" n'est pas tout à fait absent [de ses] nouvelles œuvres littéraires », et qu'« il n'y a pas d'exercice de mortification qui, pour un lecteur dévot, vaille la lecture des *Foules de Lourdes*. » Sur quoi M. Deschamps part relire *La Princesse de Clèves* et *Colomba*, par hygiène littéraire. *Le Figaro* du 5 novembre laisse la plume à un vaudevilliste, Marcel Ballot, pour qui Huysmans, loin de servir le sanctuaire de Lourdes, discrédite gravement « l'aimable culte de la Vierge ». La raison, suppose-t-il, est que Huysmans, formé au premier naturalisme, est resté « un pessimiste dilettante sans tendresse ni onction, et plus apte au sarcasme qu'à l'apologie ». C'est pourquoi son livre déverse sur tout le monde « ses éclaboussantes et splendides hottées de métaphores et d'invectives », pourquoi « le miracle de quelques guérisons individuelles devient à peine perceptible en cet amas de misères et d'horreurs », pourquoi enfin son argumentaire en faveur du miracle se retourne contre son intention apologétique.

Moins bousculées par le calendrier, les revues offrent habituellement des comptes rendus plus riches ou, du moins, plus argumentés. Ce n'est pas le cas, pourtant, de plusieurs recensions qui, par circonspection, défaut d'information ou indifférence aux questions soulevées par le livre, esquivent leur sujet en se réfugiant, soit dans des considérations stylistiques sans originalité, soit derrière de longues citations. Ainsi procèdent *La Revue idéaliste* du 4 novembre, où Charles Chabault offre, aux p. 357 à 360, un long résumé du livre, sans livrer aucun jugement personnel, et la revue *Femina* dont le futur dramaturge et scénariste Henri Duvernois se garde, le 1er novembre 1906, d'engager les lectrices dans un quelconque débat et juge suffisant de leur offrir d'angéliques citations sur les cierges et les charmes du vieux Lourdes. Décevante aussi est la revue *L'Écho du merveilleux*, dirigée par Gaston Méry, bras droit de Drumont à *La Libre Parole* : généralement favorable à Huysmans, elle se contente de citer, dans son numéro 207 daté du 15 août 1905 (p. 311-313), de longs passages du livre encore inédit, en insistant sur les pages polémiques qui dressent « Huysmans contre Zola ». Cette même revue reproduira, le 1er novembre de l'année suivante, le récit du cas d'Oostakker, (no 236, p. 417-419).

D'autres revues, heureusement, sont plus exigeantes, en dépit de leur caractère généraliste. « Il y a eu un bon article dans *L'Illustration*, avec le portrait en béret », signale Huysmans à Leclaire le 30 septembre 1906. De fait, à la p. 206 du numéro paru la veille, Eugène Ledrain, qui suit depuis longtemps son œuvre avec bienveillance, double la photographie du pèlerin prise à Lourdes d'un portrait psychologique. Désireux d'éclairer l'« ancien et natif tempérament » qui porte l'écrivain vers « les mots à l'emporte-pièce et les mordantes satires », il évoque quatre raisons convergentes : son passé naturaliste, son ascendance flamande qui « se complaît dans certains horreurs, met à les rendre de la puissance et un merveilleux coloris », « sa foi [qui] n'a rien de métaphysique », mais « a besoin de l'art pour s'exciter et se soutenir », son sens du comique, enfin, qui se déchaîne dans les caricatures des bigotes et des « pieux margougnats ».

Le *Mercure de France* prouve son intérêt pour *Les Foules de Lourdes* en ne publiant pas moins de trois recensions en trois mois. La première, due à Charles-Henry Hirsch et datée du 15 octobre 1906 (p. 597-600), porte sur les seules bonnes feuilles publiées le 15 septembre par *La Revue hebdomadaire* : composée pour l'essentiel de citations, elle vaut surtout par le constat qui l'ouvre, selon lequel « Huysmans est un de ces catholiques infiniment plus craints du haut clergé, pour l'intelligence et l'acuité de leurs critiques, que les libellistes de la presse écarlate. » Dans une seconde recension en forme de dialogue, publiée le 1er novembre 1906, Remy de Gourmont, ancien ami de Huysmans, s'exprime par paraboles, mais ne cache pas son jeu : « Je suis ainsi fait – reconnaît-il – que la foi me semble comique. Le croyant se donne une telle importance ! » Tolérance toute relative qui n'exclut pas la sévérité. Gourmont impute *Les Foules de Lourdes* au déclin de Huysmans (« Un écrivain, à un moment donné, fournit sa preuve. L'extrême automne arrive »), insinue que « rien n'est plus fugitif que la beauté d'un style sans idées », compare l'écriture huysmansienne au plaqué des ébénistes (« un corps de bois blanc, c'est la pensée ; une feuille d'acajou, c'est le style »), avant de conclure : « si l'on m'apporte le roman de la Bonne Vierge, après le roman de la bonne femme, j'ai bien le droit de m'y amuser. » Enfin, une troisième recension paraît dans le même *Mercure de France*, le 1er décembre 1906 : cette fois, elle est signée par le poète Louis Le Cardonnel, entré dans les ordres en 1896, qui avait vécu auprès de Huysmans à Ligugé en 1900 et 1901 et partagé sa passion pour la poésie ; mais Le Cardonnel se borne à citer longuement la description des cierges de la grotte et du feutier, et d'ajouter que l'écrivain « a gagné à se faire chrétien de devenir de jour en jour plus humain et plus tendre » – sans se soucier de savoir si certaines pages du livre ne lui apportaient pas un démenti.

Ami, correspondant régulier et lecteur fidèle de Huysmans, le critique catholique Jean Lionnet offre aux abonnés de la *Revue hebdomadaire*, le 27 octobre, une longue étude intitulée « L'Évolution de J.-K. Huysmans. À propos des *Foules de Lourdes* ». Avec une attention rare, il analyse le lexique, la syntaxe et le rythme de sa phrase et met cette dernière en relation avec les réticences que son œuvre éveille chez les croyants.

Huysmans, sensible à cette approche stylistique, le remerciera de sa pénétration le 29 octobre : « Alleluia ! (liturgie) chouette ! (profanie) votre article est joliment bien et je vous en remercie sincèrement, c'est plaisir de se voir dévisser si expertement le système de ses phrases et décanter sa bouteille d'âme ». De même, *La Revue bleue* du 20 octobre (t. VI, 5e série, n° 19, p. 600-604) offre une lecture décapante du livre. Jean Nointel se dit convaincu que « la conversion de Huysmans n'eut sur sa littérature qu'une influence extérieure et en vérité négligeable », que « la morale évangélique ne l'a ni consolé ni apaisé, [que] la foi n'a pas éteint son hérétique curiosité ; [qu'] il demeure magnifiquement indiscipliné, malveillant, insociable, on oserait presque dire anti-chrétien » : autant de raisons pour tenir *Les Foules de Lourdes*, dont il cite les descriptions les plus sarcastiques, pour une œuvre d'inspiration impitoyablement naturaliste – et pour en féliciter l'auteur.

Dans *Le Censeur politique et littéraire* du 3 novembre, Jean Ernest-Charles consacre également aux *Foules de Lourdes* dix longues colonnes d'une étude minutieuse. À ses yeux, l'intérêt du livre – et la jouissance du critique –, résident dans les tensions, voire les heurts qui naissent, chez Huysmans, entre un besoin sincère de croire et les exigences d'un réalisme incapable de résister au plaisir de la satire : « Il veut être catholique et perspicace. Il sent bien que sa perspicacité nuit à son catholicisme. Et son catholicisme ne parvient pas à nuire à sa perspicacité. » Le résultat de cette apologétique originale, conclut-il sans regret, est que « son talent est trop impétueux, trop frémissant, trop impatient des contraintes pour que le diable avec lui perde tous ses droits et ne retrouve pas quelques-uns de ses avantages. » Tel n'est pas, cependant, l'avis du sociologue Théodore Joran, qui inflige à Huysmans une leçon de morale dans la livraison de *La Brise* du mois de décembre 1906 : « La place du nouveau converti est à la suite et non pas à la tête du troupeau. L'humilité doit être sa vertu principale » – et de conclure, en désaccord avec ce « dilettante chrétien » sur la question esthétique : « Huysmannisons Paris, mais ne huysmannisons pas Lourdes ! » Enfin, dans *Les Arts bibliographiques* (juillet-août-septembre 1906), Paul Vibert est l'un des rares critiques qui ose écarter la question religieuse pour s'attacher aux spécificités de l'art de l'écrivain : aux fresques zoliennes, il oppose le talent d'aquafortiste de Huysmans (« Il écrit comme Callot dessine, comme Goya burine ») et rêve de répandre l'idée, à sa suite, que le peuple « s'enthousiasmerait aussi bien pour une belle œuvre, si on la lui montrait, que pour une laide. »

La presse locale la plus réactive est évidemment celle des Hautes-Pyrénées. Qu'une feuille à vocation consensuelle comme *Pau-Gazette*, sous-titrée *Organe de la colonie étrangère de Pau et des stations pyrénéennes*, fasse l'éloge du livre pour mieux attirer les voyageurs, ne surprend pas. Moins intéressée, *La Revue des Hautes-Pyrénées* entreprend, dans sa livraison de décembre 1906 (p. 372-374), de défendre Huysmans contre les critiques qui jugent son livre nuisible au sanctuaire. Après avoir souligné que son catholicisme est fait « d'éléments personnels, où dominent la haine des foules, l'amour de la tranquillité matérielle et morale, le besoin de pistes toutes tracées, où, dans la débâcle de la raison humaine, l'intelligence puisse faire son galop quotidien », il le loue de n'avoir pas cédé aux « pudeurs de sacristie » pour décrire les malades dans des pages « frémissantes de dégoût et empreintes d'une incommensurable pitié ». Huysmans remerciera l'auteur, le juriste et historien Fernand de Cardaillac, le 28 janvier 1907.

Dans d'autres titres, en revanche, apparaît le schisme idéologique national. Dans *Les Voix de Lourdes* du 1er novembre 1906, Henri Norville s'intéresse moins à la littérature ou à la religion qu'aux combinaisons de la politique électorale locale, du fait de la forte implantation du radicalisme dans la région, qui menace le sanctuaire dans son existence. « Lourdes, – écrit-il – c'est une immense cathédrale où l'on essaie de s'élever un peu au-dessus de la matière et de saisir les cimes aériennes ». Le tort des « blocards », qui en réclament la fermeture, est de ne voir dans Lourdes qu'« un crime… commercial », alors que les pèlerinages répondent à un besoin d'une tout autre nature : « L'existence moderne est-elle si heureuse qu'il faille lui enlever ses havres de consolation et d'espérance ? » : ce serait là ce que le journaliste appelle, à Lourdes, en 1900, « un crime contre l'humanité ». À l'opposé, le *Mémorial de Pau* du 30 octobre, qui compare le tapage médiatique fait par Zola lors de son séjour à Lourdes à la modestie de Huysmans, entreprend la défense de ce livre d'artiste en s'interrogeant sur son public : il déplaira aux Lourdais, prévoit-il, mais sera salutaire, car il ira, grâce à sa brutale dénonciation du mercantilisme et de la laideur du sanctuaire autant que par sa foi sincère, « porter la saine lumière dans des milieux où ne s'aventurent guère les pieux opuscules qu'orne souvent un indigent *imprimatur* ! »

Le Béarn n'est pas la seule région à commenter le livre. De très nombreuses feuilles de province publient de brefs articles ou des entrefilets, comme *La Riviera* qui paraît à Nice, ou *Le Journal*, à Bastia. Mais d'autres, parfois bien informées, osent des analyses originales. Témoin *Le Petit Éclaireur des Alpes et de Provence*, paraissant à Marseille, qui s'intéresse, le 18 janvier 1907, à la multitude de croquis et de notes qui singularisent ce livre en forme de médaille à deux faces, l'une faite de critique et de satires, l'autre « d'un hymne de louanges à la Reine de la Grotte » ; Huysmans, conclut l'auteur, « a oublié ses dédains de lettré [...]. Il ne reste plus rien dans son œuvre nouvelle de l'artiste méprisant ». Dans une revue toulousaine dont nous n'avons pas retrouvé le titre, Louis Théron de Montaugé, de l'Académie des Jeux floraux, voit dans le livre de Huysmans « une "défense et illustration" de Lourdes, où c'est une âme croyante qui a dirigé une plume réaliste », « une apologétique toute moderne d'un homme de son temps s'adressant aux hommes de son temps », sonnant la « diane militairement claironnante du réveil de la Foi chrétienne ». Et sans s'arrêter sur les maniérismes et les invectives familières à Huysmans, il fait de la lecture de son livre un devoir pour les croyants. Moins audacieux, *Le Nouvelliste de Rouen* regrette le goût immodéré de Huysmans pour la trivialité et la satire, mais reconnaît la sincérité de sa foi et la force de sa démonstration en faveur du miracle. Quant au *Mémorial des Deux-Sèvres* (Niort, 12 janvier 1907), il proteste, sous le titre de « Huysmans et les Poitevins », contre la « franchise un peu brutale » que l'écrivain a montrée envers ses compatriotes, en flétrissant « la race subalterne du Poitou ».

Le clivage des opinions qui parcourt la presse française se retrouve dans la presse belge, attentive comme toujours à l'œuvre de Huysmans. Sans surprise, ce dernier trouve un solide appui dans la livraison de décembre 1906 de *Durendal*. Selon Henri Davignon, « il a réalisé ce que lui seul, sans doute, pouvait faire, en alliant le naturalisme de l'observateur aux yeux de chair, à la poésie infinie des spectacles découverts dans l'immatériel domaine des âmes » ; éloge qui ne l'empêche pas de noter qu'il s'écarte « de l'indulgence qu'il faut accorder à l'intention sincère des bâtisseurs » et qu'il se montre « injuste par moments ». Même accueil positif dans *La Revue des Flandres, Organe de la vie flamande en France et en Belgique*, publiée à Lille en novembre 1906. Le signataire, R. W. Emerickson, a l'originalité, pour encenser *Les Foules de Lourdes*, cet « intangible chef-d'œuvre », d'attaquer sur tous les fronts les détracteurs de Huysmans. Au sein du clergé, il cible nommément les prêtres indignes et délateurs, les Cornu, Ribet, Belleville, Moniquet ou tel autre encore qui le fait s'exclamer : « Ô insupérable niais ! mirifique décrotteur de Vigiles ! » De même, il dénonce l'interdiction faite à la *Semaine religieuse de Paris* de parler du livre, et le veto opposé au livre, en ces termes, par le directeur de *La Croix* : « Messieurs, nous n'avons pas besoin, ici, de gens intelligents ». Chez les « pontifes de la libre pensée », il s'en prend à Jules Bois, « ce pseudo-converti », à Georges Linne, « distillateur de venin à *L'Action* » et à Zola, leur maître à tous. Emporté par sa combativité, il oublie seulement d'examiner *Les Foules de Lourdes.*

Il reste que la majorité des recensions belges soulignent les tensions qui parcourent le livre. Dans le quotidien bruxellois *Le Vingtième Siècle*, daté du 10 décembre 1906, le poète catholique Victor Kinon consacre une longue étude à Huysmans. Il définit la dualité de sa personnalité littéraire en voyant en lui « un paysan du Danube qui serait artiste jusqu'au bout des ongles. » Après avoir salué la puissance du styliste, il dresse la longue liste de tout ce qui le blesse, avant de souligner son amour pour la Vierge – « Oui, il l'aime, et nulle part il n'a senti sa présence comme à Lourdes ». Dans un esprit voisin, Paul de Sadeleer distingue, le 15 juin 1907, le croyant de l'artiste dans la revue bruxelloise *L'Émulation.* Au crédit du premier, il verse la vérité scrupuleuse de ses descriptions (même quand elles s'exercent en la défaveur des Belges), la solidité de son plaidoyer en faveur du miracle et l'affection fervente qu'il porte à la Vierge. Et s'il considère que l'artiste se singularise par sa « tendance à l'exagération et son manque absolu d'éclectisme », qui risquent de heurter certains lecteurs, il n'en loue pas moins sa fidélité à l'épigraphe de *L'Art moderne*, convaincu qu'« un Huysmans qui s'assagirait [...] ne serait plus Huysmans, le grand artiste et le grand chrétien. » Dans *La Phalange*, le 15 décembre 1906, Désiré Ferry, futur député et ministre républicain, observe à distance l'évolution de Huysmans. Il voit en lui un « catholique sceptique », un « artiste devenu chrétien, et non pas un chrétien artiste », aux positions complexes, partagées entre une foi sincère et des exigences esthétiques héritées de Zola. Ambivalence essentielle qui lui a permis de peindre « le plus grandiose et le plus stupide spectacle de l'entêtement religieux et de la crédulité humaine, et aussi, s'élevant des plaies, des souffrances et des prières, l'immense vol des espoirs qui bat de l'aile sur ces foules. » Plus modérée, *La Gazette de Liège* des 21-22 octobre, après avoir montré en Huysmans un misanthrope morose et intransigeant, oppose les vitupérations cocasses que Lourdes lui inspire (bien à tort, dit-il, lorsqu'il s'agit des admirables brancardiers belges, injustement critiqués), aux mots « d'une douceur et d'une tendresse singulière » que lui inspire son amour pour la Vierge. Ainsi fait encore *La République de Gand*, qui décrit, le 14 octobre 1906, les deux faces du livre : protestation contre la « trivialité aussi ridicule que repoussante » envers les hommes et les choses de la religion ; admiration pour sa « dialectique et serrée et saisissante ».

Il reste que la Belgique, généralement favorable à Huysmans, se montre parfois fort sévère. La revue *L'Apôtre de Marie*, publication de la Société du même nom, met ses lecteurs en garde contre son livre, dans sa livraison du 15 décembre 1906. Elle rappelle d'abord que, « quand on veut prendre le grand public pour confident de son pèlerinage, il est une déférence, une délicatesse, un respect, dont l'écrivain ne saurait se départir sans choquer le lecteur. » Or la « surexcitation irritée » manifestée par Huysmans n'épargne rien ni personne, et dépouille les choses divines de leur prestige, défaut aggravé par un style fait de « toutes les truculences du langage et de tous les grossissements dont vit la satire. » Et l'auteur, navré de ne pas trouver là « une réplique vengeresse aux agissements louches et aux publications écœurantes de ce mannequin des loges maçonniques qui a nom Jean de Bonnefon », conclut par ces mots : « J'ai peur qu'au lieu de servir Lourdes, M. Huysmans ne lui ait été funeste. » Appréhension faite certitude dans l'esprit de Joseph Hansen, qui compare, dans *Floréal*, une *Revue libre d'art et de littérature* paraissant au Luxembourg, le *Lourdes* de Zola aux *Foules de Lourdes* de Huysmans : du romancier agnostique, il retient la puissance lyrique et l'apitoiement sincère devant la misère humaine ; du misanthrope Huysmans, les sarcasmes permanents et le mépris de l'humanité. Son livre, poursuit-il, ne présente « aucune des vertus qui constituent l'essence du christianisme », il est « le plus funeste à la réputation de Lourdes », au point qu'il se demande si « Satan, désespérant de pouvoir étouffer le culte de la Vierge […], ne s'est pas avisé de venir guider la plume de l'incomparable artiste qu'est Huysmans, et s'il n'a pas joué son suprême atout dans les *Foules de Lourdes.* » (1907, n° 2, p. 101-118). Dans la *Revue apologétique* du 16 décembre 1906, l'abbé Paul Halflants n'est guère plus indulgent. Il reproche à Huysmans d'avoir, à l'ouverture de *La Cathédrale*, traité avec trop de rudesse le bon Henri Lasserre, dont les livres ont « fait couler tant de larmes de douce émotion ». Irrité par ses relents naturalistes et son intransigeance esthétique, il note ensuite que, dans sa description de Lourdes, « tout y est, l'humain surtout », et déplore son « réalisme écœurant et d'une désinvolture qui va jusqu'à l'irrespect des choses saintes ». Bref, à sa « gouaillerie de gamin de Paris » et à ses saillies de « méchant garnement », il préfère « sa bonne dialectique à l'adresse des négateurs du miracle » – et, finalement, conseille la lecture du livre de l'abbé Bertrin.

La mort de Huysmans n'apaise pas la polémique, chaque chapelle s'efforçant d'enrôler le livre à son service. Favorable à Huysmans, un certain chanoine Justin Rousseil, auteur des *Splendeurs de Lourdes*, livre paru à Perpignan en 1908, voit en lui un redresseur de torts providentiel chargé de ruiner l'œuvre des naturalistes, et s'exclame : « Béni soit le ciel d'avoir voulu consoler de Zola les amis de Massabielle en leur donnant Huysmans ! Le moyen [...] de ne pas saluer avec une reconnaissance émue cette figure de virtuose de l'Art que la sincérité mit sur le chemin de l'apologétique » (p. 169-177). Autre musique, la même année : sous le titre *L'Âme de Lourdes. Réponse aux "Foules de Lourdes" de J.-K. Huysmans* (Tours, Alfred Cattier, 1908, 232 p.), l'abbé Léon Joseph Bretonneau, directeur de *La Croix* de Touraine, accuse l'écrivain d'avoir commis « un acte aussi odieux que celui des deux fous qui ont récemment lacéré deux toiles du Louvre. » (p. 17). Un tel livre, soutient-il, « constitue, dans le temps où nous sommes, en pleine persécution, un véritable scandale pour les faibles [...] et me[t] aux mains de nos ennemis, une arme redoutable. » (p. 19). Reprenant les arguments exposés en 1904 par *Le Correspondant*, il prétend que l'écrivain devait, à l'instar de Paul Féval, « composer une œuvre de rétraction [*sic*], et ordonner à ses éditeurs la mise au pilon de tous les volumes jugés scandaleux par l'autorité ecclésiastique. » Sans surprise, *La Croix* de Paris du 31 janvier 1908 approuve la sévérité de sa consœur provinciale sur un livre « dont les pieux fidèles sont tentés de détourner leur regard blessé », et saisit l'occasion pour citer longuement l'évêque de Tarbes, qui l'a désapprouvé, en reconnaissant en Huysmans « un

“Zola teinté de mysticisme” [...] qui a gravement manqué d’exactitude sur plus d’un point. »

Deux ans plus tard, Raymond Vroncourt réplique à l’abbé Bretonneau en publiant un *Huysmans et l’âme des* Foules de Lourdes. *Notes de critique* (Tours, Ménard et Cie, 1910, 296 p.). Scandalisé d’apprendre que le « pieux écrivassier » nommé Bretonneau avait été nommé « missionnaire apostolique » par le cardinal Merry del Val, il dévoile sa perfidie et ses procédés malhonnêtes et le couvre d’injures. Reparcourant ensuite l’ensemble de l’œuvre profane de Huysmans, où il découvre « des exemples frappants et typiques de l’ignominie d’une race quand elle ignore Dieu », il décrit « l’admirable cathédrale mystique de [son] œuvre catholique », avant de faire du Huysmans de Lourdes « un chrétien exemplaire » qui « se leva [...] comme une lumière des plus opportunes en pleine campagne infernale », et conclut que « sa conversion a été directement l’œuvre de la Providence, et sa mort fut un objet d’édification et de consolation pour l’Église. » (p. 182).

Bibliographie

ÉDITIONS

Les Deux Faces de Lourdes, édition des 180 premières pages du livre, tirée par Stock à dix exemplaires en 1905. Un exemplaire est conservé à la bibliothèque de l’Arsenal sous la cote Ms Lambert 34.

Les Foules de Lourdes, Paris, P.-V. Stock, 1906, 314 p., in-18, édition originale.

Les Foules de Lourdes, Œuvres complètes de J.-K. Huysmans, éd. Charles Grolleau, note de Lucien Descaves, Paris, éditions Crès, t. XVIII, 1934, 346 p.

Joris-Karl Huysmans, *Les Foules de Lourdes*, Paris, Plon, 1947, III-293 p.

J.-K. Huysmans, *Les Foules de Lourdes*, suivi de *Carnets et lettres, 1903-1904*, publiés pour la première fois ; introduction avec des documents inédits par Pierre Lambert, Paris, Plon, 1958, XIV-279 p.

Les Foules de Lourdes, précédé de *Le Drageoir aux épines ou l’intime souffrance de Joris-Karl Huysmans*, par François Angelier, Grenoble, Jérôme Millon, coll. Golgotha, 1993, 271 p.

PRÉPUBLICATIONS

Le quotidien catholique *L'Univers* publie des bonnes feuilles (expurgées) des *Foules de Lourdes* le 23 juin 1906.

Dans la livraison de juin-juillet-août 1906 de la revue *Vers et prose*, tome VI, p. 82-97, prépublication du chapitre VII et d'une partie du chapitre VIII des *Foules de Lourdes.*

La *Revue hebdomadaire* publie le 15 septembre 1906, soit quinze jours avant la parution officielle, le chapitre VII.

La revue belge *Durendal* publie le chapitre XV du livre (13e année, 1906, n° 8, p. 449-459).

GUIDES DE VOYAGE, RÉCITS DE PÈLERINAGE ET ŒUVRES LITTÉRAIRES INSPIRÉES PAR LOURDES

BARBET, *Guide de Lourde* [*sic*] *et de la grotte*, Lille, Société de Saint-Augustin, 1892.

DAUBERIVE, Bernard, *Guide du pèlerin et du touriste : Lourdes et ses environs, illustrations et plans*, Poitiers, G. Bonamy, 1896.

ANONYME, *Manuel du Pèlerin du Berry à Lourdes*, Bourges, Tardy, 1905.

ANONYME : *Bernadette. Histoire illustrée et populaire des apparitions de la T. S. Vierge à Lourdes et des fêtes du couronnement, avec une notice sur la vie et la mort de Bernadette*, Paris-Lourdes, Garnier frères-Paul Dufour, 1887.

ALEXANDRE, Édouard, *Un Havrais à Lourdes : le voyage, les foules, la grotte, les guérisons, aperçus divers*, Le Havre, Imprimerie du Commerce, 1885.

ANTHOÏNE, Jean-Marc d' (pseud. de l'abbé Luc Lefèvre), *Une enquête sur le miracle. Les Premières Foules de Lourdes. Deux tableaux, février et juin 1858*, Paris, Éditions de la Jeune Académie, 1934.

BARRÈS, Maurice, « Notre visite à Lourdes », *Les Amitiés françaises : notes sur l'acquisition par un petit lorrain des sentiments qui donnent un prix à la vie*, Paris, Plon, 1924.

CLAUDEL, Paul, « L'Institution de Lourdes », *Journal de la grotte de Lourdes*, 27 février 1955, p. 1.

GHÉON, Henri, *Bernadette devant Marie. Histoire véridique du fait de Lourdes en cinq actes et douze tableaux plus un prologue légendaire*, Ligugé-Paris, imprimerie Aubin et fils-André Blot, 1931.

GRILLOT DE GIVRY, Émile-Jules, *Les Villes initiatiques. I. Lourdes, étude hiérologique*, Paris, Chacornac, 1902.

GUINAUDEAU, Benjamin, *Douze heures avec Bernadette*, Tours, Barbot-Berruet, 1887.

JAMMES, Francis, *Le Pèlerin de Lourdes*, Paris, Gallimard, 1936.

MAURIAC, François, « À Lourdes », *Le Sillon de Bordeaux et du Sud-Ouest*, 1re année, nº 6, 15 juin 1905.

MAURIAC, François, *Pèlerins de Lourdes*, Paris, Plon, 1933.

POUVILLON, Émile, *Bernadette de Lourdes*, Paris, Plon, Nourrit et Cie, 1934.

RETTÉ, Adolphe, *Un séjour à Lourdes. Journal d'un pèlerinage à pied, impressions d'un brancardier*, Paris, Messein, 1909.

OUVRAGES CONTEMPORAINS DE HUYSMANS

AUBINEAU, Léon, *Notice sur M. Desgenettes, curé de Notre-Dame des Victoires*, Paris, Douniol, 1860.

AUBINEAU, Léon, *Le Saint Homme de Tours*, éd. Palmé, 1878.

AUBINEAU, Léon, *La Vie admirable du Saint Mendiant et pèlerin Benoit-Joseph Labre*, Paris, A. Josse, 1885 (1re éd. 1872).

BACKER, Dr Félix de, *Lourdes et les médecins*, Paris, Maloine, 1905.

BAUDIMENT, chanoine Louis, *M. Dupont, "le saint homme de Tours" 1797-1876*, Tours, Mame, 1937, XI-324 p.

BERTRIN, abbé Georges, *Lourdes, apparitions & guérisons. Ouvrage présenté au Congrès marial de Rome au nom de Mgr l'évêque de Tarbes*, Lourdes, impr. de la Grotte, 1905.

BERTRIN, abbé Georges, *Histoire critique des événements de Lourdes, apparitions, guérisons*, Lourdes-Paris, Bureaux de l'œuvre de la Grotte-Lecoffre, 1905.

BOËNS, Hubert, *Louise Lateau ou les mystères du Bois-d'Haine dévoilés*, Paris, A. Delahaye, 1875.

BOIS, Jules, *Le Miracle moderne*, Paris, Ollendorf, 1907.

BOISSARIE, Dr Prosper Gustave, *Lourdes depuis 1858*, Paris, Sanard et Derangeon, 1894.

BOISSARIE, Dr Prosper Gustave, *Les Grandes Guérisons de Lourdes*, Paris, Téqui, 1900.

BOISSARIE, Dr Prosper Gustave, *L'Œuvre de Lourdes*, Paris, Téqui, 1907.

BONNEFON, Jean de, *Lourdes et ses tenanciers*, Paris, L. Michaud, s. d. [1905].

BONNEFON, Jean de, *Paroles françaises et romaines, recueillies par M. de Bonnefon*, Paris, Société d'éditions religieuses (9 numéros parus entre février 1904 et janvier-févier 1907).

BOUCHER, Gustave, *Une Séance de Spiritisme chez J. K. Huysmans*, Niort, 1908.

BRETONNEAU, abbé L. J., *L'Âme de Lourdes, réponse aux* Foules de Lourdes *de J.-K. Huysmans*, Tours, Alfred Cattier, 1908.

CHARCOT, Dr Jean-Martin, *La Foi qui guérit*, Paris, Alcan, 1897.

COLIN, Louis, *Ce que pense Henri Lasserre du roman d'Émile Zola, conversations et interviews*, Paris, Bloud et Barral, s. d.

Colin, Louis, *Henri Lasserre, sa vie, sa mission, ses lettres, papiers et documents inédits*, Paris, B. Bloud, 1901.

CROS, père Léonard-Joseph-Marie, *Notre-Dame de Lourdes. Récits et mystères*, Toulouse-Paris, Privat-Victor Retaux, 1901.

CROSNIER, Alexis, *Les Convertis d'hier. François Coppée, Ad. Retté, J.-K. Huysmans, Paul Bourget, Ferdinand Brunetière*, Paris, Beauchesne & Cie, 1908.

DESCHAMPS, Dr Alfred, *Le cas de Pierre De Rudder et les objections des médecins. Monographie d'un miracle de Lourdes-Oostaker*, Bruxelles, Action catholique, Soc. an. belge d'imprimerie, 1913.

DESNOYERS, F.-M.-J., *Le Bienheureux Benoît Joseph Labre, sa vie, ses vertus, ses miracles, avec l'histoire de la procédure suivie pour sa béatification*, Lille, Lefort, 1862.

DOZOUS, Dr Pierre-Romain, *La Grotte de Lourdes. Sa fontaine, ses guérisons*, Paris, Maison de la Bonne Presse, 1926 (1re éd. 1874).

ESTRADE, Jean-Baptiste, *Les Apparitions de Lourdes, souvenirs intimes d'un témoin*, Tours, Mame et fils, 1899.

FIANCETTE D'AGOS, Louis de, *Notice sur Notre-Dame de Bourisp, dans la vallée d'Aure*, Saint-Gaudens, Imprimerie d'Abadie, 1854.

FLEURY, Maurice de, *Introduction à la médecine de l'esprit*, Paris, Alcan, 1898.

FORCADE, Mgr Augustin, *Notice sur la vie de sœur Marie-Bernard, dans l'Institut des Sœurs de la Charité et de l'Instruction chrétienne de Nevers*, Aix, A. Makaire, 1879.

GOURSAT, Mgr Léopold, *Les Mystères sataniques de Lourdes à travers les âges*, Paris, Arthur Savaète, 1905.

HARRY, Myriam, *Trois Ombres*, Paris, Flammarion, 1932.

HUYSMANS, J.-K., *Là-haut suivi du journal d'*En route, texte établi par Pierre Cogny, avec une introduction d'Artine Artinian et Pierre Cogny et des notes de Pierre Lambert, Paris, Casterman, 1965.

IMBERT-GOURBEYRE, Dr Antoine, *Les Stigmatisées*, Paris, V. Palmé, 1873.

LA MENNAIS, *Esquisse d'une philosophie*, Paris, Pagnerre, 1840.

LASSERRE, Henri, *N.-D. de Lourdes*, Paris, Palmé, 1869.

LASSERRE, Henri, *Le Curé de Lourdes, Mgr Peyramale*, Paris, Bloud & Gay, 1897.

LAWLOR, esq., *Les Sanctuaires des Pyrénées. Pèlerinages d'un catholique irlandais*, trad. de l'anglais par Mme la Csse de L'Écuyer, Tours, Mame, 1875.

LE BON, Gustave, *Psychologie des foules*, Paris, Alcan, 1895.

LEFÈVRE, Dr, *Louise Lateau, sa vie, ses extases, ses stigmates*, Louvain, 1873.

LEMONNIER, Camille, *L'Hystérique*, Paris, Charpentier, 1885.

Mandement de Monseigneur l'évêque de Tarbes portant jugement sur l'Apparition qui a eu lieu à la grotte de Lourdes, Tarbes, impr. de l'évêché, 1862.

MADAUNE, abbé Jean-Michel, *Guide du pèlerin au sanctuaire séculaire de l'Immaculée-Conception, actuellement sous le vocable de Notre-Dame de Sainte-Espérance, dans l'église Saint-Séverin, à Paris*, Paris, Poussielgue, 1891.

MOLINIER, Étienne, *Le Lys du Val de Garaison*, 1re éd. 1630, rééditée et continuée par « les missionnaires actuels de Notre-Dame de Garaison », À Garaison, au bureau du sacristain, 1847.

MONIQUET, abbé Paulin, *Un mot à Émile Zola et aux détracteurs de Lourdes*, Paris, Tolra, 1895.

MONIQUET, abbé Paulin, *Le Cas de M. Henri Lasserre : Lourdes-Rome*, Paris, Savaète, 1897.

MONIQUET, abbé Paulin, *Les Origines de Notre-Dame de Lourdes. Défense des évêques de Tarbes et des missionnaires de Lourdes. Examen critique de divers écrits de M. H. Lasserre*, Paris, Savaète, 1901.

MUGNIER, abbé Prosper, *Journal (1879-1939)*, éd. Marcel Billot, Ghislain de Diesbach, Jean d'Hendecourt, Paris, Mercure de France, 1985.

NORIAGOF, Dr (pseud de FUGAIRON, Sophrone-Louis), *Notre-Dame de Lourdes et les Sciences de l'occulte*, Paris, Chamuel, 1898.

PEYRAMALE, abbé A., *Lourdes, son histoire, sa grotte. Bernadette, le curé Peyramale et son église*, Paris, imprimerie de Vaugirard, 1898.

POIRIER, Henri-Pierre, *Marie-Julie Jahenny, une vie mystique*, Paris, Téqui, s. d., [1991].

RICARD, Mgr Antoine, *La vraie Bernadette de Lourdes. Lettres à M. Zola*, Paris, Dentu, 1894.

ROCHAS D'AIGLUN, Albert, *L'Extériorisation de la sensibilité : étude expérimentale et historique*, Paris, Chamuel, 1895.

ROCHAS D'AIGLUN, Albert, *Les États profonds de l'hypnose*, Paris, Chamuel, 1896.

ROUBY, Dr Hippolyte, *La Vérité sur Lourdes*, Paris, Librairie critique, E. Nourry, 1910.

ROUSSEIL, chanoine Justin, *Les Splendeurs de Lourdes*, Imprimerie Latrobe, Barrière et Cie, Perpignan, en 1908

SUBERVILLE et DUCHEIN, MM., *Histoire de la Chapelle de Garaison*, Toulouse, impr. de J. M. Corbe, 1836.

THÉAS, abbé Alexis, *Notre-Dame de Médoux, aujourd'hui Notre-Dame d'Asté*, Tarbes, C. Larrieu, 2e éd., 1896.

VINCENT, Dr Eugène, *Doit-on fermer Lourdes au nom de l'hygiène ? Réponse des médecins qui ne font pas de politique : non !*, Lyon, M. Paquet, 1906.

ZOLA, Émile, *Lourdes (Les trois Villes)*, [Paris, Charpentier et Fasquelle, 1894]. Texte réédité par Jacques Noiray, Paris, Gallimard, coll. Folio classique, 1995.

ZOLA, Émile, *Mes voyages, Lourdes, Rome : journaux inédits*, éd. René Ternois, Paris, Fasquelle, 1958. Textes repris au t. VII des *Œ. C.*, éd. du Cercle du livre précieux, 1968.

ÉTUDES CRITIQUES

ANGELIER, François, « Le Drageoir aux épines », préface des *Foules de Lourdes*, Grenoble, Jérôme Millon, 1993.

BALAVOINE, Cécile, « Zola et Huysmans à Lourdes, entre pureté et décadence, entre fin de siècle et fin des temps », *Actes du Colloque de Saint-Pétersbourg*, avril 2003, en ligne : le.porche.free.fr/Porche-15.html

BALDICK, Robert, *La Vie de J.-K. Huysmans*, trad. française de Marcel Thomas, Paris, Denoël, 1958.

BONNET, Gilles, « Pensées, épanchements : l'épistolaire maladif de J.-K. Huysmans », *Eidolôn, les Cahiers du LaPRIL*, n° 55 (« Littérature et médecine II »), Université Michel de Montaigne-Bordeaux 3, juillet 2000, p. 299-310.

BOYER, Anne, « Huysmans à Lourdes », *Le Voyage est au bout de la page*, Anne Le Feuvre-Vivier et Claude Leroy dir., *Cahiers du Centre de Recherches interdisciplinaires sur les Textes modernes*, n° 25, 2001, p. 195-208.

BUISINE, Alain, *Huysmans à fleur de peau*, Artois Presses université, coll. « Études littéraires », 2004.

CABANÈS, Jean-Louis, « L'Enfance de Bernadette : effets de voix », *Les Cahiers naturalistes*, 1998, n° 72, p. 211-223.

CABIROL, Brigitte, « Tendresse et vitupération dans *Les Foules de Lourdes* », *Huysmans entre grâce et péché*, Alain Vircondelet dir., Paris, Beauchesne, 1995, p. 149-171.

CADILHAC, Paul Émile, « Le Lourdes de Zola et de Huysmans », *Demeures inspirées et sites romanesques, III*. Paul-Émile Cadilhac et Robert Coiplet dir., Paris, Les Éditions de l'Illustration, 1958, p. 235-244.

CADILHAC, Paul Émile, « Lourdes vu par un croyant, J. K. Huysmans, et par un incroyant, Émile Zola », *Salon littéraire du Printemps*, 9 avril 1958.

CARMINATI, Pauline, « L'Industrie au service de la Vierge : Lourdes et la statuaire de série », *Revue d'Histoire de l'Église de France*, tome 102, n° 249, juillet-décembre 2016, p. 323-345.

CARMINATI, Pauline, « Documents pour l'histoire d'une entreprise parisienne de sculpture religieuse : la maison Raffl, 1796-1956 », *Documents d'histoire parisienne*, n° 18, 2016, p. 95-101.

CLAVERIE, Élisabeth, « Parcours politique d'une apparition. Le cas de Lourdes », *Archives de Sciences Sociales des Religions*, 2009/1, n° 145, p. 109-128.

CLAVERIE, Élisabeth, *Le Monde de Lourdes*, Paris, Éditions Gallimard, 2008.

COGNY, Pierre, « *Les Foules de Lourdes* ou la dualité de J.-K. Huysmans », *La Table Ronde*, n° 125, mai 1958, p. 120-127.

COGNY, Pierre, « Zola et Huysmans pèlerins à Lourdes », *Le Lingue straniere* (Rome), VII, n° 6, novembre décembre 1958, p. 18-23.

COGNY, Pierre, *De l'écriture à l'Écriture*, Paris, Téqui, 1987.

COQUIO, Catherine, « Huysmans et *Les Foules de Lourdes* », *Littératures, région, religions*, Presses Universitaires de Bordeaux, 1988, p. 151-174.

CORSETTI, Jean-Paul, « *Sainte Lydwine de Schiedam* ou l'hagiographe dépossédé », *L'Infini*, n° 24, hiver 1988-1989, p. 110-126.

CUCHET, Guillaume, « La Crise théologique du Purgatoire (1850-1950) », *Revue de l'Histoire de l'Église de France*, n° 215, 1999, p. 333-353.

DESCAVES, Lucien, éd. Crès, t. XVIII, note sur *Les Foules de Lourdes*, p. 342-344.

DOTTIN-ORSINI, Mireille, « Lourdes, vu par Zola et Huysmans : lectures croisées », *Balade en Midi-Pyrénées, sur les pas des écrivains*, Alexandrines, mai 2011, p. 245-249.

DUPRONT, Alphonse, « Lourdes : perspectives d'une sociologie du sacré », », *La Table Ronde*, n° 125, mai 1958, p. 74-96.

DUPRONT, Alphonse, *Du Sacré. Croisades et pèlerinages*, Paris, Gallimard, 1987.

EL KETTANI, Soundouss, « *Les Foules de Lourdes* ou le dernier dialogue », *Romantisme*, n° 151, mars 2011, p. 113-128.

FLAMENT, Dr René : « Note médicale sur les souffrances de Bernadette Soubirous », *Semaine religieuse du diocèse de Nevers*, 23 avril 1960, p. 178-190.

GUGELOT, Frédéric, « Les deux faces de Lourdes : *Lourdes* de Zola (1894) et *Les Foules de Lourdes* d'Huysmans (1906) », *Archives des Sciences sociales des religions*, Sossie Andezian dir, octobre 2010, n° 151, p. 213-228.

GUGELOT, Frédéric, *La Conversion des intellectuels au catholicisme en France 1885-1935*, C.N.R.S. Éditions, 1998, 533 p. Nouvelle édition revue, 2010.

JAVAKHISHVILI, Manana, « Le Monastère catholique géorgien de Montauban (XIXe siècle) », *Revue de l'Histoire de l'Église de France*, t. 91 (n° 226), janvier-juin 2005.

KAUFMANN, Vincent, « De la foi qui guérit à celle qui rend malade », *Ménage à trois : littérature, médecine, religion*, Villeneuve-d'Ascq, Presses universitaires du Septentrion, 2007, p. 83-99.

LAHACHE, dom Jacques, « Mgr Marre, Abbé de la trappe d'Igny », *BSH*, n° 35, 1958, p. 242-245.

LAMBERT, Pierre, « Un correspondant de J.-K. Huysmans : l'occultiste Grillot de Givry. Lettres inédites », *BSH*, n° 31, 1956, p. 345-361.

LAPIÈRE, Marie, *Le Langage dans les* Trois Villes *d'Émile Zola. La dialectique de la foi et de la raison*, Paris, Champion, 2018.

LEFOUIN, Claire, *Marie dans la littérature française*, Paris, Téqui, 1998.

LESCUYER, Thierry, « Huysmans et Zola : Lourdes en question », *Cahier de l'Herne Huysmans*, 1985, p. 324-332.

MARX, Jacques, *Le Péché de la France. Surnaturel et politique au* XIXe *siècle*, Bruxelles, Espace de liberté, 2005.

MÉNARD, Sophie, *Émile Zola et les aveux du corps : les savoirs du roman naturaliste*, Paris, Classiques Garnier, 2014.

NOIRAY, Jacques, « Huysmans critique de Zola et du naturalisme (1884-1907) », *Modernités* 20, *Champ littéraire fin de siècle autour de Zola*, éd. Béatrice Laville, Bordeaux, 2004, p. 121-139.

NOIRAY, Jacques, « Médecine et miracle dans *Lourdes* », *Eidôlon*, n° 55, « Littérature et médecine II », Jean-Louis Cabanès dir., LaPRIL, Université Michel de Montaigne Bordeaux III, 2000, p. 325-335.

OUVRARD, Pierre, *Le Fait religieux, notamment le miracle, chez Zola. Foi et raison*, Paris, L'Harmattan, 2002.

PRIGENT, Gaël, « *Les Foules de Lourdes* ou le style émondé », *BSH*, n° 99, 2006.

PRIGENT, Gaël, *Huysmans et la Bible. Intertexte et iconographie scripturaires dans l'œuvre*, Paris, Champion, 2008.

SAINT-PIERRE, Michel de, « Bernadette et Lourdes », Paris, La Table ronde, 1953.

SEGAL, Dr Alain, « L'horrible fin de Huysmans et l'harassante genèse des *Foules de Lourdes* », *Histoire des Sciences médicales*, tome XXXIII, n° 2, p. 134-145.

SÉGINGER, Gisèle, « Huysmans et Zola : les métamorphoses du roman », *Modernités* 20, *Champ littéraire fin de siècle autour de Zola*, éd. Béatrice Laville, Bordeaux, 2004, p. 141-152.

SEILLAN, Jean-Marie, « Huysmans après *L'Oblat* : vers un nouvel *À rebours* ? », *Huysmans à côté et au-delà*, Jean-Pierre Bertrand, Sylvie Duran et Françoise Grauby dir., Peeters-Vrin, Leuven, 2001, p. 481-505.

SEILLAN, Jean-Marie, *Huysmans. Politique et religion*, Paris, Classiques Garnier, 2009.

SOLAL, Jérôme, « Huysmans à Lourdes, ou Marie à tout prix », *La Vierge Marie dans la littérature française. Entre foi et littérature* », Jean-Louis Benoit dir., Lyon, Jacques André éditeur, 2014, p. 217-223.

SOLAL, Jérôme, *Huysmans avec Dieu. Aise et disgrâce*, chapitre « Grottes », Paris, Classiques Garnier, 2015, p. 183-307.

STEAD, Évanghélia, *Le Monstre, le Singe et le Fœtus. Tératogonie et Décadence dans l'Europe fin-de-siècle*, Genève, Droz, 2004.

TERADO, Junko, « Les trois aspects politiques du pèlerinage de Lourdes », *Politiques du pèlerinage, du XVIIe siècle à nos jours*, Luc Chantre, Paul d'Hollander et Jérôme Grévy dir., Rennes, Presses universitaires de Rennes, coll. « Histoire », p. 199-207.

TERNOIS, René, « À Lourdes, avec Zola », *Le Surnaturel d'après Lourdes. Enquête religieuse…*, *La Table Ronde*, nº 125, mai 1958, p. 97-109.

THUILLIER, Guy, « À propos du 150e anniversaire des apparitions de Lourdes : pour un programme de recherche sur Bernadette Soubirous », *La Revue administrative*, 61e années, nº 362, mars 2008, p. 198-202.

THUILLIER, Guy, *Bernadette Soubirous et les écrivains*, catalogue de l'exposition organisée à la Bibliothèque municipale de Nevers les 24 mai-15 juin 2008, Nevers, Société académique du Nivernais, 2008.

TONNERRE, Olivier, « Lourdes entre monstres et merveilles. Les pèlerinages de Zola et Huysmans », *Les Lettres Romanes*, vol. 69, nº 3-4, 2015, p. 347-363.

TORRES, Eduardo, « La Foule religieuse de Lourdes chez Zola et Huysmans », *Mil neuf cent. Revue d'histoire intellectuelle*, 2010/1, nº 28, p. 35-58.

VRONCOURT, Raymond, *Huysmans et l'âme des* Foules de Lourdes, Tours, E. Menard et Cie, 1910.

ZIEGLER, Robert, « Literature of the Miraculous : Huysmans's *Les Foules de Lourdes* », *French Forum*, vol. 36, Number 1, Winter 2011, p. 23-35.

ZOLA, Émile, *Lourdes*, Paris, Charpentier et Fasquelle, 1894.

Notes

P. 183

1 « De grandes foules le suivirent, et là il les guérit. » En justifiant par cette épigraphe le titre de son livre, Huysmans résume le pèlerinage à la guérison des malades. En quoi il est en désaccord avec le *Manuel du pèlerin* publié en 1905 à Bourges et revêtu de l'*Imprimatur*, qui range la guérison des malades au dernier rang des « Intentions générales » du pèlerinage (p. 5), après trois premiers objectifs ouvertement politiques : « Le triomphe de l'Église, la délivrance du Pape, le salut de notre pauvre France, la conversion des pécheurs, la guérison des malades du pèlerinage. »

P. 185

1 Si Huysmans reconnaît l'évidente hybridité générique du texte qu'il préface, il se garde d'en souligner le caractère argumentatif et polémique à une date où il redoute que les libres penseurs, qui réclamaient la fermeture du sanctuaire, n'obtiennent satisfaction.

2 Le résumé proposé ici se conforme au récit canonique des apparitions, fondé sur plusieurs témoignages directs. Par exemple, le Dr Dozous, médecin à Lourdes, raconte dans *La Grotte de Lourdes, sa fontaine, ses guérisons* : « J'ai eu plusieurs fois l'occasion, dans l'espace d'un mois environ, de bien constater ces phénomènes curieux et de pouvoir en déterminer les caractères. » (Paris-Auch, Guérin-Muller et Cie-Chanche, 1874, p. 52). Huysmans écarte cependant de son récit divers faits retenus comme preuves de l'apparition (le miracle de la bougie, etc.) pour le recentrer sur trois éléments : la vision de Bernadette, les paroles prononcées par la Vierge, la découverte de la source miraculeuse. – Rappelons que la « Belle Dame » de La Salette avait également confié un secret à chacun des deux enfants, Mélanie et Maximin, à qui elle était apparue. Plus généralement, par l'origine sociale et l'illettrisme de la visionnaire, l'usage du patois, la communication de secrets et la résurgence de la source, la dramaturgie des apparitions de Lourdes reproduit celle de La Salette. Dans la version abandonnée du futur *En route*, Durtal et l'abbé Gévresin s'entretiennent longuement de ces secrets : voir *Là-haut ou Notre-Dame de la Salette*, P. Cogny, A. Artinian et P. Lambert éd., Paris, Casterman, 1965.

3 C'est Bernadette elle-même qui a tracé ce portrait, car, comme l'écrit l'abbé Georges Bertrin, elle « l'a décrit bien des fois avec une parfaite précision : "La dame a l'air, disait-elle, d'une jeune fille de seize à dix-sept ans. Elle porte une robe blanche, serrée à la ceinture par un ruban bleu, qui glisse le long de la robe, presque jusqu'aux pieds. Sur sa tête, un voile blanc laisse à peine apercevoir les cheveux ; il retombe en arrière, enveloppe les épaules, et descend au-dessous de la taille. / Les pieds nus que couvrent en grande partie les derniers plis de la robe, portent chacun, à leur extrémité, une rose couleur d'or. / Elle tient, sur le bras droit, un chapelet aux grains blancs et dont la chaîne d'or brille comme la rose de ses pieds." » (*Histoire critique des événements de Lourdes, apparitions, guérisons*, Lourdes-Paris, Bureaux de l'œuvre de la Grotte-Lecoffre, 1905, p. 12).

4 Dans plusieurs chapitres de son livre, Huysmans fera l'exégèse des paroles prononcées par la Vierge et de leur date, pour en tirer argument en faveur du miracle. Son attention se portera surtout sur l'appel à la pénitence, qui lui paraît peu accordé avec la nature de Lourdes, et sur la révélation faite par la Vierge, le 25 mars, de son identité : « Je suis l'Immaculée Conception » (en patois : *« Que sòi era immaculada Councepciou »*).

5 Le Dr Dozous avait également rapporté les paroles de Bernadette prononcées le 24 février : la Vierge « lui avait confié un dernier secret la concernant elle seule et qu'elle ne devait pas plus confier que les deux précédents. » (*op. cit.*, p. 52).

P. 187

1 La présence de cette source miraculeuse, dont nul ne connaissait l'existence, est une pièce essentielle du récit de miracle. Le Dr Dozous en témoigne : « Moi-même, témoin des mieux placés pour voir ce fait important, je ne voulus pas quitter la grotte de Massabielle sans avoir exploré avec soin les diverses parties du sol. / Je le trouvai partout très sec, excepté dans l'endroit où Bernadette avait creusé de ses mains un petit trou, d'où jaillit aussitôt la source qui, grossissant d'heure en heure, est devenue cette magnifique fontaine appelée aujourd'hui, par toute la catholicité, la Fontaine des miracles. » (*ibid.*, p. 53-54). Quant au débit de la source, on le trouve chez l'abbé Bertrin (*op. cit.*, p. 26).

2 Le 21 février 1858, Bernadette a été interrogée par le Procureur impérial de Lourdes, Jacques Vital-Dutour, et par le commissaire de police de Lourdes, Dominique Jacomet.

On lira les minutes de ces entretiens, remaniées ou complétées par d'autres témoignages, dans l'ouvrage du Père Léonard Cros, *Notre-Dame de Lourdes. Récits et mystères* (Toulouse-Paris, Privat-Victor Retaux, 1901, XXX-620 pages).

3 Décédée le 16 avril 1879 à Nevers, Bernadette Soubirous a été béatifiée en 1925 et canonisée en 1933. Son corps est exposé à Nevers, dans une châsse vitrée, dans la chapelle portant son nom. Le départ de Bernadette pour Nevers a fait l'objet d'une controverse dont fait état le roman de Zola, mais que Huysmans ne relance pas. Dans *Lourdes*, Pierre Froment déclare : « ce qui m'a toujours frappé et déplu, c'est ce départ de Lourdes, à vingt-deux ans, c'est cette disparition brusque, cet emprisonnement dans le couvent de Saint-Gildard, à Nevers, d'où elle n'est jamais ressortie… Cela ne donnait-il pas prise aux bruits de folie qui ont faussement couru ? Ne s'exposait-on pas à ce qu'on supposât qu'on l'enfermait, qu'on la faisait disparaître, par crainte d'une indiscrétion de sa part, d'une parole naïve qui aurait livré le secret d'une longue supercherie ?… Et, pour dire le mot brutal, […] moi-même je crois encore qu'on l'a escamotée. » Le docteur Chassaigne, à qui il s'adresse, réfute cette explication mais l'accrédite en partie : « Admettez que Bernadette ne fût pas cette enfant simple et farouche, donnez-lui un esprit d'intrigue et de domination, faites d'elle une conquérante, une directrice de peuples ; et tâchez d'évoquer ce qui se serait passé alors… Évidemment, la Grotte serait à elle, la Basilique serait à elle. Nous la verrions trôner dans les cérémonies, sous un dais, avec une mitre d'or. Ce serait elle qui distribuerait les miracles, dont la petite main conduirait les foules au ciel, d'un geste souverain. Elle rayonnerait, étant la sainte, l'élue, celle qui seule a contemplé la divinité face à face. Et, en somme, rien ne paraîtrait plus juste, elle serait au succès après avoir été à la peine, elle jouirait glorieusement de son œuvre… Tandis que, vous le voyez, elle est frustrée, dévalisée. Les moissons merveilleuses qu'elle a semées, ce sont d'autres qui les coupent. » (*Lourdes*, éd. Jacques Noiray, Paris, Gallimard, coll. Folio classique, 1995, p. 336-338). – Il reste que Mgr Crosnier, évêque de Nevers, fait allusion à cette controverse dans l'allocution qu'il prononce, le 19 avril 1879, à l'enterrement de Bernadette : « Vous m'en êtes témoins, mes Sœurs ; non, on ne l'a pas cachée, c'est elle-même qui s'est cachée, et encore pas suffisamment au gré de ses désirs. » (*Bernadette Soubirous, en religion Sœur Marie-Bernard*, Nevers, 1879, p. 17).

P. 189

1 Le choix du mot *fief*, issu du droit médiéval, n'est pas neutre. C'est le 10 février 1638 que le roi Louis XIII consacra la France à la Vierge pour des raisons de politique religieuse et extérieure. La formule alors prononcée (« Prenant la très sainte et très glorieuse Vierge pour protectrice spéciale de notre royaume, nous lui consacrons notre personne, notre État, notre couronne et nos sujets ») confirme les liens établis dès cette époque entre monarchie et le culte marial. Huysmans a lui-même mis en correspondance les dates des apparitions et les changements de régime politique : « 1830. Renversement de Charles X. Révolution des 27, 28, 29 juillet. 7 août. Louis-Philippe le roi maçon. 1848. Révolution. 1852. Napoléon III carbonari. » (Annexe IV, *infra*, p. 567). Ces liens reparaîtront dans les discours expiatoires tenus par les catholiques monarchistes après la défaite française de 1870. Sur les rapports unissant la politique au culte marial, on lira l'ouvrage remarquablement informé de Jacques Marx, *Le Péché de la France. Surnaturel et politique au* XIX*e siècle*, Bruxelles, Espace de liberté, 2005.

2 L'idée que la France du XVIIIe siècle ait été délaissée par le Ciel est un lieu commun de la pensée des catholiques. Don Guéranger l'exprime dans le troisième article qu'il consacre au « naturalisme dans l'Histoire », dans *L'Univers* du 21 mars 1858 : « dès la régence qui commença en 1715, la France fut exploitée avec succès par l'esprit d'incrédulité, dont rien

ne put arrêter le cours. Évidemment, le sens surnaturel s'était appauvri, le naturalisme avait gagné sourdement. » Selon lui, ce siècle s'était caractérisé par « la diminution toujours plus marquée du nombre de saints, un symptôme général d'affaiblissement dans la société chrétienne. Jamais le thermomètre que nous avons reconnu dans la sainteté ne fut plus exactement applicable. Le siècle naturaliste, au reste, ne méritait pas que Dieu s'empressât si fort de faire montre du surnaturel. Les hommes n'en voulaient plus vivre. »

3 Si Huysmans semble renvoyer dos à dos les partis opposés sous la Révolution, il n'en adopte pas moins la thèse des catholiques, qui expliquaient les malheurs de la France en termes de châtiment et d'expiation.

4 Malgré l'avis de l'évêque de Laval et l'édification d'une basilique consacrée en 1900, Huysmans ne juge donc pas authentique l'apparition de la Vierge aux quatre enfants de Pontmain (Mayenne) le 17 janvier 1871. Il écarte également les quinze apparitions de la Vierge dont avait bénéficié, de mai à décembre 1876 à Pellevoisin (Indre), Estelle Faguette, reçue par le pape Léon XIII en 1900. Il les mentionne pourtant dans ses notes préparatoires reprises dans l'Annexe IV, *infra*, p. 565.

5 L'image du cercle est approximative, ces sites n'étant pas à équidistance de Lourdes : les plus proches (Betharram, Poueylahün) sont à environ 15 km, les plus lointains (Héas, Barbazan) à près de 90 km. Par ailleurs, les informations sur certains d'entre eux sont de source livresque, Huysmans ayant, semble-t-il, peu voyagé autour de Lourdes.

P. 190

1 Située à 1 547 m. d'altitude, la chapelle de Notre-Dame de Héas possède une légende dont Huysmans fait l'économie, sans doute parce qu'elle n'est pas liée à la Vierge : « Cette chapelle a été bâtie par trois maçons, que trois chèvres, suivies de trois chevreaux, venaient tous les jours nourrir de leur lait. Au bout de trois mois l'édifice était presque achevé, lorsque les trois maçons, sans doute ennuyés de boire toujours du lait, résolurent à la première occasion, d'égorger l'un des chevreaux et de le faire rôtir. Mais les chèvres étaient fées ; elles devinèrent le complot et ne reparurent plus ». (*Guide de Lourde et de la Grotte, comprenant la description complète de Lourde, de la grotte, et des environs : topographie, histoire, itinéraires, statistiques, administrations, etc.*, par M. Jean Barbet, officier de l'Instruction publique, membre de la Société académique des Hautes-Pyrénées, Société de Saint-Augustin, Desclée, De Brouwer et Cie, 1892, p. 136-137).
Cette chapelle a été emportée par une avalanche en 1915 et rebâtie en 1928. Mgr Gerlier, évêque de Tarbes et de Lourdes, s'y est rendu plusieurs fois dans les années 1930.

2 Cette église, que Huysmans n'a pas visitée, est située à 90 km de Lourdes et reçoit aujourd'hui encore des visiteurs. Sa fondation serait liée à la découverte d'une statuette de Notre-Dame de Piété par un paysan labourant son champ ; vers 1900, le culte était assuré par les pères de Garaison.

3 Huysmans a visité cette autre église dédiée à Notre-Dame de Piété le 10 septembre 1904 : « Argelès-Gazost. De là, par voiture, à Saint-Savin – église romane – chaire curieuse, un vieil orgue démantibulé en bois – en bas, des tuyaux absents, trois mascarons, de bois peint, tirant la langue quand l'orgue joue. L'orgue serait du quatorzième ? ? » (voir Annexe II, *infra*, p. 548). Peut-être a-t-il complété son information de façon livresque. Le *Guide* de Barbet précise : « On y remarque [...] un orgue rongé par la vétusté, chargé d'étranges figures très admirées » (*op. cit.*, p. 134). – Le mascaron est un « motif ornemental constitué d'une figure grotesque ou fantastique en ronde-bosse ou en bas-relief, décorant p. ex. les clefs d'arc, les chapiteaux, les orifices des fontaines » (*TLF*).

4 De cette chapelle située à 930 m d'altitude, le *Guide* de Barbet écrivait : « La distribution de ce petit édifice offre dans toutes ses parties les traces d'un goût sage et pur. L'autel

principal est d'une rare beauté. La statue de la sainte Vierge, tenant Jésus dans ses bras, révèle un talent distingué. Les sculptures et les ornements sont d'une richesse et d'un goût exquis. » (p. 136). Selon une légende locale, elle aurait été édifiée à la suite de la découverte d'une statue intransportable. Elle a servi un temps de sanatorium et est aujourd'hui désertée.

5 Huysmans a probablement lu la *Notice sur Notre-Dame de Bourisp, dans la vallée d'Aure*, par Louis de Fiancette d'Agos (Saint-Gaudens, Imprimerie d'Abadie, 1854). L'auteur, qui admet qu'« aucun document authentique n'appuie » cette tradition, raconte l'histoire – que Huysmans a pu juger par trop naïve – non d'une statue, mais d'une image : « Or il arriva que le maître de la maison [de Sens], allant abreuver ses bœufs, vit l'un d'eux [...] occupé à lécher une image de la Mère de Dieu. Aussitôt il rentre chez lui, fait part de ce qu'il a vu à sa famille, à ses voisins ; on avertit le prêtre, tous accourent et voient le bœuf dans la même occupation. Alors le prêtre prend dans ses mains la statue, et, suivi de tous les habitants la porte dans l'église. / Le lendemain matin, ceux qui se rendirent les premiers dans l'église, ne l'y trouvèrent point. Ils vont au Sescas, et voient le bœuf léchant encore l'image. » Etc.

P. 191

1 Huysmans s'est rendu en voiture à Bagnères-de-Bigorre le 17 mars 1903, mais son journal ne mentionne pas la visite de ce sanctuaire. Il doit ses informations à l'ouvrage de l'abbé Alexis Théas, *Notre-Dame de Médoux, aujourd'hui Notre-Dame d'Asté*, Tarbes, C. Larrieu, 1896, 2e éd., XXXII-405 p.

2 Abbé Théas, *ibid.*, p. 20 : « la statue miraculeuse [...] se détacha elle-même du char, et, fendant doucement les airs comme une blanche colombe, regagna son bien-aimé sanctuaire. »

3 Huysmans résume en le dramatisant le chapitre II du même ouvrage (« Liloye », p. 48-67). L'intérêt qu'il porte à cette légende tient probablement à l'appel à la pénitence, au châtiment et au repentir que la Vierge y lance. On lira une version un peu différente de l'histoire de Liboye [*sic*] dans *Les Sanctuaires des Pyrénées. Pèlerinages d'un catholique irlandais*, traduite de l'anglais de Lawlor, esq., par Mme la Csse de L'Écuyer, Tours, Mame, 1875, p. 119-124.

P. 192

1 Ce paragraphe résume plus succinctement encore le chapitre VII, « Ambroise de Lombez », p. 175-231. Le père Ambroise de Lombez (1708-1778) a été le confesseur de la reine Marie Leszczynska ; il a laissé des ouvrages de piété, dont un *Traité de la paix intérieure*, paru en 1758 et régulièrement réédité.

2 À une quinzaine de km de Lourdes. Huysmans se rappelle-t-il, en usant de cette formule dépréciative, l'*incipit* du poème en prose de Baudelaire « *Anywhere out of the World* » : « Cette vie est un hôpital où chaque malade est possédé du désir de changer de lit. » ?

3 Lors des guerres de religion, le Béarn, acquis au protestantisme mais menacé de reconquête par les catholiques, reçut le secours du comte de Montgomery, qui assiégea la ville d'Orthez et la reprit en 1569. Nommé avec l'appui de Henri IV après sa conversion, Léonard de Trapes (1558-1629), évêque d'Auch de 1600 à sa mort, s'appliqua à restaurer le catholicisme.

P. 193

1 Huysmans écrit à Georges Landry le 22 mars 1903 : « Je visite les sanctuaires des alentours, car la Vierge de Lourdes a eu des *antécédents* dont on ne parle guère, mais qui sont très curieux. Je suis allé déjà à Bétharram, à Bagnères de Bigorre ; je pars demain à Pau. »

(Ms Lambert 25, f° 149). Sans doute a-t-il visité Notre-Dame de Bétharram le 17 mars, à l'occasion de l'excursion à Bagnères-de-Bigorre qu'il évoque dans son carnet : « Nous avons fait le trajet en voiture. Il y a un endroit où l'on voit se dérouler toute la chaîne des Pyrénées, c'est très beau. Revenus, pluie battante. » (voir Annexe I, *infra*, p. 533). Le *Guide* de Barbet fournissait par ailleurs nombre de détails écartés par Huysmans, par exemple : « On montre à la sacristie : le voile de communion de Marie-Antoinette, l'écharpe de la comtesse de Chambord et sa robe de noces [...] » (*op. cit.*, p. 129).

P. 194

1 Huysmans s'est informé sur l'histoire de Notre-Dame de Garaison dans *Le Lys du Val de Garaison*, ouvrage dû à Étienne Molinier (1re éd. 1630), réédité et continué par « les missionnaires actuels de Notre-Dame de Garaison » (À Garaison, au bureau du sacristain, 1847, XXI-396 p.). Il en donne un résumé succinct en le purgeant de son romanesque et de ses gloses édifiantes. On y lisait : « C'est dans l'une de ces maisonnettes qu'habitait cette jeune fille, extrêmement pauvre des biens de la terre, mais très riche des biens du ciel. [...] La bergère [n'avait] dans son petit bissac ou panetière que quelques petits morceaux de pain très noir et très grossier [...] encore avait-il fallu que ses parents arrachassent ce mauvais pain à leur propre nécessité pour le donner à la sienne, tant il est vrai que la compassion est quelquefois un sentiment plus fort que la faim, et que l'amour qu'on a pour les enfants dépasse l'amour qu'on a pour soi-même. » (p. 5-7).

2 Nous n'avons pas trouvé mention de cette légende, peut-être recueillie oralement.

P. 195

1 Les p. 107 à 179 de la réédition du *Lys de Garaison* dressent la longue liste de ces guérisons, qui rappellent la promesse évangélique (Matthieu XI, 5) et ont donné leur nom au sanctuaire.

2 Huysmans résume avec sobriété le récit du miracle proposé par l'*Histoire de la Chapelle de Garaison*, par MM. Suberville, curé doyen, et Duchein, desservant, Toulouse, impr. de J. M. Corbe, 1836, p. 33. Ceux-ci écrivaient : « Pendant les guerres désastreuses de la réforme, qui coûtèrent tant de larmes et de sang à la France, un hérétique, la terreur de la Gascogne, vient à Garaison, à la tête d'une compagnie de soldats, surprend la chapelle, pille tout ce qu'il rencontre, et voulant satisfaire sa haine contre le culte de Marie, il saisit l'auguste image, et s'apprête à l'anéantir dans un bûcher. Déjà la flamme pétille et s'élève agitée par le vent ; elle sera bientôt réduite en cendre. Mais, ô merveille qu'on ne saurait assez publier ! le terrible élément respecte le bois sacré [...] ». Tout en déplorant que « les bornes de cet ouvrage ne [leur] permettent pas de les rapporter tous » (p. 34), ces auteurs chiffrent à deux cents le nombre de miracles, et en racontent quarante-trois de manière circonstanciée.

3 Ce paragraphe résume les p. 25 à 31 du même livre.

P. 196

1 Telle que le recompose Huysmans, l'itinéraire suivi par la Vierge suit son parcours spirituel personnel. Dans *En route*, Durtal fait des églises Saint-Séverin et Notre-Dame des Victoires ses lieux de prière de prédilection : la première « le ravissait, l'aidait mieux que les autres à se suggérer, certains jours, une indéfinissable impression d'allégresse et de pitié » ; la seconde « poss[édait] l'irrésistible attrait d'une piété sûre, parce que, seule, elle conserve intacte l'âme perdue des temps » (éd. Crès, t. XIII, I, chap. II, p. 47 et chap. V, p. 116).

2 Datée du 8 décembre 1854, la bulle *Ineffabilis Deus* énonce : « Nous déclarons, prononçons et définissons que la doctrine, qui tient que la bienheureuse Vierge Marie a été, au premier instant de sa conception par une grâce et une faveur singulière du Dieu tout-puissant, en vue des mérites de Jésus-Christ, Sauveur du genre humain, préservée intacte de toute souillure du péché originel, est une doctrine révélée de Dieu, et qu'ainsi elle doit être crue fermement, et constamment par tous les fidèles. »

3 Voir J. Marx, *op. cit.*, p. 213 *sq.*

4 Du latin *temerare*, profaner, outrager : caractère de ce qui est exempt de souillure (Marcel Cressot, *La Phrase et le vocabulaire de J.-K. Huysmans*, Paris, Droz, 1938, p. 461).

5 Dans son légendaire personnel, Huysmans accorde une place prééminente à l'église où il fut baptisé. Il avait déjà rappelé l'antériorité de ce culte dans le chapitre IX du *Quartier Saint-Séverin* : « Saint-Séverin avait donc devancé, et de combien d'années ! le culte révélé de Lourdes ». Le 9 octobre 1904, il écrivait à l'abbé Migot : « Je songe toujours à faire des pages sur l'itinéraire de la Vierge en France. Il y serait démontré que Lourdes est la fille de Notre-Dame de Saint-Séverin de Paris qui, la première, au XIIIe siècle, a érigé dans ses murs un autel à l'Immaculée-Conception. » (Lettre conservée au Centre de recherche sur la littérature française du XIXe siècle, UMR CELLF 16-21 de l'Université Paris-Sorbonne). Il a puisé ses informations sur le sujet dans le *Guide du pèlerin au sanctuaire séculaire de l'Immaculée-Conception, actuellement sous le vocable de Notre-Dame de Sainte-Espérance, dans l'église Saint-Séverin, à Paris*, de l'abbé Jean-Michel de Madaune, Paris, Poussielgue, 1891, p. 8.

6 « Dans la chapelle actuelle de l'Immaculée-Conception, au coin du pilier et de la table de Communion, se trouve le puits de saint Séverin l'Ermite. Il fut découvert lors des réparations de 1760. L'eau, très limpide, en fut reconnue excellente ; les paroissiens de Saint-Séverin croyaient jadis qu'elle guérissait de la fièvre. Ce puits a 10m, 60 de profondeur dont 1m, 60 d'eau environ. » (*ibid.*, p. 41).

P. 197

1 Catherine Labouré (1806-1876), une paysanne d'origine bourguignonne entrée chez les Filles de la Charité rue du Bac à Paris, a été béatifiée en 1933 et canonisée en 1947 ; son corps est exposé rue du Bac, dans la chapelle Notre-Dame de la médaille miraculeuse. Elle avait des visions depuis 1824. Le 27 novembre 1830, la Vierge lui apparut et lui demanda de faire frapper une médaille. Diffusée de façon massive lors de l'épidémie de choléra de 1832, celle-ci a été appelée rapidement « médaille miraculeuse » en raison des guérisons qu'on lui a prêtées. L'avers représente la Vierge debout sur un globe ; de ses mains émanent des rayons, tandis qu'elle écrase un serpent sous ses pieds ; elle est entourée de la mention « Ô Marie conçue sans péché priez pour nous qui avons recours à vous ». Sur le revers figure un symbolisme complexe.

2 Antirévolutionnaire et monarchiste militant, l'abbé Dufriche-Desgenettes (1778-1860) a eu maille à partir avec les régimes qui ont précédé et suivi la Restauration. Curé de Notre-Dame des Victoires (dite la paroisse des Petits-Pères), église fondée par Louis XIII pour honorer sa victoire sur les protestants au siège de La Rochelle, il fonda en 1836 l'Archiconfrérie du Très Saint et Immaculé Cœur de Marie, et fit de cette église un foyer actif de pèlerinage marial. Huysmans emprunte la narration qui suit à un récit autobiographique rédigé par le prêtre lui-même. Il a pu lire aussi la *Notice sur M. Desgenettes, curé de Notre-Dame des Victoires*, par Léon Aubineau (Paris, Douniol, 1860), qui décrit l'état de sa paroisse en 1832 et la voix intérieure qui commanda à celui-ci de la « consacrer au très saint et immaculé Cœur de Marie » (p. 19-24). L'abbé Cros établit la même filiation que Huysmans entre Notre-Dame des

Victoires, l'abbé Desgenettes et les mises en garde lancées par la Vierge à La Salette (*op. cit.*, p. 412-414).

3 Sur ce point, voir Jacques Marx, *op. cit.*, p. 195 et 213-217.

4 Récit de l'abbé Desgenettes : « il me semblait entendre continuellement une voix qui venait de mon intérieur et qui me répétait : "Tu ne fais rien, ton ministère est nul ; vois, depuis plus de quatre ans que tu es ici, qu'as-tu gagné ? Tout est perdu, ce peuple n'a plus de foi. Tu devrais par prudence te retirer." Et malgré tous mes efforts pour repousser cette malheureuse pensée, elle s'opiniâtra tellement qu'elle absorba toutes les facultés de mon esprit, au point que je lisais, je récitais les prières sans plus comprendre ce que je disais ».

P. 198

1 Souillure diabolique aux yeux de Huysmans, la Bourse y avait été installée sous le Directoire. La consécration de l'église à la Vierge permet de restaurer l'équilibre du Mal et du Bien.

2 Le samedi 19 septembre 1846, deux bergers, Mélanie Calvat (14 ans) et Maximin Giraud (11 ans), racontèrent avoir reçu d'une « Belle Dame » en pleurs, en qui ils reconnurent la Vierge Marie, un message en français et en langue occitane déplorant le manque de foi et de pratique religieuse des fidèles ainsi que l'immoralité et l'impiété des prêtres, et assorti d'une menace sur les produits de l'agriculture. L'apparition s'était déroulée à La Salette-Fallavaux, canton de Corps, dans l'Isère.

3 Récurrent dans les dernières lettres – inédites – de Huysmans, le procès en immoralité intenté aux prêtres et aux moines lui permet de justifier le châtiment céleste dont le vote de la loi de 1901 les aurait frappés. Lire sur ce point Jean-Marie Seillan, *Huysmans. Politique et religion*, Paris, Classiques Garnier, 2009.

4 L'abbé Boullan, qui avait conseillé à Huysmans de faire un pèlerinage à la Salette, lui écrivait le 27 août 1892 : « Si vous aviez vu les miracles à la Salette autrefois, vous auriez vu que c'était bien autre chose que ce qui a lieu à Lourdes. Sur 30 000, on compte quelques guéris, un sur mille ; à la Salette, il y en avait plus d'un sur trois. » (Ms Lambert 76, f° 251).

P. 199

1 Huysmans avait fait ce pèlerinage en compagnie de l'abbé Boullan et de Julie Thibault au mois de juillet 1891. Il a décrit le sanctuaire de La Salette, situé à 1 800 m d'altitude, à plusieurs de ses correspondants : « J'ai fait un peu de vie contemplative en cellule et cela m'a fait l'effet de douches spirituelles, de bon calmant. Mais je ne suis pas pour les montagnes. Autant la mer m'intéresse, autant ces blocs qui barrent le ciel m'étouffent. La nature à La Salette est féroce et pelée, les arbres n'y poussent même plus, les précipices qu'on longe à chaque instant par des chemins de chèvre sont incomblables. » (Lettre à Georges Landry, 26 juillet 1891, Ms Lambert 25, f° 1). Il a consacré ensuite aux messages reçus par les bergers et aux controverses qui s'en suivirent une longue étude dialoguée initialement destinée à *Là-haut*, le roman mystique succédant à *Là-bas*, mais supprimée dans la réécriture du livre sous le titre d'*En route* (voir *Là-haut suivi du journal d'*En route, texte établi par Pierre Cogny, avec une introduction d'Artine Artinian et Pierre Cogny et des notes de Pierre Lambert, Paris, Casterman, 1965, p. 148-211). Dans le chapitre premier de *La Cathédrale*, enfin, il a repris l'histoire de cette apparition, longuement décrit le paysage et comparé les sanctuaires de La Salette et de Lourdes (éd. Crès, t. XIV, I, p. 13-39).

2 À la Vierge qui pleure et menace, succède la Vierge qui sourit et guérit : un des éléments opposant les deux apparitions chez Huysmans comme chez Bloy – qui préfèrent la première.

3 Ces deux paragraphes exposent un article essentiel du *credo* huysmansien : du fait de la défaillance des ordres religieux que Dieu a laissé expulser de France, il revient aux laïques d'offrir leur souffrance réparatrice pour préserver l'équilibre de la création – les événements de l'histoire humaine étant inintelligibles à qui ne les replace pas dans l'éternel affrontement du Bien et du Mal.

P. 200

1 Derrière le parcours prêté à la Vierge, Huysmans retrouve deux étapes de son propre itinéraire spirituel à la poursuite de la Mère (Saint-Séverin, La Salette). La tentation autobiographique sous-jacente apparaît aussi dans l'importance accordée aux églises qui ont joué un rôle clé dans sa conversion, et au motif du franchissement des ponts de Paris, la Vierge quittant la rive gauche pour la rive droite.

2 Huysmans complète la cartographie de son Paris mythique, la rue du Bac débouchant sur la rue de Sèvres, tout près de son lieu de naissance.

3 Soupçonné de jansénisme, l'abbé Désangins, curé de Calais, avait été chassé de sa cure. Mort en 1731 et inhumé dans l'église Saint-Séverin, il était réputé accomplir des guérisons miraculeuses.

4 Louis XIII a posé la première pierre de Notre-Dame-des-Victoires, dédiée à la Vierge, en 1628. L'église possède deux représentations du vœu de Louis XIII : un tableau de Carle Van Loo (XVIIIe siècle) et un vitrail du XIXe siècle.

P. 201

1 Le 15 janvier 1903, Huysmans rend compte de ce livre (*Les Villes initiatiques. I. Lourdes, étude hiérologique*, Paris, Chacornac, 1902) à son auteur, Émile-Jules Grillot de Givry (1874-1929) : « Je vous remercie du livre de *Lourdes* qui m'a vraiment intéressé. Il exhausse, Dieu merci, la question si bassement traitée par Lasserre et si vilipendée par Zola. Vous nous avez heureusement sortis et des magasins de la rue St-Sulpice et de la clinique des Charcot. / Votre glose sur l'*ab initio et ante sæcula creata sum* et votre exégèse de la substance mystérieuse des eaux est éloquemment et persuasivement présentée. Le livre est plein de pages excellentes et toutes celles qui concernent Bernadette sont exquises. La seule chose qui m'ennuie un peu dans le volume c'est un certain ton, à quelques endroits, qui sent une Péladannerie dont je vous voudrais libéré – et, parfois aussi, une promiscuité d'admiration, une mise au plan qui me semble un tantinet déréglée, alors qu'au point de vue vénération, vous semblez assimiler Cosme Ruggieri par exemple, à Ste Catherine de Sienne. L'élément sainteté délinée singulièrement les plans, je trouve » (Ms Lambert 48, f° 21/29). En mars 1903, Huysmans lui écrira encore : « Je pense à vous et à votre livre à Lourdes où je suis jusqu'à la fin du mois, cher Monsieur – Votre exégèse des eaux qui me revient ici, est vraiment bien. » (*ibid.*, f° 187) Sur ce personnage, lire Pierre Lambert, « Un correspondant de J.-K. Huysmans : l'occultiste Grillot de Givry. Lettres inédites », *BSH*, n° 31, 1956, p. 345-361.

2 Grillot de Givry consacre à la symbolique de l'Eau dans ses rapports avec la Vierge les pages 59 à 87 de son livre. La suite est faite d'un récit plus conventionnel de la vie de Bernadette et d'une longue protestation, propre à satisfaire Huysmans, contre « la grave infraction aux règles éternelles du beau » (p. 325) commise par les architectes ayant conçu les basiliques de Lourdes. On notera que si Huysmans partage avec lui la conviction que « tout ce qui advient ici-bas n'est qu'un écho et une répercussion de ce qui s'est passé dans les mondes

supérieurs » (*ibid.*, p. 93), il ne recourt ni aux traditions ésotériques universelles, ni au syncrétisme jargonnant présents chez Grillot de Givry et s'en tient aux exégèses bibliques. Il est vrai que Huysmans est plus requis par la vie terrestre douloureuse de la Vierge que par son existence antérieure à la création – même s'il évoque celle-ci à la fin de son livre.

3 Respectivement : « Or le terre était vague et vide, les ténèbres couvraient l'abîme, l'esprit de Dieu planait sur les eux. », Genèse, I, 2 ; « L'Esprit saint viendra sur toi, et la puissance du Très-Haut te prendra sous son ombre. », Luc, I, 35.

P. 202

1 Dans le deuxième *Livre des Rois*, Naaman, chef de guerre syrien, guérit de la lèpre en se baignant sept fois dans l'eau du Jourdain à la demande du prophète Élisée. Ce miracle a été interprété comme la préfiguration du miracle de la piscine de Bézatha, par lequel Jésus guérit un paralytique, qui préfigure lui-même celui de Lourdes.

P. 203

1 Opinion établie depuis au moins l'année 1900, où Huysmans écrit à son ami Landry : « tout cela ne m'intéresse pas. Je n'ai nul besoin de voir des miracles puisque j'y crois, et la dévotion des foules ne m'attire point ; j'ai vu passer ces pèlerinages à Ligugé où ils passèrent une matinée, cela m'a suffi. Cette mécanique de cantiques braillés et d'oraisons à gueules continues est en dehors de toute piété. » (30 août 1900, Ms Lambert 25, f° 211). Jugement complété le lendemain, 31 août, dans une lettre à Descaves : « Rien de neuf, à Ligugé – sinon, un arrêt de trains de Lourdes et une journée que j'ai passé à la gare de Poitiers, pour me rendre compte par moi-même des descriptions de Zola. Elles sont vraiment exactes et superbes. / Je ne crois pas avoir vu de plus lamentable spectacle que celui des femmes couchées sur les matelas et charriées à travers les voies et hissées, comme de douloureux paquets, dans les wagons. Ce qu'il faut s'estimer heureux de se trouver vaguement d'aplomb sur ses deux jambes, quand on a vu cela ! par contre ce que Zola a insuffisamment rendu, ce sont les brancardiers de bonne famille, en costume de cyclistes et en gants. Ça c'est à part. » (Ms Lambert 64, f° 255).

2 On trouve, en des termes un peu différents, ce précepte dans la *Vie et œuvres spirituelles de l'Admirable Docteur Mystique le Bienheureux Père Saint Jean de La Croix*,... Trad. nouv. faite sur l'édition de Séville de 1702, publiée par les soins des Carmélites de Paris. Introd. par le T. R. P. Chocarne, Paris, Ch. Douniol et Cie, 1877, p. 439. – Huysmans reprend à son compte la déclaration de Durtal à la fin de *La Cathédrale* : « Les multitudes bramant des cantiques, avec des yeux qui rampent ou cherchent des épingles à terre sous prétexte d'onction, m'excèdent. Je suis pour les reines délaissées, pour les églises désertes, pour les chapelles noires. Je suis de l'avis de saint Jean de la Croix qui avoue ne pas aimer les pèlerinages de foules, parce que l'on en revient encore plus distrait qu'on n'y est allé. » (éd. Crès, t. XIV, II, chap. XVI, p. 292).

3 Consignant une conversation avec Huysmans tenue le 18 octobre 1896, l'abbé Mugnier rapporte que l'abbesse de Solesmes « lui a dit : "Nous n'avons pas besoin des miracles de Lourdes" » (*Journal de l'abbé Mugnier*, 19 octobre 1896, Paris, Mercure de France, 1985, p. 97).

4 Maître d'école vieux et pédant (*TLF*).

5 Cette conviction a été élaborée dans *Là-bas* pour faire pièce aux méthodes et aux acquis de la connaissance scientifique (« tous les efforts de la science moderne ne font que confirmer les découvertes de la magie d'antan », chap. XVII, éd. Crès, t. XII, II, p. 128). Elle est reprise par l'abbé Gévresin dans *En route* : « croyez bien [...] que nous ne marchons pas à l'aveuglette, que la mystique est une science absolument exacte. Elle peut annoncer d'avance la plupart des phénomènes qui se produisent dans une âme que le Seigneur

destine à la vie parfaite ; elle suit aussi nettement les opérations spirituelles que la physiologie observe les états différents du corps. » (chap. VI, éd. Crès, t. XIII, I, p. 137-138). Durtal la reformule en fin dans *La Cathédrale* : « Je pus me certifier que la science de la perfection de l'âme n'était pas un leurre, que les assertions de sainte Térèse et de saint Jean de la Croix étaient exactes » (chap. XVI, éd. Crès, t. XIV, II, p. 276-277).

6 Sans être un journal de voyage, *Les Foules de Lourdes* garde quelques traces de son origine diariste, le voyageur faisant ici allusion à son second séjour à Lourdes, en septembre 1904.

7 Huysmans logeait alors dans une villa située près du Carmel, à qui elle appartenait.

8 Ce jeu d'images systématiquement dépréciatives, qui étrécit le panorama offert par la basilique et son cadre de montagnes, a été reproché à Huysmans par de nombreux critiques catholiques.

P. 204

1 L'ordre des Clarisses, ou ordre des Pauvres Dames, a été fondé en 1212 par sainte Claire à la demande de saint François d'Assise. Comme les Franciscains, les Clarisses défendent un idéal de pauvreté.

2 Verbe formé sur le mot *ripolin*, nom d'une marque commerciale de peinture réputée pour sa résistance.

3 « Immense toile mesurant une longueur de 126 mètres sur une hauteur de 15 mètres. [...] Prix d'entrée : 1 fr. » « Cette toile reproduit assez exactement le paysage de Lourde en 1858 et la 17e apparition de la sainte Vierge. » (*Guide* de Barbet, p. 110). « On y voit Lourdes en 1858, le miracle du Cierge, Bourriette racontant sa guérison, la maison de Bernadette, etc. », précise le *Guide du pèlerin et du touriste. Lourdes et ses environs*, de Bernard Dauberive, Poitiers, Bonamy, 1896, p. 20.

4 Le *Guide* de Barbet y voit « un chef d'œuvre saisissant de force, d'élégance et de simplicité » (*ibid.*, p. 30).

P. 206

1 Huysmans décrit ici avec une égale sévérité deux monuments successifs : la basilique de l'Immaculée Conception, ou basilique supérieure, édifiée dans un style néo-gothique auprès de la grotte et consacrée en juillet 1876 ; la basilique Notre-Dame du Rosaire, de style roman byzantin, construite en dessous de la précédente de 1883 à 1889 sur les plans de Léopold Hardy et consacrée en 1901. Dans son roman, Zola avait confié à un architecte le soin de protester contre la laideur de la basilique, en des termes proches de ceux de Huysmans : « l'architecte [...] dit aussi son dégoût des constructions du nouveau Lourdes [...] "il faut bien aimer le bon Dieu, pour avoir le courage de venir l'adorer au milieu de pareilles horreurs ! Ils ont tout raté, ils ont tout gâché, comme à plaisir, sans qu'un seul ait eu la minute d'émotion, de naïveté vraie, de foi sincère, qui enfante des chefs-d'œuvre" ». (*Lourdes*, éd. Noiray, p. 496).

2 Jean de Bonnefon présente comme une supercherie la façon dont les Pères de la Grotte dérivèrent l'eau du gave par des canalisations dissimulées jusqu'aux robinets censés distribuer l'eau miraculeuse (*op. cit.*, chap. VIII, p. 147 à 156)

P. 207

1 Huysmans résume ici l'impression qu'il a éprouvée durant son premier séjour à Lourdes, en l'absence des grands pèlerinages. Il l'a exprimée dans une lettre à Jean de Caldain, datée du 12 mars 1903 : « Me voici installé à Lourdes, dans une villa contiguë à celle des Leclaire, et j'ai vu [*sic*] sur les montagnes, sur la basilique, sur la grotte [...]. Je vois un Lourdes sans pèlerinage, sans foule, très charmant et très curieux de la sorte. » (Ms Lambert 61,

f° 237). Même propos dans la lettre expédiée à Émile Nugues le lendemain, 13 mars : « Je me plais infiniment dans ce Lourdes tranquille, sans foule, où l'on va à la grotte, sans monde, où l'on est, sans raseurs et sans anglais, près d'Elle. » (Ms Lambert 51, f° 88).

2 Huysmans, qui a connu la vie de bivouac en 1870, la jugeait tout différemment dans *Sac au dos* : le cliché l'emporte ici sur l'expérience vécue.

3 « Les gros chapelets de Lourdes, c'est bien 6 *sous* n'est-ce pas le prix ? », demande Huysmans à Leclaire dans une lettre du 17 septembre 1905 (Ms Lambert 60, f° 348).

P. 208

1 Cette métaphore militaire a été employée dans le chap. IX de *La Cathédrale* (« des béliers d'oraisons, des catapultes de prières ébranlent les remparts de la cité divine », éd. Crès, t. XIV, I, p. 345) et a connu sa plus vaste expansion dans le premier chapitre de *Sainte Lydwine de Schiedam*.

2 La grotte était alors protégée par de hautes grilles de fer, qui ont été supprimées pour le centenaire des apparitions, en même temps que la chaire à prêcher, l'autel et les ex-voto (cannes, béquilles, etc.) qui s'y trouvaient.

P. 209

1 Supports de forme triangulaire sur lesquels sont disposés les cierges.

2 Huysmans y fera déposer un exemplaire de son livre par Mme Leclaire. « Mon cher ami, je vous envoie le premier volume broché de *Lourdes* pour votre femme qui, après l'avoir lu, pourra le déposer dans le reliquaire de la roche » (lettre à Léon Leclaire, 10 septembre 1906, Ms Lambert 60, f° 354).

3 La falsification des cierges, ici dénoncée, rappelle celle des hosties, fabriquées par « d'éhontés marchands », avec de la fécule de pomme de terre, dans le chapitre final d'*À rebours*.

4 Cette métaphore filée ne s'est pas imposée d'emblée à Huysmans, qui a d'abord été tenté par celle du cuisinier (voir *infra*, Annexe I, Carnet de 1903, p. 525).

P. 210

1 Engrais fabriqué à l'aide d'excréments humains et utilisé par les horticulteurs de la région parisienne. Justifiée par la longue comparaison du cirier avec un jardinier, cette image d'un naturalisme provocant a été caviardée, en même temps que l'évocation du cirier en « Vestale en pantalon [...], en Danaïde en culotte », dans les bonnes feuilles des *Foules de Lourdes* publiées dans *L'Univers* le 23 juin 1906. Ce même quotidien a également caviardé l'interprétation évangélique du travail de justice sociale effectué par le cirier : « Ici, c'est la Société retournée, le monde à l'envers ; ce sont les indigents qui font l'aumône aux riches. »

P. 211

1 Huysmans reprend une analyse exposée dans *La Cathédrale*, chap. V, éd. Crès, tome XIV, 2, p. 175. Mais il a poursuivi ses recherches pour *Les Foules de Lourdes*, ce dont témoignent deux notes de lecture : « Le cierge, d'après St Charles Borromée signifie les 3 vertus théologales que le baptême infuse dans l'âme. La foi est marquée par la lumière – la charité par la chaleur de la flamme, et l'espérance par la forme du cierge qui est droit et monte au ciel. / (Vie de Ste Radegonde – 268 – abbé Briand) On demande alors aux saints qu'ils aident à conserver et développer ces vertus ». « Sur la symbolique du cierge voir tome 2 du temps de Noël – Dom Guéranger page 571 – à la Chandeleur ». (Ms Lambert 42, f° 12 et 13).

2 Culte rendu aux anges et aux saints.

3 Désigne un saint, qui habite le ciel.

4 Par référence à la parabole du levain, Mattieu, XIII, 33.
5 On notera que Huysmans, dans cette page consacrée aux cierges, substitue une étude de sa symbolique à l'épisode célèbre de la vie de Bernadette appelé « le miracle du cierge », qu'il n'évoque jamais. Le 5 avril 1858, Bernadette avait par mégarde exposé sa main à la flamme d'un cierge, durant un quart d'heure, sans être brûlée. Fait authentifié par plusieurs témoins et narré dans les vies de Bernadette. Zola lui-même le rapporte dans son roman (éd. Noiray, p. 487).

P. 212
1 Personne chargée du chauffage des appartements d'une grande demeure (*TLF*).
2 Huysmans s'intéresse depuis *Là-bas* aux travaux du colonel Rochas d'Aiglun. Il peut faire ici référence, soit aux *États profonds de l'hypnose* (Paris, Chamuel, 1896) où l'auteur étudie (chap. « L'Extériorisation de la Sensibilité ») le « phénomène de transmission à distance » chez les sujets hypnotisés, soit à *L'Extériorisation de la sensibilité : étude expérimentale et historique* (Paris, Chamuel, 1895), où Rochas citait un cas de transmission de la sensibilité d'un sujet (piqûre, pincement, brûlure, etc.) à une pomme cuite… (p. 232).

P. 213
1 Formule mise au point dès 1903 : « (Lourdes, le pays du feu qui demande et de l'eau qui accorde.) Ce qu'on demande par le feu, on l'obtient par l'eau. » (*infra*, Annexe I, p. 534).

P. 214
1 Ellipse de temps de plus d'un an, puisque Huysmans puise désormais dans les notes prises durant son second séjour.
2 Selon le Dr Boissarie, « il vient, chaque année, dix mille Belges à Lourdes » (*Les Grandes Guérisons de Lourdes*, Paris, Téqui, 1900, 560 pages, ici p. 488).
3 Prennent une couleur verte.
4 Haut de 1 000 m. et long de 1 200, le funiculaire du pic du Jer a été mis en service en 1900. Aucun document ne dit si Huysmans l'a emprunté.
5 Les pèlerinages étaient organisés par diocèse et conduits par l'évêque. Huysmans, qui jette sur les provinciaux un regard de Parisien, est sensible aux singularités des diverses provinces, dans une France dont les langues, les pratiques sociales et les tenues vestimentaires commencent seulement à s'uniformiser. Cet usage, au reste, est commun à nombre d'écrivains. Edmond de Goncourt notait dans son *Journal* le 8 novembre 1881 : « Moi, il n'y a que les êtres parisiens qui m'intéressent… Les paysans, tout le reste de l'humanité enfin, c'est pour moi de l'histoire naturelle. » (éd. Bouquins, t. II, p. 911).

P. 215
1 Revendeurs des restes de restaurants ou des maisons riches.
2 Chausses montant à mi-cuisses.
3 Souvenir du chap. VIII de *Là-bas* : à Tiffauges, Durtal a vu des « moutons noirs dont l'œil bleu avait le regard clair et froid des tribades et des Slaves ».
4 Colorant chimique bleu et violet.
5 Plus connue sous le nom de sabot de Vénus. Dans le chap. VIII d'*À rebours*, des Esseintes s'émerveille devant « des Cypripedium, aux contours compliqués, incohérents, imaginés par un inventeur en démence. Ils ressemblaient à un sabot, à un vide-poche, au-dessus duquel se retrousserait une langue humaine ».

P. 216

1 Cette statue de saint Michel couronné et ailé piétinant Satan et s'apprêtant à le percer de sa lance était située à l'entrée de l'allée menant à la basilique, peu avant le calvaire breton. « Ce qu'il [le diable] doit rire sous le pied du saint Michel, imbécile, qui le terrasse, au commencement de l'esplanade ! », avait noté Huysmans en 1903.

2 Huysmans a vérifié les paroles de ce cantique auprès des Leclaire dans une lettre du 25 juin 1905 : « Le texte que je demandais à votre femme se compose du 3e vers (si tant est qu'il s'agisse de vers) après : "nous venons encor – du pays d'Arvor – / où la terre est dure, où le cœur est fort" Est-ce cela ? / Vous pensez qu'il serait vraiment malheureux de ne pas citer exactement une si non-pareille poésie ! » (Ms Lambert 60, f° 340). En ce domaine, la Bretagne n'avait rien à envier au Berry, qui chantait un cantique signé par un certain abbé Bournichon : « Voici les Berrichons ! / Du cœur de notre France, / Vierge notre espérance, / Vers toi nous accourons ; / Voici les Berrichons ! » (*Le Pèlerin du Berry à Lourdes*, Bourges, impr. Tardy, 1905, p. 131).

P. 217

1 La rosée de Dieu. Nous remercions Michel Fraïssé de nous avoir confirmé cette traduction.

2 Huysmans a employé le mot dans *Certains* et dans *La Cathédrale*. Selon Marcel Cressot, il signifierait « margoulin, colporteur de campagne et mauvais ouvrier » (*op. cit.*, p. 399).

P. 218

1 Une note manuscrite de Huysmans précise : « 9 piscines en tout – 15 robinets » (Ms Lambert 42, f° 28).

2 Cette scène présente de grandes similitudes avec celle de Zola, dans le chapitre III de la IIe journée de *Lourdes*, éd. Noiray, p. 188-196.

P. 219

1 Huysmans avait adressé ce reproche à Zola dans la préface tardive d'*À rebours* : « Zola, qui était un beau décorateur de théâtre, [...] brossa[it] des toiles plus ou moins précises ». Et il ajoutait : « Mais Zola était Zola, c'est-à-dire un artiste un peu massif, mais doué de puissants poumons et de gros poings. » Toutefois, il est difficile, dans le cas présent, d'accuser Zola d'imprécision. Celui-ci avait visité les piscines le dimanche 21 août 1892 et noté : « Pour les hommes, il n'y a que trois baignoires. Il y en a cinq pour les femmes. Je n'ai pu entrer que dans les baignoires des hommes. Ce sont trois compartiments séparés par des cloisons et qu'on pourrait fermer par un rideau de toile qui reste ouvert. Il y a en avant une salle commune où l'on se déshabille. Un rideau ferme la porte d'entrée ». (*Mes voyages, Lourdes, Rome*, éd. citée, p. 42). Employées dans son roman, ces notes deviennent : « Cette piscine lui parut bien aménagée. Elle consistait en trois cases, en trois baignoires, où l'on descendait par des marches, et que séparaient des cloisons : l'entrée de chacune était garnie d'un rideau de toile, qu'on pouvait tirer pour isoler le malade. En avant, se trouvait une salle commune, une pièce dallée, meublée seulement d'un banc et de deux chaises, qui servait de salle d'attente. » (*Lourdes*, éd. Noiray, p. 190).

2 Loin d'effacer les figures imaginaires chères à Huysmans, la conversion les a resémantisées. L'image de la Vierge œuvrant avec humilité dans une eau fétide reprend l'allégorie de la Bièvre, qu'il avait peinte en ouvrière asservie « par d'âpres négociants », dans la revue *De Nieuwe Gids* en 1886 : « Que de soirs, [...] dans un pestilentiel fumet de vase, on la voit, seule, piétinant dans sa boue, au clair de lune, pleurant, hébétée de fatigue, sous l'arche minuscule d'un petit pont ! » (Texte repris en 1890 chez l'éditeur Genonceaux). La victime exploitée est devenue divinité salvatrice.

P. 221

1 Ici encore, la description de Huysmans diffère peu de celle de Zola : « Il s'y rencontrait de tout, des filets de sang, des débris de peau, des croûtes, des morceaux de charpie et de bandage, un affreux consommé de tous les maux, de toutes les plaies, de toutes les pourritures. [...] Il y avait au bord, à gauche, un caillot rouge, comme si un abcès avait crevé à cette place. Des bouts de linge nageaient ainsi que des chairs mortes. » (*Lourdes*, éd. Noiray, p. 192-193). Dans *Mes voyages, Lourdes*, Zola avait calculé que, l'eau de chaque piscine étant changée deux fois par jour seulement, « cent [malades] passent par la même eau » (éd. citée, p. 44).

P. 222

1 Zola avait écrit lui-même : « Il semblait que ce fût une véritable culture des germes empoisonneurs, une essence des contagions les plus redoutables, et le miracle devait être que l'on ressortît vivant de cette boue humaine. » (*ibid.*, p. 193).

2 Issue des travaux de Pasteur et du chirurgien britannique Joseph Lister, l'antisepsie ne se répand dans les hôpitaux que depuis les années 1880 : innovation qui suffit à Huysmans pour la condamner.

3 Première démonstration, sous la forme ici d'un raisonnement par l'absurde, du parti-pris antiscientifique tenu par Huysmans depuis *Là-bas*.

P. 223

1 Une semaine après son arrivée à Lourdes, en septembre 1904, Huysmans écrit à Jean de Caldain : « Je vis à l'hôpital et à la clinique où défilent des maladies effroyables » (Ms Lambert 61, f° 264). Rentré à Paris : « J'ai passé 3 semaines, 2 fois par jour, à l'hôpital et au bureau médical. » (Lettre à Prins, 7 octobre 1904, éd. citée, p. 390).

2 Dans son carnet de 1904, Huysmans a noté : « Trop de haricots et d'œufs durs au repas de l'hôpital – Vin trempé à discrétion et pain – bouillon, veau, haricots, œufs mollets, macaroni » (Annexe II, *infra*, p. 547).

3 « Nous devons à l'inépuisable charité de Mademoiselle Saint-Frai, de Tarbe [*sic*], un hospice qui reçoit les vieillards infirmes et pauvres, hommes et femmes. » (*Guide* de Barbet, *op. cit.*, p. 47). Lourdes possède aujourd'hui un Accueil Marie Saint-Frai, du nom de la fondatrice, en 1866, de la Congrégation des Filles de Notre-Dame des Douleurs.

4 Empruntée à saint Paul pour désigner l'abandon de la vie dans le péché, cette formule revient régulièrement sous la plume de Huysmans depuis d'*En route*.

P. 224

1 On notera que Huysmans, probablement désireux de s'en tenir à son expérience personnelle de Lourdes, n'a pas décrit les trains des malades qui occupent deux des cinq parties du *Lourdes* de Zola.

P. 225

1 Au chapitre V, Huysmans s'interrogera sur les raisons obscures qui portent son intérêt vers tel malade ou vers tel autre. S'il consacre ici une page entière à cette jeune fille, c'est sans doute parce que son cas, tel celui de sainte Lydwine, flatte sa propension à l'outrance et déclenche un afflux d'adverbes intensifs et d'hyperboles ; c'est aussi parce qu'il lui permet d'amorcer une micro-histoire qui, en se poursuivant aux chapitres V et XV, alimente, si peu que ce soit, la narrativité de son récit.

2 Par référence à la parabole du Bon Samaritain, Luc, X, 30-37.

3 L'abbé Noël Darros (1876-1954) est cité dans les notes de 1903. « La musique est du maître de chapelle Darros, d'ici », sans que l'on sache si la phrase qui suit vise la musique qu'il compose : « C'est le *Père la Victoire*, l'*En revenant de la revue* de l'église. C'est canaille et entraînant, très bien fait, il faut le dire, pour les foules. » (Annexe I, *infra*, p. 529). Le 6 septembre 1905, Huysmans s'informe sur « le brave père Darros » dans une lettre à Leclaire : « à propos de lui, il est *chanoine* n'est-ce pas – et, étant organiste, est-il maître de chapelle, c'est-à-dire est-ce lui qui a formé la petite maîtrise des gosses qui marchait bien. Si oui, on pourrait lui mettre un mot aimable. » (Ms Lambert 60, f° 345). Fin septembre 1906, Huysmans lui fera parvenir un exemplaire de son livre.
4 Sur cet épisode, voir l'Introduction, *supra*, p. 120.

P. 226
1 Du mot caque, tonneau où l'on entasse les harengs salés.
2 Le lupus résulte du dérèglement du système immunitaire qui produit des anticorps agressant le corps même du malade, et en particulier la face.
3 Tumeur d'apparence cancéreuse affectant la peau et les muqueuses (*TLF*).
4 Inflammation des ganglions lymphatiques, provoquant parfois des fistules purulentes.

P. 227
1 Cette observation a parfois été reliée, dans le cadre d'une lecture de type prophétique, à la dernière phase du cancer de Huysmans, certains de ses intimes ayant rapporté que le prêtre qui lui donnait la communion se trouvait placé dans le même embarras.

P. 228
1 Une des multiples formules qui justifiaient le titre originel du livre, *Les Deux Faces de Lourdes*.
2 Aigrissent.
3 Le premier pèlerinage belge date de 1874.
4 Les tarifs du chemin de fer variaient alors selon les conditions de confort. En France, un billet de 1re classe coûtait deux à trois fois plus cher qu'un billet de 3e classe. – Pour sa part, Huysmans bénéficiait des « passes » gratuites que les éditeurs recevaient, à cet effet, des compagnies de chemin de fer. Pour son voyage à Lourdes en 1903, il écrit à Leclaire le 24 février : « Stock m'a promis une passe. Tout paraît donc s'arranger. » (Ms Lambert 60, f° 262). Et pour le second, à Stock lui-même, le 23 août 1904 : « Merci – J'ai reçu les passes, hier et pense partir les premiers jours de la semaine prochaine. » (Ms Lambert 56, f° 89).

P. 229
1 Dès l'ouverture de son roman, Zola évoque « le train des grands malades, le plus douloureux des quatorze trains qui se rendaient à Lourdes, ce jour-là, celui où s'entassaient, outre les cinq cents pèlerins valides, près de trois cents misérables, épuisés de faiblesse, tordus de souffrance, charriés à toute vapeur d'un bout de la France à l'autre » (éd. Noiray, p. 32). C'est dans ce train, « qui finissait par avoir, sur son passage, une légende d'effroi » (*ibid.*, p. 72), que voyagent, à l'aller et au retour, ses protagonistes, Pierre Froment et Marie de Guersaint. Huysmans lui a déjà rendu cet hommage : « J'ai assisté à l'embarquement ou plutôt au réembarquement des malades de Lourdes, à la gare de Poitiers – écrivait-il à Georges Landry le 24 août 1900 –. J'ai rarement vu un spectacle plus douloureux que celui de malheureuses femmes emportées sur des matelas, avec des infirmités de visages

effrayantes ; mais ce qui est moins prenant, c'est la vue des élégants jeunes hommes, en costumes de bicyclette et avec des gants de peau, qui font l'office de brancardier. Ce que Zola a bien rendu tout cela ! – Sa vision de trains bondés d'infirmes est absolument exacte. » (Ms Lambert 25, f° 209). Deux ans auparavant, il avait assisté lui-même au passage du train blanc en gare de Poitiers, comme le montre la lettre à Léon Leclaire datée du 19 août 1898 et citée dans l'Introduction, *supra*, p. 113.

2 Huysmans fera état des protestations exprimées par les Belges à la lecture de ces pages dans une lettre à Mme Huc, le 5 octobre 1906 : « La Belgique est, de son côté, parfaitement irritée par ce que j'ai écrit sur ses brancardiers – qui sont, parait-il, des anges ! ! – On me le fait savoir. / Tout ça m'indiffère. Je suis très sûr d'avoir dit la vérité, m'étant documenté avec conscience » (Ms Lambert 24, f° RM 50).

P. 230

1 Néologisme formé sur l'adjectif avenant, déjà utilisé au chap. III de *Sainte Lydwine de Schiedam*.

P. 231

1 Tuberculose ostéo-articulaire, alors incurable en l'absence d'antibiotiques.

2 Hémorragies des voies respiratoires provoquant des rejets de sang par la bouche.

3 Tuberculose de l'articulation de la hanche provoquant une claudication.

4 Dans *L'Œuvre de Lourdes*, le Dr Boissarie expose longuement le cas de cette religieuse, arrivée à Lourdes le mardi 13 septembre et reconnue guérie par lui le surlendemain (Paris, Téqui, 1907, p. 10-11, 24 et 111-121). Présent sur place, Huysmans a assisté à l'événement et l'a consigné dans son journal, à la date du 15 septembre 1904 : « La religieuse du Saint-Esprit, dans la caisse, si blême, guérie ce matin à la piscine, chez Boissarie, litière, jambière pleine de pus. Elle assise, rose de fièvre aux joues. Elle est tuberculeuse, rendant par le haut pus et sang, et coxalgique. Elle se tient mal debout encore – la jambe tordue s'est redressée. » (Annexe II, *infra*, p. 533). Cette sœur reparaîtra dans les chapitres VIII, IX et XI, Huysmans concluant à une guérison miraculeuse dans une note de bas de page.

5 Maladie endocrinienne liée à une insuffisance des glandes cortico-surrénales et provoquant la mélanodermie signalée par Huysmans.

P. 232

1 Ordre voué au service des pauvres fondé en 1733.

2 Coiffure élevée, en forme de cône, et surmontée d'un voile flottant.

3 Sur le sort de cet enfant, voir, *infra*, chap. VIII, p. 268, IX, p. 278 et XI, p. 300.

4 Fromage fabriqué à Neufchâtel-en-Bray, ayant la forme d'une bonde de tonneau.

5 *La Parabole des aveugles*, huile sur toile, 86×156 cm, 1568, Musée Capodimonte, Naples.

P. 233

1 Saleté repoussante.

2 Des provinciaux parmi lesquels il séjourne, Huysmans rapporte toujours une image négative. Il s'en prend ici aux habitants de Ligugé, après ceux de Lourps, de Chartres et de Poitiers

3 Trait caractéristique de la décadence, la tératologie parcourt l'œuvre de Huysmans de bout en bout. Elle répond à son goût de l'extraordinaire dans le domaine physique comme dans le domaine moral. Lourdes est à ce titre un lieu privilégié puisqu'il rassemble ces

deux manifestations. Lire Évanghélia Stead, *Le Monstre, le Singe et le Fœtus. Tératogonie et Décadence dans l'Europe fin-de-siècle*, Genève, Droz, 2004.

4 Le Bureau des Constatations médicales de Lourdes a été créé en 1883 à la demande du Père Sempé. Le docteur Gustave Boissarie en a pris la direction en 1892, avec pour assistant le docteur Pierre Cox (1839-1924).

P. 234

1 On trouvera la photographie du local et de ses occupants dans *Les Grandes Guérisons de Lourdes*, du Dr Boissarie, *op. cit.*, p. 10.

2 Le docteur Prosper Gustave Boissarie, que Zola avait fait figurer dans son roman sous le nom de Dr Bonamy, dirigeait le Bureau des constatations médicales et les *Annales de Notre-Dame de Lourdes*. À la page 298 des *Grandes Guérisons de Lourdes*, on lira le récit de la guérison de Lasserre. Huysmans a été reçu quotidiennement dans son bureau lors de son second séjour, mais l'image qu'il se fait de lui, une fois rentré à Paris, se détériore vite : « de loin, la face des Boissarie et autres pieuses, gourdes, m'apparaît comme celle de très cocasses fantoches, d'un intérêt quasi nul. » (Lettre à Leclaire, 26 septembre 1904, Ms Lambert 60, f° 310). Deux mois plus tard, il le vise encore dans une lettre à Auguste Prénat : « Des miracles réels, il y en a bien quelques-uns, mais rares. Les autres sont faux, colportés par une foule en délire, mal examinés par des médecins de dernier ordre. L'on souffre, catholique, en voyant ça et l'on comprend le mépris des médecins sérieux, pas catholiques, qui sont là. » (Lettre du 27 novembre 1904, *BSH*, n° 59, 1972, p. 20).

P. 236

1 Arguments longuement développés par Boissarie dans ses ouvrages : sélection sévère des cas de guérison, examen médical approfondi des malades, accueil des médecins incroyants, utilisation des moyens modernes d'investigations scientifique, etc. « Nous édifions une œuvre impersonnelle, au grand jour, en pleine lumière, portes ouvertes. Loin de regretter le bruit qui se fait autour de nous, nous y trouvons nos plus sûrs moyens de propagande ; à tous les opposants nous ouvrons nos rangs » (*Lourdes depuis 1858 jusqu'à nos jours*, Paris, Sanard et Derangeon, 1894, p. 241).

2 De fait, l'hebdomadaire de Lourdes, *L'Écho des pèlerins. Chronique de Lourdes*, qui paraît à Tarbes de 1877 à 1881, ouvre à l'automne 1881 une rubrique intitulée « Les Guérisons du pèlerinage national », qui comporte, chaque semaine, de un à neuf récits de guérison miraculeuse. Dans cette même année 1881, on a dressé « 176 procès-verbaux » de guérison.

3 Le Dr Boissarie a présenté ce cas dans les *Annales de Notre-Dame de Lourdes*, 36e année, 31 janvier 1904, p. 296-303. Il lui consacre un chapitre entier dans *L'Œuvre de Lourdes*, *op. cit.*, p. 240-261.

P. 238

1 Sur la guérison de cette malade, pièce maîtresse de l'argumentaire anti-zolien, on lira le récit du Dr Boissarie publié dans *Les Grandes Guérisons de Lourdes* (*op. cit.*, p. 126-129) et celui du docteur Félix de Backer, dans *Lourdes et les médecins*, Paris, Maloine, 1905, p. 123-136.

2 De fait, Zola a étalé sur trois journées et plus de deux cents pages la guérison du lupus d'Élise Rouquet. Dans la Ière journée, il décrit sa « tête de chien au museau rongé qui tendait la fente oblique de sa plaie, la langue sortie et lapant » (*Lourdes*, éd. Noiray, p. 78). Après qu'on a appris qu'elle se lotionne la figure à la fontaine toutes les heures (IIe journée, chap. III, p. 190), Pierre Froment « constate, très surpris que l'aspect [de sa plaie] en était moins horrible » (chap. IV, p. 209), puis que cette « plaie affreuse » est

« entrain de sécher » (chap. v, p. 237). Mais le chap. III de la IIIe journée décrit encore la malade « comme une apparition de damnée, avec sa face nue et rouge » (p. 300). C'est au chap. I de la IVe Journée qu'« il dev[ient] certain maintenant que le lupus, dont la plaie lui mangeait la face, s'était amendé. [...] Surpris, Ferrand s'avança, examina cette plaie, pâlie déjà, un peu séchée, qui était loin d'être guérie, mais où commençait tout un travail sourd de guérison. » (p. 364). Il faut attendre le chap. III de la IVe journée pour que le Dr Bonamy, qui l'examine, déclare : « Enfin, messieurs [...] avez-vous jamais vu un lupus s'amender de la sorte, si rapidement ?... Je sais bien qu'un nouvel ouvrage a paru sur la foi qui guérit, où il est dit que certaines plaies peuvent être d'origine nerveuse. Seulement, rien n'est moins prouvé, dans le cas du lupus, et je défie qu'une commission de médecins s'assemble et s'entende pour expliquer, par les voies ordinaires, la guérison de mademoiselle... » (p. 404). Mais Pierre Froment continuera de s'interroger sur son cas : « La mer des incertitudes recommençait. N'était-ce même pas un vrai lupus ? n'était-ce qu'une sorte inconnue d'ulcère, d'origine hystérique ? Ou bien fallait-il admettre que certains lupus mal étudiés, provenant de la mauvaise nutrition de la peau, pouvaient être amendés par une grande secousse morale ? C'était un miracle, à moins que, dans trois semaines, dans trois mois ou dans trois ans, il ne reparût [...]. » (V^e^ journée, chap. IV, p. 540).

3 L'argumentaire anti-scientifique se nourrit ici d'éléments biographiques sous-jacents. Voir Introduction générale, *supra*, p. 173.

4 Capital dans la réfutation de Zola, cet argument, déjà développé *supra* à propos de Marie Lemarchand et de Mme Rouchel, sera repris à propos de Rosalie Monnier (*infra*, p. 240), puis du belge de Rudder (*infra*, p. 348). Il illustre la nature spectaculaire du surnaturel propre à Huysmans qui, en recouvrant la vue le jour de Pâques 1906, soulignera le caractère instantané et subit de sa propre guérison.

P. 239

1 Le Père Joseph Eckert, chanoine honoraire de Tarbes et de Langres, était rédacteur du *Journal de la Grotte*, des *Annales de Notre-Dame de Lourdes* et secrétaire de l'évêque de Tarbes. Il a adressé à Huysmans « l'expression de sa vive gratitude pour la gracieuseté qu'il a eue de lui adresser en hommage *Les Foules de Lourdes* dont la lecture l'a vivement intéressé. » – réponse jugée « prudente et foireuse » par ce dernier (lettre à Leclaire, 9 octobre 1906, Ms Lambert 60, f° 356). Dans *Lourdes et ses tenanciers*, Jean de Bonnefon fait de lui le portrait d'un homme de pouvoir, « l'instigateur de toutes les mesures prises contre les prêtres pauvres ou humbles » (*op. cit.*, p. 21-22).

P. 241

1 Originaire de l'Ain, l'abbé et missionnaire Pierre Chanel (1803-1841) a été tué en évangélisant les habitants de l'île polynésienne de Futuna. Il a été canonisé en 1954.

2 Boissarie raconte la guérison, survenue le 2 août 1890, de ce malade qui souffrait d'un double décollement de la rétine et fut guéri instantanément. Son médecin étant protestant, Boissarie ajoute ce commentaire : « Cette conclusion dans la bouche d'un protestant n'est pas faite pour nous déplaire, il reconnaît que le fait est sans précédent : c'est tout ce que nous demandons. » (*Les Grandes Guérisons de Lourdes*, *op. cit.*, p. 303 à 309). L'abbé Bertrin reprendra ce récit dans son livre *Lourdes, apparitions & guérisons* (*op. cit.*, p. 140-143).

P. 244

1 Huysmans est hostile à l'usage de l'éclairage électrique dans les églises pour une multitude de raisons, qu'il énumère dans une interview au *Petit Bleu de Paris*, le 6 avril 1903, à propos

de Notre-Dame de Paris : « C'est une véritable profanation. [...] La clarté vacillante des cierges fait valoir à merveille le clair-obscur des voûtes en estompant les arêtes. L'électricité va tout gâter. [...] Ce changement est tout à fait contraire à la liturgie : le sanctuaire ne doit être éclairé que par des cierges – en cire, comme l'étymologie du mot l'indique. [...] C'est du snobisme. Et puis la commodité du simple bouton à tourner favorise la paresse humaine. » (*Interviews*, éd. citée, p. 377-378).

2 Habitué des tripots et des jeux de cartes.

3 Elles ont été réalisées, entre 1894 et 1907, par le mosaïste italien Gian Domenico Facchina, qui s'approvisionnait chez les verriers de Muran°; on lui doit aussi les mosaïques de l'Opéra Garnier. Il faut se rappeler, pour comprendre le rejet brutal de l'art des mosaïstes, que Huysmans n'a voyagé que dans l'Europe du Nord. À un journaliste du *Figaro* qui lui demandait s'il ferait le voyage d'Italie, il avait répondu le 20 octobre 1897 : « Aller à Rome ? Et pourquoi ? Mais il n'y a pas de cathédrale à Rome ! Qu'irais-je bien y faire ? » (*Interviews*, *op. cit.*, p. 217).

4 Les dessins de *La Nativité* (1893) et de *L'Annonciation* (1895) sont dus au nîmois Melchior Doze, peintre de sujets religieux qui avait travaillé auprès d'Hippolyte Flandrin ; celui de l'*Agonie du Christ* (1899) à Alexandre Grellet, un élève d'Horace Vernet ; ceux de *La Présentation de Jésus au temple* (1902), de la *Flagellation* (1904) et du *Couronnement d'épines* (1904) à Louis-Édouard Fournier, un élève de Cabanel qui fut premier grand prix de Rome en 1881 pour une *Colère d'Achille*.

5 Attaque usuelle chez Huysmans, qui s'en prenait déjà, dans *En route*, à « l'horrible grimace de l'ouvrier des cercles catholiques, de l'affreux blousard dont l'haleine dément l'onction mal arrêtée des traits » (éd. Crès, t. XIII, I, p. 156).

6 Edgard Maxence (1871-1954) est alors un peintre à la mode. Élève de Gustave Moreau, il a exposé aux salons des Rose+Croix et reçu une médaille d'or à l'Exposition de 1900. *L'Ascension* de Lourdes a été dessinée en 1899. Une rétrospective a été consacrée à l'artiste en 2010 au Musée des Beaux-Arts de Nantes.

P. 246

1 Henri-Charles Maniglier (1826-1901) a été premier prix de Rome de sculpture en 1856 et professeur à l'école des Beaux-Arts. Cette *Vierge remettant le rosaire à Saint Dominique* date de 1890.

2 Fondée par Ignaz Raffl, un Italien établi à Paris, la maison Raffl, située 64 rue Bonaparte à Paris, fabriquait et vendait sur catalogue une grande variété de mobilier d'église et des moulages de statues religieuses en bronze, en fonte, en stuc ou en « carton romain », spécialité de la maison. Autour de 1900, elle a racheté plusieurs maisons concurrentes, les a rassemblées sous l'enseigne de La Statue religieuse, et a contribué avec elles à la diffusion de l'art sulpicien. À Lourdes, on lui doit la statue de la Vierge du Rosaire et le chemin de croix monumental en fonte dorée, décrit par Huysmans dans les lignes suivantes. – Sur ce sujet, on lira les études de Pauline Carminati, « Documents pour l'histoire d'une entreprise parisienne de sculpture religieuse : la maison Raffl, 1796-1956 », *Documents d'histoire parisienne*, n° 18, 2016, p. 95-101, et « L'Industrie au service de la Vierge : Lourdes et la statuaire de série », *Revue d'Histoire de l'Église de France*, t. 102, n° 249, juillet-décembre 2016, p. 323-345.

3 Cécité, aveuglement intellectuel.

4 Voir les notes prises par Huysmans en 1903, *infra*, p. 520.

5 Ce groupe comportait alors une dizaine de personnages. La statue de Ponce-Pilate ayant été détruite à l'explosif, en 1983, pour protester contre la venue à Lourdes du pape Jean-Paul II, celle du Christ, initialement située sur le côté, occupe désormais le centre du groupe, ce qui rend impossible la confusion décrite par Huysmans.

P. 248

1 Huysmans, ayant appris de Leclaire que l'œuvre se poursuit, lui répond le 9 octobre 1906 : « Les salopiauds, ils ont donc continué leur infâme chemin de croix ! – ce que je suis content de la phrase qui prévoit la stupidité des catholiques. – Oh ! on sera toujours au-dessous de la vérité avec ces gens là ! » (Ms Lambert 60, f° 356).

2 Dans *Les Apparitions de Lourdes, souvenirs intimes d'un témoin*, Jean-Baptiste Estrade évoque aussi la présence sacrilège du diable à Lourdes : « L'enfer ne pouvait demeurer inactif en présence des événements qui s'accomplissaient à Lourdes. Le prince des ténèbres, vaincu dans son orgueil, ne l'est pas dans ses haines, et n'osant plus attaquer Dieu dans sa toute-puissance, il cherche à traverses [*sic*] ses œuvres et à détruire l'ordre providentiel qu'il a voulu établir » (Tours, Mame et fils, 1899, p. 183). L'originalité de Huysmans réside dans le tête-à-tête entre la Vierge et Satan et la nature esthétique du sacrilège commis. La prosopopée que Huysmans prête à Satan est unique dans son œuvre, car si *En route* (II, chap. V) lui prêtait la parole, celle-ci appartenait au dialogue intérieur que Durtal était censé entretenir avec lui.

P. 249

1 Huysmans résume la pensée de Lamennais, qui écrit dans l'*Esquisse d'une philosophie* : « Puisque le Beau infini est identique avec l'Être absolu, avec Dieu, et le Beau fini avec l'univers où il revêt une forme sensible, le Beau, tel que l'homme peut le reproduire dans ses œuvres, a une nécessaire relation avec ses conceptions de l'univers et de Dieu. » (Paris, Pagnerre, 1840, t. III, p. 289). Des Esseintes, qui jugeait les livres de Lamennais « particulièrement insupportables » (*À rebours*, chap. XII, éd. citée, p. 233), était étranger à cette philosophie idéaliste de l'art. Sans doute sa présence s'explique-t-elle par la conséquence qui en est tirée dans le paragraphe suivant.

2 Reprise de la parole de Jésus sur la croix, « Mon Père, pardonne-leur : ils ne savent ce qu'ils font », Luc, XXIII, 34.

3 En termes de théologie, la prémotion désigne une intervention divine dans l'acte volontaire de l'homme ; elle ne se substitue pas à la volonté de l'homme, mais l'oriente à son insu avant la délibération. Elle préserve la liberté de l'homme tout en le disculpant. Ici, la source de la prémotion est satanique.

P. 250

1 Pédagogie difficile, Huysmans ne convaincant pas le prêtre à qui il exposera sa thèse sur la satanisation de l'art. Voir *supra*, Introduction, p. 131.

2 Double marque d'antisémitisme, économique en ce qu'il frappe les marchands, et religieux puisque ceux-ci renouvellent la trahison des juifs. Que ceux-ci soient mus par le diable et animent à leur tour le complot des protestants, des francs-maçons et des libres penseurs contre l'Église est une conviction déjà ancienne chez Huysmans. Sur cette question, lire Jean-Marie Seillan, *Huysmans, politique et religion*, *op. cit.*, p. 237-262. À la lecture des *Foules de Lourdes*, Émile Cahen répondra à Huysmans dans les *Archives israélites*, le 13 décembre 1906 : « Le couplet chante fort bien, mais je connais peu de Juifs restés israélites marchands, suivant un mot exquis, de *bondieuseries* ; quant aux autres, que l'église qui les a reçus dans son sein s'occupe de leur *bedide gomerce*. Elle les a, qu'elle les garde. »

3 Mélange de vins différents servis par les mauvais cabaretiers.

P. 251

1 Comparaison dépréciative pour un homme qui a toujours détesté les manifestations populaires. À propos de festivités officielles organisées en 1878, il écrivait à Théo Hannon : « Quelle sale dégoûtation ! hier lundi il y a eu une nouvelle fête à Paris,

pour la fermeture de l'exposition du grand bazar de la paix. Je me suis couché de rage à 9 h., poursuivi par les détonations des pétards dans la rue, la Marseillaise gueulée par les ivrognes [...] Oh ! les fêtes populaires ! les enthousiasmes sur commande ! les rigolades sur mesures ! je chie à pleins boyaux sur les allégresses de la France » (Lettre du 22 octobre 1878, éd. P. Cogny et Ch. Berg, Saint-Cyr-sur-Loire, Christian Pirot, 1985, p. 171). Pour les funérailles de Hugo, il écrivait à Jules Destrée : « Imaginez [...] une descente de Courtille dans l'apothéose, une noce de peuple, bâfrant du cervelas et tétant du litre, partout, sur les urinoirs, sur des échelles, dans des arbres. Ça a été une véritable ripaille, agrémentée de hurlées de *Marseillaise* et de pince-culs. » (lettre du 3 juin 1885, éd. G. Vanwelkenhuyzen, Genève, Droz, 1967, p. 38). Pour la fête du centenaire de la République : « C'est une chienlit infâme de mardi gras – des chars idiots. Celui des précurseurs de la Révolution [...] Puis celui de la Marseillaise [...] C'est ignoble et rappelant des souvenirs infâmes – Quel art ! – c'est odieux et piteux. » (*Carnet vert*, éd. citée, p. 76).

2 Huysmans décrit la scène dans son carnet le 14 septembre 1904 (*infra*, p. 552). Il la raconte dans une lettre à Mme Huc du 19 octobre (Ms Lambert 24, f° 24/5, RM 25) et, trois jours plus tard, à Mme Godefroy.

3 Le fait est rapporté par l'abbé Cros : « Personne, dit un autre [témoin], n'ignorait quel troupeau était gardé à Massabielle : aussi, pour exprimer que quelqu'un était grossier ou mal élevé, disait-on : "Il doit avoir fait son éducation à la rive de Massabielle". [...] Un autre : "les serpents n'y étaient pas rares" » (*op. cit.*, p. 3). – Dans *Notre-Dame de Lourdes et les Sciences de l'occulte*, (Paris, Chamuel, 1898), le Dr Noriagof (pseud de Sophrone-Louis Fugairon) explique les visons de la Vierge par la mediumnité de Bernadette, favorisée par les « effluves odiques ou magnétiques » issus de la grotte. Renvoyant dos à dos l'Église et la science, il explique l'apparition comme « un *dédoublement hétérologue* de l'aérosome » [*sic* p. 48), c'est-à-dire du corps astral de Bernadette ; les guérisons procèdent par « idéoplastie » ou par « hypotaxie ». Etc.

4 La référence aux marchands du Temple (Matthieu, XXI, 12-13) est un *topos* des descriptions de Lourdes, en particulier dans la littérature anticléricale.

P. 252

1 Zola a introduit cette situation dans son roman avec le personnage de Mme Volmar, qui vient chaque année en pèlerinage pour passer trois jours et deux nuits auprès de l'homme qu'elle aime.

P. 253

1 Expression incohérente, associant le mot arabe *douar*, qui désigne un village, à des populations de l'est de l'Europe.

P. 254

1 Pour avoir été occupée par les Arabes, l'Espagne n'appartient pas géographiquement au Maghreb, mot dont dérive l'adjectif vieilli utilisé ici par Huysmans, comme l'avait fait Victor Hugo.

2 Province basque frontalière de la France. Huysmans est plus brutal lorsqu'il note à leur propos, le 4 septembre 1904 : « 2 600 Espagnoles – Maugrabines – *traînées* – éventails, mantille – des *Vivat* des cris de hyène » (voir Annexe II, *infra*, p. 544). Nous soulignons.

3 La fondation du Tiers-Ordre de Notre-Dame du Mont Carmel remonte au XVe siècle ; les vierges, veuves ou béguines qui y entraient faisaient vœu de chasteté.

P. 255

1 La Congrégation des religieuses de Notre-Dame de la Compassion, créée à Toulouse en 1817, a pour vocation de servir les pauvres et les malades ; son fondateur, le chanoine Garrigou, a été déclaré vénérable en 2013.

2 Au XIXe siècle, la dévotion aux âmes du Purgatoire a été portée par diverses congrégations. Une des plus connues est celle que l'abbé Buguet, curé de La Chapelle-Montligeon, fonda en 1884 sous le nom d'Œuvre expiatoire, une association pour la délivrance des âmes délaissées du purgatoire.

3 Nuestra Señora del Pilar est particulièrement honorée à Saragosse, qui lui a édifié une basilique.

4 Située à proximité du domicile de Huysmans, cette chapelle est déjà citée dans le chapitre II des *Sœurs Vatard*, où elle était associée à des observations sociales et esthétiques peu dévotes : « Près des Jésuites où piaffaient des équipages de maîtres et où, descendus des sièges, des larbins galonnés prenaient des attitudes attendries de canailles pieuses, il y avait des statues coloriées de Vierges, des Madones sérieuses et bonnes à mettre en niche, des Christs, grandeur nature, avec du lilas sur le ventre et du carmin aux doigts, des Jésus bénisseurs, frisottés et blonds, les bras en avant, accueillants et bien vêtus [...] » (*Œ. C.*, éd. Jean-Marie Seillan, Classiques Garnier, Paris, 2017, t. I, p. 674).

5 On imaginera le sentiment éprouvé par lecteur lourdais des *Foules de Lourdes* s'il a comparé ces lignes à la description que proposait le *Guide* de Bernard Dauberive : « La Basilique, chef d'œuvre de grâce et de légèreté, dans le style du XIIIe siècle, s'élève triomphante au sommet des roches Massabieille. Elle est placée juste au-dessus de la Grotte et comprend deux parties : l'église supérieure et la crypte. Elle a été édifiée [...] par M. Hippolyte Durand, architecte diocésain. L'extérieur est en pierre de Lourdes, l'intérieur en pierre blanche d'Angoulême. / La flèche, d'un travail admirable, porte à son sommet une couronne d'or. [...] Dès que le visiteur a plongé ses regards dans la nef, il ne sait qu'admirer, partout la soie et l'or. » (*op. cit.*, p. 65).

6 Sculpteur spécialisé dans les sujets religieux, Émilien Cabuchet (1819-1902) est plus connu pour sa statue de marbre figurant le curé d'Ars (1867).

7 Le sculpteur Joseph-Hugues Fabisch (1812-1886) a travaillé pour le diocèse de Lyon, où il a enseigné. La statue de la Vierge de Lourdes, récusée par Bernadette, lui avait été commandée en 1863 pour un prix de 7 000 francs-or, frais de transport non compris. On lui doit aussi la statue qui surmonte l'église de Notre-Dame de Fourvière.

P. 256

1 En cosmétologie, préparation à base de cire et d'huile, à usage externe.

2 Témoin des apparitions, le docteur Pierre-Romain Dozous, d'abord incrédule, a assisté au miracle dit « du cierge » et pris des notes utilisées dans le rapport d'enquête sur les apparitions. Dans l'ouvrage cité par Huysmans (*La Grotte de Lourdes. Sa fontaine, ses guérisons*, Paris, Maison de la Bonne Presse, 1926, 1re éd. 1874), l'auteur se dit « témoin oculaire » dès l'Avant-propos et narre l'anecdote relative à Fabisch aux pages 92-94.

3 L'abbé Edmond Febvre, dernier confesseur de Bernadette, en religion sœur Marie-Bernard, décédée à l'âge de trente-cinq ans, le 16 avril 1879, au couvent des Sœurs de la Charité de Nevers, a laissé un récit circonstancié de ses derniers moments, publié en 500 exemplaires à Nevers par Mgr Crosnier, évêque de Nevers, en 1879. Il y rapporte une anecdote similaire : « On lui montrait la photographie d'une statue de Notre-Dame de Lourdes, exécutée par M. Armand Caillat, le célèbre artiste lyonnais, et on lui demanda comment elle la trouvait. Elle la regarda attentivement, ferma les yeux, se tint recueillie pendant quelques instants, et nous dit, en faisant un petit signe de tête expressif : "C'est

la moins mal. Je ne sais pourquoi on représente ainsi la sainte Vierge ; j'ai toujours dit qu'elle n'avait pas autant la tête penchée en arrière. Ce n'est pas de cette manière qu'elle regardait le ciel." » Nous exprimons notre reconnaissance à la sœur Laurette Rébuffie, archiviste des Sœurs de la Charité de Nevers, qui nous a communiqué une copie de ce précieux document.

4 Aussi sincère qu'elle soit, cette protestation, qui sert d'antienne à Huysmans depuis *En route*, possède de multiples vertus polémiques. Elle lui permet de différencier ses goûts esthétiques de la production sulpicienne, de fonder l'élitisme de sa critique d'art, de justifier sa propre singularité stylistique, de railler les prêtres et les fidèles dépourvus de culture, etc. C'est elle aussi qui sous-tendait le projet manqué de fonder à Ligugé une colonie d'artistes catholiques.

P. 257

1 En se moquant, dans un premier temps, de ce bric-à-brac hétéroclite, Huysmans ne s'attache qu'à la laideur et à la bêtise des ex-voto et occulte leur sens en n'évoquant pas les souffrances, la reconnaissance et la piété qui les ont amenés là. Fidèle, dans un second temps, à un usage constant dans sa critique d'art, il sauve un seul et unique élément de cet ensemble, parce que celui-ci nourrit sa fascination personnelle pour la monstruosité physique et l'animalité virtuelle des femmes. – On comparera ces lignes aux notes qu'il a prises dans son carnet le 19 mars 1903, *infra*, p. 536.

2 Pour une description de ces lustres, voir le *Guide* de Barbet : « Au-dessus de l'autel sont superposés en cercle vingt lustres de diverses grandeurs : quand ils sont allumés, on dirait une constellation descendue du ciel », *op. cit.*, p. 32-33.

3 Danse populaire andalouse, à trois temps vifs, caractérisée par un rythme marqué par les castagnettes, durant quatre mesures, entre les couplets chantés » (*TLF*).

P. 258

1 François-Xavier Schoepfer (1843-1927) a été évêque de Tarbes et de Lourdes de 1899 à 1912. Huysmans avait reçu une autorisation, signée de sa main, « à pénétrer dans les enceintes réservées de la Grotte, des Piscines et des Hôpitaux ».

2 « Confondu tout au long de l'œuvre avec jucher » (M. Cressot, *op. cit.*, p. 538)

3 En souvenir du chemin parcouru, en 1522, par Ignace de Loyola, fondateur de la Compagnie de Jésus, entre son lieu de naissance dans la province du Guipúzcoa et Manrèse, ville de Catalogne, au pied du Montserrat, où il prépara ses *Exercices spirituels*.

4 Lire les notes prises par Huysmans sur cette scène le 4 septembre 1904, Annexe II, *infra*, p. 544.

5 « Air rebattu, ressassé, rabâché » (*TLF*).

P. 259

1 Très ancienne prière adressée à la Vierge : « *Sub tuum praesidium confugimus, sancta Dei Genitrix. Nostras deprecationes ne despicias in necessitatibus, sed a periculis cunctis libera nos semper, Virgo gloriosa et benedicta.* »

2 Le sanctorial désigne l'ensemble des jours liturgiques consacrés à la célébration des saints à des dates fixées au calendrier ; la férie un jour non festif de la semaine.

3 Huysmans fait allusion à son premier séjour à Lourdes, au mois de mars 1903.

4 Dédiée à l'enseignement et aux soins des malades, la congrégation des Sœurs de la Charité et de l'Instruction chrétienne de Nevers a été fondée à la fin du XVIIe siècle. En 1866, la congrégation comporte 260 maisons. En 1858, Bernadette Soubirous est

accueillie dans celle de Lourdes comme élève indigente ; elle y restera comme pensionnaire jusqu'en 1866, date de son départ pour la maison mère de Nevers, au couvent de Saint-Gildard.

5 « *Omnis expertem maculae Mariam / Edocet summus fidei magister ; / Virginia gaudens célébrat fidelis / Terra triumphum. // Ipsa se praebens humili puellae / Virgo spectandam, recreat paventem / Seque conceptam sine labe sancto / Prœdicat ore.* » (Le suprême maître de la foi enseigne / Que Marie est exempte de toute souillure : / La terre croyante célèbre avec joie, Le triomphe de la Vierge. // La Vierge elle-même se fait voir à un humble enfant, / Dont elle calme la frayeur, / Et, de sa bouche sainte, se proclame / Conçue sans péché.)

6 Cantique chanté par la Vierge Marie lors de la Visitation : « *Magnificat anima mea Dominum, / Et exsultavit spiritus meus in Deo salvatore meo. // Quia respexit humilitatem ancillae suae. / Ecce enim ex hoc beatam me dicent omnes generationes.* » (Mon âme exalte le Seigneur, Exulte mon esprit en Dieu, mon Sauveur ! // Il s'est penché sur son humble servante ; / Désormais, tous les âges me diront bienheureuse.) Luc, I, 46-55.

P. 260

1 Le 22 novembre 1903, le pape Pie X avait signé un *motu proprio* relatif à la liturgie et à la musique sacrée, qui appelait l'Église à revenir au plain-chant et à Palestrina. Le 7 septembre 1903, Huysmans avait condamné la musique de Palestrina dans *Le Soir de Bruxelles* (*Interviews*, *op. cit.*, p. 386-390).

2 Dans *L'Oblat*, les novices du Val des Saints ont déjà formulé un regret similaire : « comme il eût fallu de fortes équipes pour établir le roulement du "Laus Perennis", il n'était pas possible d'y songer. » Mais Durtal leur démontre que l'Adoration perpétuelle est effective si l'on met bout à bout les horaires des prières des différentes communautés religieuses. (éd. Crès, t. XVII, II, chap. IX, p. 46-49).

3 Au sens de chose de mauvaise qualité, de camelote.

4 Jadis bon connaisseur des airs de caf' conç, Huysmans réédite ici l'effet produit par l'irruption triviale des cris « Vive Boulanger ! » au beau milieu du récit du pardon accordé à Gilles de Rais, au chapitre final de *Là-bas*. Créée par Paulus en 1886, « En revenant de la revue », chanson de Delormel et Garnier sur une musique de Desormes, raconte l'aventure comique et grivoise d'une famille de petits-bourgeois boulangistes, qui rentre avinée d'un défilé militaire à Longchamp, où elle était allée « voir et complimenter l'armée française ». Plus nostalgique et tout aussi célèbre, la chanson militaire « Le Père la Victoire », autre succès de Paulus en 1888 (paroles des mêmes auteurs, musique de Louis Ganne), a une vocation patriotique et se termine ainsi : « Comme autrefois / Soldats, je revois / Carnot décrétant le victoire / Marchez à la gloire, / Mes chers enfants ! / Revenez triomphants. »

5 Premiers couplets : « Ô Vierge Marie, / Entends près de Dieu / Ton peuple qui prie : / Exauce ses vœux. // Unis aux saints Anges / Devant ton autel / Reçois nos louanges, / Ô Reine du ciel. » Refrain : « Laudate, laudate, laudate Mariam. [*bis*] »

6 Premiers couplets : « Nous voulons Dieu, Vierge Marie / Prête l'oreille à nos accents / Nous t'implorons, Mère chérie / Viens au secours de tes enfants. // Nous voulons Dieu ! ce cri de l'âme / Que nous poussons à ton autel / Ce cri d'amour qui nous enflamme / Par Toi qu'il monte jusqu'au ciel. » Refrain : « Bénis, ô tendre Mère / Ce cri de notre foi. / Nous voulons Dieu, c'est notre Père / Nous voulons Dieu, c'est notre Roi [*bis*].

7 Premiers couplets : « J'irai la voir un jour ! / Au ciel dans ma patrie. / Oui j'irai voir Marie, / Ma joie et mon amour. // J'irai la voir un jour, / C'est le cri d'espérance / Qui calme ma souffrance / Au terrestre séjour. » Refrain : « Au ciel, au ciel, au ciel, / J'irai la voir un jour, / Au ciel, au ciel, au ciel, / J'irai la voir un jour. »

P. 261

1 Résurgence de l'absolu consistant à posséder le « tout complet » en matière d'art religieux qui caractérisait l'« église idéale », dont Huysmans veut croire qu'elle « a existé pendant des siècles, partout, au Moyen Âge », mais est désormais inaccessible (*En route*, éd. Crès, t. XIII, II, chap. VI, p. 219).

2 Si Huysmans est désorienté par les cérémonies de Lourdes, c'est parce qu'il y recherche ce qu'il ne peut y trouver. Accoutumé aux rituels complexes et rigoureux de la liturgie monastique, pratiqués au sein de communautés restreintes vivant dans un lieu clos, il se trouve forcé à déambuler dans un espace ouvert, au milieu d'une population hétérogène, polyglotte et en mouvement perpétuel.

3 En privé, Huysmans formule ce grief en termes plus vigoureux : dans une lettre adressée le 5 février 1905 au poète Armand Praviel, il parle des « catholiques qui compissent, comme vous le savez, la liturgie dans les grands prix. » (Ms Lambert 51, f° 199).

P. 262

1 En ce sens, Lourdes atteint l'idéal médiéval huysmansien, caractérisé par le heurt des extrêmes, au détriment de la médiocrité propre au monde moderne.

2 Armand Fallières a été élu président de la République le 17 janvier 1906.

3 Cet hebdomadaire avait alors environ 4 000 abonnés, à 7 francs.

P. 263

1 Récurrente chez Huysmans, la caricature des bigotes, d'esprit anticlérical, se double de portraits-charge de leurs homologues masculins. Dès *Les Sœurs Vatard*, il stigmatisait les « larbins galonnés [qui] prenaient des attitudes attendries de canailles pieuses » (éd. citée, p. 674) ; dans *En route*, « l'horrible grimace de l'ouvrier des cercles catholiques, de l'affreux blousard dont l'haleine dément l'onction mal arrêtée des traits. » (éd. Crès, t. XIII, 2, p. 152).

2 Rempli de suspicion envers les prélats étrangers, Huysmans évoque « ce vague rasta de Nazareth » dans son carnet à la date du 11 septembre 1904 ; il ajoute, le 14 : « Nazareth qui a les mains tatouées à la poudre à canon, une étoile et je ne sais quoi ! Il a l'air d'un singe frileux sous la pluie. » (Annexe II, *infra*, p. 549 et 552). Le 2 décembre 1906, il écrira à Leclaire : « J'ai déjeuné avec le petit Poucet [l'abbé Mugnier ?] [...] il m'a raconté une bonne histoire sur le romanichel violet, dont l'honnêteté serait alors très douteuse. » (Ms Lambert 60, f° 358). –Dans son *Carnet vert*, il avait déjà noté la présence, à Notre-Dame des Victoires, d'un « évêque énorme, ventripotent, la gueule canaille [...] qui d[emand]e de la galette pr les sauvages, dit qu'il les fera prier pour nous. Inouï – cette église a la spécialité des Évêques rastaquouères – qui revenant de Rome, sans doute, viennent y taper. Mais celui-là, le plus voyou de tous – C'est M[gr] Placide Chapelle, évêque d'arabinus, coadjuteur de Santa-Fé (Mexique, je crois, d'après ce qu'il dit – sur les confins des pampas) » (éd. citée, p. 81).

P. 264

1 Huysmans paraît insensible à la signification du rituel populaire qu'il décrit ici de façon railleuse. L'historien Pierre Maraval rappelle que le contact physique avec le sacré est, depuis l'Antiquité, une des composantes traditionnelles des pèlerinages chrétiens : « les bienfaits qu'on en attend sont conditionnés par le contact avec un site, un sanctuaire, une relique chargés de sacré, de sainteté. » (*Liturgie de pèlerinage et piété populaire*, Gilles Drouin dir. Paris, Salvator, 2018, p. 78). Huysmans pratiquait lui-même le culte des reliques,

comme l'atteste son testament, et avait écrit à l'abbesse de Fiancey, le 5 juillet 1895, alors qu'il se trouvait à Paray-le-Monial, lieu de naissance de la dévotion au Sacré-Cœur, due à Marguerite Alacoque : « Si cela peut vous être agréable, je vous enverrai quelques authentiques médailles bénies *qui ont touché la châsse.* » (Copie conservée au Centre de recherches sur la littérature française du XIXe siècle, UMR CELLF 16-21 de l'Université Paris-Sorbonne. Nous soulignons).

P. 265

1 Le Père Christophe dirigeait le Bureau de l'Hospitalité à Lourdes. Le 11 novembre 1906, il écrit à Huysmans, en réponse à l'envoi de son livre : « Cher maître / Je vous remercie bien sincèrement de la gracieuse attention que vous avez eue de m'envoyer votre livre sur *Les Foules de Lourdes.* – Merci aussi de votre aimable dédicace et de la page si flatteuse que vous me consacrez. / D'aucuns se plaindront sans doute de la véhémence de vos critiques sur le côté humain ! à vrai dire elles font ressortir davantage le côté surnaturel que vous faites ressortir avec tant de *maestria.* – / à ce point de vue, tous les amis de Lourdes doivent vous être reconnaissants. / Encore merci ! » Cette page « flatteuse » est la p. 141 de l'édition Crès (Ms Lambert 32, f° 11).

2 On comparera le récit qui suit à celui de Zola, aux chapitres III et IV de la IVe journée de *Lourdes.* (éd. Noiray, p. 389-432).

3 « Des Évêques, en masse, des têtes ! ! ah ! ça n'est pas fait pour retenir la Vierge, en ces lieux ! », écrit Huysmans à Jean de Caldain vers le 12 septembre 1904 (Ms Lambert 61, f° 264).

P. 266

1 Huysmans a vérifié ce détail auprès de Leclaire : « En quelle étoffe, les robes d'Évêques, pour le macao ? » (Lettre du 6 septembre 1905, Ms Lambert 60, f° 345).

2 Le royaume de France ayant été dédié à la Vierge, le culte marial a été l'objet de récupérations politiques, les catholiques expliquant les malheurs de la France par la culpabilité collective et la nécessité d'une expiation. En témoigne le cantique « O toi, Mère chérie, / Qui nous aimas toujours, / Pitié pour la patrie / En ces funestes jours ! » Ce sentiment, qui a fédéré des opposants monarchistes à la République après les révolutions de 1830 et de 1848, a conduit les catholiques à tenir la défaite de 1870 pour un châtiment du Ciel. Sa reviviscence sous l'État français (« L'esprit de jouissance a détruit ce que l'esprit de sacrifice a édifié. ») peut s'interpréter de la même façon. Sur la dimension politique réactionnaire prise à l'époque par le culte marial, on lira Jacques Marx, *Le Péché de la France. Surnaturel et politique au XIXe siècle*, Bruxelles, Éditions du Centre d'Action laïque, 2005.

P. 267

1 De couleur rouge orangé avec des reflets nacrés (*TLF*)

P. 268

1 Vers tiré du quatrième quatrain de l'hymne *Ave maris stella* : « *Monstra te esse matrem / Sumat per te preces / Qui pro nobis natus / Tulit esse tuus* » (Montre-toi notre mère / Qu'il accueille par toi nos prières / Celui qui, né pour nous, / Voulut être ton fils ». – Ce vers est également lié au miracle de la lactation de Saint Bernard de Clairvaux : ayant prononcé ces mots alors qu'il priait dans l'église de Saint-Vorles, devant une statue de la Vierge, celui-ci reçut dans la bouche du lait de la statue animée.

P. 269

1 Refrain de l'hymne chanté à la fin du salut du Saint-Sacrement : « *Laudate Dominum omnes gentes, / Laudate eum omnes populi. // Quoniam confirmata est super nos misericordia ejus, / Et veritas Domini manet in æternum. // Adoremus in æternum Sanctissimum Sacramentum.* » (Nations, louez le Seigneur. / Peuples, louez-le. // Parce que sa miséricorde s'est arrêtée sur nous ; et la vérité du Seigneur demeure éternellement. // Adorons à jamais le Très-Saint-Sacrement.)

2 Malades atteints d'une affection nerveuse, appelée autrefois danse de Saint-Guy, qui provoque des mouvements involontaires et irréguliers.

3 Refrain d'un hymne de pénitence, tiré du livre de Joël, II, 17 : « *Parce Domine, parce populo suo : / ne in æternum irascaris nobis.* » (*Pardonnez Seigneur, pardonnez à votre peuple, / Ne soyez pas toujours irrité contre nous.*)

P. 270

1 Matthieu XVIII, 19-20.

2 Huysmans évoque brièvement ce « *Jugement dernier* assez bizarre, d'un artiste fort peu connu, Jan Prévost, originaire de Mons et qui peignit en 1525, ce *Jugement* pour la chambre échevinale de Bruges », dans l'article « Bruges », publié dans *L'Écho de Paris* le 1er février 1899 et repris dans *De tout.*

3 « Mais pour vous, leur dit-il, qui suis-je ? Simon-Pierre répondit : “tu es le Christ, le Fils du Dieu vivant.” » Matthieu, XVI, 16.

4 Phrase prononcée lors de l'entrée de Jésus à Jérusalem : « Les foules qui marchaient devant lui et celles qui suivaient criaient : « Hosannah au fils de David ! Béni soit celui qui vient au nom du Seigneur ! Hosannah au plus haut des cieux », *Matthieu*, XXI, 9.

P. 271

1 Autre hymne lié au salut du Saint-Sacrement : « *Tantum ergo sacramentum / Veneremur cernui / Et antiquum documentum / Novo cedat ritui : / Praestet fides supplementum, / Sensuum defectui.* » (Adorons donc, prosternés / Un si grand Sacrement ; / Que l'ancien rite / Cède la place à ce nouveau mystère : / Que la foi supplée / À la faiblesse de nos sens.)

2 « *Adimpleo ea quae desunt passionum Christi in carne mea pro corpore eius quod est ecclesia* » (Ce qui manque aux souffrances de Christ, je l'achève en ma chair, pour son corps, qui est l'Église.) Cette parole de saint Paul (*Épitre aux Colossiens*, I, 24) est la pièce maîtresse de la théologie huysmansienne fondée sur la substitution mystique, telle que l'incarne sainte Lydwine. Elle invite les chrétiens à appeler sur eux les maux et les souffrances expiatoires, de manière à préserver l'équilibre précaire du Bien et du Mal, qui assure seul la survie de la création. Dans la longue rationalisation qui suit, Huysmans s'ingénie à alléguer des raisons et des exemples expliquant que les prières des malades de Lourdes et leur éventuelle guérison enfreignent cette loi, avant de reconnaître que le mystère de la souffrance dépasse l'entendement humain. – Pour sa part, Léon Bloy, qui éprouvait pour Lourdes « une espèce de répulsion triste », réclamait deux choses, sur un ton sarcastique : « 1o un chrétien allant à Lourdes pour y obtenir des souffrances ; 2o un autre chrétien riche guéri à Lourdes par le plus indubitable miracle et revenant pour distribuer tout son bien aux pauvres. » (*Journal*, I, 17 février 1900, éd. Pierre Glaudes, Paris, Laffont, coll. Bouquins, 1999, p. 316).

P. 272

1 Destiné à rendre Dieu favorable.

2 L'histoire de Marie-Madeleine Glaser est évoquée, le 29 août 1904, sous le titre « Guérison à Notre-Dame des Victoires », dans *La Croix*, qui précise : « Depuis, la guérison persiste. [...] au moment où nous l'avons vue, elle se mettait à table ». Le 17 septembre 1904, le

journal anticlérical *L'Éclaireur du Finistère* raconte la scène à sa façon : « Miracle ! criait-on, et il fallut deux personnes pour reconduire chez elle, la pauvre Mlle Glaser. On n'en remercia pas moins Notre-Dame. » Ce cas ne figure ni dans les Index de Boissarie et de Bertrin, ni dans la liste des soixante-dix miraculés de Lourdes reconnus par l'Église.

3 Nom également absent des Index de Boissarie et de Bertrin, ainsi que de la liste officielle des miraculés.

4 Louise Lécuyer, âgée de dix-neuf ans, aurait été guérie d'une coxalgie. Cette guérison a été contestée par un adversaire de l'idée de miracle, le Dr Rouby, d'Alger, qui y voit un cas typique d'hystérie (*La Vérité sur Lourdes*, Paris, Librairie critique, E. Nourry, 1910, p. 105-106). Son nom n'apparaît pas parmi les guérisons officielles.

5 On notera que Huysmans, qui pratiquait le culte des reliques et en possédait lui-même, ne dit mot, parmi les bénéfices apportés aux fidèles accomplissant le pèlerinage de Lourdes, des indulgences offertes par l'Église. À diverses conditions de piété et d'assiduité aux divers rituels, une indulgence plénière était – et est encore – accordée aux pèlerins et, pour en souligner l'importance, les manuels écrits à leur usage dans les divers diocèses dressaient une liste spécifique des prières « indulgenciées ».

P. 273

1 Où furent battus les Huns d'Attila en 451.

2 Huysmans a visité les Expositions universelles de 1878 et de 1889, mais a fui celle de 1900, si l'on en croit sa lettre à Marie de Villermont du 4 mars 1900 : « Je suis allé passer trois jours à Paris, pour affaires, et j'ai repris le train au plus vite ; cette ville m'a semblé triste et folle, hypnotisée par l'Exposition, ne songeant qu'à l'argent, et surtout indifférente à tout le reste. » (éd. citée, p. 317). Puis à Descaves le 31 mars 1900 : « Une seule chose me console un peu de ce déplacement, c'est l'idée que je ne verrai pas l'Exposition. Ça, c'est quelque chose – la grande marée du Panmuflisme, se passera de moi. » (Ms Lambert 64, f° 227).

P. 274

1 Pour la dernière fois, Huysmans dénonce l'éducation débilitante dispensée aux séminaristes. Dans le chapitre XII de *La Cathédrale*, Durtal s'en était pris « au système d'éducation, aux cours de timidité intellectuelle, aux leçons de peur qu'on leur donne dans une cave, loin de la vie ambiante et loin du jour ; il semblait qu'il y eût, en effet, dessein d'évirer les âmes, en ne les nourrissant que de ratatouilles sans suc, que de viandes littéraires blanches, parti pris de détruire, chez les élèves, toute indépendance, toute initiative de l'esprit [...] » (éd. Crès, t. XIV, 2, p. 57). Il est revenu plus longuement sur le sujet dans « Les Rêveries d'un croyant grincheux » pour répondre à cette question provocante : « pourquoi un catholique pratiquant est-il plus bête qu'un homme qui ne pratique pas ? » (*BSH*, n° 89, 1996. p. 46-66).

2 En 1903, Huysmans soulignera le fait inverse lors de son voyage dans l'Allemagne protestante, en compagnie de l'abbé Mugnier : « Nous sommes ici à l'état de bête curieuse. Le costume de l'abbé fait rigoler la ville. » (*Voyage aux cathédrales rouges*, éd. Pierre Brunel et André Guyaux, *Cahier de l'Herne Huysmans*, Paris, 1985, p. 392).

3 Bigote. Huysmans féminise le mot ratichon, désignant un prêtre « dans l'argot des voyous et des voleurs » (Delvau) et dans le discours anticlérical.

P. 275

1 « On ne parle plus français à Lourdes, mais espagnol, hollandais, anglais, flamand, italien – tant l'étranger a versé dans la ville déjà trop pleine de pèlerins. » (Lettre à G. Landry, 19 septembre 1904, Ms Lambert 25, f° 154).

2 Lourdes dispose alors d'un tramway reliant la gare à la grotte ; il parcourt le boulevard, puis l'avenue de la Grotte où sont implantés de nombreux hôtels. Voir le plan p. 205.

3 Le *Guide* de Barbet de 1892 précise que ce bureau de poste, « le plus important du Midi, fait un chiffre d'affaires qui arrive à 2 000 000 » et expédie 700 à 800 télégrammes par jour (*op. cit.*, p. 101).

4 Ces derniers figurent depuis longtemps dans le paysage humain de Huysmans. Le 13 septembre 1882, il évoquait dans une lettre à Théo Hannon les « Arabi [...], un tas de marchands de cologne, en habit rouge et à favoris et de vendeurs de dattes de la rue de Rivoli, en jus de réglisse et en fez ! » (éd. Pierre Cogny et Pierre Lambert, Saint-Cyr-sur-Loire, Christian Pirot, 1985, p. 269).

P. 276

1 Sur l'histoire et les variantes de ce motif iconographique, dit aussi Vierge de Miséricorde, lire Jean Delumeau, « La Vierge au grand manteau », *L'Avenir de Dieu*, Paris, CNRS Éditions, 2018, p. 131-146.

P. 277

1 On notera que cette guérison progressive contrarie la définition huysmansienne du miracle, caractérisé par son instantanéité.

P. 279

1 Vieilli. Faire endêver quelqu'un : le mettre en colère.

P. 280

1 Canonisé en 1690, Saint Jean de Dieu (1495-1550) est le fondateur de l'Ordre hospitalier qui porte son nom, ainsi que le patron des malades et des médecins.

2 Les pèlerinages nationaux favorisent le goût de Huysmans et de son époque pour les caricatures ethniques

3 Toutes ces villes sont à moins de 30 km de Lourdes, à l'exception de Bagnères-de-Luchon, situé à 90 km, et de Pau, à 50 km, chef-lieu des Basses-Pyrénées surnommé à l'époque la « ville anglaise ». – Ces lignes donnent tort à Mauriac, qui écrit dans *Pèlerins de Lourdes* : « Ce qui choque à Lourdes [...], c'est bien moins ce dont Huysmans avait horreur : statues, pieux bazars, laide architecture, que le côté "centre touristique". Huysmans est mort assez tôt pour ne pas connaître l'automobiliste en costume de sport, le mufle à casquette beige qui s'arrête une demi-journée à Lourdes "parce qu'il faut avoir vu ça" ». (*op. cit.*, p. 92-93).

4 Hostile au progrès technique, Huysmans s'en prend aux automobiles et aux motos depuis leur apparition. Retour de Ligugé, il a écrit : « Ces rues, tirées au cordeau, où l'on ne flâne plus, où tout le monde court, en se garant d'une locomotion qui vous écrase, à coups de trompe, au milieu de voyous à cheval sur des machines qui crépitent et qui puent, sont à fuir quand on peut ; et il n'est malheureusement plus un quartier où les automobiles, les motocyclettes, les vélocipèdes, toutes les montures d'une racaille pressée, ne sévissent. » (*Paris retrouvé*, *BSH*, n° 51, 1966). Le quotidien *L'Auto-vélo* du 19 septembre 1901 a rangé Huysmans parmi les « tardigrades ».

P. 281

1 Pour l'essentiel, les informations qui suivent proviennent du livre de Mgr Léopold Goursat intitulé *Les Mystères sataniques de Lourdes à travers les âges* (Paris, Arthur Savaète, 1905), qui avait tout pour retenir l'attention de Huysmans. Sa thèse repose sur le dogme du Péché

originel, avant lequel Adam et Ève, vivant dans un état de « Virginité féconde », jouissaient d'un « mode surnaturel de génération » et étaient préservés de l'union charnelle. Depuis que Satan les y fit tomber, les hommes adorent, comme le montrent les mythes et les cultes païens, des pierres dressées obscènes, figurant les « organes générateurs » de l'œuvre de chair et souvent associées, comme à Lourdes, à des grottes, des sources et des rituels maléfiques. D'où l'auteur conclut que le Lourdes originel est « le siège le plus ancien dans le passé du Naturalisme abject et du Démonisme, la Véritable Capitale diabolique, le Foyer pestilentiel, la Tête du Dragon infernal dont les monstrueux replis enserraient l'univers. » (IIIe partie, p. 2). Mais si l'apparition de 1858 est la « revanche triomphale de l'Immaculée Conception », cette tête repousse sous la forme de la Franc-Maçonnerie, du Naturalisme et du Socialisme. Cet ouvrage avait éveillé la méfiance du chroniqueur de *L'Univers*, qui écrivait le 16 décembre 1905 : « la première partie de l'œuvre [...] expose longuement, sur la matérialité du péché originel, une théorie que je m'abstiendrai de discuter, précisément parce qu'elle me paraît trop discutable. » De fait, *La Croix* annonce son inscription à l'Index le 18 avril 1907, et l'abbé Bethléem le classe parmi les lectures « à proscrire ». Huysmans, qui l'a lu avec attention, en a tiré la page de notes reproduites ci-contre : « Massabielle veut dire vieille pierre. Lourdes aussi, en latin. [...] D'après le témoignage de M. de Courmont <et de Minville>, elle était dédiée à Vénus et la forme ogivale même de la niche où elle se tenait était le symbole de la déesse. – C'était le Péché originel – la chair – qui avait là sa figuration – grotte obscure où jamais le soleil ne pénètre – / Les Espéluges – grottes – on y a trouvé des os humains à moelles fendus et calcinés. / "Le Péché originel avait donc dressé son temple satanique à Lourdes". – L'Immaculée Conception est venue là – "C'est la revanche du Divin sur le Diabolique." / "La grotte où naquit Jésus, où il fut enseveli – et d'où il sortit triomphant" / "Là où fut adoré le péché originel, règnera désormais l'instrument triomphant de sa défaite. Est-ce assez lumineux ?" – Titre les mystères sataniques de Lourdes, à travers les âges / Lieu fatidique » (Ms Lambert 42, f° 23). Le livre de Goursat cite MM. de Caumont et de Mirville, « deux archéologues distingués », p. 11 de la IIIe partie. – Nous remercions vivement Mme Melanie Zebrowski, de l'Université de Dayton (Ohio) de nous avoir procuré une reproduction scannée de cet ouvrage inconnu des bibliothèques françaises.

2 Les grottes des Espélugues (du lat. *spelunca*, grotte), qui ont servi d'abri à l'époque préhistorique, ont été fouillées dès les années 1860. On y a trouvé des ossements, des outils et des objets gravés datant du paléolithique. Après les apparitions, les autorités religieuses ont fait creuser et disperser le sol de la grotte dans des déblais. Le célèbre « cheval de Lourdes » y a été retrouvé en 1886.

3 Le 5 novembre 1904, Huysmans a adressé la lettre suivante à l'abbé Salles, professeur au séminaire d'Auch : « J'ai reçu de Lourdes, une lettre de Madame Leclaire me relatant un entretien avec vous, duquel il résulte que la pierre posée derrière la statue de la Vierge dans la grotte serait inenlevable et d'un grain tel que l'on n'en rencontrerait de semblable [qu']en Mongolie. D'où cette supposition que ce serait une ancienne pierre de sacrifice apportée, on ne sait quand, à Lourdes. / Cela me semble si étrange que je vous écris à ce sujet, vous priant de me dire d'où vous a pu parvenir ce curieux renseignement. / Est-ce une simple légende – pas moins intéressante – ou un renseignement donné par un auteur qui présenterait une certaine surface de véracité ? » (Ms Lambert 52, f° 53). On ignore la réponse de l'abbé Salles, mais elle transparaît dans la lettre de Huysmans à Leclaire du 24 février 1905 : « J'ai vu un prêtre, ici, qui me disait avoir toutes les pièces sataniques sur Lourdes. J'ai examiné ça. C'est peut-être curieux, mais en somme, les documents sur la pierre de la grotte sont peu sérieux. C'est un article de ce prêtre paru jadis dans *L'Univers*, que l'abbé Sales [*sic*], vu à Lourdes, avait fondé sa théorie mongolique. La vérité est que cette pierre est d'un grain breton de menhir. » (Ms Lambert 60, f° 335).

P. 282

1 Associée au culte de Baal, Astarté était une déesse orientale présidant à la fécondité et à l'amour. D'elle ont dérivé l'Aphrodite grecque, la Vénus romaine et la Tanit carthaginoise. On lui prêtait des sacrifices humains et, en particulier, d'enfants. En-dehors de l'archéologie, ce type de divinité ne manque pas d'antécédents dans l'œuvre de Huysmans. En commentant les œuvres de G. Moreau dans *Certains*, il a évoqué des prêtresses « lançant d'insidieux appels aux sacrilèges et aux stupres, aux tortures et aux meurtres » ; à la suite de Boullan qui lui avait communiqué l'information, il a cité le cas, dans le chapitre XIX de *Là-bas*, d'un professeur de l'école de la Faculté de médecine sataniste qui priait la statue d'Astarté debout sur un autel (éd. citée, p. 625).

2 Huysmans se réfère ici, de façon probablement indirecte, à l'*Histoire de l'Église écrite par Eusèbe, évêque de Césarée.* Dans le chapitre VIII de sa *Harangue à la louange de Constantin*, Eusèbe raconte comment l'Empereur, désireux purger la Phénicie de ses cultes païens, fit détruire « un bois et un temple consacré à l'honneur d'un infâme démon sous le nom de Vénus [...]. On y tenait une école ouverte d'impudicité. Il y avait des hommes qui renonçaient à la dignité de leur sexe, s'y prostituaient comme des femmes [...]. C'était un lieu privilégié pour commettre impunément l'adultère et d'autres abominations. » (Paris, Pierre Rocolet, 1675, p. 781).

3 Genèse, XIX 1-29.

4 Huysmans a pu découvrir cette légende à la p. 19 du *Guide de Lourde*, de Jean Barbet, qu'il cite dans ses notes de 1903. Le *Guide du pèlerin et du touriste*, de Bernard Dauberive, la raconte également (*op. cit.*, p. 26).

P. 284

1 Installée à Lourdes depuis 1867, la congrégation religieuse féminine de Notre-Dame de l'Immaculée Conception a été créée en France au début du XIXe siècle.

2 En témoigne la publicité insérée hors pagination à la fin du *Guide* de Bernard Dauberive : « COUVENT DE L'IMMACULÉE CONCEPTION. / Les sœurs de l'Immaculée Conception ont édifié une superbe maison à cinq minutes de la Grotte, près le palais épiscopal. Les Religieuses prennent en pension les dames qui désirent faire une retraite ou simplement éviter le bruit des hôtels. Du Couvent, situé au milieu d'un grand jardin, la vie s'étend d'un côté sur la ville et la Basilique, de l'autre sur la vallée. / *English spoken. Se habla espanol.* » (*ibid.*).

3 Zola a fait un constat similaire : « Les sœurs bleues, de L'immaculée Conception, celles qu'on accuse de loger des dames seules, ce qui fait du tort aux hôtels. La supérieure, une maîtresse femme, qui s'est affranchie des Pères. Elle est allée jusqu'à Rome. Ces sœurs gagnent beaucoup d'argent. Aucun hôtel ne travaille autant. » (*Mes voyages, Lourdes, Rome*, éd. citée, p. 66).

4 Deux saints faisant l'objet de dévotions populaires : moine et prédicateur franciscain canonisé par Grégoire IX en 1232, Saint Antoine de Padoue est invoqué pour retrouver les objets perdus ; saint Expédit, dont l'existence est mal assurée, était un officier romain converti et martyrisé sous Dioclétien ; il fait l'objet d'un culte particulier à La Réunion. Dans *De tout*, Huysmans les a déjà cités en exemples de « dévotionnettes » (« La Vierge noire de Paris ») et dans *Les Rêveries d'un croyant grincheux.*

P. 285

1 En 1902, a été découverte dans une catacombe romaine la dépouille d'une jeune fille dont la pierre tombale portait l'inscription « *Pax tecum Filumena* ». Déclarée martyre au temps de Dioclétien, des miracles lui ont été attribués, en particulier par le curé d'Ars. Son histoire ayant été revisitée, l'Église l'a rayée de son calendrier en 1961.

2 Impropriété calculée : Huysmans emploie le langage du théâtre, où le côté cour désigne la droite et le côté jardin la gauche de la scène, l'Église les désignant par côté de l'Épitre et côté de l'Évangile.

3 Les moniales passionistes, dont la vocation est de diffuser le culte de la Passion de Jésus, ont été fondées en Italie par saint Paul de la Croix, canonisé en 1867 par le pape Pie IX. Elles possèdent encore une maison à Lourdes. Sur ces religieuses, voir les notes prises par Huysmans à Lourdes en 1903, Annexe I, *infra*, p. 523-524.

P. 286

1 Sans devenir un herboriste confirmé, Huysmans a appris à voir et à reconnaître la flore sauvage lors de son séjour à Ligugé, comme en témoignent les abondantes notations de son *Carnet vert*, prises en vue de la rédaction de *L'Oblat*.

2 Toupie.

P. 287

1 Aggravé par le vote de la loi de Séparation des Églises et de l'État, le pessimisme politique de Huysmans renforce l'angoisse eschatologique qui domine la fin de son œuvre. Sa correspondance inédite des années 1905 et 1906 est parcourue d'annonces d'une apocalypse imminente.

2 Cette phrase fait un écho, probablement volontaire, au célèbre *explicit* d'*À rebours*, roman dont Huysmans avait rédigé et publié la préface tardive peu avant de préparer *Les Foules de Lourdes*.

3 Hymne à la sainte Vierge datant du XIe siècle *: « Inviolata, integra, et casta es Maria / Quæ es effecta fulgida cæli porta. [...] Ô Benigna, ô Regina, ô Maria, / Quae sola inviolata permansisti [...] »* (Vous êtes sans tache, chaste et virginale, ô Marie. Vous êtes devenue la porte éclatante du Ciel [...] Ô très bonne ! ô Reine ! ô Marie, qui, seule, êtes demeurée sans tache !).

P. 288

1 Le carmel de Lourdes occupe, dans les carnets de notes de Huysmans, une place plus importante que dans le livre qui en est issu, Huysmans en ayant écarté le personnage de sœur Thérèse de Jésus, la fille, devenue carmélite à Lourdes, de Mme de Galoez, dite La Sol. Sur cette question, lire l'Introduction, *supra*, p. 170-171.

2 Le sanctoral, ou propre des saints, désigne l'ensemble des fêtes de saints célébrées dans l'année selon le calendrier ; le propre du temps l'ensemble des offices catholiques propres aux différentes époques de l'année liturgique.

3 Un des nombreux néologismes par préfixation négative créés par Huysmans.

P. 289

1 Sur ce personnage, voir *supra*, p. 127-129.

2 Huysmans prête aux carmélites sa propre claustrophilie. On se rappelle qu'il avait renoncé à se retirer à Solesmes en raison de l'« impression gênante, de grand séminaire, d'immense caserne » qu'il y éprouvait, ajoutant, dans la même lettre à l'abbé Henry Moeller du 30 octobre 1897 : « Je ne me sens à l'aise que dans de petits monastères, dans des coins intimes » (Ms Lambert 65, f° 94).

P. 290

1 Opposition longuement développée dans *La Cathédrale* : « À la Salette où Elle s'est révélée, dans un paysage navré, tout en larmes, Elle s'est attestée sans doute pour quelques-uns,

plus particulièrement peut-être pour ces âmes éprises de la douleur, pour les âmes mystiques aimant à revivre les souffrances de la Passion, à suivre, dans son déchirant chemin de croix, la Mère. [...] celle de Lourdes, qui vint en souriant et ne prophétisa point de catastrophes, était aisément accessible aux espoirs et aux joies des foules » (éd. citée, t. XIV, I, p. 29-30). C'est donc une pièce maîtresse de la vision pénitentielle et élitiste de la religion huysmansienne qui fait défaut à Lourdes.

2 Reprise abrégée du chapitre I de *La Cathédrale*, qui décrit la montée au sanctuaire de la Salette (éd. Crès, t. XIV, I, p. 13-24). Il reste que la présente vision étrécissante du paysage y était déjà présente, les montagnes de la Salette étant figurées par « des tas géants de coquilles d'huîtres », des « pyramides grillées de coke » et les villages par des « joujoux de Nuremberg » (*ibid.*, p. 19).

P. 291

1 Comparaison présente dans le *Guide* de Barbet, *op. cit.* p. 43.

2 Instrument de musique à vent, en cuivre, utilisé au XIXe siècle dans les églises, les orchestres militaires et symphoniques; remplacé par le tuba, il disparaît après 1880. Huysmans a observé et consigné cette scène le 14 septembre 1904 : « Angoulême amenant un prêtre qui joue de la clarinette, un autre du trombone, un autre de l'ophicléide. Il a fallu sur la place du Rosaire, pour la procession du St Sacrement, les faire taire. » (voir Annexe II, *infra*, p. 552). Lorsqu'il narre la scène, en octobre 1904, à Mme Huc et à Mme Godefroy, il ne fait état que d'un trombone; on ignore donc si l'ophicléide a supplanté les autres instruments en raison de son caractère anachronique, de son timbre disgracieux ou, plus généralement, de son emploi dans la musique profane.

P. 292

1 Sur cet épisode, lire le carnet de 1904, *infra*, p. 561.

P. 293

1 Parmi bien d'autres, l'article de tête de *L'Aurore* du 6 septembre 1904 (« Lourdes », par Léon Millot) illustre la violence des arguments dirigés contre Lourdes par la presse anticléricale durant le second séjour de Huysmans. On y apprend que, dans « cette ville dont toute l'industrie consiste en réclames à l'apparition créée par la vierge mystificatrice », les pèlerins pratiquent « un fétichisme qui n'a rien à envier aux nègres porteurs de gris-gris du continent africain », que plonger les malades dans les piscines constitue « un homicide avec préméditation » et qu'il faut fermer celles-ci « pour raison d'hygiène publique ». Etc.

2 Terme d'argot désignant un habitant d'un coin reculé de la campagne.

P. 294

1 Surnommé « le saint homme de Tours », M. Léon Papin-Dupont (1797-1876) avait conservé et exposé une reproduction du voile de Véronique, tel qu'il était apparu le 6 janvier 1849 aux chanoines de la Basilique vaticane; sa réputation miraculeuse avait attiré des fidèles et entraîné la création de la confrérie de la Sainte Face.

2 Dans *Le Saint Homme de Tours*, l'hagiographe Léon Aubineau décrit la façon dont M. Dupont provoquait la guérison miraculeuse des malades : « – "Eh bien !", disait-il, "nous allons prier." / Il se mettait à genoux, récitait les Litanies de la Sainte-Face et les autres prières [...]. Quand il avait fini, il interrogeait le malade : / – Êtes-vous guéri ? Êtes-vous soulagé ? / – Non ! – Eh bien ! nous allons recommencer." / Et il recommençait, deux fois, trois fois; il eût recommencé cent fois, si le malade ne se fût découragé » (Paris, Victor Palmé, 1889,

p. 236-237). Huysmans a déjà cité ce personnage au côté du curé d'Ars dans son *Esquisse biographique sur Don Bosco* en exemple « de l'incommensurable puissance de la Foi ».

3 Originaire de Lavaur, le père Marie-Antoine (1825-1907) a été surnommé « le saint de Toulouse » ; orateur et confesseur recherché, il a prêché de multiples fois le pèlerinage de Lourdes et y a créé la procession aux flambeaux, que Huysmans vient de décrire.

P. 295

1 Petites étincelles.

2 Sur l'interprétation biblique de cette roue de feu, inspirée du char de feu qui emporte Élie au ciel, lire Gaël Prigent, *Huysmans et la Bible*, Paris, Champion, 2008, p. 773-776.

P. 296

1 Retour du mythe de la société médiévale égalitaire célébré dans *La Cathédrale* à propos de la construction de Chartres : « ces hordes de vieillards et d'enfants, de femmes et d'hommes, se disciplinèrent en un clin d'œil ; et pourtant ils appartenaient à toutes les classes de la société, car il y avait parmi eux des chevaliers et de grandes dames ; mais l'amour divin fut si fort qu'il supprima les distances et abolit les castes ; les seigneurs s'attelèrent avec les roturiers dans les brancards, accomplirent pieusement leur tâche de bêtes de somme ; les patriciennes aidèrent les paysannes à préparer le mortier et cuisinèrent avec elles ; tous vécurent dans un abandon de préjugés unique » (éd. Crès, t. XIV, I, p. 343). Mais Huysmans écrit peu après : « Mais c'est ici que l'utopie commence »...

2 On notera que Huysmans parle ici *du* pauvre, terme évangélique, et non *des* pauvres, comme le font les analyses politiques et les revendications d'ordre social.

3 Dans l'« Hymne à la Charité » : « Quand je parlerais les langues des hommes et des anges, si je n'ai pas la charité, je ne suis qu'airain qui sonne ou cymbale qui retentit. [...] Bref, la foi, l'espérance et la charité demeurent toutes les trois ; mais la plus grande d'entre elles, c'est la charité. » (Première épître aux Corinthiens, XIII, 1-13).

P. 297

1 Pour Huysmans, laïques et catholiques se valent en matière de sectarisme. Dans une interview donnée à *La Gazette de la Capitale* le 1er mai 1904, il a comparé l'intolérance des catholiques du début du XXe siècle à celle des royalistes émigrés rentrés de Coblence lors de la première Restauration : « Je suis catholique, je suis mystique, [...] mais je suis anticlérical ! Ah ! il y a longtemps que je le *leur* ai dit : s'ils revenaient au pouvoir, ils nous feraient regretter Waldeck-Rousseau. Eux non plus, ils n'ont rien oublié, rien appris ! » (*Interviews*, *op. cit.*, p. 416).

2 Gaël Prigent note avec justesse que le finale de cette « envolée lyrique » est le seul moment où l'électricité trouve grâce aux yeux de Huysmans (*op. cit.*, p. 775).

P. 298

1 Le sort des âmes en attente au Purgatoire occupe une place importante dans la théologie du second XIXe siècle, comme en témoigne la création de multiples congrégations qui leur sont alors dédiées. Chez Huysmans, qui a patiemment traduit les récits des visions horrifiantes qu'en a rapportées sainte Lydwine, le Purgatoire prend place dans un vision pénale de la création, fondée sur l'équilibre instable de la balance des péchés et des peines : les « âmes délaissées » qui y séjournent doivent acquitter par leurs souffrances la dette de peine encourue par leurs péchés – peine que les vivants peuvent alléger par leurs prières et leurs souffrances consenties. Sur ce sujet, on lira Guillaume Cuchet, « La Crise théologique du Purgatoire (1850-1950) », *Revue de l'Histoire de l'Église de France*, 1999, n° 215, p. 333-353.

P. 299

1 Désireux de prouver que les monastères pratiquent la « louange pérenelle », Durtal avait expliqué dans *L'Oblat* qu'« il n'est pas [...] une heure de la nuit qui chôme ; quand le monde dort ou pèche, l'Église veille ; ses moniales et ses religieux sont toujours postés en grand'garde, pour abriter le camp des fidèles constamment assiégé par l'Ennemi. » (éd. citée, t. XVII, II, p. 47-49).

P. 300

1 Voir *supra*, chap. XII, p. 231.

2 Voir *supra*, chap. V, p. 232 ; chap. VII, p. 268 ; chap. IX, p. 278.

P. 301

1 La cachexie désigne un « état caractérisé par une maigreur extrême et une atteinte grave à l'état général » (*TLF*).

P. 302

1 Dans un rapport adressé, le 8 juin 1858, à son Procureur général, le procureur impérial de Lourdes nommé Dutour, esprit incrédule, décrit ces phénomènes : « les visions commencent à se multiplier, il y en eu six en effet, en quelques jours ». Il raconte que cinq filles et femmes (l'une d'elles étant « une affreuse et abjecte prostituée ») se sont introduites dans un orifice situé en haut de la grotte ; là, la lumière de leurs bougies éclairant des stalactites bizarres et des roches blanchâtres, elles ont pris pour des visions les ombres portées qui « affectent à la pierre des formes fantastiques ». Dans des rapports antérieurs datés des 19 et 20 avril 1859, il avait également fait état de cas de guérisons qu'il tenait pour des mystifications. Le 30 juillet, le ministre de l'Instruction publique et des Cultes, M. Rouland, met en garde l'évêque de Tarbes contre « la multiplication des visionnaires et des extatiques » qui rappelle « des scènes tristement célèbres au XVIIIe siècle ». L'interprétation diabolique, absente de tous ces récits, semble être le fait de Huysmans. On lira ces textes dans Jean de Bonnefon, *op. cit.*, p. 200-206, 197-199 et 244.

2 On comparera le récit qui suit avec celui que Huysmans a recueilli de la bouche même de la sœur Marie des Anges, abbesse des Clarisses de Lourdes, et consigné dans son carnet à la date du 20 septembre 1904 (*infra*, p. 558-559).

P. 303

1 Sur l'histoire des clarisses, dites aussi ordre des Pauvres Dames, fondé par sainte Claire d'Assise (vers 1194-1253, canonisée en 1255), on se reportera au *Dictionnaire des Ordres religieux* du R. P. Hélyot, tome XX de l'*Encyclopédie théologique* de l'abbé Migne (Paris, 1847-1859). – Dans *En route*, l'abbé Gévresin apprend à Durtal que les clarisses pratiquent, comme les carmélites, la substitution mystique et « acceptent très bien qu'on leur transfère les tentations dont on souffre » (éd. Crès, t. XIII, t. I, p. 77). Durtal visite leur chapelle de la rue de Saxe (*ibid.*, p. 165-166).

2 Durant les mois de septembre et d'octobre 1901, *La Croix* signale régulièrement le départ pour l'étranger des congrégations françaises, les destinations de Jersey, de la Belgique et de la Hollande revenant à plusieurs reprises. Le 3 octobre, le journal écrit : « Usant de la liberté qui leur était laissée par leur chef suprême, dirigés par leur supérieur hiérarchique, guidé par Dieu consulté dans la prière, les religieux ont adopté la résolution qui leur a semblé la plus conforme aux inspirations de leur conscience et au bien de

l'Église auquel ils ont sacrifié leur vie. » À propos des Carmélites, il précise qu'elles « ont choisi l'exil parce que une loi nouvelle les soumet à des vexations qui troubleraient leur solitude et leur enlèveraient la paix si nécessaire à l'union intime avec Dieu. » *La Croix* ajoute : « Souvenons-nous-en surtout dans la préparation des élections prochaines, dans la confection des programmes de nos candidats, et dans le choix des hommes dont nous voulons faire nos élus à la Chambre future. »

3 *La Croix*, qui avait annoncé le départ en exil des Clarisses de Lourdes sur la foi d'une dépêche d'agence, apporte un démenti le 17 septembre 1901 : « ces excellentes religieuses, protégées par leur extrême pauvreté, ne veulent point abandonner d'elles-mêmes le sol privilégié de Lourdes et encore moins celui de la France qu'elles aiment tant et qui a tant besoin d'expiations et de prières. »

4 La règle des Clarisses était connue pour sa dureté extrême. Félix Platel, chroniqueur du *Figaro* sous le pseudonyme d'Ignotus, avait été admis dans le couvent de l'impasse de Saxe (VIIe arr.) et en avait tiré un article publié, le 27 juin 1885, sous le titre « Une heure avec une morte ».

5 Depuis la maladie dont souffrait la mère des filles Vatard, l'hydropisie occupe une place privilégiée dans la nosographie huysmansienne, en raison de la déformation monstrueuse et spectaculaire qu'elle inflige au corps féminin. Le chapitre VI de *La Cathédrale* décrit celle qui frappait Marie-Marguerite des Anges, « fondatrice du prieuré des carmélites d'Oirschot, dans le Brabant hollandais » ; *En route* note que Catherine Emmerich s'est substituée à une femme hydropique ; Lydwine a souffert elle-même d'une hydropisie qui lui a valu, dans l'épisode des Lombards, des souffrances humiliantes.

P. 304

1 Désireux de trouver un sens providentiel à l'expulsion des ordres religieux qui étaient censés protéger la France de Satan et des châtiments célestes, Huysmans attribue cette décision moins à la politique laïciste du gouvernement, qui avait fait voter la loi de 1901, qu'à leur déchéance morale et spirituelle, et en particulier à leur passion pour l'argent.

2 Huysmans développe ici l'histoire qu'il a recueillie oralement et consignée le 20 septembre 1904 dans son carnet (voir Annexe II, *infra*, p. 558-559), avant d'en tirer argument contre l'interprétation matérialiste des miracles.

3 Clarisses dont la règle a été réformée le sens d'une rigueur accrue par sainte Colette au XVe siècle.

P. 305

1 Chaque terme de cette alternative prouve que la maladie et la guérison ne sont pas, dans l'optique chrétienne, des phénomènes de nature biologique, mais des signes porteurs d'un sens interprétable, non sans incertitudes, dans le cadre d'une sémiotique surnaturelle.

2 Louis-Marie Caverot (1806-1887), archevêque de Lyon à partir de 1877.

P. 306

1 Jean-Émile Fonteneau, évêque d'Agen de 1874 à 1884.

2 La père Pierre-Remy Sempé (1818-1889) était secrétaire de Mgr Laurence, évêque de Tarbes, à l'époque des apparitions mariales. Après avoir hésité à en proclamer le caractère surnaturel, l'évêque a confié aux missionnaires de Garaison, dont le père Sempé était membre, la tâche d'organiser le sanctuaire, jusqu'alors assumée par le curé de Lourdes. Il est alors entré, avec l'abbé Peyramale, le curé de Lourdes, dans un conflit que Huysmans relate au chapitre XII.

P. 307

1 C'est pourtant ce qu'affirme l'ami de Huysmans, le docteur Maurice de Fleury, dans son *Introduction à la médecine de l'esprit*. « À Lourdes, le bureau médical, institué pour la constatation scientifique des miracles, se plaît à reconnaître qu'il se produit devant la grotte de la Vierge un bon nombre de guérisons survenant chez des hystériques et, par conséquent, négligeables. Il attache au contraire une haute importance à des guérisons de tumeurs cancéreuses ou d'ulcérations graves, guérisons avérées, alors que le cancer est, d'avis unanime, une maladie incurable, absolument indépendante de la névropathie. / Il est certain que le cancer n'est pas un symptôme de l'hystérie ; mais il est tout à fait indéniable aussi qu'on observe, chez les névropathes, certaines plaies, certains grosseurs ulcérées, qui guérissent parfaitement sous l'influence de la médication tonique ou d'une vive excitation du système nerveux. » (Paris, Alcan, 1898, p. 53).

2 « Ah ! elle est bien la science contemporaine ! », s'exclamait déjà Durtal dans *Là-bas*. La métaphore financière ici employée fait écho au texte de Ferdinand Brunetière, qui proclamait la « banqueroute » de la science et s'en remettait au catholicisme dans « Après une visite au Vatican », article paru dans la *Revue des Deux Mondes* le 1er janvier 1895, p. 97-118.

3 Huysmans fait depuis *En route* l'apologie de l'obéissance monastique. Sur une tonalité différente, Durtal s'y émerveillait de « l'inégalable génie dont est douée l'Église ; elle est arrivée à faire vivre, côte à côte, sans qu'elles s'assassinent, des ruches de femmes qui obéissent, sans regimber, aux volontés d'une autre femme ; ça c'est inouï ! » (éd. Crès, t. XIII, I, chap. VIII, p. 201-202).

P. 308

1 Huysmans s'implique personnellement dans cette méditation sur l'obéissance, car c'est elle qui a dissuadé en lui l'écrivain, soucieux de préserver sa liberté de création, de prononcer des vœux et de choisir l'abbaye de Solesmes, qu'il jugeait « caserniforme », pour se faire oblat.

2 Nombreux sont les proches de Huysmans en la persévérance de qui il avait à tort compté. Il peut citer son ami Gustave Boucher, qui est entré avec lui en oblature à Ligugé, mais s'est marié en 1902 ; son secrétaire Jean de Caldain, qui a commencé un noviciat à Maredsous en 1903 et y a mis fin l'année suivante ; Fayolle, le novice de Ligugé (le petit frère Blanche de *L'Oblat*), qui s'est fait relever de ses vœux pour prendre femme en 1904 ; Georges Aubault de la Haulte-Chambre, qu'il dit défroqué en août 1904 pour avoir, lui, pensé « trop aux éphèbes ». Hors de son entourage personnel, on peut penser au journaliste et romancier Benjamin Guinaudeau, prêtre défroqué devenu militant de l'anticléricalisme, qui l'avait interviewé le 2 avril 1892 pour le journal *La Justice*. Dans une lettre à l'abbé Ferret de décembre 1893, Huysmans évoque le « nommé Guinaudeau que Clémenceau a arraché à l'Église ; et c'est ce que cet homme politique a fait de mieux, car je connais l'oiseau et ça aurait fait, à coup sûr, un vilain prêtre ! » (*Une étape dans la vie de Huysmans, Lettres inédites à l'abbé Ferret*, Nizet, 1973, p. 20).

3 Il s'agit probablement de dom Augustin Marre (1853-1927), abbé de Notre-Dame d'Igny (dom Anselme dans *En route*), élu général de l'ordre cistercien en 1904. Voir l'interview donnée par Huysmans au *Temps* du 16 octobre 1904 : « j'ai noué avec dom Augustin des relations très amicales. Il ne passe pas à Paris sans me voir. » (*Interviews*, *op. cit.*, p. 431). Sur ce personnage, on lira Dom Jacques Lahache, « Mgr Marre, Abbé de la trappe d'Igny », *BSH*, n° 35, 1958, p. 242-245.

P. 309

1 Ce que laissait entendre, dans *L'Oblat*, l'Abbé du Val des Saints à propos de ses moines : « La vérité est qu'ils sont des hommes, valant mieux que la plupart des laïques, mais enfin des hommes, soumis par conséquent à toutes les faiblesses, lorsqu'ils ne sont pas absolument des saints ; et dame… » (éd. Crès, t. XVII, chap. I, p. 19).

2 Les membres du clergé étaient dispensés d'obligations militaires depuis 1872, mais la Loi sur le recrutement de l'armée du 15 juillet 1889, dite loi des « curés sac à dos », leur avait imposé le service militaire, au terme d'un très vif débat.

3 Si Huysmans déplore la publicité délétère faite par la presse aux faits-divers, il n'en commente pas moins avec gourmandise, dans sa correspondance, ceux qui mettent en cause des ecclésiastiques. C'est le cas avec l'affaire (montée de toutes pièces par *La Libre Parole* à des fins politiques) des deux évêques, Mgr Geay, de Laval, et Mgr Le Nordez, de Dijon, à propos de qui il écrit à Leclaire, le 29 octobre 1900 : « J'aime ces histoires d'Évêques […]. S'il y avait des renseignements épicés sur le Geay, ne m'oubliez pas » (Ms Lambert 60, f° 188). Il suit également les scandales causés par le curé de Châtenay, qui s'était enfui en Belgique avec une institutrice enceinte de ses œuvres, et par le père Parisot, accusé de deux tentatives d'empoisonnement, pour une question d'héritage, sur la personne de sa nièce. Le 9 octobre 1906, il écrit à Leclaire, avec une ironie amère : « Voilà une nouvelle histoire qui ne va pas relever encore la réputation de messieurs les prêtres et en particulier celle des bénédictins. / Il pleut sur l'Église, pour l'instant ; mais ce qu'elle ne l'a pas volé ! / Après Delarue, Parisot, ça va bien. » (*ibid.*, f° 356-357).

4 Métaphore médicale boiteuse du fait que le paludisme, ou malaria, n'est pas une maladie contagieuse mais parasitaire, le moustique anophèle qui le transmet devant piquer individuellement chacune de ses victimes.

5 Diatribe caractéristique des idées antirépublicaines épousées par Huysmans dans ses dernières années, dans la droite ligne de Joseph de Maistre, pour qui la Révolution était « satanique dans son principe ».

P. 310

1 Néologisme formé sur le latin *mordax* : mordant, caustique.

2 On se rappelle la « très vieille carmélite », évoquée dans le chapitre XII de *La Cathédrale*, qui, entrée dans son couvent avant l'invention du chemin de fer, est morte sans avoir jamais « vu une locomotive et un wagon »

3 Premier sanctuaire édifié à Lourdes, la crypte est due à l'architecte Hippolyte Durand (1801-1882) et a été inaugurée en 1866.

P. 311

1 Sur la question de l'électrification des églises, voir *supra*, p. 244.

2 Vérification auprès de Leclaire : « Et la cul de jatte s'appelle "Marie" ? » (Lettre du 23 juin 1905, Ms Lambert 60, f° 340.)

P. 312

1 Ces deux personnages n'apparaissent ni dans les carnets de notes prises à Lourdes, ni dans la correspondance connue.

2 Béatifié en 1860 et canonisé en 1881, Benoit Labre (1748-1783) avait mené une vie de pèlerinages et d'errance et fait le vœu de ne jamais se laver. Attiré par « les hurluberlus de la piété », Huysmans a évoqué ses excès de mortification dans *Là-bas* (éd. citée, chap. XII, p. 562) et dans *En route* (éd. Crès, t. XIII, I, chap. VII, p. 13-195). Sa bibliothèque renfermait

deux biographies de saint Labre : *Le Bienheureux Benoit Joseph Labre, sa vie, ses vertus, ses miracles, avec l'histoire de la procédure suivie pour sa béatification*, par F.-M.-J. Desnoyers, Lille, Lefort, 1862, et *La Vie admirable du Saint Mendiant et pèlerin Benoit-Joseph Labre*, par Léon Aubineau, Paris, A. Josse, 1885 (1re éd. 1872).

P. 313

1 Étymologiquement : qui aime Dieu. Dans la langue religieuse, le mot désigne le disciple d'un maître spirituel, mais il se teinte ici d'ironie pour qualifier les bourgeoises dévotes, dont Huysmans se plaît à dénoncer les travers.

2 Le 18 mars 1905, l'abbé Mugnier note dans son *Journal* : « Confessé, confessé, confessé, à cause de la Saint-Joseph. Les femmes ne se lassent pas de ce sacrement. » (Paris, Mercure de France, coll. Le Temps retrouvé, 1985, p. 153.)

P. 314

1 Huysmans file ici les deux grandes métaphores – lessive et déjection – qu'il associe à la confession, depuis que le Durtal d'*En route*, s'apprêtant à passer son âme « au chlore des prières », a craint de décharger « une tinette sur la tête » de son confesseur. La première nourrit les images du savonnage et du repassage, la seconde celles de la défécation. Dans *La Cathédrale*, il a développé l'idée que « nos fautes puent, et d'une façon différente selon leur genre ; et la preuve en est les saints qui discernaient l'état des consciences, rien qu'en flairant les corps » (éd. Crès, t. XIX, II, p. 220-226). Les observations sur la puanteur des péchés, et sur celle du diable qui les inspire, sont donc à prendre à la lettre – *a fortiori* lorsqu'il s'agit de la confession des femmes, motif favori de sa misogynie dévote.

2 Souvent jugées pathologiques, les singularités de la dévotion féminine forment un thème récurrent dans le traitement de la religion par les romanciers naturalistes. On sait que Huysmans a lu *L'Hystérique* de Camille Lemonnier, *Élisabeth Couronneau* de Léon Hennique, *Madame Gervaisais* des frères Goncourt, *La Conquête de Plassans* et *Le Rêve* de Zola.

3 Depuis *En route*, le sacrement de pénitence est un motif familier de l'œuvre et de la correspondance de Huysmans, qui plaisante avec l'abbé Mugnier de la charge qu'il lui occasionne. Il lui écrit au printemps 1900 : « Je pense avec une certaine allégresse à votre petit bureau de conducteur d'omnibus d'âmes dans la sacristie. Alors, ça pleut, on veut des correspondances pour le Paradis ; timbrez-les avec le geste de bénédiction. Injectez-vous du thymol dans les oreilles, désinfectez-vous les ouïes, après qu'on vous y aura versé tant d'eaux grasses ! » (s. d. [printemps 1900], Ms Lambert 51, f° 51).

4 La fin de ce chapitre fait un écho malicieux à l'*explicit* du « Coiffeur », texte ancien publié en 1886 dans la seconde édition de *Croquis parisiens*, mais repris dans *De tout* en 1901 : « En même temps qu'il vous sarclait le poil, le merlan vous a comme par miracle allégé de plusieurs ans ; l'atmosphère semble plus clémente et plus neuve, des fraîcheurs d'âme éclosent. »

P. 315

1 Capuchons taillés en pointe.

2 Familier pour fantassin. Le mot désigne aussi les chansons comiques de café-concert interprétées par des artistes en costume de militaire. La vision huysmansienne des paysans a peu changé depuis *En rade* : « les jeunes avaient l'air de souteneurs et de soldats. [...] Vus, de tête seulement, ils appartenaient à l'armée » (éd. Crès, t. IX, chap. VII, p. 153-154).

P. 316

1 Le gouvernement d'Émile Combes s'appuyait sur le Bloc des gauches, composé du Parti radical-socialiste, de l'Alliance républicaine démocratique et de certains socialistes.

2 Au printemps 1903, Huysmans, convaincu de la fermeture imminente du sanctuaire, table sur la résistance armée des paysans lésés dans leurs intérêts pour s'y opposer. « Lourdes [...] est dans un état de surexcitation folle, car la Grotte est menacée d'être fermée. Elle le sera ; la seule question est de savoir si ce sera avant ou après les pèlerinages. Les montagnards apprêtent leurs fusils et, comme ils n'ont pas de députés catholiques pour les trahir, il y aura du sang, si la Grotte est fermée avant, car ils ont fait tous leurs achats en vue des pèlerinages et ce serait la ruine. » (Lettre à Marie de Villermont, 21 avril 1903, éd. citée, p. 360.) Peu après, il se persuade que les événements lui ont donné raison : « à Lourdes, [...] ce fut chaud. Sur l'annonce certifiée de la fermeture de la basilique et de la grotte, les montagnards ont pris des fusils et devant la certitude de la bataille, Combes a cané ; ce qui prouve que si les catholiques avaient eu pour 2 sous de courage, nous n'en serions pas où nous en sommes. » (Lettre à Jean de Caldain, 26 avril 1903, Ms Lambert 21, f° 243.) Huysmans lit également la situation lourdaise à la lumière des événements de l'été 1902 en Bretagne : à Lesneven et à Ploërmel, les paysans avaient reçu à coups de fourche les forces de l'ordre chargées de faire exécuter la loi expulsant les congrégations non autorisées.

3 La périphrase désigne Émile Combes, qui a été maire de Pons de 1876 à 1919, et sénateur radical-socialiste du département de Charente-Inférieure de 1885 à sa mort, en 1921. Il est surnommé, comme Judas, l'Iscariote en raison de sa formation de séminariste, qu'il est accusé d'avoir trahie.

4 Exemple de réclame publiée dans le *Guide de Lourdes* de 1896 : « Grand Hôtel de la Chapelle. Soubirous propriétaire. [...] Magnifique magasin d'objets de piété. Librairie religieuse. » (*op. cit.*, p. 6).

5 Description d'un naturalisme désenchantant si on la compare à celle de Grillot de Givry (*Les Villes initiatiques. I. Lourdes*, *op. cit.*, p. 211-218) qui juge que « le charme qui s'est opéré dans la Grotte se continue ici » (p. 215).

P. 317

1 La forme fréquentative du verbe et l'emploi de *jadis* se justifient peu, Huysmans, qui se fait passer pour un vieil habitué de Lourdes, n'ayant découvert la ville qu'en 1903.

2 Après avoir mené une vie d'anachorète, ce moine anglais du XIIe siècle a été élu vicaire de l'Ordre des Carmes en 1215, et a reçu, selon la légende, un scapulaire des mains de la Vierge.

P. 318

1 Coiffure en forme de capuchon.

2 Terme familier emprunté au refrain de chansons populaires.

3 Elle a été en effet détruite en 1904 entre les deux séjours de Huysmans, qui n'a pu, au mieux, y entendre que trois fois la messe du dimanche, les 8, 15 et 22 mars 1903.

4 Baldaquin surmontant l'autel.

P. 319

1 Le cardinal Benoît-Marie Langénieux (1824-1905) avait été évêque de Tarbes en 1873-1874.

2 Henri Lasserre a voué un livre entier à sa défense, *Le Curé de Lourdes, Mgr Peyramale*, Paris, Bloud & Gay, 1897, 464 p. À l'en croire, Mgr Laurence, évêque de Tarbes, commit « une faute » en dessaisissant le curé de l'administration de la grotte au profit de son ancien

secrétaire, nommé Supérieur des Missionnaires, l'abbé Pierre-Remy Sempé : « *Inimicus homo hoc fecit* » (p. 217). « Le bon Curé de Lourdes avait demandé des aides : il vit arriver des successeurs » (p. 218). Lasserre, en exposant le projet « Lourdicide » (p. 265) des Pères de la Grotte, les accuse d'avoir réussi, en circonvenant les évêques successifs de Tarbes, à « faire la fortune de quelques-uns » et à entraîner « la ruine de la population actuellement existante » (p. 266). Violemment hostile à Lasserre, l'abbé Moniquet assure, de son côté, que si la gestion du sanctuaire n'avait pas été confiée aux Pères de la Grotte, « sous le couvert de M. l'abbé Peyramale, [...] le véritable directeur de Lourdes, c'eût été non l'évêque de Tarbes, mais M. Henri Lasserre » (*Le Cas de M. Lasserre*, *op. cit.*, p. 55).

3 Huysmans entreprend ici la défense des « braves pères de la Grotte », qui l'ont guidé durant ses deux séjours, non sans plaider leur propre cause auprès de lui. Comme il l'écrit à Landry le 22 mars 1903 : « Je suis très bien aussi avec les pères de la Grotte [...]. Ils sortent toutes les reliques, ouvrent toutes les armoires, me font voir tout ce que je veux. / J'ai examiné de près, ici, toutes leurs histoires avec Lasserre et je vous assure qu'il sort de là singulièrement malpropre et que ce sont eux qui ont le beau rôle. C'était un fort triste Monsieur que cet agent de la Providence ! » (Ms Lambert 25, f° 149). Le 15 août 1905, il ajoute à l'adresse de Leclaire : « Ici, la stupeur est qu'on défende les Pères, considérés partout comme des Simoniaques. C'est étonnant ce que Lasserre, repris par Zola, les a démonétisés » (Ms Lambert 60, f° 343).

4 Arrivé à Lourdes après la mort des deux adversaires, Huysmans voit l'abbé Peyramale par les yeux du père Sempé. En particulier, il a lu sur épreuves une *Lettre du P. Sempé, supérieur des Missionnaires de N.-D. de Lourdes à* Mgr *Pierre Anastase Pichenot Évêque de Tarbes, en réponse aux accusations de M. H. Lasserre*, dont il a noté les phrases suivantes : « ...l'abbé Peyramale, curé de Lourdes, homme de grand esprit et de grand cœur, mais facile aux illusions, et aux séductions des flatteurs, assez ombrageux, et dont l'imagination vive et sombre crée souvent des fantômes – M. Peyramale qui est pour quelque chose dans les qualités et les défauts du livre de M. Lasserre, lequel l'a circonvenu, d'ailleurs, de mille manières, ... » (Ms Lambert 42, f° 18). Mgr Pichenot a été évêque de Tarbes de 1870 à 1873. Sur une autre feuille, Huysmans a noté au crayon : « brusquerie – colère – rudesse de langage, sous son aspect de butor, irascible, fort brave homme et un saint prêtre. On lui enleva la d[irecti]on du pèlerinage pour le donner à l'abbé Sempé. Lui-même s'était avoué impuissant à continuer, seul, sa tâche, à cause des foules. » (*ibid.*, f° 27).

P. 320

1 Le pape l'avait élevé au rang honorifique de Protonotaire apostolique.

2 Argument présenté par Peyramale dans la lettre circulaire adressée en juin 1874 au clergé de France, avec l'approbation de Mgr Langénieux : « *L'église de la ville est devenue [...] l'annexe, le complément de l'église de la Grotte*, et, pour parler plus exactement, LA PREMIÈRE ET LA DERNIÈRE STATION DES PÈLERINAGES ». Texte cité par H. Lasserre dans *Le Curé de Lourdes,* Mgr *Peyramale*, *op. cit.*, p. 277. Souligné par l'auteur. – C'est ce point de vue que Zola avait recueilli, le 30 août, de la bouche du frère de l'abbé Peyramale (*Mes voyages, Lourdes, Rome*, éd. citée, p. 108-110).

3 Lasserre reprend donc la formule même du curé de Lourdes.

4 Suivi par Zola, Lasserre laisse entendre que les sommes promises au curé Peyramale furent détournées à leur profit par les Pères de la Grotte, qui, « par des entraves sourdes, s'efforçaient d'arrêter l'élan des souscripteurs (*op. cit.*, p. 285). Huysmans s'attarde peu sur les démêlés judiciaires qui s'en suivirent, mais Lasserre les narre par le menu dans *Notre-Dame de Lourdes*, et Zola les résume, dans *Lourdes*, à l'avantage de Peyramale par la bouche du docteur Chassaigne.

P. 321

1 Les habitants de la Terre de Feu jouent ici le rôle de repoussoir tenu par les Caraïbes ou les Canaques, peuples déclarés dépourvus de tout sens artistique. Omophages y ajoute la sauvagerie des mangeurs de chair crue.

2 On notera que si Huysmans prend le parti des Pères de la Grotte contre l'abbé Peyramale, il leur prête les mêmes préoccupations financières et les renvoie dos à dos en matière d'esthétique.

3 Dès son premier séjour à Lourdes, Huysmans écrit à Henry Céard, antidreyfusard comme lui, une lettre prouvant que la politique n'est pas étrangère à ses convictions : « j'admire Zola qui a passé en tout 3 jours à Lourdes d'avoir aussitôt pris dans son livre la défense des muffles [*sic*] du cru, la défense de la vieille ville, du vieux Lourdes contre le neuf. Lourdes est une ville très mystérieuse et il faut beaucoup de temps pour en saisir vaguement l'énigme. Je commence à m'y débrouiller un peu et ma première constatation est que Zola a pris juste parti contre cette fameuse justice dont il nous a tant rabâché les ouïes. » (Lettre du 19 mars 1903, Ms Lambert 46, f° 10). Dans *Lourdes*, le coiffeur Cazaban, républicain et libre penseur, charge par jalousie les Pères de la grotte de tous les maux. Il leur impute « le trafic sur les objets religieux, la concurrence déloyale faite aux marchands, aux hôteliers et aux loueurs. [...] En abusent-ils, de leur Grotte, la mettent-ils assez à toutes les sauces ! Une pareille idolâtrie, une superstition si grossière, au dix-neuvième siècle !... » (éd. Noiray, p. 285). « Ces pères, qui se trouvaient chez eux, puisqu'ils avaient acheté à la commune les terrains où ils voulaient construire, ne respectaient même pas le traité signé avec la ville, car ils s'y interdisaient formellement tout commerce, la vente de l'eau et des articles de piété. Chaque jour, on aurait pu leur intenter des procès. Mais ils s'en moquaient, ils se sentaient si forts, qu'ils ne laissaient plus un seul don aller à la paroisse, et que tout l'argent récolté s'amassait, roulait en un fleuve à la Grotte et à la Basilique. » (*ibid.*). Cazaban les accuse enfin d'avoir corrompu les mœurs de la vieille ville (p. 285-286).

4 « Romans » au sens dépréciatif d'affabulations. Bien avant de visiter Lourdes, Huysmans tenait Lasserre pour un de « ces bas hagiographes des miracles opérés par [...] la Vierge » (*À rebours*, éd. Crès, chap. XII, p. 232-233). Pour sa part, Zola avait rencontré Lasserre à Lourdes en août 1892 et n'avait pas consulté d'autres sources (sur ce point, voir *Lourdes*, éd. Noiray, Introduction, p. 12). Dans une interview à *L'Écho de Paris* du 2 octobre 1894, il avait reconnu lui devoir ses informations : « C'est de M. Henri Lasserre lui-même, et non d'un autre, que je tiens tous les détails de cette douloureuse histoire ».

5 Outre *Le Cas de M. Henri Lasserre : Lourdes-Rome*, publié chez Savaète en 1897, l'abbé Paulin Moniquet avait fait paraître *Les Origines de Notre-Dame de Lourdes. Défense des évêques de Tarbes et des missionnaires de Lourdes. Examen critique de divers écrits de M. H. Lasserre*, chez le même éditeur en 1901. Huysmans savait que son livre susciterait la colère des partisans de Lasserre : « l'embêtement c'est l'exécution de Lasserre, sur lequel j'ai des *pièces* accablantes. Ils vont gueuler de voir le derrière de cette pieuse canaille, un tantinet défoncé à coups de bottes. » (Lettre à Léon Leclaire, 25 août 1905, Ms Lambert 60, f° 344). L'abbé Moniquet avait déjà réfuté la thèse défendue par Zola en publiant *Un mot à Émile Zola et aux détracteurs de Lourdes*, Paris, Tolra, 1895, 52 pages.

6 Après avoir rappelé que Lasserre, qui désirait détenir le monopole de l'histoire de Lourdes, avait sollicité sans succès de l'évêque de Tarbes l'approbation de son livre, Moniquet écrivait : « Toute l'histoire de M. Lasserre avec Lourdes se résume à ces deux choses : *imposer son livre, imposer sa personne.* » (*Le Cas de M. Lasserre*, *op. cit.*, p. 34 ; formule reprise dans la conclusion, p. 93). Pour mesurer l'aigreur de cette querelle, on lira la longue lettre de défense de Lasserre adressée par l'un de ses amis à Huysmans, le 5 janvier 1907 (Ms Lambert 32).

7 Pour avoir assuré durant des années la comptabilité de son atelier de brochage, Huysmans n'était pas incompétent sur la question financière, qui constituait alors un argument clé des polémistes anticléricaux. J. de Bonnefon consacre ainsi le premier chapitre de *Lourdes et ses tenanciers* (*op. cit.*, p. 3-16) à chiffrer la fortune amassée dans cette « Cour des Miracles où le mercantilisme clérical n'a pas de frein » : commerces d'objets de piété, vente des cierges, des statuettes de la Vierge, achat et vente des messes, vente de l'eau et des pastilles de Lourdes, revenus de l'imprimerie et de la vente des journaux. Il ajoute : « On verra plus tard comment les Pères sont aubergistes, hospitaliers, maîtres d'école, usiniers, aubergistes, électriciens, propriétaires fonciers. » (p. 16). Pour sa part, Zola évalue les revenus apportés par les pèlerinages à la ville de Lourdes, en 1892, à un million par jour, en précisant « Je comprends là pour les hôtels, les achats d'objets religieux, les dépenses de toutes sortes ». Et il ajoute : « ce sont les pères qui sont au tourniquet et qui empochent. » (*op. cit.*, p. 118). – Huysmans, lui, résume la situation sur un feuillet préparatoire : « Tout ça c'est une question de gros sous, mais le beau rôle n'est ni à Peyramale, ni à Lasserre ! » (Ms Lambert 42, f° 27).

8 À en croire le même Bonnefon, si les messes dites par les vingt prêtres de Lourdes sont gratuites, les messes commandées par les fidèles au guichet de la basilique ou par la poste, sont facturées de 2 à 20 f. selon l'heure, le jour ou le lieu où elles sont dites, et assureraient aux Pères de la Grotte un bénéfice annuel de 2 500 000 f. (*ibid.*, p. 9).

P. 322

1 Précision demandée par lettre à Leclaire le 6 septembre 1905 : « si vous pouviez avoir le chiffre le plus fort des communions de fidèles, en un mois, ce serait bon ! » (Ms Lambert 60, f° 345).

2 À l'époque de Huysmans, les églises mettaient des chaises en location payante à la disposition des paroissiens ; encaissé par des chaisières, le loyer, qui alimentait les fonds de la fabrique, variait en fonction de leur emplacement par rapport à l'autel et de la présence ou non d'un prie-dieu ; les notables disposaient de bancs réservés portant leur nom.

3 Jean de Bonnefon accuse aussi les Pères de revendre à leurs fournisseurs la cire des cierges à demi consumés achetés par les fidèles et d'en tirer un bénéfice annuel de 40 000 francs (éd. citée, p. 7). Zola s'était intéressé à la question en visitant le magasin des cierges : « Ce sont des tas colossaux de cierges dans de vastes cases. On n'arrive pas à tout brûler, je soupçonne les pères de faire un terrible commerce sur la cire. Lasserre me disait que rien que le rendement des cierges suffirait à tout faire marcher. Il faut que je lui demande un peu de statistique, car celle qu'on m'a donnée me semble insuffisante. Cent vingt mille livres de cire à 16 sous, ce qui ne ferait que cent mille francs de cire par an. » (éd. citée, p. 72).

4 Selon l'étymologie couramment admise, le cormoran, ou « corbeau de mer », est un volatile au bec puissant réputé pour l'avidité qui le fait se nourrir de cadavres. Huysmans emploie le mot dans *Là-bas* pour dénoncer la cruauté des écrivains, et a mis en réserve, dans son *Carnet vert*, l'expression « cormoran de bénitier » (Ms Lambert 75, p. 77).

P. 323

1 Zola évoque en passant « un confiseur qui vendait des boîtes de pastilles à l'eau de Lourdes, dont le couvercle portait une image de la Vierge » (éd. Noiray, p. 492). Dans *Lourdes et ses tenanciers* (*op. cit.*, p. 12-15), Bonnefon en donne le prix et reproduit le texte du prospectus commercial inséré dans chaque boîte : il a, écrit-il par ironie, « la beauté d'un poème ». On trouvera un exemplaire du prospectus des « pastilles Malespine à l'eau de la grotte » dans le fonds Lambert, Ms 32. Ces pastilles sont encore en vente en 2020 : « Bonbons. Pastilles

MALESPINE à la menthe à l'eau de Lourdes garantie. Notre Dame de Lourdes sur la face du bonbon. Sachet transparent de 80 gr. ». La publicité précise : « satisfait ou remboursé ! ! »

2 Nous n'avons pas trouvé la source de cette formule.

3 Situé rue Gabriel, dans le quartier des Champs Élysées, le café des Ambassadeurs était un café-concert fréquenté par la belle société. On y donnait des revues où se produisaient les artistes de variété comme Yvette Guilbert, Thérésa, Paulin, Fragson, Dranem, dont le répertoire manquait de piété.

4 Le 8 août 1905, Huysmans développe l'argument dans une interview à *L'Univers* : « Ah ! Je fais bon marché des critiques que leur a faites Zola. Elles ne sont que l'écho, ces critiques, d'une fripouille qui se promettait de gagner des sommes folles en élevant devant la Grotte une série de pavillons d'Armenonville, de caravansérails, de casinos, de pavillons chinois, de garages d'automobiles et d'hôtels affermés par des sociétés financières, qui fussent rapidement devenues le rendez-vous indiqué de toutes les agences Cook du monde. Vous voyez cela d'ici ; c'eût été très commode de savourer des thés à la glace ou des whiskey-soda au son d'un orchestre cingalais en voyant passer sous les fenêtres de la vérandah des théories de pèlerins montant à la Basilique ! C'eût été le triomphe du satanisme le plus sadique et de la spéculation la plus effrénée. / Les Pères de la Grotte ont prévu le danger. Ils l'ont évité. Zola les accuse. C'est une misère. Il leur reproche jusqu'à la vente des cierges… Mais tout le monde en vend !… » (*Interviews*, *op. cit.*, p. 465-466).

5 Dans *Lourdes*, Zola faisait du père Sempé un portrait désobligeant rappelant celui d'Aristide Saccard : « Le père Sempé était un petit homme maigre et fin, d'une apparence désintéressée, très humble, brûlé au fond de toutes les soifs de l'ambition. D'abord, il s'était tenu à son rang, servant le curé de Lourdes en subordonné fidèle, s'occupant de tout pour le soulager, se mettant au courant de tout, dans le désir de se rendre indispensable. Immédiatement, il dut comprendre quelle riche ferme allait devenir la Grotte, quel revenu colossal on en pourrait tirer, avec un peu d'adresse. » (éd. Noiray, p. 341).

6 Naturaliste soucieux d'affirmer le sérieux de sa documentation, Huysmans a séjourné au total une cinquantaine de jours à Lourdes, trajets compris ; après un bref passage en septembre 1891, Zola y avait enquêté durant douze jours, du 20 au 31 août 1892. Une comparaison méthodique des carnets d'enquête des deux écrivains reste à faire.

7 Sur ce sujet, voir l'Introduction, *supra*, p. 141.

8 La formule a fait florès. Zola la prête à l'abbé Pierre Froment, qui ne la prend pas lui-même à son compte : « Selon le mot brutal d'un médecin, cette fillette de quatorze ans, tourmentée dans sa puberté tardive, déjà ravagée par un asthme, n'était en somme qu'une irrégulière de l'hystérie, une dégénérée à coup sûr, une enfantine. » (*Lourdes*, éd. Noiray, p. 130).

P. 324

1 L'abbé Bertrin retient le même argument : « Elle ne présenta jamais aucun des symptômes qu'on observe chez les névropathes : elle n'en présenta pas avant les événements de Massabielle, et elle n'en présenta point, depuis. » (*op. cit.*, p. 43).

2 À la différence de Zola, qui écrit dans son roman que Bernadette est une « fillette de quatorze ans, tourmentée dans sa puberté tardive », et suppose, dans son *Voyage à Lourdes*, qu'elle « n'était point réglée », Huysmans ne lie pas explicitement ses visions au retard de sa puberté. Sur cette question, on se reportera à Sophie Ménard, *Émile Zola et les aveux du corps : les savoirs du roman naturaliste*, Paris, Classiques Garnier, 2014, p. 113-114.

3 Le livre de Jean-Baptiste Estrade, *Les Apparitions de Lourdes, souvenirs intimes d'un témoin*, fait partie des sources utilisées par Huysmans. Receveur des Contributions indirectes

à Lourdes, ami de l'abbé Peyramale, Estrade avait assisté à certaines des apparitions à partir du 23 février 1858, mais n'avait entrepris de rédiger ses souvenirs en vue d'une publication qu'en 1884, à la demande du père Sempé. De plus, il en avait corrigé le texte à de multiples reprises. Parus chez Mame en 1899, ses souvenirs, de l'avis de dom Bernard Billet qui les a réédités (Lourdes, impr. de la Grotte, 1982), ont été remaniés pas moins de vingt fois.

P. 325

1 Ces trois citations reproduisent textuellement les notes de lecture prises par Huysmans en 1903 dans son carnet (voir Annexe I, *infra*, p. 531).

2 À l'époque des apparitions, l'abbé Bertrand-Marie Pomian (1822-1893), vicaire du curé Peyramale, préparait les enfants à la première communion. C'est lui qui recueillit les premiers récits de Bernadette.

P. 326

1 Diagnostic formulé à plusieurs reprises dans le roman. Zola explique ainsi des visions récurrentes de Bernadette : « L'histoire qu'elle contait, avec des détails lentement accrus, s'était peu à peu fixée dans son cerveau d'enfantine, irrévocable. Chez cette irrégulière de l'hystérie, ce n'était pas un mensonge, c'était la hantise inconsciente, une volonté morte qui ne pouvait se dégager de l'hallucination première. » (*Lourdes*, éd. Noiray, p. 230). Quant à la nature de l'hallucination première, *Lourdes* en narre également la genèse : « Et c'était dans son regard que l'abbé Ader avait sûrement lu avec trouble tout ce qui allait fleurir en elle, le mal étouffant dont souffrait sa triste chair de gamine, la solitude de verdure où elle avait grandi, la douceur bêlante de ses agneaux, la Salutation angélique promenée sous le ciel, répétée jusqu'à l'hallucination, et les prodigieuses histoires entendues chez sa mère nourrice, et les veillées passées devant les retables vivants de l'église, et tout l'air de primitive foi qu'elle avait respiré dans ce pays lointain, barré de montagnes. » (*ibid.*, p. 123).

2 L'ouvrage du père Léonard-Joseph-Marie Cros (1831-1913), *Notre-Dame de Lourdes. Récits et mystères* (Toulouse-Paris, Privat-Victor Retaux, 1901, XXX-620 pages), est pourvu de références et de notes de bas de page propres à répondre à l'attente d'un enquêteur naturaliste. On lit à la p. 5 : « Jean-Marie Soubirous, un des petits frères de Bernadette, détachait avec ses ongles, pour la manger, la cire tombée sur les dalles de l'église, aux services des morts ».

3 Nouvelle référence au récit du Père Cros : « à la fin de mars 1857, on trouve son nom sur le registre d'écrou de la prison de Lourdes : François avait ébréché, pour allumer son feu, une pièce de bois déposée dans la rue des Petits-Fossés, et qui ne lui appartenait point ; on l'accusait aussi, mais sans preuves, d'avoir soustrait un cas de farine : il sortit de prison, le 4 avril 1857 » (*ibid.*, p. 6). Aux p. 340-341, Cros recourt à un argument singulier pour le disculper : « Que de gens honorés volent, chaque jour, de fortes sommes, sans compter les vols d'honneur et de vertu ! / François expia en prison sa faute si légère. Eux sont honorés davantage, à mesure que leurs vols et leurs crimes se multiplient. »

P. 327

1 Le père Cros, qui compare Bernadette à saint Benoît Labre, cite le témoignage de Mlle Estrade : « Bernadette glissait la main sous le mouchoir qui couvrait sa tête et se grattait bel et bien. Il est très possible qu'une famille importune fût établie là ; ce qui est vrai, c'est qu'en effet Bernadette grattait de tout son cœur » (*ibid.*, p. 81).

2 Zola interprète différemment le départ rapide et définitif de Bernadette Soubirous pour le couvent de Saint-Gildard, à Nevers. Le Dr Chassaigne assure « que Bernadette fut la première à désirer quitter Lourdes. Les continuelles visites la fatiguaient, elle était mal à l'aise au milieu de ces adorations bruyantes. Elle ne souhaitait qu'un coin d'ombre où elle pût vivre en paix » (éd. Noiray, p. 336-337). Mais il ajoute que son éloignement arrangeait l'évêque de Tarbes et les Pères de la Grotte : « Pendant les douze années qu'elle a vécu à Saint-Gildard, agenouillée dans l'ombre, il y avait ici des victorieux, des prêtres en habits d'or, chantant des actions de grâce, bénissant des églises et des monuments, bâtis à coups de millions » (*ibid.*, p. 338). Avant de conclure, en visant le père Sempé : « les deux ouvriers de Notre-Dame de Lourdes se trouvaient supprimés, Bernadette au couvent, l'abbé Peyramale dans la terre. La Grotte n'était plus qu'à lui » (*id.*, p. 344).

3 Bernadette était atteinte de tuberculose. Voir la « Note médicale sur les souffrances de Bernadette Soubirous » du Dr Flament, dans la *Semaine religieuse du diocèse de Nevers*, 23 avril 1960.

4 Cette phrase n'apparaît pas dans le récit des derniers moments de Bernadette dû à l'abbé Edmond Febvre et cité *supra*, p. 483. Nous ignorons sa provenance.

5 Citation tirée de l'article de l'article du Dr Flament, paru dans la *Semaine catholique de Nevers*, art. cité, p. 188.

P. 328

1 Rappel des paroles prononcées par la Vierge lors de la troisième apparition le 18 février 1858.

2 L'évêque de Tarbes, Mgr Bertrand-Sévère Laurence, a traité avec une grande prudence les faits à lui rapportés par l'abbé Peyramale et a d'abord défendu aux prêtres de se rendre à la grotte. Lasserre, qui lui était hostile, avait écrit dans *Notre-Dame de Lourdes* : « Habitué à voir la vérité descendre hiérarchiquement des hauteurs du Vatican, Mgr Laurence était peu disposé à recevoir et à accepter sans mûr examen un message céleste apporté tout à coup, en dehors des règles ordinaires, par une petite paysanne illettrée. Il était trop versé cependant dans tout ce qui touche à l'histoire de l'Église, pour opposer une négation absolue à un fait qui avait, après tout, des analogues dans les annales séculaires du Catholicisme ; mais il était en même temps trop tourné vers la pratique pour ne pas être difficile à convaincre. Les Évêques sont les successeurs des Apôtres. Mgr Laurence était un apôtre et un saint apôtre : c'était saint Thomas, il voulait voir avant de croire » (*op. cit.*, p. 147).

3 Huysmans cite ici par deux fois le Père Cros, qui rapporte le témoignage du père Sempé : « Au mois de mars, l'évêque de Tarbes était le premier à rire des prétendues apparitions de Lourdes » ; il évoque aussi l'incrédulité du curé Peyramale qui parlait à Bernadette de « [s]on carnaval d'apparitions » (*op. cit.*, p. 108) avant de menacer de la faire « prendre par les gendarmes ».

4 Lasserre rapporte la réponse de Bernadette à Peyramale, encore incertain de la réalité des apparitions : « J'ai vu la Vision, répondit l'enfant, et je lui ai dit : "M. le Curé vous demande de lui donner quelques preuves, par exemple de faire fleurir le rosier qui est sous vos pieds, parce que ma parole ne suffit pas aux prêtres et qu'ils ne veulent pas s'en rapporter à moi." Alors Elle a souri, mais sans parler. » (*op. cit.*, p. 110). Même récit chez le Père Cros, *op. cit.*, p. 124.

5 Extrait du *Mandement de Monseigneur l'évêque de Tarbes portant jugement sur l'Apparition qui a eu lieu à la grotte de Lourdes* : « Nous nous sommes inspirés auprès de la commission, composée de prêtres sages, pieux, instruits, expérimentés, qui ont interrogé l'enfant,

étudié les faits, tout examiné, tout pesé. Nous avons aussi invoqué l'autorité de la science, et nous sommes demeurés convaincus que l'Apparition est surnaturelle et divine, et que, par conséquent, ce que Bernadette a vu, c'est la Très Sainte Vierge. Notre conviction s'est formée sur le témoignage de Bernadette, mais surtout d'après les faits qui se sont produits et qui ne peuvent être expliqués que par une intervention divine. [...] Nous jugeons que l'Immaculée Marie, Mère de Dieu, a réellement apparu à Bernadette Soubirous, le 11 février 1858 et les jours suivants, au nombre de dix-huit fois, dans la grotte de Massabielle, près de la ville de Lourdes ; que cette apparition revêt tous les caractères de la vérité, et que les fidèles sont fondés à la croire certaine. Nous soumettons humblement notre jugement au Jugement du Souverain Pontife, qui est chargé de gouverner l'Église universelle. »

6 Rappel de la phrase prononcée par la Vierge lors de sa treizième apparition, le 2 mars.

P. 330

1 Matthieu, XI, 28-30.

2 Matthieu, II, 16-18. Sur cette exégèse personnelle, que Huysmans craignait de voir censurée par l'Index, voir l'Introduction, *supra*, p. 162.

P. 331

1 « En sortant, ils trouvèrent un homme de Cyrène, nommé Simon, et le requirent pour porter sa croix. », Matthieu, XXVII, 32.

P. 332

1 Souvenir du chapitre IV de *La Cathédrale*, qui décrit la messe du matin dans la crypte de Chartres : « une indulgente tendresse finissait par vous envelopper et par vous réchauffer ; l'âme ne revenait plus à elle toute seule ; elle était aidée, évidemment assistée par la Vierge qui la ranimait ; et cette impression personnelle à cette crypte se communiquait au corps » (éd. Crès, t. XIV, I, p. 129) ; « ce qui était vraiment exquis, c'était de se rencontrer seul avec la Vierge qui vous regardait de sa noire figure sortant de la nuit » (*ibid.*, II, p. 115).

P. 333

1 Sur cette question, lire l'Introduction, *supra*, p. 158.

P. 334

1 Jean-Marie Vianney (1786-1859), curé du petit village d'Ars (Ain), était une figure très populaire au XIXe siècle. Il était vénéré pour son humilité, sa charité et l'austérité de ses mœurs ; on lui prêtait des démêlés avec le diable qui le tourmentait, des guérisons et des miracles qui faisaient l'objet d'un culte et de pèlerinages. Il a été béatifié en 1905 et canonisé en 1925. Sollicité davantage par les grandes figures monastiques du Moyen Âge, Huysmans s'est peu intéressé à ce personnage, qu'il cite allusivement dans *Là-bas* (*Œ. C.*, éd. citée, p. 650) et dans *La Cathédrale* (éd. Crès, t. XIV, II, p. 224).

2 À qui Huysmans avait consacré une monographie en 1902 sous le titre *Esquisse biographique sur Don Bosco*.

3 Courte prière de la messe rassemblant les intentions collectives de l'Église, des fidèles, etc., et que le célébrant lit avant l'épître.

4 Semaine réservée chaque trimestre au jeûne et à la pénitence.

5 Dernière oraison de la messe, consistant en une prière d'action de grâces et de demande, récitée ou chantée par le prêtre après la communion (*TLF*).

P. 335

1 Guérison de l'infirme de Bézatha : « Jésus, le voyant étendu et sachant qu'il était dans cet état depuis longtemps déjà, lui dit : "Veux-tu guérir ?" – "Seigneur, lui répondit l'infirme, je n'ai personne pour me plonger dans la piscine, quand l'eau se met à bouillonner ; et le temps que j'y aille, un autre descend avant moi." Jésus lui dit : "Lève-toi, prends ton grabat et marche." À l'instant l'homme fut guéri : il prit son grabat ; il marchait. » (Jean, v, 6-9).

2 Le 25 mars. Célébration du jour où, neuf mois avant Noël, l'archange Gabriel annonce à Marie que Dieu l'a choisie pour porter son fils Jésus.

3 Rassemblement du peuple à l'occasion d'une fête religieuse.

4 Question posée à Léon Leclaire le 6 septembre 1905 : « Quand vous aurez le temps, soyez donc assez gentil pour vérifier si dans la nouvelle église infâme du vieux Lourdes, ils ont un autel à N-D du Mont Carmel. Il y en avait un, dans l'ancienne église avec un assez beau bois. » (Ms Lambert 60, f° 345).

P. 336

1 Autre question posée à Leclaire, le même jour : « Puis en quoi est le sol de la grotte ? asphalte ou pierre » (*ibid.*).

2 Deux plantes de petite taille se plaisant dans les zones humides et ombragées.

3 Appelés plus bas « allégeantes guérites », ces apartés désignent, par euphémisme, les toilettes publiques, dont Huysmans n'oublie jamais de noter la présence ou l'absence dans ses carnets de voyage.

P. 337

1 Allusion aux menaces de fermeture du sanctuaire, réclamée par des pétitions et des hommes politiques.

2 La découverte des rayons X, en 1895, a valu à Wilhelm Röntgen le prix Nobel de physique, en 1901 ; le premier cabinet de radiologie a ouvert en France dès 1897 ; Huysmans sera lui-même traité aux rayons X au mois d'octobre 1906, quelques jours après la mise en vente des *Foules de Lourdes*.

3 Le docteur Bonamy, homologue fictionnel du Dr Boissarie, le suggère dans *Lourdes* : « Des procès-verbaux de constat seraient dressés, on photographierait même les plaies. Ensuite, si une guérison venait à se produire, la commission n'aurait qu'à la constater, dans un nouveau procès-verbal. » (éd. Noiray, p. 209). On notera que Huysmans, à la différence de Zola qui pratiquait la photographie, n'imagine pas qu'une technique puisse connaître des progrès (couleur, radiographie, etc.).

P. 338

1 Une nouvelle fois, Huysmans admet la progressivité de la guérison miraculeuse, qu'il définit pourtant par son instantanéité.

P. 341

1 Sur ce personnage, voir le carnet de notes de Huysmans à la date du 9 septembre 1904, Annexe II, *infra*, p. 547.

P. 342

1 Selon le Dr Boissarie, la majorité des médecins répugnent à délivrer des certificats médicaux aux malades partant pour Lourdes ou en revenant : « les malades qui viennent à Lourdes

obtiennent bien difficilement un certificat de leur médecin. […] Ces certificats […] ne disent absolument rien et ne peuvent, en aucune façon compromettre leurs auteurs » (*Lourdes depuis 1858 jusqu'à nos jours*, *op. cit.*, p. 125).

2 Le roman de Zola ouvre ce débat à deux reprises. Le Dr Chassaigne déclare à propos d'un lupus : « L'on découvre qu'il y aurait là simplement une mauvaise nutrition de la peau. Ces questions de nutrition sont encore si mal étudiées !… Et l'on arrive à prouver que la foi qui guérit peut parfaitement guérir les plaies, certains faux lupus entre autres. » (éd. Noiray, p. 210). Pour sa part, le Dr Ferrand se propose d'étudier « l'origine nerveuse de certaines maladies de la peau, que détermine un trouble de la nutrition » (*ibid.*, p. 364).

3 Huysmans a rencontré le postier d'Angoulême, Gabriel Gargam, l'un des plus célèbres miraculés de Lourdes. En témoigne une lettre à Georges Landry datée du 19 septembre 1904 : « Gargam a été ici huit jours et nous avons été assez liés ensemble. Les articles Naudeau sont curieux mais inexacts. Il était bon de vérifier. » (Ms Lambert 25, f° 154. – Huysmans se réfère aux articles de Ludovic Naudeau, parus dans *Le Journal* des 27 août et 2 septembre 1901 : dans le premier, Naudeau raconte l'histoire de Gargam, qu'il a rencontré ; dans le second, il interviewe le Dr Lefèvre, médecin-chef de l'hospice de Villepinte, spécialisé dans le traitement de la tuberculose, qui doute de la réalité des miracles et en particulier de celui dont aurait bénéficié Gargam. À la date du 4 septembre 1904, Huysmans avait noté dans son carnet : « Gargam – a été converti en même temps que guéri. – Une crise de larmes. Ne voulait pas envoyer un baiser qu'une de ses garde-malades lui demandait d'envoyer au Christ du Calvaire, vu en descendant du train. Avait, en dehors du reste, la gangrène aux pieds, guéris instantanément dans l'eau. » (Annexe II, *infra*, p. 544). Boissarie a longuement narré son histoire dans *L'Œuvre de Lourdes* (*op. cit.*, p. 93-109). Adversaire résolu de l'idée de miracle, le Dr Rouby, d'Alger, réfutera cette argumentation en présentant le miraculé comme un simulateur cupide et un hystérique (*La Vérité sur Lourdes*, *op. cit.*, p. 253-257).

P. 344

1 Jean-Martin Charcot a étudié le phénomène de *faith-healing* dans *La Foi qui guérit* (1892), son dernier texte publié. Il affirme que « le miracle thérapeutique a son déterminisme et les lois qui président à sa genèse et à son évolution commencent à être, sur plus d'un point, suffisamment connues » (p. 3). Il ajoute que « Saint François d'Assise, sainte Thérèse […] étaient des hystériques indéniables » (p. 10) et que « la science finit, en somme, par avoir le dernier mot en toutes choses ! » (p. 8) (Paris, Alcan, 1897). – Depuis le chapitre IX de *Là-bas*, où il lui reprochait de décrire les symptômes de l'hystérie sans savoir prévenir ni guérir la maladie, Huysmans voit en Charcot l'incarnation même du rationalisme aveugle. Dans *La Cathédrale*, il accusait Zola d'avoir « pétr[i] l'engrais médical des Charcot pour en bétonner sa pauvre thèse » (éd. Crès, t. IV, I, p. 27). Sur ce sujet, il partageait le jugement du Dr Boissarie qui écrivait dans *Les Grandes Guérisons de Lourdes* : « Charcot a surtout trouvé un mot : *la foi qui guérit* (*faith-healing*), et pour les gens qui se payent de mots, la foi qui guérit consacrera longtemps une thèse fausse. » (*op. cit.*, p. 129). Boissarie reviendra longuement sur Charcot, son grand adversaire, dans le chapitre XV de *L'Œuvre de Lourdes* (*op. cit.*, p. 329-350).

2 En 1882, Huysmans a été lui-même soigné par hydrothérapie pour ce qu'il nommait alors sa « névrose ». Il écrivait à Zola, le 19 juin : « je passe mon temps, dans les bains, à exhiber mon grelottant squelette aux yeux d'un pompier qui m'écrase la colonne vertébrale sous des colonnes d'eau gelée. Mon dégoût pour ce ridicule et douloureux traitement dépasse les bornes du possible. Mais je tiens bon, car en somme ces inondations me guérissent…

relativement. » (*Lettres inédites à Émile Zola*, éd. P. Lambert et P. Cogny, Genève-Lille, Droz-Giard, 1953, p. 85).

P. 345

1 Qui porte un sceau, un cachet.

2 Souvenir probable du rêve du chapitre V d'*En rade*, qui décrit le paysage lunaire comme « un immense désert de plâtre sec, un Sahara de lait de chaux figé » (éd. Crès, t. IX, p. 99). Dans son premier carnet de Lourdes, Huysmans a noté : « C'est de la mer figée et morte – de la colère immobilisée, de la tempête pétrifiée. » (voir Annexe I, *infra*, p. 526).

P. 346

1 Cette formule, où l'on reconnaît l'héritage esthétique d'*À rebours*, est une sorte de témoignage de fidélité à soi et d'adieu à la littérature.

2 Consacré aux « succursales » étrangères de Lourdes et du culte marial, ce chapitre tire son unité d'une lecture de hasard qui a troublé Huysmans, et que nous n'avons pas précisément identifiée. Celui-ci en raconte la découverte à Leclaire le 9 octobre 1904 : « J'ai trouvé sur le quai pour 3 sous, un bien curieux volume sur les guérisons à Constantinople opérées chez les pères Géorgiens par l'eau de Lourdes et l'huile qui brûle devant la statue. / Là, la Vierge guérit aussi bien que les catholiques, les schismatiques, et les musulmans ! / La contrefaçon belge d'Oostakker et Turque de Constantinople vaut l'original. Alors quoi ? à quoi bon les piscines et les processions ? – Non, plus on regarde Lourdes, plus c'est incompréhensible et j'ajouterai très louche. J'étais vraiment plus sûr des miracles, avant d'avoir vu tout ce fourbi. » (Ms Lambert 60, f° 311-312). Il note encore dans son carnet, le 20 septembre 1904 : « Ce qui est effarant, c'est que les contrefaçons de Lourdes ont l'appui de la Vierge : Oostakker, Constantinople. Alors, quoi ? » (*infra*, p. 556).

P. 347

1 L'histoire de De Rudder est une des plus connues de la littérature lourdaise. Huysmans a pu emprunter ses informations au récit publié, documents, interviews et photographies à l'appui, par le Dr Boissarie dans *Les Grandes Guérisons de Lourdes* (*op. cit.*, p. 85-108). Boissarie avait déjà conté cette guérison dans *Lourdes depuis 1858 jusqu'à nos jours* (Paris, Sanard et Derangeon, 1894, p. 171-192), et dans les *Annales de Notre-Dame de Lourdes* (33e année, 30 juin 1900, p. 72-80). Jules Bois, ami de Huysmans et grand propagandiste de la métapsychique, reprendra le récit de ce miracle et l'argumentaire de Huysmans dans le chapitre « Les miracles de la foi religieuse » du *Miracle moderne*, Paris, Ollendorf, 1907, p. 297-328. On relira l'histoire de cette guérison et des controverses qui l'ont suivie dans plusieurs pays dans *Le cas de Pierre De Rudder et les objections des médecins. Monographie d'un miracle de Lourdes-Oostaker*, par le Dr Alfred Deschamps, Bruxelles, Action catholique, Soc. an. belge d'imprimerie, 1913, 240 pages.

2 Progrès médical considérable issu des recherches de Pasteur, l'antisepsie s'est imposée en France à la fin des années 1870.

P. 349

1 L'abbé Bertrin pense également que le miracle écarte les complications inutiles : « Ce serait, en quelque manière, du raffinement, du luxe, du "chic", comme l'on dit en termes d'atelier. [...] Tout cela montre la simplicité des opérations qui s'accomplissent à Lourdes » (*op. cit.*, p. 176-178).

2 Dans *Là-bas*, Huysmans a cité les expériences sur la suggestion hypnotique pratiquées à Nancy par Henri-Étienne Beaunis, Ambroise-Auguste Liébeault, Jules Liégeois et Hippolyte Bernheim.

3 *Annales de Notre-Dame de Lourdes*, publiées par les RR. PP. Missionnaires de l'Immaculée-Conception, 33e année, 2e livraison, 30 juin 1900, p. 73.

4 Huysmans est coutumier de ces post-rationalisations. Il s'y est livré au chapitre VIII pour expliquer la rareté des guérisons miraculeuses et y revient ici, d'une manière particulièrement laborieuse. On trouve une belle illustration de ce procédé dans le chapitre II de *Sainte Lydwine de Schiedam* pour expliquer que la sainte ait été indemne de la lèpre : « le motif de cette exception qui étonne tout d'abord, on le comprend pour peu que l'on y réfléchisse. » (éd. Crès, t. XV, I, p. 85).

P. 350

1 Citée dans *Sainte Lydwine de Schiedam* comme victime consentante de la substitution mystique, Louise Lateau (1850-1883) avait reçu des stigmates en 1868 et s'était nourrie durant douze ans de la seule eucharistie. Huysmans, qui cite souvent ce cas d'anorexie mystique comme argument antimatérialiste, tire ses informations des *Stigmatisées* du Dr A. Imbert-Gourbeyre (Paris, V. Palmé, 1873). Professeur de médecine tout acquis à la cause du miracle, ce dernier raconte avoir examiné à quatre reprises, entre 1868 et 1871, l'extatique belge de Bois d'Haine et vérifié son aptitude à distinguer les objets bénis et les hosties consacrées (p. 126 et 130). Son militantisme en faveur du surnaturel a sans nul doute influencé Huysmans : « Au radicalisme de la négation – proposait-il – il faut opposer le radicalisme de l'affirmation. Le temps du jansénisme est passé ; il n'a été que trop fatal et n'a servi qu'à favoriser les progrès du rationalisme jusque dans les rangs des catholiques peu éclairés [...]. Le rationalisme catholique est à la fois une erreur, une sottise et une lâcheté » (p. VI-VII). Outre le livre d'Imbert-Gourbeyre, la bibliothèque de Huysmans contenait deux ouvrages consacrés à L. Lateau : *Louise Lateau*, par Hubert Boëns, Paris, 1875, et *Louise Lateau, sa vie, ses extases, ses stigmates*, par le Dr Lefèvre, Louvain, 1873. Louise Lateau avait inspiré à Camille Lemonnier le personnage de sœur Humilité, dans son roman *L'Hystérique*, paru en 1885.

2 Selon Georges Veysset, qui n'en fournit pas la preuve, Huysmans l'aurait consulté en personne (*Huysmans et la médecine*, Paris, Société d'édition « Les Belles Lettres », 1950, p. 116).

3 Née dans le hameau de La Fraudais, près de Nantes, Marie-Julie Jahenny (1850-1941) avait bénéficié depuis 1873 de visites de Jésus, de la Vierge et de nombreux saints ; elle avait reçu les stigmates et un anneau célébrant ses fiançailles mystiques avec Jésus. On lira des extraits de ses dialogues extatiques dans Henri-Pierre Poirier, *Marie-Julie Jahenny, une vie mystique* (Téqui, s. d., [1991], 368 pages). On y apprend que la visionnaire, née en pays chouan, prophétisait « le retour du dauphin légitime, nouveau sauveur de la France, sous le nom de Henri V de la Croix » (p. 11). Dans la longue interview à la revue anglaise *The Humanitarian. A Monthly Review of Sociological Science* de février 1899, Huysmans précise que « cette femme avait reçu le don le plus miraculeux de reconnaître à distance les reliques, ou de réciter des vers latins totalement inconnus d'elle, elle est capable de distinguer les hosties consacrées de celles qui ne le sont pas ; en un mot, elle est sensible aux courants divins. » (*Interviews*, *op. cit.*, p. 266). Par leur caractère apocalyptique, les prédictions de M.-J. Jahenny répondaient à l'eschatologie de Huysmans.

P. 351

1 Nom ancien de l'actuelle ville de Tartous, située sur la côte de Syrie, à 30 km de la frontière du Liban.

2 Situé dans l'actuelle Syrie, au nord-est de Damas.

P. 352

1 La « succursale » orientale de Lourdes est un fait bien connu à l'époque. L'hebdomadaire catholique lourdais, *L'Écho des Pèlerins. Chronique de Lourdes*, avait ouvert une série d'articles consacrée à « Notre-Dame de Lourdes à Constantinople » dans sa livraison du 17 septembre 1881. Revenant sur le sujet en 1894, le Dr Boissarie avait écrit dans *Lourdes depuis 1858 jusqu'à nos jours* : « Le culte public de Notre-Dame de Lourdes, à Constantinople, date de 1881. Les incessantes guérisons opérées dans la chapelle des Pères Géorgiens amènent une multitude énorme de pèlerins. [...] devant le nombre toujours croissant des guérisons miraculeuses, Mgr Vannutelli a nommé une Commission qui examine canoniquement les faits. » (*op. cit.*, p. 219). Selon Boissarie, ce succès attesterait « la rénovation religieuse de l'Orient », les musulmans voyant « la Vierge faire des miracles qu'ils n'osent même pas demander à Mahomet » (p. 220).

2 On voit comment les hypothèses servent à justifier ce qui paraissait initialement peu crédible.

3 Pour une bonne part, la fin de ce chapitre démarque le livre de Boissarie, *Lourdes depuis 1858 jusqu'à nos jours* (Paris, Sanard et Derangeon, 1894, VIII-516 p.)

4 En grec « la toute sainte », un des noms de Marie.

5 Sur ce sujet, voir Manana Javakhishvili, « Le Monastère catholique géorgien de Montauban (XIXe siècle) », *Revue de l'Histoire de l'Église de France*, t. 91, n° 226, Janvier-Juin 2005.

6 Décrets du 29 mars 1880 par lesquels Jules Ferry avait dissout la Compagnie de Jésus et obligé les congrégations religieuses non autorisées à obtenir, sous trois mois, le droit d'enseigner, ou bien à quitter le territoire français.

P. 353

1 Vincenzo Vannutelli (1836-1930) était depuis 1880 archevêque titulaire de Sardes et délégué apostolique auprès de l'Empire Ottoman et du patriarche de Constantinople. Son frère Serafino était lui-même cardinal. En 1898, Huysmans avait soupçonné l'un des deux frères, sans savoir lequel, de vouloir dénoncer *La Cathédrale* à l'Index.

2 Ortakeuy, nom de l'un des caps du Bosphore et d'un quartier de Constantinople.

3 Sans le nommer, Huysmans se réfère au cas célèbre du musulman Mustapha, qui bénéficia d'une apparition de la Vierge et recouvra la vue de l'œil droit. Son cas est cité par Boissarie dans *Lourdes depuis 1858 jusqu'à nos jours* (*op. cit.*, p. 220-221). Zola l'évoque également dans *Lourdes*, en l'insérant, pour le discréditer, dans une longue liste de miracles supposés relever de la crédulité populaire : « Des miracles, des miracles encore ! ils pleuvaient comme des fleurs du rêve, par un ciel clair et doux. Il y en avait de touchants, il y en avait d'enfantins. Une vieille femme qui, la main ankylosée, ne pouvait plus la remuer depuis trente ans, se lave et fait le signe de la croix. La sœur Sophie qui aboyait comme une chienne, se plonge dans l'eau, en sort la voix pure, chantant un cantique. Mustapha, un Turc, invoque la Dame blanche, et recouvre l'œil droit, en y appliquant une compresse. » (éd. Noiray, p. 108-109).

4 La formule célèbre « Personne ne peut se sauver hors de l'Église » serait due à l'évêque Cyprien de Carthage, auteur en 251 du traité *De l'unité de l'Église*. Elle s'adressait alors aux chrétiens persécutés qui étaient revenus aux cultes païens. Huysmans

réemploie ici un fragment d'une lettre adressée à l'abbé Migot, le 9 octobre 1904 : « Quelle chose mystérieuse ! À Constantinople, où les Pères Géorgiens ont édifié un sanctuaire à la Vierge de Lourdes, la Madone opère de nombreuses guérisons, et ce, non seulement chez les catholiques, mais encore chez les schismatiques, voire même chez les Musulmans. Elle est plus large que ceux qui prennent exclusivement à la lettre le "hors la foi, il n'est point de salut." » (Lettre du 9 octobre 1904, conservée au Centre de recherche sur la littérature française du XIXe siècle, UMR CELLF 16-21 de l'Université Paris-Sorbonne).

P. 354

1 Selon les visions de Catherine Emmerich, en qui Huysmans avait la plus grande confiance, la Vierge Marie aurait terminé sa vie à Éphèse, dans une maison, dite « (Meriem Ana Evi », qui fait aujourd'hui encore l'objet d'un pèlerinage. On lira le récit de sa mort dans la *Vie de la Sainte Vierge d'après les méditations d'Anne-Catherine Emmerich rédigée par Clemens Brentan°* (Paris, Ambroise Bray, 1869, p. 372-405).

2 Livre contenant le texte des quatre Évangiles.

3 Huysmans compile ici la section du chapitre VI, intitulée « À Constantinople », du livre de Boissarie, *Lourdes depuis 1858 jusqu'à nos jours*.

P. 355

1 Boissarie y raconte, en effet, la guérison de « la femme à l'aiguille », le premier miracle qu'il ait personnellement constaté, survenue le 20 août 1886. Huysmans reprend quasi textuellement les termes de son récit, en épargnant au lecteur le commentaire médical qui suit : « Cette rainure instantanément creusée formait un sillon rouge, profond à son origine, absolument sous-épidermique dans la dernière partie de sa course. Ce trajet, minutieusement étudié à la loupe, présentait un orifice de sortie et pas de porte d'entrée. Par quel mécanisme, l'aiguille, profondément implantée, depuis sept ans, dans les tissus fibreux de la main, avait-elle pu se dégager, voyager avec une telle rapidité sous la peau, sans arrêt, sans obstacle, en se creusant un sillon de huit centimètres ? / Ce fait était absolument inexplicable. Il devait laisser dans mon esprit une empreinte ineffaçable. » (*ibid.*, p. 261-262). – Dans *Lourdes*, Zola avait confié à Élise Rouquet le soin de raconter cette histoire, et assorti son récit d'un commentaire soulignant le rôle consolateur de la crédulité populaire : « Une aiguille qui marchait, comme si quelqu'un l'avait poussée ! Cela peuplait l'invisible, montrait à chaque malade son ange gardien derrière lui, prêt à l'assister, sur un ordre du ciel. Puis, comme cela était joli et enfantin, cette aiguille qui s'en allait, dans l'eau miraculeuse, après s'être entêtée sept ans ! Et tous s'exclamaient, amusés, riant d'aise, rayonnants de voir que rien n'était impossible au ciel, que si le ciel l'avait voulu, ils seraient tous redevenus bien portants, jeunes et superbes. » (éd. Noiray, p. 103).

2 Quartier de Constantinople situé sur la rive occidentale du Bosphore, aujourd'hui nommé Beyoglu.

3 Ce journal a paru de 1875 à 1934.

4 Rechercher cet article.

5 « Sur les pas de nos missionnaires, – écrit Boissarie – la Vierge de Lourdes a pris possession de l'Inde, de la Chine, de l'Amérique, de l'Océanie, du centre même de l'Afrique », écrit Boissarie, avant de reconnaître, comme le fait Huysmans à sa suite, que, « sans doute nous n'avons pas là les certificats de médecins connus, les diagnostics précis, les mots techniques, l'observation détaillée de la maladie. » (*ibid.*, p. 219-222).

P. 356

1 Comme le montre l'Introduction (*supra*, p. 176), Huysmans avait envisagé d'intituler son livre *Le Pardon des Pyrénées*, sans que l'on puisse décider s'il donnait au mot *pardon* le sens de pèlerinage (usité le plus souvent pour la Bretagne) ou bien celui d'acte de miséricorde par lequel Dieu rétablit la relation d'amour avec les hommes qui l'ont rompue par leurs péchés.

2 Huysmans ne semble pas éprouver ce regret au moment où il écrit cette phrase, comme le montre sa correspondance. Par exemple : « Ah ! non, Lourdes ne m'enthousiasme guère – Et la mentalité de ces gens, la bêtise des médecins catholiques d'ici, dont tout le monde se rit – et avec raison – quelle misère ! » (à Mme Huc, 19 octobre 1904, Ms Lambert 24/5, RM 25). « Il y a des choses si désagréables à dire sur cet endroit que j'hésite fort à écrire. Mon avis est qu'il faut avoir la foi chevillée pour revenir de là-bas indemne. » (Lettre à Auguste Prénat, 27 novembre 1904, *BSH*, n° 59, 1972, p. 20). « Je n'avais jamais eu envie [...] de voir Lourdes qui me fait horreur. » (À Mme Huc, 20 septembre 1905, Ms Lambert RM 24, f° 24/6). Etc.

P. 357

1 Cet hôpital parisien, spécialisé dans le traitement des maladies cutanées et syphilitiques, intéresse Huysmans depuis *En ménage*. Cyprien Tibaille, qui aime le « Paris pauvre, la maladrerie de la nature, l'hôpital Saint-Louis des paysages et des sites », y exécute sur commande des aquarelles figurant « toute une gamme de maladies de peaux, tout un clavier de boutons et de dartres » (éd. citée, t. IV, p. 125 et 308-309). Lire sur ce point Alain Buisine, *Huysmans à fleur de peau*, Artois Presses université, coll. « Études littéraires », 2004, p. 37 à 68.

2 « Le pèlerinage national, c'est la foire de Neuilly », a déjà noté Zola dans son *Mes voyages, Lourdes, Rome* (éd. citée, p. 67).

3 Homme qui fait l'empressé, se mêle de tout inopportunément (*TLF*).

P. 358

1 On retrouve les mêmes arguments en faveur du pèlerinage dans le livre de l'abbé Georges Bertrin, au chapitre intitulé « Une école de religion, de charité et de foi ». On y lit : « les pauvres ont pour les servir, des femmes et des jeunes filles habituées à être servies elles-mêmes ; et dont beaucoup sont l'ornement des salons du monde. [...] La charité aura effacé des distances et rapproché des âmes que la naissance avait placées si loin d'une de l'autre, aux deux extrémités du monde. » (*ibid.*, p. 97-98).

2 Commentant ces lignes, Pierre Cogny écrit : « Il y a, à n'en pas douter, dans des phrases de ce genre, un je ne sais quoi d'irritant, et qui surprend dans la mesure où l'on s'attendait à trouver un nouveau Huysmans, à la phrase adoucie, à la pensée tout entière orientée vers la charité et la bienveillance. » (« *Les Foules de Lourdes* ou la dualité de J.-K. Huysmans », *La Table Ronde*, n° 125, mai 1958, p. 123).

P. 359

1 La première analyse chimique de l'eau de Massabielle, dont la nature réputée miraculeuse a vite attiré les foules, a été effectuée, le 6 mai 1858, à la demande du baron Massy, préfet des Hautes-Pyrénées, par M. Latour de Trie. Celui-ci la déclare « très légère, facile à la digestion et imprimant à l'économie animale une disposition favorable à l'équilibre de l'action vitale ». (Cité d'après H. Lasserre, *Notre-Dame de Lourdes*, *op. cit.*, p. 250).

P. 360

1 L'abbé Georges Bertin (1851-1924), professeur à l'Institut catholique de Paris, se trouvait à Lourdes en août et septembre 1904, où Huysmans a pu le rencontrer. Ce dernier démarque le livre qu'il a publié l'année suivante, *Lourdes, apparitions & guérisons. Ouvrage présenté au Congrès marial de Rome au nom de* Mgr *l'évêque de Tarbes* (Lourdes, imprimerie de la Grotte, 1905, 550 p.). À son sujet, il écrit à Leclaire le 17 septembre 1905 : « Le volume de Bertrin n'est pas plus mal qu'un autre – et il a un avantage sur les siens [ceux de Boissarie], c'est de donner des pièces en ordre qui évitent des recherches » (Ms Lambert 60, f° 353). Bertrin cite le cas « de tous petits enfants, qui recouvrent la santé » : « C'est Fernand Balin qui, à trente mois, est délivré d'une déviation du genou (1895) ; [...] c'est Yvonne Aumaître que le docteur, son père, plonge dans l'eau miraculeuse, à vingt-trois mois, malgré ses cris, et qui en sort guérie d'un double pied-bot (1896) ; [...] c'est enfin Paul Marcère, qui est délivré de deux hernies congénitales (1866) ; celui-là a juste un an » (p. 182-183). Aucun de ces noms ne figure dans la liste des soixante-huit guérisons déclarées miraculeuses par l'Église.

2 Source identique : « Ce n'est pas non plus la persuasion qui a [...] redressé sur ses hanches, malades depuis vingt-huit ans, Lucie Fauré, qui, songeant aux autres plus qu'à elle-même, n'est entrée dans la piscine, que pour faire plaisir à ses compagnes » (*ibid.*, p. 183).

3 « Ce n'est pas non plus la persuasion, qui, le 17 septembre 1901, rendit la vue à Kersbilck, ce mendiant aveugle de Lille, qui fréquentait peu les églises, et qui appréciait si bien ce qui se passe à Lourdes, qu'il appelait les brancardiers des *braconniers*, et disait des piscines... quelque chose qui ne peut s'écrire. » (*ibid.*).

P. 361

1 Reprises par la suite sous des formulations diverses, ces hypothèses sont énoncées pour la première fois par l'abbé Pierre Froment au chapitre IV de la « Deuxième journée » de *Lourdes* : « Pierre, alors, commença à comprendre ce qui se passait à Lourdes [...]. Évidemment, des forces mal étudiées encore, ignorées même, agissaient : auto-suggestion, ébranlement préparé de longue main, entraînement du voyage, des prières et des cantiques, exaltation croissante ; et surtout le souffle guérisseur, la puissance inconnue qui se dégageait des foules, dans la crise aiguë de la foi. » (éd. Noiray, p. 214).

2 Henri Lasserre narre sa propre guérison dans le chapitre X de *Notre-Dame de Lourdes, ouvrage honoré d'un bref spécial, adressé à l'auteur par Sa Sainteté le pape Pie* X. Menacé de cécité, il s'était fait livrer à Paris, sur les conseils d'un ami protestant, une caisse d'eau de Lourdes et s'en était frotté les yeux en priant la Vierge. « Qu'on juge de mon saisissement, j'allais presque dire de mon épouvante ! À peine avais-je touché de cette eau miraculeuse mes yeux et mon front, que je me sentis guéri tout à coup, brusquement, sans transition, avec une soudaineté que, dans mon langage imparfait, je ne puis comparer qu'à celle de la foudre. » (51e édition, Paris, Victor Palmé, 1872, p. 419).

P. 362

1 Dernière réfutation de la thèse défendue par Zola dans *Lourdes* : « Il est mauvais que l'inconnu bénéficie de ce que nous ignorons. Au contraire, notre éternel espoir doit être d'expliquer un jour l'inexpliqué. Au contraire, notre éternel espoir doit être d'expliquer un jour l'inexpliqué ; et nous ne saurions avoir sainement un idéal, en dehors de cette marche à l'inconnu pour le connaître, de cette victoire lente de la raison, au travers des misères de notre corps et de notre intelligence... » (éd. Noiray, p. 216).

P. 363

1 Huysmans a fait de ce constat le point de départ de la réflexion sur l'état du clergé et de l'Église qu'il a ébauchée dans le libelle intitulé *Rêveries d'un croyant grincheux*, préparé vers 1903-1904 et demeuré inédit. Ce texte est repris dans le tome VIII des présentes *Œuvres complètes.*

P. 364

1 Si cette page est nourrie des matériaux autobiographiques qui ont alimenté *En route*, elle ne constitue cependant pas, malgré sa tonalité, l'histoire de la conversion de Huysmans, l'argument des miracles accomplis à La Salette ou à Lourdes n'ayant joué dans celle-ci aucun rôle explicite.

2 C'est à lui-même que Huysmans fait allusion dans cette page à fort investissement personnel. Il sait qu'elle rappellera à ses lecteurs catholiques l'examen de conscience mené par Durtal dans *En route* : « Il appréhendait de passer pour un sot ; la perspective d'être aperçu, à genoux, dans une église, l'horripilait ; [...] Enfin, [...], il resterait toujours à résoudre la terrible question des sens ; il faudrait se déterminer à fuir les emprises de la chair, à renoncer aux filles, à accepter un éternel jeûne. Ça, je n'y parviendrai jamais ! [...] Il s'irritait à tourner ainsi sur lui-même, sans changer de place » (éd. Crès, t. XII, I, p. 66-67).

3 Huysmans rend ici un hommage indirect au spiritisme comme voie de sortie de l'agnosticisme. Dans *Là-bas*, qui évoquait cette question, l'astrologue Gévingey affirmait, à la suite de Boullan : « le spiritisme a accompli une tâche immense. Il a violé le seuil de l'inconnu, brisé les portes du sanctuaire. Il a opéré dans l'extranaturel, une révolution semblable à celle qu'effectua, dans l'ordre terrestre, 1789 en France ! [...] il a ouvert toute une voie » (*Œ. C.*, t. IV, p. 534). Huysmans participait alors à des séances de spiritisme et en avait organisé au moins une à son domicile. Invité le 16 janvier 1892 à voir ces « déconcertantes ordures », Gustave Boucher en a fait le récit dans *Une Séance de Spiritisme chez J.-K. Huysmans* (Niort, 1908).

P. 365

1 Tel n'est pas l'avis du Dr Boissarie, qui insiste sur la diversité des visiteurs reçus à son bureau pour prouver la neutralité prévalant, selon lui, dans l'examen clinique des malades et des guérisons : « Quelle est l'attitude des médecins ? Il y a des convaincus, des curieux, qui veulent voir sans parti pris ; quelques-uns ont leur siège fait ; ils ne veulent rien entendre ; il y en a qui s'irritent ; ceux-là sont touchés : un problème embarrassant s'est dressé devant leur esprit. Parmi les irréconciliables, peu de noms connus, mais plutôt des médecins égarés dans la politique. Les professeurs, les hommes de valeur, écoutent, étudient, font peu d'objections. » (*Les Grandes Guérisons de Lourdes*, *op. cit.*, p. 12).

2 Huysmans adopte la familiarité avec laquelle Durtal s'adresse habituellement à la Vierge : « Ah ! Sainte Vierge, ce n'est point pour m'excuser de mes faiblesses et de mes fautes ! mais cependant, je vous l'avoue, c'est décourageant, c'est navrant de ne rien comprendre, de ne rien voir ! [...] j'ai tort de vous parler de la sorte » (*La Cathédrale*, éd. Crès, t. XIV, II, p. 116-117).

3 Citation du dernier vers de la seconde strophe de l'hymne *Ave maris stella* : « *Sumens illud ave / Gabrielis ore / Funda nos in pace / Mutans Evae nomen* » (En recevant cet ave / De la bouche de Gabriel / Et en changeant le nom d'Ève / Établis-nous dans la paix ». De même que Jésus est appelé le « nouvel Adam », dont il répare la faute originelle, la Vierge Marie se substitue à Ève, qui avait été abusée par le serpent, dont elle écrase la tête.

P. 367

1 Épitre de la messe du 8 décembre, empruntée au *Livre des Proverbes*, VIII, 22-23 : « La Sagesse créatrice : "Yahvé m'a créée au début de ses desseins, / avant ses œuvres les plus anciennes. / Dès l'éternité je fus fondée, / dès le commencement, avant l'origine de la terre. / Quand l'abîme n'était pas, je fus enfantée." » La Sagesse, qui parle ici, est identifiée à Marie.

2 Par référence à la parabole de Matthieu, XXV, 1-13. Cette substitution de Marie à Ève est commune dans les écrits lourdais. « Marie vient à la grotte, à titre d'ève nouvelle », écrit le père Cros, *op. cit.*, p. 421.

3 On trouve les principaux éléments de cette page dans des notes écrites à la hâte par Huysmans à la mine de plomb, à l'exception de trois mentions, écrites au crayon de couleur bleu et placées en position de titre : « Les Pardons des Pyrénées – déraison [?] – mutans Evae nomen ». Au-dessus, on lit dans l'angle gauche : « Il ne s'agit pas de contes bleus, de démarches folles de la raison [?] » ; dans l'angle droit : « elle fut exempte du péché originelle [*sic*] dès sa Conception ». Au-dessous, une citation : « "comme le 1er adam a été formé / d'une terre encore immaculée, / de même le second adam devait / naître d'une vierge immaculée" – œuvre de l'éternel dessein : elle était dès le commencement et avant tous les âges / La nouvelle Ève a repris la pitié de la 1re, cause des maladies / Il semble que ce soit surtout comme suppléante d'Ève qu'elle agit. Elle paie la dette d'Ève » (Ms Lambert 42, f° 17). Huysmans n'a pas indiqué la source des lignes placées entre guillemets, mais on trouve une formulation similaire dans l'ouvrage de Mgr Marie Joseph Gousset, *La Croyance générale et constante de l'Église touchant l'Immaculée Conception de la Bienheureuse Vierge Marie* : « Comme le premier Adam a été formé d'une terre vierge, qui n'avait pas encore été maudite, il était convenable qu'il en fût de même pour le second Adam, c'est-à-dire le Christ, dont la terre, c'est-à-dire la Mère, n'a jamais été sujette à une malédiction. » (Paris, Lecoffre et Cie, 1855, p. 724). Cet auteur n'était pas inconnu de Huysmans, qui avait cité sa *Théologie morale* dans le dernier chapitre d'*À rebours* à propos de la fraude sur les hosties. – Au reste, cette analyse est conforme à la Lettre apostolique du pape Pie IX sur « la définition dogmatique de l'Immaculée Conception de la Mère de Dieu », datée de 1854 : « Dieu [...] avait prévu de toute éternité la déplorable ruine en laquelle la transgression d'Adam devait entrainer tout le genre humain ; et dans les profonds secrets d'un dessein caché à tous les siècles, il avait résolu d'accomplir, dans un mystère encore plus profond, par l'Incarnation du Verbe, le premier ouvrage de sa bonté, afin que l'homme, qui avait été poussé au péché par la malice et la ruse du démon, ne pérît pas, contrairement au dessein miséricordieux de son Créateur, et que la chute de notre nature, dans le premier Adam, fût réparée avec avantage dans le second. Il destina donc, dès le commencement et avant tous les siècles, à son Fils unique, la Mère de laquelle, s'étant incarné, il naîtrait, dans la bienheureuse plénitude des temps ; il la choisit, il lui marqua sa place dans l'ordre de ses desseins [...] ».

4 Le péché originel, cardinal dans la pensée religieuse de Huysmans, est, en la personne d'Ève, l'origine absolue de la maladie et de la souffrance de l'humanité déchue.

Annexes

ANNEXE I
Notes prises par Huysmans à Lourdes au mois de mars 1903

À chacun de ses deux séjours à Lourdes, Huysmans a pris des notes sur un carnet. Le premier carnet, utilisé en 1903, est conservé par la Bibliothèque de l'Arsenal sous la cote Ms Lambert 10. De format rectangulaire horizontal de 13,8 × 21,5 cm, il comporte 24 pages et 25 lignes d'une écriture fine en moyenne par page. Nous avons indiqué entre crochets la pagination du manuscrit (p. 1 à 24) ; les dates entre crochets sont de la main de Pierre Lambert.

Huysmans a encadré en bleu les notes relatives au Carmel et à la « petite » carmélite, la fille de la Sol, sans doute pour les écarter du texte des *Foules de Lourdes* ; il a encadré en vert les citations recueillies en vue de son livre.

Ce carnet de travail, très peu raturé, résulte probablement d'un recopiage de notes prises sur place. Nous avons reproduit le plus fidèlement possible la ponctuation et les abréviations courantes employées par l'écrivain. Les ajouts sont marqués par le signe <...>, les ajouts, les suppressions par [...].

Dimanche [*8 mars 1903*].

[p. 1]. La première impression bonne, il n'y a pas de foule, paysage de montagne – l'église mesquine, montée sur le rocher. Il aurait fallu le Père Mellet, pour l'élever du bas, comme Solesmes. Le dedans, une gloire. Des drapeaux, des bannières. C'est laid mais riche, des lampes curieuses. C'est pompeux et joyeux. C'est un cri de triomphe. Le *Magnificat.* Les offices assortis. Ce dimanche office de l'Immaculée – Vêpres. – Un *Magnificat* enlevé par des voix superbes de montagnards, à l'orgue, avec réponse de la maîtrise. L'office composé pr musique par Dom Pothier et Mocquereau est bien. L'hymne charmante. Je crois que le texte médiocre a été composé par le Pape.

Il y a maîtrise – l'hymne chantée en partie par la psallette – l'autre par les fillettes en <robes grises et> capulets blancs <bordés de bleu> des sœurs de Nevers, c'est bien.

De la lumière électrique partout. Lourdes, c'est le feu – le feu et l'eau. Les cierges électriques, avec leurs amandes <brûlant sous verre>, sont *morts*, tandis que les cierges, dont les lancettes remuent, *vivent.* C'est frappant à observer. Les cierges prient, ont des élans, se tordent – les ~~amp~~ amandes sont immobiles. C'est théâtral, pompeux, cet office ainsi distribué ds les drapeaux et les flammes ; c'est chanté glorieusement – mais n'est-ce pas en accord avec la joie des foules.

Le discret c'est à la grotte, cuite, tapissée de suie, calcinée – des cierges, troncs d'arbres à 60 f.

Ce qui est horrible ce sont ces 2 panoramas, 2 cloches à gaz – celui de Jérusalem, ripoliné en vert d'eau, l'autre, celui de Lourdes, en porte de lieux. Cette église est maigre, frêle, blanche, sans ornements – la rampe serait mieux si elle n'enserrait en haut le toit de la crypte, un scaphandre, un moule à gâteau <de Savoie>. Et le Calvaire sorti de chez Raffl ! – Non, ce n'est pas naturel, la laideur des articles religieux. Ce sont les péchés du monde, leur laideur qu'on offre à Dieu. Et il n'absout pas ! car tout reste laid. La crypte a des mosaïques d'une laideur. Un Doze et Grellet – quels peintres ! – Un Maxence qui serait médiocre autre part, paraît admirable, car enfin, il y a tout de même un peu d'art. Les autres, c'est la rue St-Sulpice.

Le Démon est près de la Vierge toujours. Ici le Carmel a été comme possédé. Est-ce le Démon qui pr offenser la Vierge fait acheter et poser là où Elle se plaît, ces laideurs ? C'est à se le demander.

Je n'ai toujours pas le sens de la montagne. Ces cônes m'apetissent le ciel. Ils semblent entrer dedans. À l'heure actuelle, elles sont couvertes de neige, mais la température est douce. Des gens pêchent des truites des ombres [*sic*] chevaliers, ds le Gave, sous mes fenêtres.

[p. 2]. Cette statue horrible de la Vierge, devant le Rosaire, est aussi du Raffl, comme le Calvaire.

Dans la Grotte, où des béquilles et des cannes, en chapelets enfumés pendent, l'on n'entend que deux bruits : le grésillement des cires et le clapotement de l'eau. L'eau et le feu. Les cierges énormes passent par-dessus la mèche qui flambe en veilleuse, au fond d'un lac. Des dentelles, des gaufrures – mais, hélas ! ce n'est pas la bonne odeur de la cire. La roche au-dessus est un fond de cheminée. Tout cela est laid, mais est sauvé par la certitude de la Vierge. Oui, le Démon de l'Inart s'est installé là pour qu'elle n'eût pas la joie de l'art. <L'on entend aussi, de temps à autre, le passage des trains.>

Symbolique à voir : eau, montagne, feu.

Détails exquis du Carmel. La fête des palmes, le réfectoire a des fleurs partout, jusqu'autour des bouteilles. On sert N. S. [Notre-Seigneur] seul, sur une table – et après, on envoie la part aux Clarisses qui mangent toutes un morceau de la part du Seigneur.

Le jour où la Vierge cherchait Jésus ds le Temple, on cache l'Enfant et on le cherche et celle qui le trouve l'a ds sa cellule. On le met en photographie bien* roulée ds un noyau de pruneau – Du travail de prisonnier – Et on le sert ainsi ds un amas de fruits, ou on le cache par des trucs pareils et le Carmel affolé court, remue, gratte, jusqu'à ce qu'on ait trouvé ! Et l'heureuse, sonne la cloche, pour le montrer.

Devant moi, à cette heure, par un beau soleil, les monts couverts de neige s'étageant. Ça ne semble pas haut. C'est là ce qui me rebute ds la montagne. C'est lourd, énorme, mais ça ne donne pas une idée d'infini et ça bouche le ciel. Il a fait un froid terrible, ce matin, et à midi on est en été. Ce sont des sautes constantes, des climats versatiles, des torrents de pluie ou du soleil qui brûle. Non, c'est peut-être comme hollandais, mais je n'ai pas le sens de la montagne que d'aucuns ont, comme d'autres, celui de la mer. Ça ne vit pas sous le ciel, comme un océan – c'est brut et mort. Ce sont les nuages qui jouent au-dessus le rôle de vagues muettes. Et pourtant Dieu choisit ces endroits. *Inclinavit cœlos et descendit.* Est-ce un peu la paresse de descendre plus bas ? ou de respirer l'air souillé des hommes ? *Levavi oculos in montes.* Bien sûr, je suis trop né de pays plat. Ces landes à traverser, avec ces interminables forêts de pins, jusqu'à Dax, où chaque arbre verse ds un petit pot de fleur, un vase accroché au tronc, sa résine, ne me déplaît pas. C'est d'une mélancolie infinie, [p. 3] plus que ces monts rudentés au bas desquels je vis. Ce n'est pas grandiose, mais massif, pour moi – c'est étouffant, c'est lourd. La boue de Lourdes, quand il pleut !

(*Les Apparitions de Lourdes*, par Estrade, Tours, Mame, 1899.)

La grotte, ce qu'elle serait bien, sans les béquilles, sans surtout cette statue de la Vierge dans l'ovale. Le cadre vide serait admirablement suggestif – mais on vous répond qu'il faut pour les foules, une statue.

Hier – au Carmel. – J'ai chassé la mère et je suis reçu par la fille. Derrière la grille, le volet s'ouvre et près d'une statue noire, tête enveloppée d'un voile, une apparition blanche, avec son voile, la petite ; c'est la mère qui s'avance, souriante, gracieuse et candide. Et elle me dit : Vous avez bonne santé ? M. H., mais oui, ma sœur pourquoi me demandez-vous cela ? Pour prier pour vous – Mais j'en ai bien besoin sans cela – Et elle poursuit : J'ai été bien contente quand j'ai su que vous veniez à Lourdes – pourquoi ? – parce que la Ste Vierge va vous donner beaucoup de grâces. – Vous croyez ? – oui, j'en suis sûre, et puis, il faut donner beaucoup de gloire à la Vierge de Lourdes. – Ça, ma sœur, je ne sais, priez alors pour que je sache ce que j'ai à faire ! – Oui ! dit-elle. – Et elle me parle de sa mère, me d[eman]de si je l'ai vue, il y a peu de temps. La tristesse est venue sur le joli visage, aux yeux baissés. Elle a sur ses genoux une corbeille et de jolis doigts effilés, elle raccommode, en parlant, de gros bas blancs. Elle est séraphique – Elle est candide et c'est une bien belle âme, me dit la prieure. La pauvre se macère, pleure pour sa mère dont elle demande la conversion. Elle se dit de plus en plus heureuse, chaque jour, et son accent est vrai. C'est une réelle Carmélite. <Sa dévotion est N. D. des 7 Douleurs et la Passion.>

Elle a été élevée au Sacré Cœur à Madrid – puis, elle dit : mon frère et moi, nous étions toujours seuls, nous nous aimions bien ; On voit les 2 enfants abandonnés par le père coureur et la mère folle. Elle [a tenté] s'est confessée à un Carme à Madrid, disant : je veux être religieuse, mais je ne sais ds quel ordre et où. Elle a tenté d'abord chez les Victimes de Jésus, nombreuses <en Espagne>, puis chez les Dames Réparatrices, mais elle a senti que ces belles dames à traînes, n'étaient pas son affaire. Le Carme lui a dit : eh bien ! puisque vous devez rejoindre votre père en villégiature à Pau, allez de là à Lourdes ; vous demanderez à la Vierge qu'elle vous indique [p. 4] l'endroit. Elle est venue à la Grotte, a prié, et se retournant, a vu le Carmel. Elle a demandé ce que c'était et aussitôt elle a senti que c'était là. Elle y est allée. Et après bien, des débats avec sa famille, elle y est restée.

Quelle étrangeté ! Cette créature si parfaitement innocente, si pieuse, sortie de la Sol qui lui lisait du Voltaire, pour essayer de la convertir à rebours ! Ste Térèse a repris sa dernière. Elle suit la règle ric à ric. Elle est tombée ds le désarroi du Carmel, cela ne l'a pas démontée. Un jour pourtant, dans ce vacarme de disputes, elle a empoigné une statue d'Élie, criant : mais à la fin, je vous en prie, [balayez] un coup de balai à cela ! – Et, le lendemain, les lettres d'obédience de l'Évêque arrivaient, et toutes les De, toutes les discoles filaient pour l'Écosse. (Elle s'appelle Térèse de Jésus)

À la Noël, après Matines, on envoie les petites se coucher – et quand elles sont endormies, la prieure tenant un Petit Jésus, suivie de la sous prieure, tenant un cierge, entre ds la cellule, en chantant un cantique et dépose l'enfant sur le lit, et la religieuse se lève et les suit et ainsi chacune. On se déploie en procession jusqu'à la chapelle où se dépose l'enfant.

La liturgie, il n'y en a pas ici ! Le dimanche, les messes sont des messes à chants. Pas de grand'messe – Il n'y a que les Vêpres – puis le Salut – Mais on a peu envie de liturgie. Ici, ce serait plus le balbutiement quelconque, le chapelet, le cœur à cœur. On n'a pas envie de suivre sa messe, mais de prier de soi. (Il est vrai que je me sers de prières liturgiques.) On n'est pas du tout dans le Bénédictin, ici. C'est curieux, cette sensation. On sent qu'il faudrait devenir simple et enfant.

On dit très souvent la messe, l'office de l'Apparition – qui est bien – Il semble, en effet, que celui-là suffise.

Revu ces mosaïques du Rosaire, c'est vraiment affreux. Ce Doze et ce Grellet ne sont même pas de mauvais peintres. Ou ils sont diabolisés ou ceux qui leur commandent de telles saloperies, le sont. Je ne parle pas du Raffl qui fournit les statues. C'est un mercanti – mais très certainement le Diable intervient [p. 5] à la sourdine, pour que la Vierge n'ait rien de propre ; c'est sa vengeance. <il la mord au talon, mais ce qu'Elle ne se prive de lui écraser la tête ! ! !> Le prêtre qui achète ces choses a des suggestions infernales comme celui qui les fabrique. Les boutiques de la rue Bonaparte sont sur ce point des repaires de suggestions mauvaises… Il a pour complice tous les catholiques. Au Moyen Âge où la foi était plus fervente, de tels attentats n'eussent pas été possibles. La laideur de l'art religieux suit la bassesse descendante des âmes pieuses. Pour remonter ce courant, c'est difficile, car on se heurte au Diable, caché dans la piété. Le Démon est Bondieusard. Il s'est fait cela – et c'est terrible. Il doit ricaner en voyant les tristes effigies de la Vierge, à Lourdes, à la Salette, partout où Elle est apparue et révérée !

Vu, hier, au pied d'une montagne, horrible, un mur de Mazas les Passionnistines. Chapelle d'andrinople rouge avec fleurs de lys serin ; bondieuseries italiennes de la rue du Bac – Il y avait un Christ qui remuait et que l'Évêque a interdit. Elles sont une branche à part – pas d'offices. 2 ou 3 sans costumes, ça pue l'hérésie, la mère Thybaut. Il y a là une senteur pas propre. C'est plus que douteux.

Ici, avant les heures et pour les quarts d'heures, la cloche de la basilique sonne les 4 notes : *Ô Benigna.*

Diabolisme des grands magasins de nouveautés – et différent, des officines de la rue Bonaparte. Le Bondieusardisme est le satanisme de la piété, un satanisme inconscient, bien ds les données du Diable, se cachant sous d'honnêtes apparences.

(Passion.) La petite Pedreño presque toujours recueillie, là-haut. <Sa dévotion est la Passion.> Quand il n'y a plus un sou, en danger, elle se jette sur une statue de Ste Térèse et obtient, le lendemain, les 20 000 f. des Irlandaises. Pr le départ d'Écosse, sur St Élie et l'obédience refusée de l'Évêque, changeant subitement d'avis, arrive. Elle a 23 ans – ([Lucita]. sœur Thérèse de Jésus, Lucita –

Les cires de la Grotte. Le vieux brûle tout. Devant 6 étages de herse, sur large plateau où les bouts pêle-mêle fondent. Et la herse a 3 rangs – des ronds une chaîne droite à maille en barre de fer, celle d'en bas en entonnoir. Quand les gros sont finis, il prend des bottes d'asperges de petits, les allume en bloc et les fiche ds le fond de l'entonnoir et quand ils atteignent le bord, il rejette le tout dans le grand plateau de fer devant la grotte. Des cierges coulent comme de l'eau de riz chaude et ça se fige et ça devient d'un blanc gras. Il a des racloirs, des tisonniers, <un balai de bouleau>, une sorte de serpette. Ces bottes de petits cierges, unis subitement ensemble, brûlant d'une seule flamme, la communion des âmes. Quelles demandes différentes s'unissent en une seule supplique de feux ? Les dentelles de papier gaufré autour des cierges avec la cire. [p. 6] Il colle des bouts, en leur chauffant le derrière, ds les places vides de trous.

Quand les flammes des cierges usés passent à travers l'anneau noir, l'on songe à cette vision des Primitifs, des flammes passant par les barreaux de fer du donjon des enfers. Malheureusement tout cela sent la stéarine plus que la cire.

Détail. Dans l'infâme Calvaire du haut, où Pilate est assis au milieu, au-dessous de la louve, et le Christ debout à droite, des gens, qui ne reconnaissent rien à ce camp ridicule, vont embrasser Pilate et lui faire toucher leurs chapelets. N'est-ce pas là une punition de ce groupe stupide. Et dire qu'ils vont continuer !

Ce matin, je regarde la cuisine <de Jean-Marie> [du] le cirier. Il a tout un assortiment d'outils ; au bout d'une tringle de fer, une sorte de raclette avec laquelle il gratte le sol et le rond de la herse, puis un petit râteau sans dents pour ramener le tout, une pelle de fer immense et un balai de bouleau et il jette les raclures ds le wagonnet au fond de la grotte. Celui devant la grille, plus petit, contient les cierges. Et le vent souffle éteint une partie de la herse ; avec un bout emmanché d'un morceau de bois en Y, il rallume sans se lasser. Il fait son petit ménage placidement.

Vu le Rosaire, il a en dedans la forme d'une feuille de trèfle il y a 5 chapelles dans chaque feuille. Toutes doivent sans doute être mosaïquées. Actuellement une qui apparaît géniale, ici, de Maxence : *l'[assomption] ascension*, où le Christ montant ds sa robe blanche n'est pas mal. Puis un homme à gauche priant, et la Vierge – le reste faible – Mais les autres ! Un *Crucifiement* de Grellet, immonde – un *Jardin des Olives*, non signé, immonde – Une Crèche, *Nativité* de Doze – Une *Visitation*, vierge chez Ste Élizabeth de Grellet, il a inscrit le mot *magnificat* ds son auréole. Ce n'était pas inutile. *L'ange Gabriel*, une *Annonciation* de Doze, monstrueuse. Lequel du Grellet ou du Doze est le plus possédé ou le plus bête. C'est la rue St-Sulpice, en plein, le pendant de Raffl.

Le style de l'édifice est du romano-byzantino-persan et de l'opéra. C'est, on ne sait pas très bien quoi. Certains détails ne seraient pourtant pas trop mal. Les Litanies gravées, au-dessus d'ex-voto montant jusqu'à mi-murs, mais en un marbre gris et rouge où l'or apparaît à peine – ce qui le rend ce décor peu offensant. L'autel, tout est d'un luxe écrasant. Il y a des torchères électriques, horribles. Tout cela est bien médiocre, en somme.

Le toit, vu d'en haut de la rampe donne, un moule à gâteau de Savoie, flanqué <pour chaque dessus des feuilles de trèfle>, de 3 couvercles de chaudières, en tôle. C'est hideux. – La rampe n'est pas trop mal. Ça a été habilement conçu – mais salopé par le manque de talent des gens d'art que l'on a employés. Le mosaïste pas trop maladroit qui [p. 7] reproduit les panneaux de Grellet, a nom : Facchina. En somme, il faut bien le dire, c'est ici une religion de foule, des furies électriques, de l'or, du marbre, des drapeaux, des cantiques enlevants. C'est un coup de fouet, une sorte d'apothéose de théâtre. Il doit y avoir de cela à Rome. – C'est le coup de gong de la vue. Et le paysage de décors, les sites des monts encadrent bien ce spectacle – Le fait est que la liturgie n'a pas grand-chose à voir là-dedans. (Le P. Verdier – le petit de la grotte)

[Au Carmel.] – Récréation des converses – pièce blanche, froide, biscornue, une fenêtre donnant sur jardin, une autre, de souffrance, en haut. Sur le panneau cheminée : un Sacré-cœur, sur la cheminée, des images – La zélatrice sœur Marie, sœur de Anne de Jésus, la petite derrière rouge qui fait des scapulaires et des hosties. Élisabeth de Portugal, la régredillée, file au bout d'un manche à balai du crin de cheval ; avec un fuseau, la grosse Antoinette la nôtre, avec un crochet, fabrique des instruments de crins, ceintures blanches, <de grands scapulaires Bénédictins blancs>. Elle a, ds la pièce boutique voisine un assortiment – des disciplines de corde – d'autres en fil de fer avec des pointes, ça ressemble à des instruments à laver les bouteilles, des ceintures chaînettes, avec des crocs. Cela ne doit pas pouvoir se porter longtemps. <La sœur Antoinette prépare de la souffrance, en riant.>

L'art catholique moderne, c'est la vengeance du Démon – La montagne, c'est un océan plus haut, avec la vague blanche de ses nuages, mais un océan muet et immobile. C'est de la mer figée et morte – de la colère immobilisée, de la tempête pétrifiée. C'est des murs de Mazas qui vous séparent du ciel, de la paralysie de colère liquide.

Vu les Dames de l'Immaculée Conception, fondées par les Pères. Les grandes dames, les coquettes de Dieu, comme on les nomme. Le costume de l'apparition, avec robe à traîne. C'est théâtral. Chapelle en long boyau. Toutes les dévotionnettes. Ste Philomène en cire sous un verre qui se soulève, comme un pupitre et où l'on glisse des lettres, St Antoine de Padoue, St Expédit. On entre par une sorte de serre, rotonde de verre, communiquant avec un couloir de verre, à la maison. C'est d'un goût – et ça pue l'orgueil. Les sœurs qu'on rencontre dehors sont en bleu-violet. Exécrées à Lourdes, car elles tiennent hôtel chic pour dames – en guerre avec l'Évêque auquel elles ont fait un procès pour un mur mitoyen, qu'elles ont perdu, mais à Rome, on les a soustraites à sa juridiction. Leur supérieure, récemment décédée, a été embaumée, exposée ds un cercueil [p. 8] de grand luxe. Ce que celles-là sont peu intéressantes ! Les m'as-tu vu du cloître !

Ce matin, samedi 14 mars 1903 – messe en plain-chant de l'apparition à la basilique. – Il a été donné par Solesmes qui l'a fait avec d'anciens morceaux. Elle est très bien, chantée par toute la maîtrise des enfants. Je me dis que ça remplit très bien l'église, que c'est d'aussi de pompe [*sic*] que les tralalas de leurs dimanches. Non, il n'y a pas d'excuses, de ne point chanter le plain-chant. La maîtrise, en bleu ciel, avec petite calotte bleue, pareille et surplis blanc. La messe dite par le P. Verdier est servie par 2 enfants de chœur habillés de même. L'église était à peu près vide. C'était charmant.

Le plain-chant, c'est sa vraie langue qu'on parle à la Mère. La musique profane est un<e> éternel<le> <mésentente>, discours à fioritures, de chaire, et qui l'endort. Elle a l'ennui de ne pas s'entendre parler avec sa langue habituelle. C'est quelque chose, la plupart du temps, comme une visite de rastas qui gesticulent.

Les piscines – une désillusion. Il semblait d'après toutes les descriptions que c'étaient d'assez amples bassins – rien du tout, de simples baignoires de pierre, avec 2 marches pour descendre – 2 robinets de cuivre. Il y a tout juste de quoi s'humecter le corps – de chaque côté des planches à claire-voie. Un petit vestibule avec patères, rideaux. – Puis une logette avec bain de siège toujours de pierre – Un creux pour les bains de bras, avant. Ce n'est pas grandiose, le champ merveilleux des opérations de la Vierge. Puis en face du bain de siège, une baignoire d'enfant.

La Vierge travaille, en des caves, dans l'ombre, puis remonte après ds les apothéoses de la rampe, de la basilique. – C'est très bien ainsi, en somme, la Vierge travaillant dans l'humilité de simples cabines de bains ! Quel mystère ! et comment définir et expliquer la Vierge de Lourdes ?

Lourdes médical a été fait par Boissarie – des débuts et de Bernadette par Lestrade [sic] – des foules par Zola. – Un peu de symbolisme, mais incomplet par Grillot de Givry.

Il ne resterait que le Lourdes intime et solitaire, sans pèlerinage et la Vierge, pas faite du tout. Est-ce faisable ?

Ici, Maniglier, le sculpteur et Maxence, le peintre, que l'on ne regarderait même pas à Paris, apparaissent comme de réels artistes !

Il faudrait, ici, le *Laus Perennis*, le *Laus* de la Vierge – avec tous les couvents se relayant, reprenant l'office quand un autre l'a fini, comme au Moyen-âge.

[p. 9] à remarquer que la Vierge, n'est pas apparue, ici, sur une montagne, comme à la Salette, mais au bas d'une montagne.

[15 mars 1903]

Ce dimanche (*oculi* – 3e Carême) il pleuviote – comme des fumées de chemin de fer blanches courant entre les montagnes. Une a l'air de fumer à son pic, d'autres s'enlacent d'écharpes de ouate, au col. Celles des neiges ont disparu dans la brume. Je suis allé à la grand'messe à l'église de la paroisse. Cette église me va mieux que toutes. Celle-là est vieille, est sombre, est noire – alors que toutes les autres sont blanches. Puis, elle a de beaux bois – Une N. Dame du mont Carmel <remettant le scapulaire à St Simon Stock> très bien, une autre petite Vierge dorée, hanchée, charmante. Enfin l'on voit donc de vieilles statues propres de la madone. L'église est d'un vague roman. Elle est pleine et l'on dirait d'un couvent – presque toutes les femmes avec leur capuce noir, des robes noires aussi et parfois grises. Toute une maîtrise avec ces voix d'enfants d'ici, métalliques et un peu rugueuses, mais justes et fortes. On chante *l'introït* en plain-chant, le *Kyrie* aussi – mais pas de graduel et au lieu d'offertoire, une strophe de *l'attende*, avec une belle voix d'homme et le *Attende* repris par tous les enfants. On chante le *Sanctus*, puis, pendant la communion, un [couplet] cantique bizarre – et pendt le d[ernie]r évangile, le *Sub tuum.* C'est une mosaïque, mais pas désagréable. L'église est tiède et intime, je me retrouve chez moi. Quel malheur qu'ils en bâtissent une neuve pour remplacer celle-là, si culottée par les prières !

Hier allé à la forêt. On longe les sœurs de l'Immaculée-Conception, les sœurs bleues. Elles ne mettent leur costume de la Vierge que pour le chœur et l'on arrive en tournoyant et montant, en bas d'un mont, à un pont où est une source captée. C'est la vallée du chaos derrière ; les montagnes se croisent, mais ds cette nature sauvage, des poteaux de télégraphe sont plantés et l'on entend le bruit des marteaux des carriers qui vident le flanc de la montagne.

La flore, plus vive de ton, plus odorante, plus expressive que la flore des plaines. Des hellébores [*sic*] vertes [p. 10] partout, plus vertes en fleurs qu'à Ligugé ! Des euphorbes, des Daphnés – et des pulmonaires avec leurs feuilles tachées de blanc, en fleurs, des clochettes roses ou violettes. Et des mousses étranges sur les rochers, gris, bruns, des poudres de lichens, orange vif et jaune citron, comme des gouttes de peinture. Des châtaigniers énormes, des pins. Cette forêt où l'on chasse le sanglier mène à Bétharam [sic] où est le séminaire. Des violettes sauvages partout, des arums pieds de veau, d'un vert lustré. L'embêtement du pays, ce sont ces éternelles montées et ces éternelles descentes. Partout l'on croise des femmes rapportant d'énormes fagots sur leurs têtes. Ici, elles portent tout ainsi, panier, bois, petit paquet et tricotent des mains vides. Jamais elles ne sont inoccupées, même en bavardant, ça change du Poitou.

L'horloge – 3 fois *Ô Benigna* ou les 3 versets, à l'heure.

(1) « Jamais, tandis que le rosaire courait entre ses doigts, ses lèvres ne remuèrent. » La Vierge – (Journal des *Annales de Lourdes*, t. I, 30 avril 1868).

« D'abord une lumière douce dorait la niche et le rocher ; puis tout se noyait dans la lumière grandissante et, sur le rosier sauvage, "la ronce", disait Bernadette, apparaissait la dame » *(ibid.).*

« La Vierge apparaissait debout, les pieds posés sur l'églantier. Elle saluait l'enfant de ses bras ouverts et de la tête, souriait, s'inclinait encore ; puis de la croix de son rosaire déroulé, se signait avec une noblesse et une piété ineffables et, entrelaçant ses doigts, faisait couler, un à un, les grains blancs. Jamais… » (voir n° 1) – (*ibid.*)

Dimanche *(id.)* Vêpres – plain-chant – la maîtrise des petits en haut, au grand orgue, en bas, à gauche, les enfants des sœurs de Nevers, petites robes grises, capuces blanches avec un galon bleu. Elles chantent très bien le plain-chant. Pendt les pèlerinages, ce sont elles qui sont toujours sur la brèche. Elles alternent un verset, avec les garçons. Le chœur des hommes n'entre en scène qu'au *Magnificat* – ils alternent avec les petites <et les petits>. Eux, c'est une explosion, une véhémence de voix rugueuses mais superbes. C'est le *Magnificat* le plus enlevé que je connaisse, encore que l'air ne vaille pas celui de St-Sulpice. Ce ne sont pas des chantres gagés, mais des ouvriers pieux qu'on exerce 2 fois la semaine. Au reste, ils ont un sens musical très développé [p. 11] ici. Mais il y a le Salut. C'est par ces voix – mais quels airs ! – enfin, à la fin, <pour le départ,> le fameux cantique enlevant les foules, avec son refrain *Ave Maria* – La musique est du maître de chapelle Darros, d'ici. C'est le *Père la Victoire*, l'*En revenant de la revue*, de l'Église. C'est canaille et entraînant, très bien fait, il faut le dire, pour les foules. Il y a ici un côté, électricité, or, bruit, quelque chose de populacier, la question serait que ce fût naïf, alors ce serait admirable, mais ça ne l'est guère. En tenant compte des besoins, il faut avouer que les pères de la grotte ont admirablement conçu les choses. Au point de vue pratique, ça y est : espaces, rampes, promenades, cabinets, dégagement ; offices clinquants, dansants, criants. Ça n'est pas fait précisément pour les artistes, mais ce n'est pas eux sans doute que la Vierge a visés. – En somme, c'est très spécial, ici ! Ça devait être ainsi, puisque la Vierge est contente et fait des miracles. Elle a, là, une lointaine vision des foules <perdues> du Moyen Âge – mais sans l'art. <(C'est à se demander si, pour notre malheur, Elle n'y a pas, une bonne fois, renoncé !)>

Le style de la basilique, dit le *Guide*, est de la 1re moitié du XIIIe siècle. La partie extérieure est en pierre de Lourdes ; dans l'intérieur apparaît la pierre blanche d'Angoulême. Bâtie par Hippolyte Durand, architecte de l'État, pour le diocèse de Tarbes. Chœur environné d'une grille dorée, l'autel en marbre de Carrare. La statue est de Cabuchet de Paris. La couronne aux 12 étoiles d'or et de diamants est de Millerio [*sic*]. 12 lampes devant le tabernacle.

Des drapeaux : Haïti, Chili, Belgique, Angleterre, Hongrie, Canada, Mexique, Amérique, États-Unis, Bolivie, Brésil, Autriche. 175 bannières.

Le Rosaire – avec ses rampes circulaires s'élevant insensiblement sur des arceaux entoure une place qui peut contenir 30 000 personnes. L'auteur est M. Hardy – on y voit (le *Guide)* un genre nouveau dans lequel le mâle appareil en bossage brut des Romains coudoie les délicatesses – de l'art roman et gothique (?) tous les styles connus s'y mêlent. – 4 cloches à la basilique.

Les grottes des Spélugues [*sic*] sont celles où il y a Ste Madeleine. Ce rocher où est le Calvaire porte ce nom des Spélugues.

[p. 12] Le Gers [*sic*] est le gd mont où il y a un funiculaire à 2 têtes dont une plus petite.

– Paroles de la sainte Vierge pendant la quinzaine (*Guide* de Jean Barbet, Desclée et Brouwer).

Vous prierez pour les pécheurs – Vous baiserez la terre pour les pécheurs – Pénitence, Pénitence, Pénitence ! – Allez dire aux prêtres qu'il doit se bâtir une chapelle, ici. – Je veux qu'on vienne ici, en procession – allez boire à la fontaine et vous y laver – Vous mangerez l'herbe qui est à côté

Le 25 mars, Elle a dit : « Je suis l'Immaculée Conception. »

La statue de la Grotte, en marbre blanc, don des dames de Lacour, de Lyon, est de M. Fabisch.

La grotte est une excavation qui a 5 ou 6 mètres de hauteur, 7 à 8 de largeur et une profondeur de 6 m. 50. Sur l'arceau est une ouverture ogivale, irrégulière, de 2 mètres de hauteur. C'est dans cette ouverture que la Vierge est apparue, la 1re fois, à Bernadette, le 11 février 1858.

Les lacets – à l'ouest de la grotte des lacets dessinant un grand M couché sur les flancs de la colline gazonnée, conduisent de la grotte à la basilique. C'est sur ces lacets que se font les processions.

Ici, c'est enfant et pompeux, mais est-ce très naïf ? peut-être arriverai-je à Paris, au loin, à déchiffrer l'énigme de sensations que Lourdes donne.

Il y a eu une 18e apparition à Bernadette, alors que la grotte était fermée. Agenouillée devant, elle revit la Vierge pour la dernière fois.

« Cette apparition presque solitaire a été toute pour l'enfant. On l'a peu connue et elle n'a eu aucune influence sur la croyance du peuple. » ce fut le soir du 16 juillet, fête de N. D. du Mont-Carmel.

Elle sentit le mystérieux attrait qui l'attirait autrefois à la grotte *(Annales de Lourdes*, tome I, 30 avril 1868.)

[p. 13] Bernadette était bonne, douce, simple, naïve. Elle édifiait mais n'étonnait pas.

Dans cette enfant, l'intelligence manquait de souplesse et l'imagination de vivacité. Elle ne pouvait être très expansive. Ce n'est pas le charme de sa parole qui aurait gagné un peuple à la foi d'apparitions et personne n'était moins capable de produire l'enthousiasme. Elle n'avait pas reçu le don de peindre et d'intéresser. Son récit était bref, incolore, froid. Il fallait des questions multipliées pour obtenir la description entière de ce qu'elle avait vu.

Elle parlait sans émotions. Elle s'animait un peu à la longue, mais jamais sa joie n'allait jusqu'à l'ardeur… Elle était vraiment insignifiante… (*Annales*, tome II 2e année – 30 avril 1869).

Elle se montrait sérieuse et appliquée dans ses pratiques religieuses, mais sa piété ne s'éleva pas à la hauteur que beaucoup de personnes pensaient lui voir atteindre après la grâce inouïe de ses 18 visions *(Ibid.)*.

[*17 mars.*]

Mardi – à Bagnères-de-Bigorre. Le P. Alexandre de St Joseph, Carme, Berthelier – petit, court, un bout de nez, des yeux malins, gris avec points bruns – une petite bouche rieuse. – Une gaieté en Dieu, spirituelle et cordiale vraiment. La gaieté est ma compagne. Il loge en face de son cloître fermé – une chambre en haut, une ancienne remise en bas servant de salle à manger. – Un autel pour buffet – chargé de fines bouteilles. Un Rancio mort d'âge, un Sauterne [*sic*] exquis, des Bordeaux chargés de tannin, un peu âcres, mais bons. C'est égal, ce que le Bourgogne est supérieur au Bordeaux ! Un déjeuner plantureux, des pieds de cochon à l'auvergnate, poulet, omelette, salade, pâté de foie gras, crème, fromage d'Auvergne rappelant le Chester, mais pâle. Une armagnac, merveilleuse. Une converse, en paysanne, sœur Claire sert à table et [et nous] lui fait ses repas. Votre crème, sœur Claire, est comme votre nom, mais elle est bonne comme vous aussi. Et il joue avec une calotte tricotée, de petites mains propres et grasses <menottes pâles> – il la refoule sur la nuque, sort avec sous son chapeau. Et il rigole, avec les bouteilles.

[p. 14] Il nous emmène voir son cloître et mélancoliquement regardant une statue de Ste Térèse, à la porte : Je ne sais vraiment pas comment, de désespoir, elle ne se fout pas par terre. Leur église était sombre et bien, un gothique moderne, honnête, sans prétention, surtout très sombre – et le couvent, avec ses cellules vides, de vieilles sandales abandonnées – la mort – mais c'est chez les Carmélites que l'horreur s'annonce.

Quel sinistre cloître, même de son vivant : des corridors blancs, enchevêtrés, avec ces mots partout : Silence. Des cellules pour poupées – à peine de quoi mettre un lit – le tout blanc – avec fenêtre donnant sur un carré, avec fenêtre en face, planté d'un chêne en balai, au milieu de cailloux et d'herbes ou sur un autre carré d'une grande croix sans Christ. La tristesse de ces vues ! Un petit réfectoire à 4 fenêtres, dont une bouchée par la chaire de lecture, 2 portes latrinières au fond, une grande chattière [*sic*], avec avance de marbre, ouvrant sur la cuisine pour passer les plats. Plus de tables, plus de chaises, rien. La cellule de la Prieure où je prends un bout de laurier sec, bénit, remplaçant ici le buis, est, elle aussi, microscopique, mais elle a 2 pièces. Et le chapitre donnant sur l'église par la grille, a un plafond en fond de barque, des peintures d'anges enfants jouant du tambourin et d'autres instruments, hideuses. C'est une pauvre Carmélite qui s'est délassée à faire cela. Au-dessous de la petite chatière à communion, dont la grillette est dorée, du côté de l'église, se déroule, comme un marchepied de voiture, pour s'agenouiller. L'église est laide, l'autel surélevé de je ne sais combien de marches. On a été obligé de mettre une rampe au milieu pour les fidèles, car on se cassait, en descendant, les reins. Les parloirs nus, blancs. On voit un peu, derrière le voile noir, lorsque les volets étant ouverts, il est seul, derrière la grille. On ne distinguerait pas de près, mais si l'on était au fond de la pièce, on reconnaîtrait peut-être le visiteur. Le jardin petit, tout en potager, avec un Casino derrière. Une grotte. Le mieux est un gros ruisseau chantant qui le traverse, en ondulant et courant sur des galets et de gros cailloux. C'est égal, penser qu'une jeune fille peut s'enfermer jusqu'à la mort en ce cloître nain, sans jour, sans air.

Des inscriptions au-dessus de portes : Souffrir et être méprisé. – J. C. c'est ma vie, et la mort, c'est mon gain. – Mieux vaut parler à Dieu que de parler de Dieu.

[p. 15] Le Père Alexandre discute avec la sœur Antoinette venue avec nous et quand il apprend que c'est ds le chœur qu'elles se donnent la discipline, il dit simplement : Pas possible – alors, vous montrez votre derrière au Bon Dieu !

Il reste 2 converses pour garder l'immeuble, la sœur Claire et une autre plus vieille, en marmotte noire. Elles habitent la porterie, çà et là, quelques bouquins récoltés – puis des casseroles. Les pauvres sœurs ! ce qui les sauve, c'est évidemment la robuste gaieté du P. Alexandre – qui parle fort bien d'ailleurs de la Mystique, lorsqu'il ne rit pas. Quel être charmant ! quelle radieuse bonne humeur et pas mufle du tout. Il est gai et pas jovial, d'une gaieté d'enfant qui a de l'esprit. – Bon vivant, avec les autres. Et vive le bon vin ! dit la sœur Antoinette, la Bordelaise.

Nous avons fait le trajet en voiture. Il y a un endroit où l'on voit se dérouler toute la chaîne des Pyrénées, c'est très beau. Revenus, pluie battante.

Ces bâtons, ces béquilles sont modelés dans de la suie. À des moments la herse est si encombrée de cierges qu'on dirait, en clignant les yeux, d'un taillis avec des troncs blancs et les radicelles de feu qui courent sur le plateau où brûlent, jetés à plat, les bouts. Des taillis sans feuilles, avec une unique fleur, une lancette orange, et sous un coup de vent, toutes se penchent et le pollen de la fumée, en sort.

Ce que ces cierges représentent de souffrances et de désirs. On en a mis un pr la femme à Gaufreteau, atteinte de fièvre puerpérale. Combien de maladies, d'infirmités, de cas désespérés, ils représentent. Et les douleurs d'âme qu'ils pleurent en leurs longues larmes. Il y a qui coulent précipitamment, d'autres plus réfléchies, plus lentes ; et à la fin, avant d'expirer, les flammes se tordent plus violemment en de derniers élans. D'aucunes se tordent au vent, se mêlent dans les bottelettes aux autres, d'autres, plus abritées, montent droites. De quels fluides d'âme, ces bâtons blancs sont chargés. Ils sont injectés d'effluves. (La théorie de Rochas sur la sensibilité transportée serait à voir), à ce sujet.

(Le Diable possède d'une façon plus ou moins inconsciente, celui qui fabrique, celui qui vend, celui qui achète. C'est de la sorte qu'il La mord au talon.)

[p. 16] Lourdes. Il y a toute une série d'antécédents aux alentours dt on ne parle pas. Les itinéraires de la Vierge sont obscurs. Il faudrait pourtant les saisir.

Vu, ce matin, chez les tourières, Anne de Jésus, ds leur pièce, au fond duquel [*sic*] est un autel, avec une statue de St Joseph, la sœur Anne de Jésus, le derrière épluché, qui fait des hosties. Il y a un fourneau de charbon de bois rouge, ds la cheminée. Puis sur une chaise un saladier avec une pâte comme de crêpes. Avec une cuillère, elle fait une simple raie en long dans le moule, côté lisse, referme, tout s'étend et grésille sur le feu. Elle sort, coupe avec des ciseaux, les bords roussis. Ça fait 2 grandes à la fois. Elles vont chercher de l'eau de la grotte pour ces hosties.

(Lourdes, le pays du feu qui demande et de l'eau qui accorde) <Ce qu'on demande par le feu, on l'obtient par l'eau.>

Les grands cierges qui durent longtemps deviennent gris à la fumée et ils se cannellent, on dirait des troncs d'ormes.

La basilique sans transept, à moins que l'on ne compte les 2 renfoncements juste avant le chœur où sont les ~~stat~~ autels de St Joseph, à gauche et Ste Anne, à droite, mais alors les 4 autres qui les précèdent, dès l'entrée, formeraient, si l'on veut, des croix. Au-dessus des ogives, sur un triforium, non ouvert de galeries ou de vitres, les paroles de la Vierge sont inscrites avec des cœurs de vermeil ou d'or. Sauf les colonnes tout est gris du granit du pays. Pour les chapelles latérales sur lesquelles ouvrent les ogives, cela rappelle la chapelle des Jésuites de la rue de Sèvres, les contreforts inexistants au dehors sont faits par ces chapelles – Une porte est évidée dans la suite de chaque pilier, entre la grand nef et la chapelle. Le plafond a ses courbes dures, médiocres, les ogives sont sans grâce. Du dehors, c'est mince, sec, sans ornementation. Les belles sculptures de jadis sont remplacées par des ex-votos et des étendards. 2 grands lustres de verre de Venise à fleurs, un autre grand en cristal de roche – et alors devant le sanctuaire même un amas disparate de lampes.

101 autels en tout : basilique, crypte, rosaire, autel des pères. On commence à minuit, jusqu'à 2 h. de l'après-midi, par les foules. Les prêtres se servent entre eux. <L'autel de Calliat, simple, très finement ciselé – colombes et des roses – l'apparition sur la table de devant.>

Le rosaire. L'autel de Calliat est bien, curieux avec ses argents mats, ses ors de couleur – c'est le mieux de tous. Il y a ds cette construction hybride, où il y a au moins un effort, l'effet bizarre de colonnes complètement [p. 17] carrées, avec chapiteaux, simple bande florale, puis des colonnes grêles à plumeaux, des chapiteaux assyriens. Le fameux ostensoir de Calliat médiocre – la couronne de Mellerio pas mal – plus de 100 calices, d'aucuns formidablement riches, donnés par le Brésil, mais si laids !

[*19 mars.*]

Jeudi – le marché – Une houle de bérets bleus. Les vieux paysans rasés, type dur, nez busqué – les jeunes l'air de mauvais tourlourous – gilets de chasse <quelques blouses>. Les vieux ont des sabots retroussés du bec, incroyablement. D'aucuns des manteaux à capuchons comme de capucins. Les femmes le capulet noir. Celles de la pleine campagne des fichus de couleur. Marché de bœufs, d'agneaux, de chèvres, de chevreaux, les petits comme morts, les 4 pattes attachées, par terre. Les petits bœufs à cornes bisonnières du pays, des petites vaches pas traites et dont les pis gonflés, durs, sont énormes. On vend des oignons d'Espagne, roses, d'aucuns à taches de vins, pour faire des purées, des chapelets d'aulx – des fromages ronds, couleur de savon clair, des espadrilles, des étoffes à poils dont on fait des pantalons. Tout ce monde jargonne, un bâton à la main ; les cafés sont pleins – Il y a de tout, de la vieille ferraille et des chapelets, des boucheries en plein vent, des marchands de citrons et d'oranges, de poteries vernissées brunes et de jarres tachetées, laides. On vend du pain blanc, régal des paysans qui fabriquent eux-mêmes leur pain noir.

Parmi les ex-votos effrayants ds la basilique, ds l'allée à droite de l'autel, devant la grille dorée sous verre, des griffes recourbées de corne et des fragments d'os ; ce sont les ongles tombés ds l'eau d'une femme contractée dont les ongles rentrés dans la paume de la main qui ne pouvait se refermer, avaient percé tout. La main s'est ouverte d'elle-même dans l'eau, les os cariés et les ongles sont tombés.

De très haut, le Rosaire, avec les 2 rampes a l'air d'un gros crabe, étendant ses 2 pattes. Les femmes au marché, portent leurs manteaux pliés sur la tête. On porte d'ailleurs, les paniers, les fagots, tout ainsi. Tout le monde tricote pendant ce temps, a les mains libres.

[p. 18] À la crypte, il y a 5 chapelles ds les niches, avec 3 lucarnes, creusées, au bout de murs en descente. C'est là où se comprend l'usage de la mosaïque ; ces fonds sont en or, avec fleurs de lys, ou croix grecques, ou croix florencées, ou monogrammes divins, ou fleurs héraldiques. Et cela brille, chaudement, à la lumière électrique. <(ampoules) et bougies, avec amandes de verre.>

Les Pères ont plus de 150 000 f. de frais par an. Pendant les pèlerinages au moins 80 invités par jour, des menus à n'en plus finir – et le linge, et les hosties, et le vin. Ils ne demandent rien, pas non plus les places à l'église. Le P. Sempé a voulu éviter toute simonie. Ce qui les sauve, ce sont les cierges, qu'on leur a tant reprochés. À Fourvière, on d[eman]de 15 sous au prêtre pour sa messe. – Et l'électricité <toute la nuit>, la masse de domestiques, de gardiens, l'entretien des sœurs chargées de la lingerie, de l'hôpital, des pelouses et jardins – des Clarisses quand elles n'ont rien.

Dans ce soleil d'été, les montagnes deviennent bleues avec des cimes blanches. Une sorte de poudre d'azur flotte sur elles. Et c'est curieux, celles couvertes de neige semblent souvent moins hautes que celles qui n'en ont pas.

Les saints appellent une vie sans épreuves : « *Le silence de Dieu.* »

Les porcs ici sont tous blancs et noirs, bizarrement pommelés ; ils ont l'air d'être truffés, de leur vivant. Les bœufs ou les vaches attelés à des charriots qui ont des formes de berceaux, ont des cornes d'aurochs.

L'on leur met sur la tête une peau de mouton, une grande serviette sur le dos – Pays des lézards – ce qu'il y en a !

Ces langues en feu des cierges qui montent de la terre, l'à rebours de la Pentecôte.

Ici, l'on n'oublie personne. Il semble qu'Elle soit plus à la grotte qu'autre part et qu'on puisse lui faire des commissions pour tous. On vient de loin, on se croit plus le droit d'être exigeant. Ce que je l'aurai rasée !

En ce mars – 20 – fin – les pêchers roses et les arbres fruitiers sont en fleurs.

[p. 19] Il en est ds les gds moments, comme pour des billets de logement, pour les messes. Tel diocèse est envoyé chez les Carmélites – 15 autels le long des murs – d'autres à l'Immaculée Conception, partout où il y a une chapelle. 202 messes à l'heure, rien que ds le domaine des pères.

(Basilique) L'autel à la Salette est à droite, dans le chœur, le 1er après la sacristie, après le tableau des ongles tombés dans la piscine. L'église est asphaltée, sauf une bande carrelée, au milieu – Autel surélevé de 3 marches – tout le sanctuaire et l'abside ainsi, on y pénètre, en l'allée formée entre le mur et la grille dorée, carrée, entourant l'autel. Solitaire, absolument, elle est douce. Pas une âme, ce soir, à 4 heures.

La Salette rappelée, ici, avec petite statue blanche, médiocre, combien loin de l'inconnue de St Porchaire, à Poitiers !

À l'église paroissiale – enfts en violet et calotte violette, suisse tout en rouge, même la culotte. À la Basilique, enfts en bleu ciel avec calotte pareille. Suisse en bleu plus foncé, avec 2 épaulettes d'argent, baudrier d'argent.

Les autels du rosaire des mystères joyeux sont en marbre clair, bleu et blanc, des douloureux rouge sang, taché de blanc, les glorieux, verts et blancs.

[*22 mars*.]

Dimanche – *laetare*. Vêpres à la Basilique. Vêpres charmantes de l'apparition. Ici, on refoule les saints, tout, pour elle. Les antiennes sont délicieuses et l'air de l'hymne charmant. Toujours chanté, Vêpres – maîtrise bleue d'une part – petites de Nevers, l'autre verset. Puis le *Magnificat*, les hommes à l'orgue – les 2 psallettes réunies alors, alternant avec eux – c'est très beau. Mais quel Salut ! ! Pour les Vêpres, ce

Magnificat retentissant, est très beau et nulle part, il n'y a de plus belles Vêpres de la Vierge.

L'idée de Peyramale de sa basilique en train est imbécile ! Ça ne luttera pas contre la Basilique et ça détruira une [p. 20] vieille église charmante et pleine du souvenir de Bernadette. Il n'y avait qu'à la réparer, à annexer au besoin une chapelle pour les catéchismes.

L'église actuelle de Lourdes a de 5 à 6 siècles d'existence. Elle aurait été commencée vers la fin du 12e siècle et terminée au 13e. Le clocher a été reconstruit, il y a une cinquantaine d'années. Elle est dans le style roman et forme une croix – autel en baldaquin. La voûte de la nef est en lambris – *(Guide)*.

On entend une sonnerie de cor de chasse – c'est le marchand de chiffons avec sa voiture qui passe.

Pau – La province sinistre, grandes rues claires. Des coiffeurs et des parfumeurs partout – des voitures de maître. Des anglais et des rastas – le château médiocre, très réparé. Du toc en dedans. Pau vit de ses jardins près du Casino et de sa fameuse promenade avec bancs au soleil, pour les malades. On a vue sur les glaciers, toute la chaîne des Pyrénées malencontreusement coupée par des tuyaux d'usines. Ville triste, sentant la noce et la maladie, une cuvette tiède. Ça réhabiliterait Poitiers. Églises modernes, gothiques, mais pas trop mal. St Jacques, avec chœur peint. – Ici, ce sont des colonnes en bleu marine, en indigo vif, semé de coquilles d'argent et longé par une autre [*sic*] d'un vermillon superbe et c'est très bien – le haut est en couleur tendre, avec des ors. Ils ont résolu un aspect charmant, raté par les Mellet et autres, ne voulant user que de teintes mornes et effacées. Si St Germain des Prés avait été pris ainsi, ce serait sans doute bien. Une autre, St Martin, mais moins bien, encore que là aussi les indigos vifs et les vermillons intenses voisinent. C'est la 1re fois que je vois ce problème des murs peints résolu : il l'est par les couleurs franches poussées à leurs degrés intenses. C'est à retenir – Une chapelle de Ste Ursule, avec tout le chœur grillé, aimable – petit Carmel assez intime. Mais quelle ville à ne jamais revoir ! Ces chaînes de montagnes blanches ne me semblent toujours pas hautes. Ce que cette vue célèbre me semble surfaite ! l'Hôtel Gassion, le chic, énorme. – Quelle population de rastas ! – Les églises sont bien peu pleines, en revanche. – Ici, c'est le chœur seul de l'église qui est peint. Le reste est laissé en blanc. Il a fait une chaleur étouffante. Et la laideur du palmier en pleine terre ! ! ce tronc à cheveux de vieille, ces palmes dont une partie sèche. C'est un arbre très peu décoratif, convenable seulement dans un pot.

[p. 21] « La piété s'écoule par les grilles du parloir. »

[24 *mars 1903*]

Veille de l'annonciation. Un vent terrible. C'est curieux, ici, il ne prend qu'à la nuit et ne cesse qu'au jour. C'était un vent tiède, affreux, énervant, empêchant tout sommeil. Et le bruit de ces charges, de ces trombes. Ce matin, tout est fini. Plus un souffle.

Vu la prieure, hier – quelle voix douce devant cette grille noire : Bonjour, M. Huysmans. Quelle charmante et brave femme, que cette Mère Jacqueline. Si humble et timide – Elle me parle du chapelet, en riant et me dit : hein, c'est moins difficile à dire maintenant que le premier – faisant allusion à *En route.*

Revu, après Salut, la petite. Elle apparut avec sa petite couronne de roses. Oh ! oui, j'ai bien prié pour vous. Et elle sourit gentiment. Je suis impressionnée, dit-elle à Leclaire <photographe>, il faut maintenant me développer. – Ah oui, c'est le contraire de ma première communion ; il se donnait tout à moi, c'est moi maintenant qui me donne toute à lui. Et sur la demande de Mme Leclaire, elle va tout au fond de la pièce, ds la lumière de la fenêtre, pour qu'on la voie, une dernière fois. Petite poupée blanche, pas la voix de la mère, mais les yeux et la bouche. Personne de sa famille aujourd'hui. Pauvre gosse ! – Priez pour que je persévère. Elle ne pense qu'à cela : elle dit : oui, je suis Carmélite maintenant, le Bon Dieu va me mettre en petits morceaux de terre.

Les Vêpres – l'église en feu. Tous les lustres, allumés par les fils <de fulmi-coton> d'un coup. À gauche ds le chœur, l'Évêque avec prie-Dieu, violet foncé, aubergine. En face l'Évêque de Macao, en rose, sauf pèlerine [p. 22] violette, homme jeune, portugais. Les Vêpres bien, mais *Magnificat* de contrebande, ignoble ! – La messe était déjà infâme. Mon Dieu ! l'impossibilité d'une chose propre, un jour de gde fête. Puis, cet évêque <guindé>, emprunté, <empesé>, le moindre abbé de monastère d'une autre tenue, sachant au moins dire le : *Sit nomen Domini benedictum* – Celui-là en bois ; bien de profil, mais pas d'attitude, gauche, gêné. Le cérémonial, bien loin aussi du cloître. Et pourtant chœur plein, chanoines, gosses en bleu, avec comme des rubans de croix de chanoines, bleus. Un porte-crosse. Aspect général très beau, mais il ne faut pas qu'on remue. Tous les lustres même les plus élevés sont en feu. À ce point de vue c'est inouï !

La petite : quand vous verrez maman, M. Huysmans, vous lui direz que je suis bien heureuse ! – hélas ! – pauvre petite, si elle savait !

Le soir – 14 juillet – à Paris. L'église se dessine en lignes vertes, rouges, blanches dans le ciel absolument noir. Les rampes se dessinent en feu blanc, le rosaire avec les ronds de ses oculi rouges. Et de la grotte une centaine avec des cierges sont, en bas, le long de la rampe et vont au rosaire, en chantant : *Ave Maria* – connu. Les voix des montagnards qui chantent à l'église sont là. Nous sommes assis sur la terrasse du Carmel. Le mieux c'est la flèche sur laquelle on projette de la lumière blanche. Elle a l'air, comme ton, d'une opale. Pourquoi tout n'est-il pas blanc ? au lieu de cet éclairage bariolé de foire.

[p. 23] Ici, le respect humain est à Rebours. On communie à Pâques, par respect humain et l'on ne fiche pas les pieds à l'église, le restant de l'année !

Une chaleur effroyable depuis 2 ou 3 jours : le plein été. Qu'est-ce que ça doit être en août ? Le P. Alexandre, je l'ai remis, ce matin, à la gare ; on s'est donné rendez-vous pour la fin d'août. Nous reverrons-nous jamais ? Ne sera-t-il pas allé rejoindre son corps en Espagne ? Et Lourdes même ? Et si le Carmel s'en va !

Le Purgatoire d'un converti, c'est de vivre parmi les catholiques et de subir l'art religieux des églises.

Le cierge est la figure de N. S. Dès lors, on ne pourrait l'offrir qu'à Dieu le père, l'implorer par l'intercession de son Fils. Que signifie alors le cierge à un saint ? voire même, ici, à la Vierge, si l'on songeait au sens symbolique du Moyen Âge ?

Quand les Stations du Calvaire seront toutes en place, le triomphe du Démon sera complet et la Vierge partira autre part. L'âme de Lourdes m'a été donnée hier – l'argent a tout gâté. Zola l'a dit justement. Ça et l'Inart, ça finira le pèlerinage, comme cela a eu lieu pour les pèlerinages de tous les temps.

La force d'un Saint qui obtient à lui seul ce qu'il faut ici, à un millier de foules, pour obtenir, le miracle !

La Salette. – Elle a parlé, s'est heurtée à la mauvaise volonté du clergé. Elle n'avait donc pas à recommencer, ici. Elle s'est bornée à répéter le mot : pénitence – Les menaces de la Salette ont peut-être été détournées par des [p. 24] stigmatisées, par des expiatrices inconnues. Et cette fois, plus de reproches, mais des grâces à flots, des guérisons. – Oui, mais en réponse, nous empirons. Alors quoi ? – L'argent a pourri la population qu'Elle avait choisie – Le Démon, ne l'a pas quittée d'une semelle – corrompant tout, autour d'Elle – répliquant à des conversions par des avilissements, enlaidissant son sanctuaire. Ce qu'il doit rire sous le pied du St Michel, imbécile, qui le terrasse, au commencement de l'esplanade ! Et cette grotte adm[inistrati]ve : Entrée, Sortie, comme en un musée – ces grilles, cette statue ; ce côté administratif si gênant ; et je repense à la crypte de Chartres – aux vieilles cathédrales, aux très anciens sanctuaires. Ils me resteront toujours plus chers que Lourdes, si neuf et si laid.

Lettre de la prieure : elle a fait l'exhortation, disant à la petite : il faut que les grâces que nous obtenons retombent sur nos amis. – Sur M. Huysmans, surtout, dit la petite. « Elle s'est constituée *sa prieuse* (terme du Carmel) dit la Mère. Que tout cela est étrange !

[*28 mars.*]

Vu ce matin, samedi, au Rosaire, l'Évêque de Macao, mitré, robe noire à liserés et boutons roses, gde ceinture rose, bas roses, bénissant au moins 60 pierres d'autel, allongées comme sur une table de banquet, à nappe blanche. Le fait avec soin, assisté de 2 séminaristes, du Père Verdier, de 7 enfants de chœur en bleu. C'est interminable. Commencé à 8 heures, il y en a jusqu'à 2 heures au moins – mais ce qui est affreux c'est l'huile des catéchumènes et le St Chrème en chopines – ½ bouteilles étiquetées – l'eau bénite ds un bol à café au lait. Les reliques sont en tas, ds de minuscules étuis de buis qui se dévissent. Vraiment, ça manque de respect ; mais lui y met une conscience, avec l'huile dans un verre de mastroc qu'il prend avec le pouce pour signer les 5 croix de la pierre et faire au-dessus de chaque, à mesure, sa bénédiction complète : *In nomine…* C'est son premier acte épiscopal. L'Évêque d'ici parti à Tarbes pour les ordinations lui a passé la corvée. Personne que nous.

Après des chaleurs effrayantes comme à Pau, un jour de trombes où des plaques de zinc s'arrachaient du toit du Carmel et rendaient toute descente impossible, la pluie fine, serrée, dense, et le froid. Les changements de température, en ce pays, sont inouïs.

ANNEXE II
Notes prises par Huysmans à Lourdes au mois de septembre 1904

Ce carnet est conservé par la Bibliothèque de l'Arsenal sous la cote Ms Lambert 19. Les notes couvrent les cinquante et une premières pages (le surplus étant resté inutilisé) d'un petit carnet à couverture de toile rouge, de papier quadrillé, de format 77 × 141.

Folio 1 page de garde
Gargam – postier d'Angoulême
7bre 1901

Hôtel Franc-Comtois et de la gare
Bordeaux

Caldain 30 bis rue Spontini
Landry. 14 rue Jacob
Girard. 54 rue Lamartine
Mugnier. 25 rue Les Cases.

[p. 1]
Parce – pendt la visite aux malades monstra te 3 fois – ave maris stella – adoremus in aeternum – invocationes alternées

> Vierge notre Espérance
> Étends sur nous ton bras
> Sauve, sauve la France
> Ne l'abandonne pas bis

– tout le monde décoré ici

[p. 2]
Enf[s] de Marie de Guipuscoa
4 trains
7bre 1904

[p. 3] [*4 septembre 1904.*]

Dimanche – Luxembourgeois – Arlon – Belges, 2 600 Espagnoles – Maugrabines – traînées – éventails, mantille – des *Vivat* des cris de hyène

G^{de} messe au rosaire – prêtres en chaire gesticulant – Cafés – belges prêtres, cigares pipes – Espagnols cigarettes – pêle-mêle avec les femmes prenant des glaces et du chocolat. Une gesticulation, des baisers avec la main – Arrivées à minuit hier, reparties en 4 trains hurlant, agitant des mouchoirs, à 7 heures, ce soir.

Fête de Neuilly internationale, une poussière, l'odeur de vanille des marchands. Procession – la rampe, les escaliers noirs de foule. des processions, tous les soirs, belges et luxembourgeoises. Des chants sans arrêt, toute la nuit.

Femmes courtes, hanchées, figures rondes, gros nez, yeux brillants – s'éventent à l'église – les Espagnoles

Quel bruit, quelle gesticulation

[p. 4] Gd messe – un *Credo* bien en commençant, grave, puis Palestrinien. – Un *Kyrie* inconnu, mais de plain-chant, chanté pas mal. Romance de l'Offertoire – à la fin, après la messe, le chant d'une assez belle marche : la *Marche de St Ignace.*

Cafés pleins – prêtres, femmes, une promiscuité extraordinaire.

Gargant [*sic* pour Gargam] – a été converti en même temps que guéri – Une crise de larmes Ne voulait pas envoyer un baiser qu'une de ses gdes malades lui demandait d'envoyer au Christ du Calvaire, vu en descendant du train. Avait, en dehors du reste, la gangrène aux pieds, guéris instantanément dans l'eau.

[p. 5] Quel fouettage d'*ave*, de cris – toute la nuit. Il n'y a plus d'heures – Des trains, à minuit, déversent des flots de pèlerins – c'est comme en plein jour hôtels ouverts. On ne dort pas dans ce pays. – C'est la fièvre.

Les Espagnoles, les enfants de Marie, ont l'air de traînées – D'aucunes vouées – robe carmélite, ceinture cuir, petit émail sur la poitrine – armes du Carmel – d'autres en vert foncé N. D. del Pilar.

L'évêque de Lourdes, après messe fit un discours cotonneux – lent, mort. Le prêtre qui le traduisit fut un énergumène. On se demandait ce que pouvait être la traduction. Et le cri *Vivat !*

Piété de sauvage – ferveur frénétique. Les femmes assises jusqu'à la table de communion, s'éventant. On fume avec les Belges et les Espagnols presque jusqu'à la Grotte.

Le soir, sans arrêt, des processions.

[p. 6] Les baisers, les agitages de mouchoirs de ces sauvages, dans le tramways [sic] qui les emmène à la gare, dans tous les trains

Quant à entrer à la grotte ou à boire à la fontaine, il n'y a pas à y songer

Et cette malheureuse mère de l'Équateur, avec ses 2 enfants paralysés des jambes ds une voiture, qu'elle prend comme des singes sur les épaules, pour les apporter baiser la grotte !

[7 et 9 septembre] Mercredi. Vendredi.

5 000 de plus qu'au pèlerinage national.

Reims, Metz, Tours, <Nantes>, Marseille (catouli), <Coutances>, Avignon, le Quercy, Reims. – 4 évêques à la procession – Sueur d'Avignon officiant – Évêque de Tours, de Metz, de Namur. – Les Belges y sont encore

Plus de logement. – On erre dans la ville avec des paquets.

L'homme à la langue, de Coutances <C'est un cancer.>

[p. 7] Le soir, 30 000 h. et femmes en procession, une roue de feu, tournant sur les rampes – avec une coulée droite, en bas, des fourmis embrasées – avec affluents arrivant de sous les arches. Nantes a amené des cuivres Le bastringue – Le soir, église en couleur, infâme – portique – Le toit du rosaire, les ocelli, rouge – Un pain d'épices avec des anis rouges.

Joie de kermesse et souffrance atroce couchée.

Quelles maladies ! ! lupus – goitres – figure partie à moitié – sur les matelas des femmes à l'agonie.

Un cirque immense couvert de monde – en haut, le rosaire plein.

Des malades soulevées, en larmes tendant les bras vers le St Sacrement. Une armée de prêtres – tout le monde avec des cierges.

[p. 8] 2 jours ainsi – Tout est plein. Impossible approcher de la grotte ou de boire – queues aux cabinets. On vend du pain, on mange partout, on dort dans le rosaire, comme au Moyen Âge.

C'est le côté réapparu, intéressant, de Chartres.

600 malades. – Le reste combien bien portants ! courant, criant, ne dormant pas !

mille messes au rosaire, depuis minuit. Une odeur à la crypte ! – à la piscine une fétidité de pus et de cadavre.

Évêques – celui de Metz violet, plus rose – grand –

Encore des Espagnols – archevêque de Burgos, un autre évêque arrivés aujourd'hui.

C'est un grouillis indescriptible.

Impossible d'approcher de la Grotte.

[p. 9] Fond du Rosaire pendt la bénédiction aux malades – Évêques – protonotaires pèlerines mi-rouge, mi-violette, chanoines de toute sorte, 2 suisses à plumets de corbillard blanc, énormes, un vermillon, un bleu du Luxembourg, je pense – celui de Lourdes plus simple, en bleu et argent, au milieu.

On chante un pot-pourri – une strophe latine du *Magnificat*, et une :

Vierge, notre Espérance
Étends [sur]vers nous ton bras
Sauve, sauve la France,
Ne l'abandonne pas bis.

Un monde fou ! – aujourd'hui jeudi [*8 septembre*] 2e grand jour.

Pas de miracles

Ce soir procession immense – *Ave Maria* sans arrêt – *Credo* dans le bassin de feu du Rosaire et des rampes. Bénédiction Épiscopale. [p. 10] Tout le monde décoré – belges rosette 3 couleurs – des verts, des bleus, des croix ordinaires – la croix de Lorraine. Tout le monde a du galon, des costumes

Mais tout de même que de chants à la Vierge. Elle a dit : Venez ici en procession, ce qu'on lui a obéi ! C'est là le beau, la foi de ces gens de ces 40 000 pèlerins ici !

Quelle cacophonie – *Ave Maria*, sans arrêt – puis : *Il est notre père, il est notre Roi* – Un pêle-mêle.

Le soir, des cris – mais au lieu de cris de pochards, des cris de cantiques.

Vu hôpital – lupus. Le pauvre petit oiseau une figure pas commune, un peu busquée – bras allumettes, colonne vertébrale on ne sait où, jambes en thyrse, minuscules.

Le gosse en gouttière, guéri. Vu la plaie [p. 11] sèche, dans les linges tachés, dans le dos.

L'homme de Coutances parti.

8 000 habitants à Lourdes et 45 000 ces jours-ci ! –

On se de[mand]e devant tant de misère à l'hôpital pourquoi Elle ne les guérit pas ! – pourquoi si peu en face de tant de prières, de tant d'efforts.

Elle donne sans doute la résignation à bien des non guéris – Elle en guérit ensuite, en arrivant (N. D. des Victoires, à Paris) – Elle guérit partout, grotte, piscines, St Sacrement, à l'hôpital même, en descendant un escalier.

À l'hôpital – pèlerinage de Belley qui a des sœurs de Beaune – le magnifique costume bleu du 15e [siècle] – Les maisons sont indépendantes. Aussi y a-t-il parfois un peu de différence dans le costume. Celui-là est vraiment très beau –

Trop de haricots et d'œufs durs au repas [p. 12] de l'hôpital – Vin trempé à discrétion et pain – bouillon, veau, haricots, œufs mollets, macaroni –

Il y a eu un curé qui a tiré, un soir, un feu d'artifice. On y a mis ordre, mais comme ça achevait bien l'allure d'un 14 juillet !

Ah ! si les gens qui chantaient avec tant d'élan, le soir, les *Ave*, avaient eu de tels transports, pendt les invocations des malades, peut-être en aurait-on eu plus de guéris !

[9 *septembre*.]

– Aujourd'hui, vendredi, après ces 2 jours furieux, un peu d'accalmie.

L'odeur des asiles abris ! L'ammoniaque vous pique le nez partout.

On circule ds l'hôpital, des sœurs de toute sorte, des dames, des brancardiers, Darros, l'aumônier – quelle vie turbulente, au milieu de laquelle quelques-uns agonisent !

Le Portugais jeune, devant aller [p. 13] chez Fournier et à l'Hôpital Péan, qui fait des acrobaties devant nous chez Boissarie et saute à pieds joints par-dessus les chaises.

Il baigne des malades à la grotte. Mais il n'y a pas de certificats de médecin et Boissarie ne s'en occupe que comme curiosité, sans s'en servir.

Il y en a sans doute des guéris de la sorte, que l'on ignore.

Généralement, à la procession, c'est vers la fin à l'*Hosannah fils de David* que les malades guéris se dressent.

Rien, ces jours-ci, mais des guérisons sans bruit, comme celle d'une institutrice aveugle et du gosse en gouttière.

Tout de même, tant de messes, tant de gerbes de prières qui fusent sans cesse vers la Vierge !

Je me disais cela, hier au soir, au-dessus de ce lac de feu, de cette roue tournante des rampes, des voci [p. 14] férations, des cris. Et il y a des adorations nocturnes. Nulle part, évidemment, on ne prie pareillement. C'est là, le côté vraiment beau, de foi, de cette ville en liesse. Car, c'est ici la joie, comme est la Vierge, du reste – Le côté malade est la curiosité – On le sent chez tous – Cependant, la majorité, d[eman]de leur délivrance à la procession.

Lourdes a bien perdu avec les Frères de l'assomption !

C'est terne. Malades en larmes, mais moins électrisés. Ça manque peut-être de foi suffisante, à ce moment-là ; ça dépend du prêtre qui fait les invocations. Et puis il faudrait un P. Antoine, un Saint pour bénir, et c'est un Sueur, des évêques quelconques !

C'est administratif !

[p. 15] [*10 septembre.*]

Argelès-Gazoz [*sic*] – de là, par voiture à St Savin – église romane – chaire curieuse, un vieil orgue démantibulé en bois – en bas, des tuyaux absents, 3 mascarons, de bois peint, tirant l'orgue [*sic* pour la langue] quand l'orgue joue – l'orgue serait du 14e ? ?

Les journaux ici – seul le *journal de la grotte* avec les guérisons compte.

2 f. 50 par jour, le cirier. – Ils sont 2.

[*11 septembre.*]

Aujourd'hui dimanche, fête du St Nom de la Vierge – Vêpres à la basilique – pas d'antiennes – les 2 premiers psaumes seulement. Un *Ave Maris Stella* dont la 1re strophe sert de refrain aux autres et sans antienne le *Magnificat.*

Quelle liturgie !

Après, bénédiction des malades. Évêque de Nazareth, un Bois Sauton poitrinaire, 28 ans. Un chanoine [p. 16] de Belley fait les invocations. Celui-là fait mieux que les autres : Tous à genoux, les bras en croix. –

Et il fait chanter furieusement ce qui ne se fait pas d'habitude

Solve, vincla reis,

la strophe. Ordinairement, ce n'est que celle : *Monstra te,* 3 fois.

Hélas ! Rien – pas un miracle. Trop de promeneurs, d'indifférents. La Vierge guérit discrètement, ds une communion, à la grotte, comme la femme nourrie à la sonde depuis 16 mois.

Le petit en gouttière guéri est retombé.

Les Belges qui ont eu tant de miracles, au début, n'en ont plus. On les accuse, ici, d'aimer trop leur bien-être. Ici, ils sont les [p. 17] maîtres, admirablement organisés d'ailleurs : ont un wagon-chapelle, se suffisent pour tout, ont leurs dames, leurs brancardiers à eux.

On pense toujours après une terrible séance, comme hier, où j'étais sur les marches du rosaire : ah ! si j'étais la Vierge, ce que je les guérirais tous !

Mais ces Évêques, ce vague rasta de Nazareth ! ! le Sueur, le Renou, il faudrait des Saints, un pour bénir, un pour faire les invocations !

La folie de cette foule, se ruant sur le bureau des constatations – obligé de chercher des voitures pour faire sortir des malades auxquels on ne laisserait pas une parcelle de vêtements. Ce sont les prêtres les plus enragés – Les brancardiers accompagnent, se tenant par [p. 18] leur sangle, pour faire le vide autour de la voiturette.

Maladies étranges
Couchage dans le rosaire
mangeaille partout
interminables processions

et le costume exquis des sœurs de Beaune – une priant les bras en croix, devant la croix, c'est vraie saveur du M. âge, mais dans quel décor !

Belley part, aujourd'hui, avec la mauviette blonde, à veines bleues, non guérie – des doigts en gélatine que l'on retourne à volonté. Un prêtre paysan, à genoux, les bras en croix, devant les piscines, face au public, demandant des prières et faisant les invocations, en baisant la terre. Beaucoup de piété. Ils ont eu un mort, un des suisses de la cathédrale.

Boissarie, juge d'instruction de province, plaisantin. Dr Cox, [p. 19] Écossais, ressemblant vaguement à Chéret, mieux – silencieux et travaillant.

Directeurs. – Un Ganglon [*sic* pour Gamblon] <à moustaches>, imbécile, avec ombrelle blanche, des mains bénissant. Un vieux borgne à favoris blancs, devt le St Sacrement, désignant à la Vierge ce qu'il y a à faire. Ce qu'ils s'en croient !

Les très bien ce sont les piscines et ceux des petites voitures faisant le trajet de N. D. des Douleurs à la Grotte. Ceux-là, seuls, travaillent. Mais quelle nuée de parasites, le marguillier de St Augustin, à favoris, ceux qui font la police de la grotte. Costumes et décorations.

Bien, les femmes à l'hôpital, servant le repas des malades.

[*12 septembre.*]

Un peu de calme aujourd'hui, lundi. Il ne reste que Reims et Nice – Belley part à 3 heures – Les Bretons n'arrivent que ce soir, on peut [p. 20] aborder les alentours de la Grotte où l'on défile encore par une porte, près de la chaire, pour sortir par l'autre et l'on peut boire.

– M. Mulatier de Lyon, et l'abbé Migot guéri d'un ulcère à l'estomac, près d'Épinal – deux braves gens –

Est-ce loin de tout, cet immense carré devant le rosaire, avec une promenade derrière, comme aux Tuileries où se tient la Vierge, où l'on attend qu'elle opère !

Où trouver quelque chose de semblable ?

Mais Elle ne paraît plus vouloir descendre, dans ces foules – rien, en somme – sinon des cas isolés, autre part.

Les 2 Bénédictines du St Sacrement ds des voiturettes. L'agité, à la rondelle de poireau, partis déjà [p. 21] depuis quelques jours. On s'y intéressait.

Nous allons, avec les nouveaux pèlerinages, voir maintenant de nouveaux malades.

Se rappeler le tohu-bohu des gens buvant à la fontaine, emplissant des bidons – mangeant dans les abris ou sur l'herbe – des vendeurs de vanille et de pain – tout le côté foire, de cette ville – les cafés pleins – les crieurs du *journal de la grotte*, des miracles faux ou vrais, l'allure de bestiaux des paysans de la Lozère, des prêtres pas rasés, ahuris, dans ce monde, tous des chapelets à la main.

La furie de l'escalade de la rampe, le soir, avec des cierges ; des cris ininterrompus – la nuit étant comme le jour ici. [p. 22] Une sorte de cuve en ébullition ds laquelle on verse de nouveaux trains, une poignée de 2 600 Espagnoles ! – et pas de désordre, en somme. Un bétail disciplinable, habitué à obéir. La grotte, le rosaire, la basilique, la crypte tout est plein et derrière des processions descendent, en chantant, les lacets.

Quand la Vierge s'en ira-t-elle ? On a quand même l'impression d'une décadence de foi – Les gens des premiers pèlerinages vous le disent. Il y a trop de prêtres en excursion, à peine des confesseurs – on les cherche. Il devrait y en avoir, sur la place du Rosaire partout. Et ce ne sont pas les prêtres qui manquent. On leur donne tous les pouvoirs [p. 23] dès leur arrivée. Mais, eux n'ont certainement pas un dévouement suffisant. La partie faible, c'est eux, ici.

Je sais bien qu'il y en a qui se font brancardiers, mais ce n'est pas leur place ; il y a assez de laïques pour cela, leur rôle est autre.

Des faces en viande écorchée, ou en viande <mortifiée> verte. Des tumeurs qui emportent une partie de la figure tout d'un côté – Des faces de mort du lupus, avec 2 trous sanglants et l'as de trèfle du nez disparu, rouge. <Le reste, une éponge avec les filets soufre du pus.>

Ça sent le pus, la charogne, la mort, dans un flot de poussière empestée par de la fausse vanille au-dehors.

L'ammoniaque, loin même des lieux assiégés.

[p. 24] [*13 septembre.*]

Mardi 13 Les Bretons arrivés d'hier soir. Du haut du carmel, à la grotte, un champ de bonnets blancs.

Ils sont encore en costumes, chapeaux à rubans de velours, culottes à pont, vestes à boutons, bleu roi, broderie jaune serin. Un en un violet d'aniline ignoble. – Les jupons de dessous des femmes, des bleus infâmes.

La curiosité ce sont les bonnets différents suivant les diocèses : des sabots, orchidées retournées, des collerettes godronnées Louis 13, petites, des petits cornets empesés sur la tête – des brides dures flottant. Des choses informes. Les sœurs du St Esprit, en serge blanche, vêtues comme de toile écrue, capeline bordée de noir – gd bonnet genre St Thomas de Villeneuve – Un breton encore avec les grègues et les guêtres cannelle. Les femmes du velours noir dans le dos comme soutache. Messe en plain [p. 25] chant, au rosaire, pas mal. Cantiques sans grand caractère –

Ce jourd'hui il pleut à torrents. Impossible de pénétrer ds la basilique, ds la crypte. Et le rosaire est plein. Il faut renoncer à prier ds tous ces lieux, par ces temps de pluie et de foule –

Il y a de l'orchidée dans certaines de ces coiffes, avec leurs tiges qui tombent.

Hommes, basanés, durs – les femmes ahuries, un troupeau piétinant – Des jeunes filles avec de petites têtes d'oiseaux, dures d'os, dures de cervelle.

Une femme, ressemble à une hollandaise, avec une broderie de paillon sur les oreilles – et un jupon liseré d'orange. Elle est du fin fond du Finistère.

Hommes – culottes ordinaires – vestes variées, avec grelots, broderies, [p. 26] vestes généralement noires ou bleues. Les prêtres les conduisent, comme un berger un troupeau. Un enfant à béquilles, l'air têtu et méchant – à grands yeux clairs – Quelles pieuses brutes ! – alcool et chapelet – Mais ils sont les seuls, depuis les Espagnoles, qui donnent un peu de couleur, ici –

Ces coiffes de femmes, il y en a comme de petits pots de terre renversés, ou des képis sans visière anglais, renversés. <Vertugadins.> Pantalons ardoise, purée de poix [*sic*].

Ce qui est étonnant tout de même c'est l'ordre de cette foule lâchée, de nations différentes – pas une rixe – rien.

[*14 septembre.*]

Ce mercredi où il pleut à torrents, où tous pataugent – une procession de Quimper, vue du haut du Carmel, rien que des ronds gris de parapluies, des tortues les unes sur les autres

[p. 27] Au bureau des constatations, Schoepfer, une vieille fille à nez pointu, Angoulême un garçon boucher, Nazareth qui a les mains tatouées à la poudre à canon, une étoile et je ne sais quoi ! Il a l'air d'un singe frileux sous la pluie.

Nous venons encore
du pays d'Arvor
où le sol est dur, où le cœur est fort.

Le soir, tous les airs, sous la pluie fine une cacophonie indescriptible.

Le pèlerinage belge, riche a dû arriver hier au soir. Joie de Lourdes, ils paient très bien.

Les bretons un troupeau ahuri de bœufs. Le berri avec son insigne marguerite blanche, sur bleue – sacré cœur breton – cocarde belge – le ruban jaune souci avec petite croix des hollandais.

[p. 28] On ne parle plus français ici ! toutes les langues, tous les patois.

L'Agen, en noir et marmotte noire – Angoulême amenant un prêtre qui joue de la clarinette, un autre du trombone, un autre de l'ophicléide. Il a fallu sur la place du Rosaire, pour la procession du St Sacrement, les faire taire.

Procession. Évêque de Quimper – celui-là, bien, était, le matin, avec tout son clergé aux piscines, ce que les autres ne font pas – Angoulême suivait – Pas de miracles. Je vois la procession du rosaire.

À l'hôpital, la multitude des infirmières. – Les Belges et les Hollandais sont séparatistes. Ils ne s'occupent que des leurs –

Hier, au café de l'Hôtel Royal, [p. 29] tous les grands prêtres hollandais gais fumant des cigares avec de bonnes dames, en prenant de la bière, du thé, du schiedam. (belge).

L'ahuriss^{t} de prêtres et de dévotes de province en voyant cela. Hier, un Monsignor hollandais, ~~<en rouge ?>~~ en remontant allumait un gros cigare. Les bretons le regardaient avec des yeux de vaches devant un train.

Ah ! s'il n'y avait pas le Carmel, je me demande où l'on pourrait se recueillir.

Le Nazareth a le culot de bénir les malades, après le St Sacrement, lorsqu'il le suit ! – Et les grotesques, Gamblond voulant qu'une enfant qui a la danse de St Guy, tenue par 2, ne remue plus devant le St Sacrement.

[p. 30] [*15 septembre.*]

Ce matin, jeudi 15, à 10 heures, basilique, g^{de} messe des Hollandais, toute en plain-chant. Sermon – petites hollandaises avec béret blanc.

La religieuse du St Esprit, dans la caisse, si blême, guérie ce matin à la piscine chez Boissarie, litière, jambière pleine de pus. Elle assise, rose de fièvre aux joues. Elle est tuberculeuse, rendant par le haut pus et sang et coxalgique. Elle se tient mal debout encore – <jambe tordue s'est redressée>

Une autre, bretonne aussi, avec ventre énorme, abcès, tout disparu pendt son action de grâce, après communion à la grotte.

Ça ne se passe plus à la procession du St Sacrement.

Il y a certains costumes de bretonnes qui se rapprochent de ceux de Hollande.

Ce jourd'hui, grand marché de bétail, à Lourdes. Une foule. Dans les ruelles, des veaux. Par toutes les fenêtres des tables mises et des pèlerins du Berri et de la Bretagne, mangent. On vend [p. 31] du pain, à tous les coins de carrefour.

Beaucoup de bretons portent ds leurs bras les enfants infirmes.

La petite à la gangrène de l'hôpital continue toujours à aller mieux. Les pieds, sous la ouate, encore gonflés, mais séchant. La malheureuse poussait de tels cris dans le train qu'elle couvrait les sifflets de la locomotive. On lui éventait les pieds au-dessus d'un seau ds lequel coulait le pus. L'odeur était insoutenable.

Ce sera une belle guérison, si elle s'achève.

Une autre, une hystérique, visible, a un bras libre alors qu'il était noué. Tant mieux, dit Boissarie, mais c'est de la fausse monnaie !

Petit bureau, sous l'arcade, tapissé aux murs et au plafond de faux pitchpin – 2 ampoules électriques. Les fenêtres grillées à verres de couleur. Une cheminée au fond, avec une Vierge de Lourdes – derrière Boissarie, un Christ – des banquettes, des chaises, fauteuils, une seule gde table – [p. 32] 2 portes, une de chaque côté. Une foule dès qu'on entre.

Des armoires de pitchpin pour les registres. Une 3e porte menant dans une petite pièce où l'on examine les malades.

Peu clair dans le jour – Des photos de guéris, piquées dans des cadres, le long du mur.

L'église de Bernadette par terre. Une grande avec vitraux infâmes. C'est du roman de camelote, comme la basilique est du gothique de pacotille –

Le vrai titre du Nazareth est Archevêque de Ptolémaïs. Il l'était à 25 ans. Il est depuis une année à taper en France.

Mgr Konings – hollandais, à lunettes d'or, à gros cigare – charmant. Ce matin, allé chez Schoepfer – <absent>

[p. 33] Hier – Cœuret-Varin, Évêque d'Agen, était parmi les malades, sur un fauteuil, devant le rosaire – pour la bénédiction.

Hier matin, Bretons revenant de la grotte où l'on bénit grosso modo en chaire, toutes les médailles, avec formules annoncées comme pour celle de St Benoît – Partout des paniers pleins des énormes chapelets à 6 sous et des bouteilles et des bidons.

Et dans la journée, les trains ont pompé la Bretagne, le Berry, tout. Restent les anglais (~~80~~) 90) hollandais, et la Bourgogne à décoration noire et rouge, avec croix jaune (couleurs flamandes) et un petit groupe de Belges.

Procession minuscule, en un champ restreint. Nous sommes directement derrière les malades [p. 34] de Hollande – devant nous un début de lupus, une aveugle, une femme à trous ds le front – Ça sent le pus – puis comme grands malades 2 – sur civière, une femme à pied ds la ouate et un malheureux enfant à jambes en fuseaux, à corps de grenouille, un amas d'abcès – figure de bossu, blême exsangue, mains croisées.

On fait les invocations en français, en hollandais, en anglais, en français [*sic*]. Le latin vaudrait mieux –

Le manque de flamme de cela ! Pas de guérisons – après les hollandais se font photographier devt le rosaire. Ils rient, s'amusent. Koenings papillonne. C'est bonhomme et charmant mais tout cela est-il assez pénitentiel ?

[p. 35] Après, tous, au café.

<Ils n'ont pas de miracles parce qu'ils viennent tous en 1re classe, dit le peuple.>

Les anglais arborent orgueilleusement leur drapeau et un fanion. Ils ont l'air de touristes et non de pèlerins. La Hollande a une simple bannière de la Vierge.

Lourdes est vide, mais des trains belges doivent arriver, le soir. Le Berri parti, plus un breton. En une ½ journée, ça été le vide.

Ces femmes à papillons d'or, sous coiffe de dentelle, sont du Zuyderzée.

Devant le café passent en sifflant dans leur chalumeau les conducteurs de chèvres qui vendent du lait – Et les insupportables marchands de vanille.

La petite religieuse blanche est partie. Le mieux continuait – [p. 36] Je voudrais bien tout de même un miracle pr la Hollande à cause des protestants. –

Imbécillité : faire toucher un porte-cigare à la grotte.

Une bretonne discutant sur les 2 sous du cireur de souliers et ne voulant donner qu'un sou, sous le prétexte que ses pieds ne sont pas grands.

Une partie des belges en excursion à Gavarnie, etc. On leur reproche, ici, leur bien-être, leurs parties de plaisirs qui leur empêchent, comme pour les Hollandais, les miracles.

Il est bien certain qu'ils sont d'une piété sûre, solide, continue, mais c'est une partie de plaisir pour eux, comme pr les hollandais

[*17 septembre*].

Hier samedi, même procession restreinte que la veille. Invocations en français, anglais, hollandais. C'est le hollandais [p. 37] Van Rooy, le Président, qui tient le Sacrement. Un gd prêtre, quand il s'agit en haut, de la bénédicto finale, lui essuie furtivement le front.

Le petit hollandais, qui semble bossu du devant sous ses couvertures, ce qu'il a ? Il a la colonne vertébrale pourrie, me répond Boissarie.

Ce pays si peu pénitentiel de la hollande est pourtant celui de Ste Lydwine ! –

Les Anglais ont leur ruban tricolore français en long [croquis].

[*18 septembre*].

Hier – Dimanche – procession très compacte, grossie par les gens *à paniers* de la campagne qui viennent en partie de plaisir – Invocations toujours en 3 langues. Un prêtre d'un village belge admirable, les bras en avant, suppliant, à bout de forces. Pas de miracles – toujours rien.

Viron, le photo[graphe], dit : Les Belges, ils sont là, le premier jour, le reste en ballades [sic] ; les hollandais prennent seulement un jour de balade sur leurs 8 jours.

[p. 38] Depuis que les belges ont un si beau train de malades, avec une chapelle ds un wagon – plus de miracles, du tout. Il semble que la Vierge veuille vraiment la gêne et la pauvreté.

Le mépris de l'hygiène est admirable ici. On baigne après avoir mangé, on baigne ayant ses règles et il n'y a jamais rien.

Tous les miraculés disent : j'ai senti un souffle chaud, ou un souffle froid qui me traversait, une horrible douleur et puis un bien-être inexprimable.

Mardi 20 7bre. Procession avec la moitié des Belges – invocations en français et flamand. Les Anglais sont en ballade. Chez Boissarie, Laty [*sic*] évêque de Châlons en incognito. Boissarie avec ses tibias de bronze nous réexplique l'affaire Ruder [sic]. Mais le miracle a eu lieu à Oostakker-lez-Gand ! ! – et là, il n'y a ni piscine, ni eau. Les Belges pourraient n'aller que là, s'ils n'étaient pas au fond, des touristes.

[p. 39] Les Belges aimés des commerçants, ne le sont guère à l'hospice. Égoïstes, ne voulant soigner que leur malade. D'ailleurs, ils n'y sont guère. Sur 180 brancardiers inscrits, seuls 30 fonctionnent sérieusement. Toutes les petites jeunes filles en corsage blanc font le service des dîners mais le pénible m'a l'air fait par de bonnes matrones du peuple, bourgeoises. Celles-là sont les vraies et ce sont très sans doute, les pauvres.

La chapelle de l'hôpital assez vilaine, en crypte, avec plafond bas ; au fond autel de Piéta. Une statue de St Jean de Dieu, portant un malade – des bancs.

La Normandie arrivée hier soir, avec fanfare ! – Une croix de flanelle rouge pour insigne – <un trèfle de zinc dessus, avec Vierge en gaufré.>

Ce qui est effarant, c'est que les contrefaçons de Lourdes ont l'appui de la Vierge : Oostakker, Constantinople. Alors, quoi ?

[p. 40] Ce qui est incompréhensible c'est le système d'améliorations. La petite gangrenée va mieux ; elle part – Comment savoir à quoi s'en tenir, quand le miracle n'est pas entier ; et la Vierge semble le faire rarement maintenant.

Le mieux persiste-t-il. Le gosse ds l'appareil ne pouvait guère être suggestionné – Il se lève, je le vois marcher, la plaie du dos est sèche ; le lendemain il est au plus mal ! !

C'est très déroutant.

Il faut toujours penser qu'une famille est responsable du haut en bas, que le petit hollandais, que la gangrenée tirent peut-être d'arrière-parents du purgatoire par leurs souffrances, que s'ils ne sont pas guéris, c'est parce que le compte n'y est point.

Et il y a encore la question d'équilibre général – en ces temps surtout.

[p. 41] Une amélioration ne persistant pas – peut-être y a-t-il une consultation là-haut – de l'arrière-parent voulant à tout prix sortir de la géhenne et sacrifiant son descendant ? ? – alors qu'il avait d'abord consenti – ce qui justifiait le commencement du miracle.

La petite Térèse de Jésus, hier, vous devez être le saint Michel de la Ste Vierge.

Les piscines ce matin. – trop étroit – Un malheureux étendu qu'on déshabille à 4. On l'assied sur une chaise et là, avec une sangle à poignée, tenue par 4 hommes, on le plonge dans l'eau une minute – Au fond un vitrail avec une Vierge – une petite Vierge en plâtre peint – au dessous. Une bousculade. On remet les vêtements à même sur des grelottants, sans essuyer O les dos déviés, les membres secs, la charpie purulente par terre, un linge de pansement qu'on retrempe avant de le remettre ds la piscine.

Les antiseptiques, ici, ce qu'on s'en [p. 42] fiche – Les pansements même à l'hôpital se font à l'eau de Lourdes !

Vêpres belges – nulles – discours et cantiques – par contre messe en plein air à la grotte, avec chœurs alternés de jeunes filles et d'hommes, pas mal, en plain-chant.

Ici, la rampe un aqueduc – le Rosaire, une rotonde à locomotives avec la niche des machines dans le creux des chapelles. Il manque la plaque tournante et les rails.

Plus d'anglais visibles, pour l'instant ; tous sont en balade.

Lourdes serait à refaire de fond en comble – églises – bains – surtout le bureau des Consultations qui est au-dessous de tout. Il est impossible d'être moins scientifique. Il serait facile d'avoir un bureau de médecin à l'hôpital, examinant et les [p. 43] certificats des malades et les examinant eux-mêmes, avant l'arrivée à la grotte. Et après – quand ils en reviennent.

L'excuse de Lourdes est d'avoir été bâti, à mesure, de bric et de broc, car on ne pouvait soupçonner à cette époque l'énormité des foules qui y viendraient.

[*20 septembre.*]

Mardi – hier – gde procession – beaucoup de malades de la Normandie – Invocations en une seule langue. À la fin, quand le St Sacrement passe pour retourner au parvis, une femme couchée sur une civière se lève. Brouhaha, un souffle de foule. Des prêtres la font recoucher – les brancardiers courent de toutes parts, afin de la rejoindre et l'entourer quand la procession sera finie. On chante le *Tantum Ergo* – nous filons chez Boissarie. Il y a le curé de N. D. des Victoires, Latty, de Chalon [*sic*], en incognito. On se bat pr forcer les portes. Boissarie met les clefs ds sa poche et par la fenêtre ouverte surveille l'arrivée. On amène la fille, dans une poussée de foule. Il faut tous nous arc-bouter à la porte. Elle a 17 ans, son père est [p. 44] régisseur d'un château près du Havre. Boissarie demande aux prêtres qui l'accompagnent le certificat médical qu'on ne trouve pas. Il se fâche, les attrape. – Il fait s'asseoir la petite et l'interroge. C'est une hystérique du gd jeu. C'est visible tout de suite. Elle dit avoir des attaques avec 4 hommes pour la tenir – avoir été déjà guérie chez elle par une image de la Vierge posée derrière la tête – Ça suffit, dit Boissarie, nous examinerons demain, plus à fond. En attendant, vous êtes guérie, c'est parfait. Allez chercher une voiture et remmenez-la. Et il hausse les épaules. Dans la conversation avec le curé de N. D. des Victoires qui confirme la réalité de son miracle, en somme, il dit : Ah ! il y a ici pr les phtisiques un phénomène, une amélioration extraordinaire, une guérison même et 6 mois après la phtisie matée reprend le dessus.

[p. 45] Vu l'abbesse des Clarisses. Elle est derrière un tour percé de fentes en longueur comme des bouches de tirelires.

Il y a 26 ans, le 17 7bre, jour de la fête des Stigmates de St François d'Assises [*sic*], sœur Marie des anges (c'est son nom) était au monastère de Lyon. Elle avait été d'abord 3 ans malade, employée à l'infirmerie, puis couchée pendant 7 ans. Les médecins avaient reconnu un cancer du foie. Elle ne mangeait plus, ne bougeait plus, souffrait, rendait tout.

Elle se sentait perdue et était ravie à l'idée que ça allait finir et qu'elle allait entrer ds le Paradis.

La Mère Térèse qui venait, de Lyon, de fonder le cloître de Lourdes la demanda à Lyon, pensant que si elle était guérie ce serait une preuve de bonne fondation. Elle ne tenait pas du tout à guérir. Voulez-vous y aller, demanda la Supérieure – Je n'ai pas à donner d'avis, mais à obéir [p. 46] dit-elle pour s'en tirer. L'abbesse voyant son état et craignant qu'elle ne mourût en route, n'osa prendre la responsabilité et l'on pria le Cardinal Caverot, archevêque de Lyon de se prononcer. Il autorisa le transfert, mais sur la d[eman]de de la Mère Marie des anges le priant alors de lui donner l'ordre de guérir, <alors qu'il vint pour la visite canonique> – il répondit : Je n'en ai pas l'inspiration.

Elle partit, ce fut douloureux – Elle fit d[eman]der à la Mère Térèse de Lourdes ce qu'elle devait faire : Demandez à guérir – Elle fut portée ds la grotte, qui n'avait pas alors comme aujourd'hui une grille, mais une chaîne, et on la coucha derrière l'autel. Elle but un peu d'eau et pria une ½ heure.

À ce moment, 2 personnes entrèrent qu'elle ne pouvait voir d'où elle était. L'un, un Monsieur pieux de Lyon qui la connaissait pour l'avoir vu apporter à la communion à sa chapelle. L'autre Fonteneau, évêque d'Agen. Le Monsieur [p. 47] la reconnut et la désigna à l'Évêque. Elle essaya de se traîner sur les genoux pour se faire bénir et, croyant que c'était l'Évêque du diocèse de Lourdes, elle lui dit : Monseigneur, commandez-moi de guérir. L'Évêque, stupéfait, répondit : Si la Vierge le veut, je vous le commande.

Elle eut un grand frisson et fut debout guérie. Aucune rechute depuis 25 ans. On voulait la porter au bureau des constatations, mais le P. Sempé, le Dr des Missionnaires, vieux dure [*sic*] à cuire, dit : Non, elle est en clôture, qu'elle retourne aussitôt ds son cloître.

Guérie – ne le désirant pas – et par et au nom de l'obéissance. Une vraie guérison mystique, celle-là !

Les 2 cornacs de la Vierge

Gamblon – à la tête penchée – à la brosse à dents, à l'ombrelle grise – suave et grigou – épicier en gros et mollet.

Lacaille, à la calotte, marguillier à St [p. 48] Augustin – de l'huissier et du bedeau, du maître d'hôtel et du marchand de cierges.

Ils désignent les malades au St Sacrement, guident Jésus – servent d'huissiers à la Vierge – lui montrent ce qu'Elle a à faire.

Dieu ne joue pas la difficulté comme au billard. L'affaire de Ruder, d'Oostakker, le prouve. Il a remis la jambe comme aurait fait un chirurgien – mais là où il aurait fallu des mois à la nature, lui a opéré en une seconde. Il a fait repousser en sus un bout d'os pour empêcher de boiter, mais il n'a pas remis au point de vue esthétique la jambe. Il a laissé les traces de la maladie, <sans quoi l'on aurait dit qu'il n'y en avait jamais eu>.

Dans les simples améliorations, il semble jeter seulement le germe de guérison, laissant à la nature le soin d'ajouter le reste. Il semble ne vouloir que le plus utile, se défendre du miracle inutile. Il transgresse les lois qu'il a lui-même posées, mais il les viole [p. 49] ouvertement, rarement. Il semble avoir pr la nature le respect qu'il a pour la volonté de l'homme. Évidemment il appuie fortement sur le libre-arbitre, mais se résout difficilement à l'abolir. Rien d'inutile, rien de fantaisiste, rien de superflu – Il a l'air comme pressé.

Ce Rudder, c'est l'autopsie du miracle faite pour la 1re fois après la mort.

Pour ce lupus guéri d'un coup, et dont on voit les traces sur la grosse femme à Lourdes. La question n'est pas de savoir si ce serait nerveux ou n'importe quoi. La question est celle-ci : elle avait de tels trous ds les joues et le voile du palais perforé qu'il fallait, pour qu'elle bût, mettre de la ouate dans les joues et lui pincer le nez, pour que tout ne giclât pas.

Or, tout a été fermé en une minute, ce qui est contraire à toute l'œuvre de la nature. Elle peut guérir, mais pas faire cela – quelle que soit l'origine de la plaie.

[p. 50] Ces piscines où la Vierge travaille ds la pénombre, ds une salle de bains.

Ce grand quadrilatère de la procession où le ciel est certainement. Ce spectacle inouï d'une foule implorant un vide qui est plein.

C'est, ici, la mousse, le champagne de la piété, comme Chartres serait un vieux et solide Bourgogne.

Avec ces simples améliorations, on vit peut-être ici, plus dans l'incompréhensible que ds le surnaturel.

Ah ! ce *Laudate Mariam* – et cet *Ave*, le soir, au lit et au réveil.

[*22 septembre.*]

Jeudi – veille du départ. Chez Boissarie. Conversation avec l'évêque de Châlons – Une jeune fille 17 ans, de la Normandie l'avant-bras droit et toute la main paralysés et le pouce rentré – 2 jours de piscine et de procession – rien – le 3e jour va faire son chemin de croix – à la d[erniè]re station, quand elle a fini, tout se remet en place. – Elle [p. 51] a aussitôt acheté une bague avec faux diamant ! – Ce que c'est femme !, s'écrie Boissarie. Et l'Évêque et tous nous rions de la rougeur de la petite.

Pour la Clarisse, la Mère Térèse qui la demandait à Lyon, dit : elle fondera l'infirmerie si elle ne guérit pas ; cela portera bonheur.

Ce volume du Père Cros, les 1res pages sur documents, intéressantes, les autres d'une nigauderie pieuse, vraiment accablante. Je comprends qu'on lui ait interdit de faire paraître ses 3 volumes.

[*Sur le dernier feuillet de garde* :]

F. Olivier, Le gd béguinage de Gand
Lethielleux, 2 f. 50

ANNEXE III
Tableau de concordance établi par Huysmans entre les apparitions mariales et le calendrier liturgique

[Les soulignés simples correspondent à des soulignés en bleu, les soulignés en gras, à des soulignés en rouge.]

Jeudi 11 février	1re apparition ; la Vierge lui fait signe de dire le chapelet, mais ne parle pas	Ste Geneviève
14 février Dimanche		Dimanche de la Quinquagésime – Évangile St Luc – aveugle : Seigneur faites que je voie ! [*un mot illisible*]
18 Jeudi	Voulez-vous avoir la bonté de venir, ici, pendant 15 jours ? Je ne promets pas de vous rendre heureuse ds ce monde, mais dans l'autre	St Romuald fondateur des Camaldules
19 Vendredi	Satisfaite de sa fidélité, qu'elle aurait plus tard des révélations à lui faire – bruits infernaux derrière le Gave.	Couronne d'Épines de [*mot abrégé illisible*] 8
20 Samedi	Appris une prière spéciale	St Valère
21 Dimanche	Priez pour les pécheurs.	Dimanche de la Quadragésime – 1er Dimanche de Carême –
22 Lundi	La Vierge n'apparaît pas.	Siège de St Pierre d'Antioche
23 Mardi	Elle lui donne 3 secrets pour elle.	St Pierre Damien
24 Mercredi	Pénitence ! Pénitence ! Pénitence !	St Matthias – (Quatre Temps) de Carême – [*phrase illisible*]
25 Jeudi	Allez boire et vous laver à la fontaine – mangez de l'herbe –	Ste Apolline – brise les dents – Messe illisible – Év. Vierges sages et folles – Évangile de la [*mot illisible*]

26 Vendredi	Vous baiserez la terre pour les pécheurs.	Fête de la lance et des clous (Quatre Temps) à la fin de la messe Oremus Évangile de la Piscine probatique [*phrase illisible*]
27 Samedi	Allez dire aux prêtres qu'il doit se bâtir, ici, une chapelle.	St Amand (Quatre Temps) – Évangile de la Transfiguration
28 Dimanche	Communications intimes et personnelles.	Dimanche II de la Quadragésime – 2e dimanche de Carême –
1er Mars Lundi	?	St Léon
2 Mardi	Redéclare qu'elle veut une chapelle – Je veux qu'on y vienne en procession.	St Cyrille [*mots illisibles*] Évangile contre les Pharisiens
3 Mardi	N'apparaît pas.	St Alexandre
4 Jeudi	On ne sait rien de ce qu'elle lui a dit. – Dernier jour de la quinzaine	St Casimir, fils du roi de Pologne
25 Jeudi	Je suis l'Immaculée Conception.	Annonciation
7 Avril Mercredi	Rien – jour de la flamme du cierge	Férié
16 Vendredi	Rien –	Notre-Dame du Mont Carmel

ANNEXE IV
Notes prises par Huysmans sur l'histoire des apparitions mariales au XIXe siècle

Le 18e siècle, seul, n'a pas eu d'apparitions publiques de la Vierge.

Depuis un siècle ½ pour la première fois la Vierge va parler
1830 Grégoire XVI
Dde de la médaille miraculeuse à Catherine Labouré, destinée à propager la croyance en l'Immaculée Conception. La frappe de la médaille a lieu en 1832 – Notre-Dame des Victoires, prenant comme sanctuaire refusé, la place de la chapelle de la rue du Bac.
3 Xbre [décembre] 1836 – messe de l'abbé Dufriche-Desgenettes – transfert de la dévotion et des grâces de la rive gauche sur la rive droite. [*dans un encadré*] : il semblait que ce [*deux mots illisibles*] Paroles de la Vierge : Les temps sont très mauvais – des malheurs vont fondre sur la France. <Le trône sera renversé> Il y aura des victimes – l'archevêque de Paris mourra – la croix sera méprisée, on la jettera par terre. Qu'on prie… qu'on prie…

— 16 ans après —

1846. Pie IX
La Salette – menaces et ordre de pénitence – reproches au clergé surtout. Le bras de mon fils est si lourd que je ne puis plus le tenir – source d'eau miraculeuse
Entre La Salette et Lourdes – la définition de l'Immaculée conception a lieu – le 8 Xbre [décembre] 1854

— 12 ans après —

1858. Pie X
Lourdes – paroles de la Vierge = Vous prierez pour les pécheurs – Vous baiserez la terre pour les pécheurs – pénitence, pénitence, pénitence

– Allez dire aux prêtres qu'il doit se bâtir une chapelle, ici – Je veux que l'on vienne, ici en procession – allez boire à la fontaine et vous y laver – Vous mangerez l'herbe qui est à côté – Je suis l'Immaculée Conception.

1871. Pie IX
Pontmain (diocèse de Laval) : paroles : mais priez, mes enfants, Dieu vous exaucera en peu de temps, mon Fils se laisse toucher.
Non en paroles, mais en écritures – visibles seulement par les enfants – Les Prussiens n'étaient plus ce jour-là qu'à deux kilomètres de Laval.
(n'a que l'importance d'une manifestation locale)

14 février 1876. (République – Pie IX. + 1878)
Pellevoisin (diocèse de Bourges) Estelle Faguette – f[e] de chambre des La Rochefoucauld.
Plaintes sur les mauvaises communions – Dans l'Église, il n'y a pas ce calme que je désire – La France, que n'ai-je pas fait pour elle. Que d'avertissements et pourtant encore, elle refuse d'entendre. Je ne peux plus retenir mon Fils (comme un souvenir de La Salette) – La France souffrira.
À noter, avant la guérison, 2 apparitions démoniaques auprès du lit d'Estelle, chassées par la Vierge.
« Le diable chassé, le scapulaire du Sacré Cœur révélé, voilà Pellevoisin » dit la notice.
Il y a comme une ramification sur Paray-le-Monial.

---

médaille miraculeuse – une sœur d'ordre actif. La Salette, Lourdes, des bergers – Pontmain, des enfants – Pellevoisin, une femme de chambre – Aucune n'appartenant à un ordre contemplatif

---

À La Salette : la Vierge en haut d'une montagne
à Lourdes– dans une grotte, en bas.
à Paris, Pontmain, Pellevoisin, en pays plat.

Intervalles des 4 – 16 ans
13 ans
12 ans
5 ans

1830 – Renversement de Charles X – révolution de Juillet – L. Philippe –
1848 – Révolution
1852 – L'Empire

La première fois – rue du Bac – annonce des malheurs annonce la protection des 2 ordres de la charité – veut qu'on prie
La seconde fois – en larmes, menaces – attaques du clergé, exige la pénitence
La troisième fois – D[eman]de encore la pénitence et des prières, mais n'est plus en larmes, plus triomphale, ds sa gloire de l'Immaculée, plus gaie
La quatrième fois – Dieu se laisse toucher – priez.
La cinquième fois – plainte contre l'Église et contre la France. Lutte contre le Démon – Pellevoisin devenu un centre de réparatrices

La 3 et 4e fois – Lourdes et Pontmain sont comme une détente – plus de menaces – mais des grâces –

Immaculée Conception

Lourdes dérive de Paris :
Au Moyen-Âge, St Séverin
Actuellement, N. D. des Victoires

Elle a, de plus, des antécédents dans tous les alentours. Et elle a existé au Moyen-Âge sous le nom de N. D. de Garaison

---

Précédée ds le moderne, comme apparitions de la Vierge :
de la rue du Bac
de la Salette

[Notes de lecture prises dans]

La Salette 493. Bertrand. Discours Mermillod

Il y a deux choses : une montagne et des bergers. La montagne n'est-elle pas toute l'histoire du monde. L'arche arrêtée sur le mont Ararat. La loi dictée sur le mont Sinaï – sa gloire et sa splendeur, sur le Thabor – ses larmes à la montagne des Oliviers, sa mort sur le Calvaire

Dieu descend et l'homme monte. La Salette est la montagne choisie pour faire un traité de paix entre Dieu et les hommes

Les bergères – la France a été sauvée par 2 : Ste Geneviève et Jeanne d'Arc. Le Dauphiné s'est toujours signalé par son culte à la Vierge. Autour de La Salette, c'est plein d'anciens pèlerinages – comme autour de Lourdes

[Apparitions mariales et régimes politique]

1830 Renversement de Charles X. Révolution des 27-28-29 juillet.
7 août, Louis-Philippe, le roi maçon
1848. Révolution
1852. Napoléon III. Carbonari

ANNEXE V
Notes de lecture sur le satanisme et l'archéologie lourdaises

[...] pierre, un bloc de granit de forme cubique – « Il a dû descendre de la chaîne granitique de Gavarni, charrié par le glacier qui s'étendait, autrefois jusque dans la plaine de Lourdes ».

Massabielle – veut dire vielle pierre. Lourdes aussi – en latin pr [mot illisible]

D'après le témoignage de M. de Courmont <et de Minville>, elle était dédiée à Vénus et la forme ogivale même de la niche où elle se tenait était le symbole de la déesse. – C'était le Péché originel – la chair – qui avait là sa figuration – grotte obscure où jamais le soleil ne pénètre – Les Espélugues – grottes – on y a troué des os humains à moelles fendus et calcinés.

« Le péché originel avait donc dressé son temple satanique à Lourdes ». – L'Immaculée Conception est venue là – « C'est la revanche du Divin sur le Diabolique ».

« La grotte où naquit Jésus, où il fut enseveli – et d'où il sortit triomphant. »

« Là où fut adoré le péché originel, règnera désormais l'instrument victorieux de sa défaite. Est-ce assez lumineux ? »

Titre les mystères sataniques de Lourdes, à travers les âges

On a trouvé ds les Espélugues des silex taillés, un bâton de commandant des pointes de flèches en bois de rennes, des ossements humains

Lieu fatidique

ANNEXE VI
Liste de mots mis en réserve pour l'écriture des *Foules de Lourdes*

Page conservée par la Bibliothèque de l'Arsenal, sous la cote Ms Lambert 33.

canaille
abject
crapuleux
garnement
pleutres
vermineux
caroubleur de cloîtres
concussionnaires
déprédateur
escrocs
filou
gibier
mandrin
pirate
corsaire
censeur
flibuste
forban

dégobillis
écume
effondrilles
œuvres basses

boue d'abcès
sanie
féteur [*sic*]
fétide
infect
méphitique
putride
pestilent
carie
névrose. gangrène des os
rance
saprophage qui vit de chair pourrie
putrilage matière animale en bouillie

[*en haut à droite de la page*] :
clavelée des âmes ver coquin, clavelée des moutons
un collier de lumière, dont le fil s'est brisé

ANNEXE VII
Le testament de Huysmans

Le 8 novembre 1906, Huysmans a rédigé un testament olographe, dont le dépôt judiciaire a été effectué le 14 mai 1907, surlendemain de sa mort. En outre, il a laissé une lettre datée du 11 décembre 1906 et destinée à son secrétaire, Jean de Caldain, contenant des instructions supplémentaires à exécuter après sa mort. Nous reproduisons ci-dessous la copie de ces deux documents, conservée par la Bibliothèque de l'Arsenal, sous la cote Ms Lambert 77.

Le testament officiel offre des informations précieuses sur les rapports de l'écrivain avec sa famille et ses proches, ainsi que sur le sort posthume de son œuvre. Il permet, en outre, de dresser une liste, évidemment incomplète, des éditions précieuses de ses livres, des œuvres d'art profane ou religieux et des reproductions photographiques qu'il possédait à cette date et de leur emplacement dans son appartement de la rue Saint-Placide.

Quant à la méfiance manifestée par l'écrivain envers les membres de sa famille, elle tient peut-être à la publication de l'article consacré, dans *Trois Primitifs*, à la Florentine du musée de Francfort, texte qu'il jugeait lui-même « monté de ton » et susceptible de faire « dresser les cheveux sur les têtes des catholiques. » (Lettre à Léon Leclaire, 24 mars 1904, Ms Lambert 60, f° 296).

CECI EST MON TESTAMENT
écrit en entier de ma main.

Je soussigné J. K. HUYSMANS, homme de lettres demeurant à Paris, 31 rue Saint-Placide, lègue tout ce que je possède, linge, meubles, livres, titres, argent en espèces et droits à venir de mes ouvrages, à mes seules héritières mes deux sœurs.

Juliette Og, demeurant à Paris, 2 rue Berthollet.

Blanche Og, femme Marois, demeurant 16 rue des Blagis, à Bourg-la-Reine.

À charge pour elles de remettre les objets ci-après désignés à mes amis dont les noms suivent

I° – À Monsieur Léon Leclaire et à sa femme et en cas de décès de l'un d'eux au dernier survivant, domiciliés à Pau (Basses Pyrénées) Villa St Jacques, avenue des Billières.

Avec les reliquaires qui les renferment, un médaillon ovale de cuivre et un crucifix Janséniste de buis, toutes les reliques de Saints que je possède et dont les authentiques sont serrés dans un portefeuille placé dans le tiroir de mon meuble de la salle à manger.

Plus une grande photographie de moi encadrée de Taponier, le grand Crucifix de bois peint, au-dessus de mon lit dans ma chambre à coucher, l'exemplaire sur chine des *Foules de Lourdes* et celui sur hollande de la *Cathédrale* reliés par Moens.

Les heures de la Vierge sur parchemin reliure du 18e siècle de Mathias Kerver (ces 3 volumes sont dans la bibliothèque en bois de rose).

Il leur sera aussi remis un carton marqué de la lettre L au crayon orange. Ce carton contient la correspondance de l'abbé Boulan [*sic*] qui sera détruite par leurs soins.

II° – À Georges Landry, demeurant à Paris 14 rue Jacob.

Le petit groupe de la Nativité, la Vierge, Saint-Joseph, l'Enfant et un ange, en bois polychromé, placé sur une commode dans la chambre d'ami, la petite eau forte de Bresdin encadrée, qui est dans le cabinet de travail au-dessus du divan, le petit crucifix en bois peint, au-dessus du lit de la chambre d'ami, en fait de livres : *À rebours* sur hollande relié – *En rade* et *l'Art moderne* sur japon, reliés, *Croquis Parisiens*, édition Vanier reliure pleine en maroquin violet (ces volumes sont dans la bibliothèque en bois de rose) Enfin la miniature de St Christophe, encadrée, dans ma chambre à coucher.

III° – À Henry Girard, demeurant à Paris 54 rue Lamartine.

Mon portrait au pastel de Forain et le Constantin Guys, dessin au bistre, encadré, tous deux dans la salle à manger – Une aquarelle de Forain, femme tenant un enfant par la main, encadrée, dans la chambre d'ami – la petite statuette en bois polychromé de Ste Dite, tenant un crucifix, dans la même chambre. En fait de livres : *Les Sœurs Vatard*, sur chine, reliure janséniste, pleine + Les *Croquis Parisiens* édition illustrée de Vaton reliure pleine, sur Japon – *Marthe*, édition Derveaux sur Wathermann, reliure pleine, orange. (Ces volumes sont dans la bibliothèque en bois de rose).

IV° – À M. l'abbé Mugnier, 25 rue Las Cases à Paris. La petite Vierge en bois peint de Notre Dame de la Treille sur la cheminée de ma chambre, la gravure encadrée du *bon Samaritain* de Bresdin, dans la salle à manger. En fait de livres *En ménage*, sur chine reliure janséniste en maroquin plein – *L'Oblat* sur hollande, relié par Madame la duchesse d'Estissac – L'exemplaire sur hollande, non relié d'*En route* (ces volumes sont dans la bibliothèque en bois de rose).

V° – À Lucien Descaves, homme de lettres, 46 rue de la Santé, à Paris.

Les volumes de Félibien, de Le Beuf, les monographies de quartiers et d'églises, les plaquettes ayant trait à Paris, en un mot toute ma collection de livres sur cette ville, y compris le grand plan de Turgot, plus le volume à gravures sur le Musée Plantin d'Anvers.

Je lui donne aussi l'aquarelle encadrée de Forain, *le salon Charpentier* qui est dans la salle à manger et l'eau forte sur japon, encadrée de Rops, *la Dentellière* qui est dans la chambre d'ami.

VI° – Au Dr Crespel, demeurant à Paris 65 boulevard Malesherbes.

La route de la révolte, tableau encadré de Raffaëlli ; dans le cabinet de travail, au-dessus du divan – L'eau forte de Rembrandt, dans un vieux cadre également au-dessus du divan – Mon exemplaire sur japon, reliure pleine en peau de truie d'*À rebours*.

VII° – À Jean de Caldain, demeurant à Paris 5 avenue de Villars.

Le buste en bois de Saint-Jean, placé sur la cheminée du cabinet de travail, La *Sainte-Catherine de Sienne*, peinture sur cuivre, dans un vieux cadre, dans la même pièce – la nature morte de Cézanne, un compotier et des fruits, au-dessus du divan. En fait de livres – Tous les Théophile Gautier, Baudelaire, Verlaine, Villiers de l'Isle-Adam, de Goncourt, Laforgue, les trois volumes de de Guaïta sur la magie (sont compris dans cette nomenclature, les exemplaires sur papier de luxe)

Enfin l'exemplaire demi-reliure des *Croquis Parisiens* sur papier Vergé édition illustrée Vaton – et *le quartier Notre-Dame* édition Romagnol non relié, enfin l'édition illustrée par Lepère d'*À rebours* (celle-ci pour qu'il la vende à son profit).

VIII° – À M. L'abbé Daniel Fontaine 6 rue d'Alsace à Clichy (Seine).

La grande statue en bois polychromé de la Vierge, placée au-dessus du poële dans la salle à manger – La *Véronique*, gravure d'Albert Dürer dans un vieux cadre au-dessus du divan dans le cabinet de travail. En fait de livres : toute la collection de mes livres relatifs à la liturgie et à la mystique – Dom Guéranger, Dom Cabrol, Ste Thérèse, St Jean de la Croix etc.

IX° – À Madame Godefroy à Jouarre (Seine et Marne)

La petite statuette en bois de Saint-Benoist tenant une crosse placée dans la chambre d'ami et les 2 vies de St Benoist, une ancienne et une moderne, reliées dans le casier à gauche de la cheminée, dans le cabinet de travail, l'histoire de l'abbaye de Jouarre, reliée, mêmes rayons.

X° – À Mademoiselle Henriette du Fresnel au château de la Colombière, par Coulommiers (Seine et Marne) mon chapelet – la gravure en couleur de la Vierge bénédictine de Beuron, encadrée, dans la chambre d'ami, le petit bénitier en argent, Espagnol, représentant une Vierge et l'Enfant, dans ma chambre à coucher.

XI° – À Madame Vve Alice Poictevin, villa Pax à Menton (Alpes-Maritimes)

Un médaillon rond contenant une cire colorée de Ste Claire, entre les 2 fenêtres du cabinet de travail.

XII° – À M. Jouas peintre, 3 bis cour de Rohan – passage du Commerce, à Paris.

La grande statue en bois polychrome de St Jean, en pied, sur un socle, dans la salle à manger – Le volume grand in-folio des prisons de Rome de Piranèse – Le carton renfermant des photographies de cathédrales.

XIII° – À l'abbé Louis Arnaud, professeur à l'École St Paul au Pirée (Grèce).

La photographie de la Vierge de Memling de Bruges, encadrée, dans ma chambre à coucher.

XIV° – À M. Aug [*sic*] Prins, Lange Haven, 107, à Schiedam (Hollande)

Le tableau de Dubois-Pillet, *la Seine en hiver*, dans le cabinet de travail entre les deux fenêtres, *La parade des pitres*, fusain de Seurat encadré dans la chambre d'ami.

XV° – À Madame Gaudy, ma bonne, si elle est encore à mon service, au moment de ma mort, une somme de cinq cents francs (500 Frs) en récompense de son dévouement pour moi.

En ce qui concerne mes obsèques, je ne veux à l'église, aucune musique autre que le plain-chant – aucune escorte militaire et surtout, aucun discours, sur ma tombe.

Je désire enfin que Lucien Descaves soit mon légataire littéraire, c'est-à-dire qu'il s'occupe seul, ou s'il le veut avec l'aide de De Caldain, des œuvres de moi qui pourraient rester à paraître.

Je révoque enfin tout testament antérieur.

Paris, ce 8 novembre 1906
(signé) Huysmans

NOTA

Il faudra remettre à Lucien Descaves, secrétaire de la société littéraire des de Goncourt.

1° – Un portrait de Goncourt, de Carrière, placé dans la chambre d'ami et qui appartient à ladite société.

2° – Un portefeuille contenant tous les papiers et 2 registres relatifs à ladite société.

Paris 8 novembre 1906.
(signé) Huysmans

Tous les legs particuliers contenus au testament qui précède seront francs et quitte de tous frais et droits de succession quelconques.

Paris, le 8 novembre 1906.

En marge se trouvent ces mentions :

I. – Signé par nous Juge pour Monsieur le Président du Tribunal civil de la Seine Paris le quatorze mai mil neuf cent sept.

II. – Enregistré à Paris premier bureau.
le dix sept mai mil neuf cent sept.
Volume 528 folio 94 case 16
Reçu : neuf francs trente huit centimes.
(signé) illisiblement.

Il est ainsi en l'original ci-dessus littéralement transcrit du testament de Monsieur Charles Marie Georges dit Joris Karl Huysmans, en son vivant homme de lettres, Président de la Société littéraire dite « De Goncourt » demeurant à Paris rue Sainte-Placide n° 31 où il est décédé le douze mai mil neuf cent sept, célibataire majeur.

Ledit testament fait en la forme olographe à Paris le huit novembre mil neuf cent six et déposé au rang des minutes de Me Louis Bossy notaire à Paris, le quatorze mai mil neuf cent sept suivant ordonnance rendue par Monsieur … Juge au Tribunal Civil de la Seine pour Monsieur le Président dudit tribunal empêché contenu dans son procès-verbal et de description en date du même jour.

L'an mil neuf cent quarante neuf.

Le huit novembre.

Les présentes ont été expédiées, collationnées, signées, scellées et délivrées par Me Jourdain notaire à Paris, soussigné, comme successeur immédiat dudit Me Bossy et comme tel détenteur des minutes de ce dernier.

POUR EXPEDITION

[Enveloppe scellée de 3 cachets de cire au verso, portant au recto :]

À ouvrir aussitôt après ma mort
Monsieur Jean de Caldain
Instructions
G. Huysmans

Paris 11 D^re^ 1906

Mon cher de Caldain,

Aussitôt après ma mort, avant même que la famille ne soit prévenue, veuillez distribuer la somme placée sous cette enveloppe et qui est ce qu'on peut appeler, *de l'argent donné de la main à la main*, en dehors d'autres legs que contient le testament déposé chez Me Bossy, notaire

1° 2 000 ^f^ pour vous, de Caldain

2° 500 ^f^ pour Gaudy elle est marquée pour 500 ^f^ également sur le testament

3° 500 ^f^ pour Mme Guillemot

4° 500 ^f^ pour Julie Thybaut [*sic*], à Venteuil, canton de Damery (Marne)

5° 500 ^f^ à Georges Landry

6° 500 ^f^ à l'abbé Daniel Fontaine pour ses œuvres.

Ensuite, vous porterez sans retard, pour éviter toute immixtion de la famille en cette affaire, le manuscrit sur la table (*Les 3 églises et les 3 Primitifs*) chez Stock

Enfin vous pourrez prendre pour vous le carnet de paille de manille, contenant les notes sur la symbolique dans la bibliothèque, près de la cheminée.

G. Huysmans

Ci-joint : 4 500 ^f^.

INDEX DES NOMS

TABLE DES FIGURES

TABLE DES MATIÈRES

ŒUVRES

TROIS ÉGLISES

LES FOULES DE LOURDES

NOTICES ET NOTES

TROIS ÉGLISES

LES FOULES DE LOURDES